PETER SELG

PAUL **CELAN** UND NELLY **SACHS**

PETER SELG

«ALLES IST UNVERGESSEN»
PAUL CELAN UND NELLY SACHS

PFORTE

Einbandabbildungen:

Paul Celan, Paris 1963. Foto und © Lütfi Özkök, Älvsjö (SE)

Nelly Sachs, Foto: Anna Riwkin; © Moderna Museet, Stockholm

Paul Celan, «Zürich, Zum Storchen», Faksimile der Handschrift für Nelly Sachs.
Kungliga Biblioteket, Stockholm, © Eric Celan und Kungliga Biblioteket, Stockholm

Nelly Sachs, «Du / in der Nacht», Gedichthandschrift für Paul Celan. Deutsches Literaturarchiv Marbach, © Suhrkamp Verlag, Frankfurt a. Main

Wir danken dem Suhrkamp Verlag für die freundlich genehmigten Abdruckrechte für die zahlreichen Gedichte und Texte von Paul Celan und Nelly Sachs sowie Eric Celan für die Erlaubnis, Fotos und Faksimiles von Paul Celan wiederzugeben, ferner der Kungliga Biblioteket und Magnus Malmros vom Moderna Museet, beide Stockholm, dem Deutschen Literaturarchiv Marbach und dem Fotografen Lütfi Özkök, Älvsjö, für die Hilfe bei der Beschaffung der Bildvorlagen und die großzügig erteilte Genehmigung zu deren Verwendung.

Die Texte von Paul Celan und Nelly Sachs werden in der Schreibweise der Originalquellen wiedergegeben, alle andern in moderater neuer Rechtschreibung.

1. Auflage 2008

Satz: Verlag
Druck und Bindung: Greiserdruck, Rastatt
Printed in Germany
ISBN 978-3-85636-179-2

www.pforteverlag.com

Für Krzysztof Antończyk
in Oświęcim (Auschwitz)

Fremde mit dem, was
wir beide noch immer besitzen
an Sprache,
an Schicksal.

Paul Celan (II, 64)[1]

INHALT

VORWORT

> Schimmelgrün ist das Haus des Vergessens.
>
> Paul Celan (III, 46)

Die Begegnung und Freundschaft zwischen Paul Celan und Nelly Sachs ist nicht nur Teil der Geschichte des 20. Jahrhunderts, sondern gehört in spezifischer Weise in den Überlebens-Kontext jener Katastrophe, welche die nationalsozialistische Zerstörung über Mitteleuropa und insbesondere das jüdische Volk brachte. Paul Celan und Nelly Sachs waren im Innersten getroffene Opfer, die ihr Leben – inmitten der Deportationen – retten konnten und unter kaum zu ermessenden Schwierigkeiten zur Sprache fanden, zu ihrer je eigenen Lyrik und Geistigkeit. Hindurchgegangen *«durch ihre eigenen Antwortlosigkeiten», «durch furchtbares Verstummen», «durch die tausend Finsternisse todbringender Rede»*[2] rangen beide mit dem Wort, das denselben Prozess durchlaufen hatte. Sie stellten sich in den Dienst seines künftigen Werdens, seiner Wandlung und Auferstehung,[3] «eingedenk» dessen, «was war» (Paul Celan),[4] aber auch dessen, was mit ihm, dem Wort – und durch es – geschehen war.[5] Wie sehr beide Dichter später von den Folgen der erlittenen Traumatisierung eingeholt, ja durch die politischen Verdrängungs- und Verzerrungsprozesse der nachkriegsdeutschen Geschichte fortwährend re-traumatisiert wurden, zeigen verschiedene Publikationen zu ihrer Lebens- und Werkgeschichte, die in den letzten beiden Jahrzehnten veröffentlicht wurden. Dass Nelly Sachs eine Nobelpreisträgerin war, die aufgrund einer – im 70. Lebensjahr aufgetretenen – paranoiden Psychose-Erkrankung viele Jahre in psychiatrischen Kliniken zubringen musste, ist bereits seit längerer Zeit bekannt; in welchem Ausmaß aber auch Paul Celan in der letzten Phase (dem letzten Jahrsiebt) seines Lebens klinisch behandlungsbedürftig wurde, trat erst in den vergangenen Jahren zutage.[6]

Die Lyrik von Paul Celan und Nelly Sachs, die Konturen ihrer Persönlichkeit, ihres biographischen wie poetologischen Selbstverständnisses sind in mancher Hinsicht nahezu gegensätzlich. Paul Celan nannte Nelly Sachs, die er außerordentlich schätzte, eine *«ekstatische Seele»*[7] – ihre der intendierten Zukunft angehörende, dieser Zukunft sehnsuchtsvoll zustrebende Sprache von (nahezu kosmischer) Liebes- und Versöhnungskraft, auch Nelly Sachs' unzweifelhafte Religiosität waren ihm in gewisser Weise fremd. Celan, der über ein «extremes Zeitbewusstsein» verfügte,[8] stand für die Realpräsenz des sogenannt Vergangenen,[9] für das fortwirkende Gedächtnis der Toten der Vernichtungslager, die erinnernde Rechenschaft, die hellwache, intellektuelle Aufmerksamkeit und das genaue Detail, bis hin zur Perfektion und seinem Schatten, dem (nichtvergessenkönnenden) Zwang. *«– durchgründet vom Nichts, / ledig allen / Gebets, / feinfügig»* (II, 328) bewegte er sich mit seiner – so Moshé Feldenkrais – «abgrundtiefen Frömmigkeit ohne Glauben»[10] in einer sinnentstellten Welt, deren Zerstörungskraft Franz Kafka bereits zu Beginn des 20. Jahrhunderts vorwegnehmend aufgezeigt und imaginär durchlitten hatte. Als ein «Ort der Suche nach Erkenntnis in einer Zeit, die den ‹Himmel als Abgrund› unter sich hat», wurde Celans Dichtung daher mit Recht bezeichnet,[11] *«am Fuß der gelähmten // Amen-Treppe»*. (III, 77) – So different die Wesensart, die Ausgangs- und Zielpunkte von Nelly Sachs und Paul Celan damit aber auch (scheinbar[12]) waren – beide an der Grenze der Selbstaufgabe lebenden Dichter schrieben sich von den nationalsozialistischen Todeslagern der 30er und 40er Jahre des 20. Jahrhunderts her, die sie als eine absolute Zäsur der Geschichte erfuhren und verstanden;[13] beide verbanden sich in der zweiten Hälfte ihrer Biographie immer tiefer mit dem, was Paul Celan ein «pneumatisches» Judentum nannte,[14] arbeiteten in der «Hölderlin-Linie der Moderne»[15] und stimmten mit Rainer Maria Rilke darin überein, dass wirkliche Gedichte als

«Einfriedungen um das grenzenlos Wortlose» zu betrachten seien[16] – allerdings im Angesicht und im erinnernden Eingedenken von Extremsituationen, die den Erfahrungshorizont Rilkes bei weitem überschritten.

Es ist, meines Erachtens, ein weitreichendes, aus einer einseitigen Zuspitzung und Blickverengung hervorgegangenes Missverständnis, wenn man – wie der Literaturwissenschaftler und Freund Celans Jean Bollack – den Briefwechsel von Paul Celan und Nelly Sachs als «Geschichte eines Kampfes» rezipiert.[17] Zwar liegt auf der Hand, dass Paul Celan mit der – politisch unmittelbar instrumentalisierten – Liebes- und Versöhnungsbotschaft von Nelly Sachs nur bedingt einverstanden sein konnte und ihre forcierte Medien-Positionierung als repräsentative, wenn nicht einzige jüdische Stimme nach Auschwitz als ausgesprochen fragwürdig erachten musste; dennoch ist der von Bollack beschriebene «dramatische Konflikt, der die Dichter entzweit»,[18] weder in dieser Weise existent, noch allein dem poetologischen oder weltanschaulichen Selbstverständnis beider Künstler zuzuordnen.[19] Der unübersehbare (in sich jedoch keineswegs vollständige) Brief-Rückzug Paul Celans ab dem Herbst 1960 muss vielmehr im Kontext der traumatisierten und weiter traumatisierenden Lebensgeschichten und -zusammenhänge, damit aber vor einem größeren Hintergrund betrachtet werden, der insbesondere (wenn auch nicht ausschließlich[20]) zur Dynamik, Dramatik und Tragik der Biographie Paul Celans (und seiner Beziehungskonstellationen) gehört. Im Unterschied zu zahlreichen anderen Freundschaften brach Paul Celan mit Nelly Sachs jedoch nie völlig und hielt an seiner großen Wertschätzung ihrer Person *und* Lyrik bis zuletzt fest[21] – als die (Paul Celan nahestehenden) Veranstalter einer großen Freiburger Tagung nach dem Tod Celans Anfang Mai 1970 verzweifelt überlegten, wer kurzfristig, in seinem Sinne und an seiner Stelle lesen könnte, fragten sie – nach Peter Huchel – Nelly Sachs, die jedoch im Sterben lag,[22] und ihrerseits am Tag der Bestattung Paul Celans in die geistige Welt ging. – Celans Zeilen *«– du, / mir vom Abgrund her, von /*

einer Heimat her Ver- / schwisterte, Zu- / geschleuderte, du, / du mir vorzeiten, / du mir im Nichts einer Nacht, / du in der Aber-Nacht Be- / gegnete, du / Aber-Du –» (I, 239) können meines Erachtens durchaus auch auf Nelly Sachs hin gelesen werden, seine zwanzig Jahre ältere «Dichterfreundin und Schicksalsgefährtin»,[23] deren «Meridian»-Begriff er aufnahm (*«Lieber Paul Celan wir wollen uns weiter einander die Wahrheit hinüberreichen. Zwischen Paris und Stockholm läuft der Meridian des Schmerzes und des Trostes.»*[24]), um ihn auf seine Weise weiter zu gebrauchen. Nelly Sachs' Losungs-Wort, demzufolge «der Tiefe der Nacht und des Wortes» zu «gedenken» sei,[25] war zugleich dasjenige Paul Celans.

*

Die drei Kapitel des vorliegenden Buches wenden sich dem Lebens-Werk Paul Celans und Nelly Sachs' zu, ohne literaturwissenschaftlicher Ausrichtung zu sein. Sie basieren auf drei Vorträgen, die nicht zufällig in sozial-therapeutischen Zusammenhängen gehalten wurden – einer Totensonntag-Ansprache über Nelly Sachs im Gemeinschaftskrankenhaus Herdecke; einem biographischen Beitrag über Paul Celan zum Ausbildungsabschluss Pavel Kourlovs, einem aus Alma-Ata (Kasachstan) stammenden Studenten an der Dora-Gutbrod-Schule für Sprachgestaltung und -therapie am Goetheanum; sowie einem Vortrag über die Lebensbegegnung von Paul Celan und Nelly Sachs in der von Ita Wegman gegründeten Klinik Casa Andrea Cristoforo in Ascona. Nach wie vor interessieren sich viele Menschen für das Werk von Paul Celan und Nelly Sachs[26] – neben Literaturspezialisten und -kennern aber sind dies oft Menschen, die existentielle Krisen durchlaufen und ein besonderes Ohr für die hier vernehmbare Schicksals-Sprache, in lyrischer wie biographischer Hinsicht, entwickelt haben. «Das Gedicht ist einsam. Es ist einsam und unterwegs. Wer es schreibt, bleibt ihm mitgegeben. – Aber steht das Gedicht nicht gerade dadurch, also schon hier, in der Begegnung – *im Geheimnis der Begegnung?* – Das Gedicht will zu einem Andern, es braucht dieses Andere, es braucht ein Gegenüber. Es sucht es auf, es spricht sich ihm zu. – Jedes Ding, jeder Mensch ist dem Gedicht, das auf das Andere zuhält, eine Gestalt dieses Anderen.» (Paul Celan; III, 198)

Die nachfolgenden Kapitel über Nelly Sachs und Paul Celan wurden unter Berücksichtigung der bis zum heutigen Tage publizierten Werkeditionen, biographischen Arbeiten und autobiographischen Zeugnisse verfasst, unter Einschluss sämtlicher Briefe, Briefwechsel und Dokumentationen, die in den letzten Jahrzehnten zugänglich gemacht worden sind. Dabei war für die hier vorgelegte Darstellung der Gesichtspunkt leitend, dass das Selbstzeugnis von Nelly Sachs und Paul Celan höher zu gewichten ist als das einordnende Urteil der Sekundärliteratur. Über Nelly Sachs und Paul Celan wurden hervorragende Biographien verfasst, denen das Lebens- und Werkverständnis beider Menschen viel zu verdanken hat (siehe Literaturverzeichnis und Anmerkungsapparat); das Wesentlichste aber brachten Nelly Sachs und Paul Celan selbst zum Ausdruck – in ihrer durchlittenen Existenz und ihrer besonderen, genauen und intensiven Sprache, im lyrischen Wort, aber auch in der Prosa ihrer Briefe, Berichte und Stellungnahmen. Diesem markanten Selbstzeugnis aus der Gesamtübersicht Raum und Stellung im denkenden Erinnern zu verschaffen, war und ist ein essentielles Strukturelement der drei Kapitel des Buches. Von gedichtinterpretatorischen Bemühungen wurde angesichts der *«Selbstevidenz und der weltoffenen Einmaligkeit großer Poesie»* (Celan; III, 203) dagegen konsequent abgesehen. Ziel war und ist es vielmehr, den lebensgeschichtlichen Ort der Dichtung – nicht aber diese selbst[27] – annähernd zu bestimmen:

> Als ich Celan 1961 in Paris kennenlernte, bat ich ihn um die Interpretation eines Gedichtes. Er antwortete mir sanft und melodisch: «Lesen Sie! Immerzu nur lesen, das Verständnis kommt von selbst.»
> (Israel Chalfen[28])

Paul Celan antwortete Israel Chalfen *«sanft und melodisch»*, einem Arzt, der wie er aus der Bukowina stammte und sein erster Biograph werden sollte. Chalfen wusste, dass Celans Gedichte aus dem harten Leid erwachsen waren und vor diesem Leid gesehen und gehört werden mussten, inmitten des 20. Jahrhunderts. Über Paul Celan und seine Gedichtlesung im Herbst 1969 in Tel Aviv, ein halbes Jahr vor seinem Tod, schrieb Gershom Schocken:

> Als die Welt noch heiler zu sein schien, hatte Goethe gesagt: *«Und wenn der Mensch in seiner Qual verstummt, / gab mir ein Gott zu sagen, wie ich leide.»* – Paul Celan war seine Dichtergabe kein gesegnetes Geschenk, sondern eine schließlich unerträgliche Ergebung in ein Schicksal, das ihm auferlegt hatte, Wort an Wort zu reihen, um zu sagen, was in Worten nicht zu sagen ist.[29]

Vergleichbares aber gilt – in sehr genauem Sinne – auch für Nelly Sachs.

Alle drei Kapitel des Buches bilden ein zusammenhängendes, kompositorisches Ganzes, das eine Schicksalsgestalt im erinnernden und zu bewältigenden Leben nach Auschwitz zum Vorschein zu bringen versucht. Es thematisiert die lebensgeschichtlichen und geistigen Bedingungen einer ebenso existentiellen wie spirituellen Dichtung am Rande des Abgrunds und in der unzweifelhaften Konfrontation mit dem Bösen, dessen – sehr konkret zu verstehende – Erkenntnis und Überwindung nach Rudolf Steiner die zentrale zivilisatorische Aufgabe der Gegenwart und Zukunft ist.[30] Dieses «Böse» aber nahm im zurückliegenden 20. Jahrhundert nirgendwo so deutliche Gestalt an wie in den Konzentrationslagern des nationalsozialistischen Deutschland: «Der Holokaust ist und bleibt nicht nur das Haupt- und Grundtrauma der deutschen und jüdischen Geschichte, sondern des 20. Jahrhunderts. Es war dieses Jahrhundert, das den Menschen als Mensch getötet hat, wie André Malraux einmal gesagt hat. Es geschah in Auschwitz, das hier stellvertretend für alle anderen Vernichtungslager steht und kein Ortsname mehr ist, sondern eine Wende in der Geschichte. Eine neue Zeitrechnung ließe sich einführen.» (Ehrhard Bahr[31]) In einem ihrer frühen, noch zur Zeit der Konzentrationslager verfassten Gedichte reflektierte Nelly Sachs über den miterlebten Abgrund und die Zäsur der Geschichte – und schrieb die Zeilen: *«In der Tiefe des Hohlwegs / Zwischen Gestern und Morgen / Steht der Cherub / Mahlt mit seinen Flügeln die Blitze der Trauer / Seine Hände aber halten die Felsen auseinander / Von Gestern und Morgen / Wie die Ränder einer Wunde / Die offenbleiben soll / Die noch nicht heilen darf. // Nicht einschlafen lassen die Blitze der Trauer / Das Feld des Vergessens.»* (1, 65)[32] Ohne jeden Zweifel arbeiteten Paul Celan und Nelly Sachs in dieser Ausrichtung, mit ihrer besonderen Sprache und als Menschen, die (zumindest anfänglich) *«mit pneumatischen Augen sehen und mit pneumatischem Herzen erkennen»* konnten – einer Formulierung zufolge, die sich Paul Celan in einem Kabbala-Buch Gershom Scholems am Rand dreimal an- und zudem unterstrichen hatte.[33] Nelly Sachs' und Paul Celans Zuwendung galt dabei insbesondere den Opfern, den irdisch Toten, deren sie nicht nur erinnernd gedachten, sondern mit denen sie in – sehr real verstandener – Beziehung lebten und wirkten: *«heimgeholt in sein Heute, / ein ins Stumme entglittenes Ich»* (Paul Celan; I, 156).[34]

Vielen Menschen und ihren Arbeiten bleibt zu danken, für ihre besonderen Studien zu Paul Celan und Nelly Sachs, für sorgsam publizierte Werkausgaben, Briefeditionen und große dokumentarische Arbeiten, darunter mit in erster Linie Barbara Wiedemann (u. a. für die exzellent recherchierte Goll-Dokumentation) und Bertrand Badiou (für den in Zusammenarbeit mit Eric Celan herausgegebenen und kommentierten Briefwechsel Paul Celans mit seiner Frau Gisèle Celan-Lestrange, der viele biographische Daten und Lebenszusammenhänge Paul Celans erstmals der Öffentlichkeit erschloss). Im Besonderen danke ich Bertrand Badiou und Eric Celan sowie dem

Suhrkamp-Verlag für das Recht, einige unveröffentlichte Schriftstücke von Paul Celan und Nelly Sachs zu zitieren, ebenso den Mitarbeitern des Deutschen Literaturarchivs Marbach für ihre hilfsbereite Unterstützung. Gisela Dischner danke ich für die Möglichkeit zur Einsichtnahme und Berücksichtigung ihres noch unveröffentlichten Briefwechsels mit Paul Celan, Walter Georgi für unseren unvergessenen Austausch in Berlin.

Die vorliegende Arbeit, deren Zustandekommen die Selma-Weinberg-Stiftung und die Zukunftsstiftung für Soziales Leben finanziell ermöglichten und deren Drucklegung durch Taja Gut und Jonathan Stauffer (vom Pforte Verlag) sowie durch Felicitas Graf (vom Ita Wegman Institut) vorbildlich gefördert wurde, ist meinem polnischen Freund *Krzysztof Antończyk* gewidmet, einem leitenden Mitarbeiter des Archives der Gedenkstätte *Oświęcim-Auschwitz.*

Ita Wegman Institut
Arlesheim, September 2008 *Peter Selg*

I. «In den Wohnungen des Todes»

Erinnerung an Nelly Sachs (1891–1970)

> Die furchtbaren Erlebnisse, die mich selbst an den Rand des Todes und der Verdunkelung gebracht haben, sind meine Lehrmeister gewesen. Hätte ich nicht schreiben können, so hätte ich nicht überlebt. Der Tod war mein Lehrmeister. Wie hätte ich mich mit etwas anderem beschäftigen können, meine Metaphern sind meine Wunden. Nur daraus ist mein Werk zu verstehen.
>
> Nelly Sachs, 1966[35]

«Ich saß in meinem Büro. Da öffnete sich die Tür, und eine Frau trat herein, die ihrer Gestalt und ihrem bescheidenen Wesen nach so gar nicht in unsere Zeit passte. Sie strahlte eine Wärme aus, die mich sofort gefangen nahm. Aber mir war es, als trüge sie alles Leid dieser Welt. Eigentlich brauchten wir nicht miteinander zu sprechen. Sie hatte das Unberührbare in mir angerührt. Und ich glaubte, durch ihr Dasein wieder an das Unverlierbare glauben zu können. Der erste Satz, den ich von ihr vernahm, war: ‹Wir müssen dafür sorgen, dass die Verfolgten nicht zu Verfolgern werden.›

Mein Blick fiel auf ihren Hut, der mir so altmodisch vorkam, dass ich ein wenig lächelte. Aber dann wurde ich wieder ganz gefangen von der geistigen Atmosphäre, die sie ausstrahlte. Vor dem Abschied bat ich sie, ihren Namen und ihre Adresse aufzuschreiben. Sie zog ganz bescheiden ein paar lose Blätter hervor, die sie mit einer Sicherheitsnadel zusammengeheftet hatte. Als ich sie hinausbegleitet hatte, überfiel mich plötzlich Angst – ich hätte sie begleiten sollen, wie wird sie über die Straße kommen, hoffentlich wird ihr nichts geschehen!

Dann sah ich auf die Blätter. Ich las den Titel *In den Wohnungen des Todes. Meinen toten Brüdern und Schwestern*, und als ich das erste Gedicht las, erbebte ich. Warum hast du dies nicht gelesen, warf ich mir vor, als sie noch hier war? Ich suchte nach ihrem Namen. Mir war, als wüchsen die Buchstaben mir entgegen: Nelly Sachs. Ich sprach ihren Namen immer wieder aus. Ich las weiter, von jener Andacht erfüllt, die uns in diesen Jahren immer wieder überkam, wenn wir uns in den Gebetshäusern zusammenfanden, in dem Wissen, dass wir schon morgen zu den Opfern gehören konnten. Nelly Sachs aber sang im Chor der Toten.

‹Wir Toten Israels sagen Euch, wir reichen schon einen Stern weiter in unseren verborgenen Gott hinein.› Immer wieder sah ich das Bild von den leeren Stiefeln der Geopferten vor mir. Ich hielt es in meinem Büro nicht aus. Ich suchte nach der Adresse und eilte zu ihr. Sie war nicht allein. Ihre Mutter saß in einem großen Lehnstuhl. Und wenn man das Wechselspiel der Augen dieser beiden Menschen erlebte, dann wusste man, was es heißt, eine Mutter zu haben. Alle Sorge und alle Liebe schenkte Nelly auch in meiner Anwesenheit ihrer Mutter. ‹Das Schönste›, sagte ich, ‹ist, dass Sie den Ausdruck für alle Leiden finden und sich so weit vom Hass entfernt haben, dass wir trotzdem den Himmel zu sehen vermögen.›

Sie konnte nicht genug von Selma Lagerlöf erzählen. Ihr erstes Buch der Legenden und Märchen hatte sie ihr in ihrer Begeisterung für Gösta Berling gewidmet und gesandt. Selma Lagerlöf hatte dafür gesorgt, dass sie und ihre Mutter Schweden erreichen durften. Für sie aber blieb die deutsche Sprache die Sprache ihres Herzens. Andere versuchten, in der Sprache des Gastlandes zu dichten. Sie aber wusste, dass nur die Sprache der Mutter das Unbewusste geheimnisvoll gestalten kann. Aus Dankbarkeit übersetzte sie schwedische Lyrik in ihre Sprache. Aber es war Musik, die von ihrer Stimme ausging, und es gab verhaltene Töne der Klage, die uns so anrührten wie die Töne der Geige, in denen man das Weinen und das Schluchzen der Menschheit zu hören glaubte.

Als ich allein in meinem Zimmer war, schwang das Erlebnis des Tages so stark in mir nach, dass ich immer wieder im Gebetbuch blätterte. Ich stand am Fenster, und je mehr ich mich in die Gebete vertiefte, umso froher wurde ich. Denn sie alle waren ein Dank an den Unaussprechlichen für das Leben und all die Wunder, die er an uns getan hatte.

Immer wieder suchte ich meine Freunde auf. Viele Versuche, den Gedichten von Nelly Sachs zum Ruhm zu verhelfen, scheiterten. Als sie dann endlich erschienen, sandte sie mir das gedruckte Exemplar mit der Widmung:

«Für Max Tau
den Tröster in schwerer Zeit
zu tiefem Dank

Nelly Sachs»

Als ich ihr Buch in den Händen hielt, war mir, als schaute ich noch einmal in ihre Augen, und ich wusste, dass ich für dieses große Geschenk immer nur dankbar sein konnte».

Max Tau[36]

*

> In Deutschland noch vor Hitler war ich zu Hause bei meinen Eltern. Trug an einem schweren Schicksal und besorgte Häusliches, pflegte, wo Krankheit war, und begann, wenn das Atmen zu schwer wurde für mich, dann und wann einige Zettel zu bekritzeln. Zuweilen sandte ich Selma Lagerlöf davon, wie man sein Gebet hinaus ins Unwirkliche richtet. Als Kind tanzte ich Selbsterdachtes, wenn mein Vater am Klavier phantasierte. Wir sprachen so wenig miteinander, jeder hatte eine Scheu, aber wir waren fortgezaubert zusammen von diesem Stern.[37]

Nelly (Leonie) Sachs wurde am 10. Dezember 1891 in Berlin geboren, das einzige Kind ihrer begüterten Eltern. Als Tochter eines Fabrikanten, dem eine Gummi- und Stahlfabrik unterstand, wuchs sie in großbürgerlich-vermögenden Verhältnissen auf, inmitten von Angestellten im Haus und von Tieren im Garten der Villa, darunter einem ihr eigenen Reh. Nelly war ein außerordentliches Kind; kränklich und schwermütig, mit intensiven Wahrnehmungserlebnissen, aber auch existentiellen Einsamkeitsgefühlen – *«Als Kind in den Nächten mit den schrecklichen goldenen Sonnen. Schwarzgekreuzigten. Die Eltern, die Geliebten in Angst gesucht die ganze Nacht. Tiergartenspaziergänge in der Abendsonne. Marterlicht. Plötzlich eine Wiese wiedererkannt. Von woher? Ein Lied, ein Duft. Immer äusserstes erlebt. In der Schule Angst das Anderssein erkennen zu geben. Immer verstreckt.»*[38] In einer weiteren Kindheitserinnerung schrieb Nelly Sachs:

> Die kleine Kinderhölle der Einsamkeit. Die goldenen Eingeweide der Nacht. Diese runden Sonnen mit den schwarzen Kreuzen. Diese schrecklichen Vorbereitungen auf den Todesbiss des Lebens.[39]

In einer Kindheitsgeschichte, der sie den Namen *Chelion* gab, beschrieb Nelly Sachs die Erfahrungen ihres Lebensbeginnes, die Spiralen der Einsamkeit, der Sehnsucht, des Verantwortungs- und Schuldbewusstseins – aber auch die Erlebnisse des Todes, den Abschied von Lebewesen, ihren Übergang in ein anderes Dasein:

> Alles was leuchtete an dem Huhn [sagte die Köchin] ist im Himmel, sein Blick und der Federn Glanz. Alles was pickte, scharrte und die Kraft hatte, Eier zu legen, ist auch im Himmel. Kurz: es ist nun ein himmlisches Huhn. Was Ihr seht, ist nur ein Gewand, es ist abgelegt, wie Ihr es tut zur Nachtzeit.[40]

Aufgrund ihrer Ängste nahm William Sachs seine Tochter mit neun Jahren wieder aus der Schule und ließ ihr drei Jahre Privatunterricht bei einer Kindergärtnerin erteilen, gab den Versuch eines Landschulheimes ihres Widerstandes wegen auf und fand ab 1903 eine passende Privatschule für das verträumte und schüchterne Kind.

William Sachs war nicht bloß Fabrikant und familiärer Patriarch, vor dem sich seine Tochter fürchtete, sondern auch ein Vater, der mit Nelly durch die thüringischen Wälder wanderte und ihr die «unscheinbaren Dinge» zeigte. Er besaß eine geheimnisvolle Edelsteinsammlung mit Drusen von Bergkristallen, Achaten, Turmalinen, Amethysten und Rosenquarzen, die Zeugnis von den kosmisch-irdischen Prozessen der Uranfänge gaben. Noch in einem späten Gedicht schrieb Nelly Sachs: «In diesem Amethyst / sind die Zeitalter der Nacht gelagert / und eine frühe Lichtintelligenz / zündete die Schwermut an» (1, 342) und gab ihrem französischen Übersetzer Lionel Richard die Erläuterung, dass es sich bei der «frühen Intelligenz» um die *«kosmische Intelligenz»* handeln würde.[41] In einer ihrer «Grabinschriften» von 1943, die jüdischer Opfer des nationalsozialistischen Terrors gedachten, sprach Nelly Sachs vom «Steinsammler» – und erläuterte in einem Brief an eine schwedische Freundin: «Ein schöner weißhaariger Greis, der meinen Vater in die Geheimnisse der

Steine einweihte und von dem wir viele prachtvolle Stücke besaßen, unter anderem einen Bergkristall, in dem eine Biene gefangen war.»[42]

Nelly Sachs' Vater war – trotz seines großen geschäftlich-innovativen Erfolges – ein im deutschen Idealismus und in der Romantik beheimateter, künstlerisch-spiritueller Geist, der eine umfangreiche Bibliothek sein eigen nannte, die zahlreiche Sagen- und Märchensammlungen, aber auch Jakob Böhme, Goethe, die Romantiker Novalis, Wackenroder, Bettina von Arnim und die sogenannten «Weisheitsbücher des Ostens» enthielt (Rigweda, Bhagawad-Gita, das Totenbuch der Tibetaner). Seine Tochter ließ er an diesen Schätzen teilnehmen:

> Wie oft hat mein Vater dem lauschenden Kind [...] von den Schönheiten und Tiefen indianischer Kultur erzählt, wie er überhaupt die Erstlinge der Dichtungen aller Völker besaß. Da war die Rigveda der Indier, das Totenbuch der Ägypter, Schi King der Chinesen und so vieles vieles Schöne mehr.[43]

Wesentlich für ihre künstlerische Entwicklung aber wurde für Nelly Sachs auch die Musik des Vaters am Abend und der sich an dieser Musik entzündende Tanz:

> Da ist hier in erster Linie die Musik meines Vaters, die er oft stundenlang des Abends nach seinem Beruf auf dem Klavier phantasierte und die ich mit Hingegebenheit und gänzlicher Fortgerissenheit von Kindheit auf im Tanze begleitete. Mein höchster Wunsch schon als Kind war: Tänzerin zu werden. Darum sind auch alle die tänzerischen und Musikgedichte am meisten charakteristisch für meine Jugendzeit, denn sie sind ganz aus dieser gemeinsamen Atmosphäre, die meinen Vater und mich so gut wie wortlos und doch im Innersten verband, erwachsen. [...] Der Tanz war meine Art des Ausdrucks noch vor dem Wort. Mein innerstes Element. Nur durch die Schwere des Schicksals, das mich betraf, bin ich von dieser Ausdrucksweise zu einer anderen gekommen: dem Wort!

Mein Interesse für den Mimus und jene musikalische Art des Dichtens, das sich zuweilen wie lautlos über alle Grenzen beugt, beruht auf dieser meiner innersten Veranlagung.

Eine «Ausbildung» im Tanz habe ich nie genossen. Keinerlei konventionelle Art hätte diesen elementaren Bewegungen angepasst werden können, aber in meinem Vater hatte ich auch in dieser Hinsicht den besten Lehrer, da er selber lange vor seiner Zeit jenen rhythmischen Takt der Bewegung mit dem des Atems in Verbindung brachte und für damalige Zeit ganz revolutionäre Ideen hatte, die es jedem Menschen gestatteten, einen natürlichen und verlorengegangenen Rhythmus wieder zu gewinnen.[44]

*

Im Dezember 1906, fünfzehnjährig geworden, bekam Nelly Sachs Selma Lagerlöfs ersten Roman, *Gösta Berlings Saga*, zum Geburtstag und begann im Jahr darauf eine Korrespondenz mit der hochverehrten Dichterin – sowie mit Hermann Hesse. Sie las viele Märchen und Sagen.

Die «Schwere des Schicksals», die Nelly Sachs sehr wahrscheinlich zwei Jahre später, im Sommer 1908 – wenige Monte nach dem Ende ihrer Schulzeit –, traf, war eine verzehrende, leidenschaftliche und unglückliche Liebe zu einem Mann, die ganz offensichtlich von ihrem Vater untersagt wurde. Im Kontext dieses Erlebens und auf der Basis ihrer seelisch-leiblichen Konstitution, ihrer spezifischen Beziehungsdynamik und Labilität erkrankte Nelly Sachs schwer, durchlief eine hochgradige Anorexie mit ersehnter Todesnähe – «Welche Schuld, grade da, wo die Liebe die Grenzen des Atems überstiegen hat».[45]

«Die 17-Jährige erkrankte damals (etwa 1909), war zwei Jahre lang in der Obhut des Psychiaters Professor Richard Cassirer in Berlin, der für ihr Leben fürchtete; sie verweigerte jegliche Nahrung. Als man sie künstlich ernähren wollte, waren die Folgen so schwer, dass man es aufgeben musste. Cassirer sagt, in seiner Praxis habe er nie einen Fall erlebt, der so Heines Gedicht bestätigte ‹Und mein

Stamm sind jene Asra, welche sterben, wenn sie lieben›. Als er aber ihre Gedichte las, schöpfte er Hoffnung für sie.»[46]

Nachdem Nelly Sachs für fast zwei Jahre in der Sanatoriumsbehandlung von Richard Cassirer in Grunewald bei Berlin gewesen war, kehrte sie im Herbst 1910, neunzehnjährig, wieder in ihr Elternhaus zurück.

Nelly Sachs, um 1908

Dort, im Berliner Sigmundshof, lebte Nelly Sachs in zurückgezogener Atmosphäre, mit Kuraufenthalten gegen die Einsamkeit und wenigen Beziehungen, darunter mit Dora Horwitz, einer Tochter aus befreundetem Haus, die später von den Nationalsozialisten deportiert und ermordet wurde. Für sie schrieb Nelly Sachs 1943 ihre Grabschrift «Die Tänzerin»:

DEINE FÜSSE wußten wenig von der Erde,
Sie wanderten auf einer Sarabande
Bis zum Rande –
Denn Sehnsucht war deine Gebärde.

Wo du schliefst, da schlief ein Schmetterling
Der Verwandlung sichtbarstes Zeichen,
Wie bald solltest du ihn erreichen –
Raupe und Puppe und schon ein Ding

In Gottes Hand.
Licht wird aus Sand.
(1, 37)[47]

Das in der existentiellen Krisenzeit der Jahre 1908 bis 1910 als Überlebenshilfe gefundene Schreiben setzte Nelly Sachs auch in ihrem vierten Lebensjahrsiebt fort. Sie verfasste – wie ihr Vorbild Selma Lagerlöf – Erzählungen und Legenden, aber auch Puppenspiele und einzelne Gedichte; vierundzwanzigjährig stellte sie erstmals eine Publikationsanfrage an den Cotta-Verlag, erhielt jedoch keine Zusage. Ein Freund der Familie sandte ihre Gedichte an Stefan Zweig, der in ihnen eine «außerordentliche innere Vehemenz» erkannte;[48] Nelly Sachs selbst schickte einzelnes nach Schweden zu Selma Lagerlöf, *«wie man sein Gebet hinaus ins Unwirkliche richtet»*.[49]

1921, in Nelly Sachs' 30. Lebensjahr, erschien ihr erstes Buch, in kleiner Auflage und in einem unbekannten Berliner Verlag, *Legenden und Erzählungen.* Obwohl Nelly Sachs aus einem assimilierten jüdischen Elternhaus stammte, handelten ihre Geschichten von Fra Angelico und der Närrin von Siena, dem Christusbild, der selbstlosen Liebe und dem Opfer, dem sich im Menschenherzen offenbarenden «göttlichen Geist» und der Überwindung des Bösen durch Liebe und Treue – in Ausgestaltung lebensgeschichtlicher Motive, aber auch spiritueller Anliegen des eigenen Daseins. Selma Lagerlöf,

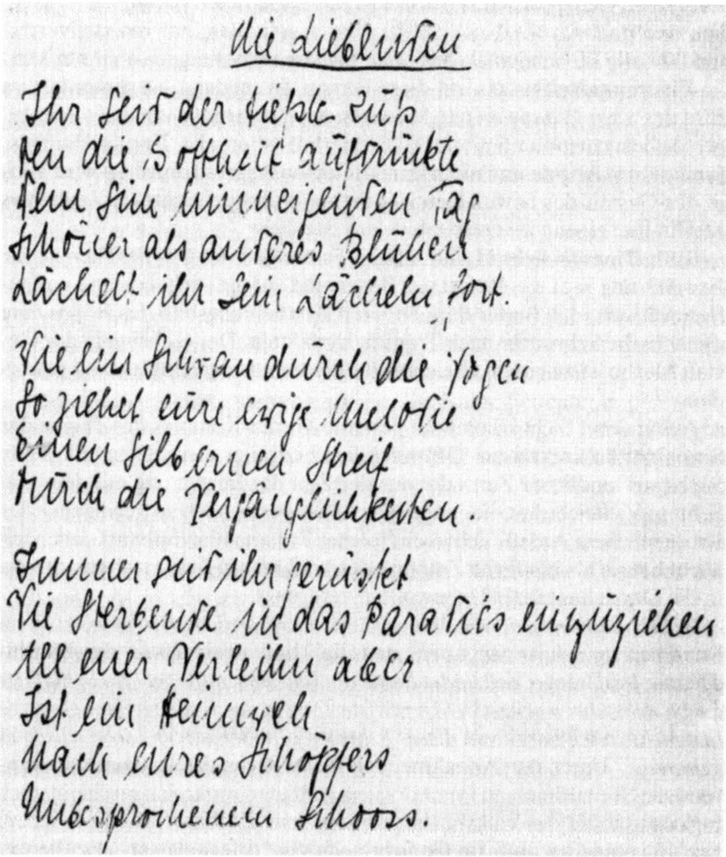
Die Liebenden

Ihr seid der tiefste Kuß
den die Sehnsucht austrinkte
dem sich hinneigenden Tag
schöner als anderes Blühen
lächelt ihr sein Lächeln fort.

Wie ein Schwan durch die Wogen
so ziehet eure ewige Melodie
einen silbernen Streif
durch die Vergänglichkeiten.

Immer seid ihr gerüstet
wie Sterbende in das Paradies einzuziehen
All eurer Verleihen aber
Ist ein Heimweh
nach eures Schöpfers
unbesprochenem Schooss.

Nelly Sachs: Die Liebenden (vor 1920)

der Nelly Sachs das Buch – als «Gruß aus Deutschland» von einer «jungen Deutschen» – sandte[50], lobte den literarischen Beginn: «Hätte es selbst nicht besser tun können».[51]

*

Die politischen und ökonomischen Krisenjahre der Weimarer Republik gingen auch am großbürgerlichen Haus und Vermögen der Familie Sachs nicht spurlos vorüber; am 18. November 1923 schrieb Nelly Sachs an Selma Lagerlöf, ihre Familie sei «von einstigem

Wohlstand in die bitterste Notlage versetzt» worden,[52] was sich jedoch in den Folgejahren relativierte. 1924 lud Nelly Sachs die schwedische Dichterin in ihr Elternhaus ein, zur Berliner Filmpremiere von *Gösta Berling*, eine Einladung, der Lagerlöf jedoch nicht folgen konnte. Im selben Jahr begann die schwere Erkrankung von William Sachs, die sechs Jahre später, im November 1930, zu seinem Tod führen sollte, aber auch Nelly Sachs' Leben mitbestimmte:

> In Deutschland noch vor Hitler war ich zu Hause bei meinen Eltern. Trug an einem schweren Schicksal und besorgte Häusliches, pflegte, wo Krankheit war, und begann, wenn das Atmen zu schwer wurde für mich, dann und wann einige Zettel zu bekritzeln.[53]

Nach dem erzwungenen Verzicht auf ihre große Liebe und der nachfolgenden Erkrankung hatte sich Nelly Sachs resignativ auf ihr Elternhaus zurückgezogen, in einer lebenslang bestehenden Bindung «ans Haus gefesselt» und durch «unglückliches Schicksal» unverheiratet, wie sie schrieb;[54] zugleich nahm sie die Krankenpflege des Vaters mit Hingabe auf sich. Seit ihrer Kindheit verfügte Nelly Sachs über außergewöhnliche Möglichkeiten der wahrnehmenden Teilnahme am Anderen, der intensiven und tätigen Partizipation. Als der Hausarzt der Familie angesichts von Nelly Sachs' pflegerischem Einsatz und ihren entsprechenden Fähigkeiten eine künftige Ausbildung zur Krankenschwester empfahl, antworte der Vater: «Nein, meine Tochter würde mit jedem Sterbenden mitsterben.»[55] William Sachs, im herrschaftlich-besitzenden Habitus des Patriarchen, aber auch im Wissen um ihre besondere Sensibilität, ließ Nelly nicht gehen.

«Mein Vater dein Leiden und die vielen Geheimnisse deiner letzten Tage – Kräfte, die zu mir gehen sollten – Dein Segen».[56] Mit ihrem eigenen Vater starb Nelly Sachs nicht mit, aber sie begleitete seinen Weg in die geistige Welt, in innerlicher Weise und mit Gedichten auf seinen Tod – «Hier unten sind wir nur Begegnung, / Doch Aufgeblühte sind wir dort.»[57] Auch kümmerte sich Nelly Sachs nach dem Tod ihres Vaters um seine bisherigen Aufgaben, sofern sie den Besitzstand der Familie und das Wohl der Mutter betrafen – mit Margarete Sachs zog sie nach dem Tod des Vaters in eine 7-Zimmer-Wohnung des eigenen Hauses in der Berliner Lessingstraße und übernahm die Verwaltung der 16 Mietwohnungen des Gebäudes. Sie begann, ihre Kindheitsgeschichte *Chelion* aufzuzeichnen – eine Arbeit, die sich über sieben Jahre hinzog –, stand jedoch zugleich in der praktischen Lebensorganisation, im gekonnten Vollzug einer doppelten, inneren wie äußeren Existenz, die spätestens nach dem Tode des Vaters zum Signum ihrer Lebensführung wurde.

Der Vater hinterließ unter anderem seine große Bibliothek, in der Nelly Sachs studierte, unsystematisch und in eigener Weise: «Sie las nie von vorn oder ein ganzes Buch von Anfang bis Ende, aber was sie las, nahm sie dafür fast physisch auf.» (Dinesen[58]) Nelly Sachs vertiefte sich in Novalis und in Hölderlin, in die Heiligenlegenden der katholischen Kirche und in die deutsche Mystik um Jakob Böhme – sie suchte und fand «Trost und Verwandtes»,[59] Bestätigung und Anregung des in ihr Lebenden und über sie Hinausweisenden: «Von meinem inneren Leid tat sich eine Spur zum Universellen auf.»[60] Sie schrieb entsprechende Gedichte, darunter auch vier Sonette an Franz von Assisi, dessen leidenschaftlichem Aufbruch zu Gott und Kraft der Verwandlung sie sich zugehörig fühlte; noch Jahre später nannte sie ihn einen «der Hellhörigsten, der über der Erde schritt und dessen Fuß überall das Geheimnis berührte».[61] Die zeitgenössische Entwicklung der Literatur, einen Lyriker wie Rainer Maria Rilke, aber auch den gesamten Expressionismus, nahm Nelly Sachs dagegen kaum zur Kenntnis – «Ich lebte damals ein ganz zurückgezogenes Leben, mit meinem inneren Leid verbunden und hatte zur Literatur meiner eigenen Generation nicht die geringste Verbindung [...].»[62] Sie ging ihren besonderen Weg.

Zu den wenigen Außenkontakten, die Nelly Sachs in den Jahren nach dem Tod des Vaters unterhielt, gehörte der Besuch eines Romantik-Kolleg bei Professor Max Herrmann an der Berliner Universität sowie von Abendkursen bei dessen Frau, der Germanistin Helene Herrmann, die u. a. klassische Dramen rezitierte. Zu Helene Herrmann kam auch die junge, aus einem anthroposophischen Elternhaus stammende Krankengymnastin Gudrun Harlan, mit der sich Nelly Sachs tief und dauerhaft befreundete. Wenige weitere Menschen gehörten zu Nelly Sachs' innerem Kreis – außer Gudrun Harlan waren diese Freundinnen alle in jüdischen Familien aufgewachsen, so Anneliese Neff und Vera Lachmann.

*

Max und Helene Herrmann bekamen 1933, nach der Machtübernahme durch die Nationalsozialisten und ihren ersten Gesetzeserlassen, Lehrverbot. Nelly Sachs blieb mit ihnen in Verbindung bis zur Deportation des Ehepaares nach Theresienstadt, wo Max Herrmann am 16. November 1942 starb, noch vor dem Weitertransport seiner Frau ins Konzentrationslager Auschwitz. Nelly Sachs sollte ihr 1943 die Grabschrift «Die Blutende» widmen – und schrieb im Exil erläuternd an eine Freundin: «Die Blutende: Frau Prof. Herrmann (ich sprach oft von ihr zu Dir). Eine tragische, hochbedeutende Gestalt.»[63] Nach Theresienstadt sandte sie mit Gudrun Harlan noch Päckchen an das geliebte Ehepaar.

Bereits im Jahr 1933 erlebte Nelly Sachs die Emigration vieler Familienmitglieder. Sie und ihre Mutter blieben in Berlin, von den Entwicklungen überrascht und überfordert, abwartend und hoffend, aber auch unfähig zu raschen Entschlüssen. Der Journalist und Kulturredakteur Leo Hirsch, dessen Leben Jahre später ebenfalls in einem Konzentrationslager enden sollte (Grabinschrift «Der Pilger»), veröffentlichte im *Berliner Tageblatt* im Februar, Juni und Dezember 1933, in ihrem 42. Lebensjahr, noch einige von Nelly Sachs' Gedichten, zu ihrer größten Freude. Auch bereitete er eine Sammlung ihrer lyrischen Arbeiten für den Insel Verlag vor, die jedoch nicht mehr erscheinen konnte.

Bald sahen sich Nelly Sachs, ihre Mutter, Verwandten und Freunde von einschneidenden Restriktionen umgeben. Sie mussten sich einleben in eine aufgezwungene jüdische «Identität», die für Nelly Sachs – in ihrem deutschbetonten Elternhaus – bisher keinerlei Rolle gespielt hatte, ja mit Nachdruck abgelehnt worden war. Schrittweise aber veränderte sich auch ihre Lebenswelt nach Adolf Hitlers Machtantritt:

> Die nationalsozialistischen Rassengesetze bedeuteten für Nelly Sachs wie für alle Juden Berlins erst einmal, dass ihre Bewegungsfreiheit eingeschränkt wurde. Sie durften bestimmte Straßen nicht überqueren, durften nur zu bestimmten ungünstigen Tageszeiten einkaufen, durften sich nur auf gelbgestrichene Bänke setzen, die mit einem Zeichen: «Nur für Juden» versehen waren, immer enger wurden die Grenzen gezogen, bald konnten sie auch nicht mehr in den Parks spazierengehen. Ihr Dasein wurde zunehmend rechtlos, oder vielmehr, was als Recht ausgegeben wurde, ging auf Unterdrückung, Verarmung, Entzug aller Lebensmöglichkeiten aus. [...] Nicht-jüdische Bekannte und frühere Freunde luden nicht mehr zu sich ein und grüßten bei zufälligen Begegnungen nicht, bei den altbekannten Händlern wurde man zuletzt bedient, wenn man überhaupt etwas bekam: *«Und alle begegnenden Augen waren winterlich geworden fielen ab; gaben die Blicke woanders hin, dort wo das Recht die Zeit am Nackenfell nahm. Meine Hand war eine Waise verlernte den Gegendruck.»* (Ruth Dinesen[64]).

Im Mai 1933 wurde der «jüdische Kulturbund» gegründet, um jüdische Schriftsteller und Kulturschaffende zu isolieren. «Ziel dieser Maßnahme ist es, jüdische Intellektuelle in einem überschaubaren organisierten Zwangsrahmen zu ghettoisieren und sie damit zugleich von allen sonstigen Publikationsorganen auszuschließen.»[65] In dieser Vereinigung las Nelly Sachs erstmals aus ihren Gedichten vor; hier wurde 1937 *Chelion* rezitiert und hier begann – auf äußeren Druck – Nelly Sachs' Annäherung an das Wesen des Judentums, ein Ausgangspunkt, den sie mit vielen Freunden teilte. «Eine groteske Situation bestimmt die Mitglieder des jüdischen Kulturbundes, denn Menschen, über die plötzlich das Schicksalswort ‹Jude› verhängt wird und die sich in ihrer Schicksalsgemeinschaft durch den Kulturbund verbunden fühlen, wissen eigentlich nicht, wie sie das ‹Jüdisch› für sich definieren sollen, denn sie verstehen sich zutiefst als Deutsche.»[66] Über die sich herausbildende Gemeinschaft in der Not schrieb Nelly Sachs:

> Es kamen die Jahre in Berlin, wo wir, ein kleiner Kreis Schriftsteller [...] uns zusammenfanden, jedesmal in einem neuen Schauer der Angst, wen würde nun das Los treffen.[67]

Bis 1940 dezimierte sich dieser Kreis immer mehr, durch gelungene Emigrationen, aber auch durch die erfolgten Deportationen und Suizide.

*

Weiterhin lebten Nelly und Margarete Sachs in ihrem Haus in der Lessingstraße, mit schwindenden Mieteinnahmen, ohne zusätzliche Verdienstmöglichkeiten und ohne männlichen Schutz. Auch wenn Nelly Sachs immer wieder positive Erfahrungen mit Menschen machte, die sich dem nationalsozialistischen Druck widersetzten und ihr – als einer Jüdin – wohlwollend und mit Respekt gegenübertraten, so überwogen zunehmend andersgeartete Begegnungen. Die ehemals reiche Fabrikantentochter, der die Mieten zu bezahlen waren, erlebte Widersetzung und Drohung, in einer Lage, deren Aussichtslosigkeit immer offensichtlicher wurde:

> Man nahm jeden neuen Tag neuen Anlass uns zu erpressen und zu drohen, zahlte keine Miete oder verlangte immer weitere Reduzierung, so daß wir, da wir als Juden keinen Hauszinssteuererlass bekamen, immer mehr Mühe hatten die Steuern aufzubringen. Man wollte uns ruinieren. Die Erpressungen gingen soweit, dass man auch mit Hilfe [eines] Sturmbannführers nicht nur

uns, sondern auch meine Freundin und ihre Familie, die keine Juden waren, ins Konzentrationslager bringen wollte.[68]

Das mit Abstand schlimmste Erlebnis dieser Jahre aber war der Tod jenes Mannes, den Nelly Sachs liebte und der mittlerweile in den Widerstand gegen die nationalsozialistische Gewaltherrschaft gegangen war. Ob Nelly Sachs – trotz väterlichen Verbotes – die Verbindung zu diesem Menschen über all die Jahre aufrechterhalten hatte (nach Annliese Neff war diese – ununterbrochene – Verbindung der «innerste Kern ihres Lebens»[69]) oder ihn plötzlich wiedertraf, ist nicht bekannt. Aussagen von Neff zufolge wurden beide bei einem Treffen am Steinplatz verhaftet und sehr wahrscheinlich gemeinsam verhört. Nelly Sachs sprach später davon, dass in dieser Zeit ihre «alte Wunde» durch eine tragische Verkettung von Umständen wieder aufgebrochen sei und sie schließlich den *«Martertod eines geliebten Menschen»*[70] miterleben musste. *«Ich habe mit meiner geliebten Mutter 8 Jahre unter ständigem Herzklopfen vor der Gestapo in Berlin zugebracht mit täglichen Droh- und Erpressungsbriefen. Ich habe einen geliebten Menschen vor meinen Augen zu Tode getroffen zusammenbrechen gesehn»*, schrieb sie in einem rückblickenden Brief.[71] Bis auf wenige, ihr abgerungene Andeutungen sprach Nelly Sachs bis zu ihrem Tode nicht über dieses zentrale Drama ihres Lebens. Nur ihre Mutter, mit der sie eine immer innigere Verbindung einging, wusste um die entsprechenden Zusammenhänge.[72]

*

Im Innersten getroffen und lange Zeit ohne jeden Zukunftswillen lebte Nelly Sachs zunehmend nur noch für die Mutter. Selbst eine ihr von nichtjüdischen Freunden geschenkte Ausgabe von Martin Bubers chassidischen Schriften studierte sie nach eigenem Zeugnis nicht – «da keine Möglichkeit zum Lesen war, denn Verschickung, Krieg und persönliche Verfolgung waren tägliche Erscheinungen, die Angst um den letzten geliebtesten Menschen – meine Mutter –

erfüllte mich ganz».[73] Dennoch gingen ihr jüdische Motive des Leides und des Überlebens nahe und fanden eine vorbereitete, um die Sprache und das Wort ringende Seele:

> Einmal, in der Zeit der tiefsten Angst, gab mir eine deutsche Freundin ein kleines Buch in die Hand. Es war die Buber-Rosenzweig-Übertragung des «Jesaia». Als ich es sah und las und las, wußte ich, wohin mein Weg gehen muß. Denn diese Übertragung hat nichts mit der lutherischen gemeinsam. Es war keine «Verdeutschung», sondern ihr Erdreich war mitgerissen wie die blutigen Fetzen einer Geburt. Nur Hölderlins Pindarübertragungen zeigten den gleichen Schauer des Originals. Ich wußte nun: die Bibel ist ursprünglich wie die griechische Chorlyrik in Hymnenform geschrieben und hier wie dort schimmert es durch von Babylon.[74]

Im Gefolge der verheerenden «Reichskristallnacht» und in spät gewordener Zeit fasste schließlich auch Nelly Sachs eine lebensrettende Emigration mit der Mutter ins Auge. Sie wandte sich am 26. November 1938 mit einem ersten Bittbrief an Selma Lagerlöf nach Schweden und schrieb zwei Monate später – nach dem Ausbleiben einer Antwort – noch einmal an sie. Dann setzte sich ihre Freundin Gudrun Harlan entscheidend für Nelly Sachs ein:

> Nelly Sachs hatte seit ihrem fünfzehnten Lebensjahr in persönlicher Verbindung mit der Dichterin [Selma Lagerlöf] gestanden. Nun sollte Schweden das Land der Rettung werden. Aber dieser naiven Wunscherwartung standen handfeste realpolitische Tatsachen entgegen. Die schwedische Regierung verfolgte eine verhältnismäßig restriktive Flüchtlingspolitik, um das Land aus außenpolitischen Verwicklungen herauszuhalten und seine Neutralität zu wahren. Ausnahmen bedurften der Intervention höherer Stellen. Dazu sollte der Einfluss Selma Lagerlöfs verhelfen. – Es erhob sich die Frage, wie man mit der erhofften Retterin Kontakt aufnehmen konnte. Brieflich konnten die deutschen Freunde mit Selma Lagerlöf nicht in Verbindung treten, da mit der deutschen Postzensur zu rechnen war.

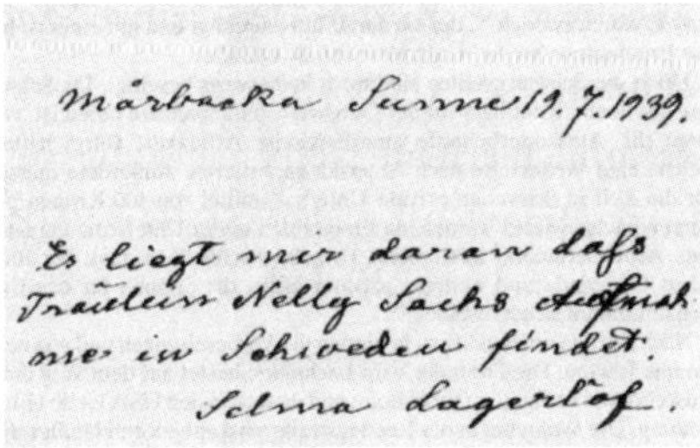
Mårbacka Sunne 19.7.1939.
Es liegt mir daran daß Fräulein Nelly Sachs Aufnahme in Schweden findet.
Selma Lagerlöf.

Empfehlungsschreiben von Selma Lagerlöf

Es blieb also nur die persönliche Kontaktaufnahme übrig. Gudrun Harlan leitete die Vorbereitungen dazu ein, indem sie ihre Kusine in Göteborg um eine Einladung bat, denn diese war zur Ausreise aus Deutschland erforderlich. Im Januar 1939 wurde Gudrun Harlan in Berlin von einem Auto angefahren und im April mit einem Gehgips und Krücken aus dem Krankenhaus entlassen. Ende Juni erhielt sie Schienenstiefel, so dass sie mit Hilfe von zwei Stöcken laufen konnte. Diese Vorfälle sind hier im einzelnen aufgeführt, um anzudeuten, wie der Zufall die Auswanderungspläne zu vereiteln drohte. Gudrun Harlan verkaufte ihre Wohnzimmermöbel, um die Rundreisekarte Berlin-Göteborg-Stockholm-Berlin bezahlen zu können. Schwedischkenntnisse hatte sie nicht; ausgestattet war sie mit einer Vokabelliste und einem Sprachführer für Reisende. An Devisen durfte sie nur fünf Reichsmark über die Grenze nehmen. – So besuchte Gudrun Harlan die Schriftstellerin Selma Lagerlöf auf ihrem Landsitz Mårbacka, und es gelang ihr, die Dichterin dazu zu bewegen, einen Brief an die zuständige Stelle im schwedischen Außenministerium zu schreiben. (Erhard Bahr[75])

Gudrun Harlan erreichte in Schweden auf die Empfehlung Selma Lagerlöfs eine Audienz bei dem als Kunstmaler tätigen Prinzen Eugen, dem Bruder von König Gustav V., der ihr versprach, sich für Nelly Sachs beim Außenministerium einzusetzen; auch erlangte sie eine finanzielle Zusage der jüdischen Gemeinde. In Amerika bemühte sich Nelly Sachs' emigrierte Freundin Vera Lachmann, das erforderliche Affidavit zu erhalten, um die spätere Weiterreise nach

Amerika gegenüber den schwedischen Behörden garantieren zu können.
Zeitgleich erlebte Nelly Sachs im Herbst 1939 den Verlust ihres Berliner Elternhauses, des äußeren Zeichens ihrer familiären Heimat:

> Das Haus wurde an den Viehhändler Friedrich Siebert zwangsverkauft und wir mussten die Wohnung so schnell wie möglich räumen ...
>
> Bei einer Generalplünderung von Leuten, die sich ausgaben, vom Sturmkommando oder SS oder SA zu kommen, wurde das, was ihnen gefiel, mitgenommen. Und da wir immer unter der Drohung von Anzeigen und Deportationen lebten, wagte man keinen Einspruch zu erheben ...
>
> Dann erschienen Händler in Scharen und entrissen uns die großen Möbelstücke u. s. w. für Lumpenbeträge ...[76]

Mit ihrer Mutter zog Nelly Sachs in ein möbliertes Zimmer, hatte nur noch wenig Geld zum Leben, wartete auf eventuelle Nachrichten aus Schweden und verbrannte zahlreiche Gedichte aus den letzten Jahren – «teilweise weil sie ihr allzu persönlich, teilweise weil sie ihr unheimlich, unkünstlerisch und unmöglich erschienen. In ihrer Umgebung meinte man, es seien Fieberphantasien.»[77] Bei Enar Sahlin, einem Freund Selma Lagerlöfs, mit dem Nelly Sachs seit Ende Oktober in brieflicher Verbindung stand, fragte sie am 25. Dezember 1939 noch einmal nach dem Stand der Einreiseerlaubnis, in zunehmender «Unruhe des Herzens». Als drei Monate später, am 16. März 1940, Selma Lagerlöf auf ihrem kleinen Gutshof Mårbacka in Värmland starb, sandte Nelly Sachs Enar Sahlin ihr Gedenkgedicht «Schlafe, Nachtigall, du hast gesungen», das Sahlin unmittelbar übersetzte und in deutscher und schwedischer Sprache am 23. März 1940 in Stockholm erscheinen ließ.

Ihr Lagerlöf-Gedicht war in Schweden in zweisprachiger Form angekommen, doch Nelly Sachs und ihre Mutter saßen noch immer in Berlin, wo sie mittlerweile in eine Pension umgezogen waren. Die deutsche Wehrmacht überfiel im April die skandinavischen Länder

Dänemark und Norwegen, Anfang Mai Belgien, Luxemburg, Holland und Frankreich. Auch die weiteren Abläufe waren im Hinblick auf das Überleben von Nelly und Margarete Sachs von großer zeitlicher Dichte und Dramatik:

> Mitte Mai erhält Nelly Sachs den Gestellungsbefehl für ein Arbeitslager. Eine letzte verzweifelte Vorsprache bei der schwedischen Botschaft ergibt, dass die Einreiseerlaubnis schon seit zwei Wochen dort bereitliegt! Am 16. Mai 1940 entkommen Nelly Sachs und ihre Mutter mit einer der letzten Passagiermaschinen der «Endlösung». (Erika Schweitzer[78])

Nelly Sachs, um 1940

> Am Tag vor der Abreise mussten sie sich bei der Gestapo melden. Nelly Sachs hatte schon die Zwangsverpflichtung zum Arbeitseinsatz in der Tasche. Ein Kommissar – es gab auch solche Kommissare – gab den zitternden Frauen den Rat, nicht mit dem Zug zu fahren; wenigstens die jüngere würde an der Grenze festgenommen werden. (Bengt Homqvist[79])

Nelly Sachs sprach von der «unfaßbaren Gnade» der in letzter Minute gelungenen Flucht,[80] von den «geheimen Fügungen» der Rettung.[81] So kamen sie und ihre Mutter nach Schweden – *«[...] wenn man selbst einmal auf der Flucht einen Stein gestreichelt hat, weil es das erste war, worauf man sich niederließ in einem freien Land – so hat man niemals mehr ein nahes Verhältnis zu allem, was nicht ganz direkt zum Dasein dient»*.[82] Enar Sahlin, den Selma Lagerlöf vor ihrem Tode gebeten hatte, sich Nelly Sachs' anzunehmen, wartete in Stockholm am Ankunftsort der Flüchtlingsbusse und wurde ein großer Freund und Helfer im Exil.

*

Nelly Sachs war unendlich froh, mit ihrer alten und hilfsbedürftigen Mutter dem Zugriff der Nationalsozialisten entkommen zu sein; ohne Hab und Gut lebten sie in provisorischen Unterkünften in dem schönen und fremden Land, erleichtert und angespannt zugleich, «immer mit der Angst, auch hier könnte das Unheil einbrechen».[83] Im Sommer 1940 fühlte sich Nelly Sachs müde und schwach – nach all den aufreibenden Prozessen der Flucht und beginnenden Integration –, sprach von ihrem «traurigen Herz» und schrieb in einem Brief: «Es ist dann immer so eine schwermütige Stimmung in der Natur zu dieser Zeit. Heide fürs Verlassensein / Lavendel sanft fürs Kämmerlein / Tymian der Erinnrungsduft / Von des Vergessens Ufer ruft. / Dies ist ein kleines Jahrmarktslied aus einem meiner Marionettenspiele.»[84] Enar Sahlin übersetzte einige ihrer früheren Arbeiten in die schwedische Sprache, und Nelly Sachs versuchte weiterzuschreiben – so entstanden die *Miniaturen um Schloß Gripsholm* und der erste Teil ihrer *Schwedischen Elegien*, im Zeichen eines schwierigen Neuanfangs und im Wissen um die mitteleuropäischen Katastrophen. *«Sie werden daraus erkennen, wie das Herz mir schwer ist, nicht nur über das erneute Leid meiner Brüder und Schwestern, sondern nunmehr über alles, was nicht mehr in der Liebe leben darf.»*[85]

Enar Sahlin half Nelly Sachs, die schwedische Sprache zu erlernen, und bald begann sie, mit Übersetzungen moderner schwedischer Lyrik nicht nur tiefer in das Sprachwesen ihres Gastlandes und den Denk- und Schreibstil seiner zeitgenössischen Dichter einzudringen, sondern auch geringe Einnahmen für das alltägliche Überleben zu sammeln: «Unseren Unterhalt verdiene ich durch die Übertragungen schwedischer moderner Dichtung in die deutsche Sprache. Die schwedische Lyrik ist wunderbar schön und doch fast unbekannt, und mein Bestreben ist es, eine Anthologie als Dank der Flüchtlinge in Schweden herauszugeben.»[86] Nelly Sachs und ihre Mutter atmeten in Schweden auf, auch wenn sie Fremde waren und blieben; kritische Worte über ihr Gastland fand Nelly Sachs in all den folgenden Jahren nie, lediglich kleine Anmerkungen zu ihrer großen Dankbarkeit – «Schweden ist ein schönes Land. Die Menschen gut und freundlich, aber es ist nicht mehr Lagerlöfs Land.»[87] «Schweden ist wunderbar schön, und es sind liebe Freunde da, aber ein Jeder ist wie eingehüllt und ist scheu vor dem andern.»[88] «Hier in Schweden ist es schön, soweit es dies auf Erden für uns heute noch sein kann. Einsam ist es überall. Der deutschen Sprache nun einmal anheimgegeben, ist es hier wirklich wie auf einer fremden Insel [...].»[89] Die Landschaft Schwedens sprach Nelly Sachs bereits im Sommer 1940 nachhaltig an; sie erlebte intensive Naturprozesse und -kräfte, die ihr anfänglichen Abstand von vielen Bedrängnissen ermöglichten und zugleich den Gegenstand eines eigenen Studiums bildeten: «Hier oben im Norden, vor allem auf dem Lande ist oft noch eine sonderbare Beziehung zwischen den Menschen und den ‹Mächten› vorhanden, die sich oft im ‹zweiten Gesicht› kundtun (Swedenborg dann auf hohem Plan).»[90] Auf der anderen Seite trat Nelly Sachs Schweden durch ihre Übersetzungen nahe und interessierte sich vorurteilslos für die Weltauffassung seiner Lyriker: «Sie lieben das Gute, vor allem die Freiheit, sind glühende Antifaschisten, aber gänzlich glaubenslos im religiösen Sinn. Pessimisten seit Hitler.»[91]

Nelly Sachs' Übersetzungen fanden große Anerkennung, mithin ihre Fähigkeit, sich in das ihr oft gänzlich Fremde einzufühlen, die Sprache der Moderne unter besonderen Bedingungen verständnisvoll mitzuvollziehen und in ihr Deutsch zu verwandeln. Ihrer Muttersprache blieb Nelly Sachs in ihren eigenen Arbeiten treu, obwohl sie den Sprach- und Kulturverfall Deutschlands in intensiver Weise miterlitten hatte. 28 Jahre nach ihrer Emigration befragt, ob sie – zweisprachig geworden – keine Schwierigkeit empfinde, mit ihren literarischen Arbeiten in deutscher Sprache fortzufahren, antwortete sie:

> Ich empfinde mich nicht als zweisprachig. Im Gegenteil war die deutsche Sprache für mich die Heimat, die ich mitnehmen durfte. Böses und Gutes, mein ganzes Leben, ist mit dieser Sprache verknüpft, und meine Übersetzungen aus dem Schwedischen gelangten wieder in die Heimatsprache.[92]

*

Bei ihrer Ankunft in Schweden stand Nelly Sachs bereits in ihrem 49. Lebensjahr. Im Oktober 1941, eineinhalb Jahre später, konnte sie mit ihrer Mutter in ein Haus der jüdischen Gemeinde ziehen, in dem zahlreiche Flüchtlinge – darunter deutsche Emigranten – eine Bleibe fanden:

> Bergsundsstrand 23, Södermalm, im Süden Stockholms, an einer Straße entlang dem Mälararm – ein Mietshaus mit fünf Etagen über dem Erdgeschoß: Hier wohnen fast nur Schicksalsgefährten, alles Flüchtlinge vor Hitler aus verschiedenen Ländern, ein kleines Zuhause in Freiheit; für Nelly Sachs (im ersten Obergeschoss) kümmerlich und kalt in den ersten Jahren, das Fenster zum Hof lässt kaum Sonne ein, frühe Freunde sprechen das Heizproblem bei der Jüdischen Gemeinde an; Kleider und Schuhe sind kaputt und geflickt, die Krankheit der Mutter kostet Arzthonorare und Arzneimittel, die finanzielle Lage ist erbärmlich. (Gabriele Fritsch-Vivié[93])

In Briefen äußerte sich Nelly Sachs überwiegend froh und dankbar über die eigene (winzige) Wohnung und ging nur selten auf deren Dunkelheit und Kälte ein. «Unser Haus liegt direkt am Wasser, leider haben wir unsere Wohnung nach dem Garten und entbehren so nicht nur der Aussicht, sondern auch der Sonne, aber die Gemeinde hat uns so bald als möglich eine andere Wohnung versprochen.»[94] Über die Hellhörigkeit des Hauses und den Lärm vieler Nachbarn berichtete sie nicht. «Die Nachbarn jenseits der Decke und des Bodens waren Menschen von robusterem Schlage; oft lärmte das Radio, oft störten Feste ihre stillen Abende, aber sie beklagte sich kaum [...].»[95] Nelly Sachs' Briefberichte handelten von abendlichen Spaziergängen mit der Mutter zu einer Insel, von Stunden realen Glücks – «wir sitzen dann still und erfreuen uns am Wasser, den grünen Weiden, den Möwen, den vielen Segelbooten und, wenn Gunilla da ist, an dem silberblonden Schwedenkind. Wenn das Abendrot kommt und durch die grünen Weiden sticht und das Wasser rosig und lila färbt, so ist es wie im Traum.»[96] «Es ist [...] schön, soweit es auf Erden überhaupt noch schön sein kann.»[97]

In Bergsundsstrand 23 war Nelly Sachs für viele Menschen da, denen sie in ihrer seelischen Not beistand und deren Schicksale sie tief in sich aufnahm – als ein *«Hüter für die Seelen, die sich wundgerieben»*.[98] Nelly Sachs lebte die tragische Biographie vieler Bewohner mit, gab sich ihnen intensiv hin, und sorgte für Trost, Hilfe und Unterstützung. Zugleich suchte sie nach Möglichkeiten, dem Schicksal ihrer in Deutschland zurückgebliebenen Familienangehörigen und jüdischen Freunde nachzuforschen. Im Herbst 1940 erhielt sie erstmals Kunde von ihrem geliebten Berliner Onkel Alfred Sachs, der deportiert worden war – *«nur Schmerz und Hoffnungslosigkeit»*, schrieb sie am Beginn einer Kette entsprechender Nachrichten. Nelly Sachs brauchte all ihre Kräfte, um ihren Alltag und den Einsatz für die Mutter bewältigen zu können; zugleich nahm sie in «überwachem Zustand» an den Ereignissen in Deutschland und den Verzweiflungswegen der Opfer teil:

Nelly Sachs lebte im Asyl in Schweden mit dem Blick nach Berlin gerichtet, alles, was sie an Phantasie und Einfühlungsvermögen besaß, wurde eingesetzt, um Familie und Freunde auf ihrer letzten Wanderung zu begleiten. (Ruth Dinesen[99])

Ab dem Jahr 1942, dem Jahr der Wannsee-Konferenz und der in ihr beschlossenen und in Gang gesetzten «Endlösung der Judenfrage», versuchte Nelly Sachs, mit ihren Gedichten Zeugnis von den Geschehnissen zu geben. Im Dezember 1942 erwähnte sie in einem Brief, einen neuen Gedichtzyklus, *Die Engel sind stark in den Schwachen,* verfasst zu haben; im Sommer 1943 lagen bereits die *Grabschriften in die Luft geschrieben* vor, mit denen Nelly Sachs der Opfer individuell gedachte. «Einige der Toten haben ihr sehr nahegestanden, andere hatte sie nur flüchtig gekannt, jeder und jede Einzelne wird aber vor dem inneren Blick beschworen, jede einzelne Wesensart dargestellt. Dieser Wille, die Menschen nicht in einem unüberschaubaren Massentod verschwinden zu lassen, vielmehr ihre Identität festzuhalten, nicht nur mit Hilfe ihrer Initialen, die hinter jeden Gedichttitel gesetzt werden, sondern mit einer Beschreibung in epigrammatischer Kurzform, ist ein wesentlicher Zug in Nelly Sachs' Verhältnis zu den Menschen. Dieselbe Intention findet sich in dem viel späteren Beckomberga-Zyklus über Mitpatienten in der Nervenheilanstalt. Jeder einzelne Schicksalsverlauf wird miterlitten, in jeden einzelnen gewaltsamen Tod sich hineingedacht.» (Dinesen[100])

Im Juli 1943 arbeitete Nelly Sachs am ersten Teil der *Elegien von den Spuren im Sand* und begann kurz darauf mit den Vorbereitungen eines «Mysterienspiels vom Leiden Israels», dem sie – unter Bezugnahme auf die Christus-Worte am Kreuz «Eli, Eli, lama sabachthani» – den Namen *Eli* gab: «Ihre Schaffenskraft wächst ständig; mit jeder Zeile, jedem Gedicht bricht die Sprache mehr aus ihr heraus, wird genauer, erfasst noch mehr den ungeheuerlichen Gegenstand [...].» (Fritsch-Vivié[101])

Immer weitergehend arbeitete Nelly Sachs ab 1942/43 in dem

Bewusstsein, ihre Stimme stellvertretend für das jüdische Volk zu erheben, dem sie in ihren Berliner Anfängen fern gestanden hatte; sie verstand sich nun und in zunehmendem Maße als Teil dieses Volkes, das sie als – seit jeher bestehende – Schicksalsgemeinschaft der Verfolgung und des Leides erlebte. Die *Elegien von den Spuren im Sand* habe sie «unter der Erschütterung der unsäglichen Leiden *unseres Volkes* geschrieben», teilte Nelly Sachs am 5. August 1943 in einem Brief mit[102] – und bezeichnet sich als eine «Heimatlose, die der Trauer um ihr Volk Ausdruck geben möchte».[103] *«Nun, wo es spät wird [...] / Sehe ich deine Frühe / mein Volk».*[104] Zugleich rang Nelly Sachs um die angemessene Sprache für das Ungeheuerliche und Unsagbare; sie brach in radikaler Weise mit den romantischen Zügen ihrer eigenen Vergangenheit, die noch die *Miniaturen um Schloß Gripsholm* und ihre *Schwedischen Elegien* geprägt hatten, und realisierte die eingetretene Zäsur der Geschichte auch im Hinblick auf die künstlerische Ausdrucksform – *«Du sollst auch nicht singen / Wie du gesungen hast – / Ein Feuer brach aus nach der / Musik von Gestern.»*[105] Ihre Gedichte wurden härter, entsprachen dem dargestellten Martyrium; sie verloren ihre gebundene Form und jeglichen Endreim, setzten sich dem Leiden aus und gaben sich hin.[106] Über die konkreten Entstehungsbedingungen der *Elegien von den Spuren im Sand* (deren zweiter Teil im Frühjahr 1944 niedergeschrieben wurde) und der *Grabschriften in die Luft geschrieben* hielt Nelly Sachs im September 1944 in einem Brief fest:

> [...] diese Elegien und Grabschriften sind mir selbst in einem großen Geheimnis gekommen. Ich habe eine kranke Mutter hier. Krank vor Schreck und Entsetzen um alles was wir vorher erlebten, die geliebtesten Menschen sind mir von der Seele gerissen in Polen dahingegangen, und da waren es einige Nächte, wo ich ihr Sterben fühlte oder vielmehr zerrissen wurde vor Schmerz. Das sind die Elegien, das sind die Grabschriften. [...] Ich habe nichts an den Elegien getan, ich habe sie niedergeschrieben, wie die Nacht sie mir gereicht hat.[107]

In einem später verfassten Brief hieß es über das Zustandekommen des Mysterienspieles *Eli:*

> Ihn [Eli] schrieb ich, oder vielmehr er offenbarte sich in drei Nächten unter solchen Umständen, dass ich mich zerrissen glaubte, und da ich nicht wagte, in dem einen Zimmer, das wir bewohnten, Licht anzuzünden, um die kostbare Nachtruhe meiner Mutter, die so selten war, zu stören, so versuchte ich im Kopf immer wieder zu wiederholen, was sich da abspielte in der Luft, wo die Nacht wie eine Wunde aufgerissen war. Am Morgen schrieb ich dann das so behaltene, so gut ich konnte, nieder oder versuchte, was ich im Dunklen aufgekritzelt hatte, zu entziffern, was viel schlechter ging.[108]

Die dramatische Handlung von *Eli* beginnt in einem zerstörten polnischen «Stetl» nach dem Krieg: «Marktplatz einer kleinen polnischen Landstadt, darin sich eine Anzahl Überlebender des jüdischen Volkes zusammengefunden haben. Die Häuser ringsum in Ruinen.» (3, 7) Das Stück handelt vom Leid, vom erinnernden Dasein und versuchten Neuanfang der Überlebenden, auch von der Suche nach dem Mörder des achtjährigen Kindes Eli – als «Legende aus Wahrheit» – *«Immer bedacht, das Unsägliche auf eine transzendente Ebene zu ziehen, um es aushaltbar zu machen»* (3, 345). Nelly Sachs schloss Eli erst nach dem Ende von Hitlers Gewaltherrschaft ab («Vorgestern ist das letzte Wort geschrieben, und ich erbebe noch davon.» 11. 11. 1945[109]); dennoch arbeitete sie bereits in der Kulminationszeit des Mordens intensiv an diesem «Mysterienspiel vom Leiden Israels», in Erinnerung an ihre Verfolgungssituation und die quälenden Erlebnisse in Berlin, den «Martertod» eines geliebten Menschen und die vielen apokalyptischen Wege dieser Jahre:

> *Als sie holten den Eisik, meinen Mann [...]*
> *Da begannen die Schritte im Ohr! [...]*
> *Die wohnen im Ohr mir;*
> *sie wandern zur Tagzeit,*

sie wandern zur Nachtzeit [...]
gefangen bin ich in einem Gitter,
in einem Gitter von Schritten [...]
(*Eli;* 3, 11 f.)

«Ich höre, höre Schritte», hieß es in Nelly Sachs' «Die Engel sind stark in den Schwachen»; später entstand das Gedicht:

Schritte –
In welchen Grotten der Echos
seid ihr bewahrt,
die ihr den Ohren einst weissagtet
kommenden Tod?

Schritte –
Nicht Vogelflug, noch Schau der Eingeweide,
noch der blutschwitzende Mars
gab des Orakels Todesauskunft mehr –
nur Schritte –

Schritte –
Urzeitspiel von Henker und Opfer,
Verfolger und Verfolgten,
Jäger und Gejagt –

Schritte –
die die Zeit reißend machen
die Stunde mit Wölfen behängen,
dem Flüchtling die Flucht auslöschen
im Blute.

Schritte –
die Zeit zählend mit Schreien, Seufzern,
Austritt des Blutes bis es gerinnt,
Todesschweiß zu Stunden häufend –

Schritte der Henker
über Schritten der Opfer,
Sekundenzeiger im Gang der Erde,
von welchem Schwarzmond schrecklich gezogen?

In der Musik der Sphären
wo schrillt euer Ton?
(1, 77 f.)

*

Im letzten Jahr des Zweiten Weltkriegs, in der Zeit der Zerstörung Berlins – des einstigen Zentrums der mitteleuropäischen Juden und der späteren Zentrale der nationalsozialistischen Kriegs- und Mordmaschine –, entstanden Nelly Sachs' *Gebete für den toten Bräutigam.* Noch deutlicher als in ihren bisherigen Arbeiten wandte sich Nelly Sachs dem für sie zentralen Opfer gedenkend zu – dem Martyrium des von ihr geliebten, der Nachwelt jedoch verborgenen Mannes, der ihr (als Nichtjude) zum «Repräsentanten» der gemordeten Juden wurde, und offenbar in ununterbrochener Präsenz vor der Seele stand. *«Dieses Dasein immer an einer äußersten Spitze erlebt, immer und jede Minute im Gedenken an die Marter, die ein geliebtester Mensch durchging damals, dieses ewige Sterben, dies alles floß in meine Worte, weiter wußte ich nichts.»*[110] Immer wieder betonte Nelly Sachs in späteren Selbstrechtfertigungen, dass ihr Werk seinen «Quell» in einer traumatischen Schicksalserfahrung, im persönlichen Schicksalserleben ihrer Berliner Zeit habe:

QUAL, Zeitmesser eines fremden Sterns,
Jede Minute mit anderem Dunkel färbend –
Qual deiner erbrochenen Tür,
Deines erbrochenen Schlafes,
Deiner fortgehenden Schritte,
Die das letzte Leben hinzählten,
Deiner zertretenen Schritte,

Deiner schleifenden Schritte,
Bis sie aufhörten Schritte zu sein für mein Ohr.
Qual um das Ende deiner Schritte
Vor einem Gitter,
Dahinter die Flur unserer Sehnsucht zu wogen begann –
O Zeit, die nur nach Sterben rechnet,
Wie leicht wird Tod nach dieser langen Übung sein.
(1, 28)

*

AUCH DIR, du mein Geliebter,
Haben zwei Hände, zum Darreichen geboren,
Die Schuhe abgerissen,
Bevor sie dich töteten.
Zwei Hände, die sich darreichen müssen
Wenn sie zu Staub zerfallen.
Deine Schuhe waren aus einer Kalbshaut.
Wohl waren sie gegerbt, gefärbt,
Der Pfriem hatte sie durchstochen –
Aber wer weiß, wo noch ein letzter lebendiger
Hauch wohnt?
Während der kurzen Trennung
Zwischen deinem Blut und der Erde
Haben sie Sand hineingespart wie eine Stundenuhr
Die jeden Augenblick Tod füllt.
Deine Füße!
Die Gedanken eilten ihnen voraus.
Die so schnell bei Gott waren,
So wurden deine Füße müde,
Wurden wund um dein Herz einzuholen.
Aber die Kalbshaut,
Darüber einmal die warme leckende Zunge
Des Muttertieres gestrichen war,

Ehe sie abgezogen wurde –
Wurde noch einmal abgezogen
Von deinen Füßen,
Abgezogen –
O du mein Geliebter!
(1, 26)

*

Dann war der Krieg und Hitlers Reich der «niederen Dämonen» zu Ende,[111] mit mehr als 55 Millionen Toten und einem Ausmaß nie gekannter Zerstörung. Nelly Sachs' literarische Arbeiten im Zeit-Zeichen des Geschehenen aber gingen weiter und fanden langsam eine erste Öffentlichkeit. Nachdem drei ihrer *Grabschriften* bereits 1944 in einer schwedischen Zeitschrift publiziert worden waren, nahm der Lyriker Johannes Edfelt «Die Tänzerin», den «Spinozaforscher» und «Die alles Vergessende» auch in seine internationale Anthologie moderner Lyrik auf, was Nelly Sachs überaus freute – *«Dies ist für mich ein solches Glück, das ich kaum fassen kann. Aber gewiß das Schönste wäre für mich Palästina.»*[112] Nelly Sachs erhielt in ihrer bedrängten ökonomischen Situation eine kleine finanzielle Unterstützung des Nobelpreiskomitees; viele Überlebende der nationalsozialistischen Konzentrationslager, die am Ende des Krieges nach Schweden gerettet worden waren, meldeten sich bei ihr. Sie bekam Post von überlebenden Juden und begann unmittelbar nach Kriegsende mit ihren Nachforschungen nach vermissten Freunden und Verwandten. An ihre Freundin Gudrun Harlan schrieb Nelly Sachs am 18. Mai 1946 über Helene («Hella») Herrmann: «Hella ist im Herbst 44 mit ihrer Schwester nach Auschwitz gekommen und vergast worden. Eine Dame, die hierher gerettet wurde, hat es mir erzählt.»[113] Von zahlreichen Einzelschicksalen erhielt Nelly Sachs auf diese – mündliche – Weise Nachricht; darüber hinaus recherchierte sie mit Hilfe der amerikanischen Zeitschrift *Aufbau*, die eine Such- und Vermittlungsstelle betrieb und von ihrem Cousin Manfred George geleitet wurde («ich bin so froh einen lebenden Verwandten auf der Erde zu wissen»[114]). Auch an den «American Joint», eine jüdische Hilfsorganisation, wandte sich Nelly Sachs, und schrieb ihren Bekannten und Freunden von den auf diese Weise erhaltenen Nachrichten – auf der Suche nach Lebenden und im angestrebten Wissen um die letzten Leidens- und Schmerzenswege der in den Tod Gegangenen. Auf den Inhalt eines nicht zugestellten Briefes vom Dezember 1946 noch einmal eingehend, teilte Nelly Sachs im März 1947 Gudrun Harlan mit:

> Ich hatte Dir damals in dem Weihnachtsbrief auch die Antwort geschrieben vom American Joint, danach sind meine Verwandten und Freunde so transportiert worden: Alfred Sachs mit 57 Alterstransport am 4.9.42 nach Theresienstadt (dort kam er nie an), Vera Sachs mit 39 Osttransport vom 2.3.43 n. unbekannt, Erna Leonhard m. Sohn und Leo Hirsch mit 36 Osttransport v. 12.3.43, Hugo Horwitz u. Frau Alterstransport 8.9. 42 nach Theresienstadt (kamen nie an), Heinz Meyer m. Familie (mein Cousin) 38 Osttransport 17.5.43. Von ihm hörte ich durch eine frühere Theresienstadtlagerdame, daß Heinz und Familie ein Jahr später nach Auschwitz gekommen sind, nachdem er wunderbare Predigten ein Jahr in T. gehalten hatte. Willi Blumenthal, nach dem ich auch anfragte, war nicht in der Kartei erfaßt.[115]

Im unmittelbaren Anschluss an diese Mitteilungen fuhr Nelly Sachs fort:

> Gestern las man hier in der Zeitung, daß der Henker des Lagers Mislowitz, Rudolf Hoess, mit eigener Hand kleine jüdische Kinder den Müttern vom Arm nahm und lachend in die Flammen geworfen hat. Auch hat er außer den 4 Millionen Toten, die er auf dem Gewissen hat, 4000 Juden lebendig verbrannt. Alles dies wurde tränend von überlebenden Zeugen berichtet. Nun ist er zum Tode verurteilt ebenso wie damals der Maidanek-Henker Paul Hofmann. Wenn man noch dazu jetzt die Untaten der Ärzte liest, die alle erdenklichen Versuche am lebendigen Menschen in den Lagern

machten, so glaubt man wirklich nicht mehr an das Urbild, das einmal Mensch hieß.[116]

Andere Berichte empfing Nelly Sachs persönlich in ihrem Flüchtlingshaus Bergsundsstrand 23. Noch 1948 schrieb sie in einem Brief, der vom endlich möglich gewordenen Wohnungswechsel berichtete: «Ein junges Ehepaar aus Polen, die im Konzentrationslager beide waren, zog in unsere frühere Wohnung, und was sie berichten von den Martern ihrer ermordeten Familien und Kinder ist so, daß man nur noch die Augen schließen möchte, da man den Absturz dieses Sterns nicht aufhalten kann.»[117] Mit der schwedischen Schriftstellerin Gunhild Tegen, die 1945 in Stockholm ihre Dokumentation *De dödsdömda vittna* («Die zum Tode Verurteilten bezeugen») mit Berichten von Konzentrationslagerhäftlingen herausgab, befreundete sich Nelly Sachs und war von der Lektüre des Buches tief erschüttert. «Zu fassen ist es nicht, nur zu weinen.»[118]

*

Seit dem Juli 1945 gab es in Schweden eine wöchentlich Rundfunksendung für deutschsprachige ehemalige Häftlinge von Konzentrationslagern; in dieser Sendung wurden durch ein Emigrantenensemble unter der Leitung des Schauspielers Curt Trepte *Faust*-Szenen gelesen («darin Sie selbst die Stimme des wahren Deutschlands ertönen ließen», wie Nelly Sachs dankbar an Trepte schrieb[119]), im April 1946 aber auch erstmals Gedichte von Nelly Sachs. Einen Monat später, im Mai 1946, kamen Nelly Sachs' Gedichte im jüdischen Kulturbund von Stockholm zum Vortrag, woraufhin ihr der emigrierte Hamburger Literaturwissenschaftler Professor Walter A. Berendsohn schrieb:

Es scheint mir fast ein Mirakel, mit welcher Zartheit Sie dies grauenvolle Geschehen ergreifen und vor den Richterstuhl der Ewigkeit stellen. Es mit realistischen Mitteln dazustellen ist wirkungslos, weil sich die erschrockene

Seele wehrt, dies alles aufzunehmen, und sich bald verschließt und verhärtet, um leben zu können. Aber die Essenz von Ihren klagenden, anklagenden und verklärenden Gedichten wird aufgenommen und bleibt haften. Sie sind mit einem großen Worte berechtigt dem Denkmal für Millionen gemordeter Juden ...

Diese unterstützenden und bestätigenden Worte, die ihr viel bedeuteten, zitierte Nelly Sachs in einem Brief an Gudrun Harlan in Dresden.[120]

Gudrun Harlan hatte ihrerseits von dem zerstörten Elternhaus in der Berliner Lessingstraße 33 berichtet; auf diese Nachricht ging Nelly Sachs jedoch nur mit wenigen Worten ein, um dann im Hinblick auf das «andere Deutschland» und das Selbstverständnis ihrer Dichtung fortzufahren:

Was Du über das Haus Lessingstr. schreibst, ist interessant und erschütternd, nur ein paar Blümchen übrig von unserem Traumgarten. Aber dies ist ein Symbol auch. Ja was übrig blieb und gerettet durch all das Entsetzliche hindurch, ist nur der Glaube an das Ewige, Göttliche, das Unzerstörbare in Euch guten Menschen. Ihr seid es, wenn ich meinen schwedischen Freunden begreiflich machen will, daß es außer den Untieren und den Lauwarmen, die in Konzentrationslagern den Namen Mensch bis zur Unkenntlichkeit schändeten, noch etwas gibt, was diesen Namen verdient in diesem verirrten Volk. Geliebtes Herz, aus diesen Stoffen gewirkt ist nun mein ganzes Schaffen. Ein Dante, ein Shakespeare wäre notwendig, der Menschheit diesen Abgrund zu zeigen, aber so muß es eine schwache Frau tun. [...] Daß ich dies alles schrieb, ist vollkommen nebensächlich, die Stimme des jüdischen Volkes spricht und weiter nichts.[121]

*

1946 sandte Nelly Sachs ihre in den letzten drei Jahren entstandenen Gedichte einigen weiteren Freunden sowie Menschen, die ihnen eventuell zur Publikation und Verbreitung helfen konnten. Dabei deutete sie immer wieder ihre Entstehungsvoraussetzungen an. Dem Schweizer Literaten und Freund von Robert Walser, Carl Seelig, schrieb sie:

> Sie, mit einem so feinen Gehör begabt, werden fühlen, daß ich, wenn ich so sagen darf, nicht rund verwundet bin, sondern einfach durchstochen. Darum kann ich keine Romane schreiben, es bricht aus mir heraus in den Formen, die ich Ihnen sandte.[122]

Menschen wie Carl Seelig, dem Nelly Sachs ihre Gedichte sandte, reagierten tief betroffen, und begannen, sich bei Verlagen und Zeitschriften für die so besonderen Verse einzusetzen, die in Stockholm verfasst worden waren. Viele der nach dem Krieg entstehenden oder wiedereröffneten Verlage aber reagierten zurückhaltend. «Man hätte [...] soviel Emigrantenliteratur erhalten, davon vieles nicht Gutes, so dass die Stimmung ermüdet wäre, hoffte aber, dass sich bald alles änderte etc.», zitierte Nelly Sachs aus der für sie verletzenden Absage eines Schweizer Verlagshauses in einem Brief an Max Rychner:

> [...] man hat die Manuskripte, nachdem man den Titel sah, zu den Haufen der Zeugen- und Protokollschriften geworfen, die leider ja oft wirklich mit dem Rauch der Scheiterhaufen die Seufzer der Opfer ersticken. Nur die eine Mühe machte man sich offenbar nicht: zu sehen, daß diese Gedichte, wenn auch mit begrenzten Kräften, versuchen, das Furchtbare in das Reich der Verklärung zu heben, wie es ja die Aufgabe aller Dichtung in allen Zeiten von den griechischen Geschlechtersagen bis heute hinauf immer war und bleiben wird.[123]

Für Adornos Jahre später formuliertes Diktum, dass nach Auschwitz keine Dichtung mehr möglich sei, hatte Nelly Sachs kein Verständnis – im Hinblick auf die weltgeschichtliche Aufgabe der Kunst und den durch sie ermöglichten Gedenkraum für die Opfer. Carl Seelig bat sie, ihr Mysterienspiel *Eli* Franz Kafkas Freund Max Brod zu überstellen, der in Palästina lebte.

Im New Yorker *Aufbau*, aber auch in der in Zürich erscheinenden *Tat*, bei der Max Rychner Feuilletonchef war, erschienen schließlich Gedichte von Nelly Sachs. In Briefen wies sie erneut darauf hin, dass es ihr nicht oder nur sehr bedingt um die Publikation «persönlicher» Hervorbringungen gehe, «ich bin es nicht, die es schrieb; es kam woanders her».[124] Sie betonte den inspirierten Charakter der Niederschriften aus der Zeit von 1943[125] und das reale Zeugnis ihrer Stimme für das Leiden Israels, dasjenige, «was sich unter maßlosen Schmerzen in das Wort rettete: *die Passionsgedichte um Israel*» (12. 11. 1946[126]). Wiederum an Carl Seelig hieß es am 1. Oktober 1946:

> Natürlich will ich aus diesen Dingen nicht den geringsten finanziellen Nutzen haben, es ist auch gänzlich gleichgültig, ob ich sie schrieb oder irgend jemandes Stimme erklang. Aber es *muß* doch eine Stimme erklingen und einer muß doch die blutigen Fußspuren Israels aus dem Sande sammeln und sie der Menschheit aufweisen können.[127]

Im Frühsommer 1946 entstanden die *Chöre nach der Mitternacht*, die Chöre der Zeugen des unwiderruflich Geschehenen: der «verlassenen Dinge», der «Geretteten», der «Wandernden», der «Waisen», der «Toten», der «Schatten», der «Steine», der «Sterne», der «unsichtbaren Dinge», der «Wolken», der «Bäume», der «Tröster» und der «Ungeborenen». Den «Chor der Tröster» veröffentlichte Max Rychner in Zürich bald nach seiner Entstehung – er erschien (zusammen mit Nelly Sachs' Übertragungen schwedischer Lyrik) bereits im Sommer 1946 in der *Tat*:

GÄRTNER sind wir, blumenlos gewordene
Kein Heilkraut läßt sich pflanzen
Von Gestern nach Morgen.
Der Salbei hat abgeblüht in den Wiegen –
Rosmarin seinen Duft im Angesicht der neuen Toten verloren –
Selbst der Wermut war bitter nur für gestern.

Die Blüten des Trostes sind zu kurz entsprossen
Reichen nicht für die Qual einer Kinderträne.

Neuer Same wird vielleicht
im Herzen eines nächtlichen Sängers gezogen.
Wer von uns darf trösten?
In der Tiefe des Hohlwegs
Zwischen Gestern und Morgen
Steht der Cherub
Mahlt mit seinen Flügeln die Blitze der Trauer
Seine Hände aber halten die Felsen auseinander
Von Gestern und Morgen
Wie die Ränder einer Wunde
Die offenbleiben soll
Die noch nicht heilen darf.

Nicht einschlafen lassen die Blitze der Trauer
Das Feld des Vergessens.

Wer von uns darf trösten?

Gärtner sind wir, blumenlos gewordene
Und stehn auf einem Stern, der strahlt
Und weinen.
(1, 65 f.)

*

Der «kosmischen» Dimension dessen, was in den vergangenen Jahren an dämonischen Zerstörungs- und Abgrundskräften in Deutschland entfesselt worden war, ging Nelly Sachs in ihren Arbeiten vom Frühsommer 1946 erstmals expressis verbis nach. Obwohl sie darüber nicht viel sprach, lebte Nelly Sachs – mitleidend – in der Kräftesphäre von Vorgängen, deren Gesamtdimension für die Zukunft der Menschheit auf Erden für sie nicht nur außer Frage stand, sondern in den Bereich geistiger Wahrnehmung fiel.[128] Ihren «Chor der Sterne» ließ sie mit den Versen beginnen: *«Wir Sterne, wir Sterne / Wir wandernder, glänzender, singender Staub – / Unsere Schwester die Erde ist die Blinde geworden / Unter den Leuchtbildern des Himmels – / Ein Schrei ist sie geworden / Unter den Singenden – / Sie, die Sehnsuchtsvollste / Die im Staube begann ihr Werk: Engel zu bilden – / Sie, die die Seligkeit in ihrem Geheimnis trägt / Wie goldführendes Gewässer – / Ausgeschüttet in der Nacht liegt sie / Wie Wein auf den Gassen – / Des Bösen gelbe Schwefellichter hüpfen auf ihrem Leib.»* (1, 60) Im Zeugnis dessen, was geschah, im tätig-aufweisenden «Sammeln» der «blutigen Fußspuren Israels aus dem Sande», in seinem erinnernden Eingedenken und Durchdringen aber sah Nelly Sachs zugleich die Voraussetzung für ein künftig Werdendes. Die sehnsuchtsvoll zu verfolgende Werkaufgabe, «Engel zu bilden», blieb der Erde kosmisch eingeschrieben – nichts schien Nelly Sachs auf Ewigkeit verloren, sofern aus den Organen des Leidens Instrumente des Sehens und Bewusstseins werden konnten[129]: *«Erde, Erde, bist du eine Blinde geworden / Vor den Schwesternaugen der Plejaden / Oder der Waage prüfendem Blick? // Mörderhände gaben Israel einen Spiegel / Darin es sterbend sein Sterben erblickte – // Erde, o Erde / Stern aller Sterne / Einmal wird ein Sternbild Spiegel heißen. / Dann o Blinde wirst du wieder sehn!»* (1, 61). «So kehrt auch niemand heil zu seinem Gott zurück.»[130]

*

Im Oktober 1946 erhielt Nelly Sachs einen Brief aus dem östlichen – sowjetisch besetzten – Teil Berlins, vom dortigen «Aufbau»-Verlag. Diesem Schreiben zufolge war das Verlagshaus auf Empfehlung des ostdeutschen Kulturministers und Dichters Johannes R. Becher bereit, Nelly Sachs' Gedichte in nächster Zeit (Anfang Dezember) in hoher Auflage als Buch zu veröffentlichen. Man bat um weitere Arbeiten. – Nelly Sachs war verblüfft und zutiefst erfreut. Mitte Mai hatte sie dem Schauspieler Curt Trepte bei seiner Heimkehr aus dem schwedischen Exil Arbeiten von sich mitgegeben; nun erhielt sie die Nachricht, dass sie in Berlin nicht nur angenommen worden waren, sondern in hoher Auflage zur Verbreitung kommen sollten. Sie schrieb Trepte von ihrer «unendlichen Freude», *«daß die Gedichte dort sprechen dürfen, wo das Leid seinen Anfang nahm»*,[131] und übersandte dem Verlag postwendend die in der Zwischenzeit entstandenen Arbeiten, darunter die *Chöre nach der Mitternacht.*

Im Dezember 1946 lag das Buch mit dem Titel *In den Wohnungen des Todes* noch nicht vor. Nelly Sachs und ihre Mutter froren in der kalten und dunklen Stockholmer Wohnung – und sandten Hilfspakete an Gudrun Harlan in Dresden. Ein halbes Jahr später, Mitte Juni 1947, aber hielt sie das schmale Büchlein mit 80 Seiten in Händen, das in einer Auflage von 20 000 Exemplaren gedruckt worden war. Es trug die Widmung *«Meinen toten Brüdern und Schwestern»* und enthielt vier große Zyklen: «Dein Leib im Rauch durch die Luft», «Gebete für den toten Bräutigam», «Grabschriften in die Luft geschrieben» und die «Chöre nach der Mitternacht». Nicht der Verlag überstellte es an Nelly Sachs; Ragnar Thoursie, ein mit ihr

NELLY SACHS

IN DEN WOHNUNGEN DES TODES

AUFBAU-VERLAG BERLIN W8

1947

Nelly Sachs: *In den Wohnungen des Todes.* Titelblatt der Erstausgabe, Berlin 1947

befreundeter, achtundzwanzigjähriger schwedischer Lyriker – der vorübergehend in Deutschland als Journalist gearbeitet hatte –, brachte es ihr aus dem Land, «wo das Leid seinen Anfang nahm», persönlich nach Bergsundsstrand 23. Nur vier Wochen später, am 25. Juli 1947, schrieb ein Rezensent in der *Frankfurter Neuen Presse:*

> Dem verfolgten und in den Tod gehetzten israelitischen Volke ist eine dichterische Stimme geworden, die sich weit vernehmbar machen wird. Nelly Sachs, über die uns persönlich noch nichts bekannt geworden ist, hat im Aufbau-Verlag, Berlin, ein kleines, aber schwerwiegendes Lyrikbändchen: «In den Wohnungen des Todes» veröffentlicht. Aus der Anonymität eines gequälten Daseins ist die Dichterin aufgetaucht, und sie kann auf Grund der in sich abgeschlossenen, vollen Leistung als stellvertretend für ein ganzes Volk angesprochen werden. Für seine Leiden und Qualen in der Nazizeit ist eine schöpferische Kraft von großer unmittelbarer Ausdrucksgewalt erstanden, deren klagender Todesruf so leicht nicht vergessen wird.
>
> Mögen ihre Gedichte bei dem deutschen Volke eine aufrüttelnde, läuternde Wirkung auslösen, weil sie nicht aus dem Hass, sondern aus einer tiefen erleidenden Liebe erwachsen sind.[132]

Martin Buber sandte Nelly Sachs nach der Lektüre der Gedichte seine «Chassidischen Bücher» und Hermann Hesse sein Bild. Auch Nelly Sachs' Lyrikübertragungen aus dem Schwedischen *(Von Welle und Granit)* – nicht jedoch, wie sie sehnlichst gehofft hatte, ihr *Eli*-Spiel – erschienen noch im selben Jahr als Buch in Ost-Berlin. Sie erhielt eines von 10000 Exemplaren im November 1947, «etwas aus dem Leim gegangen».[133]

*

Obwohl Rezensionen der *Wohnungen des Todes* in großen westdeutschen Zeitungen fast gänzlich unterblieben[134] und ihre Lebens- und Arbeitsbedingungen nach wie vor schwierig waren, schrieb Nelly Sachs unentwegt weiter. Am 20. Oktober 1947 teilte sie Manfred George mit, dass sie wieder «einen Band Gesänge immer am Dienst

Israels» fertiggestellt habe – *«dieses Mal, nachdem das erste Stück Schmerzgebirge gebrochen ist, suchen sie die geheimeren Adern Israels aufzufinden; ein Teil ist seinen Erstlingsgestalten gewidmet».*[135] Eine Woche später hieß es in einem Brief an Carl Seelig noch einmal über die grundsätzlichen Intentionen und die Form ihrer Arbeit:

> In meinem Buch steht: «Chor der Tröster» und dies ist, was ich meine. Wir nach dem Martyrium unseres Volkes sind geschieden von allen früheren Aussagen durch eine tiefe Schlucht, nichts reicht mehr zu, kein Wort, kein Stab, kein Ton – (schon darum sind alle Vergleiche überholt) was tun, schrecklich arm wie wir sind, wir müssen es herausbringen, wir fahren zuweilen über die Grenzen, verunglücken, aber wir wollen ja dienen an Israel, wir wollen doch keine schönen Gedichte nur machen, wir wollen doch an unseren kleinen elenden Namen, der untergehen kann, nicht das Unsägliche, das Namenlose heften, wenn wir ihm nicht dienen können. Nur darum geht es, denke ich, nur darum, und deswegen unterscheiden wir uns von den früheren, denn der Äon der Schmerzen darf nicht mehr gesagt, gedacht, er muß durchlitten werden. – So glaube ich auch oder besser, ich fühle es von immer her, wie die Kräfte, die das Leiden gelöst hat, sich im Unendlichen sammeln, um «Neues» zu gebären, daß die Liebe Welten schaffen kann [...].[136]

Nelly Sachs arbeitete zu dieser Zeit, im Spätherbst 1947, an einem nächsten Gedichtwerk, dem sie den Namen *Sternverdunkelung* geben wollte. Sie arbeitete im Bewusstsein der gebrochenen Tradition und der Zerstörung alter Formen: «So muß ich den Vorwurf vieler Emigranten hinnehmen, die ein Anknüpfen an die *Vor*martyrium-Tradition verlangen, und sind doch in einer Zeit, die aufgerissen ist wie eine Wunde.»[137] «Wir können einfach nicht mehr die alten verbrauchten Stilmittel anwenden. In keiner Kunst ist das möglich.»[138] Nelly Sachs verstand ihre Arbeit als einen Dienst an «Israel» und seinen «geheimeren Adern». Sie versuchte Carl Seelig brieflich zu verdeutlichen, dass im Durchleiden und durchdringenden Vertiefen der Schmerzen eine Neugeburt stattfinden könne, im Hinblick auf Israel und das Weltschicksal des jüdischen Volkes – *«So glaube ich auch oder besser, ich fühle es von immer her, wie die Kräfte, die das Leiden gelöst hat, sich im Unendlichen sammeln, um ‹Neues› zu gebären, daß die Liebe Welten schaffen kann [...].»*

Mit den «geheimeren Adern» des Judentums hatte sich Nelly Sachs zu diesem Zeitpunkt bereits seit längerer Zeit und in vielfältiger Weise auseinandergesetzt. Obwohl auch in Stockholm bewusst außerhalb der jüdischen Gemeinde stehend und lebend, hatte sie sich in deren Bibliothek schon Anfang der 40er Jahre chassidische Schriften ausgeliehen, die sie mit Ergriffenheit las. Bereits im Juli 1944 hatte Nelly Sachs an Max Tau geschrieben:

> Was meine eigenen Dinge betrifft, so brauche ich Ihnen, lieber Dr. Tau, ja nicht weiter zu sagen, um was es uns da geht. Sie wissen so gut wie ich, daß es sich da nicht um Herausgabe von Gedichten handelt. Ob ich es bin oder ein anderer, der diese letzten Seufzer aufzeichnete, wie gleich. – *All die Sehnsucht, die wie in der Zeit der Chassidim die jüdischen Menschen wieder zu ihrem Gott aufbrechen ließ, ist neu lebendig geworden bei den wenigen, die vielleicht dies Entsetzen überleben dürfen.*[139]

Die Lehre von der Anwesenheit Gottes in der Welt, von der «Heiligung des Augenblicks», vom «sakramentalen» Umgang mit irdischen Dingen und Wesenheiten als Umgang mit verborgen Göttlichem, aber auch die chassidische Spiritualität in kosmischer Hingabe, in Ekstase und Tanz, in Bild und lebendigem Wort, die Martin Buber in seinen Geschichten erinnernd zum Ausdruck brachte, standen Nelly Sachs nahe. Manche Widmungen ihres Buches *In den Wohnungen des Todes*, aber auch vieles in ihrem Mysterienspiel *Eli* atmete osteuropäisch-chassidischen Geist – «ich fühlte das Bedürfnis, in der Zeit der tiefsten Erniedrigung, etwas von dem strahlenden Glanz dieser trotz Buber so unbekannten geistigen Welt aufzuweisen».[140]

Die «geheimeren Adern» Israels aber waren für Nelly Sachs auch seine geschichtlichen Anfänge, sein zeitlich-überzeitlicher Ursprungsweg zu Gott in unmittelbarer Erfahrung. Immer weiter vertiefte sich Nelly Sachs in den Jahren nach dem Ende des Weltkriegs in die prophetischen «Erstlingsgestalten» und das schöpferische Geheimnis Israels, von dem sie sich Erneuerungskräfte für die Zukunft erhoffte. *«Ich habe nur das tiefe Gefühl, es müßte so sein, daß jüdische Künstler auf die Stimme ihres Blutes wieder zu hören beginnen müssen, damit die uralte Quelle zu neuem Leben erwache.»* (27. 1. 1946[141]) Nelly Sachs erkannte das Leid als Element der Urschöpfung und des Werdens; sie verband sich mit dem Weg Abrahams, dem «Mann aus Ur», den sie – in seinem unmittelbaren Gottesbezug und seiner Auseinandersetzung mit dem Widersacher Nimrod – als ersten Heimatlosen und Flüchtling, als Protagonisten der Menschheit und des 20. Jahrhunderts erlebte.[142] Im Herbst 1946 begann ihre Beschäftigung mit den Kulturkreisen von Babylon und Chaldäa, in näherer Ausarbeitung ihres begonnenen Dramas über Abraham[143] und mit Hilfe Enar Sahlins, der ihr entsprechende Bücher aus der Universitätsbibliothek von Uppsala besorgte. Über sich schrieb sie in einem aufschlussreichen Brief dieser Wochen:

> [...] zuweilen ist mir das Herz schwer. Bei den Chassiden steht zu lesen, daß jeder seine eigene Art vollenden muß. Nimmst du die Stufe des anderen, so erreichst du sie nicht und deine eigene verlierst du. Und so soll es sein. [...]
>
> Ich habe kein Land und im Grunde auch keine Sprache. Nur die Inbrunst des Herzens, die über alle Grenzen hinwegeilen will.[144]

*

Ein Jahr später, im Herbst und Winter 1947/48, als Nelly Sachs an den Gedichtzyklen der *Sternverdunkelung* arbeitete, erfuhr ihre chassidische Suche dann eine weitere Anregung – durch die zu dieser Zeit von Schmuel Hugo Bergman (Jerusalem) gehaltenen Vorlesungen über «religiöse Gestalten der Gegenwart.» an der Stockholmer Universität. Bergman war nicht nur ein intimer Kenner der jüdischen Esoterik, sondern ein Jugendfreund Kafkas und beschäftigte sich zudem (wie Nelly Sachs' Freundin und Lebensretterin Gudrun Harlan[145]) lebenslang mit der anthroposophischen Geisteswissenschaft Rudolf Steiners – was Nelly Sachs im Falle Bergmans jedoch nicht bekannt war.[146] Zu seinen Vorlesungen konnte sie aufgrund der Hilfsbedürftigkeit ihrer Mutter nicht kommen; zu Nelly Sachs' größter Freude aber übersandte Bergman, der ihre Gedichte schätzte, seine Manuskripte nach Bergsundsstrand 23. Diese Vortragsmanuskripte brachten, so Nelly Sachs, «die östliche Glut und Hingabe in den kühlen Norden [...], wo die Einsamkeit überhaupt im Winter mit Polardunkelheit und Urweltlandschaft oft übermächtig wird».[147] In ihren Dankes- und Rezeptionsbriefen an Hugo Bergman schrieb sie im Spätherbst und Winter 1947/48 viel über ihre innere Auseinandersetzung mit dem Judentum, die durch Bergmans Darstellungen neue Nahrung erhielt. In Anlehnung an seine Ausführung über Franz Rosenzweig und den *Stern der Erlösung* hieß es am 21. November 1947:

> [...] Die Auffassung, dies aus der Geschichte Ausgetretensein, nur dem Einen letzten Endes hingegeben, sie ist von jeher auch die meine. Was sollten wir anderes noch auf der Welt, wozu noch aufgespart, wenn nicht diesem Ruf folgen, alles andere können andere Völker ebenso tun, vielleicht besser. Warum sollte auch von diesem Gesichtspunkt aus nicht Christus als die Blume unserer Propheten gelten. Alle menschlichen Einrichtungen, auch die religiösen, haben sich so leer gelaufen, wir können doch nur noch erleben, erleiden, im Dunkeln nehmen und weitergeben. Es reicht ja doch kein Wort zu nichts mehr hin, von gestern zu morgen ist eine Kluft wie eine Wunde, die noch nicht heilen darf.[148]

Über Martin Buber und den Chassidismus teilte Nelly Sachs Hugo Bergman vier Wochen später mit:

Dies ist mir so nah so nah, und es erscheint mir nicht nur als der wahrhaftigste, sondern eigentlich als der einzige Weg, den ein vertieftes und wieder den Alltag und den ganzen Menschen heiligendes Judentum gehen kann. Merkwürdigerweise habe ich bei meinen schwedischen Dichterfreunden, denen ich versuchte, Buber nahezubringen, und die chassidischen Geschichten auslieh, die Erfahrung gemacht, daß auch jene, die jedem festgelegten Dogma abgeneigt sind, die Auffassung des Judentums von der bisher unerlösten, aber der Erlösung harrenden Welt, sehr gut mit ihrer oft dem Existentialismus naheliegenden Auffassung vereinen konnten. Das Nicht-Gebundene, das Fließende, das immer Mögliche ist nach den furchtbaren Erfahrungen wohl auch das einzig Trostgebende. Auch der Einschluß des Hiesigen, die Heiligung der Materie anstelle der Teilhingabe an das von Menschen erdachte umgrenzte Gebiet einer Religion. [...] Und wie wahr diese Einwohnung der Funken (vielleicht trifft sich da mit diesen Dingen heute auch die Wissenschaft, von der ich nichts verstehe), das Sternenhafte und von innen Getriebene allüberall im Universum.[149]

Hugo Bergman wies unter anderem Schalom Ben Chorin auf Nelly Sachs und ihr Buch *In den Wohnungen des Todes* hin; auch von Ben Chorin erhielt Nelly Sachs daraufhin zustimmende Post aus Jerusalem. Die Zukunft Israels spielte eine große Rolle in Nelly Sachs' Stockholmer Korrespondenz mit Bergman, der seit seiner Prager Jugend Zionist gewesen und 1920 nach Israel ausgewandert war. Nelly Sachs hoffte inständig auf einen friedlichen Verlauf der begonnenen Staatsbildung in Palästina, die sie – obwohl ursprünglich aus antizionistischem Hause – mit höchster Aufmerksamkeit verfolgte: «Wenn nur in Palästina Frieden einkehren möchte. Alle Nationen müßten ihren Schutz leihen. Blut ist endlich genug geflossen. Aber wie leicht wäre auch damals die kleine Judenheit zu retten gewesen, wenn, ja wenn die Lauheit aus der Welt wäre».[150] Am 18. Januar 1948 schrieb sie an Hugo Bergman über ihre Hoffnung und Vision für das in Israel Begonnene:

Im Land Israel, wenn einst der gesteigerte Nationalismus, hervorgerufen durch die maßlosen Leiden, sich beruhigt hat, und der verschüttete Quell, der die natürliche Verbindung in die Regionen des Alls verbindet, wieder zu sprudeln beginnt, werden die Menschen von dort ausgehend, ob Stadt, ob Land, ihre Häuser zu Ihm bauen, wie man einfach nach der Sonnenseite baut.[151]

In dieser Zeit entstand ihr Gedicht:

NUN HAT ABRAHAM die Wurzel der Winde gefaßt
denn heimkehren wird Israel aus der Zerstreuung.

Eingesammelt hat es Wunden und Martern
auf den Höfen der Welt,
abgeweint alle verschlossenen Türen.

Seine Alten, den Erdenkleidern fast entwachsen
Und wie Meerpflanzen die Glieder streckend,

einbalsamiert im Salze der Verzweiflung
und die Klagemauer Nacht im Arm –
werden noch einen kleinen Schlaf tun –

Aber die Jungen haben die Sehnsuchtsfahne entfaltet,
denn ein Acker will von ihnen geliebt werden
und eine Wüste getränkt

und nach der Sonnenseite Gott
sollen die Häuser gebaut werden

und der Abend hat wieder das veilchenscheue Wort,
das nur in der Heimat so blau bereitet wird:
Gute Nacht!
(1, 128)

*

Die zunehmenden Auseinandersetzungen um den Staat Israel und das jüdische Volk machten Nelly Sachs sehr zu schaffen – Freunde erzählten ihr im Januar 1948 vom wieder erstarkenden Antisemitismus in Deutschland. Steinwürfe von Jugendlichen auf die Fenster in Bergsundsstrand 23 hatte Nelly Sachs 1947 noch relativ gelassen hingenommen und in einem Brief geschrieben: «Auch meine Mutter saß am Fenster. Glücklicherweise passierte ihr, so oft es geschah, nichts. Im Frühjahr war auch einmal ein Pfeil durch unsere zerbrochene Fensterscheibe gelandet. – Natürlich bin ich weit entfernt davon, irgend eine besondere Absicht in diesem Vergnügen einer verwilderten Knabenschar zu sehn, aber dieses andauernde Suchen nach einer Zielscheibe, davon die Welt so voll ist, macht traurig».[152] *«Warum die schwarze Antwort des Hasses / auf dein Dasein, Israel?»* (1, 100), formulierte Nelly Sachs dann jedoch bald in einer Gedichtzeile, in der gleichzeitigen Sorge um eine mögliche Gegenaggression. Israel sei, so Nelly Sachs, durch ein «geheimes Gesetz» daran gebunden, jede Gewalttat und jeden Mord abzulehnen. «Man kann nur bitten und flehen, daß die Verfolgten niemals Verfolger werden», schrieb sie im Oktober 1948 und nahm in tiefer Beunruhigung alle gegenläufigen Entwicklungen wahr.[153] Nelly Sachs sah das tief Berechtigte der israelischen Staatsgründung, gerade angesichts des erneut aufgetretenen Antisemitismus: «Mit wieviel mehr Ruhe dürfen wir nun nach Israel blicken und wie trostlos wäre es ohne diese Heimat, nun bei dem ständig wachsenden Antisemitismus in Deutschland».[154] Dennoch dachte sie selbst in überstaatlichen, originär religiös bzw. spirituell-ethisch ausgerichteten Kategorien. Gegenüber Walter A. Berendsohn, der nicht mit ihr einig ging, hatte sie bereits 1944 entsprechende Reserven geltend gemacht: *«Ich bin keine Zionistin in dem Sinn, wie es jetzt aufgefaßt wird, ich glaube, daß unsere Heimat überall dort ist, wo die Quellen der Ewigkeit fließen».*[155] Das «Geheimnis Israels», die «Wesenseinheit Israel» wollte Nelly Sachs mit ihrer eigenen Arbeit zum Vorschein bringen, das geistige «Jerusalem»: «Was ich selbst als meine Aufgabe betrachten möchte ist ‹Äußerstes› und ‹Innerstes› der Wesenseinheit ‹Israel› den heutigen Menschen aufzuweisen. Nicht nur der ‹Augenblick Sand› durch den alles hindurch muß, sondern wie dieser Sand verbunden ist, wie dieses Blut berührt von seinem strahlenden Gesetz. Wenn sich die Menschheit viele Jahrtausende hindurch mit den Griechen als Urhebern des Maßes beschäftigt, so möchte ich ‹Israel› wieder eingegliedert wissen in das, was sein Wesen ist: Inbrunst. Jene äußerste Propheteninbrunst, die aus Wüstensand wuchs und beflügelt wurde, jene Inbrunst welche die Gestirne im Raum kreisen läßt».[156] Dieses geschichtliche «Geheimnis» Israels, seine besondere, sich aus dem Leid erhebende Spiritualität, betrachtete Nelly Sachs als Zukunftselement der Menschheit – und hoffte auf seine Entfaltung, weit über Palästina hinaus. Bereits im April 1946 hatte sie in diesem Sinne an ihre Freunde Ilse und Moses Pergament geschrieben:

> Ich denke so oft, es muß doch irgendwo in der Welt Israels Licht wieder entzündet werden, mit seinen eigenen Kerzen entzündet, seinem eigenen Quellwasser erfrischt werden. Die Länder, wo wir Gastrecht genießen, selbst Palästina mit dem Urväterstaub, alles muß doch einmal zurücktreten vor der ewigen Gottesgemeinschaft, die uns verbindet. Durch sie werden die Juden der Menschheit noch zu schenken haben, an keine andere Zukunft kann ich mehr glauben als an diese![157]

Trotz ihrer überstaatlichen Orientierung aber blickte Nelly Sachs durchaus mit großer Hoffnung auf Palästina selbst – als ur- und vorbildliche Stätte eines möglichen, weltweit gedachten Neubeginnes in jenem jüdischen Geist, dem sie mit ihrer eigenen Arbeit dienen wollte: *«Welche Gabe ist der Staat Israel in dieser Zeit und welche Möglichkeit, die verschütteten und doch aus so viel Leid destillierten Seelenkräfte dieser Erde gerade dort zum Leuchten zu bringen».*[158] In diesem – dialektischen – Sinne war «Israel» für Nelly Sachs ein vollkommen außerordentlicher «Staat», im *«Herzland der Erde»* und nach unvergleichlichen Verfolgungen entstanden. Der Staat Israels bedeute, so Nelly Sachs in einem weiteren Brief vom März 1948, mehr oder anderes als «Saat und Ernte, Krieg und Frieden, Wissenschaft und Kunst, gepflanzt in diesen Boden», und seine Angehörigen seien «nicht nur ein Volk wie andere Völker»:

> Dies in Demut als schweren Auftrag empfunden, niemals anders. Und darum ist es mir, so wie ich einmal geschaffen bin, nicht anders möglich, als alles was ich denke und tue und so auch das, was in der Heimat geschieht, an jene unsichtbare Nabelschnur zu hängen, die Ewigkeit heißt. Dies hat nichts mit einer jenseits gerichteten Anschauung zu tun, wir sind ja berufen, mit unseren Leibern das Licht zu vollbringen, was sollten sonst auch die wandernden Kräfte der ganzen Schöpfung bedeuten. Es ist einfach dieses Aufbruchbereitsein zu einem noch über und wohl auch unter den hiesigen Saaten und Ernten gelagerten, das ich die Jugend bitten möchte, nicht zu vergessen. Dies, was wir Juden, meine ich, für alle Völker der Erde in Erinnerung halten müssen, für alle, die vergessen. Diese, unsere höchste Aufgabe sollte nie im Tageslauf untergehn, und sei es auch nur für kurze Zeit.[159]

«Ich habe dich zum Licht der Völker gemacht, dass du seist mein Heil bis an der Welt Ende». (Jes. 49, 6)

In ihrem Gedicht «Jakob», das im Zusammenhang der *Sternverdunkelung* entstand, schrieb Nelly Sachs 1948:

O Israel,
Erstling im Morgengrauenkampf
wo alle Geburt mit Blut
auf der Dämmerung geschrieben steht.
O das spitze Messer des Hahnenschreis
der Menschheit ins Herz gestochen,
o die Wunde zwischen Nacht und Tag
die unser Wohnort ist!

Vorkämpfer,
im kreißenden Fleisch der Gestirne
in der Nachtwachentrauer
daraus ein Vogellied weint.

O Israel,
du einmal zur Seligkeit endlich Entbundener –
des Morgentaus tröpfelnde Gnade
auf deinem Haupt –

Seliger für uns,
die in Vergessenheit Verkauften,
ächzend im Treibeis
von Tod und Auferstehung

und vom schweren Engel über uns
zu Gott verrenkt
wie du!
(1, 90 f.)

*

Im Mai 1948 unterzeichnete Nelly Sachs ihren Vertrag mit Gottfried Bermann-Fischer über die Veröffentlichung der *Sternverdunkelung*. Im November ließ ihr Max Brod über den Oberrabbiner von Stockholm Grüße aus Jerusalem bringen; im gleichen Monat – und mit noch größerer Resonanz zwei Monate später, im Januar 1949 – hielt Professor Berendsohn einen Vortrag über das literarische Werk von Nelly Sachs in Stockholm, der außerordentlich positiv aufgenommen wurde: «Ein Erfolg, wie ich ihn mir nie träumte».

Das Buch *Sternverdunkelung* wurde im Frühjahr 1949 in Wien in einer Auflage von 2000 Exemplaren gedruckt und erschien bei Fischer in Amsterdam, Wien und Frankfurt. Nelly Sachs freute sich sehr: «Es ist wunderschön eingebunden, und ich bete, daß es in den Herzen der Menschen etwas anrührt».[160] Sie widmete die Gedichtsammlung ihrem vor 19 Jahren verstorbenen Vater und schrieb in einem erläuternden Brief über die Intention und Sprache des Bandes:

Ich habe versucht, in meiner neuen Gedichtsammlung diese apokalyptische Zeit zu fangen, aber auch die ewigen Geheimnisse dahinter schimmern zu

Nelly Sachs, 1949.
Foto: Anna Riwkin

lassen. Unsere Zeit, so schlimm sie ist, muß doch wie alle Zeiten in der Vergangenheit in der Kunst ihren Ausdruck finden, es muß mit allen neuen Mitteln gewagt werden, denn die alten reichen nicht mehr aus.[161]

Abermals betonte Nelly Sachs damit die Notwendigkeit einer gänzlich neuen Sprache, des Bruchs mit der Tradition des Gewordenen und des neu zu findenden Wortes – unter veränderten Bedingungen, in geschichtlicher wie spiritueller Hinsicht. Wie sehr Nelly Sachs sich selber aus dem – geliebten – Alten «herausreißen» musste, deutete sie in Briefen mitunter vorsichtig an. Gudrun Harlan, die inzwischen geheiratet hatte, und ihrem Mann, dem Musikwissenschaftler, Cembalisten und Organisten Ulrich Dähnert, riet sie im Januar 1949:

Lest doch einmal an einem gemütlichen Winterabend Stifters «Narrenburg» wieder. Ach die sanften, guten Dinge von früher! Wenn ich über meinen schönen Nußbaumschrank streiche, den ich geschenkt bekam, so denke ich auch immer an Stifter, der die Holzfaser so liebte. Ich darf nicht verweilen. Ich muß in meinem Mann aus Ur im Vorspiel aus der Magie des Mondkultes das «Ewige» durch einen Jüngling entsiegeln lassen und in den späteren Akten die heutige todstarre Zeit überall zu fassen suchen. Da gibt es keine Wahl und kein Fürchten. Auch die neue Gedichtsammlung «Sternverdunkelung» ist dieser apokalyptischen Zeit gewidmet.[162]

In *Sternverdunkelung* hieß es an einer Stelle über das nunmehr aufgehoben-veränderte, nicht weiter gültige «Nacht»-Erlebnis der Romantik in exemplarischer Weise:

Nacht, Nacht,
einmal warst du der Geheimnisse Braut
schattenliliengeschmückt –
In deinem dunklen Glase glitzerte
die Fata Morgana der Sehnsüchtigen
und die Liebe hatte ihre Morgenrose
dir zum Erblühen hingestellt –
Einmal warst du der Traummalereien
jenseitiger Spiegel und orakelnder Mund –

Nacht, Nacht,
jetzt bist du der Friedhof
für eines Sternes schrecklichen Schiffbruch geworden –
(1, 76)

*

Erneut sprach die *Sternverdunkelung* vom jüdischen Schicksal, in «apokalyptischer», zukunftsgerichteter und konsequent menschheitlicher Orientierung – eingedenk aller Anfänge und alles Geschehenen:

Erde,
alle Saiten deines Todes haben sie angezogen,
zu Ende haben sie deinen Sand geküßt;

der ist schwarz geworden
von soviel Abschied und soviel Tod bereiten.

Oder fühlen sie, daß du sterben mußt?
Die Sonne ihr Lieblingskind verlieren wird
und deine Ozeane,
deine schäumenden, lichtenzündeten Wasserpferde
an den Mond geseilt werden,
der in azurgefärbter Nacht
ein neues Becken für die Sehnsucht weiß?

Erde,
viele Wunden schlagen sie in deine Rinde
deine Sternenschrift zu lesen
die in Nächte gehüllt ist bis zu Seinem Thron hinauf.

Aber wie Pilze wachsen die kleinen Tode
an ihren Händen,
damit löschen sie deine Leuchten,
schließen die Wächteraugen der Cherubim

und die Engel, die Tränenverspäteten, die Goldgräber
in den Schmerzgebirgen,
die Blumen aus dem Blätterwerk Mensch,
haben sie wieder tief unter den Grabsteinen
der Tiergötter vergraben.

Erde,
wenn auch ihre Liebe ausgewandert ist,
ihre Brände ausgebrannt,
und es leise geworden ist auf dir und leer –

vielleicht augenlose Stelle am Himmel,
darin andere Gestirne zu leuchten beginnen
bienenhaft vom Dufte des Gewesenen angezogen –

so wird dein namenloser Staub, den sie benannt,
dem sie soviele Wandernamen gaben
durch sie ins Gold der Ewigkeit gemünzt
doch seine selige Heimat haben.
(1, 80 f.)

An Walter A. Berendsohn schrieb Nelly Sachs zur Zeit des Erscheinens von *Sternverdunkelung*:

> Ich fühle die Verantwortlichkeit, die jedes Wort mir auferlegt, so stark, dass ich oft etwas zu leicht Gefundenes fallen lasse und mir lieber, wenn auch noch ungeschickt, das Felsgestein an unbebauter Stelle lockere. Und in dieser Zeit der letzten Atemzüge, wo man von allen Seiten her direkt an die Grenzen gerissen wird, vielleicht nicht mehr wie in früheren Verzweiflungen sich in den Abgrund zu stürzen und auch nicht wie in der Romantik darüber hinwegzufliegen, wohl aber als Übung das hier in so schreckliche Perspektiven Geratene von einer weiteren Aussicht überscheinen zu lassen. Der Glaube wächst, scheint mir, mit der Wissenschaft. Und wie dem Lied einer Amsel einst in stillen Frühlingstagen, so suchen wir nun der Herzmusik des Universums zu lauschen. Das Göttliche scheint mir herrlicher denn je, aber die Völker mögen bei dem Ausbruch über die Grenzen zu viel des eigenen Schutts über die neuen Gefilde geworfen haben. Abgebrochen ist die Atomkraft von ihrer Wurzel und reicht nur noch für Krieg und Hass. Verzeihen Sie, lieber Herr Professor, diese meine Worte, ich bin sehr einsam und spreche so zu mir selber oft.[163]

*

Nelly Sachs' neues Buch erhielt «herrliche Rezensionen»[164]; Hoffnungen auf einen größeren Absatz oder etwaige Honorareinnahmen aber erfüllten sich nicht. In Deutschland fand Nelly Sachs bereits 1949 kaum mehr Gehör, in den Jahren des forcierten Wiederaufbaus und der erfolgreich praktizierten Amnesie («es war die Zeit der westdeutschen Restauration, die alles abwehrte, was den Verdrängungsprozess stören konnte»[165]) Ein großer Teil der Gedichtauflage von *Sternverdunkelung* musste schließlich eingestampft werden.[166] Bereits in ihren «Chören nach der Mitternacht» hatte Nelly Sachs vorwegnehmend geschrieben: *«Unser Tod wird wie eine Schwelle liegen / Vor euren verschlossenen Türen!»* (1, 53) Die inhaltliche Thematik, aber auch die Art von Nelly Sachs' Schreiben wirkte auf viele Menschen störend und befremdend, und wurde nach dem kurzfristigen Aufhorchen nach Kriegsende für lange Zeit weitgehend ignoriert: «die Sprunghaftigkeit und die extreme Subjektivierung ihres Denkprozesses, die Schmerzintensität ihrer Metaphern überwältigt den Leser und überfordern seine Rezeptionsbereitschaft und -fähigkeit [...]».[167] In der zeitgenössischen Literatur dominierte die neue Sachlichkeit, die nüchterne Konkretion und die Ablehnung jeder Transzendenz. Es brachen für Nelly Sachs Jahre an, «in denen ab und zu ein einzelnes oder zwei ihrer Gedichte in der einen oder der anderen deutschen Zeitschrift erschien und niemand darauf reagierte» (Ruth Dinesen[168]).

Diese Situation traf Nelly Sachs im Herzen. Noch entsetzlicher für sie war, dass ihre Mutter neun Monate nach dem Erscheinen von *Sternverdunkelung* mit achtundsiebzig Jahren verstarb.

*

Nelly Sachs hatte die Flucht nach Schweden nur um der geliebten Mutter willen unternommen und mit ihr zehn Jahre im neuen Gastland in inniger Gemeinschaft gelebt – «mit meiner geliebten Mutter zusammen ist es uns gegeben, dieses Leben, wenn auch mit tiefen Wunden, weiter zu überstehn», schrieb sie in einem frühen Brief.[169] Die Verantwortung für den «geliebten letzten Menschen, den ich besaß», gab Nelly Sachs nach eigenem Zeugnis «Mut».[170] Die Mutter, so Nelly Sachs, habe dem neuen Leben in Schweden sehr viel «Schönheit» abgewonnen in der strahlenden Fröhlichkeit ihres Wesens, das durch einen schleichenden Abbau der Gedächtniskräfte noch an Naivität, Ausstrahlung und Charme gewann. «Sie freute sich, von allem Besitz losgekommen zu sein und wie die Vögel leben zu können».[171] Die ganze Zuwendung von Nelly Sachs galt ihrer Mutter – aber auch Margarete Sachs blickte mit großer Liebe und Stolz auf Nelly und ihre Gedichte. Von Anfang an war Nelly Sachs deutlich, was diese Exilgemeinschaft – inmitten ihrer nahezu grenzenlosen Einsamkeit – bedeutete. Im Juli 1946 hatte sie an Gudrun Harlan geschrieben:

> Du hast das Muttchen und mich vor der Vernichtung in Auschwitz gerettet und, was noch schlimmer gewesen wäre, Du hast uns vor der irdischen Trennung bewahrt. Möge einmal auch der Tag kommen, da diejenigen Deutschen, die sich an der Tortur und Tötung ihrer Mitmenschen beteiligten, aus ihrem Wahnsinn erwachten. Mögen sie einsehen lernen, was es bedeutet, ein Kind seiner Mutter zu entreißen, einen Mann seiner Frau.[172]

Wenige Monate später hatte es in einem anderen Brief geheißen: «Wenn ich nicht das geliebte Muttchen hätte, so möchte ich zuweilen [...] die Augen schließen».[173]

Margarete Sachs brauchte schon bald nach der Ankunft in Schweden Nellys intensive Unterstützung und Begleitung. Sie war nicht dazu in der Lage, für sich sorgen zu können, wodurch Nelly Sachs außerordentlich gebunden war und neben dem Haushalt und den Bemühungen um das tägliche Auskommen nur sehr bedingt zum Schreiben kam – «doch danke ich jeden Augenblick, daß ich sie pflegen darf, daß wir nicht auseinandergerissen werden, es ist dies eine Gnade, die kaum für mich zu fassen ist».[174] Bereits Jahre vor ihrem Tod durchlief Margarete Sachs oft «verwirrte» Grenzzustände des Bewusstseins, in denen sie Nellys unbedingten Beistand benötigte: «es ist kaum eine Nacht, wo ich nicht mit ihr an diese Grenze gehen muß; eine lange, lange Übung».[175] In verschiedenen Gedichten von *Sternverdunkelung* nahm Nelly Sachs darauf Bezug:

ABER in der Nacht,
wenn die Träume mit einem Luftzug
Wände und Zimmerdecken fortziehn,
beginnt die Wanderung zu den Toten.
Unter dem Sternstaub suchst du sie –

Deine Sehnsucht baut an der Schwester –
aus den Elementen, die sie verborgen halten,
holst du sie herein
bis sie aufatmet in deinem Bett –
der Bruder aber ist um die Ecke gegangen
und der Gatte zu hoch schon eingekehrt
da läßt die Demut dich verstummen –

Aber dann – wer hat die Reise unterbrochen –
beginnt die Rückkehr –
Wie der kleinen Kinder Wehklagen
erschrocken an der Erde
bist du –
der Tod der Toten ist mit der Zimmerdecke
herabgesunken –
schützend liegt mein Kopf auf deinem Herzen
die Liebe – zwischen dir und dem Tod -

So kommt die Dämmerung
mit dem roten Sonnensamen hingestreut
und die Nacht hat sich ausgeweint
in den Tag –
(1, 139)

Im Sommer 1948 hatten Nelly und Margarete Sachs endlich die lang ersehnte Wohnung an der Südseite des Hauses Bergsundsstrand 23 erhalten. «Denk nur, die Gestirne wieder sehn und fühlen, wir wagten gar nicht, daran zu glauben nach fast 7 Jahren Dunkelheit und Kälte», schrieb Nelly Sachs damals an Gudrun Harlan.[176] Trotz der

Freude über diese neuen Bedingungen aber verschlechterte sich die Verfassung von Margarete Sachs immer weiter, und bereits 1948 wusste Nelly oft kaum mehr aus noch ein. Es fehlte das Geld für teure Medikationen, aber auch die Zeit zum Gelderwerb. Im September 1948 schrieb sie nach Dresden: «Ich weiß oft nicht mehr, wie ich ihr helfen kann. Denn sie kann auch nicht mehr die kürzeste Zeit allein sein, und ich muß doch Besorgungen für das tägliche Leben machen. Meine Arbeit muß ruhen».[177] Über die literarische Arbeit – und das ihr zu dieser Zeit vorrangige Abraham-Drama – hieß es in diesem Brief:

> Ich habe noch meine geliebte Mutter, solange bin ich nicht allein, und dann einmal werde ich einsam sein mit meinem Werk. Das Drama wächst in mir, aber ich kann es nicht niederschreiben, da ich von dem Leiden meiner Mutter nicht fortsinken darf. Dies beides habe ich noch zu tun auf Erden, dann nichts mehr.[178]

Eine Distanzierung von der Mutter und eine (Teil-)Abgabe der Pflege kam für Nelly Sachs aus ökonomischen wie inneren Gründen nicht in Frage. Nelly Sachs (und nicht erst die spätere Biographieschreibung) wusste, dass sie sich zeitlebens nie von ihren Eltern gelöst hatte, aufgrund ihrer liebevollen und komplexen Bindung, ihres schweren und unglücklichen «Schicksals» in Berlin – sowie der gemeinsamen Flucht- und Rettungssituation. «Vielleicht hätten wir uns trotz dieser Liebe einmal leichter und leiser von einander gelöst, wenn der Tod nicht so furchtbar mit den Unseren umgegangen wäre, und sie so das Einzige ist, was mich überhaupt noch mit dieser Erde verknüpft».[179]

In den letzten Jahren ihres Erdenlebens ging Margarete Sachs zumindest in den Nächten viel mit Verstorbenen um, in wechselnden, sich rapide verändernden Bewusstseinszuständen. Nelly Sachs sprach in Briefen wiederholt von «Herz-» und «Gehirnkrämpfen» ihrer Mutter, die ihr vieles abverlangten und mit den traumatischen Erlebnissen der Verfolgungszeit in Zusammenhang standen. Am

14. Oktober 1949, vier Monate vor dem Tod der Mutter, schrieb sie an Gudrun Dähnert-Harlan, die ihr und der Mutter am nächsten stand, im Rückblick auf die letzten Wochen:

> Dem geliebten Muttchen geht es oft sehr sehr schlecht. Sie lebt fast schon in einer anderen Welt, besonders des Abends, wenn es dunkelt, sind die Toten bei ihr. Und oft ist es, als ob die schreckliche Zeit damals aus den Tiefen der Unbewußtheit heraufsteigt und sie quält.[180]

Der Tod von Margarete Sachs trat – als ersehntes «Sterben in Freiheit» und in Anwesenheit der geliebten Tochter – schließlich am siebten Februar des Jahres 1950, dem Geburtstag des Vaters, ein. In einer Art Nachruf, den sie nie veröffentlichte, verfasste Nelly Sachs ein bemerkenswertes Porträt ihrer Mutter und des eigenen Zusammenseins mit ihr:

> Margarete Sachs geb Karger geb. den 9. Juni 1871 gest. d.7. Februar 1950 am Geburtstag ihres verstorbenen Mannes
>
> Diese im Grunde so heitere Seele ist aufgeflogen zu IHM, der an ihr eine hingerissene Bewunderin Seiner Schöpfung hatte. Noch bis in die letzten Tage ihres schweren Leidens ließ sie sich ans Fenster führen um den Sonnenuntergang zu erleben mit den Worten: «daß ich Dieses noch schauen durfte» während sie nicht müde wurde, wie immer, den wechselnden Gestalten der Wolken zu folgen die sich in ihrer Phantasie wieder auflösten und formten zu neuen Erscheinungen.
>
> Diese kindliche Aufnahmegabe, diese Begeisterung und Hingabe an jeden Augenblick, war ihr wahrhaftes, innerstes Wesen. Mit dieser Wandlungsfähigkeit vermochte sie ihren sehr ernsten, der Musik hingegebenen Mann und die zur Schwermut neigende Tochter ganz unbewußt an jene Grenzen zu tragen wo die schweren Dinge nicht mehr schwer sind, weil ihr innerstes geheimstes Wesen singend und tanzend aufgebrochen ist.
>
> Ihre Frömmigkeit war die der Kinder, denen sich noch alles

selbstverständlich auftut und die nur das Glück einzuatmen brauchen das ihnen immer und ewig angeboten wird. Und wie diese brachte sie niemals ihre Gedanken und Gefühle auf eine bestimmte Formel, sondern nur in Märchen und Lieder die sie des Abends von frühester Jugend ihrer Tochter vorsang bis sie beide vor Glück überwältigt einander in die Arme schlossen, und damit alle Schöpfung umarmten.

Diese Daseinsbezauberung brachte es mit sich daß sie die Umwelt bis zu den Tieren und Blumen hin gewann und außer gleichaltrigen Freunden eine Schar aus jüngeren Generationen zu sich hinzog. Am letzten Tag vor ihrem Sterben, zwischen auf- und abwallenden Bewußlosigkeiten, fand sie für jeden der besuchenden Freunde noch zärtliche Worte und Gesten, aus dem geheimen Quell fließend, der ihre Tage gespeist hatte und aus der so Viele Erquickung getrunken hatten.

So war auch ihr langes schweres Leiden keineswegs ein andauerndes Wohnen in der Krankheit. Als ihr das Gedächtnis mehr und mehr entschwand, so war damit auch immer wieder die Erinnerung an die vorangegangene Qual erloschen und wie zu neuem Leben erwacht sang und scherzte sie und jedes kleine Stück Papier nahm das, wie aus den Wolken geholte Gepräge ihrer Phantasie an, daraus ihre Hände in einem Augenblick prophetische Gestalten Kinder Blumen und Tiere formten.

So hatte sie ihrer Tochter Heimat wie einen Mantel aufgetan darin Verfolgungszeiten, Fremdheit und jede menschliche Verdunkelung einen lieblichen Ausgleich fand.

Diese, nun so voll von dunklem Erdenschmerz geäderte Schmetterlingsseele die lange schon aufbruchsbereit und voll Unruhe die Flügel schlug und nur um des einen Menschen willen zögerte, schwand hin. Viele die sie kannten werden vielleicht erfühlen wie ein wärmender beglückender Hauch sie verließ. Für ihre Tochter aber, deren Seelenbahn sie bis in die kleinsten Verzweigungen hinein mit Licht erfüllte, ist der Mantel einer Heimat abgefallen und kein Trost der Welt reicht aus für diese Beraubung.[181]

*

«Nelly Sachs erlebt bei diesem Verlust [der Mutter] erst die volle Bedeutung des Exils, die totale Einsamkeit in einer fremden Welt. Sie bezeichnet sich in dichterischen Texten von jetzt an als eine Waise, in Briefen erscheint das Symptom des Sprachverlustes, der Trauerzustand gipfelt in einem Nervenzusammenbruch [...]». (Ruth Dinesen: «Spätfolgen der Verfolgung»[182]) Knapp drei Wochen nach dem Tode der Mutter schrieb Nelly Sachs in Erläuterung ihrer inneren Situation an Kurt Pinthus nach New York:

> Lieber Freund, Sie haben [...] gefühlt, was dieser Tod für mich bedeutet. Mit dem Verstand müßte ich ihn tragen in Dankbarkeit. Aber ich bin bis in meine letzten Grenzen getroffen, durchgeschnitten. Dieses letzte, teuerste Erdengut hatte mich zusammengehalten, alles, was schon längst auseinander wollte, brauchte ich in letzter Glut, um dieses so oft vor meinen Augen schon Sterbende wieder zum Leben zu rufen. Nun ist nur noch Sehnsucht übrig. Ich will noch versuchen, das Drama fertig zu schreiben. Ich will mir alle Mühe geben, das so oft Erflehte zu vollenden. Ich will versuchen.[183]

Einen Tag später hieß es an Walter Muschg in Basel:

> Tag und Nacht sind nur noch brennende Sehnsuchtswege. Das Drama, welches ich begonnen hatte, liegt nur noch wie in Feuer gebadet, ich kann nicht hineingreifen. Ich sollte voll Dankbarkeit sein, daß ich mit dem Teuersten verbunden so innige Zeit hier noch haben durfte, aber ich weiß nicht, mir ist, als hätte ich die Grenzen allen Tragenkönnens erreicht.[184]

Als nur drei Wochen nach Margarete Sachs auch der langjährige treue Helfer, der Freund und Schicksals-«Bote» Selma Lagerlöfs, Enar Sahlin, starb, brach Nelly Sachs an dessen Bett zusammen, «nach dem mein wirklich schon kranker Geist wieder etwas Frieden gefunden hatte».[185] Zu Enar Sahlin hatte Margarete Sachs kurz vor ihrem Tode gesagt: «Wir werden eine große Reise machen, wir beide.»[186]

Nelly Sachs aber blieb allein auf Erden zurück. Sie musste mit 58 Jahren in Schweden einen zweiten Neuanfang versuchen – aus eigenen Kräften, labil, einsam und gefährdet. Erneut hielt sie sich an und durch die Sprache, als Hilfe zum Überleben, zum Atmen und zur inneren Orientierung. Über drei Jahre hinweg schrieb sie an ihren *Briefen aus der Nacht*, die – als «Meditationen auf den Tod der Mutter» (Dinesen[187]) – Zeugnis ihrer inneren Bemühungen ablegten, das eigene Dasein und seine Erfahrungen zu objektivieren, und zugleich das maßlose Leiden gestaltend zu begrenzen.[188] «Flattere in meiner Stube, putze und erwarte. Am Nachmittag mit sinkender Sonne beginnt die Erwartung. Ich spare die feine Wäsche auf. Ich nehme nichts was so schön ist, dass du es haben könntest. Das Warten überdauert die Müdigkeit. Immer stoße ich an Wände. Die Gedanken sind Opfer einer Hetzjagd.»[189] «[Ihre Texte] bestehen aus Gebeten, Reflexionen und Zwiegesprächen mit der Toten. Diese *Briefe aus der Nacht* beinhalten in Erinnerungsfetzen und Träumen kleine Einblicke in das Zusammenleben mit der Mutter. Sie sind wie ein Zurückrufen aller Stadien ihres Lebens. ‹Lerne rückwärts›, nennt sie [Nelly Sachs] das und beginnt am Sterbebett der Mutter.» (Dinesen[190]) Zugleich begleitete Nelly Sachs damit den nachtodlichen Erinnerungsweg der Mutter[191] – «alle Liebe geht in den Sternenraum den innerlichen».[192]

Als Nelly Sachs Jahre später einem jungen Schriftstellerkollegen in seiner depressiven Not beizustehen versuchte, schrieb sie ihm:

> Das beste [...], was man tun kann, wenigstens was ich selber tat, und ich empfehle nur das, was ich ausprobierte, so nahe am Sterben – ist: Tagebuch führen. Nicht im alten Sinn – aber dann, wenn man nicht mehr anders kann. Man erstickt sonst. Es ist so, dass einem Niemand auch der liebste Mensch nicht helfen kann anders als wenn er sagt: ich bin dir gut, lebe und fühle mit Dir. Alles andere muß man selber besorgen.[193]

Neben den *Briefen aus der Nacht* versuchte Nelly Sachs mit letzten Kräften, die Arbeit an ihrem Abraham-Drama weiterzuführen – und verfasste darüber hinaus einen neuen Gedichtzyklus, der den Titel *Untergänge* trug und direkt mit dem Tod der Mutter verbunden war:

WAS STIEG aus deines Leibes weißen Blättern
die ich dich vor dem letzten Atemzug
noch Mutter nannte?

Was liegt auf dem Leinen für Sehnsuchtsverlassenes?

Welche Wunde schließt die durchschmerzte Zeit
die rann aus deinem Puls
mit Sternmusik?

Wohin der Kranz deiner warmen Umarmung?
In welchen Azur dein geflüsterter Segen?

Welches Lächeln gebar sich
an deines Fingers
luftiger Zeichensprache?

Auf welchen Spuren
soll ich deines Blutes Dichtung suchen?
Wo deine Seligkeit anfragen?

Wie unter meinen Füßen
die saugende Kugel fortstoßen
um die Todestreppe hinaufzustürmen?

Oft waren wir
geladen
zu überzeitlichen Empfängen
versteinerte Rinden
Meer- und Feuer-Vorhänge zurückschlagend –
Aber nun:

die Entlassene der Liebe hier
gebeugt über das Leid-Steine-Trauerspiel
dem Haar der Trennung nachsinnend

Und eine Herzenszeit schaffend
wo Tod sich atmend füllt
und wieder abnimmt –
(1, 227 f.)

*

Nelly Sachs' Todessehnsucht war in den ersten Monaten nach dem Erdenabschied von Margarete Sachs außerordentlich groß, und sie rang intensiv mit ihr: «Aber die Sehnsucht brennt. Es ist, als wäre plötzlich das Aufbruchsverlangen ins Maßlose gestiegen. Aber ich werde versuchen, die Demut des Ertragens wieder einzufangen. Dieser Kampf mit dem bißchen Staub!»[194] Als ihr Peter Huchel am 30. März 1950 das neue Heft von *Sinn und Form* mit zwei ihrer Gedichte sandte («Wenn im Vorsommer» und «Völker der Erde»), dankte sie ihm sofort, fügte jedoch hinzu, sie müsse sich seit dem Tod der Mutter noch jede Stunde erkämpfen. Im April 1950 flüchtete sie sich in die Pflege einer schwerkranken Mitbewohnerin des Hauses; sie half, wenn sie gefragt und gebraucht wurde – zugleich befestigte die aktive, tägliche Hingabe ihren eigenen Stand im Dasein. Darum ringend, «das Leben wieder etwas zu lernen oder wenigstens das Existieren»,[195] und die «Demut des Ertragens» jener entgrenzenden (Todes-)Sehnsucht entgegenzuhalten, die ihr seit Kindheit und Jugend vertraut war, engagierte sich Nelly Sachs nach Kräften; auch schweiften ihre Gedanken erneut nach Israel, dem Land des zukünftigen Aufbaus und eines fundamentalen Neubeginns. «Welche Gabe ist der Staat Israel in dieser Zeit und welche Möglichkeit, die verschütteten und doch aus so viel Leid destillierten Seelenkräfte dieser Erde gerade dort zum Leuchten zu bringen»,[196] schrieb sie im Mai 1950 an Hugo Bergman, der ihr wieder einen seiner Aufsätze gesandt hatte.

Im Juni und Juli 1950 erholte sich Nelly Sachs dann bei Freunden in einem Ferienhaus nahe Göteborg: «[...] diese Freunde haben mit unendlicher Zartheit mein armselig übrig Gebliebenes bei sich ruhen lassen. Der Garten am Meer, die Felseninseln ganz kahl und wie aus der Urzeit entstiegen, Stürme aus schwarzen Schlünden aufheulend Anfang und Ende mischend, wie sich in meinem Herzen das große Geheimnis von Tod und Auferstehung meines Geliebtesten mischt.»[197] Die anschließende Heimkehr in die verlassene Wohnung aber war umso schwieriger. Nie in ihrem bisherigen Leben hatte Nelly Sachs – trotz ihrer durchgängigen «Einsamkeit» – alleine gewohnt. Nun sah sie sich – in ihrem 60. Lebensjahr – erstmals radikal auf ihr Eigenwesen verwiesen. Sie kümmerte sich um die Überstellung der Berliner Urne ihres Vaters zum Grab der Mutter und schrieb im Juli und August über sich selbst im Rückblick auf die letzten Leidensmonate: «Wie hat mir diese furchtbare Zeit alle Begrenzung und Schwäche, alle Blindheit und Außerachtlassen meines eigenen Wesens nur deutlich klar gemacht.»[198] «Ich bin so tief im Leid gegangen, daß ich oft dachte, nur der Tod könnte mir wieder Leben schenken.»[199]

Ihren Briefwechsel mit Hugo Bergman über Israel und die Zukunft aber führte Nelly Sachs auch im Sommer 1950 fort: «Vielleicht ist wirklich unser heiliges Land doch ausersehen, noch einmal aus seinen Urgründen die Verwandlungen eines Volkes zu durchmessen, bis es sein Seelenbild zu jener Reinheit gestaltet hat, zu der es ausersehen. Wenn nur Staub und Blut von der geheimen Sehnsucht durchstrahlt sind.»[200] Sie schrieb Bergman, dass sie im Umgang mit der grenzenlosen Einsamkeit inzwischen etwas weitergekommen sei:

> Auch die Einsamkeit muß gelernt werden, und ich war zuerst eine sehr ungelehrige Schülerin, obgleich ich immer in meinem Leben nur mit Wenigen ganz Nahen verbunden war. Aber die Nahrung wächst: Sterne, Träume und sehr geheime Verbindungen. Und alles biegt sich dem Ende entgegen, für das man wieder lächeln lernt.[201]

Nelly Sachs hatte eine wunde, begeisterungsfähige und sehnsuchtsvoll-ekstatische Seele; sie konnte sich in ihren eigenen Seelengründen und -intensitäten verlieren – «zu weit herausgebeugt zerreißt das Gewebe».[202] Zugleich jedoch war sie dazu befähigt, im geistig Wesenhaften zu leben und darin Halt und Kraft zu finden: «Entdeckerreisen in unsichtbares Universum».[203] An Gudrun Dähnert-Harlan schrieb sie Mitte September 1950: «Immer wenn ich den herrlichen Abendstern, der eine riesenhafte Sonne sein muß, vor dem Schlafengehen sehe, so gedenke ich Euer als meiner liebsten Freunde auf Erden, die unter dem gleichen Zeichen leben und atmen.»[204]

Wenn der Tag leer wird
In der Dämmerung,
wenn die bilderlose Zeit beginnt,
die einsamen Stimmen sich verbinden –
die Tiere nichts als Jagende sind
oder gejagt –
die Blumen nur noch Duft –
wenn alles namenlos wird wie am Anfang –
gehst du unter die Katakomben der Zeit,
die sich auftun denen, die nahe am Ende sind –
dort wo die Herzkeime wachsen –
in die dunkle Innerlichkeit hinab
sinkst du –
schon am Tode vorbei
der nur ein windiger Durchgang ist –
und schlägst frierend vom Ausgang
deine Augen auf
in denen schon ein neuer Stern
seinen Abglanz gelassen hat –
(1, 137)

*

Nelly Sachs' Antrag auf die schwedische Staatsbürgerschaft wurde Ende 1950 aufgrund ihrer unsicheren Einkünfte abgelehnt – nach dem Tod der Mutter hatte sie die für die Mutter bestimmte finanzielle Unterstützung verloren, und lebte an der untersten Grenze des Existenzminimums, «nur durch zeitweilige Gaben von Freunden verhungert sie nicht». (Dinesen[205]) Nelly Sachs erlebte diese abhängige Situation als demütigend und verletzend, nicht dagegen die mehr als bescheidenen Lebensumstände selbst. Aus freien Stücken schlief sie in ihrer «Kajüte», einer winzigen Kammer neben der Küche, wo die Einsamkeit erträglicher war – umstellt von den sorgfältig gebrauchten Dingen des täglichen Lebens. «Zuweilen gehe ich in meinen Küchenschrank wie in ein Ruhegebiet ein. Ordne das blaue Glas und die Teller, die ich für wenig Geld in einem Warenhaus kaufte. Auch nähe ich eine Schleife auf ein altes Kleid. Pflanze eine Blume. Und oft sprechen wir alle Freundliches über unsere Wunden hinweg.»[206]

Von einem Stockholmer Rabbiner bekam Nelly Sachs im Spätherbst 1950, ein halbes Jahr nach dem Tod ihrer Mutter, den *Sohar* zum Geschenk, das Zentralbuch der jüdischen Mystik des Mittelalters. Dadurch im Innersten angeregt und angesprochen – «Viele bestätigte Träume darin.»[207] –, intensivierte sie ihre Auseinandersetzung mit den spirituellen Strömungen des Judentums, las erneut Hugo Bergmans Vorträge und weitere Schriften des esoterischen Judentums, in der «Mosaiska Forsanslingen bibliothek» mit ihrer Spezialsammlung kabbalistischer Literatur. Ohne Zweifel gab die chassidische Mystik des «Alltags» Nelly Sachs Mut zum Weiterleben und Durchhalten, in ihrer Küche und auf den sonstigen, eng umschränkten Wegen ihres irdischen Daseins – *«Die immerwährende Minute in Ihm, was man auch tut»*.[208] Die Sprach- und Schöpfungsmystik der Kabbala und die Besinnung auf die *«innern, sprachlichen Wurzeln allen Daseins»*[209] bekräftigte dagegen Nelly Sachs' Willen zur lyrisch-dramatischen Weiterarbeit, zum Aufweis der existentiellen Geheimnisse auf dem Wege des Gedichtes – als einem möglichen Ort göttlicher Erscheinung, sprachgewordener und sprachwerdender Epiphanie:

So kurz ausgeliefert ist der Mensch
Wer kann da über Liebe sprechen
Das Meer hat längere Worte
auch die kristallgefächerte Erde
mit weissagendem Wuchs
Dieses leidende Papier
schon krank vom Staub-zum-Staube-Lied
das gesegnete Wort entführend
vielleicht zurück zu seinem magnetischen Punkt
der Gottdurchlässig ist –
(2, 89)

In dieser Weise weitergehend und weiterringend kam Nelly Sachs auch durch den schweren Winter des Jahres 1950/51 und freute sich im Februar 1951, ein Jahr nach dem Tod der Mutter, über eine erste kleine Ausgabe von *Eli.* Ihr «Mysterienspiel» war in Form 200 nummerierter und von ihr signierter Exemplare in Malmö erschienen, dank einer Initiative Walter A. Berendsohns, der dafür über zwei Jahre Subskriptionen gesammelt hatte.

Im Sommer 1951 erholte sich die sechzigjährige Nelly Sachs im Landhaus von Moses Pergament, einem Komponisten und Musikkritiker, mit dem sie seit 1943 befreundet war. Die heimatliche Atmosphäre bei Pergament und die Erfahrung des schwedischen Landlebens taten ihr, nach Wochen inneren Zweifels und quälender Selbstbeobachtung[210], erneut unsäglich wohl: «So ein schwedisches Sommerleben. Ganz einsam in zwei roten Hütten ohne alle neuzeitlichen Bequemlichkeiten. Die Wäsche gespült im Meer, der Brunnen auf dem Hof, die Kühe, Hühner, der große Hund, die wilden Schwäne rauschend im Flug überm Dach, der Kuckuck im Kirschbaum, die Wiesenschnarre unten, der Habicht oben, Pilzgericht und Walderdbeeren und das Meer mit den Schäreninseln.»[211] Nach Stockholm zurückgekehrt, reiste sie weiter zu einer Freundin auf ein Dorf in Mittelschweden: «Diese herbe Natur mit Granitfelsen und daran gelehnten wilden Heiderosen hilft einem tragen, ruft einen auf, daß man sich härtet, das Leben zu ertragen.»[212]

*

Intensive Naturerfahrungen, aber auch Menschenbegegnungen waren für Nelly Sachs nach wie vor von zentraler Bedeutung. Sie hatte in Schweden seit Jahren einen kleinen, vertrauten Kreis von Freunden, die sie und ihre Arbeit schätzten und nach Möglichkeit auch unterstützten. Mit vielen weiteren Menschen korrespondierte Nelly Sachs in großer Treue und Regelmäßigkeit, nahm an ihrem Leben und Leiden Anteil und berichtete von sich. Noch immer erschienen unvermittelt jüdische Flüchtlinge und Überlebende der Konzentrationslager bei ihr, suchten sie aufgrund der gelesenen Gedichte auf oder wurden von anderen auf sie verwiesen. Am 30. November 1951 läutete an ihrer Wohnungstür die zweiundzwanzigjährige Lenke Rothman, eine junge Malerin jüdisch-ungarischer Herkunft, über deren Erscheinen Nelly Sachs zwei Tage später an Ilse und Moses Pergament aufgeregt schrieb:

> Sie kam mit 15 Jahren in die Sterbelager, verlor bei der Ankunft in Auschwitz durch eine Handbewegung des S.S. Mannes nach links ihre Mutter, das jüngste Kind auf dem Arm, und sieben Geschwister. Auch sie hatte schon den Schritt nach links getan, aber der gleiche S.S. Mann riß sie aus unergründlichem Impuls zurück (Sekunde im Geheimnis). Auschwitz, Bergen-Belsen, 1945 nach Schweden gerettet mit schwerer Knochentuberkulose, 5 Jahre im Krankenhaus, unzählige Male operiert, das sind die äußeren Stationen. Soweit gleicht ihr Schicksal vielen ihrer anderen Leidensgenossen. Aber diese scheint mir ein Gefäß voller Gnade zu sein, eine Angerührte!
>
> «Nun bin ich», sagte sie ungefähr, «direkt von dem Augenblick Auschwitz, da ich den Fuß zurückzog, hier in dein Zimmer gelaufen, denn du hast das gleiche Kraftfeld berührt und so stehn wir in Flammen.» Sie kann keine Sprache richtig sprechen, aber die Sprache der Seelen kann sie, und

die versucht sie mit dem Pinsel auszudrücken. Und sie liest den Sohar und ertrinkt in ihm wie ich selber in einem Meer. Sie ist ein Mystiker und scheint mir schon mit einem Sprung da zu stehn, wo andere nach unendlichen Umwegen zu enden pflegen. Sie malt Gespräche mit ihrer toten Mutter in einer Art Noten auf, malt ein blutrotes Kraftzentrum der Liebe im Weltall, umgiebt Kafka's Prozeß mit einer Labyrinthgirlande.

Dies alles hat mich unsagbar ergriffen, noch dazu daß sie meine eigene Arbeit als etwas ganz Selbstverständliches nimmt, die so sein muß für sie mit und unser Zusammentreffen genau so natürlich [...].[213]

Ihr Brief an Ilse und Moses Pergament führt vor Augen, mit welcher Intensität und Erwartung sich Nelly Sachs – vereinsamt nach dem Tode der Mutter und sehnsüchtig nach geistigem Austausch, Verständnis und Schicksalsgemeinschaft – in eine solche Begegnung begab, hochgestimmt in der Grenzzone des Elends und mit der Tendenz zur überschwänglichen Erhöhung des Anderen. Lenke Rothman war von dem Eifer und der Freude der fast 40 Jahre älteren Nelly Sachs anfangs befremdet und ließ eine Woche vergehen, ehe

Nelly Sachs und
Lenke Rothman, 1961
Foto: Anna Riwkin

sie sich wieder bei ihr meldete. Dennoch trat sie in eine Freundschaft mit Nelly Sachs ein, die nicht einfach war, aber über längere Zeit Bestand hatte.[214]

Eine größere Feier zu ihrem 60. Geburtstag am 7. Dezember 1951 lehnte Nelly Sachs gegenüber Moses Pergament und Walter A. Berendsohn ab, und schrieb begründend an Berendsohn: «Ich fühle mich hier auf Erden nicht mehr da, wenigstens was mein innerstes Wesen angeht, ich bin nur noch für das, was ich vielleicht durch meine Arbeit ausrichten soll, hier. Auch für den Kreis weniger mir naher Freunde, zu denen ich wohl auch Sie, Herr Professor und Ihre Liebe Frau rechnen darf. Im übrigen ist nichts zu feiern an mir. Ich habe unendliches Leid auf Erden durchgemacht.»[215]

*

Nicht nur in persönlich-privater, sondern auch in literarisch-metaphysischer Hinsicht fühlte sich Nelly Sachs allein. Als originäre Mystikerin und spirituell Suchende stand sie selbst ihren näheren Freunden fern; ein wirkliches Verständnis für ihre visionären Erfahrungen, für ihre Sichtweisen und Intentionen, konnte Nelly Sachs in ihrer Umgebung kaum erhoffen, was ihr seit ihrer Kindheit schmerzlich bewusst war. Sie empfand ihr Anderssein und wusste um die Qualität des Besonderen; auch hatte sie Geistesfreunde und -verwandte in der Sphäre der mitteleuropäischen Kulturgeschichte – zu singulären Menschen wie Franz von Assisi und Jakob Böhme fühlte sie sich mit Nachdruck hingezogen, nicht aber zur jüdischen Gemeinde in Stockholm als etablierter Konfessionsgemeinschaft.[216] «Leide und liebe und sehne mich. Zu welcher Religion gehört das? Religion, dieses menschliche Gebäude um einen Glutkern. Um einen Seelenkern. Die einzelne Seele beginnt ihren leidenden Glaubensweg grade an der Grenze, wenn der Religionsforscher die Tür zumacht, den Riegel vorschiebt.»[217] «Der Unterschied zwischen fertiger Religion und einem in jeder Minute existentiell zu erleidenden

Glauben – ist in Worten für Außenstehende gar nicht zu definieren nur die Tatsache ist festzustellen. Religiöse Bindung gibt ja gerade das gegenteilige Bild des Mystikers, der aus dem hiesigen ausbricht um am Meer zu trinken und nicht an Wasserleitungen.»[218]

An Albrecht Goes, einen württembergischen Pfarrer und Dichter, schrieb Nelly Sachs am 16. Juli 1951 über ihren solitären Stand in der zeitgenössischen Literatur:

> Ich fühle mich einsam verwaist auch im Bereich der Ausdrucksweise heutiger Dichtung. Ich «glaube», soweit die Schwäche es mir erlaubt. Ich «glaube» bis in alle Qualen, Schuldbewußtsein in allem und an allem. Und so ist alles, was ich schreiben muß, wie Atmen. Ich müßte ersticken, täte ich es nicht. Aber die neue Kunst ist zuweilen wunderbar neu. Sie entdeckt überall – Faulkner, Eliot, Sartre u. s. w., aber oft ist es, als hörte sie mit dem festen Land auf, da wo das Meer beginnt, wo nichts mehr sicher ist, wo es beginnt, das große Geheimnis, dem man sich überlassen muß, auch wenn es kommt, das Furchtbare, Ertrinken, das aber doch nur scheinbar ist, denn ich *glaube* –[219]

Zwei Wochen zuvor hatte Nelly Sachs Walter A. Berendsohn über ihr Abraham-Drama geschrieben und erläutert, dass sie an der Intention ihres «Mysterien-» oder «Kulttheaters» festhalten wolle, obwohl dies große Aufführungsschwierigkeiten mit sich bringe und allgemein kaum verstanden werde. Sie habe *Eli* geschaffen und werde in dieser Absicht fortfahren:

> Wir müssen einfach mithelfen, die Welt der Materie oder des Durstes in die vergeistigte Welt der Sehnsucht zu heben. Gewiß ist dies an und für sich kein dramatisches Thema, aber ich gab mir Mühe ein Kleid dafür zu finden. Es gibt doch so viele gute handfeste Theaterstücke, darf man nicht einmal von außen nach innen arbeiten? [...] Eine katholische Freundin sprach mir gestern von Claudels Seidenschuhe, auch das soll ein Mysterienspiel sein, was von außen nach innen führt. Lorca hat wohl in unserer Zeit die

herrlichsten richtigen Dramen geschrieben, aber sie sind «hiesig». Wie soll man den Anschluß an das «Andere» finden, die Vieldeutigkeit aufweisen wollen, ohne in ein Dogma zu geraten, ohne den Rahmen zu durchbrechen, den runden Kreis? Darin bleibt der Mensch mit seinem Liebeskummer, seiner Eifersucht, seinem Mordgelüst, aber weiter, weiter?[220]

Im Winter 1951/52 tauchte Nelly Sachs dann wieder ganz in die innere Welt des esoterischen Judentums ein, und schrieb einen eigenen *Sohar*-Zyklus. «Viel lese ich im Sohar, dem Buch des Glanzes! Und die Chassidim. Das erste ist voller kosmischer Geheimnisse, das andere der durchseelte Alltag. Und sonst arbeite ich. Die Nacht beginnt hier schon früh. Im Dezember um 3 Uhr, jetzt ungefähr 4 Uhr. Und dann beginnen die Sternbilder an meinem Fenster vorüberzuziehen. Und man steht vielleicht in der Küche und trocknet das Geschirr und hat Ahnungen, und die Nacht nimmt langsam alle Wände fort.»[221] In ihrem Brief vom 20. Januar 1952 an Jacob Picard nach New York, den sie von den Berliner Verfolgungsjahren her kannte, sprach Nelly Sachs von einem notwendigen «Erleben bis ans Ende» derjenigen Menschen, die «mit dem Fuß in der Nacht» stehen – und legte ihrem Brief ein neu entstandenes Gedicht bei:

Immer noch Mitternacht auf diesem Stern
und die Heerscharen des Schlafes.
Nur einige von den großen Verzweiflern
haben so geliebt
daß der Nacht Granit aufsprang.

So Eli; wie ein Wald mit ausgerissenen Wurzeln
erhob er sich unter dem Wacholder
schleifte, Aderlaß eines Volkes
blutige Sehnsuchtsstücke hinter sich her.

Immer den Engelfinger,
den Müdigkeit wehrenden

an seiner Schulter
wie einen wachsenden Flügel.

Und Christus! An der Inbrunst Kreuz
nur geneigtes Haupt –
den Unterkiefer hängend
mit dem Felsen «Genug»!

Darunter schrieb sie an Picard weiter: «Ich mußte Ihnen plötzlich eines von den Dingen senden, die in langer Reihe in den Nächten hereinstürzen. Das Ganze heißt: *‹Und niemand weiß weiter›.*»[222]

*

Am 24. April 1952 wurde Nelly Sachs schließlich die «Einbürgerung» in Schweden genehmigt, zwei Tage, nachdem sie an Ilse und Moses Pergament resignierend geschrieben hatte: «Ach Ihr Lieben, wenn sie mich durchaus nicht haben wollen, müssen sie es lassen. Die kurze Zeit, die mir vielleicht noch beschieden ist, kann ich auch ohne welche Staatsangehörigkeit verleben.»[223] An Nelly Sachs' schwieriger Lage aber änderte die neue «Staatsangehörigkeit» nicht viel. Weiterhin war sie auf materielle Zuwendungen angewiesen und fand für ihre neuen Arbeiten – angesichts des fehlenden Absatzes – kein Verlagshaus in Westdeutschland. «In Deutschland lehnt man bei fast allen Verlegern Dichtung ab, die noch über Rilke hinaus eine Form für diese unsere zerbrochene Welt sucht. Es soll alles glatt und harmonisch im früheren Sinne sein. Wie ist das möglich, fragt man sich, aber das Publikum gibt die Antwort und kauft neue Dichtung nicht.»[224] Weitere Zeitschriftenpublikationen in Peter Huchels *Sinn und Form* oder gar Buchveröffentlichungen waren in Ost-Berlin aufgrund des mittlerweile eingetretenen «Kalten Krieges» nicht mehr möglich – und auch viele andere Türen waren zu, sieben Jahre nach dem Kriegsende. Dennoch gab Nelly Sachs, 61 Jahre alt, gezeichnet von vielen Rückschlägen (auch in seelischer Hinsicht[225]), nicht auf – *«Aus zertrümmerter Wirklichkeit in die Nähe des Wesenhaften zu kom-*

men, trotz allem Abgleiten immer wieder zu versuchen, sind Dinge, die nicht auf einen Verleger und Buchabdruck warten. Das sind die Atemzüge, durch die man lebt.»[226]

Im Sommer 1953 musste Nelly Sachs operiert werden, was auf ihren unbedingten Wunsch mit bloßer Rückenmarksbetäubung gelang – einen Gedichtzyklus, der im unmittelbaren Anschluss an die Operation entstand, wollte sie ursprünglich *«Operation wach ‹durchlebt›»* nennen, um ihm später den Gesamttitel *In Ohnmacht hinterm Augenlid* zu geben. «Zwischen Leben und Tod mit fast schon Erlösung entstanden neue Gedichte.»[227] Lange war Nelly Sachs leidend, erholte sich dann jedoch bei Freunden in deren Sommerhaus. Oft wünschte sie sich den eigenen Tod herbei; zugleich wusste sie, dass ihr leidendes Leben sinnvoll war, auch im Hinblick auf das spätere Eingehen in die geistige Welt. Kurz vor Antritt ihrer Sommerferien hatte sie sich am 5. August des Vorjahres 1952 notiert:

> Nach Dalarna zur Erholung in acht Tagen.
>
> Wozu lebe ich noch. Aber die Reife für den neuen Eingang hängt nicht mit dem Altwerden des Körpers und nicht mit den zerreißendsten Seelenqualen zusammen. Übungen im Sterben haben noch nicht die Reife gebracht, die der Apfel gebraucht um zu fallen. Schwer von Ihm. Alle Kräfte gehen ins Leiden, nichts mehr in die Kunst.[228]

Im Sommer 1954 konnte Gudrun Dähnert-Harlan aus Dresden mit einem DDR-Visum erstmals zu Nelly Sachs nach Schweden reisen, zwei mal sieben Jahre nach dem Abschied in Berlin-Tempelhof. Dann brach wieder eine schwere Einsamkeit über Nelly Sachs herein – ihre lyrisch-dramatische Szene «Versteckspiel mit Emanuel», die im Jahr 1955 entstand, versah Nelly Sachs mit dem Untertitel *«Ein Delirium aus Einsamkeit»*; es lässt erkennen, welche psychopathologischen Erfahrungsräume sie kannte und zu durchschreiten gewohnt war.[229]

Auch das Jahr 1956 war außerordentlich schwer. Nelly Sachs litt persönlich, aber auch an und mit den Weltereignissen ihrer Gegenwart, darunter dem dramatischen Verlauf des Aufstands in Ungarn: *«Mein Herz tut mir so weh um Ungarn und die ganze Welt. Hitler war der Ausgangspunkt für diese furchtbaren Wiederholungen.»*[230] Im November und Dezember 1956 schrieb sie in diesem Sinne an Alfred Andersch:

> Die Welt sieht so furchtbar aus wieder, daß es große Anstrengung gebraucht, um überhaupt noch das «Hiersein» auszuhalten. Diese entsetzlichen Wiederholungen der Grausamkeiten rauben einem die Atemzüge [...].
>
> Ach, Auschwitz liegt überall unter der Asche des «Neu-Geschehens».[231]

Eine Lesung ihrer Gedichte im jüdischen Studentenbund von Stockholm verschob sie wegen der Ungarn-Ereignisse und ihres labilen Zustandes Ende November 1956 zweimal: «Sie wagt nicht, mit ihren angsterfüllten Gedichten aufzutreten, ihr Herz tut weh, die Ereignisse dringen in sie ein und vereinen sich mit ihrem eigenen Schmerz.» (Dinesen[232])

Nelly Sachs lebte in der Zeit des niedergeschlagenen Ungarn-Aufstands im Gefühl *«furchtbarer Wiederholungen»*. Monate zuvor hatte sie in umfassender Weise auf die Verfolgungsjahre in Berlin zurückgeblickt, ihre damalige innere Situation rekapituliert und den Prosatext *«Leben unter Bedrohung»* verfasst – «darin ist das enthalten, was ich während der sieben Jahre unter Hitler unfaßbar erlebte und den Mord an nächsten und geliebtesten Menschen durchlitt ...» (18. 9. 1956[233])

> Zeit unter Diktat. Wer diktiert? Alle! Mit Ausnahme derer, die auf dem Rücken liegen wie der Käfer vor dem Tod. Eine Hand nimmt mir die Stunde fort, die ich mit dir verbringen wollte. Sie nimmt mir diese Samentüte daraus blaue Blumen sprießen sollten ohne einen Hauch von violett, das schon an Untergang erinnert. Ohne zu wollen atme ich im Garten einen

Duft, aber die Rose ist schon anderen zugesprochen. Bereite dir aus Krumen eine Mahlzeit denn du bist krank und ich liebe dich so. Um dich zu retten möchte ich dich in einen Buchfink verwandeln, der vor dem Fenster an einem Blatt hängt, das der Frühling ihm schenkte. Aber der Frühling hat uns den Rücken zugekehrt. Blüht aus der Fäulnis. Wolken da oben. Wettbewerb im Sterben. Herrliches Fortziehen. Von dieser Erdenkugel abstoßen zu dürfen, diese Wurzelfüße herauszureißen. Gnade, Gnade des Nicht-mehr-Sein-dürfens. Höchster Wunsch auf Erden: Sterben ohne gemordet zu werden.

Woran sind wir gebunden? Warum können wir uns nicht rühren? Warum nicht wie unser großer Hund den ich nicht sättigen konnte herausgereicht werden aus solchem Umkreis an die Schüsseln einer sorgenfreien Küche?

Du hast nichts mehr gegessen. Was ich mit Lebensmühe hereinholte. Der Bissen blieb im Halse stecken. Die Angst hatte ihn mit ihrer schwarzen Hefe aufgebläht.

Es kamen Schritte. Starke Schritte. Schritte in denen das Recht sich häuslich niedergelassen hatte. Schritte stießen an die Tür. Sofort sagten sie, die Zeit gehört uns!

Die Tür war die erste Haut die aufgerissen wurde. Die Haut des Heims. Dann fuhr das Trennungsmesser tiefer. Aus der Familie wurden Teile ausgeschnitten, Teile, die in die weit fort eroberte Zeit verfrachtet wurden. In die Zeit der gekrümmten Finger und der starken Schritte. Mit der die Vögel zogen mit dem Angesicht des Frühlings.

Und dies geschah auf dieser Erde. Geschah und kann geschehn. Und das Kind hatte neue Schuhe bekommen und wollte sich nicht von ihnen trennen. Und im Blick des Greises lag schon Gottes-Auszug-Asche.

Und ich war angebunden an einen Traum. Ein Traum aus Findern und Schritten. Aß mich satt an der Angst. Die Gerüchte saugten wie Blutegel. Die Nacht war der Rahmen um den Henker in der Kraft unterm Hautwams, über schwanengebogenem Rücken den Taktstock der Zeit.

Fünf Tage lebte ich ohne Sprache unter einem Hexenprozeß. Meine Stimme war zu den Fischen geflohen. Geflohen ohne sich um die übrigen Glieder zu kümmern, die im Salz des Schreckens standen. Die Stimme floh, da sie keine Antwort mehr wußte und «sagen» verboten war.

Und alle begegnenden Augen waren winterlich geworden. Fielen ab; gaben die Blicke woanders hin, dort wo das Recht die Zeit am Nackenfell nahm.

Meine Hand war eine Waise, verlernte den Gegendruck.

Unter Bedrohung leben: im offnen Grab verwesen ohne Tod. Das Gehirn faßt nicht mehr. Die letzten Gedanken kreisen um den schwarzgefärbten Handschuh der die Eintrittsnummer zur Gestapo verdunkelte und fast das Leben kostete. Angstschweiß hatte unsichtbar zu bleiben.

Nein, das Gehirn faßte längst nicht mehr. Was war das: Leben kosten? Mit den Wolken eilen? Wohin? Dahin? Das Angesicht des Frühlings sehn? Wozu? Abfallen von dem Pfahl der Zeit an den ich angebunden stand und rieselte nur mit der Sehnsucht.

Leben unter Bedrohung!

Der Himmel gespiegelt in der glanz-geputzten Gürtelschnalle eines Bevollmächtigten der Zeit?

Eine Nachricht kam. Und die Nachricht verschluckte ich. Das war mein Angelhaken. Aufgehängt an der Luft.

Und das geschieht auf Erden? Und kann geschehn auf Erden? Sonntäglich bist du in deinem neuen Kleid. Du erzählst wohl deinen Kindern Märchen von Wölfen deren Opfer wohlbehalten aus dem Verschlucktsein kriechen?

Es sind viele Wunder geschehn. Ich las darüber. Aber wie sollen Wunder zu dem kleinen Haufen gelangen, der da isoliert im Stacheldraht zittert. Auch die Wunder haben wohl Angst. Sie ziehen dorthin wo der Feldherr steht, der sie wie eine Scheibe Weißbrot vom Mond abbricht.

Und das geschieht – Gott leg mich in Nacht und schweige – Aber das ist ja ganz unwirklich was hier geschieht – Fakierkünste die lassen die Erdkruste aufspringen bis die roten Feuerwurzeln wie Peitschen herausfahren.

Wirklich ist der Blick des Kindes, das sich mit den neuen Schuhen an den Henker wandte. Wirklich sind die Abschiedsfäden, die bis auf die Seele zerrissenen, die aus den wunden Leibern hingen, das ganze Leidenswerk was hier gewirkt wurde – die ins Dunkel tropfende Liebe.

Abstoßen von dieser Kugel, in die Flucht, in das Dunkel, das Meer der

Unsicherheit darein sich Abraham, der Erste mit dem Stemmeisen der Sehnsucht warf. Wohin – dahin –.

Fassen und begreifen längst verlorenes Stückgut der Sehnsucht. – Aber «Moriah» der Klippenabsturz zu Ihm, dessen Zeichen die Ferne ist.

Hier ist nichts mehr zu fassen, hier nicht! Aber eine weißglühende Explosion – Asche im Mund – die Augen erblindet vom Hiersein – und das Universum der Unsichtbarkeit – nur mit den Gestirnen der Seele – diese Briefe geschrieben ins Dunkel – adressiert weit hinter dem Meilenstein wo Sterben starb.

Alles dahin gelebte – Hier.

Alles dahin geliebte – Hier.

Feuer zu Blumensträußen gebunden und des Verrates verzweigte falsche Richtung.

Schwarzkunst des Henkers der die geheimen Gottesknechte in ihr Erwachen warf.

Nichts mehr – gar nichts mehr – aber ich weiß, ich fühle, ich schmecke – die Weltbahn geknotet mit der Sehnsucht aus Staub, deine Todesarbeit eingeritzt – im Sternbild der zerrissenen Kiefer des Fisches.

Sch'ma Israel des alten Volkes Todesgesang schrie aus den Kehlen derer die vor der schwarzen Mauer standen – ich weiß nicht wie die Mauer sank – aber ich weiß, daß sie schon vor dem Tode überstiegen war.[234]

*

Dennoch bereiteten sich 1956 im Leben von Nelly Sachs lichtvollere Entwicklungen vor, die ihre nächsten, leichteren Jahre wesentlich mitbestimmen sollten. Im Sommer 1956 besuchte sie Alfred Andersch, den sie bald sehr schätzen lernte, «dieser wunderbare Mensch und Dichter»[235] – «Alfred Andersch ist einer der feinsten und mutigsten Menschen, die ich in Deutschland weiß.»[236] Auch empfing sie zu dieser Zeit einen zustimmenden Brief Ludwig von Fickers, des hochangesehenen Freundes und Förderers von Georg Trakl, und sah ihre Gedichte im September im *Mitteilungsblatt der Gesellschaft für Christlich-Jüdische Zusammenarbeit in Hamburg* abgedruckt. Anfang 1957 veröffentlichte Alfred Andersch einige ihrer Arbeiten in seiner progressiven Zeitschrift *Texte und Zeichen*, worauf sich weitere Kontakte entspannen. Erstmals meldeten sich 1957 junge Dichter aus Deutschland bei Nelly Sachs, die ein tiefes Verständnis für ihr Werk erkennen ließen – so im März der 20-jährige Dichter Peter Hamm, mit dem sie sich bald intensiv befreundete. Über die Nachrichten und die Anteilnahme aus dem «neueren besseren Deutschland» war Nelly Sachs nach den einsamen und verkannten Jahren mehr als erfreut: «Nun erfahre ich, daß meine beiden Gedichtbücher, die ich längst vergessen, untergegangen glaubte, leben in diesen jungen Menschen.»[237] Nelly Sachs sprach später über die jungen deutschen Dichter, mit denen sie seit 1957 in brieflichem Austausch stand und die sie auch zunehmend in Stockholm aufsuchten, als von ihren «geliebten jungen Geschwistern».[238] «‹Ich gehöre zu ihnen, und sie gehören zu mir›, sagte sie. Und ihre großen, dunklen Augen strahlten.»[239]

In einem seiner Briefe an Nelly Sachs schrieb Peter Hamm:

> Habe wieder «Sternverdunkelung» gelesen u. geweint vor Empörung, daß niemand weiß, daß hier das Letzte und Schönste und Bitterste u. Wahnsinnigste u. Himmlischste geschrieben wurde, was je einer Frau aufgegeben wurde zu schreiben –[240]

Auch auf die junge Lyrikergeneration in Schweden war Nelly Sachs ab 1940 intensiv zugegangen, aufnahmebereit und zutiefst interessiert – trotz ihrer Altersdifferenz zu Ragnar Thoursie und seinen Kollegen. Die nun, ab 1956/57, einsetzenden Begegnungen und Erfahrungen mit dem, was sie für das «neuere bessere Deutschland» hielt, aber bedeuteten Nelly Sachs noch weit mehr. Seit den *Wohnungen des Todes* hatte sie auf eine breite Rezeption ihres Werkes in ihrem Heimatland gehofft, und mittlerweile nahezu vollständig resigniert: *«Was soll man sagen, ich gehöre ja eigentlich nirgends mehr hin. Mein eigenes Volk will mich nicht, und dort wo meine Muttersprache ist – ja da verstehe ich nur zu gut die Einwände.»*[241] Nun sah Nelly

Sachs, in ihrem 67. Lebensjahr, die Möglichkeit für einen Neubeginn, ja für eine wirkliche «Heimat» ihres Werkes. Sie begann im Juli 1957 ein neues Drama zu schreiben («Seit 2 Tagen schreibe ich einfach hingerissen an dem Neuen. Wags kaum zu glauben nach der Dürre. Wenn ich nur durchhalte.»[242]) – und bekam eine Zusage des Hamburger Verlegers Heinrich Ellermann für einen Gedichtband, der im Oktober pünktlich zur Frankfurter Buchmesse erschien, unter dem Titel *Und niemand weiß weiter.*

Zum ersten Mal wurde eine Publikation von Nelly Sachs durch die bundesdeutsche Literatur- und Kritikerszene umfänglich wahrgenommen. Sie bekam noch im Oktober 1957 Briefe von Karl Krolow und Hermann Kasack, die nicht nur von der Größe ihrer imaginativen Lyrik sprachen, sondern auch von ihrer Wahl zum korrespondierenden Mitglied der renommierten Deutschen Akademie für Sprache und Dichtung in Darmstadt berichteten («muß erst begreifen lernen nach soviel Leid, was Freude bedeutet»[243]). Der junge, einflussreiche Schriftsteller Hans Magnus Enzensberger, der gemeinsam mit Alfred Andersch den «radio essay» des Süddeutschen Rundfunks leitete, schrieb in einer Besprechung des neu erschienenen Gedichtbandes: «Er ist ein Zeugnis des Wachstums und der Steigerung. Die besonderen, ureigenen Themen der Dichterin beweisen darin eine Strahlkraft, die immer weitere Zonen erreicht und verwandelt, [...] in einer immer größeren Verdichtung der Sprache.»[244] Nelly Sachs erhielt zahllose Briefe und fand sich plötzlich in der bundesdeutschen – literarischen – Öffentlichkeit wieder, nahezu bedrängt von den Ovationen und der ihr entgegengebrachten Begeisterung, insbesondere der jüngeren Generation: «Die gesamte dichtende Jugend aller Richtungen vom linken bis zum rechten Flügel, die Gläubigen und die Atheisten, die politisch leidenschaftlich engagierten und die Anhänger einer rein geistigen Kunst, die surrealistischen, abstrakten und konkreten Dichter, sie alle nahmen [nun] ihre Gedichte in heller Begeisterung auf, sandten der alternden Frau am Bergsundsstrand in Stockholm ihre Bücher und Manuskripte, überschütteten sie mit Telegrammen, Briefen, Blumen und Geschenken, forderten Beiträge zu ihren Zeitschriften und Anthologien.» (Berendsohn[245])

Dabei hatte Nelly Sachs dem Erscheinen von *Und niemand weiß weiter* mit Unruhe und Unsicherheit entgegengesehen. Das Buch enthielt unter anderem den Zyklus *Untergänge*, der unmittelbar nach dem Tode der Mutter entstanden war und in sehr persönlicher Weise auf diesen einging:

> Zuerst, als ich mein Buch in der Hand hielt konnte ich es nicht einmal öffnen, da ich nun vieles preisgab was ich viele Jahre scheute überhaupt anzudeuten.[246]

Wie all ihre Arbeiten aber waren die Gedichte des Bandes *Und niemand weiß weiter* persönlich-überpersönlicher Natur:

WER WEISS, wo die Sterne stehn
In des Schöpfers Herrlichkeitsordnung
und wo der Friede beginnt
und ob in der Tragödie der Erde
die blutig gerissene Kieme des Fisches
bestimmt ist,
das Sternbild Marter
mit seinem Rubinrot zu ergänzen,
den ersten Buchstaben
der wortlosen Sprache zu schreiben –

Wohl besitzt Liebe den Blick,
der durch Gebeine fährt wie ein Blitz
und begleitet die Toten
über den Atemzug hinaus –
aber wo die Abgelösten
ihren Reichtum hinlegen,
ist unbekannt.

Himbeeren verraten sich im schwärzesten Wald
durch ihren Duft,
aber der Toten abgelegte Seelenlast
verrät sich keinem Suchen –

und kann doch beflügelt
zwischen Beton oder Atomen zittern

oder immer da,
wo eine Stelle für Herzklopfen
ausgelassen war.
(1, 169 f.)

*

Der deutliche und weiter zunehmende Erfolg, der Nelly Sachs ab dem Jahre 1957 in Deutschland zuteil wurde, bedeutete eine Wende ihres Lebens. Sie fühlte sich in ihrer Arbeit wahrgenommen und anerkannt – und wurde unabhängig vom finanziellen Almosen der schwedischen Freunde, zumal sie ab dem 1. April 1958 eine «Entschädigungsrente» der Bundesrepublik in Höhe von monatlich 550 DM erhielt. Als im März 1958 eine Rezension von *Und niemand weiß weiter* in der Zeitschrift *Die Gegenwart* davon sprach, dass Nelly Sachs' Arbeit nicht aus der intellektuellen Moderne, dem «experimentellen Bemühen der Intelligenz» herzuleiten sei, sondern vielmehr in völlig andersgearteter Orientierung als *«lyrische Passion»* angesehen werden müsse,[247] erfreute sie diese Stellungnahme sehr. Nelly Sachs stand poetologischen Reflexionen weitgehend fremd und nahezu verständnislos gegenüber; hier aber hatte jemand über den wahren Kern ihrer Dichtung gesprochen. *«Und so ist es, nachdem ich jetzt darüber nachdenke. Puls und Atem haben diese Dinge geschaffen [...].»*[248]

Zugleich waren die breite Anteilnahme an ihrer Arbeit und die vielen bei ihr eintreffenden Nachfragen über die «Hintergründe» ihres Schreibens und ihrer Bilder, ihres Lebens und Überlebens, für Nelly Sachs nicht einfach. Gegenüber der schwedischen Literaturkritikerin und Übersetzerin Margit Abenius ging sie Ende 1957 noch einmal ausführlich in brieflicher Weise auf ihre Biographie und ihr spirituelles Leidens-, Arbeits- und Werkverständnis ein.[249] Insgesamt aber wollte sich Nelly Sachs keinesfalls in dieser Weise exponieren, sondern ihr Innenleben schützen – zumal ihre Gedichte für sich selbst stehen konnten: «Zuweilen erhalte ich Anfragen über unverständliche Metaphern. Habe doch nicht ‹gemeint›, sondern wurde aufgerissen. [...] Mir scheint es so einfach. *Es ist doch nichts Willkürliches, der Mensch erlebt, was der Kosmos erlebt, ich habe das immer nur im Bilde gesehn.*»[250] An Peter Hamm schrieb sie am 15. 2. 1958 in einer Zwischenbemerkung: «Manche glauben scheinbar, daß ich geistig krank sei.»[251]

Vieles andere aber freute Nelly Sachs außerordentlich – die von dem Lyriker David Rokeah begonnene Übersetzung ihrer Gedichte in die hebräische Sprache, die von Alfred Andersch im Mai 1958 ermöglichte Hörspiel-Sendung von *Eli* im Süddeutschen Rundfunk, die Vorbereitung einer Nelly-Sachs-Stiftung in Dortmund, an der Albert Schweitzer beteiligt sein sollte – und die Fortführbarkeit ihrer lyrischen Arbeit. Zwei Tage nach der Ausstrahlung von *Eli* schrieb sie am 23. Mai 1958 an Karl Schwedhelm:

> Es sind ungefähr 40 Gedichte in einer wie ich glaube hymnenhaften Form entstanden. Es ist mir so, als wäre ich aus dem Nachtkampf eines furchtbaren Schmerzes, den zu ertragen mir nur ein Ausbrechen aus Schweigen half – in das Reich der Verwandlungen gelangt und ich atme leichter.[252]

Bald darauf teilte Nelly Sachs Schwedhelm mit, sie wolle den ganzen Gedichtzyklus *An Stelle von Heimat / die Verwandlungen der Welt* nennen: «Das Verwandlungsthema ist so etwas wie ein centraler Punkt geworden. Glaube ich wenigstens.»[253]

In der Flucht
welch großer Empfang
unterwegs –

Eingehüllt
in der Winde Tuch
Füße im Gebet des Sandes
der niemals Amen sagen kann
denn er muß
von der Flosse in den Flügel
und weiter –

Der kranke Schmetterling
weiß bald wieder vom Meer –
Dieser Stein
mit der Inschrift der Fliege
hat sich mir in die Hand gegeben –

An Stelle von Heimat
halte ich die Verwandlungen der Welt –
(1, 262).

Nelly Sachs' wegweisendes Buch *Flucht und Verwandlung* erschien schließlich im März 1959 bei der Deutschen Verlags Anstalt in Stuttgart und erzielte eine große Resonanz. «Es ist, als müsse sie sich vom absoluten Tiefpunkt am Sterbebett ihrer Mutter einer Gesamtschau aller Erfahrungen ihres Lebens stellen, damit die Gedichte des Bandes *Flucht und Verwandlung* entstehen können. Erst in diesen Gedichten gelingt das Wagnis, zwischen den Extremen von Zeugung und Sterben Gleichgewicht zu halten und Natur und Geist als am selben dynamischen Streben teilhabend zur Sprache zu bringen.» (Dinesen[254])

*

Dennoch wurde das Jahr 1959 – nach den Aufhellungen von 1957 und 1958 – wieder sehr kompliziert für Nelly Sachs, spannte ihre Kräfte aufs Äußerste an und erschütterte ihr wiedergewonnenes, gefährdetes Gleichgewicht. Ihr großer Zusammenbruch, der sich im Sommer 1960, in ihrem 70. Lebensjahr, ereignete, und eine lange psychiatrische Behandlung nach sich zog, hing unabweisbar mit den gravierenden Belastungen und schwierigen Auseinandersetzungen des Jahres 1959 zusammen.

Die Fragen nach der Herkunft ihrer Dichtung im Hinblick auf ihre Persönlichkeit und Lebensgeschichte, die Nelly Sachs außerordentlich irritierten, kamen nicht zur Ruhe. Professor Walter A. Berendsohn wollte ein Buch über sie schreiben; ihm erzählte sie – auf seine entschiedenen Nachfragen hin – wiederholt über ihre Kindheit und Jugend, über die Zeit der ersten Gedichte. «Sie überließ mir auch gern alles, was sie von ihrer frühen Dichtung noch besaß. Aber sie wollte von ihnen nichts mehr wissen [...].»[255] Nelly Sachs lehnte Berendsohns entwicklungspsychologische Herleitungen und die Idee einer kontinuierlichen Werkentstehung ab – und weigerte sich, ihr innerlichstes Schicksal preiszugeben. Am 22. Januar 1959 schrieb sie Berendsohn nach einem langen und schwierigen Telefongespräch:

> So tief dankbar ich immer wieder bin für das tiefe verständnisvolle Interesse, das Du meiner Arbeit entgegenbringst, umsomehr da es schon geschah in einer Zeit, wo nur ganze wenige von meinen Niederschriften wußten, so bestimmt muß ich wiederholen, daß ich mein Letztes und Innerstes für mich behalten werde – während jene äußeren Lebensumstände, die Deine Fragen berührten – was meine Niederschriften betrifft, überhaupt keinen Einfluß auf sie hatten. Denn nun muß ich noch einem anderen Mißverständnis entgegentreten, daran Du wahrscheinlich ganz schuldlos bist, denn ich nahm die äußeren anscheinend so gesicherten Lebensumstände, in denen ich aufwuchs, zum Schutz vor der inneren Einsicht. Es lag ein tieftragisches Schicksal über uns daheim, und nur die Größe meines Vaters und die innige Liebe meiner Mutter taten das ihre, daß unser Leben nicht ganz

verdunkelt verfloß. Also lieber Walter – alles ganz entfernt von einem ruhigen Bürgerheim. Ganz das Gegenteil: mein Vater holte sich den Mut zum Dasein mit jedem Atemzug wieder heim – er war genial begabt, die Erfindungen flossen aus ihm – eine Renaissance-Natur – aber er ließ alles wieder am Wege liegen – so wie es die Dichter mit allem Früheren tun, um immer in der Gegenwart neu zu schöpfen. Alle Reiche des Wissens standen meinem Vater offen, und die Musik war der Sog, der ihn zog. Aber ich kann nicht sagen, daß ich in meiner Jugend, außer einer grenzenlosen Bewunderung, ein nahes Verhältnis zu meinem Vater gewann. Es war eine tiefe Scheu, fast mit Furcht gemischt, und er ließ auch keinen zu sich. Dies geschah erst in seiner schweren Krankheit, wo er meine Pflege annahm und sich mir in vielem aufschloß. So war es ganz natürlich, daß meine Mutter der heißgeliebte Stern meiner Jugend war und bis in die letzte Minute ihres Hierseins verblieb.

Lieber Walter, nun habe ich Dir dieses noch geschrieben, weil ich glaube, daß ich dieses meiner Jugend schuldig war, die auch schon beschattet blühte, nur durch die Liebe groß und herrlich gemacht.

Wenn ich bedenke, daß mein Schicksal, soweit es überhaupt einmal Menschen gibt, die es interessieren könnte, schon in meinen Gedichtsammlungen deutlich zu lesen steht – so scheint es mir, als erübrige es sich, von ganz wenigen sachlichen Unterrichtungen vielleicht abgesehen, so außerordentlich Geringes und im Verhältnis zu einem Leben voll innerer Tragik so Unwichtiges, einzuflechten wie Berichte über ein einmal gelebtes tägliches Leben.

Alles was vielleicht in meiner Dichtung aufgespeichert liegt, ist ja entstanden immer nur aus äußerster Not und nur aus dem Bedürfnis, Hilfe zum Weiterleben zu bekommen.

So sollte man die Quelle selber sprechen lassen.

Ein junger deutscher Dichter, der mir zu Weihnachten eine ausgezeichnete kleine Schrift über moderne Dichtung sandte, in die auch eine Stilanalyse der Lyrik einging – verglich die noch zur Rilkezeit mit oft überladenem Zierat geschmückten Verse im Vergleich zu der kühnen nackten Linie einer jungen Dichtergeneration. Ich schrieb ihm, daß ich mich wohl mit diesen Jungen in ihrer Bemühung, der Ehrlichkeit und dem Ernst ihrer Aussage verwandt fühle, wenn auch ihre Linie oft nüchtern erscheint, so ist die meine aus dem gleichen Suchen entstanden – wenn sie auch die schmerzgekrümmte Laokoon-Linie zeigt.

Warum also, lieber Walter, Deine Aussagen, die mich doch so sehr erfreuen würden, falls sie sich im wesentlichen nur an meine Niederschriften hielten, belasten mit den Nichtigkeiten – die nichts aber auch gar nichts anderes enthielten, als was jeder Mensch an der äußeren Schale täglich erfährt.

Wenn Du nun schon meiner Schreibweise die Ehre antun willst, Dich mit ihr zu beschäftigen, warum – warum nicht meine eigene Linie aufweisen, wie sie eine Sekunde aus dem Staub taucht, um bald wieder darin zu verschwinden.

Warum sie mit den Fetzen einer äußeren Lebensweise behängen, da ihre einzige Aufgabe war: die Kraftanstrengung, mit der sie sich bemühte, diesen Staub zu durchmessen? Genauso wie mein Vater sich jeden Augenblick seine Existenz im neu Erleiden und Erfassen schöpferisch hereinholte – genauso hole ich mir meinen Anteil an dem mir zuwachsenden und wieder abnehmenden und wieder wie nichts vergehenden göttlichen Geheimnis

Walter A. Berendsohn und Nelly Sachs, ca. 1960

herauf – jenseits aller Religion und Glaubensdogmen. Ich hole es mir, verzweifelnd oft, und wieder getrost – nur mit meinen Atemzügen.[256]

In den Tagen, in denen Nelly Sachs diesen Brief verfasste, wachte sie am Sterbebett einer todkranken Nachbarin, die selbst ein jüdischer Flüchtling war. Nelly Sachs schrieb von ihrer «großen Verzweiflung», *«von vielen Seiten todumweht»*.[257]

Walter A. Berendsohn war einer der großen Freunde von Nelly Sachs – und der erste Förderer ihres Werkes in Schweden gewesen. Sie kannte ihn seit 1944[258] und erlebte ihn nun ohne hinreichendes Verständnis für dasjenige, was sie als die besonderen Umstände und die Eigenart ihrer Arbeit – aber auch ihres tief verborgenen Lebens und Wesens – erachtete. Die schwerwiegenden Auseinandersetzungen mit Berendsohn, die beiden sehr nahe gingen, zogen sich über das ganze Jahr 1959 hin und führten zu einer schmerzhaften Entfremdung.

Ebenfalls in den ersten Monaten des Jahres 1959 ging auch Nelly Sachs' Freundschaft mit Moses Pergament sukzessive in die Brüche – erneut auf Grund werkbezogener Fragestellungen und Differenzen. Moses Pergament hatte eine Opernfassung von *Eli* – ohne enge Abstimmung mit ihr – geschaffen und diese im März zur Aufführung im schwedischen Rundfunk gebracht, eine Aufführung, die sie nachhaltig befremdete. Das Mysterienspiel *Eli* – um den «Gottesknecht» Michael, einen der 36 Gerechten nach jüdisch-esoterischer Lehre, der sich auf die Suche nach Elis Mörder begab – gehörte für Nelly Sachs zum Innersten und Heiligsten dessen, was sie bisher im Ringen mit dem Einbruch und der Überwindung des Bösen künstlerisch geschaffen oder zumindest versucht hatte. «Dieses ist eine Dichtung, an die ich mich heute nicht mehr wagen würde. Dieses ist heiliges Gebiet.»[259] Nun erlebte sie ihre tragenden, tiefsinnigen Dialoge und Selbstgespräche in Gesangstimmen verwandelt: «Das Wort, das eine Botschaft bringen soll, darf nicht verdeckt werden mit

Gesang.»[260] Die ganze Intention des Werkes erschien ihr nachhaltig verfremdet. «Meine innersten Wünsche, eine Mission des Göttlichen und Friedlichen darzubringen.» «Eine Botschaft aus Göttlichem – aus Versöhnung.»[261] Am 21. März schrieb sie an Pergament, mit dem sie seit 1943 befreundet war und dem sie – wie Berendsohn – viel verdankte:

> Es ist nicht mein «Eli» [...].
>
> Michael ist bei Dir und dem Sänger ein Schumachergesell, der einen Mörder sucht und zum Schluß eine Art Triumph spürt. Als er ihn findet und der Mörder seinen gerechten Lohn erhält.
>
> Bei mir ist Michael der geheime Gottesknecht, der eingehüllt in die Gestalt eines jungen Schumachers (wie in Jesaja der Herr seine geheimen Berufenen wieder in den Köcher steckt) leise, fast flüsternd durch diese Legende geht – nur um den göttlichen Abglanz seines Angesichtes dem Mörder zu zeigen, an dem dieser in Reue zerfällt.[262]

Sie habe, so Nelly Sachs, Anrufe bekommen von Menschen, die der Auffassung seien, ihr Mysterienspiel «wäre ein rächendes Gedicht».[263]

In näherer Erläuterung ihres Spieles und seiner Entstellung durch Moses Pergament schrieb sie drei Tage später an Johannes Edfelt:

> Michael ist einem jungen Heldentenor anvertraut – ein Schumachergesell, der einen Mörder sucht und ihn am Ende findet und zum Schluß eine Art Triumph verspürt, daß der die gerechte Strafe erhält. Kajsa Rootzén faßte zudem die Gestalt des Michael als eines Rächers auf, an dessen Haß wie an einer Säure der Mörder zerfällt.
>
> Was im Drama von allen Menschen begriffen wurde – daß Michael der geheime Gottesknecht – einer von den 36en, nach der chassidischen Legende, auf denen das Universum ruht – dieser geheime Gesandte, eingehüllt in der Gestalt des Schuhmachers – wie in Jesaja steht: der Herr steckt seine geheim Berufenen wieder in den Köcher zurück, damit sie im

Dunkel bleiben – der nur leise fast flüsternd durch diese Legende geht, um seinen göttlichen Schein dem Mörder entgegenzuhalten – dies alles war ertränkt mit Tönen. Hier sollte nur das geheime Gottesantlitz dem Bösen entgegengehalten werden – während auf beiden Seiten die Unschuld – die Kinder in dieser Welt der Verzweiflung – das Opfer wurden.

Dadurch daß diese metaphysische Dimension durch die an sich schöne, aber kraftvolle Musik niemals zum Aufleuchten kam – die Zusammenhänge verschwanden – konnte es möglich sein – ein Werk der Versöhnung, wie man es in Deutschland nannte, als ein Werk des Haßes zu deuten.

[...] es war mir plötzlich, als hätte ich eine schwere Schuld auf mich geladen, als ich zugab, daß man etwas so nahezu Unsägliches – das ich bemüht war, in eine transzendente Sphäre zu bringen – mit einer Opernmusik bekleidete. Ich wußte nicht, daß man singen würde – Moses sprach immer von Sprechstimmen – ich hatte mir eine Hintergrundmusik gedacht, wenn überhaupt – so wie Nono, wo man Briefe des Konzentrationslagergefangenen im Vordergrund las, während weit fort eine Musik im Chor dann und wann wie ein stilles Licht aufleuchtet. Dann hätte wohl niemand auf den Gedanken kommen können, daß es sich hier um ein auf sehr irdischer Ebene ausgespieltes Vergeltungsdokument handeln könnte.

In Deutschland wurde es im vorigen Jahr als Pfingstdrama gesendet, und der Widerhall in der Presse und bei der jungen Generation war so – daß ich nicht bereute, damals meine Einwilligung gegeben zu haben. Ein Rachedrama meint man hier – und ich sollte die Ehre erhalten, mit Albert Schweitzer als männlichem Partner und ich als Frau, eine Stiftung mit meinem Namen in Dortmund zu erhalten. Und alle die jungen deutschen Menschen und Dichter, die mich während der letzten Jahre hier besuchten. Alle die, denen ich bemüht war, eine gleichgeartete Jugend in Israel zuzuführen. Mein ganzes Lebenswerk aus der Quelle entstanden, da unter den 7 Jahren unter Hitler ein geliebtester Mensch zu Tode gemartert wurde und ich doch nicht den Glauben verlor: es sei unsere Mission auf Erden diesen Staub zu durchschmerzen, zu durchleuchten, unser dunkel Vollbrachtes wird in einem unsichtbaren Universum eingetragen, ob gut, ob böse. Was wissen wir – wandern alle in Geheimnissen.[264]

Auch an Walter A. Berendsohn, der sieben Jahre zuvor den Druck von *Eli* in Schweden ermöglicht hatte, schrieb Nelly Sachs Anfang April 1959 in derselben, aufgebrachten Weise. Sie habe beim Hören der Opern-Aufführung einen solchen Schock bekommen, dass sie nun den Namen «Eli» über Jahre nicht mehr hören könne; sie werde jeden Druck des Spieles «als Drama» in Deutschland und Schweden künftig verhindern – *«keinem Menschen auf der Welt will ich Schaden zufügen»*.[265] Im Innersten aufgewühlt, verstört und verletzt – aber auch von schweren Schuldgefühlen geplagt –, kam Nelly Sachs gegenüber Berendsohn auf den biographischen Hintergrund von *Eli* zu sprechen: «Es sind 16 Jahre her, daß ich ihn schrieb, um ein ganz persönliches furchtbares Schicksal für mich ertragbar zu machen, ganz einfach um zu überleben.»[266] Zwei Monate später lehnte sie ab, persönlich nach Deutschland zu einer Preisverleihung zu fahren und in Ulm auf Einladung Inge Scholls zu lesen:

> [...] ich schrieb an die Herren des Kulturverbandes, daß ich wohl mit großer Freude die Ehre, diesen Preis zu erhalten, entgegennehme, aber nicht die Kräfte in mir fühle, persönlich ihn in Deutschland entgegenzunehmen – möchte meine Dinge, aus der Nacht gewachsen, nur hinlegen und dann wieder in der Nacht verschwinden. Glücklich, wenn sie einer entgegennimmt.[267]

In diesem Sinne äußerte sich Nelly Sachs in der zweiten Jahreshälfte auch noch wiederholt in ihren Auseinandersetzungen mit Berendsohn: *«ich aber will, daß man mich gänzlich ausschaltet – nur eine Stimme, ein Seufzer für die, die lauschen wollen.»*[268] *«[...] Ich selbst will meine Einsamkeit!»*[269] *«[...] Ich selbst will im Dunkeln verschwinden.»*[270] Nur mit Mühe behauptete sie sich gegen ihre erneut mit Vehemenz aufsteigende Todessehnsucht.[271]

*

Im Winter 1959/60 wurde es dann tatsächlich «dunkel» um Nelly Sachs – und aus dem Satz: *«ich aber will, daß man mich gänzlich aus-*

schaltet» entstanden reale Verfolgungsängste, unter denen sie zunehmend litt:

> Eine Werkstatt hat sich oberhalb meiner Wohnung eingenistet, ganz heimlich von jungen, wahrscheinlich arbeitslosen Menschen, und ich habe weder Tag noch Nacht Ruhe. Das schlimmste daran ist, daß so viele Menschen darin verwickelt sind und ich ganz und gar hilflos bin. Kann nicht mehr hier schlafen, muß es bei einer Nachbarin tun. Menschlich habe ich die Erfahrung gemacht, eine Hitlersammlung im kleinen und ungeheure Feigheit.[272]

Die von Nelly Sachs empfundenen Ängste und gehörten Geräusche, die sie in den Nächten in sich steigernder Weise bedrängten, kamen nicht von ungefähr. «Die faschistische oder zumindest unangenehm aggressive Frau im Haus existierte. Ebenso eine Jugendbande im Viertel. Die Wasserleitungen rauschten, und es gab Klopfgeräusche in den Wänden.»[273] In ihrem Erleben aber gewannen diese Eindrücke eine zunehmende Macht und Gewalt, verbanden sich mit Ängsten vor einer Bestrafung durch die Gestapo für ihr (scheinbares) Rächer-Drama, möglicherweise auch für die Härte und Anklage ihrer *Wohnungen des Todes*. Enttäuscht über den anfangs schleppenden Absatz von *Flucht und Verwandlung* hatte Nelly Sachs bereits im August 1959 in einer scheinbar harmlosen, aber sehr wahrscheinlich vielseitig gebrochenen Nebenbemerkung eines Briefes geschrieben: «Meinem Namen haftet eben das Schicksal meines Volkes an, und obgleich die letzten beiden Gedichtsammlungen längst die Menschheit meinen – *so hat man die ‹Wohnungen ...› nicht vergessen.* Ich habe das gerade in letzter Zeit tief einsehen müssen.»[274] Im Winter 1959/60 kaum mehr dazu in der Lage, alleine in ihrer Wohnung zu übernachten, fühlte sich Nelly Sachs in der konkreten Realität ihrer Verfolgungsängste von den engsten Freunden verkannt und verlassen – und schrieb im Mai 1960 kurz vor der gewagten Reise zur Droste-Preisverleihung in Meersburg an Ilse Pergament:

[...] bevor ich fortreise, möchte ich noch einmal zu Dir sprechen, so wie es früher war, als Du noch an meinem Dasein teilnahmst. Vielleicht wirst Du diesen Brief durchlesen, ich will durchaus nicht das Gefühl erwecken, daß ich die Absicht hätte, mit meinen Hilferuf-Briefen – vielleicht wurden sie gar nicht mehr gelesen – Euch unnötige und peinliche Störungen zu bereiten. – Sie haben hier nun die Chance ausgenützt und von allen Seiten die von verschiedenen Beteiligten angebrachten Sender und Empfänger abmontiert. Das geschah von außen und innen. Veranlaßt nun von vielen Beteiligten und Unbeteiligten. – Der Betrieb über mir geht, auch wenn viel vorsichtiger, bisher weiter. Wie lange weiß man nicht – aber das kümmert mich nicht mehr. Meine Wohnung war das Telegraph-Zentrum mit Morse-Zeichen und allen Finessen. Ich habe versprochen, darüber zu schweigen, und werde es auch tun. Aber diese Wohnung ist mir ein solcher Schrecken geworden, daß ich darin nicht mehr verbleiben kann. So sehr geliebt wie ich dieses kleine Heim hatte. [...] Traurig für mich – am allertraurigsten, daß nahe Freunde mein Wort bezweifelten – daß es ferne Menschen taten, wundert mich nicht – denn dies alles hier konnte den Gedanken in Abenteuerfilme oder kranke Nerven führen. Hätte nur einmal gewünscht, dass ein Einziger der Ungläubigen hier eine Nacht mit andauerndem Knipsen und Knacken verbracht hätte – während die Fensterscheiben zitterten wie von elektrischen Grillenflügeln – daß ich zuerst dachte, es regnet. [...]

Wie oft hatte ich in der schrecklichen letzten Zeit wenigstens auf einen Telefonanruf gewartet – aber es kam keiner. Geschweige, daß Du [...] einmal den Weg zu mir gefunden hättest, um nachzusehen, wie es eigentlich steht. Eine große Familie braucht nicht die Freunde so nötig – aber ein einsamer Mensch wagt auf sie zu rechnen in der Not.[275]

Nach der Rückkehr von ihrer ersten Reise nach Deutschland – die ihr vorübergehend Abstand von den Stockholmer Bedrängnissen gestattete – war Nelly Sachs dem Aufgeben nahe. «Am liebsten in den Schnee legen», schrieb sie am 5. Juli 1960 an Hilde Domin, in Erinnerung an das Selbstmordschicksal der schwedischen Lyrikerin Karin Boye, die sie übersetzt hatte.[276] Diese Todesnähe bestimmte auch die erste Zeit ihrer psychiatrischen Behandlung, die vier Wochen später – am 8. August – begann. *«Ich hatte nur eine Sehnsucht: zu sterben.»*[277] Bereits acht Jahre zuvor, im September 1952, hatte sich Nelly Sachs in allgemeiner Wendung notiert: «In der Krankheit beginnt schon das Hiesige sich zu lockern. Die Sehnsucht des Sterbens –»[278]

*

Erst Ende September 1960 – nach Elektroschockbehandlungen – kehrte Nelly Sachs aus einer tiefen Nacht des psychotischen Bewusstseins wieder langsam zurück und begann kurze Nachrichten an die ihr nahen Freunde zu versenden, weiterhin im Zeichen der Todessehnsucht: «Ich bin so verzweifelt.» (28. 9.[279]) «Wünsche mir nur den Tod. [...] was soll ich noch auf Erden?» (2. 10.[280]) Rückblickend schrieb sie am 3. Oktober an Hilde Domin:

> Habe niemandem geschrieben, nur gelitten – gelitten. Kalt verraten von allen, die ich liebte.[281]

Als Nelly Sachs vom Tod Ilse Pergaments erfuhr, die fast zeitgleich mit ihr in die Klinik aufgenommen worden war, jedoch nicht gerettet werden konnte, verfasste sie am 5. Oktober das Gedicht:

Einen Schritt hinter dir Schwester –
Du – aufgegeben
an die dunkle Kraft des Vaters –
eingelassen –
ich hier
hinter verschlossener Tür
Salz der Erlösung
durch die Ritzen atmend
verstossen
in die Verschuldungen
zu leben

wenn die Sekunde
im Gesetz des Todes stirbt[282]

«Ich hier / hinter verschlossener Tür». – Nelly Sachs befand sich zu dieser Zeit auf der geschlossenen Abteilung der Nervenklinik Beckomberga, in die sie verlegt worden war. Dort lebte sie mit schwerkranken Mitpatientinnen in völliger Abgeschiedenheit von der Umwelt, in einer sich steigernden Trostlosigkeit und im Gefühl der Bedrohung und Verschuldung. In einem Brief an Hans Magnus Enzensberger und seine Familie schrieb sie über die Station «hinter verschlossener Tür»:

> Sehe einer Frau hier beim Weben zu. Sie sind jetzt alle, auch die es am schlimmsten meinten, freundlich zu mir. Welch gute Idee von dem guten Teil des Schweden, Täter und Opfer zusammen leben zu lassen und sich kennenzulernen. Vielleicht kann man Kriege verhüten dadurch.[283]

Unter diesen inneren wie äußeren Bedingungen entstanden in der Nervenklinik Beckomberga im Oktober 1960 die ersten acht Gedichte des Zyklus' *Noch feiert Tod das Leben,* der ein Jahr später, im Dezember 1961, zu Nelly Sachs' 70. Geburtstag in Deutschland publiziert wurde:

SEHR LEISE im Kreislauf gleitet
die vom Saturn mit Melancholie Gekrönte
durch Milchstraßen der Fremdheit
wenn im Mund der übers Kreuz Gesegneten
die Buchstaben in kriegerischer Strategie
einander umbringen –

da hängt sie zwischen vergitterten Kranken
an einem Goldhaar des Sonnensystems
das weinende Lächeln im Schlafsaal der Nacht.
(1, 352)

Sieben Jahre nach seiner Entstehung merkte Nelly Sachs gegenüber ihrem französischen Übersetzer Lionel Richard zu diesem Zyklus an:

Es ist darin eine gekreuzigte Sprache, die man nur sprechen kann, wenn man nahe am Tod und in der Nacht ist und die in solch einem Krankenhaus *die* Sprache ist. Ohne diese Erklärung ist der Gedichtzyklus vielleicht nicht so leicht zu verstehen, beginnend mit dem versteinerten Engel,[284] aber es ist vielleicht mit das Wichtigste, wie ich es fühle, in meinem Bemühen, dem Leiden der Menschheit, in dem ich selbst bis nahe am Tod Teil hatte, mit dem Wort zu nahen.[285]

*

Nelly Sachs, ca. 1960
Foto: Anna Riwkin

Wie sehr Nelly Sachs noch immer in der Spirale der «Verschuldungen» dachte und lebte, ließ sie am 12. Oktober auch Gudrun Dähnert-Harlan erkennen, die im August an ihr Krankenbett geeilt und sechs Wochen bei ihr geblieben war: «[...] alle, alle die mir hier und anderswo halfen, den schweren Bußweg aus dunkler Verstrickung zu gehen, möchte ich an mein Herz ziehen und sagen: Ihr Schwestern, Ihr Brüder, was auch gewesen ist – vergebt mir meine Schuld, wie ich Euch von Herzen vergebe.»[286] Einen Tag später schrieb Nelly Sachs an Walter A. Berendsohn: «Im Frühling diese paradiesische Reise – viel zu schön für mich, um dann ganz folgerichtig alle Höllenkreise zu durchschreiten. Aber nun sage ich wieder: meine Schwestern – meine Brüder, alle waren wir in einem schwarzen Netz gefangen – wir wollen neu versuchen!»[287] Auch an Enzensberger hieß es: «[...] Allen hier, die mich zertrümmerten, kann ich von Herzen die Hand geben – denn die Verstrickungen, in die wir alle eingezogen waren, haben uns alle gleich schuldig gemacht.»[288] Nelly Sachs litt unter dem Unverständnis ihrer nächsten Freunde für die Realität der erlebten Verfolgung, die für sie außer Frage stand. Niemand war ihr in diese Wirklichkeit gefolgt, den schweren Weg mit ihr gegangen; Nelly Sachs erlebte darin einen Beziehungsabbruch und eine eingegangene Verschuldung, obwohl sie sich sehr um Verständnis und Perspektive bemühte: «Keinem meiner Freunde kann ich es verdenken, daß sie nicht in diese unglückliche Sache eingewickelt sein wollten und ich weiß – man muß wo der Stationsweg des Leidens seinen Höhe- oder Tiefpunkt nahte entweder einsam sterben oder sich einsam zum Licht kämpfen.»[289]

Zugleich sorgte sich Nelly Sachs bereits in der allerersten Zeit nach ihrem schweren Bewusstseins-Zusammenbruch wieder in allen Einzelheiten des praktischen Lebens um ihre Freunde, um die Menschen, die ihr wesentlich waren[290] – und versuchte, ihren eigenen Überlebens-Mut (bzw. ihre «Demut des Ertragens») wiederzufinden. Sie griff erneut zu chassidischen Schriften und kam langsam, aber sicher voran. Bereits am 20. Oktober hieß es an Gudrun Dähnert-Harlan:

> Es geht nun wieder, ich wage es kaum zu sagen, dem Lichte entgegen. Der Baalschem half am meisten, und hinter allem, was ich hier erfahre und erlebe, steht ein Rettendes, was mir hilft. Der Weg ist ein innerer – der Weg, den wir alle gehen müssen – der Weg des Mystikers ist im Hohen Lied so beschrieben:

Ich habe überstiegen alle Berge – und all mein Vermögen, bis an die dunkle Kraft des Vaters. Da hörte ich ohne Laut, da sah ich ohne Licht, da roch ich ohne Bewegen, da schmeckte ich das, was nicht war, da spürte ich das, was nicht bestand. Dann wurde mein Herz grundlos, meine Seele lieblos, mein Geist formlos und meine Natur wesenlos.

So beginne ich aufs neue jeden Tag diesen Aufstieg – falle – versuche. Aber «das Sinken geschieht um des Steigens willen».[291]

Im November berichtete Nelly Sachs von ihrer Freude über die in Deutschland ausgestrahlte Hörfunkfassung ihres lyrischen Dramas *Simson fährt durch die Jahrtausende* und unterzeichnete in der Klinik einen Vertrag mit dem Suhrkamp-Verlag über eine große Gedichtausgabe zu ihrem 70. Geburtstag, die im Dezember 1961, ein Jahr später, erscheinen sollte. Bald darauf teilte sie Hans Magnus Enzensberger, der die Edition betreute, mit, wie sie sich die Umschlagfarben des Buches wünschte. Die Thora, so Nelly Sachs, sei «mit weißem Feuer auf schwarzem Feuer» geschrieben worden – *«könnte mein Buch schwarzen Umschlag mit weißen Buchstaben haben?»*[292]

In einer Biographie heißt es zutreffend über Nelly Sachs:

Hält man sich vor Augen, wie viel sie in den Jahren der beginnenden und schließlich ausbrechenden Psychose schreibt und welche Fülle bewegender Ereignisse sie durchsteht, muss man einerseits feststellen, mit wie wenig Menschen sie zusammen ist, die ihr Krankheitsbild verantwortungsbewusst wahrnehmen; andererseits erkennt man, über welch einen Kern an Gesundheit, an Selbstbeherrschung und Lebenstüchtigkeit sie verfügt. – Zur Wesensstärke dieser zarten, zerbrechlich wirkenden Frau treten in ihrer Erziehung vermittelte äußere Formen, Anstand, Beherrschung und Auftreten, die Teil jener Kraft sind, mit der sie ihr an Belastungen reiches Leben durchzustehen vermag. Sie beweist in allen Lebenslagen das, was man damals «Contenance» nannte, eine innere Würde, gepaart mit äußerer Haltung. So hat sie früher bei aller Verwöhntheit die Haushaltspflichten und nach dem Tod des Vaters geschickt die Verwaltungsarbeiten übernommen,

> hat den Wechsel aus dem herrschaftlichen Lebensstil über die völlige Ausplünderung in die bescheidensten Verhältnisse nach der Flucht klaglos hingenommen und dabei die schwache Mutter aufopfernd versorgt; sie hat die Flucht erkämpft, dann im Exil zielstrebig mit Übersetzungsarbeiten das tägliche Leben gesichert und ihr literarisches Umfeld gestaltet. Sie hat mit Nüchternheit ihre Ansprüche auf Wiedergutmachung vertreten (die Korrespondenz darüber ist sehr aufschlussreich), und sie hat Widerspruchskraft gezeigt in der künstlerischen Auseinandersetzung. Sie hat physische Krankheit und Schwäche, ihre Einsamkeit und den psychischen Zusammenbruch zu tragen gewusst. Nie hat sie geklagt, gejammert oder mit Selbstmitleid die anderen auf sich aufmerksam gemacht. Sie hat ihre Ängste bis zum letzten Augenblick zu beherrschen versucht. In ihrem von Erschütterungen durchzogenen Leben hat sie ihre «Contenance» bis zuletzt gewahrt. (Fritsch-Vivié[293])

Ihre unzweifelhafte «Contenance» war Aspekt und Ausdruck von Nelly Sachs' geistiger Kraft und «Wesensstärke»; diese «Wesensstärke» (Fritsch-Vivié) implizierte Überwindungsqualitäten enormen Ausmaßes, gegenüber lebensgeschichtlichen Ereignissen und krankhaften (oder krankheitsnahen) Erschütterungen ihrer leiblich-seelischen Konstitution. *«Die Engel sind stark in den Schwachen.»* Sivar Arnér schrieb 1961 über Nelly Sachs in einer Festschrift zu ihrem 70. Geburtstag: «Ein innerster Kern in ihr ist nicht angegriffen und nicht angreifbar; von ihm aus überwindet sie alle Krisen.»[294] Die Grenzzustände des Bewusstseins verstand Nelly Sachs als Bedingungen des inneren Weges, der notwendigen Aufbrüche zum Geist, in einem zerreißenden Zeitalter der Extreme. Bereits in der Osterzeit des Jahres 1957 hatte sie sich notiert: «Gleichgewicht im Verrat an Gott? Wahnsinn ist der stille Widerstandskämpfer – Und die Normalen? Kierkegaard: Angst vor der Berufung – Abspringen ins Ungesicherte – wenn Abraham nicht die Unwahrscheinlichkeit acceptiert hätte wäre er niemals in ein unbekanntes Land gezogen.»[295]

*

Nelly Sachs in ihrer Stockholmer Wohnung, undatiert.
Foto: Anna Riwkin

Mit fortschreitender Regeneration kreisten Nelly Sachs' Gedanken in der psychiatrischen Klinik Beckomberga immer deutlicher um die Wiederaufnahme und Weiterführung ihrer Arbeit; sie sehnte sich nach Ruhe, Ordnung und Konzentration – «ich muß endlich zur Ruhe kommen, mit meinen Dingen zusammen».[296] Nach dem Aufenthalt in einem Erholungsheim und der Zeit bei einer Freundin konnte sie im Januar 1961 nach halbjähriger Abwesenheit in ihre kleine Wohnung in Bergsundsstrand 23 zurückkehren, wenn auch nur für insgesamt sieben Wochen – ehe sie, erneut von ihren Verfolgungsängsten und Eindrücken überwältigt, zum zweiten Mal klinisch behandelt wurde.

Am 30. März 1961 hieß es an Gudrun Dähnert-Harlan:

> Sie sind im Krankenhaus von solcher Güte, ich darf hier arbeiten, habe die Maschine hier – Bücher, Manuskript – aber sie können mir nur helfen bis zu einem gewissen Punkt, was sie von Herzen tun, nämlich daß mir der

Glaube an das Gute bleibt, das siegend sein soll – alle Freunde bilden einen Wall aus Liebe – und ich hätte auch den anderen gerne zur Versöhnung die Hand gereicht – aber bei solcher Unerbittlichkeit prallt alles ab genau wie damals, als Du uns gerettet hast.[297]

Einen Tag später schrieb Nelly Sachs aus der Klinik an Hans Magnus Enzensberger über die Wiederbegegnung mit den Kranken: «Von denen, die damals schon hier waren, erkannte mich nur die fast blinde ‹Schneeblume›, die mit ihrem weißen Heimwehstab wandert. Sie strich augenblicklich über mich hin. ‹Det är den vänliga röst – jag behöver så mycket vänlighet› [‹Das ist die freundliche Stimme – ich brauche so viel Freundlichkeit›] und damit gab sie mir den Eintrittstrost.»[298] Sie schrieb über die verordnete Medikation und ihre literarische Arbeit: *«Der gute besorgte Arzt verordnete vor seiner Osterreise beruhigende Pillen, die mich in der Arbeit immer wieder fortnahmen. Ich werde ihn bitten, mir diese Medikamente zu erlassen, denn ich kann ja nur überleben, wenn ich arbeiten darf.»*[299]

In den fünf Monaten ihres zweiten Aufenthalts in der psychiatrischen Klinik arbeitete Nelly Sachs an ihrer szenischen Dichtung *Beryll sieht in der Nacht* («Einige Szenen aus der Leidensgeschichte der Erde») und an weiteren Gedichten. «Die Gedichte überströmen mich so – daß ich keine Zeit für das neue dramatische Spiel gewinne», teilte sie Hans Magnus Enzensberger in der zweiten Aprilhälfte mit.[300] Manche ihrer Mitpatientinnen nahm Nelly Sachs in verwandelter Weise in den Innenraum ihrer Gedichte auf, lebte wahrnehmend bei und mit ihnen:

In dieser Bedrängnis [...], *wandernd in der Frauenstation*, findet sie noch für die kranken Mitinsassinnen ihrer Abteilung, für diese alten, verwirrten, von der Gesellschaft alleingelassenen Frauen mit dem *jenseits-blauen Blick* wunderbar behutsame Worte. Im Gedicht gibt sie ihnen die persönliche Würde zurück, gibt ihnen Schicksal und eine eigene innere Welt und, bei aller Fremdheit, einen poetischen Glanz.[301]

Das Erscheinen einer schwedischen Auswahl ihrer Gedichte freute Nelly Sachs; auch ihrem Leben auf der Station gewann sie immer wieder Positives ab: «Die Kranken umher und der strenge und festhaltende Rhythmus, der die Zeit durchwirkt. Mein kleines Zimmer ganz für mich ist eine Gnade. Und dann von draußen die guten Briefe.»[302] So vergingen Monate, deren Ausgang vollkommen ungewiss war:

> Hier im Krankenhaus bin ich geschützt – darf schlafen ohne Morse-Töne – im Park spazierengehen ohne Verfolger und arbeiten. Ich bin ihnen allen hier unendlichen Dank schuldig, Ärzten und Schwestern. Aber wie wird es werden, ein Leben noch möglich für mich in Freiheit? Sie hoffen es hier, aber niemand kann Bestimmtes versprechen.[303]

Am Ende der ersten Septemberwoche des Jahres 1961, drei Monate vor ihrem 70. Geburtstag, war Nelly Sachs dann wieder zu Hause, wo sie erneut versuchte, im häuslichen Alltag zu bestehen und ihre Arbeit fortzuführen: «‹Beryll sieht in der Nacht oder das verlorene und wieder gerettete Alphabet.› Auch dies hat mir das Krankenhaus geschenkt – die vollkommene Leere und die Mühe, das Wort neu heraufzuholen.»[304] *«Die Heimatsprache suchend / am Anfang der Worte»* (2, 138). Selbst in dieser Zeit übersetzte Nelly Sachs schwedische Lyrik.[305]

Trotz immer wieder aufsteigender Bedrohungsängste («seit einigen Tagen beginnen sie wieder, aber ich will den Mut nicht verlieren, es sind auch gute Kräfte, die mich schützen, aber diese unsichtbare Verfolgung mit der perfekten Radiofunktechnik ist schlimmer» 8. 10. 1961[306]) hielt sich Nelly Sachs für viele Monate in ihrer Wohnung, überstand ihre 70. Geburtstagsfeier am 10. Dezember mit den aufwendig verlegten Suhrkamp-Büchern *(Nelly Sachs zu Ehren* und *Fahrt ins Staublose)*, musste dann jedoch ab Februar 1962 wieder zehn Monate unter schwierigsten Bedingungen, mit Einsatz von neuerlichen Elektroschocks und hohen Medikationen, klinisch behandelt werden. Alles fiel ihr schwer, und die geistig-literarische Arbeit, die sie am Leben hielt, war zeitweise nicht mehr möglich: «[...] ich kann ja nicht arbeiten mit den Schockbehandlungen – weil ich alles vergesse – nur was ich vergessen soll, vergesse ich nicht. Ich werde darum bitten, meine Arbeit machen zu dürfen.»[307] Nur noch 38 Kilogramm schwer, ausgezehrt und über alle Maßen mitgenommen, verfasste Nelly Sachs im Sommer 1962 den ersten, aus 30 Gedichten bestehenden Teil des Zyklus' *Glühende Rätsel*:

Auf und ab gehe ich
in der Stubenwärme
Die Irren im Korridor kreischen
mit den schwarzen Vögeln draußen
um die Zukunft
Unsere Wunden sprengen die böse Zeit
aber die Uhren gehen langsam –
(2, 10)

Nichtstun
merkbar Verwelken
Meine Hände gehören einem fortgeraubten Flügelschlag
Ich nähe mit ihnen an einem Loch
aber sie seufzen an diesem offenen Abgrund –
(2, 11)

Ich wasche meine Wäsche
Viel Sterben im Hemd singt
da und dort Kontrapunkt Tod
Die Verfolger haben ihn mit der Hypnose
eingefädelt
und der Stoff nimmt willig auf im Schlaf –
(2, 12)

Diese Telegrafie mißt mit der Mathematik à la satane
die empfindlich musizierenden Stellen

an meinem Leib aus
Ein Engel aus den Wünschen der Liebe erbaut
stirbt und aufersteht in den Buchstaben
in denen ich reise –
(2, 17)

Einzelne Gedichte sprachen von der Unsicherheit der nachklinischen Zeit und dem bestimmend «Unsichtbaren» des eigenen Lebensweges: *«Wenn ich die Stube beschützt mit Krankheit / verlassen werde – frei zum Leben – zum Sterben – / Luft mit dem Willkommenkuß / den Zwillingsmund tief beglückt / so weiß ich ja nicht / was mein Unsichtbares / nun mit mir anfangen wird* – (2, 24). Andere Verse thematisierten Abgrund und Sterben: *«SO HINGEWORFEN / tiefer und tiefer immer tiefer / wo ist Tiefstes? / Im Schweiß des Schweigens / die verlorene Seele // Sterben ist Tiefstes –»* (2, 113). Zu gleicher Zeit erschienen in Deutschland ihre gesammelten szenischen Dichtungen unter dem Titel *Zeichen im Sand* bei Suhrkamp – sowie *Eli* in der Reihe «Spectaculum» in einer Auflage von 40000 Exemplaren, zusammen mit Dichtungen von Dylan Thomas, Bert Brecht, Eugène Ionesco und Max Frisch.

Im Januar 1963 war Nelly Sachs wieder zu Hause, für insgesamt fünf Monate, in denen sie tätig war und weiterzukommen versuchte: «Welche Gnade nach 1 Jahr Krankenhaus. In meiner Kajüte schreibe ich und bis jetzt – ich wage es kaum auszusprechen, ist Ruhe! Vielleicht – ach vielleicht ist die Rettung da. Natürlich bedarf es noch Monate, um das zu wissen.» (16. 1. 1963[308]) «Ich habe gearbeitet von früh bis spät, zwei Säcke von altem Papier, Korrekturen, Manus, Durchschläge, Briefe, Rechnungsmappen viele Jahre durchgesehen, vernichtet, Platz für Neues gemacht, Ordnung in Schränken, Schubladen.» (21. 1. 1963[309]) Ihre Werke erschienen in weiteren Ausgaben und hoher Auflage in Deutschland – Nelly Sachs aber musste Ende Mai 1963 erneut in der Nervenklinik aufgenommen werden.

Über ihre Zukunft unsicherer als je zuvor und mit dem Gefühl fortbestehender Bedrohung,[310] Vereinsamung und Zerstörung – «So muß ich mein zerstörtes Leben weiterschleppen.»[311] – schrieb Nelly Sachs dort den zweiten, aus weiteren 20 Gedichten bestehenden Teil ihrer *Glühenden Rätsel:*

Alle Länder haben unter meinem Fuß
ihre großen Schrecken angewurzelt
die hängen schwer-uralte Ziehbrunnen
immer überfüllend den Abend
das tötende Wort –

So kann ich nicht sein
nur im Stürzen –
(2, 46)

*

Wo nur finden die Worte
die Erhellten vom Erstlingsmeer
die Augen-Aufschlagenden
die nicht mit Zungen verwundeten
die von den Lichter-Weisen versteckten
für deine entzündete Himmelfahrt
die Worte
die ein zum Schweigen gesteuertes Weltall
mitzieht in deine Frühlinge –
(2, 52)

*

Dann jedoch gelang Nelly Sachs eine neuerliche Wendung ins Sein, den immerwährenden «Stürzen» entronnen. Sie kehrte im August 1963, zweiundsiebzigjährig, endgültig aus der Nervenklinik nach Hause zurück und musste sie – abgesehen von einer Krisenintervention fünf Jahre später – nicht mehr betreten. Nahezu *drei* Krankenhausjahre lagen hinter ihr, in denen sie ihren eigenen Weg nach «Golgatha» ausgeschritten hatte.

In ihrem nunmehr anbrechenden letzten Lebensjahrsiebt (1963–1970) erhielt Nelly Sachs im Oktober 1965 den Friedenspreis des Deutschen Buchhandels, den sie in der Frankfurter Paulskirche persönlich in Empfang nahm,[312] um anschließend nach Berlin zu reisen – zu einem Empfang in Schloss Charlottenburg, zu einem Treffen mit dem ostdeutschen Lyriker Johannes Bobrowski und zur Wiederbegegnung mit den – zerstörten – Orten ihrer ersten fünf Lebensjahrzehnte. Etwas über ein Jahr später, am Tag ihres 75. Geburtstages, dem 10. 12. 1966, empfing Nelly Sachs in Stockholm den Nobelpreis für Literatur, gemeinsam mit dem hebräischsprachigen Dichter Josef Agnon und unterstützt von Gudrun Dähnert-Harlan, die bei der Preisverleihung neben ihr und dem schwedischen König saß. 1967 wurde Nelly Sachs Ehrenbürgerin ihrer Heimatstadt Berlin. Die Begleitumstände und manche Motive dieser Ehrungen waren problematisch[313] – dennoch freute sich Nelly Sachs zutiefst über sie. Nach Jahren der Einsamkeit, der Nicht-Rezeption und der schweren

Nelly Sachs empfängt die Presse nach der Nachricht von der Verleihung des Nobelpreises, 24. Oktober 1966

psychiatrischen Erkrankung sah sie sich und ihr Werk in nie mehr für möglich gehaltener Weise international wahrgenommen. Ihre neuen Dichtungen erschienen in würdiger Gestalt, aber auch zahlreiche Übersetzungen und Auswahleditionen entstanden, darunter auch erstmals wieder in Ostdeutschland, wo 1947 die *Wohnungen des Todes* verlegt worden waren. Nelly Sachs erhielt eine Einladung nach Israel – wo ein Wald für sie gepflanzt wurde – und ans Leo Baeck Institut nach New York; sie erlebte Lesungen ihrer dramatischen Szenen am germanistischen Seminar der Universität Stockholm – «Die Jugend war [...] gänzlich gefangen und verstand»[314] – und weitere Hörspiel-Inszenierungen mit großer Verbreitung. Viele Menschen aus zahlreichen Ländern schrieben ihr Briefe:

> So viele alte Freunde von der Jugendzeit oder deren Kinder, Enkelkinder zuweilen, meldeten sich aus vielen Ländern, als man vom Nobelpreis las und ersah, dass ich in Schweden lebe. Es ist alles wie ein Wunder. Nach furchtbaren Jahren, die ich immer am Tod lebend verbrachte und sehr einsam, kommt nun aus aller Welt eine solche Zustimmung.[315]

Die Gipfel der Berge
werden sich küssen
wenn die Menschen ihre Sterbehütten
verlassen
und mit den Regenbögen
sich bekränzen
dem siebenfarbigen Labsal
der verblutenden Erde –
(2, 142)

*

Im September 1967 kam die Schriftstellerin und Überlebende der Konzentrationslager Ilse Blumenthal-Weiss erstmals aus Amerika zu Nelly Sachs, mit der sie seit einem Jahr korrespondiert hatte. *«Es hat jeder, jeder von unseren Toten durch Ihre Dichtung und in Ihrer Dich-*

tung nun seine Ruhestätte und Segnung gefunden.» (Ilse Blumenthal Weiss, 4. 11. 1966[316]) Später beschrieb Blumenthal-Weiss ihren Besuch bei Nelly Sachs in Stockholm und die Wohnung in Bergsundsstrand 23:

> Sie bestand, wie ich sagen möchte, aus einem offiziellen und einem privaten Teil. Das heißt: im Wohnzimmer, an dessen Längswand ein großes Bücherregal zuerst ins Auge fiel und daneben die kleinen Schränke, in denen peinlich geordnet Manuskripte, Briefschaften, Zeitungsausschnitte aufbewahrt wurden, empfing die Bewohnerin jene Gäste, die nicht zu dem engen Freundeskreis gehörten, nämlich Journalisten, Reporter, Unbekannte, die fragten, ausfragen, von ihr etwas lernen wollten. Mein erster Besuch fand in diesem Raum statt. Er machte auf mich zunächst einen etwas feierlichen Eindruck, der vermutlich durch die mustergültige Ordnung und Anordnung hervorgerufen wurde. Aber schon bald überwand die unkonventionelle Art der Gastgeberin und die ungezwungene Unterhaltung, die sich ergab, diesen Eindruck. Ja, es war einfach ein gemütliches Zusammensein, das uns einander nahe brachte.
>
> Ich möchte noch etwas über das Zimmer sagen, in dem ich mich befand. Die vorherrschende Farbe war ein sanftes Blau. Blau waren die Vorhänge, die Sessel, die Couch. Blau war die kostbare Vase auf der Anrichte, die Schale auf dem Tisch und die exotische Blume am Fenster, von der kleinen italienischen Friseurin gespendet, die Nelly seit der Nobelpreisfeier zu ihren Kundinnen zählte. In rührender Anhänglichkeit sandte die junge Verehrerin ihrer Dichterin von Zeit zu Zeit diese Blumen-Liebeszeichen.
>
> Nur einmal bin ich Wohnzimmer empfangen worden. Sonst hielten wir uns in jenem kleinen Raum neben der winzigen Küche auf, den Nellys Mutter bezeichnender Weise «die Kajüte» genannt hatte. Eine Atmosphäre des Friedens ging von diesem Kämmerlein aus, das wie abgeschirmt gegen Einwirkungen der Außenwelt schien. Der Blick aus dem Fenster fiel auf den gegenüberliegenden Mälarsee, auf dem lautlos Schiffe vorüberzogen. Eine ferne Brücke trug in pantomimischer Unhörbarkeit Autos und Lastwagen von einem Ufer zum andern. Und wenn dann die mit liebevoller Sorgfalt und

Auserlesenheit von Nelly zubereiteten Mahlzeiten vorgesetzt wurden, meinte man, den Alltag gegen einen köstlichen Feiertag eingetauscht zu haben.

Auch in der Kajüte hat die Dichterin versucht, eine Farbe, in diesem Falle ihre Lieblinsfarbe rosa, vorherrschen zu lassen. So sind z. B. Vorhänge, Tapete, Sofakissen, Sofa und die Decke darüber, rosa. Selbst die Kaffeekanne, die in die auf der rosa Tischdecke stehenden Tässchen aus feinstem rosa Porzellan Kaffee eingießt, ist rosa. Der kleine Tisch, an dem ich saß, und an dem höchstens drei Personen Platz haben, diente als Ess-, Schreib- und Arbeitstisch, wobei ich erstaunt war, dass er nicht zusammenbrach, sobald die noch aus Deutschland stammende, schwere Schreibmaschine darauf gestellt wurde. Hätte die Freundin nicht erwähnt, dass sich der größte Teil ihres Lebens in diesem Stübchen – es diente auch als Schlafzimmer – abspielte, so hätte ich es kaum für möglich gehalten, dass der Flüchtling aus Deutschland gerade in diesen begrenzten vier Wänden ein Zuhause, ja eine neue Heimat gefunden hatte.

Natürlich gingen die Tage mit Li, wie sie sich ihren Freunden gegenüber nannte, immer viel zu schnell vorüber. Dabei hatte sie, um mir lange, zeitraubende Wege zu ersparen, nur drei Häuser von sich entfernt, eine Unterkunft besorgt. Wenn ich dann die Freundin am frühen Vormittag aufsuchte, war nicht nur schon alles völlig aufgeräumt, sondern sie selbst war absolut frisch und eigentlich nur verlangend, Gespräche zu führen, resp. begonnene Gespräche fortzusetzen. Ich war erstaunt, wie orientiert Nelly auf den verschiedensten Gebieten war. Gleich, ob es sich um politische oder religiöse Fragen, wirtschaftliche oder soziale Probleme, literarische oder andere geisteswissenschaftliche Themen handelte, – sie wusste Bescheid.[317]

Dem Bericht von Blumenthal-Weiss zufolge war Nelly Sachs im Herbst 1967 keineswegs frei von Verfolgungsideen, die weiter im Hinter- oder Untergrund ihres Bewusstseins lebten. («Ich entsinne mich einer erschütternden Szene in der Kajüte, da die Freundin, abrupt die Unterhaltung unterbrechend, auf den Mälarsee wies mit den Worten: ‹Siehst Du, dort auf dem Wasser sind die Verfolger in

Booten vorbeigefahren und haben mich beobachtet. Aber› – fuhr sie erleichtert fort – ‹nun haben sie keine Macht mehr über mich, hat mir mein Arzt gesagt. Denn seit ich den Nobelpreis erhielt, trauen sie sich nicht mehr an mich heran.›»[318]) Zugleich hielt Ilse Blumenthal-Weiss fest:

> Gewiss war Nellys Leben seit ihrer Flucht aus Deutschland leidgezeichnet. Dennoch konnte es geschehen, dass unversehens der Zauber ihres Lächelns, ihr Charme, ja ihre Heiterkeit so überzeugend durchbrachen, dass es war, als ob Ströme von Licht von ihr ausgingen.[319]

*

Anfang 1968, in den Monaten vor ihrer letzten psychiatrischen Hospitalisierung (April/Mai), musste Nelly Sachs erneut zur Entstehung ihres Werkes Stellung nehmen, unter anderem gegenüber Lionel Richard, ihrem französischen Übersetzer, der sich wiederholt an sie wandte. («Ich bin Ihnen sehr dankbar, daß Sie in diese Nächtliche Dimension hinabsteigen wollen. Man findet erst nahe am Tode solche Sprache. Wenigstens mir ging es so.» Nelly Sachs[320]) Auf Richards zahlreiche Fragen zu den Gedichten ging Nelly Sachs in verschiedenen Briefen ein, um ihm bei der Übersetzung unklarer Stellen weiterzuhelfen. Schließlich sandte er ihr im Februar 1968 noch einen biographischen Fragebogen, auf dem es u. a. hieß: «Kommen die Sinnbilder, die Sie benutzen, zum größten Teil aus dem Chassidismus?» / «Was denken Sie von der Liebe? Welches ist ihre Rolle in Ihrer Weltauffassung / in Ihrem lyrischen System?»[321] Nelly Sachs antwortete angestrengt und entschieden:

> Ich habe niemals den Chassidismus studiert, nur meine menschliche Haltung hatte einen inneren Zusammenhang mit dem wenigen, was ich las und was mich tröstete. Meine Sinnbilder, wie Sie es nennen, sind aus meiner eigenen Erfahrung erwachsen und überfielen mich mit einer solchen Macht, daß sie mich nahe an den Abgrund brachten und mich jene gekreuzigte

Sprache lehrten, die ich im Krankenhaus überall vernahm, als die Stimme meines Innern.

Liebe ist die Quelle meines ganzen Werkes. Mein Glauben, daß der Mensch, ein Jeder auf seine Art, dazu geschaffen ist, diese Materie zu durchleben, zu durchschmerzen, liebend durchsichtig zu machen, zieht als Grundgedanke durch alles, was ich schreibe und versuche, immer wieder Ausdruck dafür zu finden.[322]

Richard fragte auch nach der wiederholt problematisierten Beziehung von «Täter und Opfer» in Nelly Sachs' Werk, nach ihrer Stimme der «Versöhnung» und fehlenden Anklage: «Es wurde geschrieben, dass Ihre Lyrik nicht anklagt; welches ist Ihre Haltung dem Pardon gegenüber? Wäre es Ihnen möglich, diesen dialektischen Zusammenhang zwischen Jägern und Gejagten zu bestimmen?»[323] Hierauf antwortete ihm Nelly Sachs:

Weil wir alle Menschen sind, die schuldig sind oder es im nächsten Augenblick werden können. [...] Henker und Opfer. Uns anderen Betroffenen fällt es zu, bis zum eigenen Tod die Leidtragenden der Opfer zu sein. Ihnen gehört mein Wort, das vor den Tätern verstummt.[324]

Ihr «Wort», so Nelly Sachs in dieser wegweisenden Selbstaussage, gehört den Opfern und «verstummt» vor den Mördern – sie versteht sich in ihrer Mitbetroffenheit als «Leidtragende» der Opfer, lebt und arbeitet in dieser Dimension.

Auch Siegfried Unselds gut gemeintes Projekt, ein *Buch der Nelly Sachs* herauszugeben, das sie von vielen Nachfragen zu ihrer Dichtung entlasten sollte, wurde Nelly Sachs durch die faktische Herausstellung ihrer Person schwer. Am 20. März, kurz vor ihrem erneuten seelischen Zusammenbruch, schrieb sie darüber an Bengt Holmquist und Karl Schwedhelm:

Ich leide schon genug an den ewigen Feststellungen, woher meine Dinge ihre Sprache haben. Ja, fühlen die Menschen denn nicht, daß man seine Sprache haben muß und grade *diese* vulkanische Sprache, um ein vulkanisches Erleben wieder zu versuchen in seinen eigenen Visionen zu geben. Gewiß war ich glücklich, als ich im Krankenhaus endlich etwas entdeckte, was ich einen Triumph des jüdischen Fühlens in der Nach-Bibel-Zeit in der chassidischen Mystik entdeckte. Etwas was nicht Geschichte geworden ist, nicht versteint sondern lebend wie eine Flamme und daß ich versuchen wollte auch dieses den Menschen zu zeigen, die an keine lebendige Fortsetzung der einmal glühenden Prophetie glaubten und dieses Volk nur rückblickend sahen, wie mir aus Deutschland bestätigt wurde.

Aber ich habe doch keine Theorie studiert und sie umgesetzt. Wie kann man, da infolge der nach der Veröffentlichung der «Wohnungen des Todes» jahrelangen Verfolgungen gegen mich bis an den Rand des Wahnsinns gehetzt, sich mit gelehrten Sachen beschäftigen. Niemals von Kindheit an habe ich anders gelebt als grade in der Minute, die brannte [...].[325]

[...] ich habe diese [meine] Metaphern bis nahe an den Tod erlitten und niemals ausgedacht und auch niemals wie man zuweilen angenommen hat, aus der jüdischen Literatur genommen. Die chassidische Mystik, spät kennengelernt, war ein Trost für mich in nächtlicher Zeit, und zudem fühlte ich das Bedürfnis, sie anderen Menschen zugänglich zu machen, um zu zeigen, daß in der Nach-Bibel-Zeit ein gleichsam den Propheten zu vergleichendes flammendes Werk vorlag, das nicht geschichtlich begrenzt war, sondern wie alle Mystik täglich aufs neue gelebt wird. [...] So sind alle meine Versuche mit Bildern nur als Bemühen, viele Aussichten zu schaffen, nicht in der Vergangenheit, sondern im Jetzt zu leben und zu deuten, in brennender Weltstunde, die immer sich wiederholt.[326]

Entscheidend für Nelly Sachs' neuerlichen Zusammenbruch aber waren – ihrer Selbsteinschätzung zufolge – weder die Fragen Lionel Richards noch das *Buch der Nelly Sachs*. Wie sie in (bisher unveröffentlichten) Tagebuchaufzeichnungen vom 19. und 20. April 1960 mit ihrer Schreibmaschine festhielt,[327] setzten ihre Bedrohungs-

Nelly Sachs, undatiert
Foto: Anna Riwkin

ängste vielmehr mit dem Eintreffen Simon Wiesenthals aus Wien ein, der sich – mit hohem Presseaufwand – in Schweden auf die Suche nach Verbrechern des NS-Regimes machte. «Ich persönlich fühle mich fremd gegenüber diesem Tun. Es führt meiner Ansicht nach zu nichts, um die kranke Welt zu heilen.»[328] «Im Takt mit den Unruhen der ganzen Welt», so Nelly Sachs, begann mit Wiesenthals Auftreten «in meiner Wohnung die alte, solange unterbrochene Verfolgung auf bekannte, unsichtbare Weise wieder aufzutreten, wie damals bei Eichmann[s] Verhaftung.»[329] Sie erlebte die «Tendenz, mich wie damals bei der Eichmann-Verhaftung wieder als eine Art Geisel zu benutzen» – «vielleicht gerade [...], weil ich für Versöhnung kämpfe»[330], und geriet erneut in die Spirale von Angst und Bedrohung, Schuld und Verschuldung, Ich-Gefährdung und -Auflösung.

*

Nelly Sachs bewältigte die zehnwöchige Klinikzeit, in der sie zahlreiche Gedichte schrieb, die dem Zyklus *Teile Dich Nacht* zugehörten: «Aber dieses Mal haben sie mich nicht niederbrechen können.»[331] Manche Auseinandersetzung der letzten Wochen fand in diesem Zyklus einen indirekten Widerhall:

Hier nehme ich euch gefangen
ihr Worte
wie ihr mich buchstabierend bis aufs Blut
gefangen nehmt
ihr seid meine Herzschläge
zählt meine Zeit
diese mit Namen bezeichnete Leere
Laßt mich den Vogel sehen
der singt
sonst glaube ich, die Liebe gleicht dem Tod –
(2, 136)

Nelly Sachs dachte mit Sehnsucht an ihr Lebensende, an das Ende des Kampfes. Obwohl sie die Übertragungen ihrer Gedichte in zahlreiche Sprachen freuten und sie weiter an vielem Anteil nahm, gingen ihre Kräfte zur Neige – sie stand in ihrem 77. Lebensjahr. Aus der Klinik informierte sie Alfred Andersch über den eingetretenen Rückfall, fügte jedoch in Erinnerung an die früheren Hospitalisationen hinzu: «[...] 3 Jahre wie damals wird es wohl nicht dauern, da liege ich hoffentlich unter der Erde.»[332] An Enzensberger schrieb sie, späte Gedichtzeilen Hölderlins aus dem Tübinger Turm zitierend[333]:

> [...] Ich bin dankbar, wenn sie mich in Ruhe lassen und ich hier existieren kann. April und Mai und Junius sind ferne, ich bin nichts mehr, ich lebe nicht mehr gerne.[334]

Schon hast du dein Fluchtgepäck
hinüber –
die Grenze ist offen
aber vorher
werfen sie alle deine «zu Hause»
wie Sterne durchs Fenster
komm nicht mehr zurück
im Unbewohnten wohne
und stirb –
(2, 148)

*

Nach ihrer Entlassung lebte Nelly Sachs noch zwei Jahre weitgehend zurückgezogen, in körperlich schlechtestem Befinden (von einer sich entwickelnden Krebskrankheit gezeichnet) und betroffen von der Situation der Welt, die sie nach wie vor mitvollzog, Anteil nehmend und mit-leidend.[335] Auch sie hoffte 1968 bei den studentischen Unruhen von Berlin, Paris und Prag vorübergehend auf Veränderungen – *«Die Welt ist schlimm. Alle Hoffnung, die wir hatten, fliegt fort»*, hieß es dann, bilanzierend, im Dezember 1968.[336] Im Februar 1969 wurde *Eli* in der Berliner Akademie der Künste aufgeführt, in der Schicksalsstadt des 20. Jahrhunderts und ihrer eigenen Herkunft. Im Sommer 1969 musste Nelly Sachs sich einer schweren Operation unterziehen, die sie nur mühsam überstand. Große körperliche Schmerzen bestimmten ihre letzte Lebenszeit, «ein schlimmes Dasein.»[337] *«Schmerzen singen / Tote und Lebende begegnen sich im Äußersten»* (2, 127)

Dennoch arbeitete Nelly Sachs literarisch weiter. «Der Weg geht immer von außen nach innen. Auch in der Kunst. Am Ende ohne Leib nur Kraft, nur Wesen.»[338] Noch im Winter 1969/70 schrieb sie den aus vier Gedichten bestehenden Zyklus *Suche nach Lebenden:*

IHR MEINE TOTEN
Eure Träume sind Waisen geworden
Nacht hat die Bilder verdeckt
Fliegend in Chiffren eure Sprache singt

Die Flüchtlingsschar der Gedanken
eure wandernde Hinterlassenschaft
bettelt an meinem Strand

Unruhig bin ich
sehr erschrocken
den Schatz zu fassen mit kleinem Leben

Selbst Inhaber von Augenblicken
Herzklopfen Abschieden
Todeswunden
wo ist mein Erbe

Salz ist mein Erbe
(2, 165)

Lionel Richard hatte Nelly Sachs im Februar 1968 gefragt: «Was bedeutet der Tod für Sie?» – und von ihr die Antwort erhalten: «Daß die Möglichkeiten dieses inneren Werkes, die Materie zu durchdringen, erschöpft sind.»[339]

Dieser Zeitpunkt war nun, nach vielen durchkämpften Jahren des *inneren Werkes,* gekommen – am 12. Mai 1970 starb Nelly Sachs 78-jährig in Stockholm.

Der Tod aber ist offen
Erst dahinter leben die Geheimnisse
(2, 170)

II. «Nur wahre Hände schreiben wahre Gedichte»

Zur Lebensgeschichte Paul Celans (1920–1970)

> Der Ort des Gedichts ist ein menschlicher Ort, «ein Ort im All», gewiß, aber hier, hier unten, in der Zeit. Das Gedicht bleibt, mit allen seinen Horizonten, ein sublunarisches, ein terrestrisches, ein kreatürliches Phänomen. Es ist Gestalt gewordene Sprache eines Einzelnen, es hat Gegenständlichkeit, Gegen*ständig*keit, Gegen*wärtig*keit, Präsenz. Es steht in die Zeit hinein.
>
> Paul Celan[340]

> Aber mein Schicksal ist dieses: Deutsche Gedichte schreiben zu müssen.
>
> Paul Celan, 3. 11. 1946[341]

> Bitter, ja, so sind diese Gedichte. Aber im (wirklich) Bittern ist schon das Nicht-mehr und Mehr-als-Bittre – nicht wahr?
>
> Paul Celan, 4. 12. 1962[342]

Paul Celan wurde am 23. November 1920 in Czernowitz, der Hauptstadt der Bukowina, geboren, «den harten Novembersternen gehorsam» (II, 22) und im Zeichen des «Schützen». Er hieß, wie es die Geburtsakte vermerkt, Paul Antschel und erhielt nach seiner ersten Lebenswoche noch einen zusätzlichen, der Religion seiner Eltern verpflichteten Namen:

[…] am achten Lebenstag wurde der Neugeborene in den «Bund Abrahams» aufgenommen und bekam beim kultischen Vorgang den hebräischen Namen «Pessach», den auch einer seiner Ahnen getragen hatte […].

«Pessach» ist der hebräische Name des jüdischen Osterfestes, das auch «Überschreitungsfest» genannt wird. Das Wort «Pessach» bedeutet «überschreiten» im Sinne von «etwas auslassen, beiseite lassen» und weist auf die letzte der zehn Plagen hin, mit denen Jahwe die Ägypter heimsuchte, damit sie die Juden in die Freiheit ziehen ließen. Diese letzte Plage bestand aus dem Tod der Erstgeborenen aller ägyptischen Familien. Damit aber der Todesengel die jüdischen Häuser verschone, wurde den Juden geboten, in der Nacht des Würgers auf die Türpfosten Blut von einem frisch geschlachteten Lamm zu streichen. So bezeichnet das Pessach- oder Überschreitungsfest sowohl die Verschonung der jüdischen Erstgeborenen wie auch den Auszug der Juden aus Ägypten. (Israel Chalfen[343])

Paul Antschel war ein Erstgeborener und das einzige Kind seiner Eltern. Im Unterschied zu ihnen sollte er den kommenden «Todesengel» und die Ermordung der jüdischen Bevölkerung überleben, als ein «Verschonter» entkommend «überschreiten», was seinem Leben die weitere Gestalt gab, aber auch eine schwere Bürde auferlegte.

*

Im «Buchenland» der Bukowina lebten in der Kindheit Paul Antschels viele Völker und Sprachen. Er hörte die Worte des Ukrainischen und Rumänischen, die hochdeutsche, schwäbische und jiddische Sprache sowie zahlreiche Dialekte. Czernowitz und die Bukowina waren Rumänien zugehörig; dennoch wuchs das Kind in eine «jüdische Stadt deutscher Sprache» hinein[344] – unter den 110000 Einwohnern von Czernowitz waren nahezu 50000 Juden, die das kulturelle Leben prägten. Paul Antschels Mutter, Friederike (jiddisch: Frejde) Schrager, machte ihn früh mit der deutschen Literatur und der hochdeutschen Sprache vertraut, die sie liebte;[345] sie war als Tochter eines frommen Chassids in Sadagora nahe Czernowitz geboren worden, einer der zentralen Hochburgen des Chassidismus. Martin Buber lernte dort in seiner Kindheit die Welt der chassidischen Rabbis kennen – jeden Sommer verbrachte er auf einem Gut in der Nähe von Sadagora und wurde von seinem Vater in das Städtchen mitgenommen, erlebte den Palast des Zaddik, das Bethaus der Chassidim und die Ausstrahlung des «Rebbe», der durch die Menschenmenge schritt. 38-jährig konnte Paul Antschel-Celan in der deutschen Stadt Bremen im Rückblick auf seine Herkunft sagen: *«Die Landschaft, aus der ich – auf welchen Umwegen! aber gibt es das denn: Umwege? –, die Landschaft, aus der ich zu Ihnen komme, dürfte den meisten von Ihnen unbekannt sein. Es ist die Landschaft, in der ein nicht unbeträchtlicher Teil jener chassidischen Geschichten zu Hause war, die Martin Buber uns allen auf deutsch wiedererzählt hat. Es war, wenn ich diese topographische Skizze noch um einiges ergänzen darf, das mir, von sehr weit her, jetzt vor Augen tritt, – es war eine Gegend, in der Menschen und Bücher lebten.»* (III, 185)

Paul Antschel liebte seine Mutter und tat sich schwer mit seinem strengen, ihn häufig strafenden Vater, einem Zionisten, der als Makler im Brennholzhandel tätig war. Zu einem Freund sagte Paul Celan später, in jüdischen Familien müsse Kafkas bitterer Brief an den Vater immer wieder geschrieben werden.[346] – Bis zu seinem 12. Lebensjahr hatte Paul in einem Gitterbett im Schlafzimmer seiner Eltern zu übernachten, in beengten, kleinbürgerlichen Verhältnissen.

Paul besuchte den deutschsprachigen Meisler-Kindergarten und die deutschsprachige Volksschule des Meisler-Instituts, musste dann jedoch aus Kostengründen an die hebräische Volksschule «Ssafa-Iwrija» übersiedeln, ehe er auf ein rumänisches und schließlich ukrainisches Gymnasium kam. Der jüdisch-hebräischen Welt stand er weitgehend fremd bis ablehnend gegenüber – und blickte auch später ungern auf seine Volksschulzeit zurück, rang dem Vater dreizehnjährig ein Ende der Hebräischstunden ab und besuchte nach der absolvierten «Bar-Mizwa», der jüdischen Konfirmation am 2. 12. 1933,[347] nie mehr einen Gottesdienst in der Synagoge. – Im

«Bar-Mizwa»-Jahr 1933 hörte Paul Antschel erstmals von den beginnenden Juden-Verfolgungen in Deutschland, durch einen Bruder des Vaters, der in die Bukowina geflohen war und von den deutschen Entwicklungen berichtete. Aber auch in Czernowitz erlebte Paul den realen Antisemitismus; am 30. Januar 1934 schrieb er an seine Tante nach Palästina:

> Was Angelegenheit Zeugniß betrifft, ja, hm! ich bin der Zweite, aber..... nicht der erste, wie es von Rechtswegen hätte sein sollen. Die Professoren, die Angehörigkeit zum *jüdischen* Zweig der *semitischen* Rasse und noch viele andere Hinderniße! Ja, was den Antisemitismus in unserer Schule betrifft, da könnte ich ein 300 Seiten starkes Buch darüber schreiben.[348]

Aufgrund dieser Stimmungen und Widerstände wechselte er schließlich auf das ukrainische Gymnasium.

Paul war ein exzellenter Schüler mit erstaunlichen Kenntnissen, sensibel, stolz und ehrgeizig, ein hochbegabter und ungewöhnlicher Junge, der langsam, «schmal, schön und verträumt» an den Häuserwänden entlang durch die Straßen von Czernowitz ging.[349] Er hatte dunkles Haar und dunkle Augen, lachte leise und selten, und wies eine eigentümlich «singende» Stimme, aber auch einen scharfen, oft als herablassend erlebten Humor auf: *«Paul stand immer über den Dingen und über den Menschen seiner Umgebung.»*[350] Er lebte in der Literatur, las und verehrte – unter anderem – Hölderlin und Rilke,[351] und begann bald, eigene Gedichte zu verfassen. – Zugleich stand Paul Antschel sehr bewusst und wach in seiner Zeit und trat bereits vierzehnjährig und ohne Wissen seiner Eltern einer kommunistischen Jugendorganisation bei. Er beteiligte sich an der Herausgabe einer illegalen, linksgerichteten Schülerzeitschrift in rumänischer Sprache (des *Roten Schüler, Elevul Roşu*[352]) und studierte die Schriften von Karl Marx und Ludwig Engels, obwohl sie ihn weitgehend befremdeten:

Er konnte den «Vätern des Sozialismus» kaum etwas abgewinnen, vor allem stieß ihn ihr trockener Materialismus ab. Ein anderes Buch, das er zufällig in die Hände bekam, sprach ihn dagegen sofort an: die «Gegenseitige Hilfe» des anarchistischen Fürsten Kropotkin. Bei ihm fand er die warme Menschlichkeit und Würdigung des Lebens, die er bei den Marxisten vermisste. (Israel Chalfen[353])

Auch Gustav Landauers religiöser Kultursozialismus, über den Martin Buber schrieb,[354] stand Paul Antschel nah. Dennoch sammelte er Geld für die republikanischen Kämpfer in Spanien gegen General Franco (*«No pasarán»*) und beteiligte sich an den gefährlichen Aktivitäten seines Freundeskreises.[355]

*

Im Juni 1938 absolvierte Paul Antschel das «Bacalaureat» in Czernowitz. Seinen Neigungen entsprechend, erwog er ein Literatur- oder Naturwissenschafts-Studium (er hatte ausgezeichnete botanische und mineralogische Kenntnisse), fügte sich dann jedoch mit innerer Zustimmung[356] seinen Eltern, die den Arztberuf wünschten – die aussichtsreichste Profession für Juden in dieser Zeit. Da es in Czernowitz keine medizinische Fakultät gab und an anderen rumänischen Universitäten eine rigide Zulassungsbeschränkung für Juden herrschte, entschied sich die Familie für einen Studienbeginn in Frankreich – Paul Antschel sprach sehr gut französisch und liebte die französische Literatur und Kultur.[357] In Wien, dem 800 km westwärts gelegenen, eigentlichen Zielort der geistig-kulturellen Orientierung (*«Das Erreichbare, fern genug, das zu Erreichende hieß Wien.»* III, 185), war zu diesem Zeitpunkt bereits die deutsche Wehrmacht einmarschiert. Die Verfolgung der jüdischen Bevölkerung hatte eingesetzt; an ein dortiges Studium war nicht mehr zu denken.

Am 9. November 1938, zwei Wochen vor seinem 18. Geburtstag, verließ Paul Antschel die Bukowina mit dem Schnellzug und fuhr über Krakau nach Berlin, wobei er auch Oświęcim (Auschwitz) passierte, das auf halbem Weg zwischen Czernowitz und der deutschen Hauptstadt lag. Paul Antschel, der nach dem Zeugnis einer Jugendfreundin, Edith Silbermann, «geradezu hellseherisch künftige Ereignisse registrierte», trat die Reise nach Deutschland mit gemischten Gefühlen an. Aus dem Zug, so Edith Silbermann, schrieb er ihr: «Ich fahre nun durch einen deutschen Birkenwald.[358] Wie sehr ich mich nach dem Anblick dieser Landschaft gesehnt habe, weißt Du, Edith; doch wenn ich über den Wipfeln der Bäume die dichten Rauchschleier hängen sehe, graut es mir, denn ich frage mich, ob dort wohl Synagogen brennen oder gar Menschen ...»[359] Die Bücherverbrennungen des Jahres 1933 lagen bereits ein halbes Jahrzehnt zurück; möglicherweise aber kannte Paul Antschel das Wort Heinrich Heines, eines anderen jüdischen Dichters deutscher Sprache, der geschrieben hatte: *«Wo man Bücher verbrennt, verbrennt man auch am Ende Menschen.»*[360] Als Paul Antschel am Morgen des 10. November am Anhalter Bahnhof in Berlin eintraf, und aus dem Zug stieg, war die «Reichskristallnacht» mit ihrer Zerstörung und Verwüstung fast aller Synagogen in Deutschland, der Plünderung von über 7000 Geschäften und der systematisch durchgeführten Enteignung der jüdischen Bevölkerung gerade vollzogen worden. In den auf den 10. November folgenden Tagen wurden über 26000 Juden in Konzentrationslager verschleppt, nach Dachau, Buchenwald und Sachsenhausen[361]:

Über Krakau
bist du gekommen, am Anhalter
Bahnhof
floß deinen Blicken ein Rauch zu,
der war schon von morgen.
(I, 283)

*

Über Belgien und schließlich Paris, wo er Bruno Schrager, einen Bruder der Mutter, besuchte (und mit einem Freund tagelang durch die Kultur-Stadt wanderte), reiste Paul Antschel weiter nach Tours, an die «École de Plein Exercice de Médecine et de Pharmacie», an der er bis zum Sommer des Jahres 1939 Vorlesungen zur naturwissenschaftlichen Propädeutik der Medizin hörte, aber auch intensiv

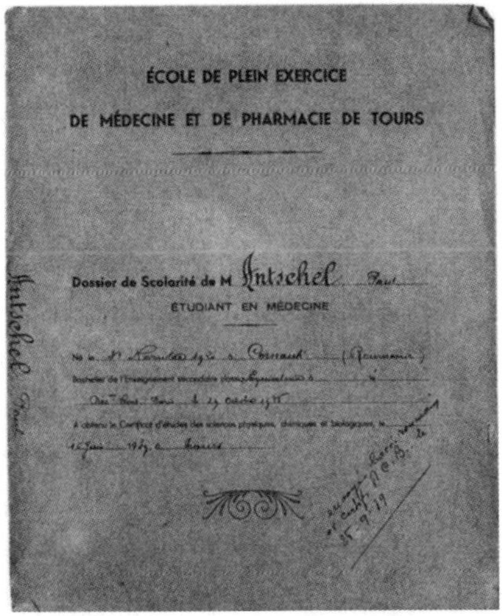
ÉCOLE DE PLEIN EXERCICE
DE MÉDECINE ET DE PHARMACIE DE TOURS
Dossier de Scolarité de M Antschel Paul
ÉTUDIANT EN MÉDECINE

Studienbuch in Tours 1938

französische Literatur studierte und viele Menschen – darunter spanische Exilanten – kennenlernte. «Insbesondere den spanischen Bürgerkrieg verfolgte er mit großer Aufmerksamkeit und engagierter Solidarität für die republikanische Seite.»[362] Zu Weihnachten 1938 war Paul Antschel wiederum in Paris und traf sich dort mit seinem Czernowitzer Freund Erich Einhorn, der überraschend nachgekommen war. Ostern 1939 stattete er der von Wien nach London geflohenen Schwester seines Vaters, Berta Antschel, einen ersten Besuch in der englischen Hauptstadt ab,[363] Pfingsten war er abermals in Paris; so konfigurierten sich früh die geographischen Orientierungen seiner späteren Biographie. – Als Paul Antschel im Juli 1939 für die Sommersemesterferien wieder ins östliche Czernowitz heimkehrte, reiste er erneut über Paris, wo er beim Onkel eine in Leder gebundene *Faust*-Ausgabe deponierte, sein erstes, kostbares Buch, das er knapp sechs Jahre zuvor zur «Bar-Mizwa» von einer befreundeten Familie erhalten hatte. Bei Bruno Schrager in Paris schien ihm der deutsche *Faust* gut aufgehoben zu sein. Dort sollte Paul Antschel das Buch vierzehn Jahr später, im Sommer 1947 und im endgültigen Exil angekommen, wiederfinden.

Der Kriegsausbruch im Frühherbst 1939 verhinderte die Fortführung der medizinischen Studien in Tours, veränderte das Leben Pauls im friedlichen Czernowitz in der ersten Zeit jedoch kaum. Er immatrikulierte sich – fasziniert von der in Tours erlebten französischen Literatur[364] – für Romanistik.[365] «Als Student des ersten Jahres [...] glaubte man, dass sein reines, fließendes Französisch seine Muttersprache war.»[366] Erneut hatte er hervorragende Zensuren[367] und bildete literarische Kreise um sich, in denen Gespräche und Lesungen stattfanden, in einer noch weitgehend erhaltenen Atmosphäre der Freiheit. Wieder ging es um Literatur und Kunst, um den eigenen Weg und seine geistigen Herausforderungen. Paul Antschel sorgte für Aufsehen – durch den besonderen Charakter seiner Gedichte, seiner Wesensart und Ausstrahlung:

> Er verabscheute die gewollte äußere Nachlässigkeit des Bohemiens, die andere junge Künstler als Zeichen ihrer Identität und Eigenheit betrachteten. Er war [...] von tadelloser, diskreter, lässiger Eleganz. [...] Paul war nicht nachsichtig. Sein Urteil – gleichviel ob es sich um Lehrer oder Kollegen handelte – war scharf und von unbarmherziger Gerechtigkeit. [...] Sein kompromissloses Urteil erschien uns jungen Leuten auch manchmal unfair. Heute weiß ich genau, dass Paul nie irrte. [...] Alles Dilettantische war ihm verhasst. [...] Er war in der Bewertung des wahrhaft Guten mit dem gleichen hellseherischen Urteilsvermögen begnadet. [...] Die höchsten Forderungen aber stellte er an seine eigene Person. Das beste verlangte er von sich selbst. (Dorothea Müller-Altneu[368])

Neben der Literatur beschäftigte sich Paul Antschel auch nach seiner Rückkehr aus Tours intensiv mit den politisch-geschichtlichen

Vorgängen, die er aufmerksam registrierte und tiefer zu erkennen versuchte, in einer ihn lebenslang kennzeichnenden Weise der permanenten Wachheit und Präsenz. Die öffentlichen Angelegenheiten gingen ihn an; er studierte sie und viele der kritischen, warnenden Stimmen politischen Bewusstseins:

> In der durch den Krieg verursachten Isolierung vom Weltgeschehen wollte er die Orientierung nicht verlieren, wollte wissen, warum es zu der sich ankündigenden Selbstzerfleischung der Menschheit kommen konnte. Deshalb begnügte er sich nicht mit Zeitungsberichten und Rundfunknachrichten, sondern beschäftigte sich auch mit der politischen Literatur der vergangenen Jahre, studierte die Artikel in der «Weltbühne» Jacobsohns, die Schriften Kurt Tucholskys und auch André Gides «Retour de l'URSS». Dabei musste er feststellen: die Ahnungen, die einige gehabt und niedergeschrieben hatten und die von vielen noch wenige Jahre zuvor als falsche Prophetie verschrien wurden, waren nun grausame Wirklichkeit geworden. Paul fühlte sich aufs tiefste beunruhigt. (Israel Chalfen[369])

Am 28. Juni 1940 war schließlich auch in Czernowitz die Phase der Ruhe vorüber; gemäß den Verabredungen des Hitler-Stalin-Paktes besetzte die Rote Armee mit ihren Panzern die nördliche Bukowina. Die rumänischen Stadteinwohner flohen aus Czernowitz, während sich die übrige Bevölkerung in der nun eingeführten russischen Amtssprache und dem veränderten Bildungswesen zu orientieren begann. Paul Antschel erlernte die russische Sprache – was ihm ausgesprochen rasch gelang: «Während die meisten von uns noch mit den Schwierigkeiten der Alltagssprache kämpften, ging er schon daran, Jessenin zu übersetzen [...].»[370] Er erweiterte erneut seine Studienfächer, ohne seine Bemühungen um die deutsche Sprache zurückzustellen.[371] Wie seine Freunde sammelte er erste Erfahrungen mit dem Sozialismus kommunistischer Prägung:

Während der Tag der Oktoberrevolution relativ still vorübergegangen war, wurde der 1. Mai 1941 von den sowjetischen Machthabern mit allen Mitteln der ihnen eigenen proletarisch-byzantinischen Pracht- und Machtentfaltung gefeiert. Die Studenten mussten wie die Arbeiter und Angestellten in Reih und Glied aufmarschieren und riesige Gemälde von Stalin, Lenin oder auch nur Mikojan vor sich hertragen. Sie schwenkten breite Losungsbänder mit den Aufschriften: «Proletarier aller Länder vereinigt euch!» und «Es lebe der geniale Genosse Stalin, Vater der Völker!», und vor der Tribüne der Partei- und Staatsbonzen mussten sie mit heiser werdenden Kehlen: «Es lebe der große Stalin!» oder «Es lebe die unbesiegbare Sowjetunion!» schreien, während die Militärkapelle ohrenbetäubende Märsche spielte. Paul marschierte angeekelt und traurig mit. (Israel Chalfen[372])

In der Nacht zum 13. Juni 1941, ein Jahr nach dem Einmarsch der Roten Armee, wurden 4000 Bewohner der Stadt Czernowitz, insbesondere jüdische Familien, von der sowjetischen Geheimpolizei in Viehwaggons nach Sibirien deportiert. «Viele starben in Sibirien an Frost und Hunger oder gingen in der Schwerarbeit zugrunde», schrieb Ilana Shmueli, deren Familie auf der Deportationsliste stand, aber kurz vor Abfahrt der Waggons gerettet wurde.[373] Auch die Familie Antschel blieb verschont.

Nur acht Tage später, am 21. Juni 1941, überfiel die deutsche Wehrmacht die Sowjetunion; Rumänien erklärte der Sowjetunion den Krieg und die Rote Armee floh aus den besetzten Gebieten der Bukowina. Am 5. Juli erschienen in Czernowitz rumänische Truppen, die dem Diktator Ion Antonescu unterstanden: «Es kam zu Plünderungen, und Juden und Ukrainer wurden ermordet, die man der Kollaboration mit den Sowjets beschuldigte.» (Chalfen[374]) Nur einen Tag nach der rumänischen Armee erreichte auch Adolf Hitlers Einsatzgruppe D die Stadt, eine Spezialeinheit aus SS und SD, deren Aufgabe in der «Liquidierung» der jüdischen Bevölkerung bestand. Bereits in den ersten acht Wochen der nationalsozialistischen Okkupation wurden mehr als 3000 Juden in Czernowitz ermordet, darunter sämtliche Oberhäupter der Kultusgemeinde. Die Synagoge wurde abgebrannt, die Judenstern-Verordnung erlassen und die jüdische Bevölkerung zur Zwangsarbeit verpflichtet, mit Einschluss einer Ausgangssperre ab 18 Uhr. In der zweiten Oktoberwoche des Jahres 1941, drei Monate nach dem Auftauchen der SS in Czernowitz, begann die Errichtung des jüdischen Ghettos, in dem schließlich 45000 Menschen auf engstem Raum, umzäunt von hohen Bretterplanken und Stacheldraht, leben und auf ihre Deportation warten sollten, unter ihnen Paul Antschel und seine Eltern:

> Den eingewiesenen Juden war nur so viel an Proviant und an Habe ins Ghetto mitzunehmen erlaubt, wie sie tragen konnten, und die meisten zogen daraus den Schluss, dass ihr Aufenthalt dort wohl nicht lange dauern werde.
>
> Als am Tor des Jüdischen Spitals, dem Sitz des Judenrats, der Anschlag erschien, dass die Juden umgesiedelt werden sollten, glaubten viele in ihrer Naivität, man werde ihnen anderwärts, getrennt von den Nichtjuden, ein autonomes Leben ermöglichen. Diese Umsiedlung erwies sich jedoch als grausame Vertreibung in eine östliche, zwischen Dnjestr und Bug gelegene Gegend, die von den Rumänen «Transnistria» genannt wurde, weil der Dnjestr in ihrer Sprache «Nistru» heißt. Hitler hatte den Rumänen diesen Teil der Ukraine als Entlohnung für ihren Kriegsbeitritt versprochen, und es gab dort bereits eine rumänische Zivilverwaltung, während das Gebiet militärisch dem deutschen Kommando unterstand.
>
> Transnistrien, einst die Kornkammer der Ukraine, war jetzt ein vom Krieg verwüstetes Land mit halbzerstörten Städten und Dörfern. Auf dem Marsch über die vom Herbstregen aufgeweichten ungeschotterten Landstraßen versanken die Vertriebenen bis über die Knöchel im Lehm. Ursprünglich sollten die Juden wie in Bessarabien unterwegs von den sie begleitenden rumänischen Gendarmen liquidiert werden. Da sich jedoch inzwischen die Jüdische Kultusgemeinde in Bukarest um Hilfe an die amerikanischen Juden gewandt und eine Intervention der noch neutralen Vereinigten Staaten erreicht hatte, hob Antonescu das Todesurteil über die

Bukowiner Juden auf. Eine Rücknahme des Umsiedlungsbeschlusses konnte jedoch auch er bei dem Hitler-Gesandten Killinger nicht durchsetzen. Im übrigen durfte sich die rumänische Regierung auf eine rasche Dezimierung der Juden durch Zwangsarbeit, Hunger und Epidemien verlassen. (Israel Chalfen[375])

Israel Chalfen zufolge erwies sich Czernowitz ohne die jüdische Bevölkerung, die fast die Hälfte der Stadteinwohner ausmachte, als nicht lebensfähig. In langen Verhandlungen mit den deutschen Machthabern wurde schließlich die Zurückbehaltung von 15 000 arbeitsfähigen Juden in der Stadt beschlossen, die hauptsächlich aus wichtigen Berufstätigen und körperlich gesunden Männern bestehen sollten. «So wurden die zur Arbeit Bestimmten aus dem Ghetto herausgeholt, die Deportation der großen Mehrheit der Juden nach Transnistrien ging jedoch weiter.» (Chalfen[376]) Möglicherweise auf eine solche Auswahl im Ghetto bezog sich Paul Celan in einer Erinnerung an die Besatzungszeit in Czernowitz, die er verschiedenen Freunden erzählte:

Rumänien, Krieg, Verhaftung. Man hatte sie in einen großen Hof getrieben, an die Seite, dort standen sie, an der Mauer. Mitten im Hof stand einer in Uniform und rief nach einer Liste ihre Namen. Wer gerufen worden war, musste den Hof überqueren und sich auf der anderen Seite an die Mauer stellen. Die Namen kamen in alphabetischer Reihenfolge, seiner begann mit A.

Die an der Mauer drüben würde man zum Arbeiten gebrauchen, die andern würden nie mehr zu arbeiten brauchen, sie würde man anderswo hinüberbringen, jedenfalls früher. Als er das merkte, begann er, sich mit den Fingernägeln der einen Hand die Fingernägel der andern putzend, zwischen zwei Ausrufen über den Hof zu schlendern, und erreichte die andere Mauer. Der Uniformierte, mit seiner Liste beschäftigt, hatte, zumal immer einige in gestaffelter Reihe über den Hof unterwegs waren, nichts gemerkt.

Als der Appell zu Ende war, zählte der Ausrufer die eine und die andere

Gruppe. In der einen war einer zu wenig, in der anderen einer zu viel. Sie wurden alle an die erste Mauer zurückbeordert und der Vorgang «Fingernagel für Fingernagel» wiederholt. Wieder ergab die Abzählung dort einen zu wenig, hier einen zu viel, und wieder mussten sie alle an die erste Mauer zurück.

Abermals wurde der Vorgang wiederholt. Fingernagel mit Fingernagel untergrabend, schlenderte er noch einmal zwischen zwei Namen hinüber. Diesmal spürte er, dass er vor Schweiß fror. Abzählung und gleiches Ergebnis. Der Uniformierte schien zu überlegen, vielleicht, ob er jeden einzeln vortreten und sich nennen lassen sollte. Möglich auch, dass ihm das nicht beikam. Er zuckte die Achseln und steckte die Liste ein. Die beiden Gruppen wurden aus dem Hof getrieben, jede anderswohin. Er hatte begonnen zu überleben.[377]

Israel Chalfen zufolge gehörten Paul und seine Eltern zu den letzten dreitausend Juden, die nach den Deportationen im Ghetto verblieben. Paul Antschel war in der ersten Zeit der deutsch-rumänischen Besatzung zu den Aufräumarbeiten an einer zerstörten Brücke eingeteilt gewesen; später hatte man ihn zu Schuttbeseitigungen, Hilfsdiensten und Wiederaufbauarbeiten hinzugezogen. Mit seiner Familie durfte er schließlich auf Intervention des Bürgermeister von Czernowitz, Dr. Traian Popovici, der den Abbruch der Deportationen erreichte, das Ghetto verlassen und kehrte wie all die verbliebenen Juden nach Hause zurück, in die Masaryk-Gasse 10, wo der Vater sechs Jahre zuvor eine Wohnung erworben hatte. Die Versorgungslage war schlecht, und die Familie litt – wie viele andere – großen Hunger. Die Einschränkungen waren drastisch; bis auf zwei Stunden täglich galt für jüdische Menschen außerhalb der Zwangsarbeitsdienste ein Ausgehverbot.

Dem Zeugnis seiner Freundin Ruth Kraft zufolge, einer gleichaltrigen Schauspielerin am jiddischen Theater von Czernowitz, die er im Sommer 1941 näher kennen gelernt hatte, schrieb Paul noch im Jahr 1941 das Gedicht «Schwarze Krone»:

Mit dem Blut aus den verworrnen
Wunden tränkst du deine Dornen;
daß die kauernde verkrallte
Angst in allem Dunkel walte.

Meine irren Hände falte.

Alle Frohen, alle Frommen
sah ich singend zu dir kommen.
Du erschlugst sie mit dem Beile.
O das Gift von deinem Pfeile.

Meine trüben Augen heile.

In die Winde, in die scharfen,
reißt du alle sanften Harfen.
Trittst den süßen Tau der Tage ...
Wessen Schritt – der Klang der Klage?

Mein verwehtes Tasten trage.

Mit den Schweigsamen, den vielen,
läßt du fremde Stürme spielen.
In die Stille, in die Weite,
wirfst du deine Flammenscheite.

Meinen leisen Schlag bereite.
(III, 129)

*

Nach dem abendlichen Ende der Zwangsarbeit verließ Paul Antschel trotz des bestehenden Verbotes oft das elterliche Haus, versteckte den Judenstern und traf sich mit seinen in der Stadt verbliebenen Freunden; immer noch trug er unter ihnen seine deutschsprachigen Gedichte vor.[378] Mit Ilana Shmueli ging er im Stadtpark spazieren: «Paul wusste viel über Bäume, Blumen und Steine, mit seinen fesselnden Erklärungen verzauberte er die Natur um uns. Wir gingen durch die alte Kastanienallee, vergaßen die Gefahren und rezitierten laut Gedichte.»[379]

Im Juni 1942 setzten dann die Deportationen wieder ein, jeweils in der Nacht von Samstag auf Sonntag. «Wieder wurden die zur Deportation bestimmten Juden nachts aus ihren Betten geholt und mussten innerhalb weniger Minuten mit ihrem Handgepäck bereit zum Abtransport sein.» (Chalfen[380]) Wie andere Familien versteckten sich Leo, Friederike und Paul Antschel wiederholt bei Bekannten, ehe Paul Antschels Mutter dazu nicht länger bereit war; «man kann seinem Schicksal nicht entgehen, in Transnistria leben doch schon viele Juden», sagte sie zu Paul und seinem Vater.[381] Nach einer schweren Auseinandersetzung mit der Mutter – der möglicherweise ersten seines Lebens – machte sich Paul Antschel schließlich mit Hilfe seiner Freundin Ruth Kraft auf die Suche nach alternativen Notunterkünften und wurde auf einem Fabrikgelände für sich und die Eltern fündig. Er diskutierte daraufhin erneut, aber ohne Erfolg, mit seiner Mutter:

> Sie wollte ihren einmal gefassten Entschluss nicht ändern und packte schon die Rucksäcke, um für den Fall der Deportation bereit zu sein. Pauls inständige Bitten und seine ganze Überredungskunst halfen nichts.
>
> Als die Zeit drängte, da die Stunde des Ausgehverbots nahte, entschloss sich Paul, ohne Zustimmung der Eltern zu handeln. Er ging allein fort und war davon überzeugt, sie würden ihm in das Versteck folgen. Doch sie kamen nicht. Als Paul am Montag früh die elterliche Wohnung betreten wollte, fand er die Eingangstür versiegelt: die Eltern waren abgeholt worden, der Transport hatte Czernowitz längst verlassen. (Chalfen[382])

Es war der 27. Juni 1942. Auch Pauls achtzehnjährige Kusine Selma Meerbaum-Eisinger, die wie er Gedichte schrieb,[383] war von derselben Deportation erfasst und im Viehwagen verschleppt worden. Leo und Friederike Antschel kamen in ein Arbeitslager am südlichen Bug und wurden zwei Monate später noch einmal weiterverfrachtet, in einen mit Stacheldraht umgebenen Pferdestall in der Ukraine, von wo aus sie Straßenarbeiten bis zur völligen Erschöpfung und Auszehrung leisten mussten. «Unternehmer der Arbeiten war die in engster Beziehung zur SS stehenden ‹Organisation Todt›; und der SS wurden auch alle für die Arbeiten untauglichen Juden zur Liquidierung überstellt.»[384] Bereits im Herbst unterlag Pauls Vater den Torturen; seine Mutter, Friederike Antschel, wurde 1942/43 im Winter erschossen. Auch Selma Meerbaum-Eisinger starb am 16. Dezember 1942 im Arbeitslager Michailowka. In ihrem letzten Gedicht schrieb sie: *«Das ist das Schwerste: sich verschenken / und wissen, daß man überflüssig ist, / sich ganz zu geben und zu denken, / daß man wie Rauch ins Nichts verfließt.»*[385]

Die Tatsache der elterlichen Deportation in ein ungewisses Nichts, in seiner eigenen, verschonten Abwesenheit, war für Paul eine völlige Katastrophe, ein erbarmungsloser, fassungsloser Schmerz, verbunden mit Gefühlen der Schuld und Verlassenheit. Apathisch lebte er beim Vater seiner Mutter in einem Versteck, ehe er sich auf Drängen seiner Freundin Ruth bei einem Arbeitsbataillon anmeldete, nicht genau kontrolliert wurde und die Stadt verlassen konnte. So kam er – einundzwanzigjährig – zum Straßenbaudienst in das Lager Tăbăreşti bei Buzău in der Moldova, 400 Kilometer südlich von Czernowitz, wo er unter harten Bedingungen eineinhalb Jahre blieb. Über den Beginn dieses Arbeitsdienstes und über die Lebensbedingungen in Tăbăreşti schrieb Israel Chalfen:

> In *Tabăreşti,* einem Dorf bei *Buzău* in der Moldova, wurden die Zwangsarbeiter zunächst bei der Errichtung eines Lagers eingesetzt, und sie mussten Unterstände für sich graben. Als Regenschutz stellte man Bretter schief über die Gräben, wodurch ein primitives Dach mit einer Art Luke entstand. Geschlafen wurde auf dem feuchten Erdboden, und Decken standen nur denen zur Verfügung, die welche von zu Hause mitbringen konnten. Von den Dorfbewohnern waren die Lagerinsassen, die von rumänischen Feldgendarmen bewacht wurden, streng abgesondert.

> Sonntags, wenn die Arbeit ruhte, gab es die Erlaubnis, auf der Lagerwiese zusammenzusitzen oder die Kleidung zu flicken. Und an Sonntagen durfte man auch, was am meisten Trost versprach, Briefe schreiben, die aber der Zensur unterlagen.
>
> Die Straßenarbeiten wurden mit primitivsten Mitteln ausgeführt: nur Spaten und Schaufeln standen als Arbeitsgeräte zur Verfügung, mit denen sich die jüdischen Männer von Sonnenaufgang bis Sonnenuntergang abquälen mussten. Als Nahrung diente ihnen nichts als eine wässrige Maissuppe [...].[386]

«Aus dem Lager sandte Paul Briefe und Gedichte für Ruth und die Freunde. Wenn man ihn nach dem Lager fragte,[387] sagte er einsilbig: ‹ich grabe› ... ‹ich schaufle›.» (Ilana Shmueli[388]) Mehr war von Paul Antschel, der in Tăbăreşti introvertiert überlebte, bei seinen Heimataufenthalten in Czernowitz kaum zu vernehmen. In seinem ersten Brief aus dem Arbeitslager schrieb er an Ruth Kraft:

> Nein, Ruth, ich verzweifle nicht. Aber meine Mutter tut mir leid, sie war so krank in der letzten Zeit, sie denkt sicherlich fortwährend, wie es mir geht, und so ohne Abschied bin ich weg, wahrscheinlich für immer.[389]

In den Wintermonaten 1942/43, nach dem Erhalt eines Briefes der Mutter, die ihm vom Tod des Vaters berichtete,[390] möglicherweise aber bereits im ahnenden Wissen um ihren eigenen, bevorstehenden oder bereits eingetretenen Tod,[391] verfasste Paul Antschel in Tăbăreşti zwei Gedichte, die sich an seine Mutter wandten:

> *Es fällt nun, Mutter, Schnee in der Ukraine:*
> *des Heilands Kranz aus tausend Körnchen Kummer.*
> *Von meinen Tränen hier erreicht dich keine.*
> *Von frühern Winken nur ein stolzer stummer ...*
>
> *Wir sterben schon: was schläfst du nicht, Baracke?*
> *Auch dieser Wind geht um wie ein Verscheuchter ...*

Sind *sie es denn, die frieren in der Schlacke –*
die Herzen Fahnen *und die Arme* Leuchter?

Ich blieb derselbe in den Finsternissen:
erlöst das Linde und entblößt das Scharfe?
Von meinen Sternen nur wehn noch zerrissen
die Saiten einer überlauten Harfe ...

Dran hängt zuweilen eine Rosenstunde.
Verlöschend. Eine. Immer eine ...
Was wär es, Mutter: Wachstum oder Wunde –
versänk auch ich im Schneewehn der Ukraine?[392]

*

SCHWARZE FLOCKEN

Schnee ist gefallen, lichtlos. Ein Mond
ist es schon oder zwei, daß der Herbst unter mönchischer Kutte
Botschaft brachte auch mir, ein Blatt aus ukrainischen Halden:

«Denk, daß es wintert auch hier, zum tausendstenmal nun
im Land, wo der breiteste Strom fließt:
Jaakobs himmlisches Blut, benedeiet von Äxten ...
O Eis von unirdischer Röte – es watet ihr Hetman mit allem
Troß in die finsternden Sonnen ... Kind, ach ein Tuch,
mich zu hüllen darein, wenn es blinket von Helmen,
wenn die Scholle, die rosige, birst, wenn schneeig stäubt das Gebein
deines Vaters, unter den Hufen zerknirscht
das Lied von der Zeder ...
Ein Tuch, ein Tüchlein nur schmal, daß ich wahre
nun, da zu weinen du lernst, mir zur Seite
die Enge der Welt, die nie grünt, mein Kind, deinem Kinde!»

Blutete, Mutter, der Herbst mir hinweg, brannte der Schnee mich:
sucht ich mein Herz, daß es weine, fand ich den Hauch,
ach des Sommers,

war er wie du.
Kam mir die Träne. Webt ich das Tüchlein.
(III, 25)

*

Wie in all den folgenden Jahrzehnten hielt sich Paul Antschel im Arbeitslager von Tăbăreşti im Wesentlichen durch seine dichterische Tätigkeit aufrecht. Er schrieb, übersetzte aber auch Lyrik von Shakespeare und Yeats, Eluard und Jessenin und anderen, in einer bemerkenswerten Bemühung um das Eigene im Fremden, um den geistigen Kern im Anderen – und seine Beziehung zu ihm.[393] Antschel übersetzte in die deutsche Sprache, in der Zeit des deutschen Faschismus – in einer keinesfalls aufgehobenen Bemühung, die Sprache und den Sprachgeist der Mutter vor ihren Verfolgern zu schützen, ihn als solchen zu bewahren.

Durch die lyrische Arbeit hielt sich Paul, tief verstört und von Schuldgefühlen gepeinigt, am Leben. Bereits am 2. August 1942, kurz nach der Ankunft im Lager Tăbăreşti, hieß es an Ruth in Czernowitz:

> In meinen Händen habe ich das Leben umgetauscht gesehen in sehr viel Bitterkeit, schließlich aber in eine Menschlichkeit, die mir einen Weg vorschrieb, den ich einmal versucht habe zu gehen und den ich noch gehn werde, aufrichtig und überzeugt. [...]
>
> Dass ich meine Gedichte bei Dir weiß, beglückt mich und macht mich traurig manchesmal. Schlaflosigkeit nur oder Traum, sind sie doch das aufgeblühte Leben fast, der leise Schlag der Wimpern und der Weg von Dunkel zu Dunkel. Die heimatlose Welt und der Schlag unserer Herzen. Und das Antlitz des wechselnden Lebens.[394]

Auch ein halbes Jahr später, im März 1943, schrieb er in einem weiteren Brief an die Freundin – im distanzierten Reden über sich selbst als einen anderen:

Er ist glücklich zu wissen, daß in seinen Gedichten oft das Wunderbare Bestand gewann, das, am Herzrand sich bewegend, ein Inniges, unsäglich Großes schildern sollte.[395]

Im April 1943 und in depressiver Verfassung bat er Ruth Kraft, sie möge sich einer Sammlung seiner Gedichte annehmen, die künftig als Buch, aber ohne Nennung des Verfassers, erscheinen sollten – «keinen Namen auf das Titelblatt zu schreiben und keinen Titel, höchstens: ‹Gedichte›».[396]

*

Im Februar 1944 konnte Paul Antschel nach eineinhalbjährigem Arbeitsdienst schließlich nach Czernowitz zurückkehren, zwei Monat vor dem erneuten Einmarsch der Roten Armee: «Plötzlich im

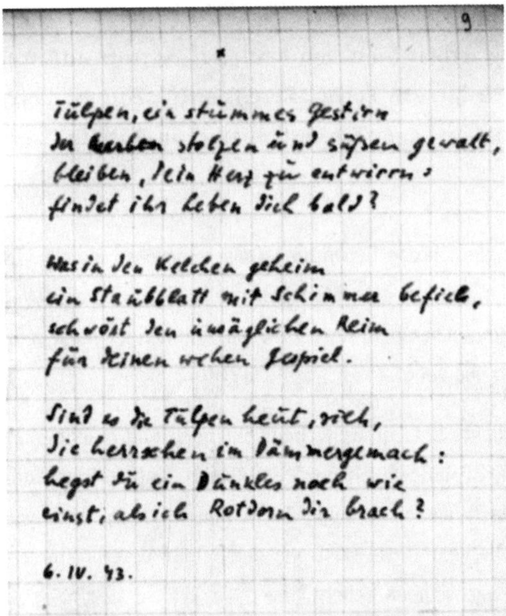

9

*

Tulpen, ein stummes Gestirn
der [illegible] stolzen und süßen Gewalt,
bleiben, dein Herz zu entwirren:
findet ihr Leben sich bald?

Was in den Kelchen geheim
ein Staubblatt mit Schimmer befiel,
schwört den unsäglichen Reim
für deinen wehen Gespiel.

Sind so die Tulpen heut, sieh,
sie herrschen im Dämmergemach:
hegst du ein Dunkles noch wie
einst, als ich Rotdorn dir brach?

6. IV. 43.

Paul Antschel: «Tulpe, ein stummes Gestirn ...»
Notizbucheintrag, Tăbăreşti , 6. April 1943

Februar jedoch wurden die Arbeitsdienst leistenden Juden in aller Stille auf Urlaub geschickt, ohne dass man ihnen einen Termin für die Rückkehr genannt hätte. Wie sich später herausstellte, sah so die nicht eingestandene, endgültige Auflösung der Lager aus.»[397] Er wohnte erneut bei seinem Großvater mütterlicherseits, dann – nach der Rückkehr seiner Tante, ihres Mannes und seiner Cousine aus einem transnistrischen Lager – wieder in der elterlichen Wohnung der Masaryk-Gasse. Dort stellte er eine Sammlung seiner Gedichte zusammen, vervielfältigte sie maschinenschriftlich und traf die zwei Jahre ältere Lyrikerin Rose Ausländer, die ihn nach einer privaten Lesung zum Weiterschreiben ermutigte. – Der drohenden Einberufung zum Militärdienst in der sowjetischen Armee kam er durch eine Anstellung als medizinische Hilfskraft in der psychiatrischen Klinik von Czernowitz zuvor.

Aus Kiew, wohin er einen Krankentransport begleiten musste, schrieb Paul Antschel am 1. Juli einen bewegten Brief an Erich Einhorn, seinen Freund, der mittlerweile in die Rote Armee eingetreten war:

Deine Eltern sind gesund, Erich, ich habe mit ihnen gesprochen, bevor ich hergekommen bin. Das ist sehr viel, Erich, Du kannst Dir nicht vorstellen, *wie* viel.[398]

Meine Eltern sind von den Deutschen erschossen worden. In Krasnopolka am Bug.

Erich, ach Erich.

Lieber Erich, wo ist Tanja Adler?

Ich weiß nur, daß sie lebt, aber wo ist sie? Schreibe ihr, Erich, daß ich lebe, daß ich sie bitte, mir zu schreiben. Auf meine alte Adresse. Viel ist zu erzählen. Du hast so viel gesehen. Ich habe nur Demütigungen erlebt und Leere, unendliche Leere. Vielleicht kannst Du nachhause kommen. Konrad Deligdisch ist gekommen.

Frau Alper, unsere gute Frau Alper, ist tot[399] ... Gerta ist in Czernowitz.

Erich, bitte, schreibe Tanja, oder vielleicht telegraphierst Du.

Wo ist Erika, ihre Mutter weiß nichts über sie.

Ich umarme Dich, Erich,

Dein alter Paul[400]

Möglicherweise hatte Paul Antschel in Kiew Einzelheiten über den Tod seiner Eltern im Lager Michailowka beim ukrainischen Ort Gaissin am Südlichen Bug erfahren; nach seiner Czernowitzer Rückkehr notierte er die Gedichtszeilen:

NÄHE DER GRÄBER

Kennt noch das Wasser des südlichen Bug,
Mutter, die Welle, die Wunden dir schlug?

Weiß noch das Feld mit den Mühlen inmitten,
wie leise dein Herz deine Engel gelitten?

Kann keine der Espen mehr, keine der Weiden,
den Kummer dir nehmen, den Trost dir bereiten?

Und steigt nicht der Gott mit dem knospenden Stab
den Hügel hinan und den Hügel hinab?

Und duldest du, Mutter, wie einst, ach, daheim,
den leisen, den deutschen, den schmerzlichen Reim?
(III, 20)

Friederike Schrager hatte die deutsche Literatur und Sprache geliebt, Paul Antschels «Mutter-Sprache», an der er weiter festhielt – *«den leisen, den deutschen, den schmerzlichen Reim.»* Im deutschen Konzentrationslager von Michailowka am Fluss Bug aber war Friederike Schrager im Winter 1942/43 als «arbeitsunfähig» durch einen Genickschuss ermordet worden. *«Kennt noch das Wasser des südlichen Bug, / Mutter, die Welle, die Wunden dir schlug?»*

*

Paul Antschel hatte seine Eltern und damit den familiären Stand und Hintergrund seines eigenen Daseins verloren; dennoch musste er weiterleben. Im Herbst 1944 immatrikulierte er sich erneut, nunmehr knapp vierundzwanzigjährig, an der wiedereröffneten Universität von Czernowitz, im Fach der Anglistik. Freunde erlebten ihn ernst, ohne die frühere Heiterkeit und mit einer nachdrücklichen Wendung zum Judentum, der Schicksals-Religion seiner Herkunft, die nun auch zunehmend die Thematik und Ausrichtung seiner Gedichte bestimmte.[401] «Unerwartet rezitierte Paul jiddische Fabeln von Steinbarg oder sang plötzlich leise eine synagogale Melodie aus dem Neujahrsgebet vor sich hin. Zum ersten Mal hörte man Paul etwas über die Schönheit der hebräischen Sprache sagen und von den Jahren sprechen, die er mit dem Erlernen des Hebräischen verbracht hatte. Und um diese Zeit begann Paul auch, Martin Bubers Schriften intensiv zu lesen: die ‹Drei Reden über das Judentum› und ‹Die chassidischen Bücher›.» (Israel Chalfen[402])

Die Nordbukowina mit Czernowitz wurde zu dieser Zeit vom Rest des alten Buchenlandes getrennt und der Ukraine zugeschlagen, aus der viele Menschen einwanderten. Paul Antschels geschichtliche Heimat existierte nicht mehr; im April 1945 gelangte er auf einem überfüllten russischen Militärlastwagen nach Bukarest, um nie wieder in die Stadt seiner Kindheit und Jugend, den Ort seiner Eltern, zurückzukehren.

Wie viele Czernowitzer Akademiker und Künstler (darunter seine Freundin Ruth Kraft und die Dichterin Rose Ausländer) orientierte sich Paul Antschel sehr bewusst an Bukarest, in der Absicht, später von dort aus nach Wien zu gelangen: «Das Erreichbare, fern genug, das zu Erreichende hieß Wien.» Bukarest, das «Paris des Ostens», hatte eine kulturell bewegte Szene, und Paul Antschel beherrschte die rumänische Sprache. Auch lebte dort Alfred Margul-Sperber, ein in Czernowitz aufgewachsener Lyriker, der viele Größen der Literatur persönlich kannte, darunter Franz Kafka und Guillaume Apollinaire, Thomas Mann und Yvan Goll, und junge Talente selbstlos

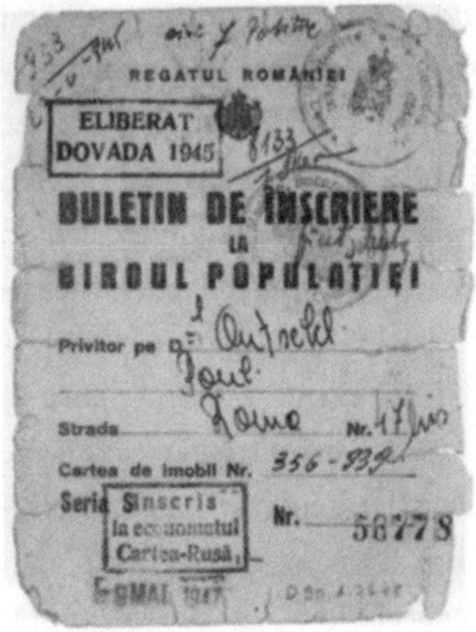
REGATUL ROMÂNIEI

ELIBERAT DOVADA 1945

BULETIN DE ÎNSCRIERE LA BIROUL POPULAȚIEI

Privitor pe D

Strada Nr.

Cartea de imobil Nr. 356-939

Seria Nr. 56778

Înscris la economatul Cartea-Rusă

MAI 1947

Polizeiliche Anmeldung von Paul Antschel in Bukarest, 1945

förderte.[403] Ihm hatte Ruth Kraft bereits Pauls Gedichte gebracht.[404] Margul-Sperber erkannte Antschels außerordentliche Begabung unmittelbar, gewährte ihm vorübergehend Unterkunft und ermöglichte entscheidende Empfehlungen und Kontakte.

In Bukarest wollte Paul Antschel literarisch arbeiten und Geld für die Übersiedlung nach Wien sammeln. Es gelang ihm, als Lektor und Übersetzer in einem neu gegründeten rumänisch-russischen Verlag angestellt zu werden; dort brachte er große russische Literatur in die rumänische Sprache, übersetzte Lermontows *Ein Held unserer Zeit* und Erzählungen Anton Tschechows. Seine Übersetzungen, zu denen auch einzelne Arbeiten Kafkas zählten (u. a. «Vor dem Gesetz»), zeichnete er aufgrund des herrschenden Antisemitismus mit Pseudonymen oder aber – wie bei Lermontow – mit der rumänischen Fassung seines Namens, «Ancel», sehr wahrscheinlich auf Wunsch des Verlages. Zugleich schrieb er weiterhin eigene Gedichte in deutscher Sprache, «er [sagte] jedem, der ihm vorwarf, in der Sprache der Mörder seiner Eltern zu schreiben: ‹Nur in der Muttersprache kann man die eigene Wahrheit aussagen, in der Fremdsprache lügt der Dichter.›»[405] In einer erneuten Hinwendung zur verstorbenen Mutter im Innenraum des Gedichtes hieß es:

ESPENBAUM, dein Laub blickt weiß ins Dunkel.
Meiner Mutter Haar ward nimmer weiß.

Löwenzahn, so grün ist die Ukraine.
Meine blonde Mutter kann nicht heim.

Regenwolke, säumst du an den Brunnen?
Meine leise Mutter weint für alle.

Runder Stern, du schlingst die goldne Schleife.
Meiner Mutter Herz ward wund von Blei.

Eichne Tür, wer hob dich aus den Angeln?
Meine sanfte Mutter kann nicht kommen.
(I, 19)

Im Mai 1947 veröffentliche Paul Antschel in Bukarest nicht nur drei deutschsprachige Gedichte in der mehrsprachigen, von Ion Caraion herausgegebenen Zeitschrift *Agora* unter dem Pseudonym Paul Celan (auf Vorschlag von Margul Sperbers Ehefrau), sondern – unter demselben Anagramm – auch den «Tangoul morţii» («Todestango»), die von seinem Freund Petre Solomon übersetzte «Todesfuge». Dieses lange Poem, in dem sich Antschel in direkter Weise mit den Konzentrationslagern der deutschen Nationalsozialisten und dem Mord an den Juden auseinandersetzte, war noch in Czernowitz anfänglich konzipiert, dann jedoch in Bukarest im Mai 1945 niedergeschrieben worden, wenige Wochen nach der Ankunft in der Stadt und am Ende des Krieges. («Die Todesfuge ist im Frühjahr 1945 in Bukarest entstanden, im Schmerz und aus ihm, unmittelbar.»[406]) Sie thematisierte – als «lyrische ‹Fuge› des Erinnerns»[407] – Deutschland und den perfektionierten Tod,[408] in einer sehr bewusst durchgeführten Abrechnung mit einer entfremdeten Kultur und Tradition, der Paul Antschel und seine Mutter verbunden gewesen waren:

Schwarze Milch der Frühe wir trinken sie abends
wir trinken sie mittags und morgens wir trinken sie nachts
wir trinken und trinken
wir schaufeln ein Grab in den Lüften da liegt man nicht eng
Ein Mann wohnt im Haus der spielt mit den Schlangen der schreibt
der schreibt wenn es dunkelt nach Deutschland dein goldenes Haar
Margarete
er schreibt es und tritt vor das Haus und es blitzen die Sterne er pfeift
seine Rüden herbei
er pfeift seine Juden hervor läßt schaufeln ein Grab in der Erde
er befiehlt uns spielt auf nun zum Tanz

Schwarze Milch der Frühe wir trinken dich nachts
wir trinken dich morgens und mittags wir trinken dich abends
wir trinken und trinken
Ein Mann wohnt im Haus der spielt mit den Schlangen der schreibt
der schreibt wenn es dunkelt nach Deutschland dein goldenes Haar
Margarete
Dein aschenes Haar Sulamith wir schaufeln ein Grab in den Lüften
da liegt man nicht eng

Er ruft stecht tiefer ins Erdreich ihr einen ihr andern singet und
spielt
er greift nach dem Eisen im Gurt er schwingts seine Augen sind
blau
stecht tiefer die Spaten ihr einen ihr andern spielt weiter zum Tanz
auf

Schwarze Milch der Frühe wir trinken dich nachts
wir trinken dich mittags und morgens wir trinken dich abends
wir trinken und trinken
ein Mann wohnt im Haus dein goldenes Haar Margarete
dein aschenes Haar Sulamith er spielt mit den Schlangen

Er ruft spielt süßer den Tod der Tod ist ein Meister aus Deutschland
er ruft streicht dunkler die Geigen dann steigt ihr als Rauch in die Luft
dann habt ihr ein Grab in den Wolken da liegt man nicht eng

Schwarze Milch der Frühe wir trinken dich nachts
wir trinken dich mittags der Tod ist ein Meister aus Deutschland
wir trinken dich abends und morgens wir trinken und trinken
der Tod ist ein Meister aus Deutschland sein Auge ist blau
er trifft dich mit bleierner Kugel er trifft dich genau
ein Mann wohnt im Haus dein goldenes Haar Margarete
er hetzt seine Rüden auf uns er schenkt uns ein Grab in der Luft
er spielt mit den Schlangen und träumet der Tod ist ein Meister aus Deutschland

dein goldenes Haar Margarete
dein aschenes Haar Sulamith
(I, 41 f.)

Mit der «Todesfuge» trat Paul Antschel in seinen eigenen Namen ein, und nannte sich seit ihrem Erscheinen und bis zu seinem Tode *Paul Celan.*

*

Paul Celan blieb insgesamt zweieinhalb Jahre in Bukarest, vom April 1945 bis Ende November 1947; er durchlebte eine bewegte Zeit mit zahlreichen Freunden, in einem erhofften und partiell auch erfahrenen Neuanfang der eigenen Biographie, in Begeisterung für den Surrealismus, die moderne Literatur und das Leben. «Um seiner Berufung folgen zu können, hatte Paul beschlossen, nach Wien, in die ‹Metropole der deutschsprachigen Literatur›, zu gehen. Bis dahin aber genoss er das Bukarester Leben aus vollen Zügen, als hätte er beschlossen, die verlorene Zeit nachzuholen, und zwar durch einen beschleunigten Lebensrhythmus auf allen Gebieten, vom affektiven bis zum künstlerischen. Er war, was man einen ‹schönen jungen Mann› nennt, mit außerordentlichem persönlichem Charme, die Mädchen flogen auf ihn und auch er selber war ständig verliebt. [...] Sein Humor, der die verschiedensten Formen annahm, vom herzhaften Lachen, das seine Gespräche mit Freunden begleitete, bis zu den ‹Trinkliedern›, die er in verschiedenen Sprachen sang (er hatte ein äußerst abwechslungsreiches Repertoire und eine entsprechende Stimme), machte aus jeder Begegnung mit Paul ein wahres Fest des Geistes.» (Petre Solomon[409])

27 Jahre alt geworden und im Wissen darum, dass die Freiheit in der – künftigen – «sozialistischen Volksrepublik Rumänien» immer weiter zurückgenommen werden würde, insbesondere jedoch mit dem Ziel, seine Gedichte in deutscher Sprache zu veröffentlichen,[410] wagte Paul Celan Ende 1947 die illegale Flucht aus dem sowjetisch kontrollierten Gebiet nach Wien, auf eigene Faust und ohne seine Freunde.[411] In den Grenzbereichen Rumäniens und Ungarns, die er in einem über einwöchigen, von Fluchthelfern geführten Fußmarsch durchquerte (einer, so Celan, «furchtbar schweren Reise»[412]),

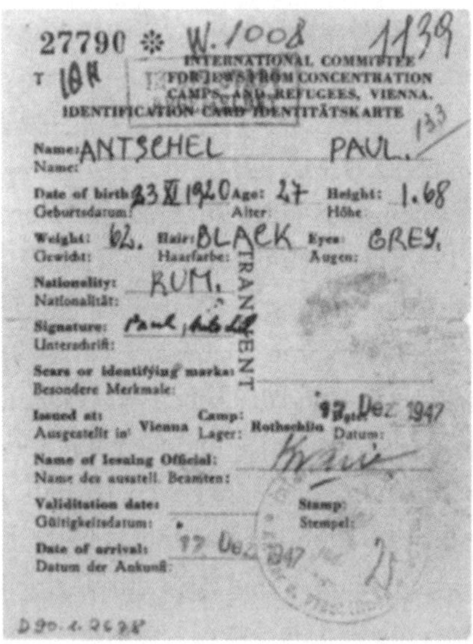
27790 W. 1008 1139
T 18 R
INTERNATIONAL COMMITTEE FOR JEWS FROM CONCENTRATION CAMPS AND REFUGEES, VIENNA.
IDENTIFICATION CARD IDENTITÄTSKARTE
Name: ANTSCHEL PAUL.
Name:
Date of birth: 23 XI 1920 Age: 27 Height: 1.68
Geburtsdatum: Alter: Höhe
Weight: 62. Hair: BLACK Eyes: GREY.
Gewicht: Haarfarbe: Augen:
Nationality: RUM.
Nationalität:
Signature: Paul Antschel
Unterschrift:
Scars or identifying marks:
Besondere Merkmale:
TRANSIENT
Issued at: Vienna Camp: Rothschild Date: 17 Dez 1947
Ausgestellt in: Lager: Datum:
Name of Issuing Official:
Name des ausstell. Beamten:
Validitation date: Stamp:
Gültigkeitsdatum: Stempel:
Date of arrival: 17 Dez 1947
Datum der Ankunft:

Ausweis von Paul Antschel,
Wien 1947/1948

wurde systematisch Jagd auf Flüchtlinge nach Wien gemacht, die verhaftet und häufig erschossen wurden. Dennoch entkamen noch im November und Dezember 1947 über 3000 rumänische Juden nach Wien.

Paul Celan erreichte Wien, allein seinem «Stern» vertrauend,[413] am 17. Dezember 1947 und fand eine erste Zuflucht im Rothschild-Spital, einem Transitlager für jüdische «Displaced persons», in dem 1940 bis 1942 Viktor Frankl – bis zu seiner Deportation nach Theresienstadt am 25. September 1942 – ärztlich gearbeitet hatte. Von Frankl war im Rothschild-Spital die neurologische Abteilung geleitet worden, im letzten Krankenhaus Wiens, in dem noch jüdische Patienten behandelt werden konnten. Bald danach verlor Viktor Frankl seinen Vater in Theresienstadt, seine Mutter in Auschwitz und seine Ehefrau in Bergen-Belsen.

Vom Rothschild-Spital zog Paul Celan weiter in die Internationale (zentrale) Zone der Stadt, die von den vier alliierten Mächten gemeinsam kontrolliert wurde. Alfred Margul-Sperber, mit dem er in intensivem Briefkontakt stand,[414] hatte in einem Schreiben an den Publizisten und Zeitschriftenherausgeber Otto Basil Celans Lyrik mit Nachdruck empfohlen («dass Paul Celan *der* Dichter unserer westöstlichen Landschaft ist, den ich ein halbes Menschenalter von ihr erwartet habe»),[415] und setzte sich aus Bukarest für die Veröffentlichung einer Gedichtsammlung Celans ein, die den Titel *Der Sand aus den Urnen* tragen und u. a. die «Todesfuge» beinhalten sollte:

> Ich für mein bescheidenes Teil glaube, dass «Der Sand aus den Urnen» das wichtigste deutsche Gedichtbuch dieser letzten Dezennien ist, das einzige lyrische Pendant des Kafkaschen Werkes. (Margul-Sperber[416])

Dank Alfred Margul-Sperber, der sich für Celan auch bei Max Rychner in Zürich verwandte, erschienen zahlreiche Gedichte tatsächlich bereits im Februar 1948 in einer angesehenen Wiener Zeitschrift. Paul Celan erhielt Einladungen zu Lesungen in Galerien und im Rundfunk, traf viele Menschen und schloss erneut wichtige Freundschaften, darunter mit Milo Dor, Reinhard Federmann und der einundzwanzigjährigen Philosophie- und Psychologiestudentin Ingeborg Bachmann, mit der er in eine intensive und komplizierte Beziehung eintrat.[416a] Dennoch schrieb Milo Dor rückblickend über ihn: *«Paul war in Wien ein Fremder [...].»*[417] Mit «Al tău sincer prieten şi trist poet de limbă teutonă» – «Dein ehrlicher Freund und trauriger Dichter teutonischer Zunge Paul» – unterzeichnete Paul Celan am 12. März 1948 einen Brief nach Bukarest, an seinen Freund Petre Solomon.[418]

Paul Celan blieb schließlich nur acht Monate in Wien. Warum er die lang ersehnte Stadt – trotz seiner literarischen Erfolge – so früh wieder verließ, um einen schwierigen, völlig auf sich selbst gestellten Neuanfang im Pariser Exil zu versuchen, ist nicht im Einzelnen bekannt. «Ich blieb nicht lange: ich fand nicht, was ich zu finden gehofft hatte.»[419] Mit Sicherheit litt Celan im deutschsprachigen Wien unter der manifesten Verdrängung der jüngsten Stadt-Vergangenheit, dem seit Jahrzehnten bestehenden Antisemitismus und der Zusammenarbeit mit dem nationalsozialistischen Deutschland, seiner Weltkriegspolitik und Ermordung der Juden. Nahezu 170000 jüdische «Displaced persons» passierten das Spital in Wien zwischen 1945 und 1947 und erfuhren den alltäglichen Antisemitismus in einer Metropole, die sich ihrer Wiederaufbau-Aktivitäten rühmte («Wien baut auf») und alles andere dem Vergessen übergab.[420] Bereits im April 1948, in der Mitte von Celans Wiener Aufenthalt, wurde in Österreich eine Amnestie für die «Minderbelasteten» verabschiedet, und damit die Rückkehr von Mitläufern und Verantwortlichen in leitende Positionen ermöglicht.[421] – Für das baldige Verlassen aber sprach auch die ökonomische und kulturpolitische Situation der Stadt. Paul Celan war mit der Absicht nach Wien gekommen, hier seine Gedichte zu publizieren, namentlich in Buchform. Dies gelang ihm, unter Einsatz aller Kräfte,[422] anfänglich. Nach der Währungsreform im Dezember 1947, die den neu beginnenden Buchmarkt nahezu zum Erliegen brachte, standen die Aussichten auf weitere Publikationsvorhaben jedoch mehr als schlecht. – Darüber hinaus fiel Paul Celan das Schreiben in Wien schwer. «Immer mehr, immer häufiger muß ich nun sagen, daß es auf die Veröffentlichung meiner Gedichte wohl weniger ankommt als darauf, neue zu schreiben.»[423] Nur wenige Gedichte entstanden dort: «Vieles ist mir nicht gelungen [...]»[424] Celan hoffte nach der «herben Enttäuschung» Wiens (Israel Chalfen[425]) auf einen Neubeginn in Frankreich, in dessen geistigem Zentrum Paris, der Stadt der modernen Kunst und der französischen Literatur, die ihm seit 1938/39 vertraut war. Noch in Bukarest hatte er sein Gedicht «Erinnerung an Frankreich» verfasst, das seinen weiteren Weg bezeichnend vorwegnahm[426]:

Du denk mit mir: der Himmel von Paris, die große Herbstzeitlose ...
Wir kauften Herzen bei den Blumenmädchen:
sie waren blau und blühten auf im Wasser.
Es fing zu regnen an in unserer Stube,
und unser Nachbar kam, Monsieur Le Songe, ein hager Männlein.
Wir spielten Karten, ich verlor die Augensterne;
du liehst dein Haar mir, ich verlors, er schlug uns nieder.
Es trat zur Tür hinaus, der Regen folgt' ihm.
Wir waren tot und konnten atmen.
(I, 28).

*

Als sein um die «Todesfuge» zentrierter Gedichtband *Der Sand aus den Urnen* im September 1948 in einer Auflage von 500 Exemplaren – und nach mühsam gesammeltem Druckkostenzuschuss[427] – in Wien erschien, war Paul Celan bereits fort. Er hatte die «wirtschaftswunderliche» Stadt[428] im Juni verlassen und war über Innsbruck und Mühlau – wo er Rosen auf das Grab Georg Trakls legte und dessen Freund und Förderer Ludwig von

Ficker besuchte – nach Paris gereist. Kurz vor dem Wiener Aufbruch waren die – abermals wegweisenden[429] – Zeilen entstanden:

AUF REISEN

Es ist eine Stunde, die macht dir den Staub zum Gefolge,
dein Haus in Paris zur Opferstatt deiner Hände,
dein schwarzes Aug zum schwärzesten Auge.

Es ist ein Gehöft, da hält ein Gespann für dein Herz.
Dein Haar möchte wehn, wenn du fährst – das ist ihm verboten.
Die bleiben und winken, wissen es nicht.

(I, 45)

Celan war bei seiner Ankunft in der französischen Hauptstadt nahezu ohne jede Habe und trug lediglich ein zweibändiges Wörterbuch mit sich; die in Wien erstandenen Werke von Jean Paul, die den an-

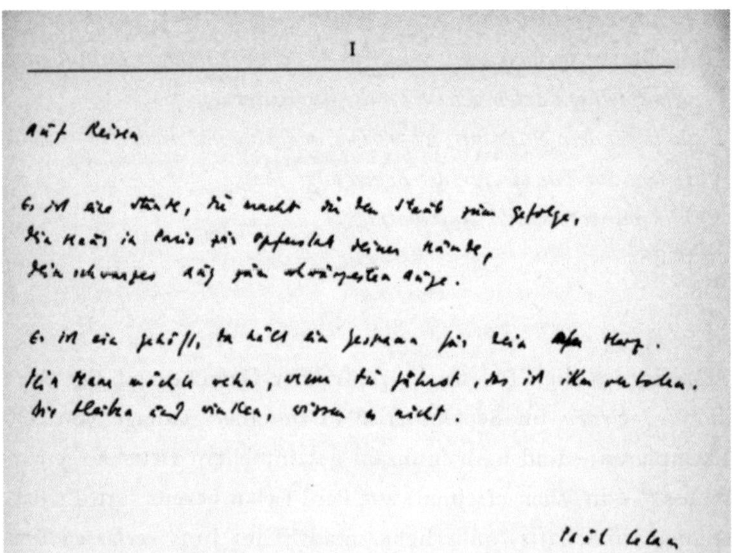

I

Auf Reisen

Es ist eine Stunde, die macht dir den Staub zum Gefolge,
dein Haus in Paris zur Opferstatt deiner Hände,
dein schwarzes Aug zum schwärzesten Auge.

Es ist ein Gehöft, da hält ein Gespann für dein Herz.
Dein Haar möchte wehn, wenn du fährst, das ist ihm verboten.
Die bleiben und winken, wissen es nicht.

Paul Celan

Paul Celan, Handschrift des Gedichts *Auf Reisen,* Wien, Juni 1948

deren Teil seiner Bibliothek ausmachten, ließ er sich von Freunden sukzessive in die französische Hauptstadt bringen. Die anerkennenden Worte von Trakls Freund von Ficker, dem er seine Gedichte auf der Zwischenstation vorgelesen hatte, und dessen Hervorhebung des «jüdischen Gehaltes» seiner Lyrik waren ihm wesentlich – «Sie wissen ja, daß mir viel [an diesem jüdischen Gehalt] liegt», schrieb Paul Celan bereits aus Innsbruck (nach dem Treffen in Mühlau) am 6. Juli an Alfred Margul-Sperber.[430]

Paul Celan kam Mitte Juli 1948 in Paris an; zwei Monate später wurde ihm sein erster Lyrikband dorthin zugestellt:

> Voller Zuversicht ging ich im Juli nach Paris und wartete. Später als vorgesehen, Ende September, erschien mein Buch. Wie groß war mein Entsetzen, als ich es bekam! Freunde hatten es übernommen, die notwendigen Korrekturen zu besorgen, denn es galt ja, keine Zeit mehr zu verlieren – und das Buch erschien voller Druckfehler, mit dem

PAUL CELAN

Der Sand aus den Urnen

MCMXLVIII

Titelblatt von Paul Celans erstem Gedichtband, *Der Sand aus den Urnen*, Wien 1948 geschmacklosesten Einband, den ich je gesehen, und obendrein mit zwei Illustrationen eines Freundes, der Maler ist, und der es nicht unterlassen konnte, mein Buch mit zwei Beweisen äußerster Geschmacklosigkeit zu versehen. Und die Druckfehler waren von der entsetzlichsten Sorte![431]

Telegraphisch ordnete der mittellose Celan daraufhin die gänzliche Vernichtung der Auflage an.[432]

*

Bruno Schrager, den Bruder seiner Mutter, traf Paul Celan in Paris nicht mehr an. Er war nach Auschwitz deportiert und dort ermordet worden. Die *Faust*-Ausgabe, das «Bar-Mizwa»-Buch seines Neffen, aber hatte der Onkel einem Bekannten zur Verwahrung gegeben; von ihm erhielt Paul Celan nun die Schrift eines «anderen Deutschland» zurück, «dieses Buch, das älteste meiner Bibliothek und zugleich auch eine meiner ältesten/augenfälligen Erinnerungen an Zuhause».[433]

Paul Celan, 28 Jahre alt, war entschlossen, sich in Paris zu behaupten, trotz der Sorgen seiner Wiener Freunde um ihn: «Man schielt voll Ängstlichkeit nach dem Schicksal und hofft, es möge milde mit ihm verfahren», schrieb Maria Erica Jené am 21. Juli an Alfred Margul-Sperber.[434] Celan fand ein ärmliches Zimmer in der Straße, in der sein Onkel gelebt hatte (Rue des Écoles), im 5. Stockwerk eines einfachen Hotels, in dem er sieben Jahre verblieb, und schrieb in entschiedenem Ton am 2. August 1948, wenige Wochen nach seiner Ankunft, an Verwandte nach Palästina:

Ihr merkt, daß ich versuche, Euch zu sagen, daß es nichts in der Welt gibt, um dessentwillen ein Dichter es aufgibt zu dichten, auch dann nicht, wenn er ein Jude ist und die Sprache seiner Gedichte die deutsche ist.

Vielleicht bin ich einer der letzten, die das Schicksal jüdischer Geistigkeit in Europa zuendeleben müssen. Damit ist vielleicht einiges gesagt.[435]

Rainer Maria Rilkes Buch *Die Aufzeichnungen des Malte Laurids Brigge* – von Rilke selbst in seinen schwierigen ersten Pariser Jahren und in vollkommener Einsamkeit konzipiert[436] – begleiteten Celans Wege in der französischen Hauptstadt von Anfang an[437] und in dauerhafter Weise. *«Die Aufzeichnungen des Malte Laurids Brigge* übten bis zuletzt die stärkste Wirkung auf Celan, und er gab diesen *Aufzeichnungen* den Vorzug gegenüber den Gedichten.»[438] Wie Malte Laurids Brigge war Celan in Paris «ein Fremder» im Sinne Milo Dors und sollte es – seinem Selbstverständnis nach – zeitlebens bleiben, trotz seiner Liebe zur französischen Sprache, zur französischen Kultur und zu der Stadt, in der er lebte.[439]

Paul Celan immatrikulierte sich – unter seinem alten bürgerlichen Namen Paul Antschel – im Herbst 1948 an der École Normale Supérieure für Germanistik und Sprachwissenschaft und schloss seine Studien knapp zwei Jahre später, im Juli 1950, erfolgreich ab. Gedichte verfasste er in seinen ersten Pariser Jahren nur wenige; bereits im Oktober 1948 klagte er Max Rychner, er habe wieder «über Monate nichts geschrieben», von «etwas Unnennbarem» gelähmt.[440] «Staatenlos, besitzlos, arbeitslos, namenlos»[441] versuchte Celan, sich als Fabrikarbeiter und darüber hinaus mit Sprachunterricht (an der Berlitz-School und privat) sowie mit Übersetzungstätigkeiten finanziell über Wasser zu halten – und hatte nahezu alles verloren, was er einst in der Bukowina sein eigen genannt hatte. Noch drei Jahre nach seiner Ankunft in Paris schrieb er in einer biographischen Notiz über sich: «schlägt sich als Fabrikarbeiter, Dolmetscher und Übersetzer durch».[442] Dennoch war etwas Wesentliches und Letztes bei Celan geblieben und bestimmte die Richtung seines Daseins: *«Erreichbar, nah und unverloren blieb inmitten der Verluste dies eine: die Sprache. – Sie, die Sprache, blieb unverloren, ja, trotz allem.»*
(III, 185)

*

Im März 1949, nach einem halben Jahr Paris, bekannte Paul Celan Max Rychner, er sei «sehr einsam» und wisse sich keinen Rat, «mitten in dieser wunderbaren Stadt, in der ich nichts habe als das Laub der Platanen».[443] Dennoch glaube er, in seiner Einsamkeit «oder gerade *durch* meine Einsamkeit» weitergekommen zu sein, auch in literarischer Hinsicht. Zugleich räumte er selbstkritisch ein:

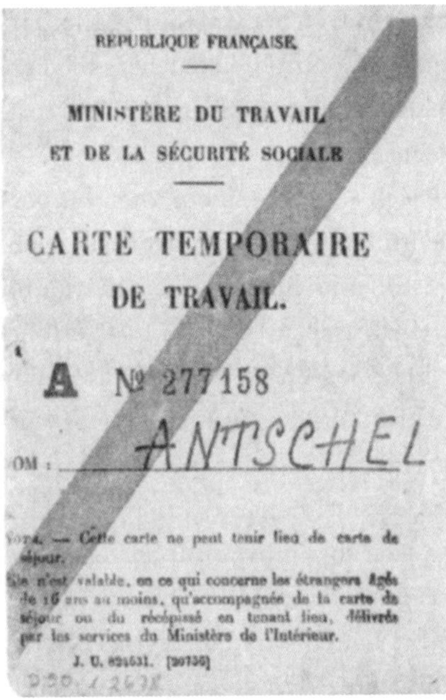

Paul Antschels Carte de travail, Paris 1949

> Je krampfhafter ich mich an meine Gedichte klammere, desto weniger kann ich für sie tun. Mein Ehrgeiz scheint so groß zu sein, daß es mir die Hände fesselt.[444]

Ende August 1949 lernte Paul Celan in Paris die junge holländische Musikstudentin Diet Kloos kennen, die im Widerstand gegen die Nationalsozialisten gearbeitet und dort ihren Mann verloren hatte.[445] Ihr las er die «Todesfuge» vor, und ihr schrieb er – nach ihrer Rückkehr nach Holland – zahlreiche Briefe, die von seiner Zuneigung, seinem Pariser Alltag («die Rundfahrt durch die Welt des täglichen Brotes»[446]), seinen Bemühungen an der Universität (als Voraussetzung für eine spätere Einbürgerung) und seiner schwierigen dichterischen Arbeit handelten: «Ich bin sehr einsam, Diet, und habe nicht nur mit dem Himmel und seinen Abgründen zu ringen – ich brauche auch viele bittere Stunden, um mir das, was man das tägliche Brot nennt, zu erwerben: in Paris ist das für so ungeschickte Ausländer wie ich es bin, nicht leicht.» (21. 9. 1949[447]) Einmal – im Kontext einer Schilderung seiner Stimmungsschwankungen – deutete Paul Celan seiner Freundin auch an, wie wesentlich ihm eine korrekte Publikation seiner Gedichte wäre:

> Was ich also brauche, ist das Gefühl, daß es bei all diesem Hin und Her einen Ausgangspunkt gibt, der, wenn er auch nie wieder erreicht werden kann, dennoch bestehen bleibt – ein solcher Ausgangspunkt wären meine Gedichte, wenn ich sie in Sicherheit wüßte, sauber abgedruckt und gebunden.[448]

*

Im selben Herbst des Jahres 1949, einem *«Schatten- und Dunkeljahr»*, «das – wenigstens für mich – keinen anderen Namen trug als den der Einsamkeit, der Abgeschiedenheit und Verschlossenheit»,[449] wandte sich Paul Celan an den in Paris lebenden lothringischen Dichter jüdischer Herkunft Yvan Goll, von dem ihm Alfred Margul-Sperber wiederholt erzählt hatte. Celan schrieb Goll am 27. September und bat darum, ihm seine Gedichte zeigen zu dürfen, «nach einem vollen Jahr Pariser Einsamkeit»,[450] was schließlich zu einem Treffen am 6. November führte – eine Begegnung, die nicht nur Paul Celan, sondern auch Yvan und Claire Goll sehr beeindruckte. In seinem Tagebuch notierte Yvan Goll:

> Er liest uns Gedichte aus «Der Sand aus den Urnen» mit inspirierter Stimme vor, und Claire und ich finden sie beide dort bewundernswert, rein

und wissend, wo die Schatten von Rilke und von Trakl vor seinem klaren Genie langsam verlöschen. Vor allem «Todesfuge» ergreift und entzückt uns.

Celan ist gleichzeitig schüchtern und sehr stolz. Er ist mit vollem Recht von seiner Dichtermission überzeugt. Er ist der typische, geistig sehr anspruchsvolle junge Jude aus Czernowitz.

Er hatte Claire acht rote Rosen mitgebracht, er, der im Quartier Latin ohne einen Pfennig Geld dahinvegetiert.[451]

Wenige Tage darauf, am 12. November, schrieb Paul Celan in einem Brief:

Vergangenen Sonntag war ich bei Iwan Goll. Ein wirklicher Dichter. Ein Mensch. Der erste, dem ich in Paris begegne. [...] Iwan Goll kennt alle Großen unserer Zeit. Rilke. Joyce. Picasso. Alle. Und dabei ist er bescheiden. Und sterbenskrank: anémie pernicieuse, Blutzersetzung.

Kennst Du seine Frau, Claire Goll? Sie war lange Zeit die Freundin Rilkes. Sie ist Schriftstellerin.

«Wissen Sie», meinte sie, «wir fürchteten, Sie könnten einer sein, der Gedichte schreibt, aber kein Dichter ist. Sie sind aber ein Dichter. Ein wirklicher.» Und Iwan Goll, der das wahrscheinlich besser weiß als sie, meinte dasselbe.

Ich brauche ein paar Menschen, auch in der Nähe. Warum mußte ich ein volles Jahr warten, ehe ich Goll kennen lernte?[452]

Yvan Goll litt – wie Rainer Maria Rilke – an einer Leukämie, die dreieinhalb Monate später, am 27. Februar 1950, zu seinem Tode führen sollte. Er bat Paul Celan noch, an der Übertragung seiner französischen Gedichte in die deutsche Sprache mitzuwirken, was Celan ihm versprach – und wofür er sich in den nächsten zwei Jahren intensiv einsetzte.

*

Paul Celan, Passfoto, undatiert

1950 wurde Paul Celan dreißig Jahre alt; er erneuerte seinen Beziehungsversuch mit Ingeborg Bachmann, die im Herbst – nach Abschluss ihrer Promotion über Martin Heidegger[453] – für einige Monate zu ihm nach Paris kam; wieder mussten beide erfahren, dass ihnen kein gemeinsames Leben möglich war, «weil wir aus unbekannten, dämonischen Gründen uns gegenseitig die Luft wegnehmen». (Bachmann[454])

Erneut verfasste Celan auch ein Gedicht im Gedenken an seine Mutter:

DER REISEKAMERAD[455]

Deiner Mutter Seele schwebt voraus.
Deiner Mutter Seele hilft die Nacht umschiffen, Riff um Riff.
Deiner Mutter Seele peitscht die Haie vor dir her.

Dieses Wort ist deiner Mutter Mündel.
Deiner Mutter Mündel teilt dein Lager, Stein um Stein.
Deiner Mutter Mündel bückt sich nach der Krume Lichts.

(I, 66)

Über einen Besuch im Oktober 1950 und über eine private Lesung Paul Celans in der Rue des Écoles schrieb Rino Sanders:

Eine kleinbürgerlich möblierte Studentenbude im 5. Stock, geringfügig individualisiert, vor allem durch Bücher. Wir waren sechs oder acht. Und Celan las. Las Gedichte. Vom ersten Augenblick an trat alles in eine andere Farbe, wunderlich, ungewiss, unwirklich. George fiel mir ein und sein Kreis; aber ich dachte, das kann's doch nicht mehr geben, nicht hier.

Celans leise Stimme änderte ihr Timbre: eine Art inständiges Flüstern, das sich zwischen dem Text und mir ausbreitete; und jetzt, da ich daran denke, höre ich aus einer Entfernung von 21 Jahren den Vers, das Gedicht, das ganz in der Tonart jener Stunde steht: «Du denk mit mir: der Himmel von Paris, die große Herbstzeitlose ...» Und die psalmodierende Stimme sprach auch das schlackenlose Gedicht, das fast der ganzen damaligen Produktion seines Autors weit voraus war: die *Todesfuge.* Die Liturgie konnte ihm nichts anhaben, es trat mit seinen Worten vor die Stimme und war da in seiner Atemlosigkeit und Stille.

Mit den Jahren drängte Celan das Zeremonielle seines Lesens merklich zurück. Er verbarg sich darin. Das wusste ich damals noch nicht. Er warf dieses Stimmkleid den Worten über, die ihn preisgaben. So weit er auf seinem Weg auch kam, alle seine Gedichte sind Rufe, Anrufe aus dem längst unabänderlichen Alleinsein des Übriggebliebenen, und was er schrieb, er schrieb es auch, um sein Überleben zu rechtfertigen vor seinen Toten.[456]

*

Ein Jahr nach der missglückten Bemühung um eine Wiederaufnahme der Beziehung zu Ingeborg Bachmann begegnete Paul Celan derjenigen Frau, der er zeitlebens in Liebe verbunden bleiben sollte – der vierundzwanzigjährigen Kunststudentin Gisèle de Lestrange, die aus hochadlig-katholischem Haus kam, bald aber bedingungslos zu ihm, dem mittellosen Ostjuden, stand. Hölderlins Gedicht-Zeilen *«Die Liebenden aber / Sind, was sie waren, sie sind / Zu Hause»* versah Paul Celan mit Ausrufezeichen[457]; bereits am 7. Januar 1952, knapp zwei Monate nach ihrer ersten Begegnung, schrieb er an Gisèle:

Siehst Du, ich habe den Eindruck, wenn ich zu Dir komme, eine Welt zu verlassen, die Türen hinter mir zuschlagen zu hören, Türen und nochmals Türen, denn sie sind zahlreich, die Türen dieser Welt, die aus Mißverständnissen, falschen Klarheiten, Höhnungen gemacht sind. Vielleicht bleiben mir noch andere Türen, vielleicht habe ich noch nicht den ganzen Raum durchschritten, über den sich dieses Netz von in die Irre führenden Zeichen erstreckt –.[458]

In der Tat hatte Paul Celan 1952 noch keineswegs den ganzen Raum durchschritten, *«über den sich dieses Netz von in die Irre führenden Zeichen erstreckt»*, doch wurde ihm Gisèle de Lestrange die entscheidende Weggefährtin, die Frau, die ihn erkannte, verstand und im Innersten bejahte, obwohl sie einen vollkommen anderen Erfahrungshintergrund hatte als er.

Sein am 30. April 1952 verfasstes «Mandel»-Gedicht wird Paul Celan Gisèle de Lestrange bereits kurz nach seiner Niederschrift vorgelesen haben – ein Gedicht, das Erinnerungen an die Mutter und ihr Mandel-Gebäck in sich trug, das Assoziationen an die in Israel erblühenden süßen und bitteren Früchte beinhaltete und weckte, an den Leuchter des jüdischen Volkes in der Wüste mit seinen mandelförmigen Blüten, an Aaron und die Mandorla, aber auch an Zyklon B, das Giftgas der Konzentrationslager und seinen Mandelgeruch,[459] in der für Paul Celan kennzeichnenden Weise des komplexen «Eingedenk»-Seins, der bewussten (oder überbewussten) Gleichzeitigkeit und permanenten Präsenz[460]:

ZÄHLE die Mandeln,
zähle, was bitter war und dich wachhielt,
zähl mich dazu:

Ich suchte dein Aug, als du's aufschlugst und niemand dich ansah,
ich spann jenen heimlichen Faden,
an dem der Tau, den du dachtest,

hinunterglitt zu den Krügen,
die ein Spruch, der zu niemandes Herz fand, behütet.

Dort erst tratest du ganz in den Namen, der dein ist,
schrittest du sicheren Fußes zu dir,
schwangen die Hämmer frei im Glockenstuhl deines Schweigens,
stieß das Erlauschte zu dir,
legte das Tote den Arm auch um dich,
und ihr ginget selbdritt durch den Abend.

Mache mich bitter.
Zähle mich zu den Mandeln.
(I, 78)

*

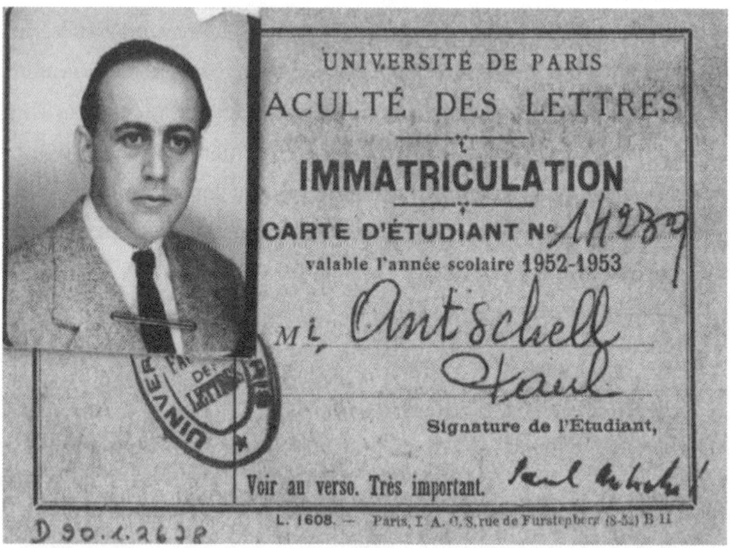
UNIVERSITÉ DE PARIS
ACULTÉ DES LETTRES
IMMATRICULATION
CARTE D'ÉTUDIANT N° 142839
valable l'année scolaire 1952-1953
M. Antschel Paul
Signature de l'Étudiant,
Voir au verso. Très important.
L. 1608. — Paris, I. A. C. S. rue de Furstenberg (8-52) B 11
D 90.1.2638

Paul Celans Studentenausweis, Universität Paris, 1952/53

Das «Mandel»-Gedicht nahm Paul Celan wenige Wochen nach seiner Niederschrift, Ende Mai 1952, mit nach Deutschland, wo er es zusammen mit der «Todesfuge» und weiteren Gedichten («Lied in der Wüste», «In Ägypten») vortragen wollte. Eine Einladung der jungen und einflussreichen Literaten- und Kritikervereinigung «Gruppe 47» führte ihn nach Niendorf an die Ostsee, auf Initiative von Milo Dor und Ingeborg Bachmann, die sich mit Nachdruck bei Hans Werner Richter, dem widerstrebenden Leiter der Gruppe, für die Berücksichtigung Celans eingesetzt hatten.[461] Erstmals seit 1938 – seinem Zwischenhalt in Berlin – betrat Paul Celan damit wieder jenen deutschen Boden, von dem der Tod seiner Eltern und Millionen weiterer Menschen ausgegangen war.

Celan war erfreut über die Einladung, die nach Jahren größter Einsamkeit und wiederkehrenden Verzweiflungszuständen Wahrnehmung und Wertschätzung seiner Arbeit zu erkennen gab. Dennoch reiste er in Anspannung und fühlte sich in seinen bedenklichen Vorempfindungen bereits kurz nach der Ankunft im Tagungshotel bestätigt: «Etwa 50 Personen saßen in der großen Halle des Hotels, in dem wir wohnten, in tiefen Sesseln – das alles erweckte den Eindruck einer Versammlung von Leuten, die sich bürgerlich mit einer Welt ausgesöhnt hatten, deren Erschütterungen sie immerhin zu spüren bekommen hatten.»[462]

Im Anschluss an seine Gedicht-Lesung schrieb er an Gisèle de Lestrange:

> Ich habe laut gelesen, ich hatte den Eindruck, über diese Köpfe hinaus – die selten wohlmeinend waren – einen Raum zu erreichen, in dem die «Stimmen der Stille» noch vernommen wurden …
>
> Die Wirkung war eindeutig. Aber Hans Werner Richter, der Chef der Gruppe, Initiator eines Realismus, der nicht einmal erste Wahl ist, lehnte sich auf. Diese Stimme, im vorliegenden Falle die meine, die nicht wie die der andern durch die Wörter hindurchglitt, sondern oft in einer Meditation bei ihnen verweilte, an der ich gar nicht anders konnte, als voll und von ganzem

> Herzen daran teilzunehmen – diese Stimme mußte angefochten werden, damit die Ohren der Zeitungsleser keine Erinnerung an sie behielten ...[463]

Paul Celan las in Niendorf und bei späteren Gelegenheiten in nahezu meditativer Weise, mit ganz oder halb geschlossenen Augen[464] und einer Intonation, die von zahlreichen, der «neuen Sachlichkeit» verpflichteten Mitgliedern der «Gruppe 47» als unerträglich empfunden wurde:

> Als Celan zum ersten Mal auftrat, da sagte man: «Das kann doch kaum jemand hören!», er las sehr pathetisch. Wir haben darüber gelacht. «Der liest ja wie Goebbels!» sagte einer. Er wurde ausgelacht [...]. (Walter Jens)[465]

Von einem *«Singsang wie in der Synagoge»* war die Rede; manche von Celans Hörern skandierten höhnisch «Schwarze Milch der Frühe», Hans Werner Richter sprach vom «Pathos eines Gestörten».[466]

Für Paul Celan war die in Niendorf gemachte Erfahrung, trotz der Gegenwart von Freunden wie Ingeborg Bachmann, Milo Dor und Reinhard Federmann, tief verletzend. Celan fühlte sich zu Recht als ein dem Grauen der Lager entkommener, überlebender Jude, dem das nationalsozialistische Regime nahezu alles zerstört hatte. Er verlieh dieser Erfahrung sein Wort und seine Sprache, stand existentiell für sie ein (*«Zähle die Mandeln, / zähle, was bitter war und dich wachhielt, / zähl mich dazu»*); er aber wurde ausgelacht und nicht für voll genommen von Menschen, die zwar ganz überwiegend ein kritisches Verhältnis zum «Dritten Reich» hatten, dennoch aber Mitglieder der deutschen Wehrmacht gewesen waren[467] – und wenig Feingefühl und Wachheit im Umgang mit ihm und ihrer eigenen Geschichte zu erkennen gaben. In Wien hatte Paul Celan vier Jahre zuvor die versuchte Aufhebung der Geschichte und den Wiederaufstieg der Mitschuldigen erlebt, den Mangel an Gewissen und Wissen. Nun erfuhr er dasselbe – in subtil gesteigerter Weise auch in Deutschland,[468] und direkt an seiner eigenen Person. An diesem Verdrängungsprozess litt Paul Celan nachhaltig; er sollte die nächsten, knapp zwei Jahrzehnte seines Lebens in wesentlichen Teilen bestimmen.

*

So irritierend und verletzend die Niendorfer Erfahrungen für Paul Celan – trotz der nachfolgenden Entschuldigung einzelner Gruppenmitglieder – war, seine Gedicht-Lesung zeitigte doch unmittelbar positive Folgen (*«Die Wirkung war eindeutig»*). Er bekam eine Einladung zu einer Rundfunk-Lesung in Hamburg (die Tagung war vom Nordwestdeutschen Rundfunk mitveranstaltet worden) und das Angebot einer Buchpublikation in Stuttgart bei der angesehenen Deutschen Verlags-Anstalt.[469] *Mohn und Gedächtnis*, Paul Celans erster, in Deutschland veröffentlichter Gedichtband, konnte noch Ende 1952 erscheinen, drei Jahre nach den Worten an Diet Kloos: «[...] was ich also brauche, ist das Gefühl, daß es bei all diesem Hin und Her einen Ausgangspunkt gibt, der, wenn er auch nie wieder erreicht werden kann, dennoch bestehen bleibt – ein solcher Ausgangspunkt wären meine Gedichte, wenn ich sie in Sicherheit wüßte, sauber abgedruckt und gebunden.» *Mohn und Gedächtnis* enthielt überwiegend Gedichte aus der Bukarester und Wiener Zeit und endete mit «Zähle die Mandeln».

Mit dem Erscheinen des seit langem von ihm angestrebten und erhofften Buches wurde Paul Celan «über Nacht» zu einem der berühmtesten Lyriker deutscher Sprache. Die Begeisterung angesichts der Celanschen Wortkunst und ihrer Thematik war außerordentlich groß – ein unverhoffter, zuvor kaum auszudenkender Durchbruch aus dem namenloser Pariser Exil, wie ihn lediglich einzelne weitsichtige Freunde wie Alfred Margul-Sperber vorausgesehen hatten. Paul Celan freute sich über die erzielte Resonanz, im Wissen um das qualitative und spezifische Format seiner Dichtung, auf deren Anerkennung er seit langem gehofft hatte. Zugleich aber hörte er von Anfang an auch bedenkliche Töne aus den – vordergründig durchweg positiven – Rezensionen heraus. Wiederholt wurde in den Besprechungen von *Mohn und Gedächtnis* die Kunstfertigkeit, Musikalität und Ästhetik der Celanschen Gedichte hervorgehoben, ihr Wirklichkeitsgehalt jedoch bezweifelt oder verneint. Ein Rezensent empfahl Celan in direkter Weise, künftig nur noch solche Stücke zu veröffentlichen, «in denen er etwas zu sagen hat, was ihm wirklich unter den Nägeln brennt – nicht aber seine Etüden und Fingerübungen».[470] Über die «Todesfuge» war unter anderem zu lesen: «Celans Gedicht ist ohne alle Absichtlichkeit. Es will nichts sein als Hauch, Laut, Lichtfigur, leicht und fast sangbar.»[471] Die ästhetische «Bewältigung» oder gar «Überwindung» des Auschwitz-Geschehens durch die «Todesfuge» wurde Celan attestiert, in grotesker Verkennung seiner künstlerischen Intention und Aufgabe («In diesem Gedicht habe ich versucht, das Ungeheuerliche der Vergasungen zur Sprache zu bringen.»[472]). Hans Egon Holthusen, ein überaus einflussreicher Literat und Kritiker – mit SS-Vergangenheit im «Dritten Reich»[473] –, sprach davon, dass Celans «Todesfuge» der «blutigen Schreckenskammer der Geschichte» entfliegen und in den «Äther der reinen Poesie» aufsteigen würde.[474] Das Auschwitz-Geschehen sei durch das Gedicht – wie es von anderer Seite hieß – «sublimiert, ja geheiligt» worden.[475]

Paul Celan studierte die Kritiken seiner Arbeiten zeitlebens akribisch und nachhaltig betroffen. «Es fällt nicht leicht zu begreifen, dass Celan, der ein derart bedeutsames und in vielfacher Hinsicht unabhängiges Werk geschaffen hat, bis zuletzt von jeder, selbst der willkürlichsten Kritik sich abhängig zeigte.» (Baumann[476]) Celan misstraute allen vorschnellen Interpretationen[477] und setzte auf das genaue, eindringliche und wiederholte Hören und Lesen seiner Verse, ihre Einprägung in die Seelen aufnahmebereiter Menschen. Obwohl er sich darüber im Klaren war, dass die in seinen Gedichten «zitierten», im Raum des Gedichtes von ihm aufgerufenen Situationen, Geschehnissen, Daten, Bildwerke und Texte[478] keinesfalls einfach zu durchdringen waren und in gewisser Weise seinen außerordentlichen Bildungs-Horizont in geistiger Präsenz voraussetzten[479], vertraute er nahezu bedingungslos auf die potentielle Aufnahmebereitschaft und -aktivität seiner wirklichen Leser – und auf den realen Innenraum seiner Gedichte. Unter der journalistischen und literaturwissenschaftlichen Kritik seiner Arbeit aber litt er lebenslang.

*

Gegen den entschiedenen Widerstand von Gisèles Eltern heirateten Paul Celan und die fünfundzwanzigjährig Gisèle de Lestrange ein halbes Jahr nach der Niendorfer Lesung, am 23. Dezember 1952 in Paris – *«Brach sich ein Strahl / herüber zu mir? / Oder war es der Stab, / den man brach über uns, / der so leuchtet?»* (I, 87) Am 7. Oktober 1953 wurde ihr erster Sohn geboren, François, der jedoch nur einen Tag lebte.

GRABSCHRIFT FÜR FRANÇOIS

Die beiden Türen der Welt
stehen offen:
geöffnet von dir
in der Zwienacht.
Wir hören sie schlagen und schlagen
und tragen das ungewisse,
und tragen das Grün in dein Immer.

Oktober 1953
(I, 105)[480]

Nach Yves Bonnefoy, der mit Paul Celan befreundet war, entstand das Gedicht für François (ohne Titel) bereits wenige Tage *vor* der Geburt des Kindes; als einziges seiner Gedichte sollte es Paul Celan in einer Veröffentlichung datieren – es erschien im Gedichtband

Von Schwelle zu Schwelle mit seinem Entstehungsdatum «Oktober 1953».[481]

Kurz vor seinem 33. Geburtstag war Paul Celan erneut in die Erfahrung des Todes eingetreten, inmitten der Sphäre seiner Familie. François war das erste Enkelkind seiner Mutter, und ihr – kaum geboren – nachgefolgt: «Ein Tuch, ein Tüchlein nur schmal, daß ich wahre / nun, da zu weinen du lernst, mir zur Seite / die Enge der Welt, die nie grünt, mein Kind, deinem Kinde!» (1943; III, 25)

Drei Tage vor seinem Geburtstag, am 20. November 1953 – eineinhalb Monate nach dem Tod von François –, besuchte Paul Celan Assisi, den Ort des Dichters des «Cantico di frate sole», und die Kirche mit den Fresken Giottos. Die soziale und geistige Gestalt des Franziskus, dessen erster Biograph den Namen Thomas de Celano getragen hatte, ging Celan nahe, er schrieb bald nach seiner Rückkehr nach Paris ein Assisi-Gedicht, im Angesicht des Toten-Gedenkens[482] und des Schatten-Landes «Umbrien»:

ASSISI

Umbrische Nacht.
Umbrische Nacht mit dem Silber von Glocke und Ölblatt.
Umbrische Nacht mit dem Stein, den du hertrugst.
Umbrische Nacht mit dem Stein.

Stumm, was ins Leben stieg, stumm.
Füll die Krüge um.

Irdener Krug.
Irdener Krug, dran die Töpferhand festwuchs.
Irdener Krug, den die Hand eines Schatten für immer verschloß.
Irdener Krug mit dem Siegel des Schattens.

Stein, wo du hinsiehst, Stein.
Laß das Grautier ein.

Trottendes Tier.
Trottendes Tier im Schnee, den die nackteste Hand streut.
Trottendes Tier vor dem Wort, das ins Schloß fiel.
Trottendes Tier, das den Schlaf aus der Hand frißt.

Glanz, der nicht trösten will, Glanz.
Die Toten – sie betteln noch, Franz.
(I, 108)

*

Das Jahr 1953, sein 33. Lebensjahr, war für Paul Celan außerordentlich schwer; es brachte die Geburt und den Tod seines ersten Sohnes, aber auch den Beginn einer Kampagne, die Claire Goll gegen ihn entfachte und die sein Leben bis zu seinem Ende nachhaltig beeinflussen, ja in mancher Hinsicht geradezu prägen sollte (wie Barbara Wiedemann in einer umfänglichen Dokumentation in allen Einzelheiten nachweisen konnte.[483]) Anfänglich in privater Runde begann die Witwe Yvan Golls den Vorwurf zu verbreiten, Celan habe Verse den unveröffentlichten Gedichten ihres Mannes entnommen und, zu seinen eigenen gemacht, in seine Gedichte aufgenommen. Im Sommer 1953 versandte sie, enragiert durch den großen Erfolg von Celans erstem Gedichtband in Deutschland, Rundbriefe an Verlage, Zeitschriften und Rundfunkanstalten, die mit der Aufforderung verbunden waren, Paul Celan «nicht (mehr) zu senden, nicht (mehr) zu publizieren und nicht (mehr) zu rezensieren».[484] Claire Goll beschrieb und verfremdete die Begegnung des Jahres 1949 zwischen Paul Celan, Yvan Goll und ihr; Celan habe damals um Goll und das Treffen bittend geworben, in flehenden Klagen über seinen ausbleibenden Ruhm und die ihm entgegengebrachte Verständnislosigkeit:

> Yvan Goll, der immer fürchtete, dass ich mir nach seinem Tod, der, wie er wusste, nur noch eine Frage von einigen Monaten war, *das Leben nehmen könnte,* wollte damals Paul Celan adoptieren. Er glaubte, ich würde einen

liebenden Sohn in ihm finden. Auch glaubte er dem Jungen damit zu helfen, da er doch beide Eltern im Konzentrationslager verloren hatte. Leider beging ich die Unvorsichtigkeit Celan – der übrigens überglücklich darüber war – unsre Absichten mitzuteilen. Schon am andern Tag frug mich Yvan: «Was hat denn der Junge. Er ist ja völlig verändert, ganz unnatürlich?» Er war sehr unglücklich als ich ihm sagte, dass ich Celan in unsre Adoptionsabsichten eingeweiht hatte, denn er spürte mit dem Seherblick und Tastgefühl des Sterbenden die «Tarnung», wie er es nannte, des maßlos Ehrgeizigen heraus.[485]

Ein Schulfreund, so Claire Goll, habe ihr gegenüber Paul Celan als «perfekten Heuchler» bezeichnet.[486] – Celan war über diese Vorwürfe entsetzt. Er hatte sich nach dem Tode Yvan Golls sehr für dessen Arbeit eingesetzt, was ihm von Golls Witwe zuletzt wenig gedankt worden war.[487] Nun sah er sich stattdessen mit Vorwürfen konfrontiert, die seine Identität als Person und Dichter gleichermaßen in Frage stellten, und ihn der Lächerlichkeit preisgaben – einen 24-jährigen «Jungen», der 1949 unterwürfig um die «Adoption» durch Yvan und Claire Goll geworben hatte, am Andenken seiner realen Eltern vorbei.

Claire Golls Agitation gegen ihn war massiv und Celan wollte juristisch gegen sie vorgehen; befragte Menschen jedoch rieten ihm davon ab: er solle die Sache auf sich beruhen lassen. Obwohl sich Paul Celan schließlich widerstrebend in dieses Votum fügte, erschien ihm das Ganze ebenso beunruhigend wie symptomatisch, als Angriff auf einen weitgehend wehrlosen Juden, auf ein Opfer der deutschen Geschichte, dessen schutzlose Nachkriegs- und Emigrantensituation gegenüber Verlagen, Zeitschriften und Rundfunkanstalten verzerrt und in Richtung einer gezielt betriebenen persönlichen Bereicherung uminterpretiert wurde. – Am tiefsten traf Paul Celan, in seinem Selbstverständnis *«als Jude und deutscher Schriftsteller»*,[488] der Plagiats-Vorwurf selbst. Celan rezipierte die Literaturgeschichte zeitlebens sehr bewusst, griff Begriffe, Bilder und Metaphern zitierend auf und stellte sie, verwandelnd, in einen anderen Kontext. Dennoch war seine Dichtung in ausgeprägtem Maße sein eigenes, erlittenes und schöpferisch-verantwortetes Werk, Zeugnis *seiner* Lebenserfahrung, Sinnbewegung und Ausdruckskraft. Seine Dichtungen waren *«Lebensschrift»*[489]; Celan lebte in der Sprache und ging mit ihr außerordentlich bewusst um: «die Lebensumstände, das Leben im fremden Sprachbereich haben es mit sich gebracht, daß ich mit meiner Sprache viel bewußter umgehe als früher [...]».[490] Er verstand Dichtung mit Paul Valéry als eine Bemühung, die Sprache «in statu nascendi» – als *«freiwerdende Sprache»* – zu ergreifen, als den (nie vollständig gelingenden) Versuch, «das freiwerdende Wort zu belauschen, es gleichsam auf frischer Tat zu ertappen» – ehe es wieder in die «alte» Sprache zurückfällt und dort «Sprichwort, Wendung, Klischee» wird.[491] Paul Celan «übernahm» keine gewordenen Prägungen, sondern bildete eigene Gedichte, im Bewusstsein dessen, was er 1948 in seinem Brief nach Palästina das «Zuendelebenmüssen» des «Schicksals jüdischer Geistigkeit in Europa» genannt hatte und mit dem Gewicht seiner individuellen, sprachgewordenen Existenz einzulösen bestrebt war. «In leuchtender Bitternis, die ihm eigen war, sagte er einen Satz, den ich nicht vergaß: *‹Die Chance meiner Verse ist ihr Vorhandensein.›*» (Christoph Meckel[492]) «Jedem das Seine» hatte auf dem Tor des Konzentrationslagers von Buchenwald (bei Weimar) gestanden; «Jedem das Wort», schrieb Paul Celan (I, 138) – und verfasste – vermutlich 1954 – das Gedicht «Sprich auch du»:

Sprich auch du,
sprich als letzter,
sag deinen Spruch.

Sprich –
Doch scheide das Nein nicht vom Ja.
Gib deinem Spruch auch den Sinn:
gib ihm den Schatten.

Gib ihm Schatten genug,
gib ihm so viel,
als du um dich verteilt weißt zwischen
Mittnacht und Mittag und Mittnacht.

Blicke umher:
sieh, wie's lebendig wird rings –
Beim Tode! Lebendig!
Wahr spricht, wer Schatten spricht.

Nun aber schrumpft der Ort, wo du stehst:
Wohin jetzt, Schattenentblößter, wohin?
Steige. Taste empor.
Dünner wirst du, unkenntlicher, feiner!
Feiner: ein Faden,
an dem er herabwill, der Stern:
um unten zu schwimmen, unten,
wo er sich schimmern sieht: in der Dünung
wandernder Worte.
(I, 135)

*

Paul Celan, um 1954

Mitte 1955 erschien in Stuttgart Celans zweiter Gedichtband *Von Schwelle zu Schwelle*, den er seiner Ehefrau Gisèle widmete. Erneut war Paul Celan Anfang des Jahres und im Herbst zu Lesungen in Deutschland – und tat sich, abgesehen von überaus herzlichen Freundschaftskontakten, die er mit Einzelnen unterhielt,[493] abermals schwer mit dem ehemaligen Land des Nationalsozialismus. Vor einer Lesung in Esslingen schrieb er am 31. Januar an Gisèle:

> Ich schlafe schlecht hier: die menschliche Landschaft in diesem unglücklichen Land (das sich seines Unglücks nicht bewußt ist) ist höchst beklagenswert. Die seltenen Freunde, die wahren, sind enttäuscht, resigniert, entmutigt.
>
> Heute abend werde ich ihnen die Gedichte vorlesen, über ihre Köpfe hinweg, und es wird ein wenig so sein, als wollte ich meinen Hörern jenseits ihrer selbst begegnen, in einer zweiten Wirklichkeit, die mein Geschenk an sie sein wird.[494]

Bereits über den jungen Paul Antschel in Czernowitz sagte ein Freund: «man hatte das Gefühl, dass Paul eher *zu* Menschen sprechen wollte, als *mit* ihnen.» (Jizchak Alpan[495]), was in gewisser Weise auch der intentionalen Realität seiner späteren Lesungen entsprach. Dennoch war Celans Selbstverständnis kein im engeren Sinne elitäres; es ging ihm um die geistige Realität der Gedichte, damit aber um die geistige Realität der Menschen, die in der Lesung überhaupt erst erreicht werden musste, «hinter» oder «über» ihrem Alltags-Bewusstsein, mit dem sie mehrheitlich zu der Lesung des «bekannten» und «interessanten» jüdischen Dichters gekommen waren.[496] In Niendorf hatte Celan betont, er wolle «einen Raum [...] erreichen, in dem die ‹Stimmen der Stille› noch vernehmbar» seien – nun hieß es: «als wollte ich meinen Hörern jenseits ihrer selbst begegnen, in einer zweiten Wirklichkeit, die mein Geschenk an sie sein wird.» Dass Paul Celan mit seinen Hörern dabei sehr konkret rechnete, ja seine Lesungen[497] – entgegen vordergründigem Anschein – ein dialogisch-soziales Geschehen waren, geht aus der Tatsache hervor, dass er erst im Verlauf der Lesung die Auswahl und Reihenfolge der zu lesenden Gedichte bestimmte. Am 21. 2. 1959 schrieb er vor einer Frankfurter Lesung in den Räumen des S. Fischer Verlags an Hans-Geert Falkenberg: «ich weiß nicht, welche Gedichte ich lesen werde, und in welcher Reihenfolge: ganz bestimmt werde ich die ‹Engführung› lesen. *Von früheren Lesungen her weiß ich, wie sehr es bei der Auswahl auf den Kontakt mit den Zuhörern ankommt. Es ist eine Frage des Raumes, im eigentlichen und im übertragenen Sinne.*»[498] – Eine Jugendfreundin sagte später über Paul Celan, es habe in ihm «etwas vom Ahnungsvermögen Hölderlins» gelebt.[499] Zu Hölderlins Nachlass – der zu diesem Zeitpunkt noch im Zisterzienserkloster Bebenhausen bei Tübingen untergebracht war – fuhr Celan unmittelbar nach der Esslinger Lesung, Anfang Februar 1955.

Im Juni 1955 wurde Gisèle und Paul Celan der zweite Sohn geboren, Claude François Eric, ein gesundes Kind, auf dessen Wohlergehen Paul Celan bis zu seinem Tod in liebevollster Weise bedacht war. Im Sommer gelang ihm die Einbürgerung in Frankreich unter dem Namen «Paul Antschel», und er fand eine größere Wohnung in Paris. Paul Celan, so steht zu vermuten, war an der Schwelle des Glücks – obwohl er sich nach wie vor als «staatenlos» und in gewisser Weise auch als heimatlos betrachtete (*«der Fremde, ungebeten, woher / der Gast»* I, 188). Zu seinem französischen Freund und Kollegen Yves Bonnefoy sagte er: «Ihr seid zu Hause, in eurer Sprache, euren Referenzen, umgeben von den Büchern, den Werken, die ihr liebt. Ich dagegen bin draußen.»[500] Margarete Susmans Ausführungen über das Exil als Grunderfahrung des Menschen, das im Jüdischen (als einer, so Celan, *«Gestalt* des Menschlichen*»*) vorwegnehmend gelebt und erlitten würde, las Paul Celan wenige Jahre später mit innerer Zustimmung und unterstreichendem Stift:

> Ist nicht das Exil letzthin Ausdruck des Menschenschicksals *überhaupt*? Ist nicht *aller* Menschen Los, heimatlos und flüchtig zu sein auf Erden? – Alle Mächte und Wirklichkeiten, mit denen die Völker sich verbünden, die sie

als gründendes Land unter sich festlegen, als Mauern des Staates um sich her aufrichten, als schützende Macht über sich halten, verdecken nur *diese Grundtatsache des menschlichen Daseins: die Flüchtigkeit und Vergänglichkeit, die Heimatlosigkeit des Menschen auf Erden.*[501]

*

Paul Celan am Schreibtisch,
rue de Montevideo, Paris 1955
Foto: Gisèle Celan-Lestrange

Die Erfahrung des «Draußenseins» aktualisierte sich für Paul Celan hinsichtlich Deutschlands im Herbst 1955 und Winter 1955/56 erneut in vielfältiger Weise. Am 26. September schrieb er Gisèle aus Düsseldorf:

> [...] ich fühle mich so fremd und verloren in diesem Land, in dem man sonderbarerweise die Sprache spricht, die meine Mutter mich gelehrt hat ...[502]

Kurz darauf ergänzte er dies um die Sätze:

> Wenn es etwas gibt, was dieser Aufenthalt mich einmal mehr gelehrt hat, so ist es dies: die Sprache, mit der ich meine Gedichte mache, hat in nichts etwas mit der zu tun, die hier oder anderswo gesprochen wird, meine Ängste in dieser Hinsicht, genährt durch meine Schwierigkeiten als Übersetzer, sind gegenstandslos. Wenn es noch Quellen gibt, aus denen neue Gedichte (oder Prosa) hervorsprudeln könnten, so werde ich sie nur in mir selber finden und nicht etwa in den Gesprächen, die ich in Deutschland mit Deutschen auf Deutsch führen könnte.

> Dieses Land, ich mag es überhaupt nicht. Ich finde die Leute erbärmlich. Natürlich gibt es Ausnahmen, doch sie sind selten, und um sie zu treffen, brauche ich mich nicht in Deutschland aufzuhalten.[503]

Ein Jahr später, im Herbst 1956, übersetzte Paul Celan einen Text des französischen Autors Jean Cayrol, eines ehemaligen Häftlings von Mauthausen, für einen Dokumentarfilm von Alain Resnais über die deutschen Konzentrationslager: *Nuit et brouillard, Nacht und Nebel.*[504] Resnais' Film arbeitete mit Bildern aus den Museen von Auschwitz und Majdanek sowie aktuellen Landschaftseindrücken, mit einer eigens von Hanns Eisler komponierten Musik, dauerte 32 Minuten und erhielt hervorragende Kritiken. Auf Protest der Auswärtigen Amtes bzw. der Deutschen Botschaft in Paris aber war der Film im Frühjahr 1956 trotz des massiven Einspruches von Jean Cayrol aus diplomatischen Gründen vom Wettbewerb in Cannes zurückgezogen worden.[505] Nun sollte eine deutsche Fassung unter Mitarbeit Paul Celans entstehen.[506]

*

Während in Deutschland die Verdrängung der gelebten und zu verantwortenden Geschichte weiter praktiziert wurde, versandte Claire Goll anonyme Briefe. Einem dieser Schreiben zufolge (das Celan im Januar 1956 in Genf erhielt, wo er aus finanziellen Gründen vorübergehend als Übersetzer beim Internationalen Arbeitsamt tätig war[507]), hatte der in Ostberlin lebende Schriftsteller Georg Maurer im Januar 1956 auf dem IV. Deutschen Schriftstellerkongress (Sektion Lyrik) gesagt: «Ich verweise auf den Meisterplagiator Paul Celan, der in seinen Versen das mittelmäßig wiederholt, was Ivan Goll zur Meisterschaft gebracht hat.»[508] Obwohl Maurer diese Sätze bald dementierte, erhielten sie Bedeutung durch den erfolgten Versand; erneut aber riet man Paul Celan, sich nicht näher darum zu kümmern und Abstand von juristischen Schritten zu nehmen.[509] Auch im Mai 1956 empfahl man ihm auf dem deutsch-französischen

Schriftstellerkongress in Vézelay, wo er die Problematik unter Kollegen zur Sprache brachte (unter anderem gegenüber Heinrich Böll und Alfred Andersch), Ruhe zu bewahren und sie nicht selbst zu vergrößern: «Man gibt Paul Celan zu verstehen, dass man seine Reaktion für völlig übertrieben hält, dass er am meisten erreichen würde, wenn er das alles nicht beachte und dass er mit seinem Verfolgungswahn allen auf die Nerven gehe.» (Wiedemann[510]) Die bewusst zerstörerische und gesamtgesellschaftlich relevante Tendenz der Agitation Claire Golls wollte nahezu niemand mit Paul Celan sehen – sondern erachtete ihn als überempfindlich bis krankhaft labil, ungeachtet eines antisemitischen Zwischenfalles auf dem Vézelay-Kongress selbst.[511] Celans Belastung und Anspannung aber wuchs – er versandte im Sommer 1956 erstmals Hilferufe an Freunde und Bekannte: «[...] in mir haben sich in den letzten Monaten viele Bitterkeiten angesammelt, ich muss, wenn ich mir Raum für eigene Gedanken schaffen will, versuchen von diesen Bitterkeiten loszukommen – ich bitte Dich mir dabei zu helfen.»[512] Auf Rat von Hermann Lenz und Hermann Kasack schrieb Celan auch einen langen Brief an Alfred Andersch, der in seiner Zeitschrift *Texte und Zeichen* mehrfach Gedichte und Übersetzungen Paul Celans publiziert hatte und über enge Kontakte zum Luchterhand-Verlag verfügte, in dem Golls Werke in Deutschland verlegt wurden. In seinem Brief an Andersch dokumentierte Paul Celan seine Begegnungen mit Yvan und Claire Goll in aller Ausführlichkeit, bat Alfred Andersch «um Beistand» in seiner Zeitschrift, und schrieb am Ende:

> Denn diese Sache, so absurd sie auch ist, ist aus meinem Leben leider nicht mehr wegzudenken, und was zu meinem Leben gehört, geht mir eben nahe, *rührt mich an.*[513]

Tatsächlich gingen Paul Celan die Unterstellungen und Angriffe von Claire Goll außerordentlich «nahe», verletzten ihn tief und brachten ihn wiederkehrend aus der Fassung. Im Februar 1957 verließ er fluchtartig den Raum einer Lesung in Bremen nach einer Plagiats-Nachfrage im Anschluss an seinen Vortrag, zum größten Unverständnis des Veranstalters und der Zuhörer[514] – «es ist mir, um es in aller Kürze zu sagen, noch nie so schlecht ergangen wie in dieser vornehmen Hansestadt ...»[515] Seine lyrische Arbeit stagnierte über eineinhalb Jahre, bis in den Sommer 1957 hinein.[516] Erst im November 1957 konnte er in einem rückblickenden Brief an seinen Verleger Rudolf Hirsch wieder in vorsichtig optimistischer Wendung schreiben: «Ich war [...] durch lange Monate recht mutlos gewesen, die Anläufe, in immer größeren Abständen unternommen, blieben erfolglos – *erst vor kurzem, im letzten Sommer, wurde es wieder reger in mir, die Worte wollen endlich wieder zueinander [...].*»[517]

*

In den Jahren ab 1957 – seinem siebenunddreißigsten Lebensjahr – fand Paul Celan nicht nur zu seiner dichterischen Produktivität in gesteigerter Weise zurück, sondern auch zu dem, was er als das

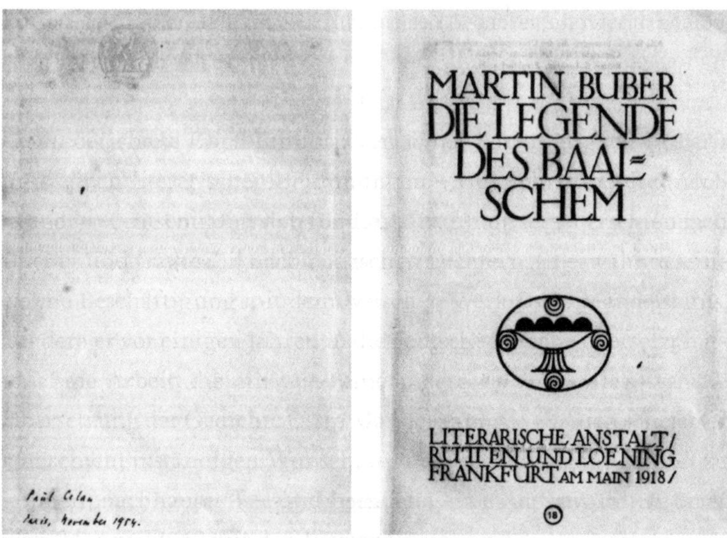

Paul Celans Exemplar von Martin Buber: *Die Legende des Baalschem* (1918)

«pneumatische» Judentum bezeichnete und als Teil seines eigenen Werkes sah. Celan, der vom Juli 1955 bis zum November 1957 direkt neben einer Synagoge gewohnt hatte,[518] erwarb und studierte in gezielter Weise die Schriften von Franz Rosenzweig und Hugo Bergman, aber auch Arbeiten von Martin Buber, Margarete Susman und Gershom Scholem,[519] die er darüber hinaus zu persönlichen Gesprächen aufsuchte.[520] Nach wie vor verstand sich Paul Celan nicht als Angehöriger einer genealogisch fundierten Kultus-Gemeinde, wohl aber als Mitglied einer jüdischen Herzens- und Schickalsgemeinschaft,[521] die trotz ihrer offensichtlichen Unzugehörigkeit und ihrem Ausgegrenztsein[522] fur den Wert des Menschen und des Menschlichen einstand. Paul Celan vertiefte seine Hinwendung zu den geistigen Quellen des «pneumatischen» Judentums und seinem spirituell-ethischen Welt- und Schöpfungsbezug, den er – auch in seiner wesensimmanenten Verborgenheit – als tragend erlebte. «Der Mensch kann nicht leben ohne ein dauerndes Vertrauen zu etwas Unzerstörbarem in sich, wobei sowohl das Unzerstörbare als auch das Vertrauen ihm dauernd verborgen bleiben können.» (Franz Kafka[523]) Celans Hinwendung zur jüdischen Sprachmystik und kabbalistischen Sprachlehre um den «Namen Gottes», die in der zweiten Hälfte der fünfziger Jahre mit Nachdruck einsetzte, war keine Neu-Orientierung seines geistigen Seins; sie brachte vielmehr auf den Begriff, was als Hochachtung vor der Realität des geschriebenen und gehörten Wortes – ja des *Namens* – schon lange in ihm lebte und wirkte – und bestärkte ihn im Eigenen. «Worum es mir geht? Loszukommen von den Worten als bloße Bezeichnungen. Ich möchte in den Worten wieder die Namen der Dinge vernehmen. Die Bezeichnung isoliert den vorgestellten Gegenstand. Im Namen aber spricht sich uns ein jegliches in seinem Bezug mit der Welt zu.»[524] Bei Gershom Scholem las und unterstrich Celan: «Die ‹Stufen›, aus denen das Licht der Gottheit strahlt, sind nicht nur die ‹geheime Welt›, sie sind auch zugleich *die ‹Namen›, unter denen sich Gott offenbart – und jedes echte Wort wird dem Sohar zum Namen*. Und jener

Name, den wir nennen, ist nur ein Echo jener Urnamen, die Gott selbst als seine eigenen Namen in die Schöpfung rief und die er, teils jedem sichtbar, teils geheim, in die Tora gesenkt hat. [...] *Jedes Wort ist* [...] *Name Gottes.* Der Prozess, in dem die Welt sich bildet, ist eben dies sich immer restlosere Auswirken des Namens. *Das Unbenannte hat in dieser Welt kein Dasein* [...].»[525] Diesem «göttlichen» Ursprung der Sprache versuchte Celan gerecht zu werden, in seiner Bemühung um ihre – heile – Innenseite in einer entstellten und zerbrochenen Welt, in seinem Ringen um das Benannte und weiter zu Benennende, «namentlich» zu Bewahrende.[526] – In der osteuropäisch-jüdischen Mystik fand Celan auch die «Heiligung» des Augenblickes wieder, die Bedeutung des Vorübergehenden, des achtlos Versäumten – als eine temporäre Gestalt göttlicher Präsenz –, die «Theophanie des Transitorischen im Ephemeren» (Lydia Koelle[527]), die seiner (nur scheinbar säkularisiert-weltlichen) Lyrik seit jeher nahe stand.[528] Er fand das von ihm vollzogene «Eingedenken» (auch das Toten-Gedenken) als Voraussetzung einer Wiederherstellung der zerrütteten Welt, die – auch sprachliche – Einholung des Geschehenen und Geschehenden, die Sammlung der Fragmente, des Zerschlagenen und der «Funken»[529] im Licht des immer noch Kommenden und Heilen, der (so Scholem) «Arbeit um des Endes willen», *«tikkun olan»*.[530] Nicht zuletzt Martin Bubers Thematisierung einer chassidisch fundierten Individualethik als Voraussetzung einer geistig gegründeten Gemeinschaft und Gottes-Begegnung berührte Celan[531]; ebenso die im spirituellen Strom jüdischen Denkens vertretene Auffassung, dass auch das Schicksal Gottes vom Schicksal der Welt (und damit des handelnden, sich verhaltenden Menschen) abhängig ist.[532] Paul Celan markierte Hugo Bergmans Sätze: «Die jüdische Auffassung trennt Gott und Welt, aber sie verknüpft das Schicksal der Welt und Gottes so miteinander, dass nicht bloß die Welt von Gott, sondern [...] das Schicksal Gottes von der Welt abhängig ist.»[533] – *«Gott gibt die Stimmgabel ab / als einer der kleinen / Gerechten»* (III, 108).

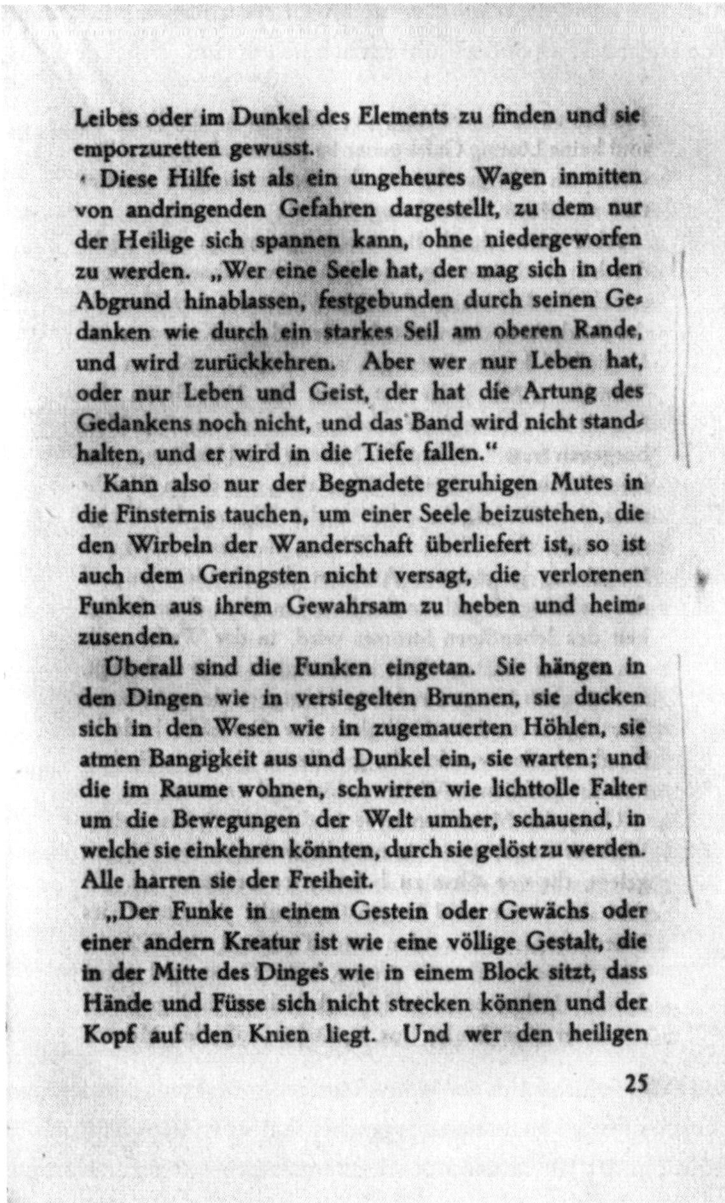

Leibes oder im Dunkel des Elements zu finden und sie emporzuretten gewusst.

Diese Hilfe ist als ein ungeheures Wagen inmitten von andringenden Gefahren dargestellt, zu dem nur der Heilige sich spannen kann, ohne niedergeworfen zu werden. „Wer eine Seele hat, der mag sich in den Abgrund hinablassen, festgebunden durch seinen Gedanken wie durch ein starkes Seil am oberen Rande, und wird zurückkehren. Aber wer nur Leben hat, oder nur Leben und Geist, der hat die Artung des Gedankens noch nicht, und das Band wird nicht standhalten, und er wird in die Tiefe fallen."

Kann also nur der Begnadete geruhigen Mutes in die Finsternis tauchen, um einer Seele beizustehen, die den Wirbeln der Wanderschaft überliefert ist, so ist auch dem Geringsten nicht versagt, die verlorenen Funken aus ihrem Gewahrsam zu heben und heimzusenden.

Überall sind die Funken eingetan. Sie hängen in den Dingen wie in versiegelten Brunnen, sie ducken sich in den Wesen wie in zugemauerten Höhlen, sie atmen Bangigkeit aus und Dunkel ein, sie warten; und die im Raume wohnen, schwirren wie lichttolle Falter um die Bewegungen der Welt umher, schauend, in welche sie einkehren könnten, durch sie gelöst zu werden. Alle harren sie der Freiheit.

„Der Funke in einem Gestein oder Gewächs oder einer andern Kreatur ist wie eine völlige Gestalt, die in der Mitte des Dinges wie in einem Block sitzt, dass Hände und Füsse sich nicht strecken können und der Kopf auf den Knien liegt. Und wer den heiligen

25

Die Lehre von den «Funken». Anstreichungen Paul Celans in Martin Buber: *Die Legende des Baalschem*

Auch die nachfolgenden Ausführungen Hans Kohns – in seinem Buch über Martin Buber – unterstrich sich Celan:

> Dem Chassidismus liegt das Prinzip der Verantwortung des Menschen für das Schicksal Gottes in der Welt zugrunde, seine Verantwortung für die Erlösung der Welt, für die Überwindung des Bösen. Denn das Böse ist [nach chassidischer Anschauung] kein Wesen, sondern ein Mangel. Es ist das «Nicht-Standhalten, Nicht-Richtungfinden, Sich-nicht-Entscheiden». Die kabbalistische Lehre hat das unter dem Bild der Selbstbeschränkung Gottes und der Emanation dargestellt.
>
> Gott schränkt sich zur Welt ein, weil er, zweiheits- und beziehungslose Einheit, erkannt, geliebt, gewollt werden wollte, weil er seiner Einheit die Anderheit entsteigen lassen wollte, die zur Einheit strebt. Der Feuerstrom der göttlichen Gnade schüttete sich über die erstgeschaffenen Urgestaltungen, die die Kabbala Gefäße nennt, sie aber vermochten nicht der Fülle standzuhalten, sie zerbrachen in unendlicher Vielheit, der Strom zersprühte in Millionen von Funken, die von Schalen, wie die Kabbala es nennt, umwachsen werden. So sind Gottes Funken in alle Dinge gefallen, sind aber von dem Mangel an Gotteskraft, von den Schalen, von dem Übel umgeben. Die menschliche Sinnenwelt ist nur die äußerste Hülle Gottes, die dichteste Schale. Das Böse, das Mangelhafte ist nur Hülle und Haft des Vollkommeneren. Die Welt liegt erlösungsbedürftig zu Gottes Füßen. Aber in den Funken ist Gottes Herrlichkeit selbst in die Welt eingegangen, wohnt in ihr ein, was der hebräische Namen Schechina bedeutet, wohnt inmitten der makelbeladenen Welt, will sie erlösen. So hat Gott selbst sein Schicksal in der Welt.[534]

Das Gottesschicksal in der Welt – Gott ist, so Kafkas Freund Hugo Bergman, «vom Menschen aus gesehen [...] wesentlich Aufgabe»[535] – ging im 20. Jahrhundert durch unermessliches Leiden hindurch. Im März 1957, in der Vorosterzeit, schrieb Paul Celan «Tenebrae» nieder,[536] ein Gedicht, von dem er sagte, dass es ihm «auf der Straße» eingefallen sei[537]:

Nah sind wir, Herr,
nahe und greifbar.

Gegriffen schon, Herr,
ineinander verkrallt, als wär
der Leib eines jeden von uns
dein Leib, Herr.

Bete, Herr,
bete zu uns,
wir sind nah.

Windschief gingen wir hin,
gingen wir hin, uns zu bücken
nach Mulde und Maar.

Zur Tränke gingen wir, Herr.

Es war Blut, es war,
was du vergossen, Herr.

Es glänzte.

Es warf uns dein Bild in die Augen, Herr.
Augen und Mund stehn so offen und leer, Herr.
Wir haben getrunken, Herr.
Das Blut und das Bild, das im Blut war, Herr.

Bete, Herr.
Wir sind nah.
(I, 163)

*

Im Juni 1957 war Paul Celan erstmals wieder in Wien, neun Jahre, nachdem er die Stadt im Sommer 1948 verlassen hatte. Im November 1957 traf er in Paris Rose Ausländer, der er im Februar 1944 nach der Rückkehr aus dem Arbeitslager in Czernowitz seine Gedichte vorgelesen hatte. Ihr schenkte er den Band *Mohn und Gedächtnis* und schrieb in ihn als Widmung: «Für Rose Ausländer, / der ich meine ersten Gedichte / zeigen durfte, / in Gedanken an die versunkene / Heimat und die fernen Freunde / Paul Celan»[538]

Im Folgejahr 1958 publizierte Paul Celan, der aus seiner Schaffenskrise herausgefunden hatte, zwei große Stellungnahmen zu der von ihm intendierten und geschaffenen Dichtung – zu seinem lyrischen Selbst- und Arbeitsverständnis. Für einen Jahresalmanach der Pariser Buchhandlung von Martin Flinker, der ebenfalls aus Czernowitz stammte, schrieb Paul Celan als Antwort auf eine Frage nach seinen Arbeiten und Plänen:

> Die deutsche Lyrik geht, glaube ich, andere Wege als die französische. Düsterstes im Gedächtnis, Fragwürdigstes um sich her, kann sie, bei aller Vergegenwärtigung der Tradition, in der sie steht, nicht mehr die Sprache sprechen, die manches geneigte Ohr immer noch von ihr zu erwarten scheint. Ihre Sprache ist nüchterner, faktischer geworden, sie mißtraut dem «Schönen», sie versucht, wahr zu sein. Es ist also, wenn ich, das Polychrome des scheinbar Aktuellen im Auge behaltend, im Bereich des Visuellen nach einem Wort suchen darf, eine «grauere» Sprache, eine Sprache, die unter anderem auch ihre «Musikalität» an einem Ort angesiedelt wissen will, wo sie nichts mehr mit jenem «Wohlklang» gemein hat, der noch mit und neben dem Furchtbarsten mehr oder minder unbekümmert einhertönte.
>
> Dieser Sprache geht es, bei aller unabdingbaren Vielstelligkeit des Ausdrucks, um Präzision. Sie verklärt nicht, «poetisiert» nicht, sie nennt und setzt, sie versucht, den Bereich des Gegebenen und des Möglichen auszumessen. Freilich ist hier niemals die Sprache selbst, die Sprache schlechthin am Werk, sondern immer nur ein unter dem besonderen Neigungswinkel seiner Existenz sprechendes Ich, dem es um Kontur und Orientierung geht.[539] Wirklichkeit ist nicht, Wirklichkeit will gesucht und gewonnen sein. (III, 167 f.)

Celan beendete seine Ausführungen, die im Januar 1958 erschienen, mit feinem Humor: «Aber bin ich jetzt noch in der Nähe Ihrer Frage? Diese Lyriker! Letzten Endes muß man ihnen denn doch wünschen, daß sie eines Tages einen richtigen Roman zu Papier bringen.» (III, 168) Die Essenz von Celans Antwort aber betraf seine Lyrik «nach Auschwitz», betraf sein eigenes, «unter dem besonderen Neigungswinkel seiner Existenz sprechendes Ich». Seine Lyrik stand weder im Dienst des «Plagiats» noch der «Verklärung», sondern eines sehr genauen, einholenden Nennens, eines «eingedenkenden» Benennens und Setzens: «Es geht mir nicht um Wohllaut, es geht mir um Wahrheit.»[540] «‹Der Anfang [oder auch: das Wesen] deines Wortes ist Wahrheit, sagt ein in der kabbalistischen Literatur vielzitiertes Wort des Psalmisten›. Mit diesem Zitat beginnt Scholem seine Ausführungen über den Namen Gottes und die kabbalistische Sprachtheorie.» (Lydia Koelle[541])

1959 sollte Paul Celans dritter Lyrikband, *Sprachgitter*, erscheinen, mit seinem großen, Auschwitz und Hiroshima vereinenden Gedicht «Engführung», das mit den Zeilen einsetzte:

VERBRACHT ins
Gelände
mit der untrüglichen Spur:

Gras, auseinandergeschrieben. Die Steine, weiß,
mit den Schatten der Halme:
Lies nicht mehr – schau!
Schau nicht mehr – geh!

Geh, deine Stunde
hat keine Schwestern, du bist –
bist zuhause. Ein Rad, langsam,
rollt aus sich selber, die Speichen
klettern,
klettern auf schwärzlichem Feld, die Nacht

braucht keine Sterne, nirgends
fragt es nach dir.

(I, 197)

*

Den unabdingbar dialogischen, das Du seines Gegenübers, des Lesenden oder Hörenden, suchenden Charakter seiner Dichtung formulierte Paul Celan in seiner zweiten poetologischen Stellungnahme des Jahres 1958, anlässlich der Verleihung des Bremer Literaturpreises am 26. Januar, wenige Wochen nach der Veröffentlichung der Antwort auf die Umfrage der Librairie Flinker. In Bremen blickte Celan auf die Bukowina als seine Heimat zurück, auf seinen Weg nach Wien und Paris, indirekt auf all das Erlittene und immer noch zu Erleidende. Er beschrieb – «nicht nur im eigenen Namen»[542] – den Überlebenscharakter des Denkens, der Dichtung und der Sprache – für den Menschen, für seine Orientierung und seinen Weg; zugleich jedoch die Wendung zum Anderen, die den Gedichten immanent ist, den Zwischenraum des Mitmenschlichen, um dessen Erkunden viele Bemühungen Martin Bubers seit Jahren kreisten. Das Gedicht, so Celan in Bremen, geht aus der Wirklichkeit des in seiner Zeit stehenden Menschen hervor, der sich dem Anderen zuwendet, ihm sich öffnet – etwas in ihm und der Zeit eröffnet:

> Erreichbar, nah und unverloren blieb inmitten der Verluste dies eine: die Sprache.
>
> Sie, die Sprache, blieb unverloren, ja, trotz allem. Aber sie mußte nun hindurchgehen durch ihre eigenen Antwortlosigkeiten, hindurchgehen durch furchtbares Verstummen, hindurchgehen durch die tausend Finsternisse todbringender Rede. Sie ging hindurch und gab keine Worte her für das, was geschah; aber sie ging durch dieses Geschehen. Ging hindurch und durfte wieder zutage treten, «angereichert» von all dem.
>
> In dieser Sprache habe ich, in jenen Jahren und in den Jahren nachher, Gedichte zu schreiben versucht: um zu sprechen, um mich zu orientieren,

um zu erkunden, wo ich mich befand und wohin es mit mir wollte, um mir Wirklichkeit zu entwerfen.

Es war, Sie sehen es, Ereignis, Bewegung, Unterwegssein, es war der Versuch, Richtung zu gewinnen. Und wenn ich es nach seinem Sinn befrage, so glaube ich, mir sagen zu müssen, daß in dieser Frage auch die Frage nach dem Uhrzeigersinn mitspricht.

Denn das Gedicht ist nicht zeitlos. Gewiß, es erhebt einen Unendlichkeitsanspruch, es sucht, durch die Zeit hindurchzugreifen – durch sie hindurch, nicht über sie hinweg.

Das Gedicht kann, da es ja eine Erscheinungsform der Sprache und damit seinem Wesen nach dialogisch ist, eine Flaschenpost sein, aufgegeben in dem – gewiß nicht immer hoffnungsstarken – Glauben, sie könnte irgendwo und irgendwann an Land gespült werden, an Herzland vielleicht. Gedichte sind auch in dieser Weise unterwegs: sie halten auf etwas zu.

Worauf? Auf etwas Offenstehendes, Besetzbares, auf ein ansprechbares Du vielleicht, auf eine ansprechbare Wirklichkeit.[543]

Um solche Wirklichkeiten geht es, so denke ich, dem Gedicht.

Und ich glaube auch, daß Gedankengänge wie diese nicht nur meine eigenen Bemühungen begleiten, sondern auch diejenigen anderer Lyriker der jüngeren Generation. Es sind die Bemühungen dessen, der, überflogen von Sternen, die Menschenwerk sind, der, zeltlos auch in diesem bisher ungeahnten Sinne und damit auf das unheimlichste im Freien, mit seinem Dasein zur Sprache geht, wirklichkeitswund und Wirklichkeit suchend. (III, 185 f.)[544]

*

Am 23. November 1959, seinem 39. Geburtstag, kaufte Paul Celan ein Buch über Martin Buber und unterstrich darin Sätze aus Bubers Sprachphilosophie: «Die Kreaturen stehen im Geheimnis der Schöpfung, der Sprache. [...] Dass wir Du sagen können, erklärt sich daraus, dass auch zu uns Du gesagt wird.» Und: «Geist ist nicht im Ich, sondern zwischen Ich und Du.»[545] Drei Monate zuvor, im August 1959, hatte Paul Celan sein «Gespräch im Gebirg» geschrieben, eine kleine Erzählung über das Treffen zweier Juden, ein Prosastück, das im Gefolge einer – absichtlich – von ihm versäumten Begegnung mit Theodor W. Adorno in Sils Maria entstanden war, dem Verfasser des Satzes: «nach Auschwitz ein Gedicht zu schreiben, ist barbarisch.»[546] Seine Erzählung, in der sich Celan auf seine Art mit Adorno auseinandersetzte,[547] begann mit den Sätzen:

> Eines Abends, die Sonne, und nicht nur sie, war untergegangen, da ging, trat aus seinem Häusel und ging der Jud, der Jud und Sohn eines Juden, und mit ihm ging sein Name, der unaussprechliche, ging und kam, kam dahergezockelt, ließ sich hören, kam am Stock, kam über den Stein, hörst du mich, du hörst mich, ich bins, ich, ich und der, den du hörst, zu hören vermeinst, ich und der andre, – er ging also, das war zu hören, ging eines Abends, da einiges untergegangen war, ging unterm Gewölk, ging im Schatten, dem eignen und dem fremden – denn der Jud, du weißts, was hat er schon, das ihm auch wirklich gehört, das nicht geborgt wär, ausgeliehen und nicht zurückgegeben –, da ging er also und kam, kam

Paul Celan in seiner Pariser Wohnung, rue de Longchamp, 1958.
Foto: Gisèle Celan-Lestrange

daher auf der Straße, der schönen, der unvergleichlichen, ging, wie Lenz, durchs Gebirg, er, den man hatte wohnen lassen unten, wo er hingehört, in den Niederungen, er, der Jud, kam und kam.

Kam, ja, auf der Straße daher, der schönen.

Und wer, denkst du, kam ihm entgegen? Entgegen kam ihm sein Vetter, sein Vetter und Geschwisterkind, der um ein Viertel Judenleben ältre, groß kam er daher, kam, auch er, in dem Schatten, dem geborgten – denn welcher, so frag und frag ich, kommt, da Gott ihn hat einen Juden sein lassen, daher mit Eignem? –, kam, kam groß, kam dem andern entgegen, Groß kam auf Klein zu, und Klein, der Jude, hieß seinen Stock schweigen vor dem Stock des Juden Groß.

So schwieg auch der Stein, und es war still im Gebirg, wo sie gingen, der und jener. (III, 169)

Über das sich schließlich ereignende, dem Verstummen abgerungene Gespräch – in den Zeiten der untergegangenen Welt und des schweigenden Gottes – heißt es an späterer Stelle der Erzählung:

«Bin ja gekommen von weit, bin ja gekommen wie du.»

«Weiß ich.»

«Weißt du und willst mich fragen: Und bist gekommen trotzdem, bist, trotzdem, gekommen hierher – warum und wozu?»

«Warum und wozu ... Weil ich hab reden müssen vielleicht, zu mir oder zu dir, reden hab müssen mit dem Mund und mit der Zunge und nicht nur mit dem Stock. Denn zu wem redet er, der Stock? Er redet zum Stein, und der Stein – zu wem redet der?»

«Zu wem, Geschwisterkind, soll er reden? Er redet nicht, er spricht, und wer spricht, Geschwisterkind, der redet zu niemand, der spricht, weil niemand ihn hört, niemand und Niemand, und dann sagt er, er und nicht sein Mund und nicht seine Zunge, sagt er und nur er: Hörst du?» (III, 171)[548]

*

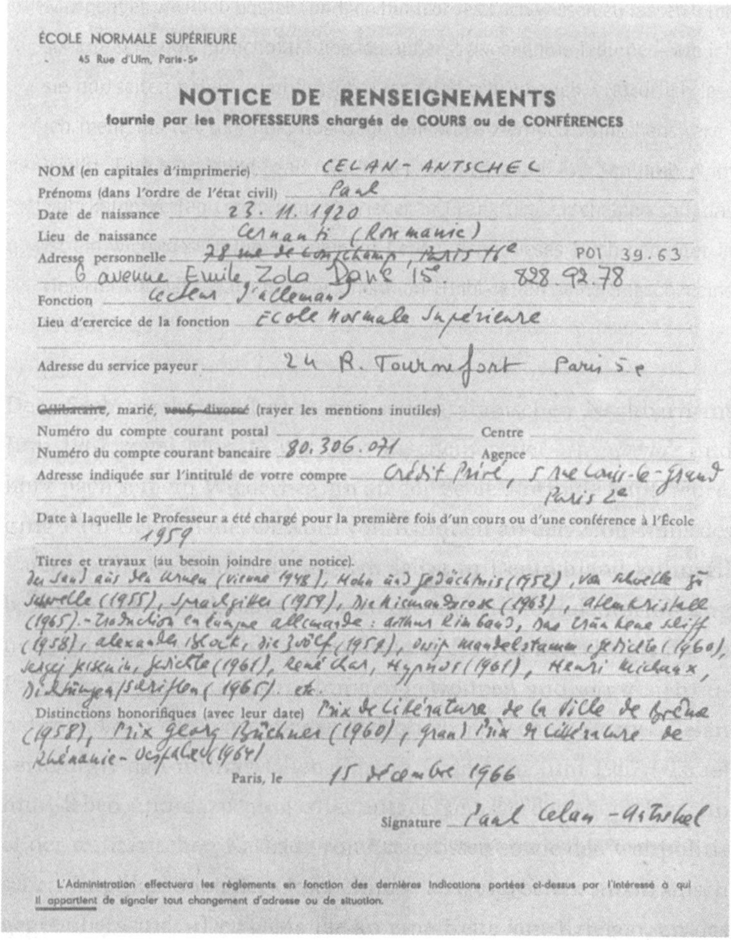

ÉCOLE NORMALE SUPÉRIEURE
45 Rue d'Ulm, Paris-5e

NOTICE DE RENSEIGNEMENTS
fournie par les PROFESSEURS chargés de COURS ou de CONFÉRENCES

NOM (en capitales d'imprimerie) CELAN-ANTSCHEL
Prénoms (dans l'ordre de l'état civil) Paul
Date de naissance 23. 11. 1920
Lieu de naissance Cernauti (Roumanie)
Adresse personnelle ~~28 rue de Longchamp, Paris 16e~~ POI 39.63
6 avenue Emile Zola Paris 15e. 828.92.78
Fonction Lecteur d'allemand
Lieu d'exercice de la fonction École Normale Supérieure

Adresse du service payeur 24 R. Tournefort Paris 5e

~~Célibataire~~, marié, ~~veuf, divorcé~~ (rayer les mentions inutiles)
Numéro du compte courant postal Centre
Numéro du compte courant bancaire 80.306.071 Agence
Adresse indiquée sur l'intitulé de votre compte Crédit Privé, 5 rue Louis-le-Grand Paris 2e
Date à laquelle le Professeur a été chargé pour la première fois d'un cours ou d'une conférence à l'École
1959
Titres et travaux (au besoin joindre une notice).
Der Sand aus den Urnen (Vienne 1948), Mohn und Gedächtnis (1952), Von Schwelle zu Schwelle (1955), Sprachgitter (1959), Die Niemandsrose (1963), Atemkristalle (1965). – Traduction en langue allemande: Arthur Rimbaud, Das trunkene Schiff (1958), Alexander Block, Die Zwölf (1958), Ossip Mandelstamm, Gedichte (1960), Sergej Jessenin, Gedichte (1961), René Char, Hypnos (1961), Henri Michaux, Dichtungen/Schriften (1965). etc.
Distinctions honorifiques (avec leur date) Prix de Littérature de la Ville de Brême (1958), Prix Georg Büchner (1960), grand Prix de Littérature de Rhénanie-Westfalie (1964)

Paris, le 15 décembre 1966

Signature Paul Celan-Antschel

L'Administration effectuera les règlements en fonction des dernières indications portées ci-dessus par l'intéressé à qui il appartient de signaler tout changement d'adresse ou de situation.

Personalbogen der École Normale Supérieure, 1966

Bald nach dem Erscheinen des Bandes *Sprachgitter* im Jahre 1959 wurde Paul Celan «Lecteur d'allemand» an der Pariser Elitehochschule «École Normale Supérieure» in der Rue d'Ulm, eine Aufgabe, die er bis zu seinem Tod elf Jahre später überaus gewissenhaft – und fachlich hochqualifiziert – wahrnahm. Auch an der École Normale Supérieure arbeitete Paul Celan an der Sprache und für die Menschen, in großer Bescheidenheit.[549]

Auf die Rezensionen von *Sprachgitter*, der versuchten Umsetzung seiner programmatischen Aussagen gegenüber der Librairie Flinker und des Dialog-betonten Duktus seiner Bremer Rede, wartete Paul Celan gespannt – in einer geradezu tragischen Abhängigkeit von den Meinungen des Literaturbetriebes, seinen Tages-Urteilen und Verdikten. Eine ihm von Edith Aron zugesandte Kritik im Berliner *Tagesspiegel* erschütterte sein labiles Gleichgewicht tief.[550] Unter der Überschrift «Gedichte als graphische Gebilde» betonte Günter Blöcker in der Tradition Hans Egon Holthusens,[551] dass «Celans Metaphernfülle» weder der Wirklichkeit abgewonnen noch der Wirklichkeit verpflichtet sei – «seine Bildersprache lebt von eigenen Gnaden».[552] Der Leser, so Blöcker, wohne «einer Art Urzeugung in Bildern bei, die dann zu gegliederten Sprachflächen zusammengesetzt werden. Entscheidend ist nicht die Anschauung, sondern die Kombinatorik.» Unter Bezugnahme auf die «Todesfuge» unterstrich Blöcker, dass Celan zwar mit musikalischen Begriffen arbeite, seine Gedichte jedoch eher als «Augenmusik» und «optische Partituren» zu betrachten seien, «die nicht voll zum Klang entbunden sind» – «kontrapunktische Exerzitien auf dem Notenpapier». «Nur selten ist in diesen Gedichten der Klang bis zu dem Punkt entwickelt, wo er sinngebende Funktionen übernehmen kann.» Dies sei, so der Rezensent, Celan möglich, weil er sich gegenüber der deutschen Sprache eine «größere Freiheit» als die meisten seiner dichtenden Kollegen gestatte: «Das mag an seiner Herkunft liegen. Der Kommunikationscharakter der Sprache hemmt und belastet ihn weniger als andere. Freilich wird er gerade dadurch oftmals dazu verführt, im Leeren zu agieren.»[553]

Paul Celan empfand diese Kritik als einen aggressiven, der Vernichtung verpflichteten – und gezielt antisemitisch intendierten – Schlag.[554] Er schrieb sofort an seinen Verleger, an Freunde und Kollegen, darunter an Ingeborg Bachmann, Günter Grass, Max Frisch, Hans Magnus Enzensberger und Nelly Sachs, machte sie auf die hier erhobenen Vorwürfe gegen ihn aufmerksam («Der Aufsatz von

Blöcker – er könnte auch von Goebbels sein»[555]) und hoffte auf ihre öffentliche Stellungnahme. Schließlich aber wandte er sich selbst an die Redaktion des *Tagesspiegels*[556]:

> Da ich, wie die Dinge in Deutschland nun einmal wieder sind, nicht annehmen kann, daß einer Ihrer hoffentlich zahlreichen Leser zu der in Ihrer Ausgabe vom 11. Oktober d. J. erschienenen Besprechung meiner Gedichte (Rezensent: Günter Blöcker) das gesagt hat, was dazu gesagt werden muß, tue ich es selbst: *das mag*, wie ja auch *meine größere Freiheit der deutschen Sprache* – meiner Muttersprache – *gegenüber, an meiner Herkunft liegen.*
>
> Ich schreibe Ihnen diesen Brief: der Kommunikationscharakter der Sprache hemmt und belastet mich weniger als andere; ich agiere im Leeren.
>
> Die «Todesfuge», als deren leichtsinnigen Autor ich mich heute bezeichnen muß, ist tatsächlich *ein graphisches Gebilde, in dem der Klang nicht bis zu dem Punkt entwickelt ist, wo er sinngebende Bedeutung übernehmen kann. Entscheidend ist hier nicht die Anschauung, sondern die Kombinatorik.*
>
> Auschwitz, Treblinka, Theresienstadt, Mauthausen, die Morde, die Vergasungen: wo das Gedicht sich darauf besinnt, da handelt es sich um *kontrapunktische Exerzitien auf dem Notenpapier.*[557]

Zwei Tage vor dem Absenden dieser Stellungnahme hatte Paul Celan am 21. Oktober weitere Verse im Andenken an seine Mutter verfasst – an die von Deutschen gemordete Mutter, für die er einst die (nunmehr *«geschändete»*[558]) Todesfuge im Sinne eines «Grabmals» niedergeschrieben[559] und unter seinem neuen Namen veröffentlicht hatte. Nun hieß es zwölf Jahre später:

Leg den Riegel vor: Es
sind Rosen im Haus.
Es sind
sieben Rosen im Haus.

Es ist
der Siebenleuchter im Haus.
Unser
Kind
weiß es und schläft.

(Weit, in Michailowka, in
der Ukraine, wo
sie mir Vater und Mutter erschlugen: was
blühte dort, was
blüht dort? Welche
Blume, Mutter,
tat dir dort weh
mit ihrem Namen?

Mutter, dir,
die du Wolfsbohne *sagtest, nicht:*
Lupine.

Gestern
kam einer von ihnen und
tötete dich
zum andern Mal in
meinem Gedicht.

Mutter.
Mutter, wessen
Hand hab ich gedrückt,
da ich mit deinen
Worten ging nach
Deutschland?

In Aussig, sagtest du immer, in
Aussig an
der Elbe

auf
der Flucht.
Mutter, es wohnten dort
Mörder.

Mutter, ich habe
Briefe geschrieben.
Mutter, es kam keine Antwort.
Mutter, es kam eine Antwort.
Mutter, ich habe
Briefe geschrieben an –
Mutter, sie schreiben Gedichte.
Mutter, sie schrieben sie nicht,
wär das Gedicht nicht, das
ich geschrieben hab, um
deinetwillen, um
deines
Gottes
willen.
Gelobt, sprachst du, sei
der Ewige und
gepriesen, drei-
mal
Amen.

Mutter, sie schweigen.
Mutter, sie dulden es, daß
die Niedertracht mich verleumdet.
Mutter, keiner
fällt den Mördern ins Wort.

Mutter, sie schreiben Gedichte.
O
Mutter, wieviel

fremdester Acker trägt deine Frucht!
Trägt sie und nährt
die da töten!

Mutter, ich
bin verloren.
Mutter, wir
sind verloren.
Mutter, mein Kind, das
dir ähnlich sieht.)

Leg den Riegel vor: Es
sind Rosen im Haus.
Es sind
sieben Rosen im Haus.
Es ist
der Siebenleuchter im Haus.
Unser
Kind
weiß es und schläft.[560]

Diese Zeilen mit der Überschrift *«Wolfsbohne»* – denen Celan ein Motto von Hölderlin und Jean Paul voranstellte[561] – blieben zu seinen Lebzeiten unveröffentlicht.[562]

*

Paul Celans Eindruck, dass die Rezension der *Sprachgitter* im Berliner *Tagesspiegel* einer gezielten Vernichtung gleichkam und in einem größeren, antisemitischen Kontext gesehen werden müsse, war keinesfalls unbegründet.[563] Nicht nur die Ablehnung von Resnais' Film mit Celans Übersetzung des – eindrucksvollen – Textes von Cayrol,[564] sondern viele Diskussionen in Westdeutschland gaben Zeugnis von Verdrängung und Kontinuität. Am 24. Dezember des Jahres 1959, zehn Wochen nach Erscheinen des Blöcker-Textes, wurde die neu geweihte Kölner Synagoge von Neofaschisten mit Hakenkreuzen und antisemitischen Parolen beschmiert[565] – ein Vorgang, dem in dichter Folge weitere antisemitische Handlungen folgten und der ganz offenbar in einem größeren politischen Zusammenhang stand:

> Als der deutsche Bundestag Anfang Dezember 1959 die Schlussabstimmung über ein in erster und zweiter Lesung bereits angenommenes Gesetz zum Straftatbestand Volksverhetzung aussetzt, gibt es, als werde dieser Vorgang als Aufforderung verstanden, beschmierte Synagogen, beschädigte Friedhöfe, eingeworfene Fensterscheiben, Hetzschriften gegen jüdische Geschäfts- und Privatleute und anonyme Schmähungen gegenüber Firmen wie dem S. Fischer Verlag. (Barbara Wiedemann[566])

In den knapp zwei Monaten nach der Beschmierung der Kölner Synagoge registrierten die deutschen Behörden mehr als 600 antisemitische Vorfälle[567]; in Frankreich, England und den Vereinigten Staaten kam es zu ähnlichen Aktionen. Im Januar 1960 berichtete die Pariser Tageszeitung *Le Monde* fast täglich und in ganzseitigem Umfang über die «Manifestations antisémitiques».[568] Im Deutschen Bundestag aber wurde eine öffentliche Diskussion über die Geschehnisse mit Regierungsmehrheit abgelehnt.

Paul Celan hatte bereits am 23. Dezember 1959, einen Tag vor den Kölner Ausschreitungen, in einem Brief darüber geklagt, «dass ich den Ruf eines ‹Überempfindlichen›, ‹an Verfolgungswahn Leidenden› usw. genieße».[569] Kaum jemand von seinen Freunden und Kollegen war ihm in der drastischen Einschätzung des Blöcker-Artikels und der mit diesem verbundenen Absichten gefolgt. Paul Celan zog weite Linien und sah einen gezielt wirksamen (Zerstörungs-)Willen[570] – dort, wo viele, eng mit ihm befreundete Menschen lediglich einen literaturwissenschaftlichen Diskurs (feuilletonistischer Ausprägung) wahrzunehmen in der Lage waren. Sie verstanden Celans Sensibilität auf Grund seiner Erfahrungen, dennoch konnten und wollten sie ihm nicht folgen. Zu Beginn der zweiten Januarwoche 1960 schrieb Gisèle Celan-Lestrange bittend an die vertrauten Wiener Freunde Nanni und Klaus Demus:

> Nanni, Klaus, man muss Paul zuhören, auch wenn es schwer ist, auch wenn es unglaublich scheint, kann ich auch sagen, auch dann, wenn er sich täuscht, bitte. Er täuscht sich selten. Aber ich weiß ja, dass Ihr das alles wisst, aber ich weiß auch, dass es sehr schwer ist, sehr schwer zu leben – Ihr, die Ihr Pauls Freunde seid, lasst ihn nicht fallen, alle lassen ihn fallen, alle lassen ihn fallen. Es ist schwer, schwer.[571]

*

In diese äußere und innere Situation Paul Celans hinein lancierte Claire Goll wenige Monate später weitere Angriffe. Im April 1960 erschien in einer Münchner Kulturzeitschrift – mit einer Auflage von 2000 Exemplaren – ihr (im Januar verfasster) Text «Unbekanntes über Paul Celan», in dem sie erneut ihre Version der Begegnung im November 1949 wiederholte. Paul Celan, so Claire Goll, habe einen Verzweiflungsbrief an Yvan Goll geschrieben und ein Gespräch erfleht («er setze seine letzte Hoffnung in uns»), was ihm von dem älteren, am Rande des Todes stehenden Dichter schließlich genehmigt worden sei:

> Er kam, in einer Hand einen Strauß Rosen, in der anderen die «Todesfuge». Gedicht und Blumen, zur Schau getragene Schwermut des einsamen Dichters in der fremden Stadt und eine wunderbar gespielte Bescheidenheit, hinter der sich ein maßloser Ehrgeiz und Eitelkeit verbargen, taten den gewünschten Effekt. [...]
>
> Von da an lief Celan uns das Haus ein. Auch ins Spital, in das man meinen Mann drei Wochen später einlieferte, kam er fast täglich. Süßer und süßer lächelnd, besonders, seit ich ihm unvorsichtigerweise enthüllt hatte, dass wir ihn adoptieren wollten. Seine traurige Legende, die er so tragisch zu schildern wußte, hatte uns erschüttert: die Eltern von den Nazis

getötet, heimatlos, ein großer, unverstandener Dichter, wie er unaufhörlich wiederholte ...[572]

Um seine wörtlichen «Anleihen» an die originalen Verse Golls zu rechtfertigen, habe der Plagiator Celan, so Claire Goll, die flüchtige und ungekonnte Übersetzung einiger Gedichtbände Yvan Golls gezielt in Angriff genommen.

Paul Celan, der die Münchner Zeitschrift am 3. Mai 1960 in der Pariser Librairie Flinker zu Gesicht bekam – und noch am selben Tag aufgewühlt zahlreiche Freunde anrief –, sah sich damit nicht nur in drastischer Weise öffentlich beschuldigt, sondern im Hinblick auf seine Vergangenheit mit dem Vorwurf der Lüge konfrontiert: die Ermordung seiner Eltern durch die Nationalsozialisten deklarierte Claire Goll zu einer «Legende», ihn selbst zu einem moralisch niedrig stehenden und geldgierig-ehrsüchtigen Juden ohne eigene Kreativität (*«denn der Jud, du weißts, was hat er schon, das ihm auch wirklich gehört, das nicht geborgt wär, ausgeliehen und nicht zurückgegeben [...]?»* III, 169).

Noch im Mai 1960 reiste Paul Celan nach Deutschland, um sich mit seinem Verleger Rudolf Hirsch und weiteren Freunden über mögliche Maßnahmen gegen Claire Goll zu unterreden. Dort erreichte ihn am 14. Mai in Frankfurt ein Anruf Gisèles mit der Nachricht, dass ihm der wichtigste Literaturpreis Deutschlands, der *Georg-Büchner-Preis,* im Oktober verliehen werden würde – die Entscheidung der Darmstädter Akademie für Sprache und Dichtung war für ihn und sein Werk gefallen. Paul Celan war überrascht, freudig bewegt und erschüttert zugleich; eine Woche nach dem Telefonanruf seiner Frau schrieb er an den jungen Literaturwissenschaftler und Berliner Gastdozenten Peter Szondi, einen hochbegabten und feinsinnigen Akademiker ungarisch-jüdischer Herkunft, der fünfzehnjährig mit seinen Eltern in das Konzentrationslager Bergen Belsen deportiert worden war:

Seltsam, daß dieser Preis jetzt kommt – der Preis mit *diesem* Namen.

Ich werde etwas zu sagen versuchen im Herbst, über das Gedicht.

Vielleicht ist Ihnen bekannt, daß fast gleichzeitig auch die Niedertracht über mich herfiel. Nicht zum erstenmal übrigens.

Das kommt nicht von ungefähr. Es ist auch nicht neu. Es war schon einmal da. Es ist wieder da. Nun ja ...[573]

*

Als Celan von Frankfurt wieder nach Paris zurückgekehrt war, fand er dort die Bitte des Literaten und Herausgebers Hans Bender vor, an der Zweitauflage seiner Anthologie *Mein Gedicht ist mein Messer. Lyriker zu ihren Gedichten* mitzuarbeiten – in Form eines lyrischen Beitrags und eines poetologischen Textes. Bender hatte Paul Celan bereits 1954 zur Mitarbeit an der Erstauflage seiner Anthologie eingeladen, damals jedoch eine Absage erhalten; Celan hatte zu diesem Zeitpunkt die gewünschte Erläuterung seines poetischen Schaffens abgelehnt und Bender geschrieben, es gehöre zum Wesen des Gedichts, «daß es die ‹Mitwisserschaft› dessen, der es ‹hervorbringt›, nur solange duldet, als es braucht, um zu entstehen.»[574] In der erneuten Anfrage Benders aber sah Celan nun eine Möglichkeit, Claire Goll in subtiler Weise – auf seine Art – zu antworten, anhand einer kurzen Abhandlung über die Entstehung von Gedichten. An seinen Frankfurter Gesprächspartner, den Philosophen Otto Pöggeler, schrieb er am 18. 5. aus Paris:

> Der Zufall (?) gibt mir Gelegenheit, die G[oll]-Sache auf ebenso diskrete wie deutliche Weise zu beantworten. Ich habe diese Gelegenheit beim Schopf bzw. bei einem der Haare aus diesem Schopf ergriffen. Hier die Abschrift meiner Antwort an den Herausgeber dieses Buches mit dem *entsetzlichen* Titel.[575]

In Celans Text, der schließlich zusammen mit dem Gedicht «Weiß und Leicht» (aus: *Sprachgitter*) in Benders Anthologie erschien, hieß es:

Gewiß, es gibt auch das, was man heute so gern und so unbekümmert als *Handwerk* bezeichnet. Aber – erlauben Sie mir diese Raffung des Gedachten und Erfahrenen – Handwerk ist, wie Sauberkeit überhaupt, Voraussetzung aller Dichtung. *Dieses* Handwerk hat ganz bestimmt keinen goldenen Boden – wer weiß, ob es überhaupt einen Boden hat. Es hat seine Abgründe und Tiefen – manche (ach, ich gehöre nicht dazu) haben sogar einen Namen dafür.

Handwerk – das ist Sache der Hände. Und diese Hände wiederum gehören nur *einem* Menschen, d. h. einem einmaligen und sterblichen Seelenwesen, das mit seiner Stimme und seiner Stummheit einen Weg sucht.

Nur wahre Hände schreiben wahre Gedichte. Ich sehe keinen prinzipiellen Unterschied zwischen Händedruck und Gedicht.

[...]

«Wie macht man Gedichte?»

Ich habe es vor Jahren eine Zeitlang mit ansehen und später aus einiger Entfernung genau beobachten können, wie das «Machen» über die Mache allmählich zur Machenschaft wird. Ja, es gibt auch *das*, Sie wissen es vielleicht. – Es kommt nicht von ungefähr.

Wir leben unter finsteren Himmeln, und – es gibt wenig Menschen. Darum gibt es wohl auch so wenig Gedichte. Die Hoffnungen, die ich noch habe, sind nicht groß; ich versuche, mir das mir Verbliebene zu erhalten. (III, 177 f.)

Als Benders Anthologie im Frühjahr 1961 endlich erschien, waren jedoch nur wenige Menschen dazu fähig, Celans Ausführungen im Zusammenhang mit der Kampagne Claire Golls und als eine reale Antwort an sie zu verstehen.

*

Ungeachtet seiner zunehmenden Vereinsamung bemühte sich Paul Celan um weitere Möglichkeiten der Verteidigung. Er schrieb an Alfred Margul-Sperber: «Sie kennen die Umtriebe des Neonazismus in der Bundesrepublik. Im deutlichen Zusammenhang mit diesen

Umtrieben erfolgt nun auch seit längerem der Versuch, mich und meine Gedichte zu zerstören.»[576] Auch bat er seinen alten Förderer um die Übersendung seiner frühen, in Bukarest zurückgelassenen Gedichte, um anhand ihrer Datierungen konkret nachweisen zu können, dass seine, von Claire Goll angegriffenen Formulierungen denen von Yvan Goll realiter vorausgegangen waren. Den Brief an Alfred Margul-Sperber vom 30. Juli 1960, in dem er die Geschichte der Goll-Verleumdung ausführlich wiedergab, beendete Paul Celan mit den Worten:

> Ach, wissen Sie ... Ich habe mich schon oft gefragt, ob ich nicht besser bei den Buchen meiner Heimat geblieben wäre ...[577]

Anfang August fuhr Celan schließlich zu seinem Freund Klaus Demus nach Wien, um diesem bei dem Verfassen einer öffentlichen Entgegnung in der Goll-Angelegenheit behilflich zu sein.[578] Paul Celan blickte nach vorne und zurück; zwölf Jahre waren vergangen, seit er von Wien nach Paris gereist war, seine dortige Arbeit begonnen und das Wort von der «Opferstatt deiner Hände» geprägt hatte. Nun, im Sommer 1960, in seinem vierzigsten Lebensjahr, schrieb er das Gedicht «Zwölf Jahre»:

Die wahr-
gebliebene, wahr-
gewordene Zeile: ... dein
Haus in Paris – zur
Opferstatt deiner Hände.

Dreimal durchatmet,
dreimal durchglänzt.

....

Es wird stumm, es wird taub
hinter den Augen.
Ich sehe das Gift blühn.
In jederlei Wort und Gestalt.

Geh. Komm.
Die Liebe löscht ihren Namen: sie
schreibt sich dir zu.
(I, 220)

*

Als Celan im Frühherbst 1960 erfuhr, dass einzelne Mitglieder der Darmstädter Akademie positiv zu Claire Goll standen und die von ihr und dem amerikanischen Literaturwissenschaftler Exner erhobenen Vorwürfe gegen Celan ernst nahmen, ein weiteres Akademiemitglied, der Schriftsteller Wolfdietrich Schnurre, darüber hinaus zu den Mitarbeitern der Münchner Zeitschrift gehörte, in denen Claire Golls Artikel «Unbekanntes über Paul Celan» erschienen war, entschied er sich, die Annahme des Büchner-Preises zu verweigern. Wie er an Hermann Kasack, den Präsidenten der Darmstädter Akademie schrieb, würde die Preisannahme notwendigerweise bedeuten, den in Frage stehenden Akademiemitgliedern die Hand drücken zu müssen – «Das können Sie von mir weiß Gott nicht erwarten». Erläuternd fuhr er fort, indem er seine Formulierung in Benders Anthologie aufgriff:

> Lieber Herr Kasack, ich unterscheide nicht zwischen Händedruck und Gedicht. Lieber Herr Kasack, ich schreibe Gedichte.[579]

Auf Intervention der Lyrikerin Marie Luise Kaschnitz, die zu seinen frühesten Förderern in Deutschland gehörte und die (auf seinen Wunsch[580]) die Darmstädter Laudatio halten sollte, zog Paul Celan seine Ablehnung schließlich zurück – und arbeitete weiter an seiner Büchner-Rede.

Die Entwürfe Celans zu diesem bedeutenden poetologischen Text – einer, so Hans Mayer, «Meditation über die Substanz der eigenen Dichtung»[581], sein, so Celan, «Glaubensbekenntnis»[582] – datieren von Mai bis Oktober 1960. Lange Zeit beabsichtigte Celan, in seiner Ansprache direkt auf die Vorwürfe Claire Golls einzugehen. In einem Entwurf-Fragment über das Wesen des Gedichtes notierte er:

> Das Gedicht, so fragil es sein mag, es ist, was es heute kaum mehr gibt: es ist solidarisch. Es steht zu dir. Es steht, wo das Nahe versagt, mit dem Fernen – auch dem Menschlich-Fernen – zu dir, dem es sich zusagt. Es ist das Zweite im Kern und im Gehäus deiner Verzweiflung.
>
> Es steht mit dir gegen die Infamie. Es steht gegen Goebbels und Goll. –[583]

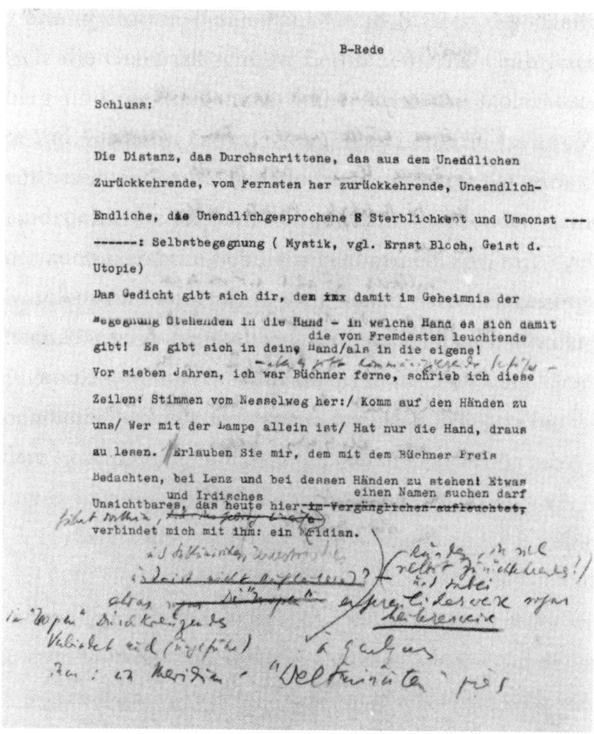

B-Rede

Schluss:

Die Distanz, das Durchschrittene, das aus dem Uneddlichen Zurückkehrende, vom Fernsten her zurückkehrende, Uneendlich-Endliche, das Unendlichgesprochene S Sterblichkeot und Umsonst ---------: Selbstbegegnung (Mystik, vgl. Ernst Bloch, Geist d. Utopie)

Das Gedicht gibt sich dir, dem ixx damit im Geheimnis der Begegnung Stehenden in die Hand - in welche Hand es sich damit gibt! Es gibt sich in deine Hand/als in die eigene! die von Fremdesten leuchtende

Vor sieben Jahren, ich war Büchner ferne, schrieb ich diese Zeilen: Stimmen vom Nesselweg her:/ Komm auf den Händen zu uns/ Wer mit der Lampe allein ist/ Hat nur die Hand, draus zu lesen. Erlauben Sie mir, dem mit dem Büchner Preis Bedachten, bei Lenz und bei dessen Händen zu stehen! Etwas Unsichtbares und Irdisches, das heute hier ~~im Vergänglichen aufleuchtet,~~ einen Namen suchen darf verbindet mich mit ihm: ein Meridian.

Paul Celan: Entwurf zum Schlussteil der *Meridian*-Rede

Im Prozess der Arbeit eliminierte Paul Celan alle direkten Anspielungen an die konkret gegebene Situation. Dennoch wurde seine «Meridian»-Rede (die Celan schließlich in wenigen Tagen niederschrieb) zu einer Auseinandersetzung mit dem Sein des Gedichtes und seiner unlöslichen, unabdingbaren und unzerstörbaren Verankerung in der Lebensgeschichte des Schreibenden: «Die Gegenwart des Gedichts ist – und das (hat) nichts mit biographischen Daten zu tun, das Gedicht ist Lebensschrift – die Gegenwart des Gedichts ist die Gegenwart einer Person. [...] Mit dem Gedicht, dem zeitoffenen, dem zeitdurchlässigen, dem porösen Gedicht steht sie [die Person] in die Zeit hinein. [...] Gedichte, das ist, unter diesen heutigen Himmeln, herzgraue Sprache in der Zeit.»[584] Celan grenzte sich in seiner Darmstädter Rede vom 22. Oktober 1960 mit Nachdruck von der Position Gottfried Benns ab, dem ersten Büchnerpreisträger «nach Auschwitz» mit problematischer Vergangenheit, der in seinen «Marburger Thesen» vom «artistischen» und «monologischen» Gedicht der Moderne gesprochen hatte, vom «gemachten» Gedicht als einem – zeitlosen und an niemanden gerichteten – «Kunstprodukt», das «ohne Glauben» und «ohne Hoffnung» aus Worten «montiert» sei. Seine implizite Auseinandersetzung mit Benn und dessen «mondänem Kulturpessimismus»[585] führte Celan mit Unterstützung Martin Heideggers bzw. in deutlicher Bezugnahme auf dessen Werk.[586] Zugleich war Celans Darmstädter Rede eine weitere Antwort an Claire Goll – und stand in der Kontinuität von Celans Grundsatzausführungen des Jahres 1958 sowie des «Gesprächs im Gebirg» vom August 1959. Am 22. Oktober 1960 sagte Paul Celan in Darmstadt unter anderem:

> [...] das Gedicht behauptet sich am Rande seiner selbst; es ruft und holt sich, um bestehen zu können, unausgesetzt aus seinem Schon-nicht-mehr in sein Immer-noch zurück.

Dieses Immer-noch kann doch wohl nur ein Sprechen sein. Also nicht Sprache schlechthin und vermutlich auch nicht erst vom Wort her «Entsprechung».

Sondern aktualisierte Sprache, freigesetzt unter dem Zeichen einer zwar radikalen, aber gleichzeitig auch der ihr von der Sprache gezogenen Grenzen, der ihr von der Sprache erschlossenen Möglichkeiten eingedenk bleibenden Individuation.[587]

Dieses Immer-noch des Gedichts kann ja wohl nur in dem Gedicht dessen zu finden sein, der nicht vergißt, daß er unter dem Neigungswinkel seines Daseins, dem Neigungswinkel seiner Kreatürlichkeit spricht.

Dann wäre das Gedicht – deutlicher noch als bisher – gestaltgewordene Sprache eines Einzelnen, – und seinem innersten Wesen nach Gegenwart und Präsenz.

Das Gedicht ist einsam. Es ist einsam und unterwegs. Wer es schreibt, bleibt ihm mitgegeben.

Aber steht das Gedicht nicht gerade dadurch, also schon hier, in der Begegnung – *im Geheimnis der Begegnung?*

Das Gedicht will zu einem Andern, es braucht dieses Andere, es braucht ein Gegenüber. Es sucht es auf, es spricht sich ihm zu.

Jedes Ding, jeder Mensch ist dem Gedicht, das auf das Andere zuhält, eine Gestalt dieses Anderen. [...]

Das Gedicht wird – unter welchen Bedingungen! – zum Gedicht eines – immer noch – Wahrnehmenden, dem Erscheinenden Zugewandten, dieses Erscheinende Befragenden und Ansprechenden; es wird Gespräch – oft ist es verzweifeltes Gespräch. (III, 197 ff.)[588]

*

Nach der Verleihung des Büchner-Preises stieg das Interesse der bundesdeutschen Öffentlichkeit an Paul Celan weiter; zugleich entstand die journalistische Möglichkeit, die markanten Plagiat-Vorwürfe

Claire Golls in größerem Rahmen und aufsehenerregender Weise publik zu machen. Der Münchner *Baubudenpoet,* in dem sich Goll im Frühjahr 1960 artikuliert hatte, war ein kleines, lokales Kulturblatt. Nur drei Wochen nach Celans Darmstädter Rede aber erschien in der konservativen Tageszeitung *Die Welt* ein erster, bundesweit gelesener Artikel, der die gegen Celan erhobenen Vorwürfe positiv konnotierte und den Versuch unternahm, Paul Celans «Todesfuge» aus Zitaten Yvan Golls zu erklären.[589] Exakt drei Jahre nach dem Erscheinen dieses Aufsatzes vom 11. 11. 1960 schrieb Paul Celan, seiner «Daten» eingedenk,[590] «unter dem Neigungswinkel» seines Daseins stehend und als ein weiteres «Ergebnis radikaler Individuation»[591] am 11. November 1963 sein Gedicht:

STEHEN, im Schatten
des Wundenmals in der Luft.

Für-niemand-und-nichts-Stehn.
Unerkannt,
für dich
allein.

Mit allem, was darin Raum hat,
auch ohne
Sprache.

(II, 23)

Im Dezember 1960, wenige Wochen nach der Rezension in der *Welt*, publizierte die amerikanische Literaturzeitschrift *Monat* die Erzählung «Gibt es mich überhaupt?» von «R. C. Phelan».[592] Celan erlebte diesen Beitrag als gezielten «Rufmord» bzw. als Versuch eines realen Mordes im Sinne einer systematisch betriebenen «Auslöschung». – Die Sätze Jean Amérys: «Nicht das Sein bedrängt mich oder das Nichts oder Gott oder die Abwesenheit Gottes, nur die Gesellschaft», die er in Amérys Buch *Jenseits von Schuld und Sühne* vorfand (am

Ende des letzten Buchkapitels «Über Zwang und Unmöglichkeit, Jude zu sein»), markierte sich Paul Celan mit Vehemenz. «Celan hat Amérys Feststellung [...] nicht nur unterstrichen, sondern insgesamt fünfmal am Rand markiert, das ‹nur› im Satz noch einmal speziell hervorgehoben und den gesamten Abschnitt mit einem Ausrufezeichen versehen.»[593]

*

Paul Celans Freunde blieben in dieser Situation nicht gänzlich stumm. Sowohl Klaus Demus als auch Ingeborg Bachmann und Marie Luise Kaschnitz zeichneten bereits im Herbst 1960 die in Wien vorbereitete «Entgegnung» an Claire Goll – und Peter Szondi demontierte die Anwürfe in einer zentralen Gegendarstellung, die in der *Neuen Zürcher Zeitung* erschien und von vorzüglicher Qualität war. Paul Celan suchte und brauchte Hilfe, wenn auch keine «Verbündeten» in klassischer (oder gar «rassischer») Hinsicht («Personen sind – Sie wissen es ja – keine Koalisierten. Aber vielleicht darf man für das, was sie zur Person macht, sagen, daß es ein *Bund* ist. Ein alter. Ein – ich muß es, nach allen Erfahrungen mit dem wieder akut Gewordenen, *so* nennen –: ein *blut*- und *art*fremder. Ein geistiger.» Paul Celan an Peter Szondi, 15. 1. 1962[594])

Trotz der Aktivitäten von Demus, Bachmann, Kaschnitz und Szondi sowie einigen weiteren Kollegen aber war Celan von der ungenügenden Reaktion vieler Freunde, Bekannten und Weggefährten tief enttäuscht. Die meisten seiner bestehenden Freundschaften zerbrachen in den Jahren ab 1960 in folgenreicher Weise. «Celans Leben bleibt von der Goll-Affäre wesentlich geprägt [...].» (Wiedemann[595]) Paul Celan war tief verletzt,[596] aber verletzte zugleich seinerseits viele Menschen, die sich seiner Arbeit und ihm persönlich verbunden wussten – und dennoch nicht verstanden, welche Art der Entgegnung er erwartete, warum er die Publikation ihrer vorbereiteten (von ihm jedoch als defizitär erachteten) Einwürfe verhinderte oder abrupt den bisherigen Kontakt abbrach und die alten Freunde zu seinen neuen Gegnern rechnete – nicht selten unter nachdrücklicher Verkennung ihrer wirklichen Motive. «Wer nicht hundertprozentig für ihn war, der war gegen ihn.» (Felstiner[597]) Viele seiner Freunde erlebten Paul Celan nicht nur als «überempfindlich», sondern als nahezu (oder realiter) wahnhaft. Dass er in seinen politischen Einschätzungen und in seinem Empfinden für geschichtliche Verdrängungsprozesse in der Biographie des Einzelnen ein hellwach ausgebildetes Wahrnehmungsorgan hatte und nicht selten das Rechte traf – so beispielsweise in seiner zunehmenden Distanzierung von Walter Jens, der als lebenslanger Kritiker des Nationalsozialismus und mustergültiger Moralist öffentlich präsent war, jedoch einen Teil seiner eigenen Partei-Vergangenheit verschwieg –, wurde erst Jahrzehnte später deutlich. Andererseits griff Paul Celan viele Freunde in ungerechtfertigter Weise an, in der Dynamik einer zunehmenden Anspannung, aggressiven Überformung und sukzessiven Erschöpfung seiner Widerstandskräfte. Nur wenige Ausnahmen ließ Celan zu dieser Zeit noch gelten – «Er verteidigte Heinrich Böll gegenüber Christoph Schwerin, lobte Bölls moralische Aufrichtigkeit und stellte fest, dass er nach seiner Überzeugung lebe: ‹Ja, Heinrich Böll ist ein guter Mensch, ein wirklicher Christ›, behauptete er.»[598]

Seine Wahl zum korrespondierenden Mitglied der Darmstädter Deutschen Akademie für Sprache und Dichtung lehnte Paul Celan 1961 ab, als Ausdruck seiner Enttäuschung über den von der Akademie in Auftrag gegebenen und ihn vollkommen entlastenden Untersuchungsbericht zur Goll-Affäre – weil er von einem Menschen geschrieben worden war, der die Goll-Anschuldigungen gegen Celan zuvor öffentlich akzeptiert und wiederholt hatte und dessen Bericht dokumentarisch ungenügend war.[599] Auch seine gegebene Zusage, der Berliner Akademie der Künste beizutreten, zog Paul Celan Anfang 1962 zurück, unter anderem wegen dem Berliner Akademie-Mitglied Hans Egon Holthusen, der in persönlichem Kontakt mit Claire Goll stand.[600] Aus dem österreichischen PEN-Club trat er dagegen «sofort und kompromisslos» aus, als ein dortiges PEN-Mitglied die Goll-Celan-Diskussionen als «reines Judengezänk» bezeichnete.[601]

Obwohl – oder gerade weil – Paul Celan ab 1960 immer mehr zu der Überzeugung kam, Claire Goll sei lediglich ein «Werkzeug» in einem größeren und grundsätzlicheren Vorgang antisemitischer Ausrichtung, unternahm Celan im Sommer 1962 seinen dritten und letzten Versuch, auf juristischen Wegen gegen Goll vorzugehen – wovon ihm 1956 und 1960 wiederholt abgeraten worden war. Er wandte sich an seinen Londoner Verwandten Leo Schäfler und bat ihn um die Vermittlung eines Spezialisten in Sachen Autorenrecht. Paul Celan hatte hohe Erwartungen und wusste, dass ihm nur in fachlich spezifischer Weise geholfen werden konnte. «Ein Anwalt für Celan sollte sich in den deutschen und französischen Rechtsverhältnissen gleichermaßen auskennen, nicht nur allgemein literarisch interessiert sein, sondern Celans Gedichte verstehen können, und er sollte ein Mensch sein, dem Celan vertrauen kann [...].» (Wiedemann[602]) Am vierten August 1962 schrieb er an Leo Schäfler:

> Es muß nicht unbedingt ein Jude sein; ein aufrechter Mensch – jeder aufrechte Mensch ist mir willkommen. Wenn es aber ein Jude ist, so müßte es einer sein, der das Jüdische als das empfindet, was es ist: als eine *Gestalt* des Menschlichen.[603]

Ein solcher Mensch – fachkundig in Autorenrecht und mit all den zusätzlichen Voraussetzungen – war aber auch in London nicht zu finden.

*

Paul Celan schrieb in seiner verzweifelten Suche im Sommer 1962 nicht von ungefähr an einen Verwandten. Der Rückbezug zu seiner östlichen Heimat, zu dem Ersten und Ursprünglichsten, gewann in den Zeiten seiner zunehmenden Bedrängnis stetig an Bedeutung,[604] in den Jahren seiner Abbrüche, denen auch die Verbindung mit den Wiener Kollegen Klaus Demus, Reinhard Federmann und Ingeborg Bachmann zum Opfer fiel. Paul Celan suchte 1962, in seinem 42. Lebensjahr, sehr gezielt nach den Adressen seiner alten Czernowitzer Freunde und Kameraden; im April 1962 erhielt er die Moskauer Anschrift seines Schulfreundes Erich Einhorn, der nach seiner Entlassung aus der Roten Armee Dozent an der Moskauer Akademie für Außenhandel und am Institut für Fremdsprachen geworden war. Aufgrund von Stalins antisemitischen Aktionen hatte Einhorn mittlerweile seine Stellen verloren und arbeitete als Redakteur und Übersetzer in der deutschsprachigen Redaktion der Zeitschrift *Die Neue Zeit*. Celan schrieb ihm unmittelbar nach Erhalt seiner Adresse und betonte in seinem Brief:

> Du ahnst nicht, was es mir bedeutet, Dir schreiben zu können! Wo beginnen? Es sind so viele Jahre – so viele Jahre und Tage und Stunden. Vielleicht dürfen hier, für so vieles, diese paar Worte stehen: Alles ist nahe und unvergessen, ich bin, obgleich ich schon seit vierzehn Jahren – genauer: seit Juli 1948 – in Paris lebe, mit meinen Gedanken oft daheim und bei den Freunden von einst.[605]

Celan berichtete Erich Einhorn von seiner Lektortätigkeit in Paris und seinen literarischen Bemühungen – «ich schriftstellere (noch immer)» –, entschuldigt sich für die Aufzählung seiner erschienenen Bücher und fragte ihn nach russischen Dichtern. Er erwähnte seine eigene Beschäftigung mit dem lyrischen Werk Ossip Mandelstams, aus dem er vor einigen Jahren in die deutsche Sprache übersetzt hatte: «Eine Arbeit, die mir wie keine andere *am Herzen* lag, war die Übersetzung der Gedichte Ossip Mandelstamms.»[606] Auch schrieb er von seinem inständigen Wunsch, «einmal nach Russland fahren zu können, nachhause»[607] – und beendete seinen aufgewühlten Brief vom 24. April 1962 mit den Worten:

> Wie trocken das klingt! Wenn Du es mir erlaubst, will ich Dir das nächste Mal mehr erzählen, auch von meinen Erfahrungen in diesem so «goldenen» Westen, von meinen Erfahrungen mit Westdeutschland. Es ist eine lange, unglaubliche, bitter-wahre Geschichte.[608]

Erich Einhorn, der die Veröffentlichungen seines Jugendfreundes auch von Moskau aus sehr genau verfolgt hatte, antwortete Paul Celan Mitte Juni, übersandte die Adresse der Witwe von Ossip Mandelstam – der Ilja Ehrenburg Celans Übertragungen bereits gebracht hatte – und schrieb zu Celans Andeutungen über die «Erfahrungen mit Westdeutschland» und der «langen, unglaublichen, bitter-wahren Geschichte»: «[...] Ich kann mir denken, dass die Brüder drüben Deine ‹Todesfuge› nicht gerade begeistert aufgenommen haben.»[609] – Noch im Juni sandte Paul Celan Einhorn seine Gedichtbände und die Büchner-Rede:

> Sicherlich ersiehst Du aus den Dingen, die ich da zu Papier gebracht habe, wo ich mit meinem Leben und mit meinen Gedanken bin. (Ich habe nie eine Zeile geschrieben, die nicht mit meiner Existenz zu tun gehabt hätte – ich bin, Du siehst es, Realist, auf meine Weise).[610]

Im Sommer 1962 erläuterte Paul Celan Eichhorn die Büchner-Rede in einem längeren Brief, den er in Moisville in der Normandie niederschrieb, in einem jüngst erworbenen alten Bauernhaus, dem Celan den Namen *Les trois Bouleaux (Zu den drei Birken)* gegeben hatte:[611]

> Einiges von dem, was ich Dir schickte, meine Darmstädter Rede z. B., wird sicherlich nicht Deinem Geschmack und Deinen Anschauungen entsprechen, ich habe sie auch nur deshalb beigelegt, weil sie, mit allen ihren – unbeantworteten – Fragen, dokumentiert, wie einsam der Mensch in der kapitalistischen Gesellschaft sein kann. Du hast Recht, wenn Du sagst, man habe mir in Westdeutschland nicht verziehen, daß ich ein Gedicht

über die deutschen Vernichtungslager – die Todesfuge – geschrieben habe. Was mir dieses Gedicht – und ähnliche Gedichte – eingetragen haben, ist ein langes Kapitel. Die Literaturpreise, die mir verliehen wurden, dürfen Dich darüber nicht hinwegtäuschen: sie sind letzten Endes nur das Alibi derer, die im Schatten solcher Alibis, mit anderen, zeitgemäßen, Mitteln fortsetzen, was sie unter Hitler begonnen bzw. weitergeführt haben.

In meinem letzten Gedichtband («Sprachgitter») findest Du ein Gedicht, «Engführung», das die Verheerungen der Atombombe evoziert. An einer zentralen Stelle steht, fragmentarisch, dieses Wort von Demokrit: «Es gibt nichts als die Atome und den leeren Raum; alles andere ist Meinung.» Ich brauche nicht erst hervorzuheben, daß das Gedicht um dieser Meinung – um der *Menschen* willen, also gegen alle Leere und Atomisierung geschrieben ist.[612]

*

Paul Celans Ton in seinen Schreiben an Erich Einhorn vom Sommer 1962 zeigte nur bedingt, in welch krisenhafter innerer Situation er in seinem 42. Lebensjahr angekommen war. Bereits zu Anfang des Jahres 1962 hatte Celan in Briefen und Gesprächen zu erkennen gegeben, dass er sich faktisch bedroht und verfolgt fühle – von der *«Endlösung»*, die man für ihn vorbereite. Er durchlief Todesängste und äußerte sich immer wieder in einer Weise, die auch für seine nächste Umgebung nur noch bedingt nachvollziehbar war. Seine intellektuelle Brillanz und Hochbegabung, die weite Zusammenhänge und komplizierte Sachverhalte erfasste, aber auch sein Stolz und seine – von jeher bestehende – Stimmungslabilität, die sich in schroffen und jähen Umschlägen manifestieren konnte,[613] wandten sich in dieser Situation zunehmend gegen ihn selbst. Im Februar hatte er an Alfred Margul-Sperber – in Anlehnung an den Artikel «Gibt es mich überhaupt?» des Autors «R. C. Phelan» – geschrieben:

Nachdem ich als Person, also als Subjekt «aufgehoben» wurde, darf ich, zum Objekt pervertiert, als «Thema» weiterleben: als «herkunftsloser»

> Steppenwolf zumeist, mit weithin erkennbaren jüdischen Zügen. Was von mir kommt, gelangt zur Redistribution – jüngst auch mein Judentum. [...] Ich bin [...] – wörtlich, lieber Alfred Margul-Sperber! – *der, den es nicht gibt.*[614]

Auch Margul-Sperber gegenüber hatte Celan im März 1962 die Büchner-Preisverleihung als «Alibi» bezeichnet, um ihn danach «umso besser runtermachen zu können».[615] «Etwas ist faul im Staate D-Mark.»[616] Zugleich wusste Celan, dass er sich mit der Auffassung, man intendiere seine *«Beseitigung* als Person und Autor*»*,[617] nur sehr bedingt verständlich machen konnte, ja «daß die berichteten Dinge, aus der Ferne betrachtet, den Anschein des Unwirklichen haben müssen», wie er im April an den alten Bukarester Weggefährten Petre Solomon schrieb.[618] Im Brief an Solomon räumte er ein, dass er in der «Gefahr» lebe, von der eigenen «Wut» mitgerissen zu werden und die einzelnen Tatbestände darüber «unglaubhaft» zu machen.[619] Ein halbes Jahr später, im September 1962, hieß es dann noch einmal entschuldigend an Petre Solomon:

> Meine Nerven sind eben nur meine Nerven und sie haben versagt – aus sehr realen, sehr objektiven Gründen.[620]

Celans erster seelischer Zusammenbruch – auf der Basis einer tiefgreifenden Depression, mit zunehmend wahnhaften Erlebnisweisen – erfolgte im Winter 1962/63. Dieser Zusammenbruch, der ihm seit längerer Zeit vorausgesagt worden war,[621] markierte den Beginn seines letzten, von wiederkehrenden Klinikaufenthalten geprägten Lebensjahrsiebtes.[622] Während seines Winterurlaubes mit der Familie griff Paul Celan im Dezember 1962 einen ihm unbekannten Passanten an und beschuldigte ihn, an der Goll-Affäre mitbeteiligt zu sein: «Vous aussi vous êtes dans le jeu!» – um dann auf der Rückfahrt im Zug seiner Frau einen gelben Schal – in der assoziativ-erlebten Nähe zu einstigen Judensternen – vom Hals zu reißen: «comme les étoiles jaunes!» Bereits kurz nach der Rückkehr nach Paris wurde

Paul Celan, der ab dem Januar 1963 regelmäßig Psychopharmaka nehmen musste (Antidepressiva und Neuroleptika), klinisch behandelt – im ersten von fünf stationären Aufenthalten bis zu seinem Tod im April 1970. «Es kommt die Nacht, da niemand wirken kann» – diese Stelle im Johannes-Evangelium (9, 4) strich er sich sowohl in seiner Lutherbibel als auch in seiner Ausgabe des griechischen Testaments an («erchetai nyx, hote oudeis dynatai ergazesthai»[623]).

*

Trotz dieser krisenhaften Zuspitzung aber erschien Ende Oktober 1963 Celans hochbedeutender vierter Gedichtband *Die Niemandsrose*, der dem «Andenken Ossip Mandelstamms» gewidmet und in der positiven Auseinandersetzung mit vielen jüdischen Inhalten entstanden war. Nicht nur sein eigenes Schicksal in der Goll-Diffamierung, sondern die gesamte Situation Israels und des jüdischen Volkes hatte Paul Celan in den vorausgegangenen Jahren intensiv beschäftigt. Barbara Wiedemann zeigte auf, wie Celan im Frühjahr 1961 auf eine *Spiegel*-Berichterstattung über die «Mitschuld» des Judentums – durch die «Kollaboration der Judenräte» – an der «praktisch reibungslosen Vernichtung der großen, reichen und wohlorganisierten Judengemeinden» (*Der Spiegel,* 12. 4. 1961) reagiert und sein «Einstehen für Jüdisches» verstärkt hatte, im Sinne eines realen Widerstands, denen seine Gedichte Ausdruck verliehen.[624] Celan hoffte, dass der Band *Die Niemandsrose* «schmerzlich und unverschleiert wie er ist, vielleicht dazu beitragen kann, daß ein paar Menschen merken, *was* das alles war (und noch ist), und *worum* es geht».[625] Er setzte mit einem Gedicht ein, das Celan bereits im Juli 1959 geschrieben hatte:

ES WAR ERDE IN IHNEN, und
sie gruben.

Sie gruben und gruben, so ging

ihr Tag dahin, ihre Nacht. Und sie lobten nicht Gott,
der, so hörten sie, alles dies wollte,
der, so hörten sie, alles dies wußte.

Sie gruben und hörten nichts mehr;
sie wurden nicht weise, erfanden kein Lied,
erdachten sich keinerlei Sprache.
Sie gruben.

Es kam eine Stille, es kam auch ein Sturm,
es kamen die Meere alle.
Ich grabe, du gräbst, und es gräbt auch der Wurm,
und das Singende dort sagt: Sie graben.

O einer, o keiner, o niemand, o du:
Wohin gings, da's nirgendhin ging?
O du gräbst und ich grab, und ich grab mich dir zu,
und am Finger erwacht uns der Ring.
(I, 211)

Auch Paul Celans Gedicht «Psalm» vom 5. Januar 1961 war Teil der *Niemandrose*:

Niemand knetet uns wieder aus Erde und Lehm,
niemand bespricht unsern Staub.
Niemand.

Gelobt seist du, Niemand.
Dir zulieb wollen
wir blühn.
Dir
entgegen.

Ein Nichts
waren wir, sind wir, werden

Paul Celan, Paris 1963.
Foto: Lütfi Özkök

wir bleiben, blühend:
die Nichts-, die
Niemandsrose.

Mit
dem Griffel seelenhell,
dem Staubfaden himmelswüst,
der Krone rot
vom Purpurwort, das wir sangen
über, o über
dem Dorn.
(I, 225)

*

Paul Celan verließ die Klinik von Épinay-sur-Seine Ende Januar 1963 und kehrte zu seiner Arbeit und Familie zurück – «ich arbeite und halte stand».[626] Die Zeilen *«es sind / noch Lieder zu singen jenseits / der Menschen.»* (II, 26) schrieb er noch im selben Jahr, kurz nach seinem 43. Geburtstag.[627] Celan war keinesfalls «geisteskrank» und litt an keiner paranoiden Psychose klassisch-schizophrener Herkunft;[628] dennoch hatte er in all den nachfolgenden Jahren größte Mühe, dem auf ihm lastenden seelischen Druck standzuhalten, den gravierenden Einbrüchen – und ihrer Selbstmordnähe – nicht zu verfallen und sein Werk weiterzuführen, ein Werk, das er als Lebens-Zeugnis verstand,[629] für sich selbst und die Großzahl der Opfer (*«Mit den Verfolgten in spätem, un- / verschwiegenem, / strahlendem / Bund. // Das Morgen-Lot, übergoldet, / heftet sich dir an die mit- / schwörende, mit- / schürfende, mit- / schreibende / Ferse.»* II, 25)

Obwohl die Klinikaufenthalte Celans (und ihre zumeist drastischen Anlässe) nicht an die Öffentlichkeit gelangten und nur einem sehr kleinen Kreis von Menschen bekannt waren, erschwerten sie seinen Weg nachhaltig. Die traumatisierenden Zwangsbehandlungen – unter Einschluss von Elektroschocks –, die erlittene Unfreiheit und Würdelosigkeit der Situation, aber auch die Nebenwirkungen der medikamentösen Therapie irritierten ihn außerordentlich. Celan wurde nicht nur leiblich schwerer und verlor sukzessive seine elegante und jugendliche Ausstrahlung,[630] sondern erlebte sich in seiner Konzentrations-, Gedächtnis- und Erinnerungsfähigkeit nachhaltig eingeschränkt. An seiner hellwachen Erinnerungsleistung und seiner großen Aufnahmefähigkeit aber hing sein intellektuelles Selbstverständnis – auch seine «Zeugenschaft» für das Geschehene und weiter Geschehende. Im November 1964, knapp zwei Jahre nach der ersten Hospitalisierung, schrieb er an Gisèle aus Hamburg:

> Natürlich wäre es gut, wenn ich ein wenig in Deutschland leben könnte,[631] doch wenn mir auch die Sprache wiederkommt, so ist die Fähigkeit, mich zu konzentrieren, zu lesen, zu schreiben, immer noch sehr weit weg. Ich nehme unregelmäßig auf und vergesse.[632]

Die «Nebenwirkungen» der Psychopharma-Medikation machten Paul Celan in diesem Sinne ebenso zu schaffen wie die Erkrankung selbst, und sie trafen ihn in dem vielleicht zentralsten Bereich seiner inneren Identität, seines eigenen Daseins. Celan hatte in seiner

Büchner-Preisrede das Wort Malebranches zitiert: «Aufmerksamkeit ist das natürliche Gebet der Seele» und von der *«aller unserer Daten eingedenk bleibende[n] Konzentration»* des Gedichts gesprochen (III, 198). In genau diesem Kernbereich fühlte er sich nun medikamentös eingeschränkt und geradezu existentiell bedroht. Auch die verordnete Psychotherapie erlebte Celan als wenig hilfreich – «Celan beklagte sich in den Gesprächen mit mir oft darüber, dass die Psychiater, die er in Paris aufsuchte, nicht den Zusammenhang zwischen seinen Depressionen, den Erlebnissen in Czernowitz und dem Schuldgefühl gegenüber seinen Eltern verstehen konnten. *‹Sie sagen immer, dass das zu lange her sei›.»*[633]

*

Nachdem Paul Celan bereits im Mai 1965 verzweifelt um einen jüdischen Arzt gebeten hatte: «Ich bin wirklich verwirrt, man hat alles getan, um mich zu verwirren!»[634] und zwei Wochen in einer psychiatrischen Klinik gewesen war, musste er sich Ende desselben Jahres erneut einer Zwangsbehandlung unterziehen, die einen wesentlich längeren Zeitraum als die erste einnahm. Sie erfolgte nach einer zunehmenden Dekompensation ab Herbst im Gefolge eines weiteren Deutschland-Aufenthalts, einer – zumindest partiellen – Irrfahrt durch Südfrankreich,[635] überstürzten Kurzreisen in die Schweiz und nach London – und einem Mordversuch an Gisèle mit einem Messer in einem hochakuten Wahnzustand. Am 28. November 1965 wurde Paul Celan – wie einst Hölderlin – in einer Zwangsjacke und mit amtlicher Anweisung zum zweiten Mal zwangseingewiesen. Gisèle, die mit Eric vorübergehend geflüchtet war und die amtliche Einweisung veranlasst hatte, schrieb Paul Celan bereits am 30. November in die Klinik:

> [...] Du musst Dich behandeln lassen, Du musst wieder zu Dir selber finden. Seit Deiner Rückkehr aus Deutschland, im September, ging es Dir nicht gut. Bitte, lass Dich behandeln, Du musst, und verlier Deinen Mut nicht, Paul, Paul, bitte![636]

In Celans Brief vom 20. Dezember an Gisèle Celan-Lestrange hieß es:

> Hier und was mich selber angeht, was soll ich sagen? Die Tage sind lang. Ich werde einer antidepressiven Behandlung mit Spritzen unterzogen. Glauben Sie mir: ich tue mein Bestes. Sie sagen mir, Sie wüßten, wie schwer das ist – ich danke Ihnen für dieses Verständnis. Ebenso wie ich Ihnen dafür danke, daß Sie mir Mut wünschen.[637]

Im Februar 1966 wurde Paul Celan schließlich in die Psychiatrische Universitätsklinik Sainte-Anne verlegt – dort entstanden alle Gedichte seines Zyklus *Eingedunkelt*, darunter die Zeilen:

EINBRUCH des Ungeschiedenen
In deine Sprache,
Nachtglast,

Sperrzauber, stärker.

Von fremdem, hohem
Flutgang unterwaschen
dieses
Leben.
(III, 150)

Erst am Ende der zweiten Juniwoche 1966, nach über einem halben Jahr in der Klinik, konnte Celan wieder seiner Wege gehen.

Auch der Anlass zur vierten klinischen Therapie Ende Januar 1967, siebeneinhalb Monate nach dem Wiedergewinn der persönlichen Freiheit, war außerordentlich gravierend: Paul Celan hatte sich nach einer überraschenden Begegnung mit Claire Goll im Pariser Goethe-Institut – und nach der fluchtartigen Rückkehr in seine Wohnung – ein Messer in sein Herz zu stechen versucht, dieses jedoch knapp verfehlt und seine linke Lunge in Herznähe massiv verletzt. Nur die Präsenz und Geistesgegenwart seiner Frau sowie eine Notoperation retteten daraufhin sein Leben. Nach der chirurgischen Akutbehandlung wurde Paul Celan im Februar wieder in die Psychiatrische Universitätsklinik Sainte-Anne verlegt,[638] wo er ab Ende April 1967 erste Ausgangsgenehmigungen erhielt – unter anderem für die Wiederaufnahme seiner Unterrichtstätigkeiten ab dem 23. Mai –, aber bis zum 17. Oktober 1967 im Sinne eines «betreuten Wohnens» (mit Übernachtung im Mehrbettzimmer) verbleiben musste. Auf Wunsch von Gisèle kehrte er nach seiner Entlassung nicht mehr in die Familienwohnung zurück, zur Sicherheit ihrer selbst und des mittlerweile zwölfjährigen Sohnes. Diese Entscheidung, die Paul Celan verstand und nach langem Ringen akzeptierte, fiel ihm seelisch außerordentlich schwer; schließlich aber zog er am 20. November 1967, drei Tage vor seinem 47. Geburtstag, in ein eigenes Zimmer in der Rue Tournefort, in der Umgebung der École Normale Supérieure. An seinen Freund, den jüdischen Dichter Franz Wurm, der aus Prag stammte, seine Eltern in Auschwitz verloren hatte und in Zürich tätig war, schrieb er:

> Nach zwanzig Jahren Paris habe ich heillos sedentärer Nomade wieder so ein beinahnettes Studierzeltchen aufzuschlagen das Vergnügen gehabt. [...] Qui tourne (et tournera) fort?[639]

*

Das «klinische» Jahr 1967, das drittletzte seines Lebens, war für Paul Celan überaus kompliziert, eine «der schwersten Zeiten meines Lebens». «Gewiß, das sei wiederholt, es geht mir besser, aber ich habe Mühe mich mit einer neuen – neuerlichen – Einsamkeit abzufinden. Die Freunde bleiben, die Bücher, die Gedichte.»[640] Dennoch nahm er an vielen Ereignissen intensiv teil und konnte mit Ausgangsgenehmigungen der Klinik im Sommer nach Deutschland und im Herbst ins Tessin reisen. Am 28. August wurde in Frankfurt sein nächster Gedichtband *Atemwende* gedruckt. Anfang März hatte

Celan in einem Brief aus der Klinik, wo er an der letzten Textanordnung arbeitete, gegenüber seiner Frau betont: «Es ist wirklich das Dichteste, was ich bisher geschrieben habe, auch das Umfassendste. Bei manchen Wendungen des Textes habe ich, ich muß es gestehen, Stolz verspürt.»[641] Und an seinen Sohn Eric hatte Celan vier Wochen später, am 4. April 1967, in einem Lagebericht geschrieben:

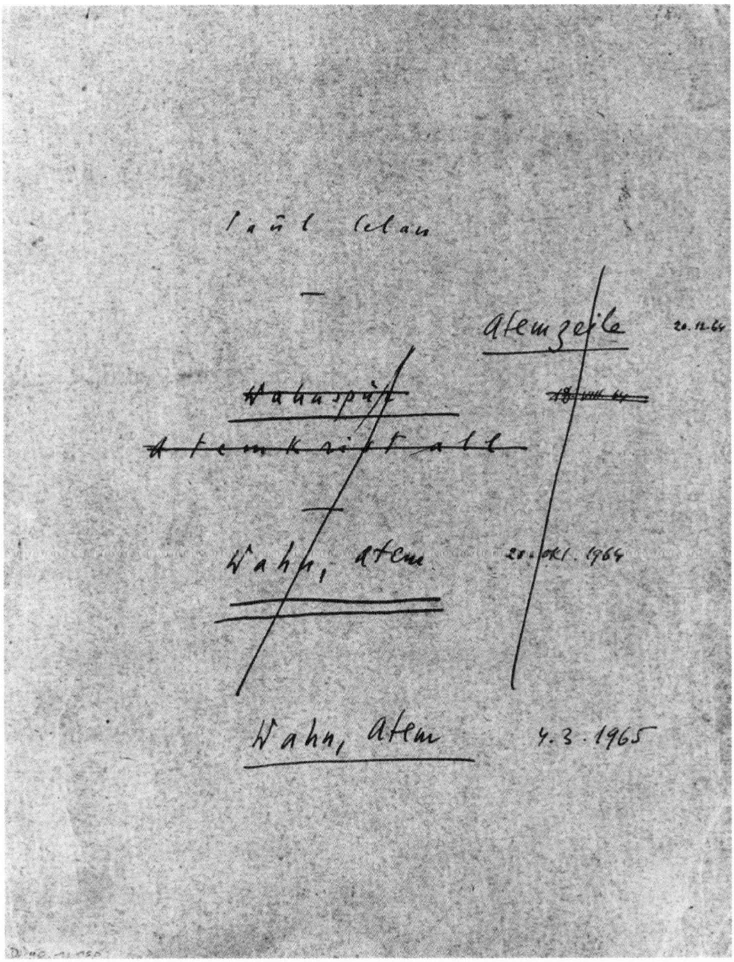

Paul Celan: Faksimile eines Mappendeckels mit Titelentwürfen zu *Atemwende*

> Mir geht es wirklich besser (und ich bin froh, es Dich wissen zu lassen). Ich schlafe sehr gut, manchmal habe ich äußerst angenehme Träume – wie ich sie nur selten habe –, und tagsüber lese und schreibe ich. (Natürlich lese ich mehr, als ich schreibe; das Gegenteil wäre ziemlich wünschenswert.) Weißt Du, ich denke, daß ein neuer Gedichtband im September im Suhrkamp Verlag (mein neuer Verleger in Frankfurt) erscheinen soll, das ist ein wichtiges Datum in meinem Leben, denn dieses Buch bedeutet in vielerlei Hinsicht, darunter, vor allem, im Hinblick auf seine Sprache, eine Wende [...].[642]

Der «Sechstagekrieg» Israels mit seinen arabischen Nachbarn im Juni 1967, zwei Monate vor dem Erscheinen der *Atemwende* und kurz nach seinem Wiederbeginn an der École Normale Supérieure, ging Paul Celan nahe. Obwohl von Kindheit an den Zionismus des Vaters radikal ablehnend und sich selbst in Deutschland kulturell beheimatet wissend, hatte er durch die miterlebte Judenverfolgung und -ermordung eine tiefe Empfindung für das Berechtigte der in Palästina begonnenen Bemühungen gewonnen und sorgte sich zunehmend um die Existenz des bedrohten jüdischen Staates. Celan verteidigte den militärischen Einsatz Israels im Juni 1967 («Israel muß leben und dazu muß alles aufgeboten werden.»), auch wenn er der militärischen Kaskade von Ereignissen sowie den weltpolitischen Implikationen der Geschehnisse ausgesprochen misstrauisch gegenüberstand: «Der Gedanke an eine Kette von Kriegen, an das Markten und Schachern der ‹Großen›, während Menschen einander töten – nein, das kann ich nicht zu Ende denken.» Dankbar begrüßte er den Waffenstillstand am 10. Juni: «Die Waffen schweigen um Israel – möge der Friede dort Einzug halten, für immer.»[643] In der zweiten Juniwoche schrieb Paul Celan in der psychiatrischen Universitätsklinik das Gedicht «Denk dir» nieder, das auf die Ereignisse in Palästina Bezug nahm und den Abschluss seines 1968 publizierten Bandes *Fadensonnen* bilden sollte. «Vom 7. Juni an, dem Tag, an dem die Jerusalemer Altstadt zurückerobert wurde, arbeitete er in der

Klinik zwei Tage fast ununterbrochen daran.»[644] In seinen Strophen gedachte Paul Celan unter anderem Massadas, des letzten Stützpunktes der Juden im Kampf gegen die Römer, der 73 n. Chr. preisgegeben werden musste, woraufhin sich seine Bewohner das Leben nahmen, um nicht den Römern in die Hände zu fallen; er gedachte zugleich eines von Eugen Kogon in seinem Buch *Der SS-Staat* veröffentlichten Liedes, das 1933 im Konzentrationslager Börgermoor von politischen Häftlingen geschrieben und 1935 von Hanns Eisler bearbeitet worden war «Wir sind die Moorsoldaten»:

Denk dir:
der Moorsoldat von Massada
bringt sich Heimat bei, aufs
unauslöschlichste,
wider
allen Dorn im Draht.

Denk dir:
die Augenlosen ohne Gestalt
führen dich frei durchs Gewühl, du
erstarkst und
erstarkst.

Denk dir: deine
eigene Hand
hat dies wieder
ins Leben empor-
gelittene
Stück
bewohnbarer Erde
gehalten.

Denk dir:
das kam auf mich zu,

namenwach, handwach,
für immer,
vom Unbestattbaren her.
(II, 227)[645]

In seinen ersten Niederschriften formulierte Celan gar: «Denk dir: / der Moorsoldat von Massada / bringt dir Heimat bei».[646] Sein Gedicht sandte er bald nach seiner Niederschrift an zahlreiche Freun-

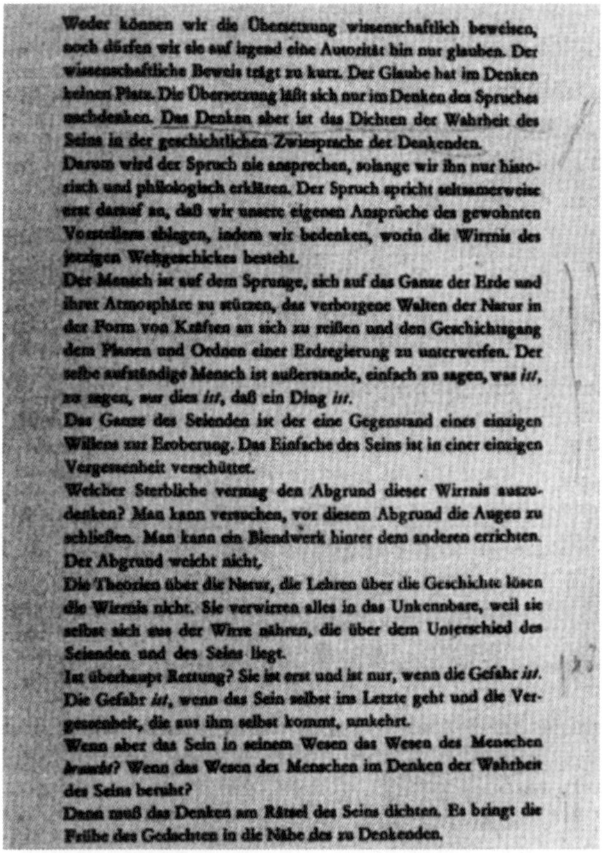
Weder können wir die Übersetzung wissenschaftlich beweisen, noch dürfen wir sie auf irgend eine Autorität hin nur glauben. Der wissenschaftliche Beweis trägt zu kurz. Der Glaube hat im Denken keinen Platz. Die Übersetzung läßt sich nur im Denken des Spruches nachdenken. Das Denken aber ist das Dichten der Wahrheit des Seins in der geschichtlichen Zwiesprache der Denkenden.
Darum wird der Spruch nie ansprechen, solange wir ihn nur historisch und philologisch erklären. Der Spruch spricht seltsamerweise erst darauf an, daß wir unsere eigenen Ansprüche des gewohnten Vorstellens ablegen, indem wir bedenken, worin die Wirrnis des jetzigen Weltgeschickes besteht.
Der Mensch ist auf dem Sprunge, sich auf das Ganze der Erde und ihrer Atmosphäre zu stürzen, das verborgene Walten der Natur in der Form von Kräften an sich zu reißen und den Geschichtsgang dem Planen und Ordnen einer Erdregierung zu unterwerfen. Der selbe aufständige Mensch ist außerstande, einfach zu sagen, was *ist*, zu sagen, nur dies *ist*, daß ein Ding *ist*.
Das Ganze des Seienden ist der eine Gegenstand eines einzigen Willens zur Eroberung. Das Einfache des Seins ist in einer einzigen Vergessenheit verschüttet.
Welcher Sterbliche vermag den Abgrund dieser Wirrnis auszudenken? Man kann versuchen, vor diesem Abgrund die Augen zu schließen. Man kann ein Blendwerk hinter dem anderen errichten. Der Abgrund weicht nicht.
Die Theorien über die Natur, die Lehren über die Geschichte lösen die Wirrnis nicht. Sie verwirren alles in das Unkennbare, weil sie selbst sich aus der Wirre nähren, die über dem Unterschied des Seienden und des Seins liegt.
Ist überhaupt Rettung? Sie ist erst und ist nur, wenn die Gefahr *ist*. Die Gefahr *ist*, wenn das Sein selbst ins Letzte geht und die Vergessenheit, die aus ihm selbst kommt, umkehrt.
Wenn aber das Sein in seinem Wesen das Wesen des Menschen *braucht*? Wenn das Wesen des Menschen im Denken der Wahrheit des Seins beruht?
Dann muß das Denken am Rätsel des Seins dichten. Es bringt die Frühe des Gedachten in die Nähe des zu Denkenden.

Paul Celans Exemplar von Martin Heidegger: *Holzwege,* mit Anstreichungen und Randnotizen («Höl[derlin]»)

de und Verwandte in Israel, zum Zeichen seiner Solidarität, «zum mitdenken»[647] und Übersetzen. Es erschien bereits am 18. August in der israelischen Zeitung *Haaretz* in hebräischer Sprache.[648] Auch an Franz Wurm in Zürich sandte Celan das Gedicht bereits am Tag nach der Niederschrift und bat um Mitteilung darüber, «ob das, was hier zur Sprache zu kommen versucht, dahin und auch einigermaßen zu sich kommt.»[649]

*

Vier Wochen nach der Niederschrift von «Denk dir» reiste Paul Celan mit ärztlicher Ausgangserlaubnis erneut in das Land, welches das «Schicksal jüdischer Geistigkeit» und jüdischen Lebens in Mitteleuropa weitestgehend besiegelt hatte, nach Deutschland. Er war zu einer Lesung an die Universität Freiburg im Breisgau eingeladen worden, an die alte Stätte des Phänomenologen Edmund Husserl – aber auch Martin Heideggers, dessen Sprach-Philosophie Celan seit vielen Jahren mit größter Wertschätzung studierte,[650] dessen fatale Stellungnahme zum Dritten Reich als Rektor der Universität Freiburg im Jahre 1933 ihm jedoch ebenfalls präsent war, wenn auch nicht in allen Einzelheiten.[651] Paul Celan verdankte Martin Heidegger viel, hatte eine hervorragende Kenntnis seines philosophischen Werkes und war produktiv mit vielen von Heideggers Schriften umgegangen; Heideggers Schweigen über den Nationalsozialismus und seine Verstrickung in das Jahr 1933 aber irritierten Celan nachhaltig. Den Vorschlag Otto Pöggelers, ihm sein Buch über Martin Heidegger widmen zu dürfen, hatte Paul Celan zurückgewiesen,[652] Martin Buber für seine «versöhnliche» Unterredung mit Heidegger kritisiert und 1957 vorübergehend erwogen, Heidegger sein Gedicht «Schliere» zu senden.[653] Nun jedoch, zehn Jahre später, im Sommer 1967, sechs Monate nach seinem schweren Selbstmordversuch, las Paul Celan am 24. Juli 1967 nicht nur seine Gedichte vor über 1000 versammelten Menschen im überfüllten Auditorium maximum der Universität Freiburg – die größte Lesung seines Lebens, mit Martin

Heidegger in der ersten Reihe[654] –, sondern leistete einer Einladung des Philosophen am nächsten Tag Folge und besuchte den Sechsundsiebzigjährigen[655] in seiner Schwarzwaldhütte über Todtnauberg. Dort schrieb Celan in Heideggers Gästebuch:

> Ins Hüttenbuch, mit dem Blick auf den Brunnenstern, mit einer Hoffnung auf ein kommendes Wort im Herzen.[656]

Die Situation in Todtnauberg und seinen anschließenden Gang mit Heidegger zu einem Hochmoor – wiederum «eingedenk» alles Gewesenen und im Bewusstsein der Todes- und Schuldprozesse[657] – hielt Paul Celan eine Woche später auf dem Rückweg von Frankfurt, wohin er zu Verlagsgesprächen weitergereist war,[658] nach Paris fest:

TODTNAUBERG

Arnika, Augentrost, der
Trunk aus dem Brunnen mit dem
Sternwürfel drauf,

in der
Hütte,

die in das Buch
– wessen Namen nahms auf
vor dem meinen? –,
die in dies Buch
geschriebene Zeile von
einer Hoffnung, heute,
auf eines Denkenden
kommendes
Wort
im Herzen,

Waldwasen, uneingeebnet,

Orchis und Orchis, einzeln,

Krudes, später, im Fahren
deutlich,

der uns fährt, der Mensch,
der's mit anhört,

die halb-
beschrittenen Knüppel-
pfade im Hochmoor,

Feuchtes,
viel.
(II, 255)

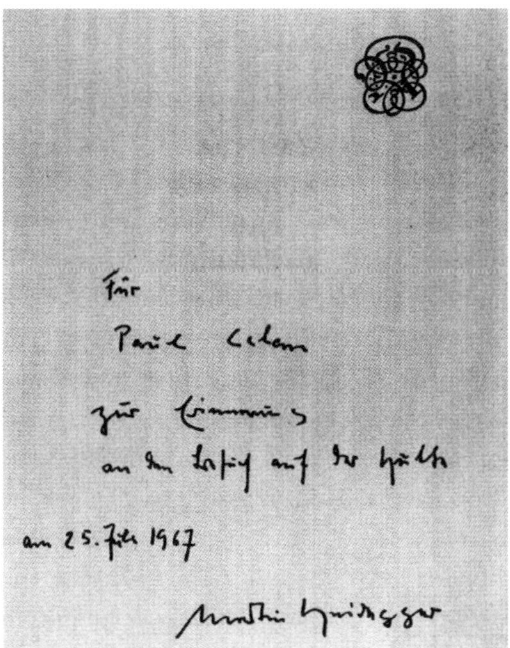

Für
Paul Celan
zur Erinnerung
an den Besuch auf der Hütte
am 25. Juli 1967
Martin Heidegger

Martin Heidegger: Widmung des Buches *Aus der Erfahrung des Denkens*
für Paul Celan

Am Tag nach der Gedichtniederschrift teilte Paul Celan Gisèle mit, er habe deutliche Worte zu Heidegger gesagt,[659] und: *«Ich hoffe, daß Heidegger zur Feder greifen und einige Seiten schreiben wird, die sich auf das Gespräch beziehen und angesichts des wieder aufkommenden Nazismus auch eine Warnung sein werden.»*[660] Diese Hoffnung Paul Celans erfüllte sich jedoch nicht.[661]

*

Am 21. November 1967, zwei Tage vor seinem 47. Geburtstag und einen Tag nach dem Bezug des Zimmers in der Rue Tournefort, schrieb Paul Celan an Peter Szondi (der selbst jahrelang unter Depressionen litt und bereits 1971 Paul Celan in den selbstgesetzten Tod nachfolgen sollte):

> Verlieren Sie nicht die Zuversicht, lieber Peter! Ich weiß aus Erfahrung, wieviel Widerstand und Arbeitskraft unsereins mitbekommen hat: erstaunlich viel![662]

Bei Peter Szondi, der zu ihm hielt – «Wir sind alle Überlebende, und jeder von uns versucht auf seine Weise mit dieser Schmach fertig zu werden. [...] Gerade auch, weil Celan ein Opfer ist, halte ich zu ihm [...].»[663] –, war Paul Celan dann am Ende des Jahres 1967 in Berlin zu Gast, zu einer Fernsehaufnahme, zu Lesungen aus *Atemwende* in Szondis Seminar an der Freien Universität und in der Akademie der Künste. «Meine Lesung», schrieb er am 23. 12. an Gisèle, «ist sehr gut verlaufen, in der Presse gab es am nächsten Tag ein erstaunliches Echo, das mir deutlich gezeigt hat, daß ich immer noch auf einem Niveau präsent bin, das mich trotz allem, ich muß es gestehen, verwundert hat.»[664] Gemeinsam mit seinem Freund Walter Georgi besah Celan die geschichtliche Topographie der tiefverschneiten Stadt, vom Landwehrkanal, dem Ort der Ermordung Rosa Luxemburgs, und dem Anhalter Bahnhof, demjenigen seiner ersten Ankunft in Berlin am 10. November 1938, bis zum Gefängnis Plötzensee, der

Hinrichtungsstätte für die Aufständischen vom 20. Juli 1944.[665] Paul Celan schrieb zwei Gedichte und unterhielt sich in seinem Gästezimmer der Akademie der Künste mit Erwin Leiser, einem drei Jahr jüngeren Berliner Juden, der unmittelbar nach der «Reichskristallnacht» nach Schweden geflohen war, dort u. a. Nelly Sachs kennengelernt hatte und Dokumentarfilme zum Nationalsozialismus und Überleben von Juden drehte. Über den Gesprächsinhalt – Peter Weiss' Auschwitz-Stück *Die Ermittlung* – schrieb Leiser später unter anderem:

> Celan beanstandete [an dem Stück von Peter Weiss], dass die Täter ihre Namen behalten hatten, während die Opfer anonym blieben: «Weiss hat dasselbe an uns getan wie die Mörder, er hat uns unsere Namen genommen!»[666]

*

Der erneute Anfang in Paris fiel Paul Celan nach seiner Rückkehr schwer – «Ich bin, seit meiner Rückkehr aus Berlin, auf das eindringlichste auf meine Grenzen verwiesen, meine Unfreiheit, mein Nirgendwo; mir ist, mit einem Wort, ziemlich elend zumute, Paris ist mir eine Last – die ich nicht abschütteln darf, ich weiß –, das Unterrichten freut mich nicht (im Gegenteil), die paar Zeilen, die ich gelegentlich zusammendichte, halten nicht vor. [...] Vielleicht hilft eine Wohnung, vielleicht hilft, daß nichts hilft.»[667] Am Tag vor seinem Aufbruch nach Berlin hatte Celan in einer testamentarischen Notiz seinem Sohn Eric die Rechte an seinem literarischen Werk vermacht – und Beda Allemann, einem befreundeten Schweizer Literaturwissenschaftler und Heidegger-Kenner, die künftige Edition seiner Gedichte und Übersetzungen anvertraut. – Am 19. März 1968 traf Paul Celan dann erstmals Gisèle wieder, elf Monate nach ihrer Entscheidung, das gemeinsame Leben zu beenden. Knapp zwei Wochen später schrieb er ein weiteres, tiefgründiges Gedicht, das sich – unter impliziter Bezugnahme auf Ernst Bloch und sein *Prinzip*

Hoffnung – mit alchemistischen Substanzprozessen und der Zeitlichkeit des Menschen auseinandersetzte:

WARUM AUS DEM UNGESCHÖPFTEN,
da's dich erwartet, am Ende, wieder
hinausstehn? Warum,
Sekundengläubiger, dieser
Wahnsold?

Metallwuchs, Seelenwuchs, Nichtswuchs.
Merkurius als Christ,
ein Weisensteinchen, flußaufwärts,
die Zeichen zuschanden-
gedeutet,

verkohlt, gefault, gewässert,

unoffenbarte, gewisse
Magnalia.
(II, 364)

Sein einsames Leben fiel Paul Celan schwerer als je; Kafkas Tagebucheintragung vom Januar 1922 strich er sich an, im Hinblick auf Gisèle und die Trennung: «Zu sagen, dass du mich verlassen hast, wäre sehr ungerecht, aber dass ich verlassen war, und zeitweise schrecklich, ist wahr.»[668]

*

Zu Ostern 1968 war Paul Celan einmal mehr in London, wo er seine Tante, Berta Antschel, besuchte und sich mit Erich Fried über Israel zerstritt, ausgehend von Versen Frieds. «Er [Fried] hatte dort die Verfolgten angeklagt, im Sechstagekrieg zu Verfolgern geworden zu sein.»[669] Sein eigenes «Massada»-Gedicht schenkte Paul Celan in London dem Rabbiner Albert Friedländer: «Er gab mir ein Stück Papier, auf dem er sein neuesten Gedicht geschrieben hatte. ‹Denk dir› – so fing es an.»[670]

Dann, nach seiner Rückkehr nach Paris, nahm Paul Celan intensiv Anteil an den revolutionären Vorgängen in der Stadt, aber auch – aus weiterer Ferne – am «Frühling» in Prag und den studentischen Unruhen von Berlin. Celans Dichtung lebte in der Vergegenwärtigung des Vergangenen im Lichte der Zukunft, des «Utopischen», des Anzustrebenden und Kommenden, in einem Heute, das – eingedenk alles Vergangenen und aller Opfer (und ihrer vordergründigen Sinnlosigkeit[671]) – dennoch der Zukunft verpflichtet war. «Dichtung verewigt den Sprung zwischen dem, was noch nicht ist, und dem, was nicht mehr existiert», sagte Celan im Gespräch.[672] Auf eine Umfrage des *Spiegels*: «Ist eine Revolution unvermeidbar?», die Hans Magnus Enzensberger durch seine Aussagen zur «Irreparabilität» des politischen Systems in Deutschland ausgelöst hatte, antwortete er:

> Ich hoffe, nicht nur im Zusammenhang mit der Bundesrepublik und Deutschland, immer noch auf Änderung, Wandlung. Ersatz-Systeme werden sie nicht herbeiführen, und die Revolution – die soziale und zugleich antiautoritäre – ist nur von ihr her denkbar. Sie fängt, in Deutschland, hier und heute, beim Einzelnen an. Ein Viertes bleibe uns erspart. (III, 179)

In die Pariser Studentenaufstände vom Mai 1968 – weniger in die bundesdeutsche «APO», die er von Anfang an (auch aufgrund ihrer anti-israelischen und pro-palästinensischen Tendenzen[673]) wesentlich kritischer betrachtete[674] – setzte Paul Celan vorübergehend große Hoffnungen. In einem Beitrag über Ossip Mandelstam, der acht Jahre zuvor im Norddeutschen Rundfunk gesendet worden war, hatte er über Mandelstams Beziehung zur russischen Oktoberrevolution gesagt:

> Mandelstamm hat, wie die meisten russischen Dichter – wie Block, wie Brjussow, wie Bjelyj, wie Chlebniko, wie Majakowskij, wie Jessenin – die Revolution begrüßt. Sein Sozialismus ist ein Sozialismus ethisch-religiöser Prägung; er schreibt sich von Herzen, von Michaïlowskij, von Kropotkin

> her [...]. Die Revolution ist ihm – und hier bekundet sich ein dem russischen Denken eigentümlicher chiliastischer Zug – der Anbruch des Anderen, der Aufstand des Unteren, die Erhebung der Kreatur – eine Umwälzung von geradezu kosmischem Ausmaß. Sie hebt die Erde aus den Angeln [...].[675]

Wenig spricht dafür, dass Celan in den Erhebungen vom Frühjahr 1968 Umwälzungen «von geradezu kosmischem Ausmaß» sah, die die Erde aus den Angeln zu heben versuchten; dennoch fühlte Paul Celan sich in seinem *«vieux cœur de communiste»* angesprochen und sah – vorübergehend – die reale Chance von «Änderungen» und «Wandlungen» im Sinne seiner *Spiegel*-Antwort. Celan, der sich damit auch in der Kontinuität Rilkeschen Denkens der Jahre 1916 bis 1918 befand,[676] zog begeistert mit den Pariser Studenten, bewahrte die Flugblätter als Dokumente und beteiligte sich am Streik in der École Normale Supérieure – «Mit uns, den / Umhergeworfenen, dennoch / Fahrenden: // der eine / unversehrte, / nicht usurpierbare, / aufständische / Gram.» (III, 151) Schließlich aber musste er auch in Paris die Verfremdung der Initiative und die Herrschaft der brutalen Gewalt zur Kenntnis nehmen, in Prag – im Sommer, nach dem Einmarsch der Sowjetarmee[677] – gar den *«verscharrten Oktober»* (II, 103). Am 10. August, knapp zwei Wochen vor dem Ende des «Prager Frühlings» entstanden die Zeilen:

STEINSCHLAG hinter den Käfern.
Da sah ich einen, der log nicht,
heimstehn in seine Verzweiflung.

Wie deinem Einsamkeitssturm
glückt ihm die weit
ausschreitende Stille.
(II, 400)

*

Der Spätherbst und beginnende Winter des Jahres 1968 sah Paul Celan neuerlich in einer tiefen depressiven Krise. Zu den vereinbarten Lesungen Ende September im Schweizer Winterthur und Anfang Oktober in Wien (wo allein 500 Menschen auf ihn warteten), erschien er nicht. Nach einem Angriff auf Nachbarn (in der Überzeugung, diese misshandelten seinen Sohn) wurde Paul Celan Mitte November in einem Zustand totaler Sprachverweigerung und mit der amtsärztlichen Diagnose einer «mélancolie délirante» zum letzten Mal zwangseingewiesen und verbrachte erneut knapp drei Monate (bis zum 3. Februar 1969) in einer psychiatrischen Klinik am südlichen Stadtrand von Paris: «hinter Anstaltsgittern und dachte, es sei für immer».[678]

Abermals aber raffte er sich auf, kehrte an die École Normale Supérieure zurück – wo er bis zuletzt ein hochgeschätzter Lektor war –, begann erneut mit seiner schriftstellerischen Arbeit und las abermals in Deutschland, im Mai, Juni und Juli 1969. Mitte September entstanden die Zeilen:

KLEINES WURZELGETRÄUM, das mich hier hält,
blutunterwaschen,
keinem mehr sichtbar,
Todesbesitz,

wölb du eine Stirn vor,
daß eine Rede gehe, von Erde,
von Inbrunst, von
Äugigem, auch
hier, wo du mich abliest vom Blindblatt,
auch
hier,
wo du mich so genau
widerrufst.
(III, 92)

Zwei Wochen später, am 30. September, flog Paul Celan nach Israel. «Mon judaïsme: ce que je reconnais encore dans les débris de mon existence.»[679]

*

Celan reiste auf Einladung des hebräischen Schriftstellerverbandes, um die er sich selbst bemüht hatte. Seit langem korrespondierte er – mehr oder weniger regelmäßig – mit Verwandten und Schulfreunden, die nach Palästina ausgewandert waren; im September

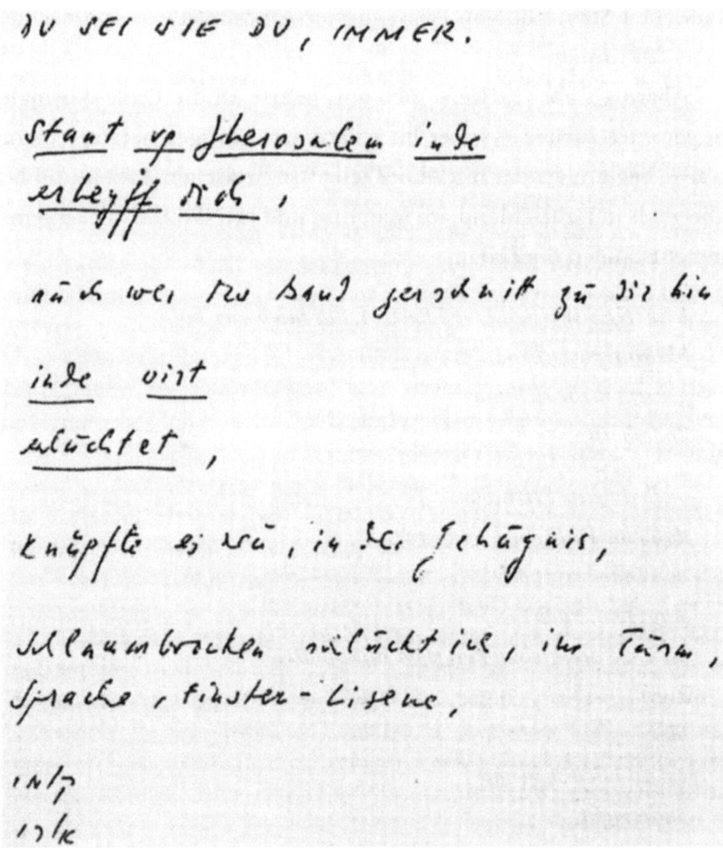

DU SEI WIE DU, IMMER.

Stant vp Jherosalem inde
erheyff dich,

auch wer das band zerschnitt zu dir hin,

inde wirt
erluchtet,

knüpfte es neu, in der Gehügnis,

Schlammbrocken schluckt ich, im Turm,
Sprache, Finster-Lisene,

קומי
אורי

Paul Celan, Manuskript des Gedichts «Du sei wie du», 1969 (für Ilana Shmueli)

1965 hatte er in Paris erstmals seine Czernowitzer Jugendfreundin Ilana Shmueli wiedergesehen, die mittlerweile in Tel Aviv als Sozialpädagogin lebte und arbeitete. Nach den Ereignissen des «Sechstagekrieges» entschied sich Paul Celan für einen baldigen Gang nach Palästina, den er nun, zwei Jahre später, realisieren konnte. Voller Erwartungen, doch auch in großer innerer Spannung – und mit einiger Skepsis – trat er seine Reise an, knapp sieben Monate vor seinem Tod. – In Deutschland sprach zu dieser Zeit der neue Kanzlerkandidat der CDU/CSU, der bayrische Ministerpräsident Franz Josef Strauß, davon, dass ein deutsches Volk, das die wirtschaftlichen Aufbauleistungen der Nachkriegszeit erbracht habe, ein Recht darauf habe, von Auschwitz nichts mehr hören zu wollen.[680]

An der Seite von Ilana Shmueli, mit der er in eine intensive Beziehung eintrat, besah Paul Celan Stätten des «Heiligen Landes» (wie die Geburtskirche in Bethlehem, das Grab Rachels, den Ölberg und die Klagemauer, aber auch die Holocaust-Gedenkstätte Yad Vashem); er traf viele Menschen und las am 9. Oktober im vollbesetzten Jerusalemer Journalistenhaus, wo seine Gedichte eine eindrucksvolle Aufnahme fanden.[681] Er beendete seine Lesung, zu der auch Gershom Scholem gekommen war, mit «Denk dir».[682] Zu Scholem und seiner Frau ging Celan nach der Lesung spontan mit nach Hause, zusammen mit einigen Freunden aus der Kinder- und Jugendzeit – «man sprach im wesentlichen über Israel» (Gershom Scholem[683]). Sechs Tage später hielt Paul Celan eine Ansprache vor dem hebräischen Schriftstellerverband in Tel Aviv:

> Ich bin zu Ihnen nach Israel gekommen, weil ich das gebraucht habe.
>
> Wie nur selten eine Empfindung, beherrscht mich, nach allem Gesehenen und Gehörten, das Gefühl, das Richtige getan zu haben – ich hoffe, nicht nur für mich allein.
>
> Ich glaube einen Begriff zu haben vom dem, was jüdische Einsamkeit sein kann, und ich verstehe, inmitten von so vielem, auch den dankbaren Stolz auf jedes selbstgepflanzte Grün, das bereitsteht, jeden, der hier vorbeikommt

zu erfrischen; wie ich die Freude begreife über jedes neuerworbene, selbsterfühlte, erfüllte Wort, das herbeieilt, den ihm Zugewandten zu stärken – ich begreife das in diesen Zeiten der allenthalben wachsenden Selbstentfremdung und Vermassung. Und ich finde hier, in dieser äußeren und inneren Landschaft, viel von den Wahrheitszwängen, der Selbstevidenz und der weltoffenen Einmaligkeit großer Poesie. Und ich glaube, mich unterredet zu haben mit der gelassen-zuversichtlichen Entschlossenheit, sich im Menschlichen zu behaupten.

Ich danke all dem, ich danke Ihnen. (III, 203)

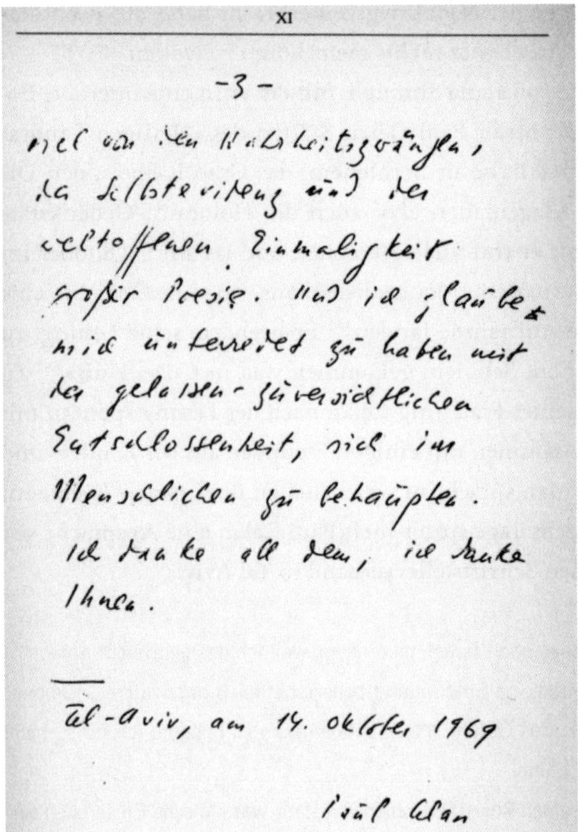
XI

-3-

viel von den Wahrheitszwängen,
der Selbstevidenz und der
weltoffenen Einmaligkeit
großer Poesie. Und ich glaube,
mich unterredet zu haben mit
der gelassen-zuversichtlichen
Entschlossenheit, sich im
Menschlichen zu behaupten.
Ich danke all dem, ich danke
Ihnen.

—

Tel-Aviv, am 14. Oktober 1969

Paul Celan

Paul Celan, Manuskript der Tel Aviver Ansprache, Schluss

Das *«ins Leben empor- / gelittene / Stück / bewohnbarer Erde»* hatte Paul Celan im Gedicht «Denk dir» evoziert. Nun beschäftigte ihn in den Palästina-Tagen der – so Ilana Shmueli – «Sinn der Schicksalsgemeinschaft im Jüdischen» intensiv: die Auseinandersetzung mit der eigenen Identität und dem Gefühl der Zugehörigkeit, dessen er sich kaum erwehren konnte und das – auf der anderen Seite – auch in Israel an jene Grenzen kam, die er nur mit Einzelnen überschreiten konnte und wollte. Paul Celan traf Freunde und Verwandte wieder, Menschen aus der Bukowina und Czernowitz,[684] vor denen er am 15. Oktober in Tel Aviv las[685] und die ihn als Teil ihrer «Familie» begriffen, als welchen er sich jedoch nur sehr bedingt empfand.[686] – Ilana Shmueli berichtete er vom ganzen Ausmaß der Goll-Kampagne:

> Im Gespräch mit mir suchte er verzweifelt nach Verständnis und Bestätigung. Er wollte nichts hören, was diese «Affaire» für ihn irgendwie mäßigen oder gar verharmlosen könnte; dass er als Dichter nun groß genug sei, um es tragen und ertragen zu können. Er wollte dergleichen nicht akzeptieren.[687]

Trotz der Liebe zu Ilana und den tiefen Eindrücken, die er in Israel aufnehmen konnte, fand Paul Celan auch dort nur bedingt Ruhe. Er hatte permanent den Eindruck, sich in seinem Verständnis des «pneumatischen» Judentums als einer spirituell fundierten «Gestalt des Menschlichen» und in seinem Dasein als selbst gewählter Exil-Dichter deutscher Sprache rechtfertigen zu müssen – unter anderem im israelischen Rundfunk.[688] Auch bedeutete Israel für Celan ohne Zweifel eine maßlos intensive Erinnerung und Wiederbegegnung mit Czernowitz, seiner Herkunft, der Mutter und jenen Todeslagern, vor denen er selbst geflüchtet und sein Leben (nicht aber das seiner Eltern) gerettet hatte. Die Permanz der Erinnerung an all das damit Verbundene prägte auch in Paris Celans Leben;[689] dennoch trat ihm das Vergangene in Israel in einer Weise entgegen, die zu einer tiefen Erschütterung und Selbsthinterfragung führte. – Schließlich verzichtete er auf die ursprünglich intendierte Fahrt zur Wüstenfestung Massada, der Stätte des Widerstands und Opfers, weil er sich ihrer nicht würdig empfand – *«ich habe es nicht verdient»*[690] – und verließ das Land nach knapp dreiwöchigem Aufenthalt bereits am 17. Oktober, vier Tage früher als geplant.[691]

*

Bald nach der Ankunft in Paris berichtete Paul Celan Franz Wurm in Zürich:

> Siebzehn Tage in Israel: meine intensivsten, seit Jahren. Wo soll ich jetzt hin mit diesem Dort?
>
> Paris, das sind die Härten und dann und wann ein kleines Gedicht. Möchte es doch einmal mehr sein.
>
> Dort, das war, zumal in Jerusalem, auch mein starkes Selbst. Umredet, umschwiegen, umlebt.
>
> Ich habe bei weitem nicht alles gesehen und werde wieder hinmüssen.
>
> Jetzt, hier, heißts umziehn. (20. 10. 1969[692])

Auch gegenüber Ilana Shmueli betonte Celan einen Tag später, dass Jerusalem eine «Wende», eine «Zäsur» in seinem Leben bedeute – und dass er dies bereits vor Antritt der Reise gewusst habe.[693] Vorübergehend erwog Paul Celan, Israel nicht nur bald wieder zu besuchen («Schon denke ich ans Wiederkommen, ans Fort- und Weiterführen, an die Ergänzungen, Vervollkommnungen, soviel Ungesehenes noch, so viel Unerhörtes.»[694]), sondern möglicherweise ganz dorthin zu ziehen[695] («*Ich brauche Jerusalem*, wie ich es gebraucht habe, ehe ich es fand.»[696]). Sein Zukunftswort vom 2. August 1948 an die Verwandten in Palästina, demzufolge er «das Schicksal jüdischer Geistigkeit in Europa zuendeleben» müsse, war Paul Celan in den letzten 21 Jahren in seinem ganzen Leidens-Ausmaß deutlich geworden, teilweise auch in seiner (scheinbaren?) Sinnlosigkeit. Ein Freund versuchte, Paul Celan eine Stelle an der Universität Tel Aviv zu verschaffen – «es beschäftigte ihn [Celan] das Angebot der Universität Tel Aviv, für ihn einen Lehrstuhl zu schaffen, dessen Aufgabe weit über die der Seminare hinausgehen sollte, die er vor einem kleinen Schülerkreis in der Pariser École Normale Supérieure hielt».[697] Alles aber zerschlug sich bald und war von Celan auch nie ernsthaft so entschieden worden,[698] entsprechend Kafkas ambivalenten Palästinaplänen in seinem letzten, von schwerer Krankheit gezeichneten Jahr.[699]

*

Sein Dasein in Paris aber fiel Paul Celan in den nächsten Wochen, im November und Dezember 1969, schwerer als je zuvor:

> Jerusalem hat mich aufgerichtet und gestärkt. Paris drückt mich nieder und höhlt mich aus. Paris, durch dessen Straßen und Häuser ich soviel Wahnlast, soviel Wirklichkeitslast geschleppt habe all diese Jahre.[700]

Paul Celan konnte sich in Paris immer weniger behaupten: «der Stadt Paris bin ich nicht mehr ganz gewachsen – und überhaupt dieser Welt und dieser Zeit.»[701] Dennoch lag ihm auch jegliche Idealisierung Israels fern, dessen Schwächen und Probleme er durch die wache und nüchtern-konkrete Vermittlung Ilana Shmuelis vielmehr im Einzelnen kennen gelernt hatte. «Ich bin Dir dankbar für alles, was Du mir über Israel, auch über seine Schattenseiten sagst, ich bin froh, daß Du es mit offenen Augen siehst – nur so kann man es ja auch wirklich lieben.»[702] Nach außen hin, gegenüber Nichtjuden, verteidigte Paul Celan den israelischen Staat auch in seinen kriegerischen Akten nahezu bedingungslos, nicht jedoch unter Menschen der «Schicksalsgemeinschaft im Jüdischen». «Nur einem Juden gegenüber war Celan [...] bereit, seine Kritik an den Zuständen in Israel rückhaltlos auszusprechen [...].» (Baumann[703])

Obwohl ihn Israel, seinem eigenen Zeugnis zufolge, «aufgerichtet» und «gestärkt» hatte, und ihm die Liebe und Verbindung mit Ilana Shmueli – der er nahezu täglich schrieb und von der er fortwährend Post empfing – Kraft und Zuversicht gab, zweifelte Paul Celan an allem Zukünftigen, zumindest im Hinblick auf seine eigene Situation. Am 27. Oktober schrieb er ihr:

> Wenn mein Gedächtnis nicht so zerstört wäre! Wenn ich nicht befürchten müßte, daß auch Du mir entrückt wirst.[704]

Die Ärzte und ihre Medikamente, so Celan, hätten ihn «zerheilt»[705] – *«wundgeheilt»*, wie er in einer Gedichtzeile schrieb. (II, 51)

Ilana Shmueli ging in ihren Briefen – und den seltenen Telefonaten – ganz auf Paul Celan in seiner Situation, in seiner besonderen Empfänglichkeit, Labilität und Verwundbarkeit ein. «Es ist da auch eine tiefe Ehrfurcht, fast Angst, vor Deiner so seismographischen Empfindsamkeit, die Dich so aussetzt, fast allem was Dich berührt – auch mir. Ich glaube mitzuempfinden, empfinde mit – wo Du verletzt wirst, wo ich verletzte – wo Du zurückzuckst u. flüchtest. Ich glaube, ich weiß Bescheid, u. doch weiß ich es nicht besser zu machen, anders, gut, abgestimmt u. auch ein wenig heilend.»[706] Zugleich war sie in der Lebenspraxis verwurzelt, in einem starken und tätigen Ich gegründet und ihm ein wirkliches Gegenüber – auch im Umgang mit depressiven Stimmungen und Phasen, in denen sie ihm nach Kräften beratend beistand.

*

Dennoch blieb alles schwierig und wurde fortschreitend schwieriger. Vier Wochen nach seiner Rückkehr aus Jerusalem, an seinem 49. Geburtstag, schrieb Paul Celan an die Freundin:

> Ich fühle, ich weiß, daß die Kräfte, die ich in Jerusalem hatte, geschwunden sind. Werden sie wiederkommen, ist es eine vorübergehende Nebenwirkung

eines neuen Medikaments, das ich zur Stärkung meines Gedächtnisses nehme? Ist es die – sich wiederholende – Folge von acht oder neun Jahren «Chemie»?[707]

Mit finanzieller Unterstützung von Gisèle hatte Paul Celan mittlerweile eine Wohnung nahe dem Pont Mirabeau gekauft, zog aber nur ausgesprochen zögernd ein, vermisste seine Familie[708] und litt unter den leeren Zimmern sowie dem Lärm der umgebenden Straßen: «Ich werde die Fensterscheiben verdreifachen oder sonst irgendwie gegen den Straßenlärm abdichten lassen müssen, nur fehlt mir vorläufig das Geld dazu.»[709] Auf diese Weise fortwährend auch mit «unmetaphysischen, paraexistentiellen Fragen» beschäftigt, schleppte sich Paul Celan, der Dichter der «letzten Dinge»,[710] mühsam fort, «tagauf, tagab». Nur selten flackerte zu dieser Zeit noch sein spielerischer Humor auf, und war dann meistens zynisch durchwirkt. Am 27. November hieß es in einem Brief an Franz Wurm:

Lieber Franz,
warum kommt keine Nachricht von Ihnen? Ich befürchte fast, die schönen Briefmarken haben es irgendeinem Zwischenmenschen angetan – der Briefträger, der mir Ihren Expreßbrief brachte machte Ansprüche geltend, und jetzt die neue Concierge, die einen briefmarktenden Sohn hat –, bitte kleben Sie einfache Marken aufs Kuvert.

Wie geht es Ihnen lieber Franz? Ich lasse mich belärmen, denke an meine letzte Reise zurück, an die Menschen und Dinge, denke an meine nächste Reise – wohin?

Es ist zuviel Paris auf meinen athletischen Schultern (und ein Stückchen weiter drinnen). Aber vermutlich ist das nur – wie manches andere – ein Hilfswort.

Ein Brief von Ihnen, bald, wäre eine Freude.

Herzliche Grüße
Ihr Paul[711]

Zwei Tage später notierte Paul Celan die Zeilen:

ES KOMMT auch ein Sinn
die engere Schneise daher,

den erbricht
das tödlichste unsrer
stehenden Male.
(III, 107)

*

Im Dezember 1969 lebte Paul Celan dem angekündigten Weihnachtsbesuch von Ilana Shmueli in Paris entgegen, die mit ihren Briefen für ihn kämpfte – für sein Dasein und seine Zukunft, entgegen den Versuchungen der Selbstaufgabe und des Selbstmords, die ihr als reale, mit Celan verbundene Gefahren permanent vor Augen standen. Celan selbst schrieb über die «fast totale Leere» – «kein Denken, kein Fühlen, kein Schreiben»[712] –, von seiner «Gedanken- und Gefühlssperre».[713] Er kannte sich in den Erfahrungs- und Sprachwelten der Psychiatrie und Psychopathologie mittlerweile bestens aus, hatte vieles selbst durchlitten und darüber hinaus zahlreiche Bücher studiert. Noch immer musste er sich in dichter Frequenz bei einem amtlich bestellten Psychiater zeigen, für ein regelmäßig zu erneuerndes Gutachten, das Rechenschaft von seinem Gesundheits- und Gefährdungszustand ablegte – von seiner Gefahr für sich und der möglichen Gefährdung anderer. Am 11. Dezember schrieb er an Franz Wurm: «Es kommen kahle Zeiten heute, Franz: ich muss täglich in meine Abgründe hinab, ich lebe von heute auf morgen, von heute auf heute vielmehr.»[714] Am übernächsten Tag hieß es in einem Gedicht: *«aus dem zerscherbten / Wahn / steh ich auf / und seh meiner Hand zu, / wie sie den einen / einzigen / Kreis zieht.»*[715]

Zu dem «zerscherbten», mit der Wirklichkeit korrespondierenden «Wahn» Paul Celans gehörte immer wieder das Gefühl der realen Bedrohung und Verfolgung:

René Char hat mir erzählt, er sei einmal in den ersten Morgenstunden von ihm [Celan] angerufen worden: er möge bitte kommen, in einem Hauseingang gegenüber stünden zwei Kerle, die schauten immer wieder zu seinem Fenster herauf ... Char habe ein Taxi bestellt, übers Pyjama den Regenmantel angezogen und sei hingefahren und habe – Hüne, der er war und der nötigenfalls so aufzutreten verstand, dass Widerrede von vornherein ausgeschlossen war – ihre Ausweise verlangt und notiert und sei später, da auch ihm die beiden bedenklich vorgekommen waren, Auskünften nachgegangen. Sie lauteten auf zwei ehemalige Lager-Schergen. (Franz Wurm)[716]

*

Ilana Shmueli kam schließlich kurz vor Weihnachten nach Paris und war auch im Januar 1970 – als sie Fortbildungskurse in London besuchte – oft bei Paul Celan. Nächtelang las er ihr seine neuesten Gedichte vor, die nach seinem Tod in den Bänden *Lichtzwang* und *Schneepart* veröffentlicht und von vielen Kritikern als weitgehend unzugänglich bezeichnet werden sollten: «[...] als er las, war alles selbstverständlich.»[717] Über die persönliche Lesung und Situation schrieb Ilana Shmueli weiter: «Er las das ganze Werk in einem Zug, da er jeden Band als Einheit erfasste und sie auch vom Hörer so erlebt haben wollte. Er setzte viel Verständnis voraus, sein intensives, klares, streng gemessenes Lesen erzwang ein Maximum an Konzentration und Mitgehen. Er unterbrach sich nur selten mit kurzen Erläuterungen. Ich hörte, erriet, glaubte zu wissen und fragte nicht. *Lichtzwang* – er hatte es einmal halb scherzend, halb im Ernst ‹Tollhaustrüffel› nennen wollen. Dann sprach er von ‹Sinneinwärts›. Über den Band *Schneepart* sagte er, dass es wohl das Stärkste und Kühnste wäre, das er je geschrieben hatte, zwischen Dezember 1967 bis Oktober 1968, einer Zeit, die er als eine ‹am Rande des Wahnsinns› bezeichnete. – Ich sah seine Krankheit als die unendliche Fremdheit, die wiederholten Brüche und Risse in seinem Leben. Im Grunde seines Wesens ein unbezähmbarer Rebell wollte und konnte er sich

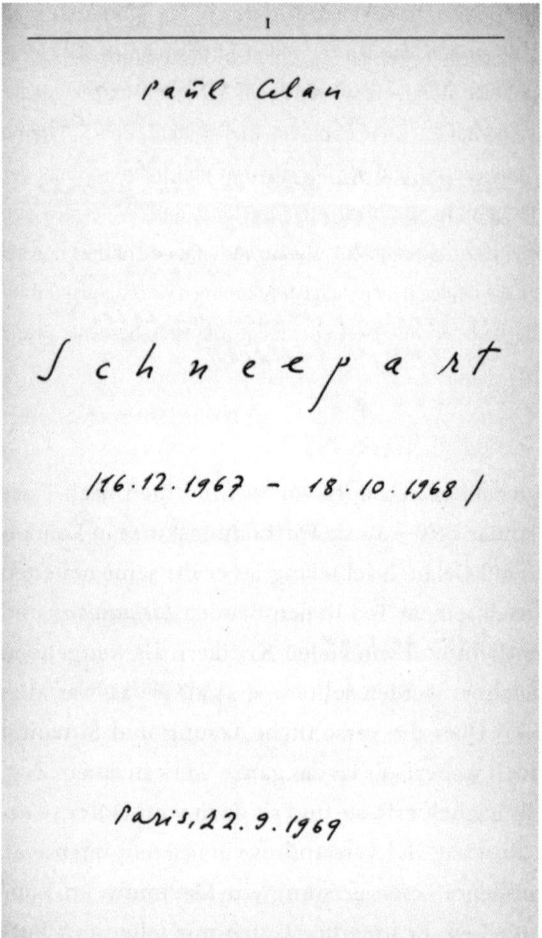
I

Paul Celan

Schneepart

/16.12.1967 – 18.10.1968/

Paris, 22.9.1969

Paul Celan, Titelblatt des Manuskripts von *Schneepart*

nicht fügen, er schlug um sich und verletzte sich immer aufs neue. War dieser ‹Wahnsinn› nicht der denkbar größte Schmerz, von dem her er seine Gedichte schrieb?»[718]

Im Zusammensein mit Ilana Shmueli (ein *«Liebesbündnis gegen das Schicksal»*[719]) hielt sich Paul Celan weitgehend aufrecht – und durchlebte leichtere Stunden, wenngleich der Schatten und die Spannung nur noch selten von ihm wichen.[720] Auch die Begegnungen mit Eric und Gisèle, die bis zuletzt regelmäßig stattfanden, taten ihm gut. *«Du kennst meinen Vorsatz, den meines Daseins; Du kennst meinen Seinsgrund»*, schrieb er Gisèle am 14. Januar 1970.[721] Einen Tag später hieß es in einem Brief an Ilana Shmueli: «In mir ist höllische Leere, Ilana, aber meine Knochen sagen: wir denken. / Es ist anzunehmen, daß ich hundert Jahre alt werde – warum auch nicht?»[722]

In den Januartagen des Jahres 1970 lehnte Paul Celan das Angebot einer Vertonung der «Todesfuge» nachdrücklich ab – nicht jedoch das Gedicht als solches: «Dieses Gedicht muß jetzt, lange noch, ganz bei sich bleiben. Ich selbst lese es auch nicht mehr in der Öffentlichkeit.»[723] Gegenüber Hans Mayer hatte Paul Celan einmal betont, dass er seine Gedichte nicht zurücknehme: «Ich nehme nie ein Gedicht zurück, lieber Hans Mayer!»[724] – trotz des Missbrauchs, der ihnen teilweise widerfuhr und des Unverständnisses, dem viele von ihnen begegneten. Noch immer lebte Paul Celan aus den Kräften seiner Dichtung, seiner «Lebensschrift» – «[...] geschrieben ins Herz / der Stundenzäsur – in das Reich, / in der Reiche / weitestes, in / den Großbinnenreim / jenseits / der Stummvölker-Zone, in dich / Sprachwaage, Wortwaage, Heimat- / waage Exil» (I, 288)

Als Ilana Shmueli am 2. Februar 1970 sich von Paul Celan verabschiedete, um wieder zu ihrer Arbeit und Familie nach Israel zurückzukehren, und sich ein Photo von ihm erbat, schenkte er ihr eine Postkarte Rembrandts: «Selbstbildnis aus der letzten Lebenszeit». Paul Celan bemerkte dazu, dass er nicht an ein Wiedersehen mit ihr glaube, lenkte jedoch sofort wieder ab: «Dann versuchte er es wegzulachen. Er gab mir eine kleine Ausgabe eines Sammelbandes mit seiner Büchner-Preis-Rede, kaufte mir Feder und Papierblock und bat mich, ihm noch im Zug zu schreiben.»[725]

Ilana Shmueli war mit dem unbedingten Vorsatz nach Paris gekommen, Paul Celan aus seiner tiefen Depression zu befreien; sie musste sich (und ihm) jedoch eingestehen, darin versagt zu haben. Celan sah das anders, und schrieb ihr Anfang März nach Tel Aviv:

Du kennst meine Verfassung, Du weißt, wie es dazu gekommen ist, die Ärzte haben da viel zu verantworten, jeder Tag ist eine Last, das, was Du «eine» – genauer: «meine eigene Gesundheit» nennst, das kann es wohl nie geben, die Zerstörungen reichen bis in den Kern meiner Existenz hinein. Aber gewiß: ich stehe noch, ich werde – ich will – stehen, eine ganze Weile noch. Deine Briefe, Dein Zu-mir-Sein bedeuten mir viel, sehr viel.[726]

[...] Nein, Ilana, Du hast nicht versagt, keineswegs, nur: es ist spät geworden in meinem Leben, vor der Zeit.

Wäre ich, ich sagte es Dir ja, im Vollbesitz meiner Kräfte, ich ginge nach Israel, ohne Illusionen, aber – ich ginge hin. Aber, so wie ich bin, geworden bin, hieße Hingehn die Menschen dort behelligen mit Problemen, für die sie, in ihrer Not, kein Organ, keinen Sinn haben können. Mein zerstörtes – Du sagst: *ge*störtes Gedächtnis ist ein schweres Handicap, in Israel, wo ich, das wäre die conditio sine qua non, konkrete, intensive Arbeit leisten möchte, erwiese es sich als ein noch schwereres. –[727]

Ende Februar 1970 kam der israelische Dichter David Rokeah, der Paul Celans Lesung in Tel Aviv eingeführt hatte und Nelly Sachs übersetzte, zu Besuch nach Paris. «Stunden im Gespräch über Gedichte, seine und meine; über Möglichkeiten und Unmöglichkeiten des Übersetzens; über Jerusalem, seines und meines.»[728] Zu Rokeah sagte Celan, er könne keinen Platz für sich finden, weder in Israel noch in Paris – und fühle sich hier wie dort als ein Fremder.[729] In denselben Tagen schrieb Celans Freund und Schicksalsgenosse Peter Szondi an Gershom Scholem, dass er den ihm angebotenen Lehrstuhl Lea Goldbergs an der Jerusalemer Universität nicht übernehmen könne – «weil ich es verlernt habe, zu Hause zu sein».[730]

*

Bald darauf, ab dem 9. März 1970, hatte Paul Celan für zehn Tage einen weiteren Gast: Franz Wurm kam für gemeinsame Arbeiten und Gespräche aus Zürich. Wurm, sein zu dieser Zeit wohl bester

Freund, gewahrte die weitgehend leeren Regale in Celans neuer Wohnung, in denen nur eine Handvoll Bücher standen[731]; auch fiel es ihm schwer, mit Celan die intensiven Unterhaltungen der Vergangenheit fortzusetzen: «unsere Abend- und Nachtgespräche verliefen oft beinah stumm».[732] Tagsüber erlebten die Dichterfreunde wiederholt antisemitische Vorfälle, die Paul Celan in große innere Spannung versetzten:

> Unterwegs in der Métro, im Gespräch. Da springt hinter uns aus einer Gruppe junger Leute einer auf und brüllt durch den Wagen «Les juifs au four!» Ich sah das Gesicht [Paul Celans] sich spannen, die Fäuste sich ballen. Vor dem Ausgang, auf eine Mauer gesprüht, ein Davidstern und daneben «=SS». Wenige Minuten später auf der Post nimmt der Schalterbeamte unsere Briefe, frankiert sie einen nach dem andern mit der Maschine, wirft sie, einen nach dem andern, in den Korb, auch das Aerogramm nach Israel, das er, bevor er es in den Korb wirft, ohne aufzuschaun, langsam zerknüllt ... Und auf dem Rückweg der Taxichauffeur schimpft über «ces salauds de juifs». So überall, Tag für Tag, immer wieder.[733]

Unmittelbar nach der Abreise Franz Wurms, Gesprächen mit Hans Mayer über Israel[734] und einem letzten Treffen mit Peter Szondi (am 17. März im Café Les Deux Magots) verließ auch Paul Celan Paris – und unternahm einen abschließenden Gang nach Deutschland, seine letzte Reise überhaupt. Celan fuhr nach Stuttgart und las dort – nach seiner zögerlichen Zusage – auf einer Tagung zum 200. Geburtstag Hölderlins am 21. März 1970 vor 200 Menschen Gedichte aus seiner Sammlung *Lichtzwang*, die er ursprünglich unter dem Titel *Sinneinwärts* hatte veröffentlichen wollen. Die Zuhörer aber waren irritiert, kamen und wollten nicht mit:

> Geeichte Philologen, genauestens informiert über die Thesen der Sekundärliteratur zu einzelnen Dunkelheiten Hölderlins, sperrten sich gegen den Mann da oben und gegen sein Wort. (Hans Mayer[735])

Paul Celan erlebte diese Publikums-Reserve in aller Deutlichkeit – *«Die Lesung wurde totgeschwiegen oder als ‹unverständlich› abgetan.»*[736] –, ebenso die Zudringlichkeit eines Medienmannes, der ihn während der Lesung und ohne vorherige Anfrage zu filmen begann. Beinahe zehn Jahre waren mittlerweile vergangen, seit Celan in Darmstadt gesagt hatte:

> Das Gedicht will zu einem Andern, es braucht dieses Andere, es braucht ein Gegenüber. Es sucht es auf, es spricht sich ihm zu.
>
> Das Gedicht wird [...] zum Gedicht eines – immer noch – Wahrnehmenden, dem Erscheinenden Zugewandten, dieses Erscheinende Befragenden und ansprechenden; es wird Gespräch – oft ist es verzweifeltes Gespräch. (III, 198)

*

Paul Celan hörte in Stuttgart noch die Festrede Martin Walsers auf Hölderlin, der – so Walser – darauf angewiesen gewesen sei, sich im Anderen erfahren zu können;[737] er besuchte Hölderlins Geburtsort Lauffen am Neckar, aber auch seine alten Stuttgarter Freunde Hanne und Hermann Lenz, mit denen es im Gefolge der Goll-Affäre 1960/61 zum vollständigen Bruch gekommen war.[738] Dann reiste er mit seinem französischen Lyriker-Kollegen und Übersetzer André Du Bouchet – der unter anderem Celans «Meridian-Rede» in die französische Sprache übertragen und 1966 publiziert hatte – sowie dem Literaturwissenschaftler Bernhard Böschenstein weg von der ihn irritierenden Festveranstaltung[739] nach Tübingen und besah ein letztes Mal den Turm, in dem der erkrankte Friedrich Hölderlin von 1807 bis 1843 – über 36 Jahre – gelebt hatte.[740] Die Bezugnahme auf Hölderlin begleitete Paul Celans gesamtes Arbeitsleben und seinen ganzen Weg[741] – Hölderlins Zeilen *«so viel auch wirket die Not»* unterstrich sich Celan wie viele andere.[742] Neun Jahre zuvor, nach einem Besuch bei Walter Jens (in Angelegenheiten Claire Golls) hatte Celan das Gedicht «Tübingen. Jänner» geschrieben[743]:

Zur Blindheit über-
redete Augen.
Ihre – «ein
Rätsel ist Rein-
entsprungenes» –, ihre
Erinnerung an
schwimmende Hölderlintürme, möwen-
umschwirrt.

Besuche ertrunkener Schreiner bei
diesen
tauchenden Worten:

Käme,
käme ein Mensch,
käme ein Mensch zur Welt, heute, mit
dem Lichtbart der
Patriarchen: er dürfte,
spräch er von dieser
Zeit, er
dürfte
nur lallen und lallen,
immer-, immer-
zuzu.

(«Pallaksch. Pallaksch.»)
(I, 226)[744]

«[...] das Gedicht zeigt, das ist unverkennbar, eine starke Neigung zum Verstummen.» (Darmstadt, 22. 10. 1960; III, 197).

*

Die Karwoche verbrachte Paul Celan erneut in Freiburg, bei Gerhart Baumann und interessierten Freunden. Zur selben Zeit erschien sein durch Meister Eckhart inspiriertes[745] Jerusalem-Gedicht «Du sei wie du» in der *Neuen Zürcher Zeitung*. In Stuttgart hatte Paul Celan es abgelehnt, die Matthäus-Passion zu hören; am Karmittwoch aber fuhr er von Freiburg nach Colmar und betrachtete dort lange Matthias Grünewalds Darstellung der Kreuzigung Christi, ehe er den Ausstellungsraum des Dominikanerinnen-Klosters erschüttert verließ: [746]

> Schweren Schritts strebte Celan dem Kreuzgang zu, der Widerstand der schmerzlichen Stille war unerträglich geworden. «Es ist genug!», äußerte er halblaut aber entschieden; die Stimme kam wie von weit her, aus jener Ferne des Grauenhaften, die ihm beständig nahe blieb.[747]

Einen Tag später, am Gründonnerstag, las Celan in Freiburg erneut aus seinen *Lichtzwang*-Gedichten, vor kleinem, geladenem Kreis, zu dem Martin Heidegger, aber auch die Tochter Ludwig von Fickers gehörte. Knapp und lakonisch das in Freiburg Erlebte zusammenfassend, schrieb Celan an Franz Wurm nach Zürich: «Ich habe hier, auch hier, manche Erfahrung gewonnen, manchen Einblick.»[748]

In näherer Erläuterung hieß es dann in einem Brief an Ilana Shmueli vom 6. April, den Paul Celan bereits wieder von Paris aus nach Israel aus sandte:

> Ich bin nur intermittierend «da». Meine Gedichte – in Stuttgart gab es spürbaren Widerstand bei den Zuhörern, in Freiburg, wo ich sie zweimal, in engem und engsten Kreise bei Prof. Baumann las bewirkten sie, nicht bei allen Anwesenden, auch nicht beim ebenfalls zuhörenden Martin Heidegger, ein Äußerstes an Hören und Verstehen –, meine Gedichte schaffen mir augenblicksweise, eben wenn ich sie lese, Daseinsmöglichkeit, Stehen.
>
> Bedräng mich nicht: ich lebe mit dem, was Du sagst, ich spüre, wenn Du schreibst, daß Du nah bist, doch – verzeih –, ich verlasse den Ort, wo das geschieht, die Dinge, noch die äußersten stärksten und stärkendsten, ziehen sich zurück, es bleibt: das Alleinsein. Das wird, ich glaube es, kaum je anders sein können; vermutlich muß ich mit noch Extremerem rechnen.[749]

Am selben Tag nahm Celan seinen Unterricht an der École Normale Supérieure wieder auf.

*

KROKUS, vom gastlichen
Tisch aus gesehn:
zeichenfühliges
kleines Exil
einer gemeinsamen
Wahrheit,
du brauchst
jeden Halm.
(III, 122)

Am Tag des «Krokus»-Gedichtes – am 7. April 1970 – lehnte Paul Celan einen vom Suhrkamp-Verlag vorgeschlagenen Werbetext für seinen neuen Gedichtband *Lichtzwang* ab und schrieb in diesem Zusammenhang an Siegfried Unseld:

> Meine Gedichte sind weder hermetischer geworden noch geometrischer; sie sind nicht Chiffren, sie sind Sprache; sie entfernen sich nicht noch weiter vom Alltag, sie stehen auch in ihrer Wörtlichkeit – nehmen Sie etwa «Fertigungshalle» – im Heute. Ich glaube, ich darf sagen, daß ich mit diesem Buch ein Äußerstes an menschlicher Erfahrung in dieser unserer Welt und dieser unserer Zeit eingebracht habe, unverstummt und auf dem Wege zu Weiterem.[750]

Auch gegenüber seinem Schulfreund Gustav Chomed hatte Paul Celan vier Monate zuvor, Anfang des Jahres 1970, betont: «Ich habe in meinen Gedichten ein Äußerstes an menschlicher Erfahrung in dieser unserer Zeit eingebracht. So paradox das auch klingen mag: gerade das hält mich auch.»[751]

Wenige Tage nach der kategorischen Erklärung an Siegfried Unseld verfasste Paul Celan seinen letzten Brief an Ilana Shmueli, in dem er ihr davon sprach, dass sein wiederaufgenommener Kafka-Unterricht an der École Normale Supérieure bisher gut gelinge[752] – um sodann fortzufahren:

> Wenn ich in der Ecole einen guten Tag habe, hält mich das eine Zeitlang, auch in anderen Situationen.
>
> Ich habe einige Deiner Briefe wiedergelesen, ich werde alle wiederlesen. Dein Wort darüber, daß Wahrhaftigkeit Sehnsucht sei, hat mich ganz ergriffen. Laß mich dieses Wort Kafkas hier aufschreiben: «Die Welt ins Reine, Unabänderliche, Wahre heben.»
>
> Sei nicht unruhig, wenn jetzt eine Zeitlang – acht oder zehn Tage – keine Post von mir kommt: ab morgen ist ein Poststreik angekündigt.
>
> Im Herbst wird «Lichtzwang» erscheinen.
>
> Erlaub mir zu sagen, daß ich zu meinem Verleger, Siegfried Unseld, Vertrauen habe.
>
> Du weißt, was meine Gedichte sind – lies sie, das spüre ich dann.
>
> (12. 4. 1970[753])

In dieser Zeit entstand auch das letzte, mit dem Wort «Sabbath» endende Gedicht Paul Celans:

REBLEUTE graben
die dunkelstündige Uhr um,
Tiefe um Tiefe,

du liest,

es fordert
der Unsichtbare den Wind
in die Schranken,

du liest,

die Offenen tragen
den Stein hinterm Aug,

der erkennt dich,
am Sabbath.
(III, 123)[754]

*

Im «Eingedenken» Ossip Mandelstams hatte sich Celan viele Jahre zuvor notiert: «Der Dichter muß, wenn er wahr bleiben will, seinen Gedichten *nachleben.* Mandelstamm lebt seinen Gedichten nach, er folgt ihnen in den Untergang.»[755] Paul Celan wählte den eigenen Tod und starb in der Pariser Seine in der zweiten Aprilhälfte des Jahres 1970, zur Zeit von Pessach, dem «Überschreitungsfest», von dem er im November 1920 seinen – religiösen – Zweitnamen erhalten hatte – *«Die Segel braucht keiner zu streichen, / ich Fahrensmann / geh.»* (II, 223). «Départ Paul», notierte er in seinen Kalender am 19. April, und unterstrich die beiden Worte zweimal. Unmittelbar darauf ging er sehr wahrscheinlich in den Tod, den «namenlosesten und einsamsten Tod»,[755a] am 20. April, dem Geburtstag Adolf Hitlers, einmal mehr seiner Daten «eingedenk».[756]

Martin Heidegger hatte mit Paul Celan im Mai zu den Stätten Hölderlins im Bereich der oberen Donau reisen wollen; auf Celans Schreibtisch in der Avenue Émile Zola fand man nach seinem Tod die aufgeschlagene Hölderlin-Biographie von Wilhelm Michel und den darin markierten Satz Clemens von Brentanos über einen Dichter, den seine Zeit- und Krankheitsumstände für fast vier Jahrzehnte in den Tübingen Turm gezwungen hatten:

> Manchmal wird dieser Genius dunkel und versinkt in den bitteren Brunnen seines Herzens.[757]

DU LIEGST HINAUS
über dich,
über dich hinaus

liegt dein Schicksal
(III, 73)[758]

III. «Alles ist unvergessen»

Paul Celan und Nelly Sachs – Lebensbegegnung und Tragik

> Nelly, Liebe! Ich sehe, das Netz ist noch da,
> es läßt sich nicht im Handumdrehn entfernen…
>
> Paul Celan, 19. 8. 1960

Paul Celan las 1953, sechs Jahre nach ihrem Erscheinen und in seinem 33. Lebensjahr stehend, erstmals Gedichte von Nelly Sachs (aus dem Zyklus *In den Wohnungen des Todes*) in der französischen Zeitschrift *Documents,* in deutscher wie in französischer Sprache, darunter den «Chor der Waisen»:

Wir Waisen
Wir klagen der Welt:
Herabgehauen hat man unseren Ast
Und ins Feuer geworfen –
Brennholz hat man aus unseren Beschützern gemacht –
Wir Waisen liegen auf den Feldern der Einsamkeit.
Wir Waisen
Wir klagen der Welt:
In der Nacht spielen unsere Eltern Verstecken mit uns –
Hinter den schwarzen Falten der Nacht
Schauen uns ihre Gesichter an,
Sprechen ihre Münder:
Dürrholz waren wir in eines Holzhauers Hand –
Aber unsere Augen sind Engelaugen geworden
Und sehen euch an,
Durch die schwarzen Falten der Nacht
Blicken sie hindurch –
Wir Waisen

Wir klagen der Welt:
Steine sind unser Spielzeug geworden,
Steine haben Gesichter, Vater- und Muttergesichter
Sie verwelken nicht wie Blumen, sie beißen nicht wie Tiere –
Und sie brennen nicht wie Dürrholz, wenn man sie in den Ofen wirft –
Wir Waisen wir klagen der Welt:
Welt warum hast Du uns die weichen Mütter genommen
Und die Väter, die sagen: Mein Kind du gleichst mir!
Wir Waisen gleichen niemand mehr auf der Welt!
O Welt
Wir klagen dich an!
(1, 54 f.)

Aufgrund seiner Lektüre schrieb Paul Celan Nelly Sachs einen nicht mehr erhaltenen Brief nach Stockholm; ein Jahr später, 1954, ließ er ihr seinen ersten, in Deutschland erschienenen Gedichtband über den Verlag senden: *Mohn und Gedächtnis.*

Nelly Sachs, die zu diesem Zeitpunkt in Deutschland kaum gelesen und wahrgenommen wurde, erbat sich daraufhin von der Deutschen Verlagsanstalt (über die sie – von Stuttgart aus – *Mohn und Gedächtnis* erhalten hatte) Celans Pariser Adresse und dankte ihm für das «tiefe Erlebnis, das mir Ihre Gedichte gaben» – «Sie sehen viel von jener geistigen Landschaft die sich hinter allem Hiesigen verbirgt, und haben die Kraft des Ausdrucks für das leise sich öffnende Geheimnis.»[759] Nelly Sachs bat ihrerseits den Fischer-Verlag, Celan ihren Gedicht-Band *Sternverdunkelung* zukommen zu lassen, und schrieb im letzten Satz ihres Briefes an ihn:

> Auch ich muß diesen inneren Weg gehn der von «Hier» ausgeht nach dem unerhörten Leiden meines Volkes, und der weitertastet aus der Qual.[760]

*

Über drei Jahre vergingen dann, in denen die begonnene Korrespondenz nicht weitergeführt wurde.[761] Im Dezember 1957 aber bat Paul Celan Nelly Sachs um einige unveröffentlichte Gedichte für eine in Rom halbjährlich – in fünf Sprachen – erscheinende Literaturzeitschrift, deren Gastredakteur er (gemeinsam mit Ingeborg Bachmann) war. Er besitze, so Celan in diesem Schreiben, Nelly Sachs' neuen, vor einigen Monaten erschienenen Gedichtband *Und niemand weiß weiter*: «er steht, mit den beiden anderen [*In den Wohnungen des Todes/Sternverdunkelung*], neben den wahrsten Büchern in meiner Bibliothek.»[762]

Nelly Sachs antwortete Celan nur wenige Tage nach dem Erhalt seiner Anfrage. Sie freute sich außerordentlich über seine Bitte und die zum Ausdruck gebrachte Wertschätzung ihres Werkes: «Ihr Brief war eine der großen Freuden in meinem Leben. Sie wissen um meine Dinge, haben sie bei sich, so habe ich Heimat.»[763] Nelly Sachs, die erneut ihre Hochachtung vor Celans eigener Arbeit bekundete (*«Ihre Gedichte leben bei mir.»*), übersandte unverzüglich das Gewünschte, nachdem sie ihre Unterlagen durchgesehen und manches für ihn handschriftlich kopiert hatte. Es waren Gedichte im Umraum des Todes ihrer Mutter, die Nelly Sachs bisher zurückgehalten hatte – «weil sie ihr zu privat erschienen»[764] –, nun jedoch voller Vertrauen Paul Celan überstellte:

> Aufzeichnungen und Gedichte aus meiner Untergangszeit liegen da versteckt, nur Mittel den Atem vor dem Ersticken zu retten. So kamen Ihre lieben, zarten Worte und wurden Anlaß einiges hervorzusuchen, abzuschreiben und es hier anbei zu legen.
>
> Tun Sie damit wie Sie denken, oder bewahren Sie es bei sich selber.[765]

Nelly Sachs wünschte Paul Celan «Segen» für sein Werk – und er antworte am 3. Januar 1958 bewegt:

Sehr verehrte gnädige Frau, lassen Sie mich Ihnen von Herzen für Ihre Gedichte danken! Sie wissen nicht, wieviel es mir bedeutet, von Ihnen selbst, begleitet von so liebenswürdigen Zeilen, Gedichte zu erhalten und diese Gedichte weiterreichen zu dürfen.[766]

Auch sein Brief endete mit dem Wort *«Friede und Segen»*, in hebräischer Sprache.

*

Nachdem Nelly Sachs am 9. Januar 1958 das italienische Lyrik-Heft erhalten hatte, in dem sie ihre Gedichte in schöner Form abgedruckt fand, wandte sie sich augenblicklich wieder an Celan, und schrieb ihm ausführlich, ganz offensichtlich tief ergriffen von seinem Eintreten für ihr weithin verkanntes Werk. Sie dankte ihm für sein letztes Schreiben vom 3. Januar mit dem hebräischen Gruß und begann ihre Nachricht mit den Worten:

Lieber Dichter und lieber Mensch Paul Celan,

Ihr Brief brachte wieder so viel Freude aber bitte, nennen Sie mich bei meinem Namen, es ist mir so als ob das Wunder einen Menschen über die Fernen gewonnen zu haben, müßte damit gefeiert werden daß man sich ohne Umschweif nur mit dem Wesen begegnet. [...] Und das Schönste immer wieder daß Sie es sind die sich meiner Dinge annahmen. Eigentlich irrten meine Bücher bis jetzt als Waisen umher. Natürlich gibt es einige Menschen denen ich damit etwas geben durfte, aber sonst wollte niemand etwas von den Dingen wissen, und Fischer mußte einen Teil der Sternverdunkelung einstampfen.[767]

In diesem Brief brachte Nelly Sachs ihr dichterisches und geistiges Selbstverständnis, ja den Sinnhintergrund ihrer poetischen Arbeit Celan gegenüber erstmals zum Ausdruck. Paul Celan hatte sie um eine biographische Notiz und eine Übersicht über ihre bisherigen Veröffentlichungen gebeten – sehr wahrscheinlich für die italienische Zeitschrift. Nelly Sachs ging darauf ein und zählte ihm, abgesehen von ihrem ungefähren Geburtsdatum (*«geb. in Berlin 91»*), ihre Gedicht-Publikationen sowie ihre (unveröffentlichten) dramatischen Versuche auf: «Im *‹Abram im Salz›* habe ich versucht das alte Kulttheater das Mim und Musik einschließt zu beleben. *Nachtwache* spielt das Thema Henker und Opfer herein, und nun in dem neuen führt Mythe und Heutiges zusammen. Alles Versuche die vielleicht unmöglich sind aufzuführen, die aber über den Rand der Lyrik hinausspringen wollten.»[768] Einleitend aber schrieb sie über sich und ihre Arbeit in grundsätzlicher Orientierung:

> Es gibt und gab und ist mit jedem Atemzug in mir der Glaube an die Durchschmerzung, an die Durchseelung des Staubes als an eine Tätigkeit wozu wir angetreten. Ich glaube an ein unsichtbares Universum darin wir unser dunkel Vollbrachtes einzeichnen. Ich spüre die Energie des Lichtes die den Stein in Musik aufbrechen läßt, und ich leide an der Pfeilspitze der Sehnsucht die uns von Anbeginn zu Tode trifft und die uns stößt, außerhalb zu suchen, dort wo die Unsicherheit zu spülen beginnt. Vom eignen Volk kam mir die chassidische Mystik zu Hilfe, die eng im Zusammenhang mit aller Mystik sich ihren Wohnort weit fort von allen Dogmen und Institutionen immer aufs neue in Geburtswehen schaffen muß.[769]

Erneut endete Nelly Sachs mit einem Segens-Wunsch – und erneut antwortete ihr Paul Celan sofort, mit veränderter Anrede, offen und direkt:

> Liebe, von Herzen verehrte Nelly Sachs!
>
> Ich wäre, als vorgestern Ihr Brief kam, am liebsten in den Zug gestiegen und nach Stockholm gefahren, um Ihnen – mit welchen Worten, welchem Schweigen? – zu sagen, daß Sie nicht glauben dürfen, Worte wie die Ihren könnten ungehört bleiben.
>
> Viel Herzraum ist verschüttet worden, ja, aber das Erbe der Einsamkeit,

von dem Sie sprechen: es wird, weil es Ihre Worte gibt, angetreten, da und dort, im Nächtigen.

Falsche Sterne überfliegen uns – gewiß; aber das Staubkorn, durchschmerzt von Ihrer Stimme, beschreibt die unendliche Bahn.

IhrPaul Celan[770]

Nie hatte Nelly Sachs, die bereits in ihrem achtundsechzigsten Lebensjahr stand, von einem ihr kongenialen Dichter solche Zeilen erhalten. *«Sie ziehen mit mir auf den geheimen Sternenstraßen meines Herzens»*, schrieb sie Celan bald darauf zurück. Und: «Lieber Dichter, lieber Freund, es ist unendlich schön zu wissen daß Sie da sind!»[771]

*

In dieser hochgestimmten Weise hielt Paul Celan die Korrespondenz mit Nelly Sachs jedoch in den folgenden Monaten keinesfalls aufrecht – auf ihre Briefe an ihn, auch auf ihre mitgesandten Gedichte, erhielt sie nur selten Antwort. Nelly Sachs sorgte sich zunehmend um ihn und befand sich zugleich selbst in einer angespannten und labilisierten seelischen Verfassung, war einsam und erlebte sich bedroht. Celan, der die geistig-politische Situation in Deutschland,[772] die Verdrängung der nationalsozialistischen Gewaltrealität und vieles damit Verbundene exakt erfasste, aber auch unter der von Claire Goll gegen ihn seit 1953 entfachten Kampagne außerordentlich litt, schwieg sich gegenüber Nelly Sachs lange Zeit aus. Auf ihre wiederkehrenden Fragen nach seinem Befinden (*«Wollen Sie mich nur mit ein paar Worten wissen lassen wie es Ihnen geht? Ob Sie dieser Brief erreicht hat? Meine Unruhe ist groß!»*)[773], ging er – in der Geste eines sich steigernden Verstummens – kaum jemals ein. Erst auf ihre dezidierte Bitte, die sie mit der Übersendung weiterer Gedichte äußerte,[774] antwortete er am 30. Mai 1958 aus Paris:

Liebe, verehrte Nelly Sachs!

Ich danke Ihnen, ich danke Ihnen von Herzen.

All die unbeantwortbaren Fragen in diesen finsteren Tagen. Dieses gespenstische, stumme Noch-nicht, dieses noch gespenstischere, stummere Nicht-mehr und Schon-wieder, und dazwischen das Unvorhersehbare, schon morgen, schon heute.

Immer

Ihr Paul Celan[775]

Selbst auf ihre eindrucksvolle Reaktion nach Erscheinen seines Gedichtbandes *Sprachgitter* antworte Paul Celan nicht, obwohl Nelly Sachs ihm am 3. September 1958 geschrieben hatte:

> Ihr «Buch der Strahlen», Ihr «Sohar» ist bei mir. Ich lebe darin. Die kristallenen Buchstabenengel – geistig durchsichtig – in der Schöpfung tätig jetzt – augenblicklich. Ich bin draußen an der Schwelle kniend voller Staub und Tränen – aber durch die Ritzen kommt es zu mir durch das Tor, das in das Geheimnis führt im Akt der Verhüllung, dem ersten Schöpfungsakt. Damals als Gott ins Exil ging (Zimzum), um aus seinem Inneren Welt zu schaffen. Mögen alle Ihre Atemzüge weiter so gesegnet sein, das geistige Antlitz der Welt einzubeziehen.[776]

Paul Celan bedauerte unter anderem, dass Nelly Sachs' ganzes, von der Kraft der Liebe und Versöhnung durchsetztes Werk[777] in Gefahr stand, politisch instrumentalisiert zu werden.[778] Als sie ihm – sieben Wochen nach dem «Sohar»-Brief – noch einmal schrieb, was er ihr, zusammen mit der Freundin und «Retterin» Gudrun Dähnert-Harlan, persönlich bedeute und in diesem Zusammenhang bemerkte: *«Unter den fast 8 Jahren im von Verrat starrenden Deutschland genügte dieser eine Mensch die Waage zu halten. Dann kamen Sie mit dem heiligen Wort.»*,[779] machte er sie auf die von ihm gesehene, von Nelly Sachs jedoch weitgehend ignorierte Realität der gegenwärtigen deutschen Verhältnisse aufmerksam.[780] Er legte seinem Brief Blöckers Rezension seiner *Sprachgitter*-Gedichte aus dem *Berliner Tagesspiegel* bei und schrieb:

Ach, Sie wissen gar nicht, wie es in Deutschland tatsächlich wieder aussieht. Sehen Sie – ach, ich weiß, wie sehr ich Sie damit belaste, aber ich muß es Sie wissen lassen – die jüngste meiner Erfahrungen. [...] Und niemand antwortet diesen Burschen! Auch das – das Antworten – bleibt dem Juden überlassen. Die anderen schreiben Bücher und Gedichte «darüber» ...[781]

Nelly Sachs – von deren zunehmend paranoid geprägten Verfolgungsängsten im beginnenden Winter 1959/60 Celan keinerlei Kenntnis hatte – war von Paul Celans Aussagen tief verstört. Sofort nach Eintreffen seiner Nachricht antwortete sie ihm:

Paul Celan, lieber Paul Celan –

gesegnet von Bach und Hölderlin[782] – gesegnet von den Chassiden. Ihr Brief traf mein Herz. Auch mir wurde während des letzten Sommers das Augenlid hochgehoben, die ich so scheu vor Blitzen bin. Ihr Brief – es durchzuckte mich – der Name dieses Kritikers wurde mir von einem jungen Dichter hergetragen, der nach einem Besuch dieses Freundes hierherkam. – Eine Hoffnung, in die ich jahrelang meine innigste Kraft gesammelt hatte, ging damals in Scherben – ich wurde krank, so traf es mich. Lieber Paul Celan wir wollen uns weiter einander die Wahrheit hinüberreichen. Zwischen Paris und Stockholm läuft der Meridian des Schmerzes und des Trostes.

Immer Ihre
Nelly Sachs[783]

Knapp eine Woche später, Anfang November 1959, hieß es in einem weiteren Brief von ihr: «Lieber wundertiefer Dichter Paul Celan, Ihr Werk atme ich ein wenn ich mich abends zu Ruhe begebe. Es liegt neben mir auf dem Tisch und wenn die Nacht zu schwer ist um zu überstehn, wird die Lampe entzündet und ich lese wieder.»[784] Nur kurz auf ihre eigene Situation eingehend und sich sofort wieder Paul Celan zuwendend, beendete sie ihren Brief mit den Worten: *«Ich selbst kämpfe verzweifelt gegen die Mutlosigkeit die einen überfal-*

len kann nach bitteren Erfahrungen, aber Sie lieber Freund, mit dessen Werk ich nichts, garnichts an Reinheit und Durchsicht vergleichen kann, Sie möchte ich schützen vor Ihrer eigenen Traurigkeit!»[785]

Nelly Sachs sorgte sich um die gefährliche, ihn gefährdende Melancholie Paul Celans, und empfand – aus der Ferne – seine ausgesprochene Verletzbarkeit, seine überwache Wahrnehmung von Stimmungen und Haltungen, die er oft und in direkter Weise auf sich selbst bezog. Sie hatte Angst um ihn und schrieb ihm auch in dem für sie schweren Winter des Jahres 1959/60 regelmäßig, jedoch fast ohne Antwort. In der ersten Novemberwoche aber erhielt sie ein persönliches Widmungsexemplar seiner neuen Mandelstam-Übertragungen, in das er Worte aus dem 137. Psalm: «Vergesse ich dein, Jerusalem, so verdorre meine Rechte» in hebräischer Sprache sowie die überraschende Zeile *«Nelly Sachs, / der Schwester / Paul Celan / Gestern, heute und morgen»* geschrieben hatte.[786] Nelly Sachs hatte Paul Celan Anfang Januar 1958, vor knapp zwei Jahren darum gebeten, sie künftig mit ihrem ganzen Namen und damit jenseits konventioneller Höflichkeit («Sehr verehrte gnädige Frau») anzusprechen; nun bezeichnete Paul Celan Nelly Sachs, die zu dieser Zeit in außerordentlich angegriffener und fragiler Verfassung war, als seine geistige *«Schwester»*. «Damit bekommt die Widmung den Charakter eines feierlichen Gelöbnisses von Seiten Paul Celans. Wie der ewige Gott, von dem es heißt, dass er derselbe ist, gestern, heute und morgen, so soll der Schwesternname, die erwählte Geschwisterbeziehung für alle Zeiten gelten.» (Ruth Dinesen)[787]

Nelly Sachs war von Celans Übersetzung der Dichtungen Mandelstams tief beeindruckt, eines jüdischen Dichters, der im selben Jahr 1891 wie sie geboren, Opfer des antisemitischen Terrors unter Stalin geworden und 1938 in einem Zwangsarbeiterlager in Sibirien gestorben war: «Wie haben Sie ihn aus der Nacht gehoben mit seiner ganzen Sprachlandschaft, noch feucht und tropfend von der Quelle. Herrliches Ereignis. Herüberwandlung und wieder neues Gedicht. Dies ist höchste Übertragungskunst.»[788] Auf ihre entsprechenden

1960

Dankesworte, aber auch auf ihre vorweihnachtlichen Zeilen *«Sie haben mir mit Ihren Gedichten eine Heimat gegeben, von der ich erst glaubte daß der Tod sie mir erobern würde. So halte ich hier aus.»*[789] antwortete Celan ebenso wenig wie auf einen kurzen Brief zu Beginn des Jahres 1960, in dem sie – in schlechter eigener Verfassung – ihm für seine Valéry-Übertragung dankte:[790] «Wie tief gedenke ich Ihrer. Das Wunder der Valéry Übertragung, die Herrlichkeit Ihrer Sprache! Es ist da – es bleibt!»[791] Voller Sorgen und in tiefen Ängsten entschied sich Nelly Sachs dann Mitte Februar 1960, Paul Celan noch einmal sehr direkt zu schreiben und um ein Zeichen zu bitten:

> Lieber, lieber Paul Celan,
>
> bin unruhig, Sie in dieser Nachtzeit mit schwefligen Erhellungen zu wissen – in Trauer versunken – möchte nur ein Wort von Ihnen hören und möchte daß Sie wissen, wie sehr tief ich Ihnen und Ihrer heilenden Sprache verbunden bin!
>
> Ihre Nelly Sachs[792]

Daraufhin traf endlich, nach dreimonatigem Warten, wieder eine antwortende Nachricht aus Paris in Stockholm ein:

> Nelly Sachs, liebe Nelly Sachs!
>
> Ich danke Ihnen, ich danke Ihnen von Herzen!
>
> Was kann ich sagen! Täglich kommt mir die Gemeinheit ins Haus, täglich, glauben Sie's mir.
>
> Was steht uns Juden noch bevor?
>
> Und wir haben ein Kind, Nelly Sachs, ein Kind!
>
> Sie ahnen nicht, wer alles zu den Niederträchtigen gehört, nein, Nelly Sachs, Sie ahnen es nicht!
>
> Denn es ist nicht allein Indolenz, es ist Niedertracht und Gemeinheit.
>
> Soll ich Ihnen Namen nennen? Sie würden erstarren. Es sind solche darunter, die Sie kennen, gut kennen. Sie wissen nicht, wieviel Freundschaft ich diesen Menschen (Menschen?) entgegengebracht habe! Einige

schreiben sogar Gedichte. Sie schreiben, diese Menschen, *Gedichte!* Was schreiben sie nicht alles, die Verlogenen!

Ach, könnte ich in Ihrer Nähe sein, oft, mit Ihnen sprechen!

Gott schütze Sie!

Immer

Ihr Paul Celan[793]

Nelly Sachs reagierte auf diesen beunruhigenden Brief sofort – mit einem Gedicht und einer entschiedenen Wendung an Paul Celan:

Mund
saugend am Tod
und sternige Strahlen
mit den Geheimnissen des Blutes
fahren aus der Ader
daran Welt zur Tränke ging
und blühte.

Sterben
bezieht seinen Standpunkt aus Schweigen
und das blicklose Auge
der aussichtslosen Staubverlassenheit
tritt über die Schwelle des Sehens

während das Drama der Zeit
eingesegnet wird
dicht hinter seinem eisigen Schweißtuch.

Sie sind auf der Welt Paul Celan, der reine Mensch!

Also kann die Welt nicht ganz dunkel sein.

Immer

Ihre

Nelly Sachs[794]

Worauf sich Paul Celan mit den von ihm angedeuteten Erfahrungen konkret bezog, erfragte Nelly Sachs nicht, erschüttert von ihren eigenen Erlebnissen in Stockholm und mühsam das Standvermögen wahrend. So beließ es Paul Celan bei den bereits gemachten Andeutungen – und auch Nelly Sachs gab nichts Weiteres von ihrer persönlichen Lebenssituation und ihren Verfolgungsängsten preis.

*

Ende April 1960 aber erkundigte sich Nelly Sachs bei Paul Celan nach der Möglichkeit einer persönlichen Begegnung – in Zürich in der Schweiz. Sie teilte ihm mit, dass sie zur Verleihung des Droste-Preises Ende Mai nach Meersburg am Bodensee kommen werde, auf der ersten Reise seit ihrer Emigration im Mai 1940, vor genau zwei Jahrzehnten: «Es ist das erste Mal nach der Flucht damals, daß ich von Schweden nun ins Ausland fahre.»[795] Auf ärztliches Anraten wollte Nelly Sachs die Reise nach Deutschland, die sie noch im Vorjahr (zur Verleihung des «Literaturpreises des Kulturkreises

Nelly Sachs in ihrer Stockholmer Wohnung, Bergsundsstrand 23, April 1960. Foto: Anna Riwkin

im Bundesverband der Deutschen Industrie») abgelehnt hatte, mit einem kurzen Urlaub im Tessin bei Alfred Andersch verbinden und den Aufenthalt im ehemaligen Land Adolf Hitlers auf nur einen Tag begrenzen – *«Und nun wage ich die Frage: Gibt es eine Möglichkeit vielleicht Sie in Zürich zu treffen? Lieber Paul Celan gibt es diese Möglichkeit? Schreiben Sie mir ein Wort darüber – weiß nicht ob man überhaupt das Recht hat solchen Herzenswunsch zu erbitten!»*[796] Paul Celan sagte Nelly Sachs nicht nur unmittelbar für Zürich zu – und beglückwünschte sie zum Droste-Preis –, sondern lud sie herzlich zu sich und seiner Familie nach Paris ein,[797] was Nelly Sachs sehr berührte. In ihrem Dank für seine Zusage und Einladung skizzierte sie ihm erstmals ihre innere Situation in den vorausgegangenen Monaten, sprach von einer «tief niederdrückenden Folge von Erlebnissen hier», ohne jedoch ihre Verfolgungsängste im Einzelnen zu thematisieren. «Gute Freunde bemühten sich – aber das Gleichgewicht wurde durch Ihren Brief hergestellt – sofort schon als ich Ihre Handschrift sah.»[798] Weder sprach Nelly Sachs die verstärkte Verbreitung antisemitischer Schriften in Schweden an, noch nannte sie das Lokal jugendlicher Neofaschisten in der Nähe ihres Hauses und ihre damit verbundenen, zunehmend panischen Ängste, die sich zuletzt immer eindeutiger auf die Wohnung über ihrer eigenen – und eine von dort ausgehende Abhör-Verfolgung – gerichtet hatten. Kurz vor seiner Einladung war Paul Celan in Paris jedoch von einer engen Stockholmer Freundin von Nelly Sachs – der Schauspielerin Inge Waern – besucht worden, die ihm sehr wahrscheinlich von den letzten Monaten am Bergsundsstrand 23 berichtet hatte. Auch Paul Celans Freund Rudolf Peyer stand mit Nelly Sachs im engen Austausch und hatte von ihren Verfolgungsängsten erfahren – möglicherweise gaben die Schilderungen von Waern und Peyer den Anstoß zur Einladung von Nelly Sachs nach Paris.

Im anfänglichen Wissen um das labile Gleichgewicht, in dem sie sich gegenwärtig befand, sandte Paul Celan ihr – nach Erhalt ihres Schreibens vom 6. Mai – einen nächsten Brief. Er schrieb darin den «Chor der Waisen» für sie eigenhändig ab – *«Nelly Sachs! Von diesem Gedicht her kenne ich sie».* –, in einer entschiedenen Bemühung, sie in ihrem Dasein und ihrer innersten Identität zu bestärken – als einem in der Sprache überlebenden jüdischen Menschen. Zugleich aber bezog Celan das Gedicht ganz offenbar auch auf sich und seine eigene Situation. Er entschied sich nach längerem Zögern, Nelly Sachs über das Ausmaß der erfahrenen Diffamierungskampagne von Seiten Claire Golls zu berichten sowie ihr seine Zweifel an Alfred Andersch mitzuteilen, zu dem sie direkt im Anschluss an die Meersburger Preisverleihung reisen wollte. Wie Nelly Sachs war Paul Celan seit vielen Jahren mit Andersch bekannt, der ihn in Paris besucht hatte; in Anderschs Zeitschrift *Texte und Zeichen* waren verschiedene Gedichte Paul Celans erschienen. In der Goll-Affäre aber, in der er sich mit der Bitte um Verteidigung an ihn gewandt hatte, fühlte sich Celan von Andersch im Stich gelassen[799] – und hatte zunehmend Zweifel an dessen klarer Verneinungshaltung im Dritten Reich, an den geschichtlichen Grundlagen seiner demonstrativen Moralität. «Fahren Sie, bitte, in die Schweiz [zu Alfred Andersch]. Aber, *bitte*, lassen Sie sich nichts vormachen! Lassen Sie sich nicht belügen, liebe Nelly Sachs!»[800]

Noch vor Eintreffen von Celans entsprechendem Brief schrieb Nelly Sachs bereits wieder nach Paris: *«Paul Celan, Lieber, Lieber, Sie kommen [nach Zürich] und dann ist Heimat, auf welchem Sand wir auch stehen.»*[801] Nach der Lektüre seiner Ausführungen antwortete sie dann noch einmal ausführlicher – im Hinblick auf ihre bisherigen Kontakte mit Alfred Andersch, aber auch mit Claire Goll, von der sie 1959 einen Brief erhalten hatte.[802] Ihre entsprechenden Ausführungen begann sie mit den Worten:

> Paul, geliebter Bruder – nun fort mit anderen Anreden, Ihr Brief – ist das möglich. Aber ich weiß ich weiß, ich habe eine grauenhafte Sache hier erlebt – ganz anderer Art – bin so krank geworden – und keiner der Freunde – bis auf zwei haben *geglaubt*. Jetzt höre ich von Ihnen. Ist das möglich

– Menschen – Menschen – ist das möglich! Ja – wir gehören dem Tod in innerster Bemerkung – das Leben hat die Gnade uns zu zerbrechen.[803]

Bis zu ihrem Aufbruch nach Zürich zwei Wochen später und der ersten persönlichen Begegnung sandte Nelly Sachs dann noch drei weitere Briefe an Celan, Briefe, in denen sie ansatzweise auf ihre persönliche Situation einging: «Habe hier in Friedensschweden etwas ganz Schreckliches durchzumachen – nichts mit Literatur nein – eine dunkle Gesellschaft mit Verfolgungsmethoden macht sich das Vergnügen.» [...] «Lieber Paul, hätte am liebsten hier die Augen für immer zugemacht nach den letzten Erfahrungen. Der Einsame und die schlafenden Jünger – ewiges Bild. Wenn wir leiden gehören wir nur noch Gott – darum verlassen uns die Freunde. Seien Sie getrost: Sie halten die Waage.»[804] Zugleich wandte sich Nelly Sachs in diesen Schreiben immer wieder Celan und *seiner* labilen Situation zu, in dem Versuch, ihn auf seinem Weg und in seiner Aufgabe zu unterstützen:

Wenn ich jetzt den Freunden und Bekannten ans Herz lege mir zu helfen, den Hölderlin unserer Zeit zu retten aus diesem schrecklichen Wirrsal – so ist kein Hauch einer eigenen Sache dabei. Ich will beten, daß ich die Kraft erhalte diesen Kampf um die reine Seele durchzuführen![805]

Wenige Wochen zuvor, am 23. April 1960, hatte Nelly Sachs Paul Celan das Typoskript eines lyrischen Dramas gewidmet, das im vergangenen Winter mit dem Titel *Was ist ein Opfer?* entstanden war. Es handelte von einer jungen, an einen Baum gefesselten Frau, die in einem Verhör mit Misshandlungen ihren Geliebten verraten sollte.[806] Auf ihr Titelblatt schrieb Nelly Sachs:

Für Paul Celan
Dem Dichter des Unsagbaren
dem Balschem-Menschen, der das Gleichgewicht hält

23.5.60 Verhaftung Eichmanns

dem Freund der Einsamen –
Nelly Sachs
23. April 1960[807]

*

Zwei Tage vor Nelly Sachs' Flug von Stockholm nach Zürich, wo sie am Morgen des 25. Mai nicht nur Paul, Gisèle und Eric Celan mit Rosen erwarteten, sondern auch Celans frühere Freundin Ingeborg Bachmann, wurde Adolf Eichmann in Argentinien verhaftet und nach Jerusalem ausgeliefert – sämtliche Tageszeitungen berichteten über Eichmann und das nationalsozialistische Regime, die Konzentrationslager und die Vernichtung der europäischen Juden, als deren zentraler Vollstrecker Eichmann angesehen wurde. Sie berichteten aber auch über die Umstände seiner illegalen Verhaftung durch ein Geheimkommando der israelischen Sicherheitskräfte, im Sinne eines «Kidnapping», und über sein wahrscheinliches Todesurteil in einem Land, dem der Angeklagte nicht entstammte und dessen Justiz nur bedingt für ihn zuständig war.[808]

Am Nachmittag ihrer Ankunft in Zürich bot Nelly Sachs Paul Celan, seiner Familie und Ingeborg Bachmann das «Du» an und übergab ihm ein Gedicht: *«Dieses Gedicht ist Dein Gedicht; Du bist gemeint.»*[809] Darin hieß es:

Du
in der Nacht
mit dem Verlernen der Welt Beschäftigte
von weit weit her
dein Finger die Eisgrotte bemalte
mit der singenden Lautkarte
eines verborgenen Meeres
das sammelt in der Muschel deines Ohres die Noten
Brücken-Bausteine
von Hier nach Dort

diese haargenaue Aufgabe
deren Lösung
den Sterbenden mitgegeben wird.[810]

Abends fand ein gemeinsames Treffen mit Max Frisch und Ingeborg Bachmann in der Zürcher Kronenhalle statt, in dem Paul Celan ausführlich von den Goll-Verleumdungen berichtete.

Am nächsten Tag, dem 26. Mai, zu Christi Himmelfahrt, trafen sich Nelly Sachs und Paul Celan dann erstmals unter vier Augen zu einem langen Gespräch im Zürcher Hotel «Zum Storchen», unmit-

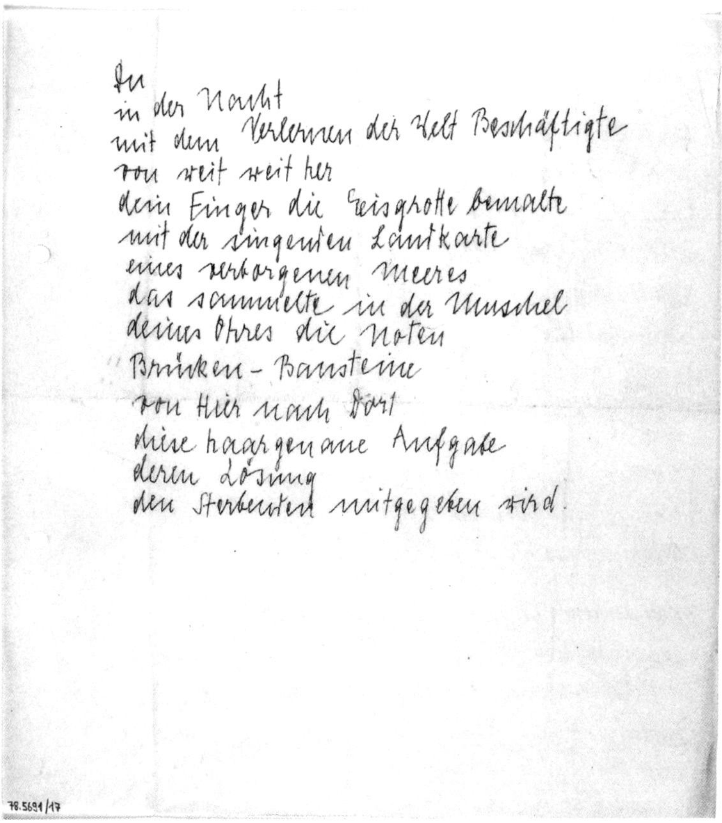
Du
in der Nacht
mit dem Verlernen der Welt Beschäftigte
von weit weit her
dein Finger die Eisgrotte bemalte
mit der singenden Landkarte
eines verborgenen Meeres
das sammelte in der Muschel
deines Ohres die Noten
Brücken-Bausteine
von Hier nach Dort
diese haargenaue Aufgabe
deren Lösung
den Sterbenden mitgegeben wird.

Nelly Sachs, Gedichthandschrift «Du / in der Nacht»

telbar an der Limmat. In seinem Notizbuch vermerkte Paul Celan über das Zusammensein: *«‹Ich bin ja gläubig.› Als ich darauf sage, ich hoffte, bis zuletzt lästern zu können: ‹Man weiß ja nicht, was gilt.›»*[811] Im Nachklang des Treffens verfasste Paul Celan ein Erinnerungs-Gedicht für Nelly Sachs als poetisches Zeugnis einer Unterredung, die um das jüdische Schicksal gekreist und ganz offensichtlich vom Hiob-Buch der in Zürich wohnenden Margarete Susman seinen Ausgang genommen hatte.[812] Susman hatte ihre Schrift *Hiob und das Schicksal des jüdischen Volkes* mit einer Reflexion über das schwierige Sprechen nach Auschwitz begonnen: «Wohl ist diesem Geschehen gegenüber jedes Wort ein Zuwenig oder ein Zuviel». Bei Paul Celan hieß es nun:

Zürich, Zum Storchen

Vom Zuviel war die Rede, vom
Zuwenig. Von Du
und Aber-Du, von
der Trübung durch Helles, von
Jüdischem, von
deinem Gott.

Da-
von.
Am Tage einer Himmelfahrt, das
Münster stand drüben, es kam
Mit einigem Gold übers Wasser.

Von deinem Gott war die Rede, ich sprach
gegen ihn, ich
ließ das Herz, das ich hatte,
hoffen:
auf
sein höchstes, umröcheltes, sein
haderndes Wort –

Dein Aug sah mir zu, sah hinweg,
dein Mund
sprach sich dem Aug zu, ich hörte:

Wir
wissen ja nicht, weißt du,
wir
wissen ja nicht,
was
gilt ...
(I, 214)

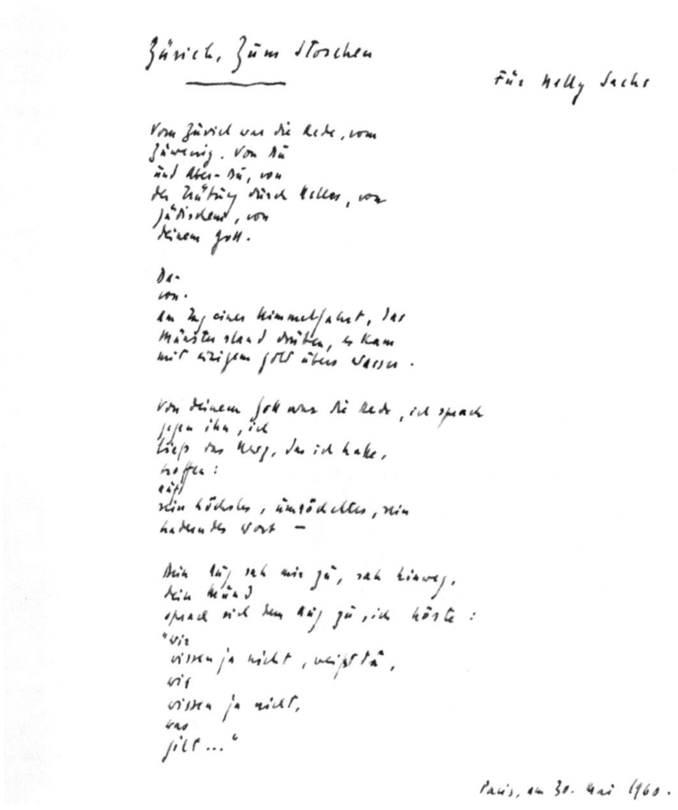

Zürich, Zum Storchen

Für Nelly Sachs

Vom Zuviel war die Rede, vom
Zuwenig. Von Du
und Aber-Du, von
der Trübung durch Helles, von
Jüdischem, von
deinem Gott.

Da-
von.
Am Tag einer Himmelfahrt, das
Münster stand drüben, es kam
mit einigem Gold übers Wasser.

Von deinem Gott war die Rede, ich sprach
gegen ihn, ich
ließ das Herz, das ich hatte,
hoffen:
auf
sein höchstes, umröcheltes, sein
haderndes Wort –

Dein Aug sah mir zu, sah hinweg,
dein Mund
sprach sich dem Aug zu, ich hörte:
„Wir
wissen ja nicht, weißt du,
wir
wissen ja nicht,
was
gilt ...“

Paris, am 30. Mai 1960.

Paul Celan, Gedichthandschrift «Zürich, Zum Storchen»

Widmungen Zürich

Nelly Sachs hatte Paul Celan drei ihrer Gedichtbücher nach Zürich mitgebracht, die sie ihm vor Ort persönlich widmete. In sein Exemplar der *Wohnungen des Todes* notierte sie nach der «Storchen»-Unterredung die Zeilen:

O wir Wandernde vor den Türen der Erde,
vom Grüßen in die Ferne
haben unsere Hüte schon Sterne angesteckt –
Du sprachst hier Paul – es bewegte sich hinter dem Wort und leuchtete –[813]

In die *Sternverdunkelung* schrieb Nelly Sachs:

Wer weiß welche magischen Handlungen
sich in den unsichtbaren Räumen vollziehen?
Es gilt Paul es gilt
Nur vielleicht anders als wir glauben
Nelly[814]

Die Widmung von *Flucht und Verwandlung*, dem im Vorjahr erschienenen Band, lautete schließlich:

– gibst du Antwort
denen
die im Schatten fragen
mit dem Mund voll gottverzogener Worte –
...
Inmitten der lange
verzeichneten Begegnung
in Zürich am Himmelfahrtstag 1960

für Paul von Nelly[815]

*

Nach Meersburg reiste Paul Celan nicht mit; er begleitete Nelly Sachs zum Zürcher Bahnhof und kehrte mit seiner Familie am

28. Mai nach Paris zurück. Nelly Sachs' versöhnungsbereite Meersburger Preis-Rede vom 29. Mai,[816] ihr späteres Gnadengesuch für Adolf Eichmann bei David Ben Gurion[817] und die politische Verwendung ihres literarischen Werkes durch konservative Kräfte und Interessensverbände – «Ihr Werk enthält kein einziges Wort des Hasses. Den Henkern und allem, was uns zu Mitwissern und Helfershelfern macht, wird verziehen und nicht gedroht. Ihnen gilt kein Fluch und keine Rache.»[818] – war nicht im Sinne Paul Celans, dem Deutlichkeit und Gewissen über alles ging. Nelly Sachs war als deutsch-jüdische Dichterin in den letzten drei Jahren – seit Erscheinen der *Sternverdunkelung* – so bekannt geworden, «dass sie beispielhaft als Repräsentantin für die westdeutsche Wiedergutmachung in Anspruch genommen werden konnte» (Ruth Dinesen[819]) – «Das dichterische Werk von Nelly Sachs steht ein für das jüdische Schicksal in unmenschlicher Zeit und versöhnt ohne Widerspruch Deutsches und Jüdisches.»[820] Nelly Sachs' Gedichte darüber hinaus als den *«letzten Ausklang deutscher Sprache in jener dreitausendjährigen Ahnenreihe, die mit den Psalmisten und Poeten begann»*, bezeichnet zu sehen – so in einem Bericht Peter Hamms über die Droste-Preisverleihung[821] – musste Paul Celan treffen. In gewisser Weise sah sich Celan selbst in der damit umrissenen und keinesfalls beendeten Linie arbeitend – durch deren ausschließliche Besetzung mit Nelly Sachs jedoch verdrängt und verschwiegen.

Den Paris-Besuch aber trat Nelly Sachs zwei Wochen später, am 13. Juni, auf dem Rückweg von Alfred Andersch und in Begleitung ihrer schwedischen Freundin, der Sprachgestalterin Eva-Lisa Lennartsson, überaus freudig an. Paul Celan und seine Familie nahmen Nelly Sachs liebevoll auf – und machten tagelang ausgedehnte Gänge mit ihr durch die Stadt, in einer «innig verbundenen Zeit» (Sachs).[822] Nelly Sachs hatte sich in Zürich und Meersburg, aber auch in Ascona bei Alfred Andersch von den Verfolgungs- und Angstwelten der vorausgehenden Monate anfänglich erholt, mit deutlichem Abstand zu den Erfahrungen in der Stockholmer Wohnung und tief berührt von der ihr an den verschiedenen Orten entgegengebrachten Verehrung, Freundschaft und Liebe[823] – sie sprach von einer «Märchen-» oder «Traumreise».[824] Auch die Pariser Tage mit Paul Celan, Gisèle und Eric verliefen freudig; andererseits erzählte ihr Paul Celan in Paris stundenlang, intensiv und detailliert von dem wieder erstarkten Antisemitismus und Nationalismus und berichtete ihr Einzelheiten des von Claire Goll betriebenen Versuches, ihn zu vernichten. *«[Nelly Sachs'] Augen werden groß und schwarz, aber sie sagt nichts.»*[825] Paul Celan, dem seine leidvollen Erlebnisse ins Gesicht geschrieben waren, machte selbst auf seinen Pariser Gängen mit Nelly Sachs zweifelhafte Erfahrungen, die ihn in seinem Argwohn weiter bestärkten. Celans Biograph John Felstiner schrieb nach Gesprächen mit Nelly Sachs' Reisebegleiterin Eva-Lisa Lennartsson:

> Bei einem Spaziergang auf dem Boulevard St. German entdeckten sie in einem Café den Maler Max Ernst, der Eva-Lisa Lennartssons Ehemann gekannt hatte. Die Schwedin ging zu Max Ernsts Tisch, und der Maler sagte, sie sei mit ihren Freunden willkommen. Celan konnte in jenen Tagen, am Beginn der Plagiatsaffäre, niemandem trauen. Er bestand sogar darauf, dass Gisèle den kleinen Eric persönlich zur Schule brachte, aus Angst, er könne von Nazis entführt werden, weil sein Vater Jude war. Indessen: «Ein Schimmer der Hoffnung trat in Pauls Augen» bei dem Gedanken, sich an den Tisch Max Ernsts setzen zu dürfen. Doch Eva-Lisa Lennartsson berichtet weiter: «Als wir an Max Ernsts Tisch herankommen und er meine jüdischen Freunde sieht, erstarrt er, wendet sich seinem Begleiter zu und tut, als ob wir nicht existierten. Wir gingen, schweigend.» Entsann Max Ernst sich Celans skeptischer Elegie auf Paul Éluard, Ernsts besten Freund?[826] Handelte er aus Solidarität mit seinem Surrealisten-Kollegen Yvan Goll? Diese Brüskierung (durch einen Maler, der selber 1937 in Hitlers Ausstellung über «Entartete Kunst» gezeigt worden war) verletzte Celan.[827] «Da siehst du», sagte er nach einer Weile und schlug vor, das Grab Heinrich Heines auf dem Montmartre zu besuchen. Dieser Rückzug hatte eine eigene Bedeutung – die Hommage an Heinrich Heine, auch er

ein deutschsprachiger jüdischer Dichter, dem es bestimmt war, im Exil zu sterben. Die beiden Freunde legten Blumen an Heines Grab nieder und blieben lange still davor stehen. (John Felstiner[828])

Eva-Maria Lennartsson umriss die Situation auf dem Friedhof Montmartre mit den Worten:

> Wir legen Blumen auf das Grab. Dann stelle ich mich ein Stück hinter sie, um sie nicht zu stören. Nelly Sachs und Paul Celan stehen lange schweigend am Grab ihres jüdischen Bruders. Ich sehe ihre Rücken, die soviel Trauer tragen. Sie sehen so klein aus. Wie zwei verlassene Kinder.[829]

Erst am letzten Abend von Nelly Sachs' Besuch in Paris konnte Eva-Lisa Lennartsson Paul Celan Einzelheiten von Nelly Sachs' innerer Gefährdung und den hochakuten Verfolgungsängsten in der Zeit vor Meersburg berichten, woraufhin Celan am nächsten Morgen versuchte, alles zuvor Mitgeteilte beschwichtigend zu relativieren. Nelly Sachs aber reagierte darauf in keiner erkennbaren Weise[830] und flog am 17. Juni 1960 nach Stockholm zurück.

Dort angekommen, verfasste sie einen bewegten Brief an die Pariser Freunde, deren familiäre Gastfreundschaft, ja freundschaftlich-vertraute «Heimat», ihr – trotz Celans dunklen Berichten – fünf Tage lang außerordentlich viel bedeutet hatte:[831]

> Ihr meine geliebten Drei,
>
> nach dem Abschied und dann durch die Luft gezogen und dann aussteigen, abgerissen – aber Ihr wart vorausgeeilt, auf schwedischem Boden das Gras einen Augenblick goldgrün wie nur in Kinderträumen. Ich versuche wahrzunehmen, denn ich habe gelernt – einen Strahl von Eurem Standhalten abgelernt – und nicht nur zu vergehn im Schmerz – im Glück wie ich immer, zu schnell Eilende, tat. Aber Übung braucht es noch viel, so schwer, Leben außerhalb zu greifen wenn man nach langer Zeit wieder so zu Hause war.

Die Freunde erwarteten und winkten, und die kleine Wohnung mit Angst beschritten war still und vorläufig ohne böse Zeichen in der Luft. Und ich hatte Gisèles Brief und Pauls Bild und zweimal Buber. Und ich legte dies alles zu den anderen Geliebten und dann schlief ich und war wieder bei Euch. Und alles getan wie Du wolltest Paul – den Brief vernichtete ich mit geschlossenen Augen in der dunklen Ausstrahlung des Schmerzes.[832]

Und so umarme ich Euch und bitte um den Segen für Paul, Gisèle und Eric.

Eure Nelly[833]

In ein Exemplar ihres Gedichtbandes *Flucht und Verwandlung*, den sie Gisèle Celan-Lestrange widmete und sandte, schrieb Nelly Sachs am selben Tag:

Anstelle von Heimat
halte ich
Paul
Gisèle
Eric
Meiner Schwesterseele Gisèle
in Liebe und Dank!
Nelly
Stockholm
am 18. Juni 1960
einen Tag nach dem Abschied[834]

*

Ob Paul Celan um den seelischen Zustand von Nelly Sachs unmittelbar nach ihrer Rückkehr aus Paris wusste, ist nicht bekannt. Sein erster Brief an sie nach ihrer Rückkehr datiert vom 1. Juli – zwei Wochen nach Erhalt ihrer Schilderung der angestrengten Heimkunft in die eigenen Zimmer («und die kleine Wohnung mit Angst beschritten war still und vorläufig ohne böse Zeichen in der Luft») und dem Empfang des Widmungsexemplars von *Flucht und Verwandlung* für Gisèle. Der Brief war von Celans Sorge um Nelly Sachs bestimmt, wies einen betont leichten und heiteren Ton vor, über den Paul Celan willentlich verfügen konnte und der nun – und in seinen Folgebriefen – sehr bewusst zum Einsatz kam.[835] Am 1. Juli schrieb er in Paris:

> Liebe Nelly! Gute Nelly!
>
> Von Herzen danken wir Dir für Dein Buch – für das Buch und für die Worte, um die Du es vermehrt hast!
>
> Vierzehn Tage sinds nun, daß Du wieder oben bist, droben in Deinem nördlichen Zuhause: Im Jahr, das jetzt anfängt – denn, ja es fängt *jetzt* an, ohne Rücksicht auf das Kalenderjahr! –, ist das Jahr unserer Schweden-Reise; wir leben darauf zu.
>
> Ein Buch, Die Judenbuche, ist unterwegs zu Dir; es war vor ein paar Tagen auf einmal da, beim Buchhändler; ich hatte es, auf der Suche nach Anderem – das ja, hier bestätigt sich's wieder, das Selbe bleibt – herausgegriffen; die Flechtheims, die es haben drucken lassen, dürften Juden sein ...
>
> Es ist still hier. Fast all jene, die Deine Nähe wieder nah sein ließ, sind auf die ihnen so eigene, mir so unverständliche Weise in die Bereiche zurückgetreten, wo Deutlichkeit nicht als Gesetz gilt. Es gehört zum Schwersten dieser Zeit, daß so viele vom Wort abfallen – vom eigenen so leicht wie von dem ihnen zugesprochenen.
>
> Es ist still hier. Eigentlich hätten wir schon in der Bretagne sein sollen, aber Eric hat sich schnell noch die Masern geholt, und nun warten wir, geduldig, bis er wieder reisefähig ist; in zehn bis zwölf Tagen ists wohl so weit. [...]
>
> Sei von Herzen gegrüßt, liebe Nelly!
>
> Dein Paul
>
> Sag uns, bitte, wie es um Dein Wohnen bestellt ist.[836]

Einen Tag später – noch vor Erhalt seines Briefes – verfasste Nelly Sachs am Stockholmer Bergsundsstrand ein weiteres Gedicht für Paul Celan, den von ihr verehrten und brüderlich geliebten Dichter-Freund:

Einer steht –
Schweigen Schweigen Schweigen –
nichts schreibt mehr die Sonne ein
und ein Kranz des Schlafes wächst
um ihn
der sich hoch gereckt
höher
bis ans Ende.

Schlaf wächst schon in Sandigkeit
Schweigen Schweigen Schweigen –

Er o Er
läßt seinen Sand
ungeweckt –
Weltall nimmt den Atem ab
ihm
der seine Gewinde
Gottgesichelt fallen läßt –

Menschgezeichnet
schläft der Sand
Hinterlassenschaft der Liebe –

Schweigen Schweigen Schweigen –
wenn der eine fort sich reckt

setzt die Knospe an im Salz.[837]

Auf Paul Celans Brief, den sie am 3. Juli erhielt, antwortete Nelly Sachs direkt und ehrlich, wenn auch hinsichtlich Celans überaus wesentlicher Nachschrift-Frage («Sag uns, bitte, wie es um Dein Wohnen bestellt ist.») allenfalls andeutungsweise: *«Hier ists nicht gut im Hause [...]»*. Erneut und in weiter gesteigerter Weise fühlte sie sich nach ihrer Rückkehr in den eigenen Zimmern beobachtet und abgehört;[838] sie bemühte sich um einen baldigen Wohnungstausch («die Jüd. Gemeinde hat mir erlaubt zu tauschen»), der jedoch nicht zustande kam. Nelly Sachs ganze Heimat-Sehnsucht richtete sich in dieser Situation an ihre Freunde, in erster Linie an den verehrten «Geistesbruder» und seine kleine Familie:

Eigentlich lebe ich bei Euch immer. Gehe durch Eure Zimmer, ruhe dort wenn es hier voller Unruhe ist. Innig lebt mir wohl immer bis zum Wiedersehen. Scheiden ist so schwer und Ab-Schied ein auseinandergerissenes Wort von dem ein Teil auf dem Bahnhof blieb. Gisèle Liebe Du Schwester, Paul – Eric – lebt wohl! Eure Nelly[839]

*

In der Bretagne, wohin er mit Gisèle und Eric Mitte Juli in die Ferien gefahren war, wurde Paul Celan durch Inge Waern am 24. Juli 1960 telefonisch und brieflich über den Zustand von Nelly Sachs informiert, deren Ängste zunehmend Elemente des psychotischen Realitätsverlustes aufwiesen: «Li ist krank. Zuweilen war es schrecklich und sie schrieb alles nur auf Zetteln auf, da alles abgelauscht wird und dann sitzen wir mit heruntergezogenen Gardinen und ich kann nicht einmal telephonieren. / Sie glaubt dass ihre Verfolger wollen dass alle ihre Freunde sie als geisteskrank ansehen um sie zum Wahnsinn zu treiben. Sie hat ‹Gott sei Dank› selbst um Polizeischutz gebeten [...].»[840] Bereits am 20. Juli, und damit noch *vor* dem Eintreffen dieser Nachrichten, aber hatte Celan erneut zur Feder gegriffen und sich abermals darum bemüht, Nelly Sachs zu beruhigen, aufzuheitern und aufzurichten:

Liebe Nelly! Liebe, gute Nelly!

Wir sind seit acht Tagen in der Bretagne, unter heiteren Himmeln, in einem kleinen Häuschen am Rande eines riesigen und auf das menschenweil hasenfreundlichste verwilderten Parks. Das Meer ist nahe, die Menschen, denen wir begegnen, einfach und freundlich. Wir denken, wie jeden Tag, zu Dir hinüber.

Und Du? Du kannst sicher nicht so gut radfahren wie Eric – das können nur wenige! –, also mußt Du wohl Gedichte schreiben. Was, wie ich Dir nicht verschweigen kann, bei weitem nicht so schwer ist. Weil man dabei bekanntlich nicht selbst fährt, weil da immer irgendeiner mithilft, besonders wenn's bergauf geht, und weil's da ja auch nicht zwei, sondern gleich mehrere Räder – für gewöhnlich fünf – gibt. Ob man dabei auch in entlegene Gehöfte gelangt, wo's soeben zur Welt gekommene Ferkelchen zu sehen gibt? – Manchmal, sagst Du? Aber doch wohl nur ausnahmsweise – in Schaltjahren zum Beispiel ... Wie? Wir haben gerade ein solches? Nun ja, dann – laß es eben dauern, schalte da nicht um! Wir tun dann dasselbe bzw. wir verlassen uns auf Dich! Denn daß wir uns auf Dich verlassen können und dürfen, das wissen wir.

Mit Heidekraut und Tausendgültenkraut, mit Geißblatt und Fingerhut sowie einigem noch blühenden (Besen-, nicht Stech-) Ginster.

Dein Paul[841]

In einem Telegramm bot Paul Celan Nelly Sachs an, sofort nach Stockholm zu kommen, um sie zu unterstützen, was Nelly Sachs jedoch – kurz nach dem Erhalt des ersten Bretagne-Briefes – ablehnte, um ebenfalls auf telegraphischem Wege mitzuteilen: *«Bin schon viel besser / Kommen jetzt nicht absolut notwendig.»*[842]

Nur wenige Tage später, am 25. Juli, aber schrieb sie ihm anders – in gehetztem Ton und ganz offensichtlich im Bann innerer Erlebnisse stehend:

Paul Lieber

nur schnell einige Zeilen

Eine Nazi Spiritist-Liga jagt mich so schrecklich raffiniert mit Radiotelegraph, sie wissen alles, wohin ich den Fuß setzte. Versuchten mit Nervengas als ich reiste. Schon seit Jahren heimlich in meinem Haus, hören durch Mikrophone durch Wände, nun will ich Eric einen Teil der Wiedergutmachung geben, der andere soll an Gudrun gehen im

Testament, darum schrieb ich so schnell. Ich habe den Erlöß des elterlichen Grundbesitzes zu geben. Das Testament muß schleunigst geändert werden.[843]

Sehr wahrscheinlich aufgrund dieser Zeilen entschied sich Celan, den Bretagne-Urlaub abzubrechen und nach Paris zurückzukehren, um von dort jederzeit nach Stockholm fahren zu können. Noch vor sechs Wochen hatte er die «arme und unwissende» Nelly Sachs bei ihrem Pariser Besuch von der Realität des bedrohlichen Antisemitismus überzeugen wollen, ohne hinlängliches Wissen um die bereits nachhaltig angegriffene Situation ihrer Ich-Grenzen. Nun erlebte Paul Celan Nelly Sachs in einer schweren seelischen Ausnahmesituation, in der die von ihm evozierte Bedrohung zur inneren Gewissheit geworden war.

Kaum in Paris angekommen, schrieb Paul Celan Nelly Sachs wieder und versuchte, sie mit der bannenden Kraft seiner Sprache und Zuwendung in die arglose Welt zurückzuholen. Auch bot er erneut an, nach Stockholm zu kommen:

Meine liebe, liebe Nelly!

Es geht Dir besser – ich weiß.

Ich weiß es, weil ich spür, daß das Böse, das Dich heimsucht – das auch mich heimsucht – wieder fort ist, ins Wesenlose zurückgewichen, in das es gehört; weil ich spür und weiß, daß es nie wiederkommen kann, daß es sich aufgelöst hat in ein kleines Häuflein Nichts.

So, jetzt bist Du frei, ein für allemal. Und – wenn Du mir diesen Gedanken erlaubst – ich mit Dir, wir alle mit Dir.

Ich schicke Dir hier noch etwas, das gegen die kleinen Zweifel hilft, die einem manchmal kommen; es ist ein Stück Platanenrinde. Man nimmts zwischen Daumen und Zeigefinger, hälts recht fest und denkt sich etwas Gutes dazu. Aber – ich kanns Dir nicht verschweigen – *Gedichte*, zumal die Deinen, sind *noch* bessere Platanenrinden. Bitte, schreib also wieder. Und laß es zu unseren Fingern wandern. Du weißt, wie sehr wir – und nicht nur

818160 -> Psychiatrie

wir – das brauchen.

Und wenn Du Lust hast, daß ich nach Stockholm komm, um noch einige schwedische Dialekte hinzuzulernen, so sag mir, bitte, auch das. Aber: ich kann mir vorstellen, daß ich nicht nur dieser Dialekte wegen käme.

Von ganzem Herzen

Dein Paul[844]

Eric schickt Dir ein selbstgemaltes Glasfenster – aus *echtestem* Glas.[845]

Vorübergehend fing sich Nelly Sachs etwas, unter persönlichem Einsatz verschiedener, sie betreuender Freunde (wie Astrid Ivarsson und Inge Waern) und in Erwartung der bevorstehenden Ankunft Gudrun Dähnert-Harlans, die ebenfalls zu Hilfe nach Stockholm eilte.[846] So konnte Nelly Sachs am 29. Juli auf Celans Brief in positiver Weise antworten – und schrieb an ihn und seine Familie:

Welches Glück, Euer Brief, das Glasfenster, die Rinde, ach ich fühle die Kräfte kommen wieder. Dachte es niemals mehr. Dann und wann zucke ich zusammen noch, aber Astrid die mich in ihre Obhut nahm tut alles, mir aus dem Abgrund hinauf zu helfen. Vorher half Inge Waern.

So glücklich bin ich daß es Euch Ihr Geliebten leichter zu Mute ist. Gudrun kommt nun.[847]

*

Als Nelly Sachs eine Woche später und trotz aller Hilfsbemühungen der Freunde akut auf die psychiatrische Station eines Stockholmer Allgemeinkrankenhauses aufgenommen werden musste, galt ihre Sorge insbesondere Paul Celan. Am 8. August 1960, dem Tag ihrer stationären Aufnahme, hieß es in einem kurzen Brief an ihn:

Paul Lieber, wie geht es Dir nur und Gisèle und Eric. Bitte schreibe expreß ich sorge mich so. Gudrun ist bei mir und es ist ein dunkles Netz um mich gezogen.

Schreib nur *bald*
bitte, bitte
Deine Nelly[848]

Paul Celan erhielt diesen Brief sehr wahrscheinlich am 10. August in Paris. Er war in der ersten August-Woche, nach den vorübergehend positiveren Nachrichten, für ein paar Tage nach Wien gereist, um sich dort mit seinem Freund Klaus Demus über dessen Goll-Entgegnung zu besprechen. Darüber informierte Celan am 9. August den Philosophen und Sprachwissenschaftler Otto Pöggeler in Frankfurt, der an Celans Situation Anteil nahm und ihm ein wichtiger Gesprächspartner war. Unvermittelt ging Celan in diesem Brief an Pöggeler auch auf den Zustand von Nelly Sachs und seine Beziehung zu ihr ein:

> Nelly Sachs ist uns im wahrsten Sinne schwesterliche Freundin – ich dachte, ich müsse sofort nach Stockholm zu ihr: Nächtlichstes, Finsterstes hatte sie heimgesucht, sie und ihre ekstatische Seele. (Erlauben Sie mir, Ihnen dies, dies so ganz *Private* mitzuteilen.) Ich weiß nicht, ob Sie die Gedichte, die Nelly Sachs geschrieben hat, kennen: sie sind, besonders im ersten Band («In den Wohnungen des Todes»), ein aus dem Schmerz der Entfernung – Nelly Sachs lebt seit 1938 in Schweden – geborenes Gespräch mit den Toten und Verfolgten. Und nun ist, unter dem Zwang der Worte und ihrer Wirklichkeiten, das Herbeigeschmerzte zum Allereigensten geworden: Nelly Sachs ist nun selbst diese Verfolgte und sich verfolgt Wissende.
>
> Nelly Sachs ist eine Siebzigjährige – ein siebzigjähriger, von den Gewittern des Geschehens heimgesuchter Seelenhalm![849]

Am selben Tag schrieb Paul Celan, der sehr wahrscheinlich über die eingetretene Hospitalisierung sofort informiert worden war, auch an Nelly Sachs – abermals beruhigend, unter Hinweis auf die Freunde, mit Thematisierung des «dunklen Netzes» und einer nachdrücklicher Betonung ihrer dichterischen Arbeit:

Nelly, Du Liebe, Du sorgst Dich, Du fragst, wie es uns geht –

Gut geht es uns, Nelly, wirklich gut. Laß es Dir ebenso gut gehen, Nelly, bitte!

Es sind so viele freundliche Herzen und Hände um uns, Nelly! Sieh, bitte, wie nah sie sind, wie viele es sind!

Ja, es ist wieder hell – das Netz, das dunkle, ist fortgezogen – nicht wahr, Nelly, Du siehst es jetzt, Du siehst, daß Du im Freien bist, im Hellen, mit uns, unter Freunden?

Ja, Du siehst es, Nelly, wie ich, wie wir: unbehindert können wir atmen und dasein, Du und wir und die Freunde um uns her, die vielen.

Und ich sehe auch die Worte auf dich warten, Nelly, die Worte, die Du mit Dir und Deinen neuen Helligkeiten beseelst – zu unser aller Freude.

Immer Dein Paul[850]

Zwei Tage zuvor, am 7. August, waren in der *Neuen Zürcher Zeitung* die beiden Gedichte ihrer Begegnung veröffentlich worden – *«Zürich, Zum Storchen»* und *«Mund / saugend am Tod»*. Celans Brief-Hinweis auf die helfende Kraft der Dichtungsarbeit war seiner und Nelly Sachs' Biographie abgelesen (*«Und ich sehe auch die Worte auf dich warten, Nelly, die Worte»*); er wusste um die rettende Bedeutung dieser Arbeit für das eigene Dasein.

Im Hinblick auf das fortgezogene «Netz» aber widersprach Nelly Sachs Paul Celan, die sich über Freunde telefonisch nach seinem Befinden erkundigte, nur eine Woche später: «Noch bin ich nicht im Freien Paul, noch ist das Netz aus Angst und Schrecken was sie über mich geworfen haben nicht gelüftet.» Gleich ihm hob sie die Wichtigkeit der tragenden Freundes-Hilfe (der «Trostmittel der einzigen Medizin») in den Zeiten des erlebten Abgrunds hervor, gab jedoch auch ihrer Hoffnung Ausdruck, *«alles was noch an Leiden bevorsteht zu überwinden oder stille Erlösung zu finden»* – und schrieb in deutlicher Wendung:

[...] ich sehne mich so nach meinen geliebten Toten.[851]

*

Paul Celan ließ in seinen Brief-Bemühungen auch in den folgenden Tagen und Wochen – trotz seiner großen eigenen Beanspruchung und seelischen Not – keineswegs nach. Bereits am 19. August und damit unmittelbar nach dem Erhalt ihres abschlägigen «Netz»-Kommentars, kam er erneut auf dieses «Netz» zu sprechen, acht Jahre nach seiner Formulierung in einem Brief an Gisèle de Lestrange: «Vielleicht habe ich noch nicht den ganzen Raum durchschritten, über den sich dieses Netz von in die Irre führenden Zeichen erstreckt.» Im Bewusstsein ihrer paranoiden Ängste schrieb Celan nun mit allem Nachdruck an Nelly Sachs:

> Nelly, Liebe! Ich sehe, das Netz ist noch da, es läßt sich nicht im Handumdrehn entfernen ... Und doch: es *ist* zu entfernen, es *kann* und *soll* entfernt werden, um aller jener willen, denen Du Dich nahe weißt, um dieser Nähe, um *Deiner lebendigen Nähe* willen! Du hast Deine Hände, Du hast die Hände Deiner Gedichte, hast Gudruns Hände – nimm, bitte, die unsern hinzu! Nimm hinzu, was sonst noch Hand ist und hilfreich – und Hand und hilfreich bleiben möchte durch Dich, durch Dein Dasein, Dein Da- und Bei-Dir- und Bei-Dir-im-Freien-Sein, nimm es, bitte, laß es da sein, durch dieses Heute-und-Morgen-und-lange-zu-Dir-Können!
>
> Ich denke an Dich, Nelly, immer, wir denken, immer, an Dich und an das durch Dich Lebendige! Weißt Du noch, wie, als wir ein zweites Mal von Gott sprachen, in unserm Haus, das das Deine, das Dich erwartende ist, der goldene Schimmer auf der Wand stand?[852] Von Dir, von Deiner Nähe her wird solches sichtbar, es bedarf Deiner, bedarf, auch im Auftrag derer, denen Du Dich so nah weißt und denkst, Deines Hier- und Unter-den-Menschen-Seins, es bedarf Deiner noch lange, es sucht Deinen Blick –: schick ihn, diesen Blick, wieder ins Offene, gib ihm Deine wahren, Deine befreienden Worte mit, vertrau Dich ihm an, vertrau uns, Deine Mit- und Mit-Dir-Lebenden diesem Blick an, laß uns, die schon Freien, die Allerfreiesten sein, die Mit-Dir-im-Licht-Stehenden!
>
> Schau, Nelly: Das Netz wird fortgezogen! Schau, Nelly: da ist die Hand Gudruns, sie hat geholfen, sie hilft! Schau, es helfen noch andere Hände!

Schau: die Deine hilft mit! Schau: Es wird hell, Du atmest, Du atmest frei. Du bleibst uns, ich weiß, Du bleibst uns, wir wissens, Du bist, mit allem Dir Nahen, auch mit allem Dir von so weit her Nahen, da und hier und bei Dir und bei uns!

Dein dankbarer, Dein dir
aus tiefstem Herzen dankbarer Paul[853]

In einem sehr klaren Brief vom selben Tag bat Nelly Sachs Celan um seinen Besuch Ende August, nach der Abreise Gudrun Dähnert-Harlans. Paul Celan war sofort bereit, mit seiner Familie zu kommen, und bestätigte dies auf telegraphischem Wege. Die Korrespondenz mit Nelly Sachs über den Zeitpunkt und die Umstände dieses Besuches zog sich dann jedoch über den ganzen August hin – sie wünschte, dass Paul Celan alleine zu ihr kommen solle: «Gisèle und Eric Deine beiden geliebten Menschen sollen nicht jetzt in meiner dunklen Zeit kommen. Erst wenn es Licht wird wieder.»[854] Nelly Sachs änderte wiederholt die Daten, auf Anweisung der Ärzte, sehr wahrscheinlich aber auch aufgrund ihrer – zumindest partiell – verwirrten Bewusstseinsverfassung. Gudrun Dähnert-Harlan teilte Paul Celan am 29. August brieflich mit, dass Nelly Sachs nun *allen* Menschen (mit Ausnahmen der Familie Celan und ihr selbst) vollständig misstraue und ausgesprochen wahnhaft sei: «Wenn sie ihren guten Freunden misstraut sagt sie ständig: ‹Ja Paul Celan hat gesagt, ich muss der Wahrheit ins Gesicht sehen. Ich muss das Schlechte erkennen.› Das geht nun so weit, dass sie glaubt, *alle ihre Freunde* sogar *auch die jüdischen* hätten sich mit einer *Naziliga* in Verbindung gesetzt, die sie ständig verfolgt hat und auf eine entsetzliche Weise morden wollte.»[855] Nelly Sachs informierte Paul Celan am selben Tag noch einmal darüber, wie wichtig sein Kommen für sie sei: *«Wir müssen uns endlich sprechen damit Klarheit wird!»*[856] – Schließlich stieg Paul Celan in einen Zug und war ab dem 1. September in Stockholm. Dorthin schrieb ihm seine Frau Gisèle:

> Du wirst Nelly helfen können, dessen bin ich sicher, bleib solang bei ihr wie nötig, sie ist eine wirkliche Freundin, wir müssen für sie alles tun, was in unserer Macht steht. Ich glaube gern, dass wir ihre wahre Familie sind und dass ihr das helfen wird, wovon sie glaubt, dass es ihr helfen wird.[857]

Zwei Tage später hieß es in einem weiteren Brief Gisèles an Paul:

> Ich hoffe, sie [die Ärzte] lassen zu, dass Du ihr auf Deine Weise hilfst. Ich habe sehr viel mehr Vertrauen zu Dir als zu ihnen.[858]

*

Nelly Sachs Biographen berichten übereinstimmend, die hospitalisierte Dichterin habe Paul Celan nicht zu sich gelassen – ihn nicht erkannt oder seinen Zutritt verweigert, möglicherweise um ihn zu schützen.[859] Paul Celan jedoch machte sich täglich[860] von seinem Hotelzimmer auf den Weg in das Krankenhaus – und schrieb am 5. September in einem Brief an Gisèle unter anderem:

> Was soll ich von Nelly sagen? Sie leidet sehr. Will nichts mehr von ihren Gedichten hören –
>
> «Ich will nur noch» – und hier fügt sie den Daumen und den Zeigefinger der rechten Hand zu einem Ring zusammen – «dieses kleine Licht behalten.»[861]

Dafür, dass Paul Celan Nelly Sachs nicht nur wiederholt sah und sprach,[862] sondern durch ihre Aussagen teilweise tief befremdet und verletzt wurde, spricht eine Tagebuchnotiz von ihm, die er fünf Jahre später in einer schweren depressiven Krise – mit ebenfalls klinisch-psychiatrischer Betreuungsnotwendigkeit – verfasste; dort heißt es:

> *Ehemalige Hitlerjungen*
> *halfen ihm aus seinen Erlebnissen heraus*

und hängten sie derjenigen über,
die sie nicht gehabt hatte
und sich willig ins neue Konzept
der Ehemaligen fügte.
Von der Ehemaligen gnaden
wurde sie zur
schlechthinnigen Jüdin.
Man nannte sie königlich – wovon
war ihr Purpur rot?
«Mag sein», verkündete sie,
«daß das Schicksal meines Volkes
an mir leuchtet».[863]
Mag sein.
Doch wie?
Aber das
aus ihr selber Leuchtende
töteten sie.

Wer und was
trieb Nelly Sachs in den Wahnsinn?
Wer
brachte ihr
Verrat und Vermessenheit bei?

In Stockholm hörte ich sie sagen:
«Die in Auschwitz
litten nicht das, was ich leide.»
Das hörten auch andre [...].
Wer förderte das? Und welche Schuld
tobte dahinter?[864]

Dass für Nelly Sachs das *«Herbeigeschmerzte zum Allereigensten geworden»* sei, hatte Paul Celan im Juli 1960 an Otto Pöggeler geschrieben (*«Nelly Sachs ist nun selbst diese Verfolgte und sich verfolgt*

Wissende.»). Trotz seiner großen Sympathie für sie und ihre lyrische Arbeit rechnete er Nelly Sachs nur bedingt den «Opfern» des nationalsozialistischen Terrors zu – im Unterschied zu ihm und vielen anderen war sie nie in einem jüdischen Ghetto, Arbeits- oder gar Vernichtungslager gewesen; sie hatte mit ihrer Mutter flüchten und Margarete Sachs bis zuletzt betreuen können. Die zunehmend von der Öffentlichkeit betriebene Stilisierung ihrer Lyrik zur repräsentativen Stimme einer überlebenden Jüdin und maßgebenden *Zeugin* der Geschehnisse war für Celan mehr als fragwürdig;[865] das unzweifelhafte Leiden von Nelly Sachs war nicht dasjenige der Opfer von Auschwitz. In Stockholm hörte Paul Celan Nelly Sachs – in ihrer psychotischen Krankheit – die Worte sprechen: «Die in Auschwitz litten nicht das, was ich leide»; *«Hybris des Schmerzes»* nannte er dies am 10. September 1960, kurz nach seiner Rückkehr nach Paris.[866] – Zugleich verband sich Celans eigene Lebenssituation Anfang September 1960 in schwieriger Weise mit Nelly Sachs' Weg. Er empfand sich von dem Kreis um Claire Goll verleumdet und verfolgt, in seiner realen Opfer-Identität karikiert und von den meisten Freunden unverstanden; auch Nelly Sachs hatte in Celans Augen die Blöcker-Rezension keineswegs in ihrer realen Bedeutung erkannt. In Stockholm ging Celan in die Klinik zu Nelly Sachs – und schrieb in seinem Hotelzimmer Hilferufe an die Freunde in eigener Sache. Zugleich fühlte sich Celan mitverantwortlich für den Zusammenbruch von Nelly Sachs und hatte ein diesbezüglich belastetes Gewissen. Der Satz an Otto Pöggeler: «Und nun ist, *unter dem Zwang der Worte und ihrer Wirklichkeiten*, das Herbeigeschmerzte zum Allereigensten geworden», konnte von Pöggeler auf das lyrische Wort Nelly Sachs' hin gelesen werden, trug jedoch für Celan sehr wahrscheinlich noch weitere Konnotationen in sich – im Sinne der *von ihm an sie* gerichteten *Worte* und ihrer *Wirklichkeiten*. Nelly Sachs wiederum fühlte sich – nach Barbara Wiedemann – durch ihre Krankheit dafür bestraft, «dass sie Celans Brief mit der ersten Information über die [Goll-]Verleumdungen gegen seinen ausdrücklichen Willen und aus Misstrauen gegenüber dem Wahrheitsgehalt des von Celan Beschriebenen anderen gezeigt hat».[867] In ihrem letzten Stockholmer Gespräch, das am 6. September stattfand, berichtete Nelly Sachs Paul Celan von ihrem entsprechenden Vorgehen und ihrer Unsicherheit, ob er nicht an Verfolgungswahn leide.[868] Beide lebten in einer komplizierten inneren Spirale von Schuldgefühl und Bedrohung.

*

Am 7. September 1960 schrieb Paul Celan das Datum des Tages und den Ort seines schwierigen Daseins, ja einer weitgehenden Ratlosigkeit in sein Exemplar von Nelly Sachs' Gedichtband *Und niemand weiß weiter*. Am nächsten Tag reiste er (über Köln, wo er Otto Pöggeler sprach, und ihm von den Stockholmer Begegnungen mit Nelly Sachs erzählte[869]) nach Paris, um nie wieder nach Schweden zurückzukehren.

Wenige Tage nach seiner Ankunft in Paris traf sich Paul Celan mit Martin Buber in einem Hotelzimmer. Über Buber und seinen Dissenz mit Heidegger hatte Celan mit Nelly Sachs in Stockholm zu sprechen versucht[870] – nun verunglückte auch diese Begegnung nahezu vollkommen: «Celan, der soeben von dem trostlosen Besuch bei Nelly Sachs in Stockholm zurückgekehrt war, rief Buber an und suchte ihn am 13. September in seinem Hotel auf. Er nahm alle Bücher von Buber mit, die er besaß, um sie signieren zu lassen, und kniete sogar nieder, um den Segen des 82-jährigen Patriarchen zu empfangen. Aber die Huldigung misslang. Was (wollte Celan wissen) war in Buber vorgegangen, als er nach der Katastrophe weiter auf deutsch schrieb und in Deutschland publizierte? Buber wehrte offenbar ab; er sagte, es sei selbstverständlich, dort zu publizieren, und vertrat einen verzeihenden Standpunkt gegenüber Deutschland. Auf Celans innerstes Bedürfnis, irgendeinen Widerhall seines eigenen Elends zu vernehmen, konnte oder wollte Buber nicht eingehen. Diese Begegnung, diese gescheiterte Begegnung, entließ den Dichter nur um so verletzlicher.» (John Felstiner[871])

Am Tag seiner Begegnung mit Buber schrieb Paul Celan in Paris das Gedicht «Die Schleuse», im Hin- und Rückblick auf Nelly Sachs und seine Erfahrungen in Stockholm:

Über aller dieser deiner
Trauer: kein
zweiter Himmel.

....

An einen Mund,
dem es ein Tausendwort war,
verlor –
verlor ich ein Wort,
das mit verblieben war:
Schwester.

An
die Vielgötterei
verlor ich ein Wort, das ich suchte:
Kaddisch.

Durch
die Schleuse mußt ich,
das Wort in die Salzflut zurück-
und hinaus- und hinüberzuretten:

Jiskor.
(I, 222)

Sein «Schwester»-Wort gegenüber Nelly Sachs nahm Celan ganz offenbar bedauernd zurück – sein Wort gegenüber einem «Mund, dem es nichts galt», wie er in einer Gedichtvariante schrieb.[872] Gisela Dischner, die später mit Celan über die entsprechenden Verse sprach, notierte: «Celan fühlte sich, als er sich [in Stockholm] von mehreren mit schwesterlichem Pathos von Nelly Sachs angesprochenen Personen umgeben sah, um die Exklusivität dieser Beziehung [zu ihr] betrogen. Er hat sich [...] in dieser Richtung auch mir gegenüber geäußert – hinsichtlich der ‹schwesterlichen› Beziehung zu Menschen wie Peter Hamm, Elisabeth Borchers oder auch Hans Magnus Enzensberger, der sich für die Verbreitung des Werks von Nelly Sachs in Deutschland eingesetzt hatte. ‹Schwester›, so empfand Celan, war für Nelly Sachs ‹ein Tausendwort› – eines, das für ihn etwas Einmaliges bedeutete in der Beziehung zu ihr.»[873] Paul Celans Gedicht wies Anzeichen eines endgültigen Abschieds auf – als (jüdisches) Gebet für einen Trauernden («Kaddisch») bzw. für die in «Schwermut» (so eine Textvariante) versunkene Nelly Sachs war es zugleich Totengebet, auch im Hinblick auf die eigene familiäre Herkunft. («Jiskor» ist ein an «bestimmten Feiertagen [...] nach der Thorah-Lesung von all den Gemeindemitgliedern gesprochenes stilles Gebet, die keine Eltern mehr haben.»[874]) Nelly Sachs hatte Paul Celan, seine Frau und seinen Sohn als ihre «Familie» benannt, das Schwester-Wort Paul Celans aufgegriffen und ihn als Bruder angesprochen. Mit ihren Stockholmer Freundinnen, aber auch mit Gudrun Dähnert-Harlan hatte Paul Celan – in einer für ihn ungewöhnlichen Weise – bald das «Du»-Wort getauscht. Etwas davon war in den verstörenden Stockholmer Tagen unwiderruflich zu Ende gegangen, zugleich jedoch in den Raum der Erinnerung überstellt – «*Jiskor* [...] – das von solcher Salzflut umspülte Wort, der Name des still zu sprechenden, jüdischen Trauergebets – ist das hebräische Wort für das Eingedenken, Celans Äquivalent zu Hölderlins Mnemosyne.» (Peter Horst Neumann[875])

Dennoch nahm Paul Celan an Nelly Sachs' Zustand weiter Anteil. Am 10. September, unmittelbar nach seiner Rückkehr nach Paris und drei Tage vor seiner Begegnung mit Martin Buber – und der Niederschrift des Gedichtes «Die Schleuse» – schrieb er an Nelly Sachs' Freundin und Hausmitbewohnerin Rosi Wosk nach Stockholm: «Gerne hätte ich, ehe ich abreiste, noch einmal bei Ihnen angerufen – aber es war zu spät geworden und ... zu stumm. Darf ich hier die schon in Stockholm an Sie gerichtete Bitte wiederholen? Hier ist sie:

Geben Sie mir doch von Zeit zu Zeit Nachricht! Ich habe Nelly nicht helfen können – meine Hoffnung ist, daß ihr Hilfe zuteil wird, aus der Richtung, aus der sie, Nelly, diese Hilfe erwartet.»[876]

*

Nelly Sachs wurde in der Stockholmer Klinik nicht nur psychopharmakologisch, sondern auch mit Elektroschocks behandelt; über längere Zeit gelang ihr keine Kontaktaufnahme mit der Umgebung mehr. Von ihren Freunden wurde Paul Celan über die Behandlung und ihr Befinden regelmäßig informiert – auf einen Brief von Inge Waern vom 20. September (mit Informationen zu den Schockbehandlungen) notierte er: «21. IX. / die Nachrichten über die Besserung in Nellys Zustand: / Wahrheitsverlust = / = Genesung».[877]

Bald nachdem Nelly Sachs wieder in ihr klares Bewusstsein zurückgekehrt war, schrieb sie – einen Monat nach seiner Abreise – am 12. Oktober an Paul Celan und seine Familie nach Paris:

> Paul Gisèle Eric –
>
> schnell schreibt mir – ich sehe «Morgen» nach der Schwärze in der wir Alle gefangen waren. Habe Euch tief, tief durch alle Nächte im Herzen getragen.[878] Alle haben wir nun gedient, immer aufs neue abgedient. Habe das hier gelernt, da ich und alle anderen mit mir eine Balschem-Heilbehandlung im Abdienen erhielten.
>
> Ich warte auf Euer Wort sehnsüchtig.
>
> immer in Liebe
>
> Eure Li[879]

Paul Celan antworte darauf sofort, zugewandt, liebevoll und angestrengt:

> Meine liebe, meine gute Nelly!
>
> Von Herzen danke ich Dir, von Herzen danken wir Dir für Deinen Brief. Von Herzen danken wir Dir für dieses Von-Dir-im-Herzen-Getragenwerden!

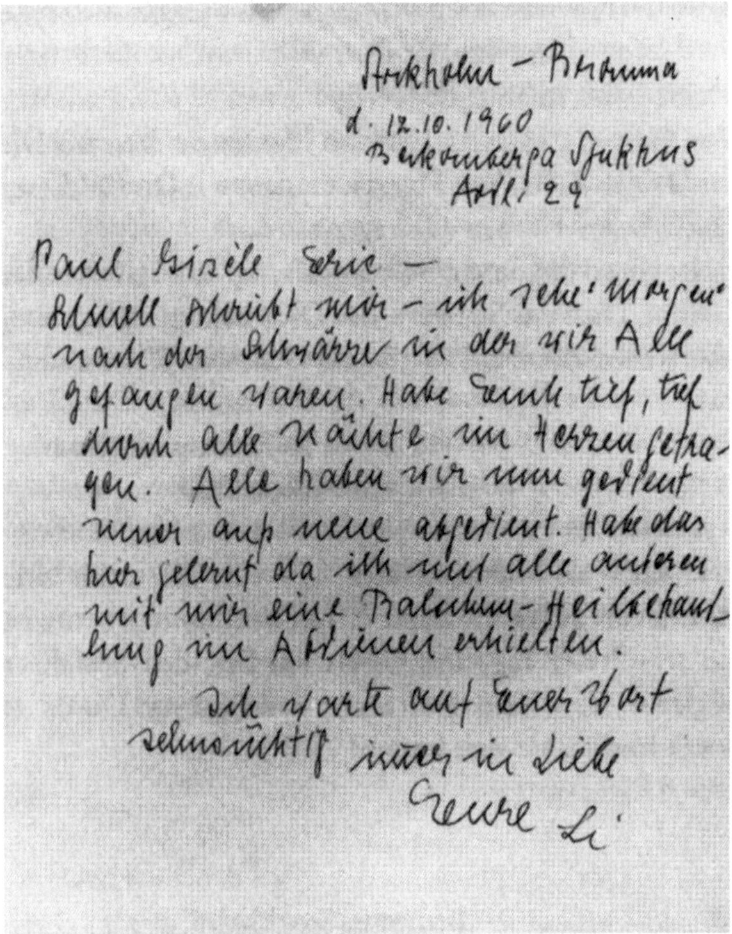

Stockholm – Bromma
d. 12.10.1960
Beckomberga Sjukhus
Avd. 29

Paul Gisèle Eric –
schnell schreibt mir – ich sehe morgen
nach der Schwärze in der wir Alle
gefangen waren. Habe Euch tief, tief
durch alle Nächte im Herzen getra-
gen. Alle haben wir nun gedient
immer aufs neue abgedient. Habe das
hier gelernt da ich mit alle anderen
mit mir eine Balsam-Heilbehand-
lung im Abliegen erhielten.

Ich warte auf Euer Wort
sehnsüchtig immer in Liebe
Eure Li

Brief von Nelly Sachs an Paul Celan, 12. Oktober 1960

Es ist ein so ungemein befreiendes, ein so beglückendes Gefühl, Dich das Schwere, das Dich heimgesucht hatte, überstehen zu sehen! Es gibt ein Genesen! Wie wunderbar!

In Liebe und Neue

Dein Paul

> Eric hat – als Musterschüler ... – eine Karte für eine Gratisfahrt auf einem Seine-Schiff bekommen; heute ist ein schulfreier Tag, und Gisèle hat Eric-den-Seefahrer begleitet. Sie wissen noch nicht, daß Post von Dir da ist – wie werden sie sich freuen![880]

Nelly Sachs' Weg in der Psychiatrie währte lange – Anfang Dezember wurde sie zwar aus der Nervenklinik in ein Erholungsheim entlassen – (*«muß soviel an Hölderlins Gedicht ‹An Landauer› denken.*[881] *Diese Sehnsucht nach einer Ruhestatt auf Erden und immer Aufbruch – flüchtigen Fußes, ‹wieder ist Gott reisefertig›.»*[882]); doch folgten in den nächsten drei Jahren immer wieder längere Internierungen. «Nelly Sachs ist [...] ein siebzigjähriger, von den Gewittern des Geschehens heimgesuchter Seelenhalm!» (Celan). Ihre Kraft und Selbstbeherrschung, ja ihr Widerstand war außerordentlich hoch; sie rang mit dem sie bedrohenden und bedrängenden Krankheits- und Bewusstseins-Abgrund[883] und der Übermacht der Erlebnisse, gegen die sie sich zu behaupten versuchte, nicht zuletzt durch ihre literarisch-geistige Arbeit, die sie – mit Ausnahme der ersten Zeit, in die der Besuch von Paul Celan fiel – auch unter klinischen Bedingungen in größter Einsamkeit und in weiterer Steigerung ihres Werkes fortführte. «[...] Was sie schrieb, war der Krankheit abgewonnen und geistesklar.»[884]

*

Über ihren bevorstehenden Übergang in eine Nachsorgeeinrichtung informierte Nelly Sachs die Familie Celan Anfang November 1960, zwei Wochen nachdem Paul Celan den Büchner-Preis in Darmstadt mit seiner «Meridian»-Rede entgegengenommen hatte[885] – *«wie bin ich glücklich, dass mit Pauls Preisverleihung alles gut abgelaufen ist. Diese Familie darf nicht in Gefahr kommen [...].»*[886] Nelly Sachs hoffte auf einen kommenden Besuch der Celans («wenn ich Euch nur alle Drei einmal hier hätte») – und schrieb über die Veränderung ihrer Behandlungssituation:

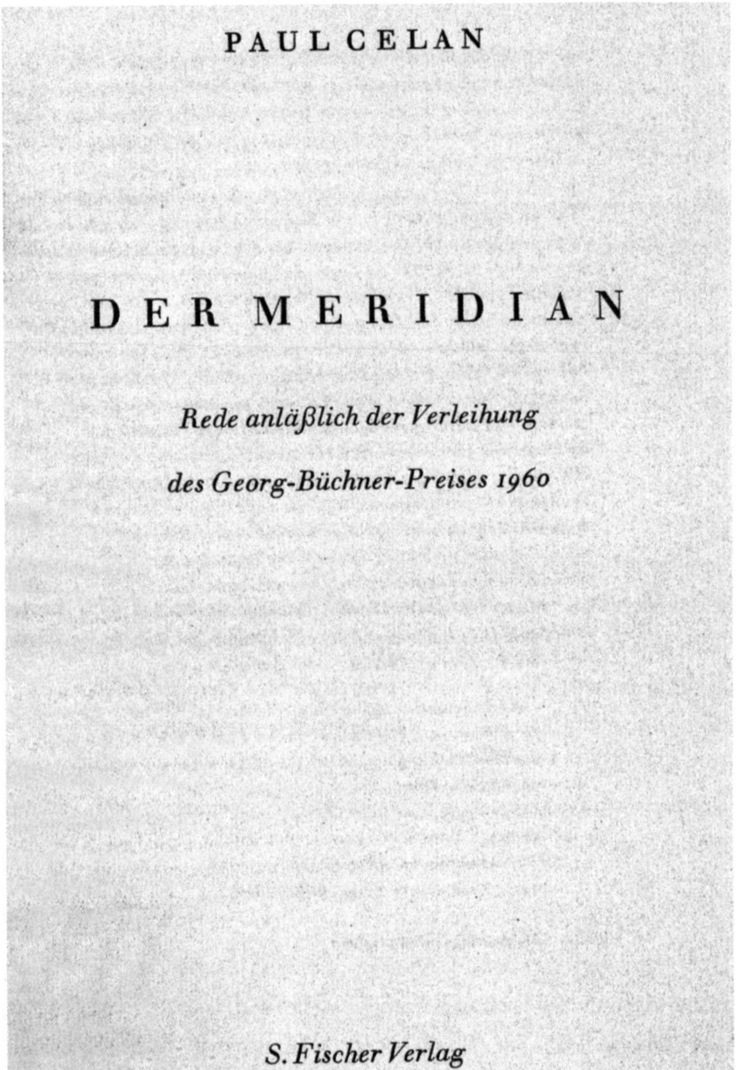

PAUL CELAN

DER MERIDIAN

Rede anläßlich der Verleihung

des Georg-Büchner-Preises 1960

S. Fischer Verlag

Paul Celan, *Der Meridian.* Titelblatt der gedruckten Ausgabe, 1961

> Vielleicht ist die Nacht nun um und der Wächter beginnt Morgen zu blasen. Seit 8 Tagen ist der Doktor zufrieden, da ich wieder essen kann und die schlimmste Qual aufgehört hat. So gebrauche ich keine Elektrochock-Behandlung mehr. Aber die Wohnung werde ich wohl tauschen müssen. Der Schrecken mit den Verfolgungen sitzt doch zu fest. Hier in Beckomberga – man hatte mir doch seit Jahren gedroht mich hierher zu bringen – sind sie alle, Arzt und Schwestern, so freundlich und gut zu mir, daß man vergißt in einem Irrenhaus zu sein.[887]

Auf diese Mitteilung erhielt Nelly Sachs keine Antwort von Paul Celan, auch nicht auf den Ende November 1960 brieflich referierten Übergang in das Erholungsheim («aus dem Krankenhaus entlassen – bald ist ein halbes Jahr vergangen in Qual») und ihre erneute Einladung an die Familie Celan («Im Sommer müßt Ihr nach Schweden. Ich mache es möglich! Ihr meine geliebte Familie.»[888]). Nelly Sachs wartete mit großer Sehnsucht auf ein Wort von Paul Celan; am Ende der ersten Dezemberwoche, schrieb sie fragend und rückblickend zugleich:

> Vielleicht habe ich Euch weh getan – damals in meiner Verzweiflung inmitten der Höllenfahrt. Hatte solche Angst um Euch daß ich die vielen Depeschen sandte – aber nun hat man mich wieder hinausgeführt ins Helle. Die Klarheit die ich auf diesem Läuterungsweg empfing ist die, daß ich allen, die in diese unglückliche Geschichte verwickelt waren und mir den Glauben an alles und an mich selber nahmen (ich gab schon meinen Verfolgern recht und empfand mich als die größte Sünderin), die Hand reichen mußte. Was soll das auch gegen Rassen und Völker kämpfen und die Menschen als Person kennen nicht einander. Mir ist zu Mute als müßte ich so vielen Abbitte tun, daß ich die mir am nächsten Menschen und vor allem Paul und Gudrun in meine Dunkelheit einließ und ihnen wehe tat. Es war das Schrecklichste geschehen und ich kann es nicht in Worte fassen, was in Wahrheit hinter dem stand, das mich um ein Haar zum geistigen und körperlichen Untergang brachte.[889]

In keinem anderen und späteren Brief an Paul Celan ging Nelly Sachs in dieser Weise – wenn auch nur andeutend – auf die hinter ihr liegende Zeit und Erlebniswelt ein. Ihr selbst, so schrieb sie, gehe es nun wieder besser, wenn auch noch nicht gut. «Ja aber der Schrecken geht nicht so leicht aus einem Menschen trotz Elektroschock. Meine Unterschrift gilt wieder.»[890] Sie bat Paul Celan um *«Abbitte»*, bekam aber erneut keine Antwort.

*

Zehn Tage später, in der ersten Dezemberwoche des Jahres 1960, schrieb Nelly Sachs erstmals wieder zwei Gedichte für Paul Celan, und sandte sie ihm nach Paris:

Im eingefrorenen Zeitalter der Anden
die Prinzessin im Eissarg
umarmt in kosmischer Liebe
Auferstehungsklar
mit dem Schicksal der Toten
beschrieben schon
dem wurzelsinkenden gebückten Blick –
nachtgesehen –
unbehelligt von Auflösungssucht der Elemente
bis an die dunkle Kraft des Vaters –

da – hier –
steht sie –
Ferne im Fleisch gefangen
Zeichen für Untiefen
stumm leuchtend
blind atmendes Meergewächs –
Inmitten der rauchenden Arche
der Angstträume
aller flüchtenden Vergangenheitsschlepper
steht sie –

eine Gesalbte schon –
inmitten der aus zanksüchtigen Sprachen
neu errichteten babylonischen Türme
und Pyramiden sehnsuchtsverrenkt
für häusliches Sterben vermessen
während die immer rinnende Endzeit im Ohr
die Reste der Ausgesetzten führt –[891]

*

Noch feiert der Tod
das Leben in dir
Närrin in der Spirale der Eile
jeder Schritt weiter enfernt von den kindlichen Uhren
und näher und näher gefaßt vom Wind
dem Räuber der Sehnsucht –
Vor Ehrfurcht erheben sich Stühle und Betten
denn die Unruhe ist meerhaft geworden

und Türen –
der Schlüssel auf Abwehr gestellt
ändert die Richtung mit Einlaß nach draußen –

Die weißen Schwestern sterngebadet
vom Berühren der Zeichen aus Fremde
von ihm der die Adern hier speist
aus seiner unterirdischen Quelle des Durstes
deren die Visionen sich satt trinken müssen –[892]

Für die Gedichte dankte Paul Celan Nelly Sachs kurz vor Weihnachten aus dem Schweizer Wallis, ohne in irgendeiner Weise näher auf sie einzugehen. Er schilderte ihr jedoch die Situation seiner Familie («es geht uns gut, Nelly, sei ohne Sorge»), wandte sich ihr zu und schrieb erstmals auch wieder ein paar Worte über sich – Worte, die er sich abzuringen schien, in einer auch für ihn immer komplizierter werdenden inneren wie äußeren Lage. Paul Celan wollte Nelly Sachs unterstützen, war aber nach wie vor tief verletzt von vielen Ereignissen in seinem Umfeld, den Stockholmer Erfahrungen und den Diskussionen über die «jüdische Dichtung nach Auschwitz». Er sandte ihr Georg M. Langers Buch *Neun Tore. Das Geheimnis der Chassidim* und schrieb:

> Herzlich danke ich Dir für die Gedichte: Du bist, über alle furchtbaren Erschütterungen hinweg, Du, Du selbst, unberührt in dem Dir Eigensten; Du bist und bleibst die sich verschenkende Beschenkte. Es wird immer so sein.
>
> Ich selber habe nicht allzuviel gearbeitet; ein Band Jessenin ist abgeschlossen, er soll im Frühjahr erscheinen.
>
> Vielleicht kann ich Dir schon im Jänner die Darmstädter Rede schicken; sie wird jetzt gedruckt.
>
> Drei Deiner Freundinnen gegenüber, Inge Waern, Eva-Lisa Lennartsson und Frau Wosk habe ich ein schlechtes Gewissen: ich habe mehrere Briefe nicht beantwortet. Sag Ihnen, bitte, wie sehr ich das bedauere. Diese letzten Monate und Wochen gaben kaum ein Wort her.[893]

Paul Celan schwieg hier – wie in all den nächsten Jahren bis zu seinem und Nelly Sachs' Tod im Frühjahr 1970 – über seine eigene Situation; nie wieder sollte er Nelly Sachs von dem ihn Bedrückenden und Bedrohenden – von der Goll-Affaire und allem anderen – erzählen, nie auch auf seine Begegnung mit ihr in der Stockholmer Krisenzeit Anfang September rückblickend eingehen.

*

Auch im Januar und Februar 1961 sandte Nelly Sachs Paul Celan neue Gedichte, die von den inneren Wegen zwischen Zerstörung und Aufbau, Krankheit und Heilung, Tod und Neubeginn Zeugnis ablegten – *«Aber die Heilung geschieht / auf neuem Weg / denn niemals kann Eingang / dasselbe wie Ausgang sein / wo Abschied und Wiederkunft / geschieden sind / durch die unheilbare Wunde des Lebens /*

'61 März '61 erneute Einlieferung

und die Aura der Morgenfrühe / ist schon Antwort und Geschenk einer anderen Nacht –»[894] In weiteren Strophen, die sie ihm Mitte Februar zuschickte – verbunden mit der Nachricht über die erfolgte Rückkehr in die eigene Wohnung («war nicht leicht – der Schrecken sitzt noch innen») – hieß es unter anderem:

Die gekrümmte Linie des Leidens
nachtastend die göttlich entzündete Geometrie
des Weltalls
immer auf der Leuchtspur zu dir
und verdunkelt wieder in der Fallsucht
dieser Ungeduld ans Ende zu kommen –

Und hier in den vier Wänden nichts
als die malende Hand der Zeit
diesem Embryo der Ewigkeit
mit dem Urlicht über dem Haupte
und das Herz der gefesselte Flüchtling
springend aus seiner Berufung: Wunde zu sein –[895]

Wieder fragte Nelly Sachs vorsichtig nach einem möglichen Besuch – «Paul und Gisèle und Eric – werdet Ihr herkommen diesen Sommer? Wage es kaum zu fragen – so ersehne ich es.»[896] –, erhielt jedoch eine höfliche Absage Celans.

Obwohl Paul Celan den Briefen Nelly Sachs' eigentlich entnehmen konnte, wie labil ihre Verfassung noch immer war, schrieb er ihr Mitte Februar 1961: «Laß es Dir recht gut gehn, liebe Nelly!»[897] Vier Wochen später wurde bereits die nächste Aufnahme Nelly Sachs' in die psychiatrische Klinik notwendig, nur eineinhalb Monate nach der Rückkehr aus der Nachsorgeeinrichtung in ihre Wohnung. «Ich war sieben Wochen so froh in meinem kleinen Heim – die Möbel blau neu bezogen, silbergraue Gardinen, neue Bücherregale – und wieder fort.»[898] Auch aus der psychiatrischen Klinik kam Anfang Mai ein Gedicht nach Paris:

So einsam ist der Mensch
sucht gen Osten
wo die Melancholia im Dämmerungsgesicht erscheint

rot ist der Osten vom Hähnekrähen

O höre mich –

In der Löwensucht
und im peitschenden Blitz des Äquators
zu vergehn

O höre mich –

Mit den Kindergesichtern der Cherubim zu verwelken
am Abend

O höre mich –

Im blauen Norden der Windrose
wachend zur Nacht
schon eine Knospe Tod auf den Lidern

so weiter zur Quelle –[899]

Auf diese Botschaft antwortete Paul Celan noch einmal in direkter Wendung:

Ich danke Dir – wir danken Dir, meine liebe Nelly, für Dein Gedicht.

In einsamster Stunde: Ich danke Dir.

Ich höre Dich.

Bei uns in Czernowitz pflegten die Juden, wenn sie einander Auf Wiedersehen sagten, dies zu wünschen: Sei gesund! Das ist keine deutsche Wendung, es ist eine jiddische, und so laß es mich jetzt noch einmal sagen, auf jiddisch und mit hebräischen Buchstaben:

זיי געזונט ! [sai gesunt]

Dein Paul[900]

Erneut musste Nelly Sachs lange Zeit – über ein halbes Jahr, bis September 1961 – in der psychiatrischen Klinik bleiben, von wo sie zwei weitere Briefe an Celan schrieb. Wieder kam Gudrun Dähnert-Harlan aus Ostdeutschland zu Hilfe,[901] die sich Mitte Juli 1961, ein Jahr nach ihrer ersten brieflichen Botschaft, an Paul Celan wandte,

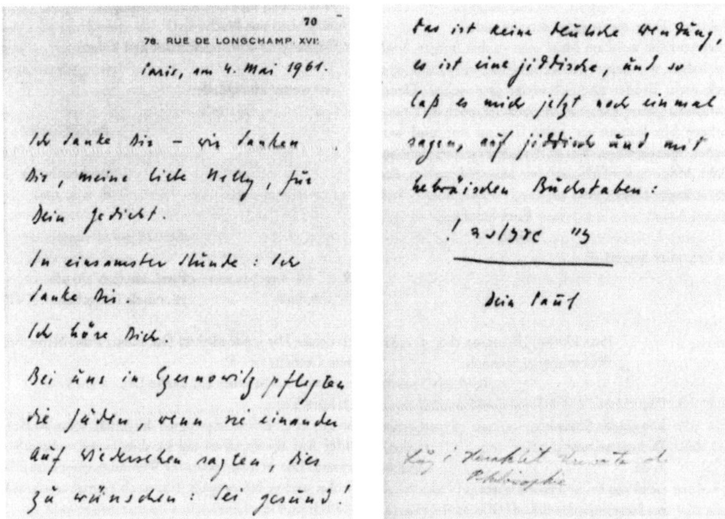
70
78, RUE DE LONGCHAMP. XVI

Paris, am 4. Mai 1961.

Ich danke Dir – wir danken Dir, meine liebe Nelly, für Dein Gedicht.

In einsamster Stunde: Ich danke Dir.

Ich höre Dich.

Bei uns in Czernowitz pflegten die Juden, wenn sie einander auf Wiedersehen sagten, dies zu wünschen: Sei gesund! Das ist keine deutsche Wendung, es ist eine jiddische, und so laß es mich jetzt noch einmal sagen, auf jiddisch und mit hebräischen Buchstaben:

Dein Paul

Brief von Paul Celan an Nelly Sachs, 4. Mai 1961

über die Verfassung von Nelly Sachs berichtete, und dabei bemerkte: «Eines ihrer ersten Worte war zu mir, dass es ihr so unendlich weh tat im vorigen Jahr ihre besten Freunde nicht mehr erkannt zu haben und vor allem Dich, dem sie sich doch so verbunden fühlte. Ich erzählte ihr auch, wie traurig Du weggegangen bist.»[902]

In Paris ging es Paul Celan mittlerweile selbst sehr schlecht. Im Januar 1961 hatte ihm seine Ehefrau Gisèle vorgeschlagen, wegen der Verleumdungskampagne Claire Golls für mindestens ein Jahr in die Bretagne zu fahren. Mitte September machte Celan gegenüber Nelly Sachs vorsichtige Andeutungen seiner entsprechenden Schwierigkeiten: *«Es ist sehr einsam geworden um uns, Nelly, wir haben es nicht leicht.»*[903] Zu diesem Zeitpunkt erwog Paul Celan erstmals, sich in eine psychiatrische Behandlung zu begeben.

Unvermutet herzlich und initiativ aber schrieb er dann plötzlich am 6. Oktober an Nelly Sachs, die wenige Wochen zuvor aus der Klinik entlassen worden war:

XX

> Meine liebe Nelly,
>
> hab Dank für Deine Briefe und Gedichte! Und sei bitte nicht böse, daß ich so lange nichts von mir hören ließ!
>
> Wie geht es Dir denn? Wir denken oft – wir denken täglich an Dich.
>
> Ich schicke gleichzeitig ein Bändchen Jessenin-Übersetzungen – hoffentlich enttäuscht es Dich nicht. Vor vielen Jahren, zum erstenmal als Gymnasiast, später als Student in Czernowitz, hatte ich viel Umgang mit diesen Versen; hier, im Westen, kamen sie mir dann wieder, die östlichen, heimatlichen.
>
> Oft wünsch ich mir, wir könnten viel vom Gedichteschreiben sprechen, – davon und von so vielen anderen Dingen.
>
> Gisèle und Eric grüßen Dich herzlichst.
>
> Das Herzlichste auch von mir!
>
> Dein Paul[904]

Von diesem Brief, der sehr wahrscheinlich direktesten Zuwendung Paul Celans seit über einem Jahr, war Nelly Sachs außerordentlich berührt – und antwortete ihm nur wenige Tage später mit den Worten:

XX

> Mein lieber Paul, solche Freude und Glück die mir Deine Handschrift brachte – sehr ersehnt, sehr tief entgegengenommen. Seit über einem Monat bin ich hier in der Wohnung. Die guten Kräfte helfen daß ich versuche standzuhalten. Es ist schwer, aber ich kann wieder allein ausgehen und auch in den Nächten ist es besser geworden. Ich gebe mir Mühe, die Freiheit die ich erhalten kann mit unendlichem Dank anzunehmen. Wenn Ihr einmal kommen könntet – ich wage es nicht auszusprechen was das

für mich bedeuten würde! Ich könnte Euch in einem Pensionat einmieten – aber ich wage nichts mehr zu sagen. Jessenin ist schön und leuchtet aus Deiner Übersetzung. Und meine Fahrt ins Staublose, worin alle meine Lyrik versammelt ist kommt bald zu Dir, sobald sie erschien. Seid umarmt von Herzen.

Eure Nelly[905]

Dann jedoch brach Paul Celan die Korrespondenz wieder mehr oder weniger ab – und antwortete nur noch ausgesprochen sporadisch auf Nelly Sachs' Zuschriften. Kurz vor Weihnachten 1961 sandte sie ihm und seiner Familie abermals ein Gedicht:

Es steigt der Berg in mein Fenster hinein
unmenschlich ist die Liebe
versetzt mein Herz in den Glanz deines Staubes
Schwermut – Granit wird mein Blut

Unmenschlich ist die Liebe

Nacht und Tod bauen ihr Land
einwärts und auswärts
nicht für die Sonne
Stern ist ein versiegeltes Abendwort
durchrissen
Von der unmenschlichen Auffahrt
der Liebe –[906]

*

Das nächste Gedicht von Nelly Sachs, das Paul Celan Anfang 1962 erreichte, kam erneut aus der psychiatrischen Klinik, «wieder in der Zuflucht bei edlen Beschützern». Abermals hatte sie Schutz vor ihren «Verfolgern» suchen müssen, im Zusammenhang mit dem Eichmann-Prozess («bis der Prozeß in Jerusalem beendet ist, muß ich in meiner Zuflucht hier bleiben»[907]), den aufgewühlten Emotionen und dem Todesurteil für den SS-Obersturmbannführer am 11. Dezember

1961, gegen das Nelly Sachs drei Monate später – von der Klinik aus – protestierte. Sie bat mit moralischer Kraft den israelischen Staatspräsidenten um Gnade für Eichmann, aus Angst vor einer (von Israel künftig mitverantworteten[908]) Spirale der Rache und Gewalt,[909] und angesichts ihrer eigenen Verfolgungsängste vor Neofaschisten, *«da ich weiter zu den Verfolgten gehöre»*. «Als öffentliche Stimme der leidenden Juden fürchtet sie, die Eichmann-Sympathisanten könnten an ihr Rache nehmen.»[910]

An Paul Celan schrieb Nelly Sachs nichts von all diesen Vorgängen, im Wissen um seine tendenziell gegensätzliche Haltung. Ihre Zeilen vom Januar 1962 an ihn handelten vom Sein in der Klinik, von den entgrenzten Zuständen der Kranken und ihrer eigenen, aufrechterhaltenen Bemühung, Wort und Zeugnis zu geben:

X?

Weiß[911] im Krankenhauspark

I
Im Schnee
die Frau geht
hält auf dem Rücken
umkrampft mit falschem Griff
ganz heimlich
abgebrochene Zweige mit Knospen
noch von Nacht verdeckt

Sie aber im Wahnsinn ganz still
im Schnee
um sich blickend und weit offen
die Augen wo
von allen Seiten das Nichts einfährt –
Aber sehr heimlich das Ferne
ist in ihrer Hand
in Bewegung geraten –

II
Die Stille
mit soviel Wunden getränkt
Religion der schon ausgefahrenen Beter
lebt noch vom Martyrium
immer neu wie Frühling –[912]

Paul Celan bedankte sich im März mit drei ruhigen, kurzen Sätzen für das ihm zugegangene Gedicht und die Nachricht, höflich und nahezu formell.

Wie nahe ihm aber vieles mit Nelly Sachs in Zusammenhang Stehende noch immer ging und wie bedrohlich Celans eigene Lage mittlerweile geworden war, offenbart eine zeitgleiche Aufzeichnung. Bezugnehmend auf Nelly Sachs' Wort vom Mai 1960, demzufolge er *«die Waage»* gegenüber all dem Negativen und der Einsamkeit in ihrem Leben halte, und mit Thematisierung der ihm in der Öffentlichkeit ab-, ihr aber zugesprochenen Opfer- und Zeugen-Identität, schrieb er im April 1962:

Du hältst, so schrieb
die Gewichtslose, die
mithalf, da
sie mich entkleideten, mir
das Gelebte
raubten, – du hältst, schrieb
die mit dem
Anerlebten, die aus der Hand
der Tücke empfing,
was sie schmückt, du
hältst
die Wage.

Ich halte sie nicht. Wenn ich einst
unter die Trümmer

der Wage zu liegen komme, so
ist das schon viel.

Spricht nicht von Wagen, sprich
von dir selber: dann steigt
der Rauch seine Wege hinan. Es war
niemals
dein Rauch, hörst du. Schweig,
hol Atem bei dir, laß mir
die Toten.[913]

*

Nur wenige Wochen später, am Tag von Christi Himmelfahrt (31. 5. 1962), genau zwei Jahre nach dem Treffen in Zürich und Paul Celans *Storchen*-Gedicht, wandte sich Nelly Sachs wieder nach Paris, nicht ahnend, was Celan in sich bewegte – und erinnerte an die gemeinsame Vergangenheit, in antwortloser Sehnsucht:

> Paul – Gisèle – am Tage einer Himmelfahrt – ich habe Euch so lieb – ich denke an Euch Drei wenn es zu schwer werden will. Ich sitze in meinem kleinen Zimmer und schaue in den Krankenhauspark wo die Birken endlich fein grün werden – ich habe unendliche Sehnsucht nach Euch – vor zwei Jahren waren es Eric's dunkle Sterne die ich zuerst in Zürich erblickte. Ich habe solche Sehnsucht nach euch – aber wie es mit mir wird – die Liebe und Güte im Krankenhaus läßt das Furchtbare immer wieder ertragen. Gesegnet Ihr Drei
>
> Immer
> Eure Nelly[914]

Nelly Sachs blieb das ganze Jahre 1962 in der psychiatrischen Klinik. Im September sandte sie nochmals zwei kurze Krankenhaus-Gedichte an Paul Celan, die auf ihre eigene Situation eingingen (*«Wir winden hier einen Kranz / manche haben Donnerveilchen / ich nur einen Grashalm / voll der schweigenden Sprache / die hier die Luft erzittern läßt –»*[915]) und von ihrer Sehnsucht nach Paul Celan und seiner Familie sprachen, in der Bejahung und «Durchschmerzung» des Leidens. Nach den Sätzen: *«Wie geht es Euch? Ich habe Euch tief in meinem Herzen – immer!»*, schrieb sie am 5. September aus dem Klinikum:

Hinter der Tür
ziehst du an dem Sehnsuchtsseil
bis Tränen kommen
in dieser Quelle spiegelst du dich –[916]

Wieder fiel Paul Celan jegliche Antwort schwer. Dennoch bedankte er sich noch am Tage des Briefeingangs und nahm die Erinnerungs-Geste ihrer vorausgegangenen Himmelfahrts-Post (auf die er nicht reagiert hatte) positiv auf, wenn auch mit dem Signum eines unwiderruflich Abgeschlossenen:

Auch wir denken viel an Dich, wieder und wieder. Alles ist unvergessen: die durch die Jahre getauschten Briefe und Gedichte, die Gespräche und Worte – in Zürich, in Paris, in Stockholm.

Ich will jetzt alle Deine Gedichte wieder lesen, sie Gisèle vorlesen, an das Gemeinsame denken, an alles.

Vielleicht darf ich hier noch hinzufügen, daß sich für uns vieles verändert hat – wohl deshalb, weil wir immer noch Dieselben sind.

Wir wünschen Dir alles Gute, Nelly, wir wünschen es Dir von Herzen. Paul[917]

Zu den «Veränderungen», die Paul Celan in den folgenden Herbst- und Wintermonaten des Jahres 1962 (in der Zeit seines 42. Geburtstages) erfuhr und erlitt, gehörte die schwere psychische Krise, die zu seiner ersten Klinikeinweisung führte. Den eigenen Krankenhausaufenthalt an der Jahreswende 1962/63 verschwieg er Nelly Sachs – ebenso wie die spätere stationäre Behandlung im Mai 1965, die Zwangseinweisung im November 1965 (nach der Irrfahrt durch

Frankreich und dem Angriff auf Gisèle), die Einweisung im Februar 1967 (nach dem nur knapp gescheiterten Selbstmordversuch) und die letzte stationäre Aufnahme im November 1968 (nach dem Angriff auf Nachbarn).

*

Nelly Sachs wusste nichts Näheres über Paul Celans Situation und schrieb ihm weiter Briefe aus der Klinik und sporadisch auch von zu Hause – Nachrichten und Gedichte voller Sehnsucht. Wie viel Nelly Sachs von Paul Celans Schicksalswegen möglicherweise intuitiv erahnte oder von gemeinsamen Freunde anfänglich vermittelt bekam – in der Bestätigung ihrer seit jeher bestehenden Sorge um ihn –,[918] entzieht sich der dokumentarischen Kenntnis. Zum «Allerseelen»-Tag des Jahres 1963 schickte sie ihm ein weiteres Gedicht – sehr wahrscheinlich unter direkter Bezugnahme auf seine ihr drei Jahre zuvor zugesandten und auf sie antwortenden Verszeilen «Ein Auge, offen»[919] sowie auf sein «Allerseelen»-Gedicht in *Sprachgitter*[920]:

Und ich sehe deine Augen
groß offen
Eingang zur Nacht
wo zum letzten Mal
deine Zeit
eine Gehängte
deine sternige Pupille füllte –

niemand schloß
dieses Tor der Seele
Offen flammte es auf
im Brand des Scheiterhaufens

Paul dem Bruder
Zum Tag der Seelen

Wiederum erhielt Nelly Sachs keine Antwort. Anfang November 1963 schrieb sie erneut, sandte abermals ein Gedicht und sprach noch einmal in deutlicher Form von ihrem Warten: «Paul – Gisèle – Eric / ich habe Heimweh nach Euch!»[921] Dennoch blieb sie den ganzen Winter ohne Nachricht.

Im Frühjahr 1964 notierte sie für Paul Celan und die Seinen die Zeilen:

Grade hinein in das Äußerste
nicht Versteckspielen vor dem Schmerz
ich kann mich nur suchen
wenn ich den Sand in den Mund nehme
um dann die Auferstehung zu schmecken
denn meine Trauer habt ihr verlassen
abgeschieden seid ihr von meiner Liebe
ihr meine Geliebten.[922]

Sie sandte ihre Zeilen direkt nach Paris – *«Ich habe Sehnsucht von Euch zu hören»* –, empfing jedoch keine schriftliche Reaktion.

Nelly Sachs gehörte mit Sicherheit zu den Menschen, die über den größten Verständnishorizont für Paul Celans seelische Grenzerfahrungen verfügten – für das Drama seiner hochsensiblen, leidenden und erlittenen Existenz unter den traumatischen Bedingungen des 20. Jahrhunderts. Dennoch schwieg er sich ihr gegenüber vollkommen aus – selbst an der Beziehung und Entfremdung leidend, Nelly Sachs schonend und im Umgang mit Eigenem abgrundtief verborgen.

*

Seit Ende Februar 1963 konnte Nelly Sachs wieder weitgehend in ihrer eigenen Wohnung leben und arbeiten, nach fast dreijähriger Behandlung in Kliniken. Während Paul Celans innere Situation sich zunehmend verschärfte – mit immer häufigeren und heftigeren Krisen – fing sich Nelly Sachs, mittlerweile 72 Jahre alt, in bemerkenswerter Weise. Ihr lyrisches Spätwerk *Glühende Rätsel* entstand ab 1962/63 und wurde fortlaufend weitergeführt, in innerer Korrespondenz und Bezugnahme auf Celans Arbeiten.[923]

Auf Paul Celans überraschende Zusendung einer Shakespeare-Übersetzung Anfang August 1964 («Für Nelly, / mit herzlichen Grüßen und Wünschen, / Paul / 5. VIII. 64»[924]) reagierte Nelly Sachs begeistert – und sprach erstmals wieder von dem persönlich Erreichten und Geglückten, dem anfänglichen Wiedergewinn der Freiheit:

> Paul Lieber
>
> was für ein Glück für mich Dein Wort – Deine Übersetzungen. Welches Geschenk an die deutsche Sprache.[925]
>
> Und für mich von Dir zu hören!
>
> Bin nun 1 Jahr zu Hause in meiner Wohnung und welche Gnade: sie lassen mich wieder leben – schlafen – arbeiten. 4 Jahre Krankenhaus-Nacht – Schutz der Polizei – aufopfernde Güte des Arztes, endlich Freiheit.
>
> Ich habe Euch immer in meinem Herzen getragen – Ihr geliebten Geschwister und mir das Herz herausgesehnt.
>
> Allen Segen!
>
> Eure Nelly[926]

*

Ende 1965, zur Zeit seiner psychiatrischen Behandlung in Suresnes – nach einem gegenseitig brieflosen Jahr und fünf Wochen nach dem Mordversuch an seiner Frau Gisèle – erhielt Paul Celan ein weiteres Gedicht von Nelly Sachs auf dem «Meridian des Schmerzes»:

Verzweiflung
Deine Buchstaben wie Streichhölzer
Feuerspeiend
Niemand kommt ans Ende
als durch dein Wortgeweih –

17/10/65 Friedenspreis

Stätte trostlos
Ort des hellen Wahnsinns
bevor es dunkel wird
Nachzügler des Lebens
und Erstling des Sterbens
ohne Hafen

Reißende Sucht
das Geheimnis
des unsichtbaren Messias streifend
mit wildem Heimweh –

Wir stürzten
in das Verlies des Abschieds
rückwärts
Schattenschwarz schon
hinausgeschenkt
ins Erloschene –[927]

Nelly Sachs lud Paul Celan vergebens zu der für sie veranstalteten Feier zur Verleihung des Friedenspreises des deutschen Buchhandels am 17. Oktober 1965 nach Frankfurt ein[928] – eine Stadt, in die er in Verlagsangelegenheit häufig reiste und in der er noch in der ersten Septemberhälfte gewesen war.[929] Auch ein Jahr später, im November 1966, fragte Nelly Sachs Paul Celan, ob er nicht zur Literatur-Nobelpreisfeier nach Stockholm kommen könne – *«Daß es meine größte Geburtstagsfreude wäre brauche ich wohl nicht zu sagen»*[930] –, erhielt jedoch erneut eine dürftig begründete Absage: «weil ich mich, nach leider recht ausgedehnten Ferien im vergangenen Jahr, von der École Normale nicht beurlauben lassen kann, zumal so kurz nach Semesterbeginn und auch so kurz vor Weihnachten.»[931] Am Tag der Stockholmer Preisverleihung an Nelly Sachs und ihrer Dankesrede – in der sie (wie zuvor in der Frankfurter Paulskirche) ihr Gedicht über die «Verwandlungen der Welt» zitierte[932] – las Paul Celan

Nelly Sachs, Dezember 1966.
Foto: Anna Riwkin

im Pariser Goethe-Institut aus ihrem Werk. Diese von ihm intensiv vorbereitete Lesung[933] wurde auf Band aufgenommen und Nelly Sachs zugestellt. Nach dem Anhören der Aufzeichnungen *ihrer*, von *seiner* Stimme gelesenen Gedichte bei befreundeten Literaturwissenschaftlern schrieb sie ihm Ende Jahr: *«Es war für uns das tiefste Erlebnis.»*[934] Drei Wochen zuvor hatte Paul Celan ihr mitgeteilt: «Liebe Nelly, mir steht, wird mir gesagt, das Recht auf Lakonismus zu – Du weißt, wenn es hier auch in Gestalt von wenigen Worten kommt, was es mir bedeutet hat, Deine Gedichte vorlesen zu dürfen – In alter Herzlichkeit Dein Paul».[935] («So wie er im Frühjahr 1960 mit *seiner* Hand ein Gedicht von Nelly Sachs, den ‹Chor der Waisen› für sie abgeschrieben hatte, ‹schenkt› er der Freundin auch jetzt ihre eigenen Gedichte zurück, er schenkt ihr eine, *seine*, ganz persönliche Lesung.» B. Wiedemann[936])

Ihre Nobelpreisrede hatte Nelly Sachs, trotz ihrer Beherrschung der schwedischen Sprache, auf deutsch gehalten, in ihrer «Mutter-Sprache» im Sinne Paul Celans. Entgegen verbreiteten Usancen hatte sie dem Nobelpreisgremium keinen mehrseitigen Bericht über ihr Leben vorgelegt, sondern auf ein Blatt in schlichter Weise geschrieben:

> Nelly Sachs geboren am 10. Dezember 1891 in Berlin. Am 16. Mai 1940 als Flüchtling mit meiner Mutter nach Schweden gekommen. Seit 1940 in Stockholm wohnhaft, als Schriftstellerin und Übersetzerin tätig.[937]

*

Schließlich erkrankte Nelly Sachs im März 1967 organisch am Herzen – und schrieb Paul Celan erst wieder Ende Oktober, zehn Monate nach der Nobelpreisverleihung und im Anschluss an die Lektüre seines neuen Gedichtbandes *Atemwende:*

> Paul, lieber Paul, Deine Gedichte atmen bei mir Tag und Nacht, sie teilen also mein Leben. Seit dem Frühjahr mit dem Herzanfall und den langen Wochen im Krankenhaus ist es mir jetzt erst möglich, wieder an die zu schreiben die mir am nächsten stehn [...].
>
> Wie oft bin ich im Geiste bei Euch, und dann das Gold über dem Wasser und in Deinem Zimmer. [...]
>
> Diese Tage bei Euch waren damals die letzte Helle dann 3 Jahre Nacht.[938]

Paul Celan, der Mitte Oktober 1967 aus der psychiatrischen Klinik entlassen worden war, antwortete ihr nach fünfwöchiger Verzögerung mit den Zeilen: *«Meine liebe Nelly, es war so gut Deinen Brief in Händen zu halten und von Dir selbst an das Licht erinnert zu werden, das in Zürich überm Wasser und dann in Paris aufschien. Einmal, in einem Gedicht, kam mir, über das Hebräische, auch ein Name dafür.»*[939] Hierauf schrieb Nelly Sachs:

> Käme das Gold durch die Luft noch einmal aus dem Geheimnis. Es war so lange schwarz für uns beide, fühlte mit Dir durch alle Länder.[940]

Drei Monate später und ohne weitere Nachricht von Celan, dessen Zustände sie aus der Ferne mitzuempfinden versuchte, kam Nelly Sachs erneut auf das «goldene Licht» zu sprechen – und sandte ihm am 20. März 1968 einen Brief mit einer einzigen Zeile: *«Paul, lieber Paul, ist etwas Gold vom nirgendwo zu Dir gekommen, mit dem Herzen möcht ich es zu Dir schicken. – Nelly»*[941] Paul Celan antwortete ihr noch am Tag des Briefeingangs:

> Meine liebe Nelly,
>
> hab Dank für Deine Zeilen, für die Erinnerung an jenes Licht.
>
> Ja, jenes Licht. Du wirst es genannt finden in meinem nächsten Gedichtband, der im Herbst erscheint, genannt – benannt mit einem hebräischen Namen.
>
> Das Herzlichste!
>
> Paul[942]

In seinem Band *Fadensonnen* konnte Nelly Sachs dann tatsächlich ein halbes Jahr später das – von Paul Celan am 10. Mai in der psychiatrischen Klinik niedergeschriebene – Gedicht «Nah, im Aortenbogen» finden, in dem der «hebräische Name» jenes Lichtes stand:

NAH, IM AORTENBOGEN,
im Hellblut:
das Hellwort.

Mutter Rahel
weint nicht mehr.
Rübergetragen
alles Geweinte.

Still, in den Kranzarterien,
unumschnürt:
Ziw, jenes Licht.
(II, 202)

ZIW

«Ziw, jenes Licht» hatten Paul Celan und Nelly Sachs in Zürich und Paris im Frühsommer 1960 gemeinsam erschaut. Es fand Eingang in das Himmelfahrts-Gedicht «Zürich. Zum Storchen» Paul Celans, der es jedoch sehr wahrscheinlich bereits in Nelly Sachs' Gedichtband *Und niemand weiß weiter* drei Jahre zuvor wahrgenommen hatte – «EIN LICHT über dem See ... / schon schmerzt Auferstehung» (1, 176). «*Ziw*, das Licht der *Schechina*, der ‹Einwohnung Gottes› unter den Menschen, bezeichnet in der Kabbala Gottes verborgene oder sichtbare Gegenwart, die sich in einem ‹überirdischen Lichtglanz› manifestieren kann.» (Lydia Koelle[943])

*

Nelly Sachs ging es im Frühjahr 1968, zwei Jahre vor ihrem Tod, erstmals wieder seelisch sehr schlecht, was sie Paul Celan Anfang April am Rande einer Mitteilung wissen ließ, um dann hinzuzufügen: *«Mein lieber Paul, Du jedenfalls gehörst zu denen, die immer in meinen Gedanken wohnen als der junge Bruder. Kein Wort ist vergessen!»*[944] In der letzten Aprilwoche des Jahres 1968 musste Nelly Sachs dann, nach fünfjährigem Leben in Freiheit, wieder für drei Monate aufgrund paranoider Ängste in der psychiatrischen Klinik behandelt werden – *«Schreckliches wieder alles Gold fort.»*[945] – und sorgte sich erneut um Paul Celan. Mitte Mai schrieb sie ihm aus dem Krankenhaus:

> [...] ich die für Frieden bin muß für alles stehn. Wenn ich nicht wüßte daß Du und die Freunde hier auf Erden mit mir zusammenwohnen, ich wäre längst untergegangen. Lieber Paul, um mich zu beruhigen: Läßt man Dich in Ruhe? Hoffentlich, hoffentlich.
>
> Segen sei bei Dir
>
> Deine Nelly[946]

Auch unmittelbar nach ihrer Entlassung aus der Klinik hatte Nelly Sachs wieder massive Ängste um Celan: *«Immer denke ich an Dich mit Angst daß Du nur verschont bleibst.»*[947] Zugleich deutete sie ihm an, dass sie körperlich nun sehr schwach sei und auf den Tod zu lebe – *«daß ich mich nach dem Ende sehne»*.[948] Paul Celan ging darauf kaum ein: «Ich freue mich, daß Du wieder zuhause bist, ich wünsche Dir gute Gesundheit und Gedichte, wie sie geschrieben werden müssen.»[949] Er kämpfte mit schweren eigenen Depressionen und der ihn bedrängenden Selbstmordnähe – im November 1968 wurde er erneut stationär aufgenommen. Nelly Sachs aber hielt die innere Verbindung ungebrochen und in höchster Treue aufrecht; noch im Februar 1969, ein Jahr vor ihrem Tod und kurz vor einer schweren Krebsoperation stehend, schrieb sie ihm:

> Aber Du verstehst, in der unsichtbaren Heimat leben wir beide. Immer liegen Deine Gedichte bei mir. Vor dem Schlaf abends lese ich, so beten wir.[950]

Nelly Sachs, undatiert.
Foto: Anna Riwkin

In Tel Aviv hörte Paul Celan im Oktober 1969, dass Nelly Sachs nach einer Krebs-Operation wieder aus der Klinik entlassen worden sei, und schrieb ihr ein paar Zeilen, deren Inhalt ihrem Zustand nur wenig entsprach:[951] «Laß es Dir gut gehen, liebe Nelly, sei gesund. – Hast Du Neues geschrieben?»[952] Nelly Sachs, die zweieinhalb Jahre zuvor eine Israelreise – zur Einweihung eines ihr gestifteten Waldes – aus gesundheitlichen Gründen nicht hatte realisieren können,[953] antwortete sofort. Ihr Verhältnis zu Israel war ebenso kompliziert wie dasjenige Celans; von ihrer Sehnsucht nach einem «wahrhaftigen Friede zwischen Israelis und Arabern»[954] schrieb sie ihm nicht, sondern formulierte in ihrer vorletzten Nachricht an ihn:

> Paul, Lieber Du – welche Freude für mich Deine perlende Handschrift wieder zu sehn. Hab Dank. Ich bin wieder zu Hause, nachdem ich ungefähr fast ½ Jahr in zwei verschiedenen Krankenhäusern war, liege aber meistens. Habe Schmerzen Tag u. Nacht u. lebe nur die Stunden da ich Betäubungsmittel nehme. Freue mich so daß Du eine neue Wohnung hast.
>
> *Teile dich Nacht*
> *deine beiden Flügel angestrahlt*
> *zittern vor Entsetzen*
> *denn ich will gehen*
> *und bringe dir den blutigen Abend zurück*
> Deine Nelly[955]

Vier Wochen später, am 15. Dezember 1969 sandte Nelly Sachs noch eine letzte Botschaft zu Paul Celan nach Paris:

> Paul Lieber Du, viele gute Wünsche. Alle Deine Gedichte sind bei mir in der Schmerzenszeit.[956]

*

Vom Selbstmord Paul Celans erfuhr Nelly Sachs Ende April 1970 auf ihrem eigenen Sterbelager.[957] Ihr friedlicher Tod (*«aber Sterbende /*

† 12.5.70 Nelly ≙ Bestattg Paul C

werden nicht mehr / von Menschenhand getroffen –») trat am 12. Mai 1970 ein, am Tag der Bestattung Paul Celans auf dem Pariser Friedhof Thiais. *«Dein Leib ist eine Bitte im Weltall: komm.»* (2, 102)

Nelly Sachs war in den letzten Jahren ihres Lebens oft von der Empfindung gepeinigt gewesen, in der unbedingt notwendigen und ihr persönlich aufgegebenen «Rettung» Paul Celans versagt zu haben. Davon handelt eines ihrer Schicksals-Gedichte[958]:

Einmal
als Abend im Rot den Tag vergaß
gründete ich auf dem Stein der Schwermut
die Zukunft

Vorgeburtliches Wiedersehen –
eine Melodie aus Meer gemacht
lief ihre Bahn –

Vielleicht ein Fisch am Äquator
an der Angel eine Menschenschuld bezahlte
und dann mein Du
das man gefangen hielt
und das zu retten ich erkoren war
und das in Rätseln weiter ich verlor
bis hartes Schweigen sich auf Schweigen senkte
und eine Liebe ihren Sarg bekam –
(2, 88)

Ein frühes Gedicht Paul Celans endete bereits mit den Worten:

Wir waren tot und konnten atmen. (III, 53)

*

Beerdingung von Nelly Sachs auf dem jüdischen Friedhof, Stockholm, Mai 1970

Literaturverzeichnis

Berücksichtigte Literatur zu Nelly Sachs

WERK- UND BRIEFAUSGABEN

Fahrt ins Staublose. Die Gedichte der Nelly Sachs. Frankfurt a. M. 1961

Suche nach Lebenden. Die Gedichte der Nelly Sachs. [Zweiter Band.] (Hg. Magaretha Holmqvist und Bengt Holmqvist). Frankfurt a.M. 1971

Zeichen im Sand. Die szenischen Dichtungen der Nelly Sachs. Frankfurt a. M. 1962

Briefe der Nelly Sachs (Hg. Ruth Dinesen und Helmut Müssener). Frankfurt a. M. 1984

Nelly Sachs – Briefregister (Zusammengestellt von Ruth Dinesen). Stuttgart 1989

Celan, Paul und Sachs, Nelly: *Briefwechsel.* Hg. Barbara Wiedemann. Frankfurt a. M. 1993

Karl Schwedhelm: *Nelly Sachs. Briefwechsel und Dokumente (Gesammelte Werke; Bd. 6).* Hg. Bernhard Albers. Aachen 1998

SEKUNDÄRLITERATUR

Bahr, Ehrhard: *Nelly Sachs.* München 1980

Berendsohn, Walter A.: *Nelly Sachs. Einführung in das Werk der Dichterin jüdischen Schicksals.* (Mit einem Prosatext «Leben unter Bedrohung», einer Auswahl von 30 Briefen aus den Jahren 1946–1958 und einem Bericht über die Nelly-Sachs-Sammlung in Dortmund. Kommentiert von Manfred Schlösser). Darmstadt 1974

Blumenthal-Weiss, Ilse: *Begegnungen mit Else Lasker-Schüler, Nelly Sachs, Leo Baeck, Martin Buber.* New York, 1977

Dinesen, Ruth: *«Und Leben hat immer wie Abschied geschmeckt.» Frühe Gedichte und Prosa der Nelly Sachs.* Stuttgart 1987

Dinesen, Ruth: *Nelly Sachs. Eine Biographie.* Aus dem Dänischen von Gabriele Gerecke. Frankfurt a. M. 1992

Dischner, Gisela: *Poetik des modernen Gedichts. Zur Lyrik von Nelly Sachs.* Bad Homburg 1970.

Dischner, Gisela: (Hg.): *Apropos Nelly Sachs.* Frankfurt a. M. 1997

Fritsch-Vivié, Gabriele: *Nelly Sachs.* Reinbek 1993

Grittner, Sabine: *«Aber wo Göttliches wohnt – die Farbe ‹Nichts›.» Mystik-Rezeption und mystisches Erleben im Werk der Nelly Sachs.* St. Ingbert 1999

Holmqvist, Bengt (Hg.) : *Das Buch der Nelly Sachs.* Frankfurt a. M. 1968

Huml, Ariane: *«Lichtersprache aus den Rissen» Nelly Sachs – Werk und Wirkung.* Göttingen 2008.

Kessler, Michael/Wertheimer, Jürgen (Hg.): *Nelly Sachs. Neue Interpretationen. Mit Briefen und Erläuterungen der Autorin zu ihren Gedichten im Anhang.* Tübingen 1994

Kuric, Johanna: *Was ist das Andere auf das ihr Steine werft? Das Denken der Alterität in der Lyrik von Nelly Sachs.* St. Ottilien, 1999

Kranz-Löber, Ruth: *«In der Tiefe des Hohlwegs.» Die Shoah in der Lyrik von Nelly Sachs.* Würzburg 2001

Rospert, Christine: *Poetik einer Sprache der Toten. Studien zum Schreiben von Nelly Sachs.* Bielefeld 2004

Schweizer, Erika: *Geistliche Geschwisterschaft. Nelly Sachs und Simone Weil – ein theologischer Diskurs.* Mainz 2005

Sowa-Bettecken, Beate: *Sprache der Hinterlassenschaft. Jüdisch-christliche Überlieferung in der Lyrik von Nelly Sachs und Paul Celan.* Frankfurt a. M. etc. 1992

Berücksichtigte Literatur zu Paul Celan

WERK- UND BRIEFAUSGABEN[959]

Celan, Paul: *Gesammelte Werke in fünf Bänden.* (Hg. Beda Allemann und Stefan Reichert unter Mitwirkung von Rudolf Bücher). Frankfurt a. M. 1983

Celan, Paul: *Werke. Historisch-Kritische Ausgabe.* (Begr. von Beda Allemann. Besorgt von der Bonner Arbeitsstelle für die Celan-Ausgabe). Frankfurt a. M. 1990 ff.

Werke. Tübinger Ausgabe. (Hg. Jürgen Wertheimer). Frankfurt a. M. 1996 ff.

Celan, Paul: *Die Gedichte. Kommentierte Gesamtausgabe in einem Band.* (Hg. Barbara Wiedemann). Frankfurt a. M. 2003

Celan, Paul und Sachs, Nelly: *Briefwechsel.* (Hg. Barbara Wiedemann). Frankfurt a. M. 1993

Celan, Paul und Wurm, Franz: *Briefwechsel.* (Hg. Barbara Wiedemann in Verbindung mit Franz Wurm). Frankfurt a. M. 1995

Celan, Paul und Einhorn, Erich: *«Einhorn: du weißt um die Steine ...». Briefwechsel.* (Hg. Marina Dmitrieva-Einhorn). Berlin 2001

Celan, Paul und Celan-Lestrange, Gisèle: *Briefwechsel.* Mit einer Auswahl von Briefen Paul Celans an seinen Sohn Eric. Aus dem Französischen von Eugen Helmlé. (Hg. und kommentiert von Bertrand Badiou in Verbindung mit Eric Celan. Anmerkungen übersetzt und für die deutsche Ausgabe eingerichtet von Barbara Wiedemann). 2 Bände. Frankfurt a. M. 2001

Celan, Paul und Lenz, Hanne und Hermann: *Briefwechsel.* Mit drei Briefen von Gisèle Celan-Lestrange. (Hg. Barbara Wiedemann in Verbindung mit Hanne Lenz). Frankfurt a. M. 2001

Celan, Paul: *«Du mußt versuchen, auch den Schweigenden zu hören».* Briefe an Diet Kloos-Barendregt. Handschrift – Edition – Kommentar. (Hg. Paul Sars unter Mitwirkung von Laurent Sprooten). Frankfurt a. M. 2002

Celan, Paul und Shmueli, Ilana: *Briefwechsel.* (Hg. Ilana Shmueli und Thomas Sparr). Frankfurt a. M. 2004

Celan, Paul und Hirsch, Rudolf: *Briefwechsel.* (Hg. Joachim Seng). Frankfurt a. M. 2004

Celan, Paul und Szondi, Peter: *Briefwechsel.* Mit Briefen von Gisèle Celan-Lestrange an Peter Szondi und Auszügen aus dem Briefwechsel zwischen Peter Szondi und Jean und Mayotte Bollack. (Hg. Christoph König). Frankfurt a. M. 2005

Herzzeit. Ingeborg Bachmann – Paul Celan. Der Briefwechsel. Mit den Briefwechseln zwischen Paul Celan und Max Frisch sowie zwischen Ingeborg Bachmann und Gisèle Celan-Lestrange. Hg. und kommentiert von Bertrand Badiou, Hans Höller, Andrea Stoll und Barbara Wiedemann. Suhrkamp Verlag Frankfurt a. M. 2008

SEKUNDÄRLITERATUR

Baumann, Gerhart: *Erinnerungen an Paul Celan.* Frankfurt 1986

Bevilacqua, Giuseppe und Böschenstein, Bernhard: *Paul Celan. Zwei Reden.* Marbach 1990

Bollack, Jean: *Dichtung wider Dichtung. Paul Celan und die Literatur.* (Hg. von Werner Wögerbauer. Aus dem Franz. von Werner Wögerbauer. Unter Mitw. von Barbara Heber-Schärer u. a.). Göttingen 2006

Buck, Theo: *Celan-Studien.* Aachen 1993 ff.

Chalfen, Israel: *Paul Celan. Eine Biographie seiner Jugend.* Frankfurt a. M. 1979

Corbea-Hoisie, Andrei (Hg.): *Paul Celan. Biographie und Interpretation.* Konstanz 2000

Felstiner, John: *Paul Celan. Eine Biographie.* (Deutsch von Holger Fliessbach). München 1997

Goßens, Peter und Patka, Marcus G. (Hg.): *«Displaced». Paul Celan in Wien. 1947–1948.* Im Auftrag des jüdischen Museums Wien. Frankfurt a. M. 2001

Hamacher, Werner und Menninghaus, Winfried (Hg.): *Paul Celan.* Frankfurt a. M. 1988

Koelle, Lydia: *Paul Celans pneumatisches Judentum. Gott-Rede und menschliche Existenz nach der Shoah.* Mainz 1997

Mayer, Hans: *Zeitgenossen. Erinnerung und Deutung.* Frankfurt a. M. 1998

Ott, Ulrich und Pfäfflin, Friedrich (Hg.): *«Fremde Nähe». Celan als Übersetzer.* Marbacher Kataloge; Band 50. Frankfurt a. M. 1997

Pöggeler, Otto: *Spur des Worts. Zur Lyrik Paul Celans.* Freiburg i. Br. 1986

Shmueli, Ilana: *Sag, dass Jerusalem ist. Über Paul Celan: Oktober 1969 – April 1970.* Eggingen 2000

Silbermann, Edith: *Begegnung mit Paul Celan. Erinnerung und Interpretation.* Aachen 1993

Speier, Hans-Michael (Hg.): *Celan-Jahrbuch.* Heidelberg 1988 ff.

Szondi, Peter: *Celan-Studien.* Frankfurt a. M. 1972

Wiedemann, Barbara: *Antschel Paul – Paul Celan. Studien zum Frühwerk.* Tübingen 1985

Wiedemann, Barbara (Hg.): *Paul Celan – Die Goll-Affäre. Dokumente zu einer «Infamie».* Zusammengestellt, herausgegeben und kommentiert von Barbara Wiedemann. Frankfurt a. M. 2000

Wiedemann, Barbara: *Jakobs Stehen. Jüdischer Widerstand in den Gedichten Paul Celans.* Warmbronn 2007.

Anmerkungen

1 Die Gedichte Paul Celans werden hier und nachfolgend nach dem jeweiligen Band der *Gesammelten Werke* (I–V) und der Seitenzahl des zitierten Gedichtes nachgewiesen.

2 «Erreichbar, nah und unverloren blieb inmitten der Verluste dies eine: die Sprache. – Sie, die Sprache, blieb unverloren, ja, trotz allem. Aber sie mußte nun hindurchgehen durch ihre eigenen Antwortlosigkeiten, hindurchgehen durch furchtbares Verstummen, hindurchgehen durch die tausend Finsternisse todbringender Rede. Sie ging hindurch und gab keine Worte her für das, was geschah; aber sie ging durch dieses Geschehen. Ging hindurch und durfte wieder zutage treten, ‹angereichert› von all dem. – In dieser Sprache habe ich, in jenen Jahren und in den Jahren nachher, Gedichte zu schreiben versucht: um zu sprechen, um mich zu orientieren, um zu erkunden, wo ich mich befand und wohin es mit mir wollte, um mir Wirklichkeit zu entwerfen.» (Paul Celan; III, 185 f.)

3 «Für sie [Nelly Sachs] gab es keine ein für allemal zerstörten Wörter, nur Wörter, die wiederhergestellt werden mussten.» (Bengt Homqvist: «Die Sprache der Sehnsucht». In: Bengt Holmqvist [Hg.]: *Das Buch der Nelly Sachs.* Frankfurt 1977, S. 16)

4 Paul Celan verwandte weder in seinen Werken noch in seinen Briefen und Gesprächsaussagen die Begriffe «Shoah» und «Holocaust» für die systematische Ermordung des jüdischen Volkes durch den deutschen Nationalsozialismus – sondern sprach von *«dem, was war»* (Ilana Shmueli: «Denk dir. Paul Celan in Jerusalem.» In: *Jüdischer Almanach 1995* [Hg. Jakob Hessing]. Frankfurt a. M. 1994, S. 15). – Zu den Begriffen von «Shoah» und «Holocaust» (oder auch «Churban») und ihrem jeweiligen Bedeutungshintergrund schrieb Ruth Kranz-Löber in einer Studie: «*Shoa* ist der biblische Begriff für Verheerung oder Unheil, in dem sowohl die Vernichtung Israels durch seine Nachbarstaaten als auch die Knechtung Babylons mitschwingt (biblische Belegstellen für *Shoah* sind: Hiob 30,3; 30,14; 38,27; Ps 35,8; 35,17; 63,10; Pred 1,27; 3,25; Jes 6,11; 10,3; 47,11; Ez 38,9; Zeph 1,15). Der Begriff kennzeichnet das Ereignis als Teil der jüdischen Geschichte und wird heute von der Mehrzahl der wissenschaftlichen Diskussionsteilnehmer benutzt. Obwohl *Shoah* aus dem Kontext der Bibel stammt, ist die Bezeichnung weniger mit religiösen Konnotationen befrachtet als etwa der andere hebräische Begriff für das Ereignis, *Churban*, der aufgrund seiner religiösen Tendenzen

von säkularen Juden abgelehnt wird. *Churban* bezieht sich auf weit zurückliegende konkrete historische Katastrophen wie die Zerstörung des Ersten und Zweiten Tempels. Als ‹dritter *Churban*› wird die Judenvernichtung des zwanzigsten Jahrhunderts in eine Reihe historischer Verfolgungen eingeordnet und die Einzigartigkeit des Ereignisses somit negiert. – Kritisch betrachtet wird heute auch der englische Begriff *Holocaust*, der zwischen 1957 und 1959 als spezifische Bezeichnung des Ereignisses aufkam und spätestens seit der gleichnamigen amerikanischen Fernsehserie, die 1978 in der Bundesrepublik ausgestrahlt wurde, der geläufigste der hier besprochenen Begriffe ist. Ebenso wie *Shoah* und *Churban* enthält *Holocaust* theologische Assoziationen, jedoch im Gegensatz zu den beiden anderen Benennungen spezifisch christliche. *Holocaust* stammt vom griechischen *holokauston* (‹ganz verbrannt›) und bezeichnet in der Septuaginta eine spezielle Art des Brandopfers. Wegen der Nähe zur christlichen Vorstellung eines jüdische Martyriums wird der Begriff von vielen jüdischen Autoren und Theologen abgelehnt.» (Ruth Kranz-Löber: *«In der Tiefe des Hohlwegs». Die Shoah in der Lyrik von Nelly Sachs.* Würzburg 2001, S. 11 f.) Vgl. hierzu auch: Michael Krämer: «Vorbemerkung. Auseinandersetzung mit einem falschen Namen». In: «‹Wir wissen ja nicht, was gilt›. Zum poetologischen Verfahren bei Nelly Sachs und Paul Celan – Versuch einer Annäherung». In: Michael Kessler/ Jürgen Wertheimer (Hg.): *Nelly Sachs. Neue Interpretationen. Mit Briefen und Erläuterungen der Autorin zu ihren Gedichten.* Tübingen 1994, S. 35 ff.

5 «[...] Das ‹Tausendjährige Reich› hat den Völkermord an den europäischen Juden *mithilfe der Sprache* organisiert. Parolen und Diffamierungen, pseudowissenschaftliches Dogma, Propaganda, Euphemismus und Jargon waren es, die jede Vernichtungs-‹Aktion› in Gang setzten, von den ersten Rasse-‹Gesetzen› über die ‹Sonderbehandlung› in den Lagern bis zur letzten ‹Umsiedlung› von jüdischen Waisenkindern.» (John Felstiner: *Paul Celan.* München 1997, S. 17; Hervorhebung v. V.)

6 Vgl. hierzu insbesondere den 2001 in zwei Bänden von Bertrand Badiou herausgegebenen Briefwechsel Paul Celans mit seiner Frau, Gisèle Celan-Lestrange.

7 Brief Paul Celans an Otto Pöggeler, 9. 8. 1960. In: Barbara Wiedemann (Hg.): *Paul Celan – Die Goll-Affäre. Dokumente zu einer «Infamie».* Frankfurt a. M. 2000, S. 506.

8 «Im *Eingedenken*, das eine geistige und seelische Haltung eines einmaligen und sterblichen Seelenwesens markiert, verwirklicht sich, der linearen Geschichtssicht entgegenstehend (im Sinne W. Benjamins) ein *extremes* Zeitbewusstsein: Bewusstsein über alle Daten, von denen wir uns herschreiben –, als auch ein *qualifiziertes* Zeitbewusstsein, im Versuch, *bestimmter* Daten eingedenk zu bleiben [...]. Die Dichtung ist bei Celan Medium dieses

Eingedenkens: Geschichtszeugnis und Geschichtswiderstandszeugnis, sofern es Vergangenes vor dem Vergessen bewahren kann. Wie im frühen Gedicht *Heimkehr* gerät das eingedenkende Vergegenwärtigen für Celan zur Möglichkeit, nicht nur die Opfer der Geschichte nicht zu vergessen, sondern ihnen nahe zu sein. *Zachor!* – Erinnere dich!, ist eine zentrale Forderung jüdischen Glaubens; allein im Gedächtnis, *zikaron*, ist es möglich, die Kontinuität des Bundes zwischen Gott und seinem Volk durch Zeit und Geschichte hindurch zu bewahren (memorativer Aspekt) und in der Bundestreue zu aktualisieren (schöpferischer Aspekt). Die anamnestische Dimension im Versprechen und der Verheißung des Bundes vermag mitten in der Zeit der Historie die kairologische Zeit als gegen-historische aufzurichten.» (Lydia Koelle: «Celans *Jerusalem*». In: Christoph Jamme und Otto Pöggeler [Hg.]: *«Der glühende Leertext». Annäherungen an Paul Celans Dichtung*. München 1993, S. 282)

9 «Die Wahrheit ist, dass Paul Celan, wie immer wieder in Begegnungen festzustellen war, des Erinnerns ermangelte. Wer sich erinnert, hat damit zugleich die Möglichkeit, sich nicht zu erinnern. Wer plötzlich, wie bei Proust nachzulesen ist, eine Kindheitserinnerung an die Großmutter wiederfindet, oder jäh die kleine musikalische Wendung aus der Sonate von Vinteuil erinnert, hat lange im Zustand eines intermittierenden Vergessens gelebt. Nun ist das Damalige ins Bewusstsein zurückgekehrt. – In allen Gesprächen mit Celan hatte man den Eindruck des Unmenschlichen: *da herrschte die bloße und allumfassende Gegenwart.* Offenbar war nichts für diesen Mann und Dichter vergangen von allem, was er je erlebte, las, sah oder dachte. [...] Die Wahrheit ist, dass er unfähig war zum Vergessen. Alles war stets gegenwärtig. Kein Lebensmoment, der nicht bedroht gewesen wäre von unheilvollen anderen Augenblicken, die jeder andere als Vergangenheit und abgetan fortgeschoben hätte. Er konnte es nicht.» (Hans Mayer: «Erinnerung an Paul Celan», in: Hans Mayer: *Zeitgenossen. Erinnerung und Deutung.* Frankfurt 1998, S. 133 ff.)

10 Zit. n. Franz Wurm: «Erinnerung». In: Paul Celan/Franz Wurm: *Briefwechsel.* Frankfurt a. M. 2003, S. 250. – Lydia Koelle wies darauf hin, dass Paul Celan eine Rezension seines Gedichtbandes *Atemwende* «unkommentiert gelten ließ», in der es hieß: *«Atemwende* zeigt uns sowohl die Tragik wie den Triumph, den immer wieder bedrohten Triumph eines Dichters, dem die ihm gemäße Gesellschaft geraubt wurde, der religiös gesinnt ist und keine ihm entsprechende Religion finden kann. [...] Kein zweiter Schriftsteller dieser Generation hat das *mysterium tremendum*, das die Mystiker als göttlich empfanden, mit solcher Kraft dargestellt. Daher ist es wohl ein Paradoxon, wenn wir behaupten, Celan sei trotz seiner Zweifel, ja seiner Blasphemien einer der wenigen großen religiösen Dichter unserer Zeit.» («The Times Lite-

rary Supplement». London, 7. 12. 1967. Zit. n. Lydia Koelle: *Paul Celans pneumatisches Judentum. Gott-Rede und menschliche Existenz nach der Shoah.* Mainz [1] 1997, S. 17)

11 Ebd.

12 So schreibt Beate Sowa-Bettecken am Ende ihrer Dissertation über die *Sprache der Hinterlassenschaft. Jüdisch-christliche Überlieferung in der Lyrik von Nelly Sachs und Paul Celan* in zutreffender Relativierung der konventionellen Entgegensetzung einer «gläubigen» Nelly Sachs und eines «agnostischen» Paul Celan: «Die Gedichte der Nelly Sachs haben keinen Halt mehr in weltlichen oder überweltlichen Deutungshorizonten, auch sie sind Infragestellung aller Verheißungen angesichts der Dunkelheit. In diesem Verlust ist jedoch gerade durch die starke sprachliche Anlehnung an die Sprache der Verheißung einerseits noch letzte Hoffnung in der Dunkelheit präsent, enthält jede Infragestellung zugleich noch die Möglichkeit, nach Sinn zu fragen und liegt andererseits die Gefahr, dass aufgegriffenes Gedankengut als unhinterfragte Übernahme gedeutet wird, so dass Nelly Sachs als religiöse Dichterin beurteilt wird oder der Stil ihrer Gedichte als überkommene Sprachgestaltung angesehen wird. Die Nähe der Gedichte der Nelly Sachs zum mystischen und kultischen Sprechen begünstigen teilweise eine solche Interpretation; es ist aber immer zu berücksichtigen, dass jeder Aufgriff jüdisch-christlicher Vorstellungen und Bilder im Kontext der versunkenen Verheißung gelesen werden muss, dass sich die Gedichte mit dem geerbten Gedankengut fragend und infragestellend auseinandersetzen. – Diese Infragestellung geschieht in den Gedichten Paul Celans wesentlich deutlicher als radikale Auseinandersetzung mit der Tradition der Väter. Anleihen an die jüdisch-christliche Rede, denen auch die Gedichte Celans als Vorfindlichkeit und Erbe verpflichtet sind, werden deutlich als Entgegnung gekennzeichnet, in der jeder Aufgriff zum Gegen-Wort wird. Dies ist Gegen-Ansprechen, in dem jedes Wort zum befreienden Gegenwort werden kann, ohne es jedoch schon per se zu sein, in dem aber auch jedes Wort gegen jedes verklärende oder heilstiftende Wort anspricht. Es wird gesprochen im Wissen darum, dass jedes Sprechen aus dem Leid heraus und um der Erinnerung des Leidens willen nur vorläufig sein kann, dass es eine unfassbare Wirklichkeit erst suchende Artikulation ist, die ein ‹es komme ein Mensch aus dem Grabe› noch einfordert, so dass auch die hinterlassene Sprache ausgerichtet ist auf einen Utopos, der in seiner inhaltlichen Leere die Möglichkeit einer ersehnten Begegnung trägt, der aber zugleich in der Abgründigkeit eines ‹Immer noch Mitternacht› verharrt.» *(Sprache der Hinterlassenschaft. Jüdisch-christliche Überlieferung in der Lyrik von Nelly Sachs und Paul Celan.* Frankfurt a. M. 1992, S. 279 f.) Im Hinblick auf die Frage des Andenkens und «Eingedenkens» ist im Übrigen zu berücksichtigen, dass sich auch Nelly

Sachs – trotz einer Sehnsucht-starken Zukunftsbezogenheit – bedingungslos aus der Vergangenheit her schrieb («Erinnernde Vergegenwärtigung prägt das gesamte Gedichtwerk von Nelly Sachs.» Schweizer), wenn auch im Licht der «Ewigkeit» (*«Alles Vergeßnen / gedenkst du von Ewigkeit her.»* 1, 27): «Das Vergangene kommt zu Gesicht, und indem es zu Gesicht kommt, wird es nicht nur bewahrt, sondern ersteht im Licht des Ewigen. In doppelter Brechung erscheint das Gestrige als zeitgeschichtliche Zäsur und übergeschichtliche Dimension zugleich.» (Erika Schweizer: *Geistliche Geschwisterschaft. Nelly Sachs und Simone Weil – ein theologischer Diskurs.* Mainz 2005, S. 352)

13 «Wir nach dem Martyrium unseres Volkes sind geschieden von allen früheren Aussagen durch eine tiefe Schlucht, nichts reicht mehr zu, kein Wort, kein Stab, kein Ton – (schon darum sind alle Vergleiche überholt [...]).» (Brief Nelly Sachs' an Carl Seelig, 27. 10. 1947. In: Ruth Dinesen/Helmut Müssener [Hg.]: *Briefe der Nelly Sachs.* Frankfurt a. M. 1984) Bereits in ihren ersten Verszyklen nach der Flucht schrieb die – nur scheinbar traditionsgebundene – Nelly Sachs: «Du sollst auch nicht singen / Wie du gesungen hast – / Ein Feuer brach aus nach der Musik von Gestern.» («Die Elegien von den Spuren im Sande» [unveröffentlicht]. Zit. n. Ruth Dinesen: *Nelly Sachs. Eine Biographie,* S. 127) Zu Paul Celans entsprechenden Aussagen im Hinblick auf die Sprache und Dichtung «nach Auschwitz» siehe den weiteren Text. Über Celans Werk schrieb Lydia Koelle in zutreffender Bilanz: «Celans Gesamtwerk ist in besonderer Weise vom Kontinuitätsbruch *Shoah* bestimmt und an den Bruchstellen der deutschen Geistesgeschichte nach 1945 angesiedelt. Diskontinuität und Kontinuität bilden das Koordinatensystem, in dem Celans Biographie und zwangsläufig seine Dichtung ausgespannt sind, und in dem sie sich in oftmals nahezu zerreißender Anspannung, sich und den Leser strapazierend, überdehnt, im, nicht ohne Verzweiflung, aber bis zu Celans Tod im April 1970 stets neu ansetzenden Bemühen, den Grenzwert des *Äußersten* zu berühren, die Grenze der Darstellbarkeit des Undarstellbaren auszumessen und so nicht zu verletzen, den Ermordeten auch über ihren Tod hinaus ein Reich in seiner Dichtung zu schaffen, sein und ihr *Heimatland ewigen Eingedenkens.»* (Lydia Koelle: *Paul Celans pneumatisches Judentum. Gott-Rede und menschliche Existenz nach der Shoah,* S. 338)

14 So in seinem Interview mit dem Israelischen Rundfunk («Kol Israel») im Oktober 1969 während seines Israel-Besuches («Selbstverständlich hat das Jüdische einen thematischen Aspekt, aber ich glaube, dass das Thematische allein nicht ausreicht, um das Jüdische zu definieren. Jüdisches ist sozusagen auch eine pneumatische Angelegenheit.») – und in seinem rechtfertigenden Brief an Gershom Schocken vom 6. 1. 1970 («Shin Shalom war so freundlich, einen Gedanken zu zitieren, den ich im Gespräch mit ihm geäußert hatte – den Gedanken nämlich, dass für mich, zumal im Gedicht, das Jüdische

mitunter nicht so sehr eine *thematische* als vielmehr eine *pneumatische* Angelegenheit sei. Nicht dass ich das Jüdische nicht auch thematisch artikuliert hätte: auch in dieser Gestalt ist es gegenwärtig, in wohl jedem meiner Gedichtbände; meine Gedichte implizieren mein Judentum.» Zit. n. Lydia Koelle: *Paul Celans pneumatisches Judentum. Gott-Rede und menschliche Existenz nach der Shoah,* S. 66 ff.)

15 So Gisela Dischner, die in ihrer Dissertation über Nelly Sachs (*Poetik des modernen Gedichts. Zur Lyrik von Nelly Sachs.* Frankfurt a. M. 1970) und in weiteren Arbeiten (u. a. *«bald sind wir aber Gesang». Zur Hölderlin-Linie der Moderne.* Bielefeld 1996; «‹... die wildernde Überzeugung, daß dies anders zu sagen sei als so ...› Postkabbalistische Poetik. Nelly Sachs und Paul Celan.» In: *Celan-Jahrbuch* 8 [2001/02]. Hg. Hans-Michael Speier. Heidelberg 2003, S. 153 ff.) herauszuarbeiten versuchte, dass sowohl Nelly Sachs als auch Paul Celan eine Form der *«sakralen Poesie»* verwirklichten und dabei in der *«initiatischen Hölderlin-Linie der Moderne»* standen. – In ihrer letztveröffentlichten Arbeit schrieb Gisela Dischner im Hinblick auf das verbindende psychiatrische Krankheitsschicksal und die gesellschaftlich ausgegrenzte Stellung der «sakralen Poesie» von Hölderlin, Nelly Sachs und Paul Celan u. a.: «Hölderlin wurde die ‹Autenriethsche Maske› aus Leder aufgesetzt, hinter der jeder Schrei verstummt. Aber sein Aufenthalthalt im Irrenhaus war nur kurz – im Tübinger Turm fand er menschlichere Bedingungen vor als Nelly Sachs und Paul Celan in der modernen Psychiatrie. Für den heiligen Wahnsinn der Mystiker und Dichter ist in unserer fortschrittlichen Zeit kein Platz. Jede Abweichung von der Pathologie der Normalität wird klinifiziert und mit der chemischen Zwangsjacke eingedämmt. Unter diesen Bedingungen, die von den traumatischen Erlebnissen des Faschismus für die betroffenen Dichter in ihrer Unerträglichkeit gesteigert werden, lässt sich schwer vom ‹kühneren Leben› singen. In der siebten Strophe von ‹Brot und Wein› stellt Hölderlin die Frage: *‹und wozu Dichter in dürftiger Zeit.›* – er stellt sie, und, das ist wichtig, ohne Fragezeichen, er setzt einen Punkt dahinter. – Die initiatische Poesie der Hölderlin-Linie enthält und thematisiert die Elemente des Mystischen. Dieses Mystische aber wird nicht mehr integriert, weil das technische Zeitalter in seinem Funktionsablauf es als Störfaktor zu eliminieren versucht. Der Boom der Esoterik ist die Reaktion auf diesen Zustand. Der Dichter als Priester und Hierophant, der den Leser in seinem Gedicht einweiht, ist, sozial betrachtet, eine lächerliche und – wenn er Erfolg hat – gefährliche Erscheinung.» (Gisela Dischner: *«bald sind wir aber Gesang». Zur Hölderlin-Linie der Moderne.* Bielefeld 1996; «‹... die wildernde Überzeugung, daß dies anders zu sagen sei als so ...› Postkabbalistische Poetik. Nelly Sachs und Paul Celan.» In: *Celan-Jahrbuch* 8 [2001/02], S. 157)

16 Zit. n. John Felstiner: *Paul Celan.* München 2000, S. 135.

17 Vgl. Jean Bollack: «Histoire d'une lutte. Sur la correspondance Paul Celan – Nelly Sachs.» In: *Lignes*, 1994, Nr. 21, S. 205–220. In deutscher Sprache («Paul Celan und Nelly Sachs. Geschichte eines Kampfes») erschien Bollacks Studie in der *Neuen Rundschau* 105, 1994, Heft 4, S. 119–134 und wurde in dem Sammelband *Dichtung wider Dichtung. Paul Celan und die Literatur.* Göttingen 2006, S. 75–92 wieder abgedruckt.

18 Jean Bollack: *Dichtung wider Dichtung. Paul Celan und die Literatur,* S. 75.

19 Nach Bollack verstand Nelly Sachs die Aussagen von Paul Celans Gedichten nur unzureichend, überhöhte sie in religiöser Hinsicht, verkannte seine Situation in Deutschland und lebte in ihrer eigenen, begrenzten Welt: «In ihrem Brief vom 11. Mai 1960 fasst sie ihre Philosophie in der wünschenswerten Klarheit zusammen: ‹Wenn wir leiden, gehören wir nur noch Gott – darum verlassen uns die Freunde. Seien Sie getrost: Sie halten die Waage.› Er aber ist ein Schütze, zieht sich zurück, zielt und schießt seine Blitze ab. [...] Die Positionen sind unvereinbar.» (Ebd., S. 78) «Für Nelly Sachs bilden das Leiden und die Liebe eine Einheit, das Leiden wird von der Liebe gesühnt, was sehr christlich erscheinen mag.» (Ebd., S. 85) Im Gegensatz zur Liebes-Intention von Sachs stand Paul Celan nach Bollack für «Vergeltung» (ebd., S. 81) – «Er findet in ihren Schriften gerade den Anspruch der Dichtung verneint, im Widerstreit befreiend zu sein, ohne jede Übertragung ins Religiöse. So schweigt er.» (Ebd., S. 83) Bollack, der eine offenkundige Teilwahrheit der Beziehung von Paul Celan zu Nelly Sachs beschrieb, reduzierte die Vielschichtigkeit der gesamten Begegnung auf das damit skizzierte (und von ihm nachdrücklich überzeichnete, da Nelly Sachs und Paul Celan unterschätzende) Moment, was ihm ermöglichte, den gesamten Briefwechsel als ein Kräfteringen mit Versuchen der «Oberhand»-Gewinnung auszudeuten («Histoire d'une lutte»). Dabei waren Bollack trotz seines freundschaftlichen Verhältnisses zu Celan viele Einzelheiten der Begegnung Paul Celans mit Nelly Sachs überhaupt nicht bekannt, was fälschliche Annahmen und befremdende Hypothesenbildungen nach sich zog – wenig spricht dafür, dass Celan jemals ausführlich mit Bollack über Nelly Sachs gesprochen hat. – Auch die rein poetische (d. h. nicht lebensgeschichtlich orientierte) «Dichotomisierung Celan versus Sachs», die die Lyrik beider Dichter einander polar gegenüberstellt, ignoriert wesenhafte Bezüge – und basiert überwiegend auf einer Verkennung und Abwertung des vielschichtig-gebrochenen, der progressiven Moderne angehörenden Werkes von Nelly Sachs (vgl. u. a. Christine Rospert: *Poetik einer Sprache der Toten. Studien zum Schreiben von Nelly Sachs.* Bielefeld 2004, S. 27). Vgl. a. Anm. 12

20 Zur spezifischen Beziehungsproblematik von Nelly Sachs vgl. insbesondere Ruth Dinesen: *Nelly Sachs. Eine Biographie.* Frankfurt 1994, S. 214 ff. sowie die noch zu Lebzeiten von Nelly Sachs formulierten Andeutungen von Sivar

Arnér, in: *Nelly Sachs zu Ehren*. Frankfurt a. M. 1961, S. 87 (vgl. Anm. 214)

21 Ehrhard Bahr und Ruth Dinesen wiesen 1980 – im Anschluss an die Dissertation von Gisela Dischner (*Poetik des modernen Gedichts*. Frankfurt 1970, v. a. S. 103 ff. und S. 134 ff.) – auf die enge Verbindung des Spätwerkes von Paul Celan und Nelly Sachs hin bzw. betonten, dass der von ihnen geführte «Dialog in Gedichten» auch in den Jahren der rückläufigen Briefkorrespondenz und schwindenden freundschaftlichen Nähe ungebrochen, ja gesteigert bestand. Während Bahr seine entsprechende Empfindung nur unzulänglich belegen konnte – jedoch erstmals auf die formale Nähe der beiden Nachlass-Gedichte «Ein Faustschlag hinter der Hecke» (Nelly Sachs) und «Steinschlag hinter den Käfern» (Paul Celan) hinwies –, führte Dinesen ihre Gesichtspunkte anhand exemplarischer Gedichtanalysen eindrucksvoll aus (vgl. «Paul Celan und Nelly Sachs». In: Chaim Shoham und Bernd Witte [Hg.]: *Datum und Zitat bei Paul Celan*. Bern 1987, S. 199 ff.; (vgl. jedoch Anm. 923). In einer späteren Studie («‹... die wildernde Überzeugung, daß dies anders zu sagen sei als so ...› Postkabbalistische Poetik. Nelly Sachs und Paul Celan.» [In: *Celan-Jahrbuch* 8 (2001/02). Hg. Hans-Michael Speier. Heidelberg 2003, S. 158 ff.]) versuchte Gisela Dischner dann, die Konvergenzlinien eines «pneumatischen Judentums» in Gedichten von Nelly Sachs und Paul Celan in exemplarischer Weise aufzuzeigen.

22 «Nur jemand, der Celans Zustimmung gefunden hätte, war zu benennen. Peter Huchel blieb unerreichbar, so dass die Wahl auf Nelly Sachs fiel. Von beiden glaubte ich, Celans Billigung gewiss zu sein. Die Verbindung mit Stockholm war über den Verlag rasch hergestellt. Ihr Gesundheitszustand erlaubte es Nelly Sachs nicht, für Celan zu sprechen. Sie selbst zeigte sich zutiefst erschüttert.» (Gerhart Baumann: *Erinnerungen an Paul Celan*. Frankfurt 1986, S. 143) An einer anderen Stelle seiner Celan-Erinnerungen schrieb Baumann über Lyrik-Gespräche mit Celan in dessen letzten Lebensjahren: «Unter den näheren Zeitgefährten, die er auszuzeichnen sich bereit fand, waren die wiederkehrenden Namen Peter Huchel, Nelly Sachs, Ingeborg Bachmann, Marie Luise Kaschnitz, Rose Ausländer.» (Ebd., S. 36)

23 Wolfgang Emmerich: *Paul Celan*. Reinbek [3] 2001, S. 14. – Auch Otto Pöggeler bezeichnete Paul Celan als «Schicksalsgefährten» und «Weggenossen» von Nelly Sachs. (In: *Spur des Worts. Zur Lyrik Paul Celans*. Freiburg und München 1986, S. 85/121) James K. Lyon sprach davon, dass Nelly Sachs «vielleicht die engste Seelenverwandte» in Celans Leben war («Judentum, Antisemitismus, Verfolgungswahn: Celans ‹Krise› 1960–1962. In: *Celan-Jahrbuch* 3 [1989]. Hg. Hans-Michael Speier. Heidelberg 1990, S. 182), Ruth Dinesen von einer «schicksalhaften Beziehung» («Paul Celan und Nelly Sachs». In: Chaim Shoham und Bernd Witte [Hg.]: *Datum und Zitat bei Paul Celan*, S. 195), Gabriele Fritsch-Vivié betonte, dass beide Dichter «einander verwandt in Wesen

und Schicksal» seien *(Nelly Sachs.* Reinbek 1993, S. 116). Auch der erste Biograph von Nelly Sachs, Ehrhard Bahr, hob 1980 die «enge geistige Verwandtschaft» von Celan und Sachs hervor; er verstand mit Bengt Holmqvist die nach 1960 (dem Jahr ihrer persönlichen Begegnung) veröffentlichten Werke beider Dichter als einen realen «Dialog in Gedichten» («Paul Celan und Nelly Sachs: Ein Dialog in Gedichten». In: Chaim Shoham und Bernd Witte [Hg.]: *Datum und Zitat bei Paul Celan*, S. 183) Vgl. a. Anm. 21

24 Brief Nelly Sachs' an Paul Celan, 28. 10. 1959. In: Paul Celan/Nelly Sachs: *Briefwechsel,* S. 25.

25 Vgl. Nelly Sachs' Anmerkungen zu dem Gedicht «Aber vielleicht / haben wir / vor Irrtum Rauchende ...» für ihren Übersetzer Lionel Richard, in: Michael Kessler/Jürgen Wertheimer (Hg.): *Nelly Sachs. Neue Interpretationen.* Tübingen 1994, S. 352.

26 Die Aussage von Ruth Kranz-Löber: «Den Namen von Nelly Sachs kennt heute außerhalb von Germanistenkreisen fast niemand mehr» ist nicht nur sachlich unzutreffend, sondern – als behauptendes, festschreibendes Diktum – problematisch. *(In der Tiefe des Hohlwegs». Die Shoah in der Lyrik von Nelly Sachs,* S. 14) Wenn Kranz-Löber zugleich hervorhebt, dass Nelly Sachs' Gedicht «O die Schornsteine» «in kaum einem Schulbuch oder einer Anthologie zur Shoah fehlt», so sollte zumindest Berücksichtigung finden, dass Schulbücher auch «außerhalb von Germanistenkreisen» noch immer von Schülern gelesen (oder zumindest durchgeblättert) werden – auch wenn die «Namen» der Lesenden als solche unbekannt bleiben und damit im «fast niemand» zu verschwinden drohen. – Andererseits ist das von Kranz-Löber beschriebene Rezeptionsdefizit des Sachsschen Werkes offenkundig; Ehrhard Bahr schrieb bereits 1979: «Von wenigen Ausnahmen abgesehen ist das Werk der Nobelpreisträgerin Nelly Sachs heute noch genau so unbekannt wie im Jahre 1966. Immer wieder werden nur ihre beiden Frühwerke aus den vierziger Jahren genannt: der Gedichtband *In den Wohnungen des Todes* und die szenische Dichtung *Eli. Ein Mysterienspiel vom Leiden Israels.* Von ihrer Konzeption eines Totaltheaters von Mimus, Wort und Musik und ihren späten szenischen Dichtungen sowie von ihrer Spätlyrik, auf die sich gewiß einmal ihre bleibende Bedeutung gründen wird, scheinen weder Literaturkritik noch Literaturwissenschaft einen klaren Begriff zu haben.» *(Nelly Sachs.* München 1980, S. 9 f.) Bahr beschrieb in seiner konzisen und konturierten Werkmonographie erstmals die politischen und poetologischen Gründe der entsprechenden Rezeptionslage. Im Hinblick auf die *dichterische* Eigenart des Sachs-Werkes formulierte er: «Nelly Sachs hat mit ihrem lyrischen Werk nicht an der Entwicklung der deutschen Lyrik von Stefan George bis Bertold Brecht teilgenommen. In ihrer zunächst freiwillig gewählten und später auferlegten Isolation hat sie diese Entwicklung über-

sprungen. Ähnliches kann man über ihre szenischen Dichtungen sagen, die sich weder an Brechts episches noch an Hochhuths dokumentarisches Theater anschlossen, sondern eine eigene Form des Totaltheaters von Mimus, Wort und Musik entwickelten, die auf Dylan Thomas und Samuel Beckett hinweist. – Der Ton, mit dem ihre Lyrik nach dem Zweiten Weltkrieg einsetzte, erschien archaisch und avantgardistisch zugleich. Nelly Sachs schloss an Hölderlin und Novalis an und wiederholte auf einer neuen Ebene den deutschen Expressionismus, ohne ihn je gekannt zu haben. Wie Hilde Domin kürzlich erklärte, sind Nelly Sachs' ‹Texte [...] schwieriger [...] als die meisten expressionistischen Gedichte, denen sie der Stil-Lage nach, trotz ihres Nachkriegscharakters, angehören. [...] Vielleicht [hat] überhaupt kein deutscher Dichter seit dem späten Hölderlin [...] eine so exaltierte Sprache benutzt wie sie [...]. Neben dieser Dichtung eines außer sich geratenen, visionären Sprechens wirken Däubler, Mombert, Werfel, auch die Lasker-Schüler, wie disziplinierte Klassiker.› Dadurch entstand ein Werk, das weder epigonisch noch modernistisch war, gekennzeichnet von einer lyrischen Intensität, die von ihrer eigenen Generation nicht mehr verstanden, aber von den deutschsprachigen Lyrikern der Nachkriegsgeneration wie Ilse Aichinger, Ingeborg Bachmann, Johannes Bobrowski, Paul Celan, Hilde Domin, Hans Magnus Enzensberger und Erich Fried als verschieden, aber doch verwandt anerkannt wurde. Sie empfanden keinerlei Schwierigkeit, die steil aufsteigende ekstatische Linie der Lyrik von Nelly Sachs der nüchternen Geradlinigkeit ihrer eigenen Dichtung zuzuordnen.» (Ebd., S. 10 f.) Zu neueren Grundlagenarbeiten über Nelly Sachs vgl. das Literaturverzeichnis.

27 Vgl. hierzu in exemplarischer Weise die «Eden»-Studie von Peter Szondi. In: Peter Szondi: *Celan-Studien.* Frankfurt[1] 1972, S. 113–125 (siehe auch Anm. 665).

28 Israel Chalfen: *Paul Celan. Eine Biographie seiner Jugend.* Frankfurt 1983, S. 7.

29 Gershom Schocken: «Paul Celan in Tel Aviv». In: *Neue Rundschau*, Heft 2/3, 1980, S. 257.

30 Vgl. hierzu u. a. Rudolf Steiner: *Zeitgeschichtliche Betrachtungen. Das Karma der Unwahrhaftigkeit.* (Vorträge Dez. 1916/Januar 1917). Gesamtausgabe (GA) Band 173 (Teil 1) und 174 (Teil 2). Dornach[2] 1978 bzw. Dornach[2] 1983; ders.: *Individuelle Geistwesen und ihr Wirken in der Seele des Menschen.* (Vorträge Nov. 1917). GA 178. Dornach[4] 1992; ders.: *Die Polarität von Dauer und Entwickelung im Menschenleben* (Vorträge Sept./Okt. 1918). GA 184. Dornach[3] 2002; ders.: *Geschichtliche Symptomatologie* (Vorträge Okt./Nov. 1918) GA 185 Dornach[4] 1982; ders.: *Der innere Aspekt des sozialen Rätsels* (Vorträge Nov./ Dez. 1919). GA 194. Dornach4 1994; ders.: *Apokalypse und Priesterwirken. Vor-*

träge über christlich-religiöses Wirken, V. (Vorträge Sept. 1924). GA 346. Dornach[2] 2001 sowie zahlreiche Arbeiten aus der anthroposophischen Sekundärliteratur, darunter Michael Kalisch: *Das Böse. Polarität und Steigerung.* Stuttgart 1998; Sergej O. Prokofieff: *Die Begegnung mit dem Bösen und seine Überwindung in der Geisteswissenschaft.* Dornach 1999 und Erhard Fucke: *Im Spannungsfeld des Bösen. Erkenntnisse und Perspektiven aus der Anthroposophie Rudolf Steiners.* Stuttgart 2002.

31 Ehrhard Bahr: *Nelly Sachs.* München 1980, S. 71.

32 Die Dichtungen von Nelly Sachs werden hier und nachfolgend nach der zweibändigen Ausgabe ihrer Gedichte (1/2) bzw. der einbändigen Edition ihrer Mysterienspiele (szenischen Dichtungen) (3) und der Seitenzahl des zitierten Bandes nachgewiesen. Vgl. Literaturverzeichnis S. 347

33 Lydia Koelle: *Paul Celans pneumatisches Judentum. Gott-Rede und menschliche Existenz nach der Shoah,* S. 70.

34 «Celans Totengedichte sind Beschwörungen, Gespräch und Selbstgespräch, Begegnungen, mit denen ‹ein ins Stumme entglittenes Ich heimgeholt wird in sein Heute›». (Lydia Koelle, Ebd., S. 95 f.)

35 Brief an Gisela Dischner, 12. 7. 1966. Zit. n. Gisela Dischner: «Das verlorene und wieder gerettete Alphabet». In: *Nelly Sachs zu Ehren.* Frankfurt 1966, S. 108.

36 Max Tau: *Ein Flüchtling findet sein Land.* Hamburg 1964, S. 220 f.

37 Brief von Nelly Sachs an Margit Abenius, 17. 3. 1958. In: Ruth Dinesen/Helmut Müssener (Hg.): *Briefe der Nelly Sachs.* Frankfurt 1984, S. 189.

38 Nelly Sachs: *Briefe aus der Nacht.* Unveröffentlichtes Typoskript, S. 22. Deutsches Literaturarchiv Marbach.

39 Ebd., S. 17.

40 Nelly Sachs: *Chelion.* Zit. n. Ruth Dinesen: *Nelly Sachs. Eine Biographie,* S. 19.

41 Vgl. Nelly Sachs: «Gedichte mit Erläuterungen». In: Michael Kessler/Jürgen Wertheimer (Hg.): *Nelly Sachs. Neue Interpretationen. Mit Briefen und Erläuterungen der Autorin zu ihren Gedichten im Anhang.* Tübingen 1994, S. 357.

42 Brief an Emilia Fogelklou-Norlind, 6. 8. 1943. In: Ruth Dinesen/Helmut Müssener (Hg.): *Briefe der Nelly Sachs,* S. 34.

43 Brief an Gunhild Tegen, 19. 4. 1944. Ebd., S. 36.

44 Brief an Walter A. Berendsohn, 25. 1. 1959. Ebd., S. 201.

45 Nelly Sachs: *Briefe aus der Nacht.* Unveröffentlichtes Typoskript, S. 13. Deutsches Literaturarchiv Marbach.

46 Gabriele Fritsch-Vivié: *Nelly Sachs,* S. 37 f.

47 Zu diesem Gedicht vgl. die außergewöhnliche Studie von Johannes Anderegg: «Nelly Sachs: Gedicht und Verwandlung». In: Michael Kessler/Jürgen Wertheimer (Hg.): *Nelly Sachs. Neue Interpretationen,* S. 137–149.

48 Zit. n. Gabriele Fritsch-Vivié: *Nelly Sachs,* S. 56.
49 Brief an Margit Abenius, 17. 3. 1958. In: Ruth Dinesen/Helmut Müssener (Hg.): *Briefe der Nelly Sachs,* S. 189.
50 Zit. n. Ruth Dinesen: *Nelly Sachs. Eine Biographie,* S. 95.
51 Brief an Walter A. Berendsohn, 29. 9. 1944. In: Ruth Dinesen/Helmut Müssener (Hg.): *Briefe der Nelly Sachs,* S. 40.
52 Zit. n. Ruth Dinesen: *Nelly Sachs. Eine Biographie,* S. 353.
53 Brief an Margit Abenius, 17. 3. 1958. In: Ruth Dinesen/Helmut Müssener (Hg.): *Briefe der Nelly Sachs,* S. 189.
54 Brief an Manfred George und Mary Graf, 27. 1. 1946. Ebd., S. 45.
55 Zit. n. Ruth Dinesen: *Nelly Sachs. Eine Biographie,* S. 81.
56 Nelly Sachs: *Briefe aus der Nacht.* Unveröffentlichtes Typoskript, S. 23. Deutsches Literaturarchiv Marbach.
57 Nelly Sachs: «Inschrift auf die Urne meines Vaters». Das gesamte, von Walter A. Berendsohn 1974 erstmals publizierte Gedicht lautet: «Wir müssen leiser, immer leiser werden, / Daß uns der sanfte Engel wieder ruft, / Im Lärm der Dinge dunkelt eine Gruft, / Drin Friede ruht, das schöne Totenwort. // Gott lebt im Beten unserer Liebe fort, / Sinkt immer tiefer in die eigne Segnung – / Hier unten sind wir nur Begegnung, / Doch Aufgeblühte sind wir dort.» (In: Walter A. Berendsohn: *Nelly Sachs. Einführung in das Werk der Dichterin jüdischen Schicksals.* Darmstadt 1974, S. 18)
58 Ruth Dinesen: *Nelly Sachs. Eine Biographie*, S. 329.
59 Nelly Sachs: Fragenbeantwortung für Lionel Richard (Februar 1968). In: Michael Kessler/Jürgen Wertheimer (Hg.): *Nelly Sachs. Neue Interpretationen*, S. 327.
60 Ebd.
61 Brief an Hugo Bergman, 27. 12. 1947. Zit. n. Ruth Dinesen: *Nelly Sachs. Eine Biographie*, S. 151.
62 Nelly Sachs: Fragenbeantwortung für Lionel Richard (Februar 1968). In: Michael Kessler/Jürgen Wertheimer (Hg.): *Nelly Sachs. Neue Interpretationen,* S. 327.
63 Brief an Emilia Fogelklou-Norlind, 18. 7. 1943. In: Ruth Dinesen/Helmut Müssener (Hg.): *Briefe der Nelly Sachs,* S. 31.
64 Ruth Dinesen: «Spätfolgen der Verfolgung». In: Michael Kessler/Jürgen Wertheimer (Hg.): *Nelly Sachs. Neue Interpretationen,* S. 286.
65 Erika Schweizer: *Geistliche Geschwisterschaft. Nelly Sachs und Simone Weil – ein theologischer Diskurs,* S. 97.
66 Ebd., S. 98.
67 Brief an Manfred George und Mary Graf, 27. 1. 1946. In: Ruth Dinesen/Helmut Müssener (Hg.): *Briefe der Nelly Sachs,* S. 45
68 Nelly Sachs: «Lebenslauf während der Zeit der nationalsozialistischen Ver-

folgung». Zit. n. Ruth Dinesen: «Spätfolgen der Verfolgung». In: Michael Kessler/Jürgen Wertheimer (Hg.): *Nelly Sachs. Neue Interpretationen,* S. 284.

69 «Die beiden Menschen waren aber das ganze Leben in Verbindung, und diese Verbindung war der innerste Kern ihres Lebens.» Brief von Anneliese Neff an Ruth Dinesen, 2. 4. 1982. In: Ruth Dinesen: *Nelly Sachs. Eine Biographie,* S. 63.

70 Brief an Paul Schallück, 3. 12. 1959. Zit. n. Ruth Dinesen: *Nelly Sachs. Eine Biographie,* S. 48.

71 Brief an Ilse und Moses Pergament, 5. 5. 1960. Ebd., S. 130; Hervorhebung v. V.)

72 «Alle meine Worte sind nur Schilder und Grabtafeln. *Du nur weisst, was darunter verblutet ist.*» (Nelly Sachs: *Briefe aus der Nacht.* Unveröffentlichtes Typoskript, S. 2. Deutsches Literaturarchiv Marbach. Hervorhebung v. V.) In einer anderen Passage ihrer *Briefe aus der Nacht* schrieb Nelly Sachs nach dem Tode der Mutter: *«Aber Einer hat gewußt das Rätsel meiner kleinen Leide-Seele – das warst du!»* (Ebd., S. 13)

73 Nelly Sachs: Fragenbeantwortung für Lionel Richard (Februar 1968). In: Michael Kessler/Jürgen Wertheimer (Hg.): *Nelly Sachs. Neue Interpretationen,* S. 327.

74 Brief an Ragnar Thoursie, 25. 6. 1947. In: Ruth Dinesen/Helmut Müssener (Hg.): *Briefe der Nelly Sachs,* S. 79.

75 Ehrhard Bahr: *Nelly Sachs,* S. 42 f.

76 Ebd.

77 Walter A. Berendsohn: *Nelly Sachs. Einführung in das Werk der Dichterin jüdischen Schicksals,* S. 19 (nach Gesprächen mit Nelly Sachs).

78 Erika Schweizer: *Geistliche Geschwisterschaft. Nelly Sachs und Simone Weil – ein theologischer Diskurs,* S. 51.

79 Bengt Holmqvist: «Die Sprache der Sehnsucht». In: Bengt Holmqvist (Hg.): *Das Buch der Nelly Sachs.* Frankfurt 1977, S. 36 f.

80 Brief an Moses Pergament, 5. 8. 1943. In: Ruth Dinesen/Helmut Müssener (Hg.): *Briefe der Nelly Sachs,* S. 33.

81 Brief an Manfred George und Mary Graf, 27. 1. 1946. Ebd., S. 44.

82 Brief an Dagrun Enzensberger, 22. 1. 1959. Ebd., S. 196.

83 Brief an Manfred George und Mary Graf, 27. 1. 1946. Ebd., S. 46.

84 Brief an Enar Sahlin, 14. 8. 1940. Ebd., S. 28.

85 Brief an Enar Sahlin, 8. 8. 1940. Ebd., S. 27.

86 Brief an Manfred George und Mary Graf, 27. 1. 1946. Ebd., S. 47.

87 Brief an Gudrun Harlan, 28. 9. 1946. Ebd., S. 64.

88 Brief an Jacob Picard, 19. 9. 1951. Ebd., S, 134.

89 Brief an Kurt Pinthus, 12. 11. 1946. Ebd., S. 71.

90 Brief an Hugo Bergman, 18. 1. 1948. Ebd., S. 90.

91 Brief an Gudrun Harlan, 28. 9. 1946. Ebd., S. 65.

92 Nelly Sachs: Fragenbeantwortung für Lionel Richard (Februar 1968). In: Michael Kessler/Jürgen Wertheimer (Hg.): *Nelly Sachs. Neue Interpretationen*, S. 329.

93 Gabriele Fritsch-Vivié: *Nelly Sachs*, S. 83.

94 Brief an Gudrun Harlan, 7. 7. 1946. In: Ruth Dinesen/Helmut Müssener (Hg.): *Briefe der Nelly Sachs*, S. 60.

95 Sivar Arnér: «Bergsundsstrand 23». In: *Nelly Sachs zu Ehren*. Frankfurt a. M. 1961, S. 85 f.

96 In: Ruth Dinesen/Helmut Müssener (Hg.): *Briefe der Nelly Sachs*, S. 61.

97 Ebd.

98 Nelly Sachs, zit. n. Gabriele Fritsch-Vivié: *Nelly Sachs*, S. 58. – «[...] In jenem Haus am Bergsundsstrand leben viele beschädigte und verletzte Menschen, denen sie zur Ratgeberin und zur moralischen Stütze geworden ist.» (Sivar Arnér: «Bergsundsstrand 23». In: *Nelly Sachs zu Ehren*. Frankfurt a. M. 1961, S. 86 f.)

99 Ruth Dinesen: *Nelly Sachs. Eine Biographie*, S. 328.

100 Ebd., S. 123.

101 Gabriele Fritsch-Vivié: *Nelly Sachs*, S. 90.

102 Brief an Moses Pergament, 5. 8. 1943. In: Ruth Dinesen/Helmut Müssener (Hg.): *Briefe der Nelly Sachs*, S. 33; Hervorhebung v. V.

103 Brief an Moses Pergament, 20. 9. 1943. In: Ruth Dinesen/Helmut Müssener (Hg.): *Briefe der Nelly Sachs*, S. 36.

104 Nelly Sachs: «Die Elegien von den Spuren im Sande» (unveröffentlicht). Zit. n. Ruth Dinesen: *Nelly Sachs. Eine Biographie*, S. 125.

105 Ebd., S. 127.

106 «Wäre ich Maler würde ich das Steinerne des Steines malen. Das Rosenhafte der Rose. Die Demut bis in die Weidenzweige hinein, die Angst in einem rauchenden Rehhaar. Hingabe ist der neue Pinsel. Das Wesen des Leidens in einem Fischauge zwischen Leben und Tod. Die geschundene Kehle bezahlen. Namenlose neue Kunst!» (Nelly Sachs: *Briefe aus der Nacht*. Unveröffentlichtes Typoskript, S. 9. Deutsches Literaturarchiv Marbach)

107 Brief an Walter A. Berendsohn, 12. 9. 1944. In: Ruth Dinesen/Helmut Müssener (Hg.): *Briefe der Nelly Sachs*, S. 41.

108 Brief an Walter A. Berendsohn, 23. 1. 1957. Ebd, S. 157. – «Ich habe wirklich fast alle meine eigenen Dinge in der Nacht geschrieben, und, um das Muttchen nicht zu stören, in der Dunkelheit.» Brief an Gudrun Harlan, 18. 5. 1946. Ebd., S. 55. – «Spät in der Nacht war das Fenster ihres Arbeitswinkels erleuchtet, ein Lichtpunkt, der über das ganze erloschene Viertel strahlte.» Sivar Arnér: «Bergsundsstrand 23». In: *Nelly Sachs zu Ehren*. Frankfurt a. M. 1961, S. 86.

109 Brief an Emilia Fogelklou-Norlind, 11. 11. 1945. In: Ruth Dinesen/Helmut Müssener (Hg.): *Briefe der Nelly Sachs,* S. 43.

110 Brief an Walter Muschg, 24. 5. 1959. Ebd., S. 212. «Der gewaltsame Tod der Vielen läuft in den Tod des Einen zusammen, der in immer höherem Grade ein *Repräsentant* für alle gemordeten Juden wird.» Ruth Dinesen: *Nelly Sachs. Eine Biographie,* S. 134; Hervorhebung v.V.

111 Vgl. Ernst Niekisch: *Das Reich der niederen Dämonen.* Hamburg 1953.

112 Brief an Walter A. Berendsohn, 12. 9. 1944. In: Ruth Dinesen/Helmut Müssener (Hg.): *Briefe der Nelly Sachs,* S. 41.

113 Brief an Gudrun Harlan, 18. 5. 1946. Ebd., S. 54.

114 Brief an Manfred George, 9. 3. 1946, Ebd. S. 50.

115 Brief an Gudrun Harlan, 20. 3. 1947. Ebd., S. 74.

116 Ebd.

117 Brief an Gudrun Harlan und Ulrich Dähnert, 9. 10. 1948. Ebd., S. 97.

118 Brief an Gudrun Harlan, 23. 4. 1946. Ebd., S. 52.

119 Brief an Curt Trepte, 10. 10. 1946. Ebd., S. 70.

120 Brief an Gudrun Harlan, 18. 5. 1946. Ebd., S. 53 f.

121 Ebd.

122 Brief an Carl Seelig, 1. 10. 1946. Ebd., S. 67.

123 Brief an Max Rychner, 20. 7. 1046. Ebd., S. 63.

124 Brief an Gudrun Harlan, 7. 7. 1946. Ebd., S. 60; Hervorhebung v. V.

125 Vgl. hierzu noch Nelly Sachs' späte Briefausführung vom 5. 7. 1965 über den (generell) inspiriert-imperativen Charakter ihrer Gedichtniederschriften: *«Da kommen Gedichte plötzlich wie ein Blutsturz bis zur Vernichtung, bis an den Tod. Man bebt, man bittet, es soll aufhören, aber man muß sich fügen, man ist eine ‹Wahlstatt›».* (An Gunnar Ekelöf. Ebd., S. 303)

126 Brief an Kurt Pinthus, 12. 11. 1946. Ebd., S. 72; Hervorhebung v. V.

127 Brief an Carl Seelig, 1. 10. 1946. Ebd., S. 67 f.

128 Paul Hoffmann schrieb in seinem bemerkenswerten Aufsatz «Vom Pathos der Nelly Sachs» über ein ihr eigenes «Pathos kosmischer Entgrenzung» und seine Ursprünge: «Das aus sich Hinausgehobensein, Hinausgerissensein als erlebtes Pathos hat dreierlei Ursprung, drei Aspekte, die einander durchdringen: 1. die Ergriffenheit durch die Erhabenheit des Kosmos – 2. die Erschütterung durch das Übermaß menschlichen Leids als Stigma jüdischen Schicksals und die verbundene menschliche Erlösungssehnsucht und Verwandlungskraft – 3. das Ursprungserinnern des dichterischen Worts.» (In: Michael Kessler/Jürgen Wertheimer (Hg.): *Nelly Sachs. Neue Interpretationen,* S. 20) Über das «Pathos kosmischer Entgrenzung» als «Korrelat extremer konkreter Leidenserfahrung» heißt es bei Hoffmann weiter: «Aus ihr [der extremen Leiderfahrung] löst sich die Gegenkraft eines kosmischen Bewusstseins, die das persönliche Ich über sich hinaushebt. Die dichterische

Sternenmystik von Nelly Sachs entstammt nicht dem revolutionären Erlebnis einer zentralen Vision, sondern der nie ermattenden Sehnsucht nach jener Sphäre leuchtender Reinheit, die in epiphanen Augenblicken aufscheint. Ihre Helle ist der Gegenwurf zur Finsternis, mit der die Entfesselung des Bösen die Erde bedeckt. Er vollzieht sich diskontinuierlich, mit Rückschlägen, in Neuansätzen, der ‹Sternverdunkelung› ausgesetzt. Ein nicht endendes Ringen von Gedicht zu Gedicht, um nicht von der Verzweiflung überwältigt zu werden, auf der Suche nach Transzendenz. Der kosmisch geweitete Blick relativiert die irdische Verderbnis, ohne sie aufzuheben. Die wahre Erinnerung der grauenhaften Faktizität bleibt die Folie, von der sich die Suche nach der wesenhaften Wirklichkeit immer wieder abstoßen muss.» (Ebd., S. 21 f.)

129 Über den Schöpfungsbezug der «Sehnsucht» schrieb Nelly Sachs in einem Gedicht des Bandes *In den Wohnungen des Todes:* «VIELLEICHT ABER braucht Gott die Sehnsucht, wo sollte sonst sie auch bleiben, / Sie, die mit Küssen und Tränen und Seufzern füllt die geheimnisvollen Räume der Luft – / Vielleicht ist sie das unsichtbare Erdreich, daraus die glühenden Wurzeln der Sterne treiben – / Und die Strahlenstimme über die Felder der Trennung, die zum Wiedersehn ruft?» (1, 25) – Zur christologisch-messianischen Dimension dieser Sehnsuchtskraft vgl. Nelly Sachs' Briefformulierungen aus der Weihnachtszeit des Jahres 1949, in denen es heißt: «Wenn es auch nicht unser Fest ist, so ist es doch ein Fest des Friedens und die Gestalt des Friedensfürsten eine der reinsten Inkarnationen menschlicher Sehnsucht.» (Zit. n. Sabine Maria Grittner: *«Aber wo Göttliches wohnt – die Farbe ‹Nichts›». Mystik-Rezeption und mystisches Erleben im Werk der Nelly Sachs.* St. Ingbert 1999, S. 22) Der an Friedrich Hölderlin erinnernde Begriff des «Friedensfürsten» steht im Kontext eines esoterisch-christologischen Denkens, innerhalb dessen Nelly Sachs Christus als (liebendes) «Licht an Größe» erfahren und beschreiben konnte – in einer Konsequenz des abgrundtiefen Leidens, aber auch seines Bestehens und beginnenden Überwindens, das sie in sich selbst realisiert hatte («ganz mit Tod getränkt / die Auferstehung» 2, 92). «Sinai» und «Golgata» lagen für sie in derselben «Himmelsrichtung» *(Briefe aus der Nacht)*, auch in der unermesslichen Tragik des 20. Jahrhunderts: «Ich bin meinem Heimatrecht auf der Spur / dieser Geographie nächtlicher Länder / wo die zur Liebe geöffneten Arme / gekreuzigt an den Breitengraden hängen / bodenlos in Erwartung.» (2, 30) – In dem Kapitel «Die Christus-Gestalt in der Lyrik von Nelly Sachs sowie in den *Briefen aus der Nacht* machte Sabina Maria Grittner im Rahmen ihrer Dissertation über «Mystik-Rezeption und mystisches Erleben im Werk der Nelly Sachs» auf zahlreiche weitere Christus-Bezüge in der Dichtung Nelly Sachs' aufmerksam. Sie zitierte und interpretierte darin auch Nelly Sachs' Gedicht «Landschaft aus Schreien» aus

dem Zyklus *Und niemand weiß weiter*: «IN DER NACHT, wo Sterben Genähtes zu trennen beginnt, / reißt die Landschaft aus Schreien / den schwarzen Verband auf, // Über Moria, dem Klippenabsturz zu Gott /, schwebt des Opfermessers Fahne / Abrahams Herz-Sohn-Schrei, / am großen Ohr der Bibel liegt er bewahrt. // O die Hieroglyphen aus Schreien / an die Tod-Eingangstür gezeichnet. // Wundkorallen aus zerbrochenen Kehlenflöten. // O, o Hände aus Angstpflanzenfinger, / eingegraben in wildbäumende Mähnen Opferblutes – // Schreie, mit zerfetzten Kiefern der Fische verschlossen, / Weheranke der kleinsten Kinder / und der schleichenden Atemschleppe der Greise, // eingerissen in versengtes Azur mit brennenden Schweifen. / Zellen der Gefangenen, der Heiligen / mit Albtraummuster der Kehlen tapezierte, / fiebernde Hölle in der Hundehütte des Wahnsinns / aus gefesselten Sprüngen – // Dies ist die Landschaft aus Schreien! / Himmelfahrt aus Schreien, / empor aus des Leibes Knochengittern, // Pfeile aus Schreien, erlöste / aus blutigen Köchern. // Hiobs Vier-Winde-Schrei / und der Schrei verborgen im Ölberg / wie ein von Ohnmacht übermanntes Insekt im Kristall. // O Messer aus Abendrot, in die Kehlen geworfen, / wo die Schlafbäume blutleckend aus der Erde fahren, / wo die Zeit wegfällt / an den Gerippen in Maidanek und Hiroshima, // Ascheschrei aus blindgequältem Seherauge – // O du blutendes Auge / in der zerfetzten Sonnenfinsternis / zum Gott-Trocknen aufgehängt / im Weltall –» (1, 221 ff.) Beate Sowa-Bettecken schrieb dagegen über den Leidensaspekt der Christus-Jesus-Gestalt bzw. über das – sich bis ins 20. Jahrhundert erstreckende – Golgatha-Geschehen bei Nelly Sachs: «In den Gedichten der Nelly Sachs wird dieses Geschehen zur Sammlung und zum Inbegriff allen Leidens. Der Gekreuzigte ist Ausdruck der Universalität des Leidens, die Worte ‹Kreuz› und ‹Stigmata› sind sowohl Zeichen des einen Gekreuzigten als auch des gesamten Universums, Ausdruck eines unendlichen Leidgeschehens.» (*Sprache der Hinterlassenschaft. Jüdisch-christliche Überlieferung in der Lyrik von Nelly Sachs und Paul Celan.* Frankfurt a. M. 1992, S. 262) Auch Nelly Sachs' intensive Auseinandersetzung mit Simone Weil – die ebenfalls jüdischer Herkunft war, sich jedoch dem Christentum zuwandte –, zentrierte sich um die Liebes-, Hingabe-, Opfer- und Christusfrage (vgl. Erika Schweizer: *Geistliche Geschwisterschaft. Nelly Sachs und Simone Weil – ein theologischer Diskurs*). Nach der Lektüre von *Schwerkraft und Gnade* schrieb Nelly Sachs in einem Brief, dass die «Menschwerdung Christi» – und nicht «die Wunder» – für Simone Weil das Wesentliche an Christus seien, und fuhr fort: «Der Todesschweiß und ‹Warum hast du mich verlassen?› Dieses Symbol das auch für alle jüdischen Konzentrationsläger gilt will ich meinen, und in dieser Ferne, ja Abwesenheit des Ewigen, liegt für Simone Weil die Nähe. Sie gebraucht das gleiche Wort wie der Sohar: Nichts. Das Nichts lieben.» (Brief an Walter A. Berendsohn, 9. 6. 1952)

Nelly Sachs bedauerte die Ablehnung oder Verkennung der jüdischen Religion durch Simone Weil: «Sie liebte ihr Volk nicht. Sie erwähnte seine unerhörten Leiden nicht. Sie schließt ihre Pforte vor seinem Urquell: Das alte Testament.» Mit Nachdruck vertrat Nelly Sachs, dass Christus Jesus in der Fortsetzung des jüdisch-alttestamentlichen Weges liege: «Sie [Simone Weil] lebt mit Christus und verdunkelt mit ihrer Hand die Lichter die den Eingang seines Nachtweges erhellen.» («Stille und Schmerz». Zit. n. Erika Schweizer: *Geistliche Geschwisterschaft. Nelly Sachs und Simone Weil – ein theologischer Diskurs,* S. 94) Im Übrigen aber fühlte sich Nelly Sachs Simone Weil nah verwandt – «Simone Weil hat wohl an einem anderen Meer gesessen und doch das Gleiche erlauscht.» (Ebd., S. 96) – Ob Nelly Sachs über Gudrun Harlan (Dähnert) evtl. die Christologie Rudolf Steiners rezipiert hat – namentlich im Hinblick auf die von Rudolf Steiner in seinen Vorträgen über das «Fünfte Evangelium» 1913 herausgearbeiteten Leidens-Qualitäten Jesu von Nazareths – ist nicht bekannt (vgl. Rudolf Steiner: *Aus der Akasha-Forschung. Das Fünfte Evangelium.* GA 148. Dornach[5] 1992 sowie Peter Selg: *Rudolf Steiner und das Fünfte Evangelium.* Dornach 2005; ders.: *Die Kultur der Selbstlosigkeit. Rudolf Steiner, das Fünfte Evangelium und das Zeitalter der Extreme.* Dornach[2] 2007). – In ihren bis heute unveröffentlichten *Briefen aus der Nacht* schrieb Nelly Sachs über Christus und das jüdische Volk: «Die Juden sind ein eigensinniges Volk. Sie lehnen alle Erleichterungen ab, die ihnen Christus anbot. Buber sagt vom heiligen Juden: Ich muss mir die Wahrheit erkämpfen. Also selbst erkämpfen. Christus ist die glühende Intensität. Er ist so überreich göttlich ausgestattet, dass er überfließt und *mit*erlösen kann. Aber das jüdische Volk muss seinen Weg der Erlösung noch einmal gehen in allen Variationen.» (Unveröffentlichtes Typoskript, S. 20. Deutsches Literaturarchiv Marbach)

130 Zit. n. Paul Hoffmann: «Vom Pathos der Nelly Sachs». S. 26.

131 Brief an Curt Trepte, 10. 10. 1946. In: Ruth Dinesen/Helmut Müssener (Hg.): *Briefe der Nelly Sachs*, S. 70; Hervorhebung v. V.

132 Zit. n. Gisela Dischner (Hg.): *Apropos Nelly Sachs.* Frankfurt a. M. 1997, S. 81 f.

133 Zit. n. Ruth Dinesen: *Nelly Sachs. Eine Biographie,* S. 322.

134 «Die Auflage von 20 000 Exemplaren war schnell vergriffen, die Resonanz in professionellen Kritikerkreisen allerdings gering. Alexander von Bernus, Hans Seifert, Hellmut von Cube und Dr. Huppert sind nur wenige Namen, die in eher kleineren Publikationsorganen Kritiken schrieben, die großen westdeutschen Zeitungen schwiegen sich aus.» (Walter A. Berendsohn: *Nelly Sachs. Einführung in das Werk der Dichterin jüdischen Schicksals,* S. 121 f.)

135 Brief an Manfred George, 20. 10. 1946. In: Ruth Dinesen/Helmut Müssener (Hg.): *Briefe der Nelly Sachs,* S. 82; Hervorhebung v. V.

136 Brief an Carl Seelig, 27. 10. 1947. Ebd., S. 83 f.

137 Brief an Walter A. Berendsohn, 24. 11. 1948. Ebd., S. 99.

138 Brief an Gudrun Harlan, 7. 12. 1949. Ebd., S. 110.

139 Brief an Max Tau, 6. 7. 1944. Ebd., S. 37; Hervorhebung v. V.

140 Nelly Sachs: Fragenbeantwortung für Lionel Richard (Februar 1968). In: Michael Kessler/Jürgen Wertheimer (Hg.): *Nelly Sachs. Neue Interpretationen,* S. 328.

141 Brief an Manfred George und Mary Graf, 27. 1. 1946. In: Ruth Dinesen/Helmut Müssener (Hg.): *Briefe der Nelly Sachs*, S. 46; Hervorhebung v. V.

142 Über ihr Dramenvorhaben – das sie ursprünglich als ein «Vorspiel» konzipierte («das übrige soll in der Gegenwart spielen») – und über die innere Gestalt, in der das Abraham-Geschehen vor ihr stand, schrieb Nelly Sachs am 1. 9. 1946 an Walter A. Berendsohn: «Ich sah den jungen Abraham, wie es die Sage erzählt, von Nimrod in eine Steinhöhle verbannt und zugleich stieg mir aus Steinen und Sternen gewoben, Abrahams also des ersten Menschen Sehnsucht nach der einzigen Gottheit auf, die ihn dann dazu veranlaßt die Holzmaterie der künstlichen Götter zu zerschlagen, während Nimrod auch als Jäger der Gegen- und Todspieler wäre, der zur Gestalt des Unholdes unserer Zeit führen könnte. Ich sehe unzählige tote Tierleiber am Wege, jenen Ofen der die Menschen verschlingen muß, die nicht an die Götter des Tyrannen glauben. Der schwache und zweifelnde Vater Abrahams, der gerne alles anbetet, wenn ihm nur die Ruhe seines Alltagsdaseins gewährleistet wird, und der sich erst dann zur Flucht entschließt, als man seinen Sohn in den Ofen werfen will. Und Abrahams, des ersten Heimatlosen Ausbrechen hin zu Gott und zur ewigen Sendung des jüdischen Volkes.» (In: Walter A. Berendsohn: *Nelly Sachs. Einführung in das Werk der Dichterin jüdischen Schicksals,* S. 135)

143 In ihrem Brief vom 1. 9. 1946 (vgl. Anm. 142) hatte Nelly Sachs Walter A. Berendsohn um Unterstützung gebeten: «Hochverehrter Herr Professor, ich möchte nun fragen, glauben Sie, daß ich schwacher Mensch ausreichen könnte für diese Dinge und daß es ein Stoff zu einem Drama wäre? Und wo könnte ich etwas über jene chaldäische Zeit lesen. Denn obgleich alles wesenhaft sein soll, so ist es doch gut über jenes Sterndeutervolk etwas zu wissen und über Nimrod selbst.» (Ebd., S. 136) Neben Enar Sahlin besorgte Walter A. Berendsohn Nelly Sachs wiederholt Literatur.

144 Brief an Gudrun Harlan, 28. 9. 1946. In: Ruth Dinesen/Helmut Müssener (Hg.): *Briefe der Nelly Sachs*, S. 65.

145 Gudrun Harlan (1907–1976) kam aus einem der Anthroposophie und der Christengemeinschaft verbundenen Haus und wuchs mit dem Lebenswerk Rudolf Steiners auf, was Nelly Sachs bereits kurz nach ihrer Begegnung bekannt wurde. Inwieweit sie darüber mit Gudrun Harlan im Gespräch war,

ist nicht im Einzelnen bekannt. In ihren 3454 erhaltenen Briefen (von denen 235 veröffentlicht, alle übrigen aber in exakter Weise von Ruth Dinesen erfasst wurden; vgl. Ruth Dinesen [Hg.]: *Nelly Sachs – Briefregister.* Stuttgart 1989) erwähnte Nelly Sachs Rudolf Steiner lediglich einmal, in ihrem Schreiben vom 15. Dezember 1950. Sie berichtete der Freundin – zehn Monate nach dem Tod der Mutter – von ihren wiederaufgenommenen Studien zur jüdischen Esoterik: «Ich las Kabbala und Sohar (die jüdische Urmystik)», und fügte hinzu: «Steiner ist davon ausgegangen.» (In: Ruth Dinesen/Helmut Müssener [Hg.]: *Briefe der Nelly Sachs*, S. 127) Auch die «Anthroposophische Gemeinde» in Stockholm fand bei Nelly Sachs nur eine singuläre Erwähnung (in ihrem unveröffentlichten Brief vom 22. 3. 1952, ebenfalls an Gudrun Harlan-Dähnert). Ein Studium der Schriften und Vorträge Rudolf Steiners durch Nelly Sachs ist nicht belegt, ihre noch erhaltene Bibliothek umfasst keine entsprechenden Bücher.

146 Zu Schmuel Hugo Bergmans Beziehung zu Rudolf Steiner und der Anthroposophie vgl. die Monographie von Peter Normann Waage: *Eine herausfordernde Begegnung. Schmuel Hugo Bergman und Rudolf Steiner.* Dornach 2006, Bergmans eigene Aufzeichnungen, in: Schmuel Hugo Bergman: *Tagebücher und Briefe. 2 Bände* (Hg. Miriam Sambursky). Königstein 1985 sowie Georg Gimpl: *Weil der Boden hier brennt ... Aus dem Prager Salon der Berta Fanta (1865–1918).* Prag 2001.

147 Brief an Kurt Pinthus, 10. 3. 1948. In: Ruth Dinesen/Helmut Müssener (Hg.): *Briefe der Nelly Sachs*, S. 91.

148 Brief an Hugo Bergman, 21. 11. 1947. Ebd., S. 85.

149 Brief an Hugo Bergman, 18. 12. 1947. Ebd., S. 87.

150 Brief an Hugo Bergman, 5. 1. 1948. Ebd., S. 89.

151 Brief an Hugo Bergman, 18. 1. 1948. Ebd., S. 90.

152 Brief an Ragnar Thoursie, 25. 9. 1947. Ebd., S. 80 f.

153 Brief an Gudrun Harlan, 9. 10. 1948. Ebd., S. 97. – Bereits im April 1948 hatte Nelly Sachs Walter A. Berendsohn von ihren neuen Arbeiten geschrieben, zu denen auch das Gedicht «Auf daß die Verfolgten nicht Verfolger werden» gehörte: «Es ist noch ein neuer Cyclus im entstehn: ‹Gesichte der Zeit›. Aus Angst heraus ein Appell an die Menschheit möchte es sein.» (10. 4. 1948. In: Walter A. Berendsohn: *Nelly Sachs. Einführung in das Werk der Dichterin jüdischen Schicksals*, S. 143) Im Mai 1948 hatte Nelly Sachs Berendsohn Weiteres über diesem Zyklus mitgeteilt: «Mein neuer Cyclus ‹Und reißend ist die Zeit› ist aus der Herzensangst vor allem ‹mechanisierten› Tod im Vergleich zum leisen natürlichen die Uhr der Zeit erfüllenden entstanden.» (12. 5. 1948. Ebd., S. 143) Zugleich aber hatte sie auch zu dem Krieg der arabischen Staaten gegen Israel Stellung bezogen, der nach der Staatsproklamation am 14. 5. ausgebrochen war: «Ja, wenn es nur Frieden würde im Erez Israel. Es ist

merkwürdig wie schnell das jüdische Schicksal verschüttet wird von den laufenden Ereignissen, als ob die Menschheit froh wäre, eine Verantwortung, der sie einmal sich nicht gewachsen gezeigt hat, [ledig zu sein].» (21. 5. 1948. Ebd., S. 145) – Nach der Ermordung von Graf Folke Bernadotte, dem Vertreter der Vereinten Nationen, durch jüdische Terroristen am 17. 9. 1948 war Nelly Sachs tief verzweifelt. In diesem Kontext stand ihr Brief an Gudrun Harlan vom 9. Oktober, aber auch das vorausgehende Schreiben an Berendsohn vom 21. September, wenige Tage nach dem Attentat: «Ganz unter dem Eindruck des Furchtbaren was geschehen, möchte ich Ihnen heute nur ein paar Zeilen schreiben. Wie soll man es nur ertragen, das Einzige was wir besessen haben, die Reinheit der Verfolgten, verloren zu haben, nun selbst Verfolger zu werden.» (Ebd., S. 146)

154 23. 9. 1949. Zit. n. Ehrhard Bahr: *Nelly Sachs*, S. 61.

155 Brief an Walter A. Berendsohn, 12. 9. 1944. In: Ruth Dinesen/Helmut Müssener (Hg.): *Briefe der Nelly Sachs*, S. 41; Hervorhebung v. V.

156 Brief an Walter A. Berendsohn, 9. 3. 1951. In: Walter A. Berendsohn: *Nelly Sachs. Einführung in das Werk der Dichterin jüdischen Schicksals,* S. 161 f.

157 Brief an Ilse und Moses Pergament, 19. 4. 1946. In: Ruth Dinesen/Helmut Müssener (Hg.): *Briefe der Nelly Sachs,* S. 51.

158 Brief an Hugo Bergman, 15. 5. 1950. Ebd., S. 116; Hervorhebung v. V.

159 Brief an Walter A. Berendsohn, 24. 3. 1948. Ebd., S. 92.

160 Brief an Gudrun Harlan, 17. 5. 1949. Ebd., S. 106.

161 Brief an Gudrun Harlan, 9. 10. 1948. Ebd., S. 98.

162 Brief an Gudrun Harlan, 19. 1. 1949. Ebd., S. 102 f. – Eineinhalb Jahre später, im August 1950, schrieb Nelly Sachs an Walter A. Berendsohn: «Wie muß das Dichten früher einmal wie Blumenpflücken gewesen sein. Eichendorff: ‹Schloß Dürande› Stifter: ‹Hochwald›, auch Goethe trotz allem! Heute soll gewiß jeder der schreibt, das Geschriebene durchsterben um der furchtbar geheimnisvollen Formen wegen, die das Böse im Lichte des Tages annimmt. Das in Zucht und Ordnung schon einregistrierte Böse, das bürgerlich schon Anerkannte, oft aus einem wurzellosen Wort, oder aus keinem Wort mehr bestehende.» (24. 8. 1950. In: Walter A. Berendsohn: *Nelly Sachs. Einführung in das Werk der Dichterin jüdischen Schicksals*, S. 151 f.)

163 Brief an Walter A. Berendsohn, 12. 4. 1949. Ebd., S. 104 f.

164 Brief an Otto Scheurmann, 14. 7. 1949. Ebd., S. 108.

165 Leonhard M. Fiedler/Manfred Schlösser: «Vorwort». In: Walter A. Berendsohn: *Nelly Sachs. Einführung in das Werk der Dichterin jüdischen Schicksals,* S. 5.

166 Vgl. diesbezüglich jedoch Nelly Sachs' (bislang unveröffentlichte) Korrespondenz mit Rudolf Hirsch vom März 1956 (Deutsches Literaturarchiv, Marbach). Nach der entsprechenden Verlagsmitteilung hatte Nelly Sachs

überaus betroffen an Rudolf Hirsch geschrieben (5. 3. 1956), der ihr daraufhin mit Schreiben vom 8. 3. 1956 zusagte, das – allgemein übliche – Verfahren bei ihr auszusetzen. In ihrem Brief an Hirsch vom 5. 3. 1956 hatte Nelly Sachs u. a. formuliert: «Lieber Herr Dr. Hirsch, ich sehe immer wieder den Brief vom Fischer-Verlag an und bin zuletzt ganz verwirrt und bin nahe daran alle begeisternden Recensionen für unwahr [zu] erklären. Man fällt einfach stufenweise nach solchem Schock. – Wollen Sie mir paar Zeilen schreiben nicht nur über die Restbücher sondern ein paar Worte als Mensch zu Mensch. Ich gebrauche Ihre Worte sehr!» (Deutsches Literaturarchiv, Marbach)

167 Margarita Pazi: «Jüdische Aspekte und Elemente im Werk von Nelly Sachs und ihre Wirkungen.» In: Michael Kessler/Jürgen Wertheimer (Hg.): *Nelly Sachs. Neue Interpretationen,* S. 161.

168 Ruth Dinesen: *Nelly Sachs. Eine Biographie*, S. 324.

169 Brief an Manfred George und Mary Graf, 27. 1. 1946. In: Ruth Dinesen/Helmut Müssener (Hg.): *Briefe der Nelly Sachs*, S. 47.

170 Brief an Walter A. Berendsohn, 23. 1. 1957. Ebd., S. 157.

171 Brief an Margit Abenius, 17. 3. 1957. Ebd., S. 189.

172 Brief an Gudrun Harlan, 7. 7. 1946. Ebd., S. 59.

173 Brief an Gudrun Harlan, 28. 9. 1946. Ebd., S. 64.

174 Brief an Manfred George, 9. 3. 1946. Ebd., S. 50.

175 Brief an Kurt Pinthus, 10. 3. 48. Ebd., S. 91.

176 Brief an Gudrun Harlan, 2. 6. 1948. Ebd., 93 f.

177 Brief an Gudrun Harlan, 9. 10. 1948. Ebd., S. 97.

178 Ebd., S. 98.

179 Brief an Walter A. Berendsohn, 4. 12. 1948. Ebd., S. 100.

180 Brief an Gudrun Harlan, 14. 10. 1949. Ebd., S. 109.

181 Typoskript o. D. Deutsches Literaturarchiv Marbach.

182 In: Michael Kessler/Jürgen Wertheimer (Hg.): *Nelly Sachs. Neue Interpretationen.* Tübingen 1994, S. 289.

183 Brief an Kurt Pinthus, 25. 2. 1950. In: Ruth Dinesen/Helmut Müssener (Hg.): *Briefe der Nelly Sachs*, S. 112.

184 Brief an Walter Muschg, 26. 2. 1950. Ebd., S. 112 f.

185 Brief an Walter A. Berendsohn, 2. 3. 1950. Ebd., S. 113.

186 Brief an Hugo Bergman, 17. 8. 1950. Ebd., S. 119.

187 Ruth Dinesen: *Nelly Sachs. Eine Biographie*, S. 357.

188 «Der Seher von Lublin sagt in Martin Bubers's Gog und Magok: zum heiligen Juden: Man darf sich nicht erlauben, *so* zu leiden. Das ist ein Wort! Ein Wort raucht wie Sinai! - Konnte lange nicht schlafen mehr seitdem. Manches muss schwer bleiben. Und die Seelenbehandler wollen alles leicht machen. Seinem Leiden Einhalt gebieten, wie der Seher verlangt, ist das

Schwerste!» (Nelly Sachs: *Briefe aus der Nacht*. Unveröffentlichtes Typoskript, S. 21. Deutsches Literaturarchiv Marbach)

189 Ebd., S. 24.

190 Ruth Dinesen: *Nelly Sachs. Eine Biographie*, S. 195.

191 Vgl. Peter Selg: «Der Tod und die unmittelbar nachtodliche Entwicklung des Menschenwesens in den Schilderungen Rudolf Steiners.» In: Peter Selg: *Sterben, Tod und geistiges Leben. Die Kondolenzbriefe Ita Wegmans und das Todesverständnis der anthroposophischen Geisteswissenschaft*. Dornach 2005, S. 79 ff.

192 *Briefe aus der Nacht*. Unveröffentlichtes Typoskript, S. 16. Deutsches Literaturarchiv Marbach.

193 Brief an Peter Hamm, 22. 9. 1958. Zit. n. Ruth Dinesen: *Nelly Sachs. Eine Biographie*, S. 259.

194 Brief an Friedrich Torberg, 27. 3. 1950. In: Ruth Dinesen/Helmut Müssener (Hg.): *Briefe der Nelly Sachs*, S. 114.

195 Brief an Ilse und Moses Pergament, 20. 4. 1950. Ebd., S. 115.

196 Brief an Hugo Bergman, 15. 5. 1950. Ebd., S. 116.

197 Brief an Hugo Bergman, 17. 8. 1950. Ebd., S. 118.

198 Brief an Gudrun Harlan, 8. 7. 1950. Ebd., S. 117.

199 Brief an Gudrun Harlan, 30. 8. 1950. Ebd., S. 121.

200 Brief an Hugo Bergman, 17. 8. 1950. Ebd., S. 119.

201 Ebd.

202 *Briefe aus der Nacht*. Unveröffentlichtes Typoskript, S. 31. Deutsches Literaturarchiv Marbach. – In einer Eintragung vom 7. Oktober 1950 schrieb Nelly Sachs in ihren *Briefen aus der Nacht* über den allmählich gelingenden Fortschritt im Umgang mit der maßlosen Trauer, aber auch über die fortbestehenden Gefahren ihres inneren Weges und Wesens nach dem Tode der Mutter: «8 Monate. Jeder hat so seine eigene Zeitrechnung von Untergang und Auferstehung. Die kleine private Engelrechnung. Schon bete ich Dank. Denn von der Marter bin ich ins Leiden gerettet. Und in der Gnade ist das Martyrium meines Volkes. Wieviel Wagen über ein Herz fahren können. Wieviel Stricke ein Herz aus der Brust reißen können. Der Wahnsinn sitzt wie ein Auge mit verborgenen Strahlen in der untersten Nacht. Will das weinende Universum der Liebe in falsches Kreisen zwingen. Die Wohnung der Seele zum Fixstern der falschen Aussichten machen. Vieles springt leuchtend ab von rasenden Kometen. Sind aber nur Steine. Bekannte Stoffe. Ich danke Dir, weil Sehnsucht wieder Sehnsucht ist.» (Ebd., S. 8)

203 Ebd., S. 31.

204 Brief an Gudrun Harlan, 16. 9. 1950. In: Ruth Dinesen/Helmut Müssener (Hg.): *Briefe der Nelly Sachs*, S. 122 f.

205 Ruth Dinesen: «Spätfolgen der Verfolgung». In: Michael Kessler/Jürgen

Wertheimer (Hg.): *Nelly Sachs. Neue Interpretationen*, S. 290.

206 Nelly Sachs: *Briefe aus der Nacht.* Unveröffentlichtes Typoskript, S. 27 f. Deutsches Literaturarchiv Marbach.

207 Brief an Gudrun Harlan, 15. 12. 1950. Zit. n. Ruth Dinesen: *Nelly Sachs. Eine Biographie*, S. 127

208 Brief an Oscar Scheerer, 20. 1. 1952. Ebd., S. 204; Hervorhebung v. V. – In ihren *Briefen aus der Nacht* schrieb Nelly Sachs: «Aufenthalt. Und da reibt es sich zwischen den Steinen: der Funken Weiter! ‹Aus der Erlösung des Alltags wächst der Alltag der Erlösung›. Das war der Baalschem. Und kein bestimmtes Handeln bewirkt die Erlösung nur die allgemeine Weltverbundenheit. Die Gottesknechte sind geheim. Ihr Leidenswerk in der Verborgenheit. – Er, der Daseiende in seinen Kreaturen Gegenwärtige. Die Waage wiegt. Geheimes Gesetz des Ausgleiches. Unschuldiges leidet um des Ausgleiches willen. Wie die Gesetze der Sternenbahnen, sind die Gesetze des inneren Universums alles Lebens. So kann Geschehenes nicht unwirksam bleiben.» (Unveröffentlichtes Typoskript, S. 27. Deutsches Literaturarchiv Marbach)

209 Unterstreichung von Nelly Sachs in Gershom Scholem: *Die Geheimnisse der Schöpfung. Ein Kapitel aus dem Sohar.* Berlin 1935. Vgl. Ruth Dinesen: *Nelly Sachs. Eine Biographie*, S. 207.

210 Im Juni 1951 hatte sich Nelly Sachs in einer bezeichnenden Eintragung ihrer – an die verstorbene Mutter gerichteten – *Briefe aus der Nacht* notiert: «Mein Kopf ist krank. Die gleiche Krankheit wie du meine Mutter. Es beginnt mit Vergessen. Es wird Platz gemacht für das ‹Neue› und darum welkt hier alles dahin. Die Engel sind stark in den Schwachen. Wie Bienen sammelten sie bei dir. Hier ist kein ‹Fertigwerden›. Die Steine der Unruhe pflastern den unendlichen Weg. ‹Schau auf das Urbild das dir auf dem Berg gezeigt worden ist und führe es aus›. So sagt Er zu Moses. Und da Moses nicht weiß, denn er ist ein Mensch, wenn auch die Ritzen seines Leibes sich weiten um Licht zu saugen – so zeigt Er ihm den Leuchter aus Feuer. Das Gesicht hinter dem Wort. Auch du ‹sahst› weil du nicht mehr verstandest. Und ich wußte es nicht. Der Beginn wird auf Erden Krankheit genannt.» (Unveröffentlichtes Typoskript, S. 26. Deutsches Literaturarchiv Marbach)

211 Brief an Albrecht Goes, 16. 7. 1951. In: Ruth Dinesen/Helmut Müssener (Hg.): *Briefe der Nelly Sachs*, S. 131.

212 Ebd.

213 Brief an Ilse und Moses Pergament, 1. 12. 1951. In: Ruth Dinesen: *Nelly Sachs. Eine Biographie*, S. 181 f. – Zu Lenke Rothmans Konzentrationslager-Erinnerungen vgl. a. Erwin Leiser: *Leben nach dem Überleben. Dem Holocaust entronnen – Begegnungen und Schicksale*, S. 127 ff. Nach Aufforderung von Nelly Sachs besuchte Lenke Rothman Paul Celan im Sommer 1958 in Paris.

214 In: Ruth Dinesen: *Nelly Sachs. Eine Biographie*, S. 182 ff. – Nelly Sachs'

Freundschaft beschrieb der schwedische Schriftsteller Sivar Arnér – in einem Gedenkband zu ihrem 70. Geburtstag – als generell *«reich an innerer Spannung»* und von einer *«zerbrechlichen Dramatik»*. Weiter formulierte Arnér, der zeitweise in Bergsundsstrand 23 wohnte, mit Nelly Sachs befreundet war und Lenke Rothman heiratete, in seinen wohlabgewogenen und bedachten Schilderungen zu Lebzeiten von Nelly Sachs: «Ein ganz geringes Wort kann große Schatten werfen, eine Geste, erwartet, doch ausgeblieben, starke Abkühlung zur Folge haben, die Luft um sie ist stets geladen, anregend und reich an Veränderung. Freundschaft und Geselligkeit bedeuten ihr mehr als bloße Teilnahme an den Kümmernissen und Freuden der anderen: sie sieht, wie die Fäden sich ins Transzendente hin verlängern und sich dort so verflechten, daß sie nicht mehr voneinander zu trennen sind. Das ist für Nelly Sachs nicht nur ein Thema des Gedichts, es ist eine geheimnisvolle Wirklichkeit, die sich überraschend bis in ihren Alltag hinein verzweigt.» («Bergsundsstrand 23». In: *Nelly Sachs zu Ehren*. Frankfurt a. M. 1961, S. 87)

215 28. 4. 1951. In: Walter A. Berendsohn: *Nelly Sachs. Einführung in das Werk der Dichterin jüdischen Schicksals*, S. 163.

216 In dieser Hinsicht stand Nelly Sachs dem Judentum ebenso distanziert gegenüber wie allen anderen Religionsgemeinschaften. – Hugo Bergman wunderte sich im Sommer 1948 darüber, dass Nelly Sachs weder die hebräische noch die jiddische Sprache beherrschte, und legte ihr entsprechende Studien vehement nahe. In seinem Tagebuch notierte er sich einen Briefentwurf an sie vom 2. 8. 1948, in dem es u. a. hieß: «Dank für das Buch von Ravitch, das ich zurücksende. Ich war eigentlich sehr traurig darüber, dass Sie es für ein hebräisches Buch hielten (es ist Jiddisch), das heißt hauptsächlich darüber, dass Sie nicht wenigstens jiddisch lesen können, dessen Erlernung jemand, der deutsch kann, wohl kaum mehr als 30 bis 40 Übungsstunden kosten würde. Und hier in Stockholm ist eine gute Gelegenheit dazu, das zu lernen. Ich bin eigentlich der Ansicht, dass jeder intelligente Jude hebräisch lernen müsste, aber hier handelt es sich ja nur um einen deutschen Dialekt. Die hier erscheinende Zeitung ‹Das Blatt›, die sie vielleicht erhalten, bringt jiddische Aufsätze in lateinischer Transkription, die für Sie mit einiger Übung leicht zu lesen wären. Haben wir nicht das Recht, von unserer Dichterin das zu verlangen? Schließlich werden ihre eigenen Werke nur überleben, wenn sie ins Hebräische übersetzt werden [...].» (Schmuel Hugo Bergman: *Tagebücher und Briefe. Band 1 1901–1948*. [Hg. Miriam Sambursky]. Königstein 1985, S. 746) Mit seiner letzten Aussage irrte sich Bergman nicht nur nachhaltig, sondern hatte – wie auch Walter A. Berendsohn, mit dem Nelly Sachs wiederholt vehemente Israel-Auseinandersetzungen führte – ein nur bedingtes Verständnis für Nelly Sachs' spezifische Relation zum Judentum.

217 Nelly Sachs: *Briefe aus der Nacht.* Unveröffentlichtes Typoskript, S. 22. Deutsches Literaturarchiv Marbach.

218 Brief an Walter A. Berendsohn. Gabriele Fritsch-Vivié: *Nelly Sachs*, S. 79 (dort ohne Datum aus dem Nelly Sachs Archiv Dortmund – Nachlass Berendsohn – zitiert).

219 Brief an Albrecht Goes, 16. 7. 1951. In: Ruth Dinesen/Helmut Müssener (Hg.): *Briefe der Nelly Sachs*, S. 130.

220 Brief an Walter A. Berendsohn, 3. 7. 1951. In: Ruth Dinesen: *Nelly Sachs. Eine Biographie*, S. 175. – Über die Entstehung und Intention ihrer dramatischen Arbeiten – die «anschaulicher und schneller» als die Gedichte zu Menschen sprechen sollten (Brief an Walter A. Berendsohn, 23. 5. 1946. In: Ruth Dinesen/Helmut Müssener (Hg.): *Briefe der Nelly Sachs*, S. 57) – schrieb Nelly Sachs: «Da wo das Gedicht nicht auszureichen schien und die Grenzen sich sprengten, kamen diese dramatischen Versuche zu Stande.» (Brief an Paul Schallück, 27. 12. 1959. Ebd., S. 240) Ob und inwieweit Nelly Sachs über ihre Freundin Gudrun Harlan Kenntnis von Rudolf Steiners und Marie von Sivers' erfolgreichen Bemühungen hatte, zu Beginn des 20. Jahrhunderts und im Anschluss an Edourd Schurés «Theater der Einweihung» ein modernes «Mysterientheater» zu entwickeln und auf die Bühne zu bringen, ist nicht bekannt (vgl. Rudolf Steiner: *Vier Mysteriendramen.* GA 14. Dornach[5] 1998; Hella Wiesberger: *Marie Steiner-von Sivers – Ein Leben für die Anthroposophie.* Dornach[2] 1989; Peter Selg: *Marie Steiner-von Sivers. Aufbau und Zukunft des Werkes von Rudolf Steiner.* Dornach 2006). Nelly Sachs' dramatische Arbeiten und ihr spiritueller Hintergrund werden bis heute nur bedingt rezipiert.

221 Brief an Jacob Picard, 20. 1. 52. In: Ruth Dinesen/Helmut Müssener (Hg.): *Briefe der Nelly Sachs,* S. 138.

222 Ebd., S. 138 f.; Hervorhebung v. V.

223 Brief an Ilse und Moses Pergament, 22. 4. 1952. Ebd., S. 140.

224 Brief an Johannes Edfelt, 24. 9. 1953. Ebd., S. 147.

225 So notierte sie sich am 13. Juli 1952 beispielsweise: «Inzwischen alles verloren was erkämpft war. Scheinbar erkämpft. Dies ist nichts. Alle Finger geöffnet und der Reichtum stürzte dahin. Zurückgeboren in die Verzweiflungen. Aber Ruhe ist nicht bestimmt für mich. Wer weiß wozu diese Turnübungen im Unsichtbaren.» (Nelly Sachs: *Briefe aus der Nacht.* Unveröffentlichtes Typoskript, S. 28. Deutsches Literaturarchiv Marbach)

226 Brief an Johannes Edfelt, 14. 1. 1953. Ebd., S. 145.

227 Brief an Gudrun Harlan, 25. 6. 1953. Ebd., S. 146.

228 *Briefe aus der Nacht.* Unveröffentlichtes Typoskript, S. 28. Deutsches Literaturarchiv Marbach.

229 «‹Marie› tritt auf der Bühne allein auf, als Mitspieler nur Stimmen, die Ein-

samkeit schon an der Regie unmißverständlich. Emanuel ist ihr toter Geliebter, den sie in allen Ecken ihrer armseligen Wohnküche sucht, dessen Zeichen sie an der Tapete findet. Während sie sucht und den Geliebten ruft, zischen die Wasserrohre, steigert sich in der Wohnung oberhalb der ihren der Lärm bis zum Unerträglichen, meldet sich an der Tür eine verhöhnende Stimme: ‹Mein Artur ist zurückgekommen – so feiern wir Fräulein Marie … Wo steckt denn jetzt der Emanuel – wir hören Sie ja rufen Tag und Nacht – aber Sie suchen und brüten – das ist wohl Altern? … Er muß wohl schon alt sein – vielleicht schon tot? Die Wellen waren seine Bräute vielleicht?› – Nachdem die Stimme verschwunden ist, sucht das Fräulein immer verzweifelter, während sie verzerrte Kinderlieder summt, vermischt mit Details aus den Kindheitserinnerungen der Dichterin, bis sie am Ende einer mimischen Darstellung des Ertrinkens ermattet einschläft.» (Ruth Dinesen: «Spätfolgen der Verfolgung». In: Michael Kessler/Jürgen Wertheimer (Hg.): *Nelly Sachs. Neue Interpretationen*, S. 292)

230 Brief an Johannes Edfelt, 6. 11. 1956. Ruth Dinesen/Helmut Müssener (Hg.): *Briefe der Nelly Sachs*, S. 156.

231 Brief an Alfred Andersch, 19. 11./1. 12. 1956. Zit. n. Ruth Dinesen: *Nelly Sachs. Eine Biographie*, S. 255.

232 Ebd., S. 325.

233 Brief an Walter Euler, 18. 9. 1956. Zit. n. Walter A. Berendsohn: *Nelly Sachs. Einführung in das Werk der Dichterin jüdischen Schicksals*, S. 12.

234 Ebd., S. 9 ff.

235 Brief an Walter A. Berendsohn, 4. 2. 1959. In: Ruth Dinesen/Helmut Müssener (Hg.): *Briefe der Nelly Sachs*, S. 205.

236 Brief an Walter A. Berendsohn, 23. 1. 1957. Ebd., S. 158.

237 Brief an Brita und Johannes Edfelt, 21. 3. 1957. Ebd., S. 160.

238 Brief an Peter Hamm, 10. 5. 1958. Ebd., S. 190.

239 Zit. n. Ilse Blumenthal-Weiss: *Begegnungen mit Else Lasker-Schüler, Nelly Sachs, Leo Baeck, Martin Buber*. New York 1977, S. 16.

240 In: Ruth Dinesen/Helmut Müssener (Hg.): *Briefe der Nelly Sachs*, S. 166 (Brief von Nelly Sachs an Ilse Pergament, 26. 8. 1957).

241 Brief an Moses Pergament, Juni 1957. Zit. n. Ruth Dinesen: *Nelly Sachs. Eine Biographie*, S. 249.

242 Brief an Ilse und Moses Pergament, 26. 7. 1957. In: Ruth Dinesen/Helmut Müssener (Hg.): *Briefe der Nelly Sachs*, S. 165.

243 Brief an Brita und Johannes Edfelt, 23. 10. 1957. Ebd., S. 170.

244 Zit. n. Gabriele Fritsch-Vivié: *Nelly Sachs*, S. 101.

245 Walter A. Berendsohn: *Nelly Sachs. Einführung in das Werk der Dichterin jüdischen Schicksals*, S. 122.

246 Brief an Johannes Edfelt, 20. 10. 1957. Zit. n. Ruth Dinesen: *Nelly Sachs. Eine*

Biographie, S. 326.

247 «Lyrische Passion». In: *Die Gegenwart*. Frankfurt, Februar 1958 (gezeichnet «cs»).

248 Brief an Margit Abenius, 17. 3. 1958. In: Ruth Dinesen/Helmut Müssener (Hg.): *Briefe der Nelly Sachs*, S. 190.

249 So schrieb Nelly Sachs am 30. 12. 1957 an Abenius über ihr Arbeits- und Lebensverständnis u. a.: «Ich glaube an die Durchschmerzung, an die Durchseelung des Staubes als an eine Tätigkeit, wozu wir angetreten. Ich glaube an ein unsichtbares Universum, darin wir unser dunkel Vollbrachtes einzeichnen. Ich spüre die Energie des Lichtes, die den Stein in Musik aufbrechen läßt, und ich leide an meinem Leibe, an der furchtbaren Pfeilspitze der Sehnsucht, die uns von Anbeginn zu Tode trifft und die uns stößt, außerhalb zu suchen, dort wo die Unsicherheit zu spülen beginnt. [...] Aus meinem eigenen Volk kam mir die chassidische Mystik zu Hilfe, die eng im Zusammenhang mit aller Mystik die Quelle aller existentiellen Durchströmung des Alltagsaugenblickes ist und sich ihren Wohnort weit fort von allen Institutionen und Dogmen immer aufs neue in Geburtswehen schaffen muß.» (Ebd., S. 181) Zweieinhalb Monate später, am 17. 3. 1958, ging Nelly Sachs gegenüber der schwedischen Literaturkritikerin ausführlich auf ihre Lebensgeschichte ein: «In Deutschland noch vor Hitler war ich zu Hause bei meinen Eltern. Trug an einem schweren Schicksal und besorgte Häusliches, pflegte, wo Krankheit war, und begann, wenn das Atmen zu schwer wurde für mich, dann und wann einige Zettel zu bekritzeln. Zuweilen sandte ich Selma Lagerlöf davon, wie man sein Gebet hinaus ins Unwirkliche richtet. Als Kind tanzte ich Selbsterdachtes, wenn mein Vater am Klavier phantasierte. Wir sprachen so wenig miteinander, jeder hatte eine Scheu, aber wir waren fortgezaubert zusammen von diesem Stern. – Hier in Schweden während des Krieges in der letzten Minute gerettet, nachdem die alte Wunde durch eine schreckliche Verknüpfung wieder aufgebrochen war und ich eigentlich nur für meine geliebte Mutter noch diesen letzten Versuch zur Rettung machte, war wieder sie es, die unserem Leben so viel Schönheit wieder abgewann. Sie freute sich, von allem Besitz losgekommen zu sein und wie die Vögel leben zu können. – Aber das Entsetzen, was wir 7 Jahre unter Hitler durchlebt hatten, hielt sich ohne ihren Willen in ihrem Unterbewußtsein auf: sie litt an einer Art epileptischer Krämpfe, die sie halb in das Reich der geliebten Toten versetzte, um dann wieder mit neuer Liebe und Frische und Trost zu mir zurückzukehren. Aber dieses Leben in den Nächten viele Jahre ohne Schlaf und immer wieder hineingeworfen in ein ‹Außerhalb›, eigentlich jede Nacht den Tod neu gelernt, da ich das letzte mir gebliebene geliebte Wesen so weit fort umfangen sah, zwang mir immer im Angesicht der Leidenden die Worte auf, die dann später meine Gedichte und

dramatischen Versuche hießen.» (Ebd., S. 189 f.)

250 Brief an Elisabeth Borchers und Peter Hamm, 7. 1. 1958. Ebd., S. 183; Hervorhebung v. V.

251 Brief an Peter Hamm, 15. 2. 1958. Ebd., S. 187.

252 Brief an Karl Schwedhelm, 23. 5. 1958. In: Nelly Sachs/Karl Schwedhelm: *Briefwechsel.* Aachen 1998, S. 9.

253 Brief an Karl Schwedhelm, 2. 7. 1958. Ebd., S. 10. – Gegenüber Walter Berendsohn betonte Nelly Sachs in einem unveröffentlichten Brief, dass «Verwandlung und Erlösung von der Materie» eine «Botschaft» seien, *«die ich (in höherem Auftrag) bringe»* (zit. n. Gabriele Fritsch-Vivié: *Nelly Sachs*, S. 99). «Denn von innen geht doch alles ins Sichtbare und Alles Sichtbare ist unserem Wesen zur Verwandlung anvertraut.» (Brief an Walter A. Berendsohn, 29. 9. 1950. In: Walter A. Berendsohn: *Nelly Sachs. Einführung in das Werk der Dichterin jüdischen Schicksals*, S. 155) Zur Verwandlungsthematik bei Nelly Sachs vgl. Johannes Anderegg: «Nelly Sachs: Gedicht und Verwandlung». In: Michael Kessler/Jürgen Wertheimer (Hg.): *Nelly Sachs. Neue Interpretationen*, S. 137–149. Zur Verwandlungsaufgabe der sichtbaren Welt vgl. a. Rainer Maria Rilke: Brief an Witold von Hulewicz, 13. 11. 1925 (In: Rainer Maria Rilke: *Briefe aus Muzot 1921 bis 1926*. [Hg. Ruth Sieber-Rilke und Carl Sieber]. Leipzig 1940) sowie Rudolf Steiner: Vorträge Wien, 27. 9. – 1. 10. 1923 («Die Anthroposophie und das menschliche Gemüt»). Gesamtausgabe Band 223. Dornach[7] 1990.

254 Ruth Dinesen/Helmut Müssener, in: «Vorwort» zu *Briefe der Nelly Sachs*, S. 12 f.

255 Walter A. Berendsohn: *Nelly Sachs. Einführung in das Werk der Dichterin jüdischen Schicksals*, S. 115.

256 Brief an Walter A. Berendsohn, 22. 1. 1959. In: Ruth Dinesen/Helmut Müssener (Hg.): *Briefe der Nelly Sachs*, S. 198 f.

257 Brief an Johannes Edfelt, 24. 3. 1958. Ebd., S. 207.

258 Über seine erste Begegnung mit Nelly Sachs' Lyrik (den *Elegien von den Spuren im Sand*) schrieb Walter A. Berendsohn später: «Im Jahre 1944 lebte ich fünf Monate im Högbo-Sanatorium in den weiten Kiefernwäldern über der alten Bergwerkstadt Falun. Ich hatte noch Fieber und war bettlägerig. Da sandte mir der Arzt Dr. Max Hodann, Vorsitzender des Freien deutschen Kulturbundes, dessen Vorstand ich angehörte, ein Bündel Blätter mit Gedichten, die ihm zugegangen waren und mit denen er nichts anzufangen wusste. – Ich spürte, dass ich Gedichte vom Range etwa der Rainer Maria Rilkes in Händen hielt, wenn auch von anderer Art, weniger ‹literarisch›, ursprünglicher, und dazu von einer hochbegabten, ungewöhnlichen Sprachgestaltung, die sofort aufhorchen lässt.» (Walter A. Berendsohn: *Nelly Sachs. Einführung in das Werk der Dichterin jüdischen Schicksals*, S. 114)

259 Brief an Moses Pergament, 21. 3. 1959. In: Ruth Dinesen/Helmut Müssener (Hg.): *Briefe der Nelly Sachs*, S. 198 f., S. 206.

260 Ebd.

261 Ebd.

262 Ebd.

263 Ebd.

264 Brief an Johannes Edfelt, 24. 3. 1958. Ebd., S. 208 f.

265 Brief an Walter A. Berendsohn, 6. 4. 1959. Ebd., S. 212; Hervorhebung v. V.

266 Ebd., S. 211.

267 Brief an Johannes Edfelt, 24. 3. 1958. Ebd., S. 210. – Vgl. a. Ruth Dinesens ergänzende Aspekte zur Ablehnung der Reise durch Nelly Sachs: «Das gesamte Meldewesen in Schweden lief damals über die Kirchenregister. Nelly Sachs ersuchte also beim Kirchenbüro von Högalid um einen Namensnachweis, den sie für den Passantrag benötigte. Als ob der Gedanke an einen Pass überhaupt sie plötzlich an den Judenstempel und den Judennamen in ihrem letzten Pass erinnerte, der sie aus Hitlerdeutschland herausgebracht hatte, trägt ihr Gesuch einen hastigen Zusatz, in dem es heißt, dass sie als Flüchtling nach Schweden gekommen sei, nun die schwedische Staatsbürgerschaft besäße und dass der Name ‹Sara› während der Hitlerzeit willkürlich allen Jüdinnen beigegeben worden sei. – Dennoch enthält das Dokument, das ihr zugeschickt wird, den Namen ‹Sara›, und dies mag dazu beigetragen haben, dass sie nicht fuhr.» (Ruth Dinesen: *Nelly Sachs. Eine Biographie*, S. 346)

268 Brief an Walter A. Berendsohn, 25. 6. 1959. In: Ruth Dinesen/Helmut Müssener (Hg.): *Briefe der Nelly Sachs*, S. 218. «Meine Bücher enthalten alles, was vielleicht einer oder der andere wissen will über mein Leben – es mag Berufe geben wie Film und Theater, wo die Jugend Freude hat, die nächsten Dinge und Umstände über eine Person zu erfahren – ich aber will, dass man mich gänzlich ausschaltet – nur eine Stimme, ein Seufzer für die, die lauschen wollen. Eine Tragödie soll man so leise wie möglich behandeln – niemals darf sie mit Unwesentlichem umkränzt werden.» (Ebd., S. 217 f.)

269 Ebd., S. 218.

270 Brief an Walter A. Berendsohn, 15. 12. 59. Ebd., S. 237 f. «Ach ist das schlimm mit meinen Freunden. Vielleicht gerade weil sie mich kennen, glauben sie alle, das Rechte zu wissen von meinem Lebensweg. Und alle die, welche mir schreiben und mich niemals getroffen haben, wissen aus meinen Gedichten und nur aus diesen so gut, wie es um mich steht.» (Ebd.) Im selben Brief schrieb Nelly Sachs noch einmal entschieden und erregt an Berendsohn über ihren Weg und ihr Selbstverständnis: «Viel sagte ich Dir im Laufe der Jahre von meinem Innern – viel mehr als allen anderen. Daraus ist wohl zu ersehen, wie dankbar ich Deine Freundschaft entgegennehme. Natürlich

möchte ich nicht, daß diese Dinge im Vertrauen gesagt an die Öffentlichkeit kommen. Ich glaube, Du weißt noch nicht, welche Angst ich überhaupt vor der Öffentlichkeit habe. Meine Dinge gebe ich hin – nun am Ende meines Lebens – da die neue Jugend sie haben will –, aber ich selbst will im Dunkeln verschwinden. Natürlich baut sich mein äußeres und inneres Leben auf einem Schicksal auf, dessen Geheimnis nur meine Mutter wußte – und das niemand wissen wird. Vielleicht sind auch daraufhin die vielen Irrtümer in Deiner Biographie zurückzuführen. Dafür kannst Du nicht im geringsten, da ja der schmerzende Nerv umgangen wurde, und was zum Schildern übrig bleibt – eine konventionelle Jugend darstellt. Aber all dies ist ja auch nicht notwendig. Was wissen wir überhaupt von anderen Menschen. Kennen wir uns selbst nicht einmal. Dir bleibt doch alles, was ich schrieb. Ich habe Dir persönliche Briefe, bei denen ich niemals dachte, sie würden von Dir benutzt werden können, nach Deiner Bitte zur Verfügung gestellt. Dann habe ich dort Anmerkungen, immer auf Deine ausdrückliche Bitte hin, gemacht, da die Aussage weit fort von meiner Wirklichkeit führte. Dazu gehören außer vielen gänzlich unwichtigen äußeren Geschehnissen aber auch viele meiner inneren Kämpfe. Dieses, in der jüdischen Tradition angeblich verankerte – ist so ein Fehlschluß. Vielleicht werden das viele meinen später, die mich nicht kannten – da Du aber fragtest, muß ich doch die Wahrheit sagen. Die Heiligung des Augenblicks sagen nicht nur die jüdischen Mystiker, nach denen ich bemüht bin zu leben – so ein Leben ist in jedem Bemühen, das sich unter unendlichen Schmerzen forttastet, zu Hause. Tradition ist gleich mit Übernehmen des einmal Beschlossenen. Auch dies ist ein Weg, aber nicht der meine.» (Ebd., S. 238 f.) – Im Laufe des Jahres 1959 forderte Nelly Sachs Berendsohn wiederholt dazu auf, sein Buchprojekt über sie – zumindest in dem bisher von ihm eingeschlagenen Stil – aufzugeben: «Lieber Walter, ich glaube, ich muß es nun sagen, daß ich am besten fände, Du nimmst Abstand von dem Buch, falls Du es in die private Sphäre hineinzwingen willst.» (25. 6. 1959. Ebd., S. 217) Berendsohn fügte sich schließlich. Seine intendierte Monographie über Nelly Sachs erschien erst 1974, vier Jahre nach ihrem Tod. Allerdings veröffentlichte er bereits zu ihrem 70. Geburtstag im Dezember 1961 seinen Aufsatz «Nelly Sachs. Der künstlerische Aufstieg der Dichterin jüdischen Schicksals» in dem Suhrkamp-Gedenkband *Nelly Sachs zu Ehren*, in dem er vorsichtig und behutsam auf ihre Jugendzeit und -dichtung einging.

271 So notierte sie sich im Juli 1959: «Stürze immer wieder über das Maß hinaus. Will den Funken aus dem Stein heraus lieben. Dann – erschrocken allein – zu Tode erschrocken Meine Geliebten – meine Geliebten – wann kann ich endlich den Tod erreichen – kein Zipfel – nein ganz und gar. Quäle mich – quäle mich. Heraus – heraus – wie der magische Tänzer. Nimm mich –

nimm mich – Mitternacht ist keine Stunde – Mitternacht ist Reife. Ich falle noch nicht – immer noch nicht – ‹Das Sinken ist um des Steigens willen da› – ‹Hier ist kein Bleiben länger› –» (*Briefe aus der Nacht.* Unveröffentlichtes Typoskript, S. 34. Deutsches Literaturarchiv Marbach)

272 Brief an Rudolf Peyer, 4. 5. 1960. In: Ruth Dinesen/Helmut Müssener (Hg.): *Briefe der Nelly Sachs*, S. 244.

273 Eva-Lisa Lennartsson, zit. n. Ruth Dinesen: *Nelly Sachs. Eine Biographie*, S. 244.

274 Brief an Johannes Edfelt, 25. 8. 1959. In: Ruth Dinesen/Helmut Müssener (Hg.): *Briefe der Nelly Sachs*, S. 228; Hervorhebung v. V.

275 Brief an Ilse Pergament, 10. 5. 1960. Ebd., S. 245 f.

276 Brief an Hilde Domin, 5. 7. 1960. Ebd., S. 251.

277 Brief an Moses Pergament, 21. 5. 1964. Zit. n. Ruth Dinesen: *Nelly Sachs. Eine Biographie*, S. 246; Hervorhebung v. V.

278 *Briefe aus der Nacht.* Unveröffentlichtes Typoskript, S. 29. Deutsches Literaturarchiv Marbach.

279 Brief an Gudrun Harlan, 28. 9. 1960. In: Ruth Dinesen/Helmut Müssener (Hg.): *Briefe der Nelly Sachs*, S. 252.

280 Brief an Gudrun Harlan, 2. 10. 1960.Ebd., S. 254.

281 Brief an Hilde Domin, 3. 10. 1960. Ebd., S. 255.

282 Dass Nelly Sachs auch in ihrer hochakuten Krankheitsphase in der Klinik (August/September 1960) und trotz ihrer weitgehenden Kommunikationsverweigerung («sie ist nicht ansprechbar, realitätsfern, nicht mehr selbstverantwortlich», Gabriele Fritsch-Vivié: *Nelly Sachs*, S. 118) inneren Anteil am Weg Ilse Pergaments nahm, deutete sie in einem späteren Brief an Moses Pergament an: «Oft dachte ich an Ilse und hätte ihr gern mein Leben gegeben um ihres zu retten.» (Brief vom 21. 5. 1964. Zit. n. Ruth Dinesen: *Nelly Sachs. Eine Biographie*, S. 246)

283 Brief an Dagrun, Tanaquil und Hans Magnus Enzensberger, Oktober 1960. In: Ruth Dinesen/Helmut Müssener (Hg.): *Briefe der Nelly Sachs*, S. 253.

284 «DER VERSTEINERTE ENGEL / noch von Erinnerung träufend / von einem früheren Weltall / ohne Zeit / in der Frauenstation wandernd / im Bernsteinlicht / eingeschlossen mit dem Besuch einer Stimme / vorweltlich ohne Apfelbiß / singend im Morgenrot / vor Wahrheit – // Und die anderen kämmen die Haare vor Unglück / und weinen / wenn die Raben draußen / ihre Schwärze entfalten zur Mitternacht.» (1, 345)

285 Brief an Lionel Richard, 31. 12. 67. In: Michael Kessler/Jürgen Wertheimer (Hg.): *Nelly Sachs. Neue Interpretationen*, S. 310.

286 Brief an Gudrun Harlan, 12. 10. 1960. In: Ruth Dinesen/Helmut Müssener (Hg.): *Briefe der Nelly Sachs*, S. 255.

287 Brief an Walter A. Berendsohn, 13. 10. 1960. Ebd., S. 256.

288 Brief an Dagrun, Tanaquil und Hans Magnus Enzensberger, Oktober 1960. Ebd., S. 253.

289 Brief an Rosi Wosk, 12. 12. 1960 (unveröffentlicht. Deutsches Literaturarchiv Marbach). In einem ausführlichen Brief aus dem Erholungsheim an ihren Arzt schrieb Nelly Sachs ebenfalls im Dezember und in grundsätzlicher Weise: «Das Schlimmste was mich zusammenbrechen ließ war der Unglauben auch naher Menschen – und – das Schweigen einiger die wußten und die meinen Zusammenbruch hätten verhindern können, wenn sie gesprochen hätten. Was sich nicht nur in dem Hause was ich bewohnte ereignete (wo die Wurzel zu suchen ist) sondern dann auch in aller Öffentlichkeit auf den Straßen – in Sigtuna und das Schlimmste wohl draußen in Bromma (von dort wurde ich nach dem Södersjukhus geholt) das war das, was mir vor Jahren angedroht wurde: mir überall zu folgen und mich nach Beckomberga zu bringen. Ich habe damals alles sofort der Gemeinde angemeldet und auch im Hause. Man sagte mir die Person sei selbst wahnsinnig gewesen die das gesagt hat. Dies alles und was später geschah wußten viele. Rassenverfolgungen sind ja an der Tagesordnung – was ist da zu tun. Man koncentrierte es nun auf einen einzelnen Menschen. [...] Ich bin niemals ängstlich gewesen – habe meine Mutter die letzten Jahre wie mein Kind behüten müssen – habe dann 10 Jahre alleine gewohnt. Ich höre auch keine Geräusche und sehe auch keine Gesichte. Dies alles hat Platz in meinen Dichtungen. Was ich erlebte an Verfolgung ist Wahrheit und könnte bezeugt werden.» (Briefentwurf an Sten Mårten, Dezember 1960 [«Einige Mitteilungen für Dr. M.»]. Unveröffentlicht. Deutsches Literaturarchiv, Marbach)

290 Vgl. diesbezüglich bereits Nelly Sachs' Brief vom 28. September an Gudrun Harlan sowie das detaillierte Folgeschreiben an die Freundin vom 2. Oktober In: Ruth Dinesen/Helmut Müssener (Hg.): *Briefe der Nelly Sachs*, S. 252 bzw. 254.

291 Brief Nelly Sachs' an Gudrun Harlan, 20. 10. 1960. Ebd., S. 257 f.; Hervorhebung v. V. – Zu Nelly Sachs' weiter intensivierter Lektüre der Schriften Jakob Böhmes und chassidischer Bücher zur Zeit ihrer ersten Klinikbehandlungen («Der ‹Baalschem› hat mir jetzt beigestanden»; an Hans Magnus Enzensberger, Oktober 1960. Ebd., S 253) vgl. insbesondere ihre späteren Briefe an Erik Lindegren vom 14. 7. und 30. 7. 1963 («Und nun will ich auch noch sagen, daß ich Jakob Böhme und den Baalschem und einige andere Mystiker las, um mich an ihnen aufzurichten, da ich fast schon hinüber war und das Leben jeden Augenblick eine Qual. Böhme haben sie in den Graben geworfen und bespuckt – so wie sie es mit mir taten. Und da dachte ich: Er hat sich wieder erhoben, ich versuche es. Von seinen Worten weiß ich nichts, als daß sie mich ergriffen und hoben.» 14. 7. 1963.Ebd., S. 293.)

292 Brief an Hans Magnus Enzensberger, 8. 2. 1961. Zit. n. *Nelly Sachs. Eine Bio-*

graphie, S. 159; Hervorhebung v. V.

293 Gabriele Fritsch-Vivié: *Nelly Sachs*, S. 117 f.

294 «Bergsundsstrand 23». In: *Nelly Sachs zu Ehren*, S. 91.

295 *Briefe aus der Nacht*. Unveröffentlichtes Typoskript, S. 32. Deutsches Literaturarchiv Marbach.

296 Brief an Hilde Domin, 4. 12. 1960. In: Ruth Dinesen/Helmut Müssener (Hg.): *Briefe der Nelly Sachs*, S. 260.

297 Brief an Gudrun Harlan, 30. 3. 1961. Ebd., S. 263.

298 Brief an Hans Magnus Enzensberger, 31. 3. 1961. Ebd., S. 263 f. – Hans Magnus Enzensberger kannte Nelly Sachs' Gedicht, das sie dieser Mitpatientin während des ersten Aufenthaltes gewidmet hatte: «DIESE SCHNEEBLUME gestützt am Stab / der vor Heimweh mit ihr wandern muß / So schön entfaltete / achtundneunzig Jahre / saugend mit Schnalzen schon / Muttermilch Nacht // Blindsehend mit jenseitsblauem Blick / umwallt von der Minuten Schar / die noch ein- und auszuatmen sind / ein leichter Sterbefall um die verschleierte / ausgangbereite Braut –» (1, 349)

299 Brief an Hans Magnus Enzensberger, 31. 3. 1961. In: Ruth Dinesen/Helmut Müssener (Hg.): *Briefe der Nelly Sachs*, S. 264.

300 Brief an Dagrun und Hans Magnus Enzensberger, 20. 4. 1961. Ebd., S. 265.

301 Gabriele Fritsch-Vivié: Nelly Sachs, S. 122.

302 Brief an Werner Reinert, 27. 4. 1961. In: Ruth Dinesen/Helmut Müssener (Hg.): *Briefe der Nelly Sachs*, S. 265 f.

303 Brief an Gunnar Ekelöf, 10. 7. 1961. Ebd., S. 274.

304 Brief an Gunnar Ekelöf, 10. 2. 1962. Ebd., S. 276.

305 1957 war Nelly Sachs' zweite Anthologie schwedischer Lyriker unter dem Titel *Aber auch die Sonne ist heimatlos. Schwedische Lyrik der Gegenwart* im Georg Büchner Verlag erschienen. Neben den von ihr übersetzten Gedichten hatte Nelly Sachs darin auch selbst verfasste Kurzbiographien und -charakterisierungen der Dichter veröffentlicht und in ihrem Nachwort u. a. geschrieben: «Das schwedische Gedicht blüht in einer Sprache, deren Bezirk die Grenzen seines Landes sind. – Karg und duftend von Erinnerungen, noch eine Erstlingssprache, in welcher die Elemente, die das Schweigen einmal aufgerissen haben, immer noch bauend am Werke sind. – Die Lyrik der Schweden erscheint oft unpersönlich geheim, entstanden wie Vogelflug oder Eisflora am Fenster. Schwimmendes Strandgut unsichtbaren Ufern zutreibend. Was ihr im hohen Maße zugeteilt wurde, könnte man mit einer leuchtenden Ekstase des Geistes bezeichnen, verwandt jenem abendländisch-mittelalterlichen «Spiritus», der keine Vereinfachung des hinter allen Rätseln harrenden Gottesgeheimnisses erlaubt, und dennoch erscheint wie mit dem Silberstift in die Luft gezeichnetes Gezweige entblätterter Bäume, endgültige Gesetze verratend. [...] In den vergangenen, entwürdigten Jahren

der Menschheit erleben die schwedischen Dichter ein explosives ‹Außer-Raum-geschleudertwerden›, jene Verzweiflung, nirgends mehr einen Strohhalm zum Festhalten zu finden. In ihrem neutralen Lande sehen sie keine andere Möglichkeit, als sich mit der Ekstase der Werke in ihrem wie von Blitz gespaltenen Gedicht zu den Opfern zu werfen. So entsteht genau wie in der Dichtung anderer Länder jene Verkürzung der Syntax oder um mit Rilke zu reden ‹Endsummen anstatt der Einzelposten aufführen› in der fluchtartigen Hast inneren Gesichten den direkten, nicht erkalteten Ausdruck zu geben.» (Zit. n. Walter A. Berendsohn: *Nelly Sachs. Einführung in das Werk der Dichterin jüdischen Schicksals*, S. 108) 1958 hatte Nelly Sachs darüber hinaus eine Sonderausgabe der von ihr übersetzten Lyrik Johannes Edfelts unter dem Titel *Der Schattenfischer* im Georg Büchner Verlag erscheinen lassen.

306 Brief an Gunnar Ekelöf, 8. 10. 1961. In: Ruth Dinesen/Helmut Müssener (Hg.): *Briefe der Nelly Sachs*, S. 275.

307 Brief an Hans Magnus Enzensberger, 31. 3. 1961. Ebd., S. 284.

308 Brief an Karin und Erik Lindegren, 16. 1. 1963. Ebd., S. 289.

309 Brief an Dagrun und Hans Martin Enzensberger, 21. 1. 1963. Ebd., S. 290.

310 In einem Brief vom 9. Juni 1963 an Rosi Wosk hieß es u. a.: «Ach was ich mich in eine endgültige Freiheit ohne Verfolgung sehne. Wie wird alles werden im Herbst. Ich bin so hoffnungslos. [...] Heute ist der Geburtstag meiner lieben Mutter – *gut daß sie nichts von der Jagd weiß die man gegen mich macht.*» (Unveröffentlicht. Deutsches Literaturarchiv Marbach); Hervorhebung v.V.

311 Brief an Gudrun Harlan, 9. 7. 63. In: Ruth Dinesen/Helmut Müssener (Hg.): *Briefe der Nelly Sachs*, S. 291.

312 «Sie saß da, scheu, bescheiden, schweigsam, fast in die Ecke gedrängt von den Gratulanten, aber wenn sie etwas sagte, mit leiser, ganz leiser Stimme, dann schwiegen sogar die immer eloquenten, niemals verlegenen Literaten. Sie war auch hier «ein Fremder / der seine Heimat im Arm trägt / für die er vielleicht nichts / als ein Grab sucht». Sie war zerbrechlich anzusehen und schön – wie nur Güte, Angst und Menschlichkeit das Gesicht einer Siebzigjährigen schön machen können. Ein Gesicht, das so ganz anders war als unsere Gesichter, wie ihre Gedichte so ganz anders lauteten als jene, die im Deutschland des Nachkriegs geschrieben wurden.» (Horst Bienek. «Hören durch den Schlaf hindurch». In: Gisela Dischner (Hg.): *Apropos Nelly Sachs*, S. 116) Auch Walter A. Berendsohn, der an der Feier in der Paulskirche teilnahm, schrieb: «Als die Dichterin zwischen breitschulterigen Männern in den riesigen Raum trat, wirkte ihre zarte Gestalt unendlich rührend, fast wie die eines Kindes. [...] Zunächst hielten die Männer ihre gewichtigen Ansprachen, danach sagte sie selbst ein paar Worte, um darauf die Festversammlung mit der Lesung einiger Gedichte nachdenklich gestimmt zu entlassen. Sie

sagte unter anderem: ‹*Wenn ich heute, nach langer Krankheit, meine Scheu überwunden habe, um nach Deutschland zu kommen, so nicht nur, um dem deutschen Buchhandel zu danken, der mir die Ehre erwiesen hat, mir den Friedenspreis zu verleihen, sondern auch den neuen deutschen Generationen zu sagen, daß ich an sie glaube. Über alles Entsetzliche hinweg, was geschah, glaube ich an sie. Viele Begegnungen mit einzelnen deutschen Menschen sind mir unvergeßlich geworden und zeigten mir, wie auf einer Sternenkarte, das Entstehen eines neuen Zeichens daraus Hoffnung und Frieden sich entwickeln können. – Und wir alle, was sollen wir tun mit dem Wort, das uns geschenkt wurde, als es an der Wurzel zu packen, auf daß es seine geheime einigende Kraft hingibt an eine Eroberung – die einzige Eroberung auf der Welt, die nicht Weinen, die Lächeln gebiert: die Eroberung des Friedens …*› – Jeder der Anwesenden hat gewiss trotz ihrer gebrechlichen Gestalt und ihrer zarten Stimme den magischen Anhauch ihrer geheimen Botschaft gespürt!» (Walter A. Berendsohn: *Nelly Sachs. Einführung in das Werk der Dichterin jüdischen Schicksals*, S. 124)

313 Zu der Problematik der Nobelpreisverleihung, seiner Teilung zwischen Nelly Sachs und Josef Agnon und der Begründung vgl. insbesondere die Ausführungen von Ruth Dinesen (*Nelly Sachs. Eine Biographie*, S. 346 ff.): «Sie stoßen sie und ihr Werk zurück in die eindeutig jüdische Position, die sie ihrem eigenen Verständnis nach hinter sich gelassen hatte. Die beiden Dichter werden mit dieser Halbierung als Repräsentanten einer Art jüdischer Nation angesehen, die deutsche und die hebräische Sprache als zufällige Begleiterscheinung. Agnon, der früher gesagt hatte, dass er wohl kaum einen Nobelpreis bekommen würde, weil die schwedische Akademie nicht Hebräisch läse und seine Dichtung nur in dieser Sprache lebe, nahm die Nachricht von der Teilung mit einer gewissen Verärgerung auf. Was Nelly Sachs dachte, lässt sich nur vermuten.» (Ebd., S. 347) In seiner Nobelpreis-Laudatio sagte Anders Österling: «Der Preis wird zwei hervorragenden jüdischen Verfassern zugeteilt, die jeder für sich Israels Botschaft an unsere Zeit repräsentieren». In Nelly Sachs' Urkunde hieß es: «Die Schwedische Akademie […] hat beschlossen, Nelly Sachs den Nobelpreis 1966 zuzuerkennen für ihre hervorragende lyrische und dramatische Dichtung, die mit ergreifender Kraft von Israels Schicksal spricht.» (Ebd., S. 347 f.) – Fasst man den Begriff von «Israel» und seinem «Schicksal» jedoch im weiten Sinne von Nelly Sachs, so spricht wenig gegen diesen Text als solchen. Über die Entgegennahme des Preises durch Nelly Sachs schrieb Gabriele Fritsch-Vivié: «Bei der Preisverleihung tritt sie im langen Kleid auf und charakterisiert sich selbst als *halb Sozietätsdame, halb Engel.* Was nicht heißt, dass sie nicht eine souveräne, strahlend-lächelnde Erscheinung ist, als sie aus den Händen des schwedischen Königs den Preis entgegennimmt. Die Unterzeile unter dem Foto in einer schwedischen Zeitung drückt dies so aus: ‹Ein König applau-

diert einer Königin, eine Königin knickst vor einem König.›» (*Nelly Sachs*, S. 132)

314 Brief an Ilse Blumenthal-Weiss, 16. 2. 1967. In: Ruth Dinesen/Helmut Müssener (Hg.): *Briefe der Nelly Sachs*, S. 308.

315 Ebd.

316 Brief von Ilse Blumenthal-Weiss an Nelly Sachs, 4. 11. 1966. Zit. n. Gabriele Fritsch-Vivié: *Nelly Sachs*, S. 91.

317 Ilse Blumenthal-Weiss: *Begegnungen mit Else Lasker-Schüler, Nelly Sachs, Leo Baeck, Martin Buber*, S. 12 ff.

318 Ebd., S. 16. – Vgl. hierzu auch Anm. 310.

319 Ebd.

320 Brief an Lionel Richard, 30. 1. 1968. In: Michael Kessler/Jürgen Wertheimer (Hg.): *Nelly Sachs. Neue Interpretationen*, S. 319.

321 Ebd., S. 328.

322 Ebd.

323 Ebd. – In der Zeit ihrer ersten psychiatrischen Behandlung hatte Nelly Sachs Hilde Domin aus dem Erholungsheim u. a. geschrieben: «Es muß der Schritt gewagt werden, wo Henker und Opfer ausgewischt werden als Begriffe. Dort kann und darf die Menschheit nicht stehen bleiben, wenn nicht dieser Stern seelisch zu Grunde gehen soll. Diese Erfahrung habe ich nun bis zum letzten Blutstropfen gemacht.» (4. 12. 1960. In: Ruth Dinesen/Helmut Müssener (Hg.): *Briefe der Nelly Sachs*, S. 260)

324 In: Michael Kessler/Jürgen Wertheimer (Hg.): *Nelly Sachs. Neue Interpretationen*, S. 328.

325 Brief an Bengt Holmqvist, 20. 3. 1968. Zit. n. Ruth Dinesen: *Nelly Sachs. Eine Biographie*, S. 349.

326 Brief an Karl Schwedhelm. 20. 3. 1968. In: Nelly Sachs/Karl Schwedhelm: *Briefwechsel*, S. 45.

327 Deutsches Literaturarchiv Marbach.

328 Ebd. – «Von dem Tage an, da dieser Besuch in Schweden mit aller Deutlichkeit in der Presse notiert wurde, war hier im Hause eine Veränderung zu bemerken. Vor allem begann wieder der Wasserterror den ganzen Tag genau wie bei der damaligen Verfolgung, wo auch Mikrophone und Lautverstärker eingesetzt waren und Tonbänder für alle möglichen Geräusche.» (Ebd.)

329 Ebd.

330 Ebd.

331 Brief an Alfred Andersch, 7. 5. 1968. In: Ruth Dinesen/Helmut Müssener (Hg.): *Briefe der Nelly Sachs*, S. 317.

332 Ebd.

333 «Das Angenehme dieser Welt hab ich genossen, / Die Jugendstunden sind, wie lang! wie lang! verflossen, / April und Mai und Julius sind ferne, / Ich

bin *nichts* mehr, ich lebe nicht mehr gerne.» (Friedrich Hölderlin: *Sämtliche Werke und Briefe.* Band 1. München, Wien 1992, S. 919)

334 Brief an Hans Magnus Enzensberger, 8. 6. 1968. In: Ruth Dinesen/Helmut Müssener (Hg.): *Briefe der Nelly Sachs*, S. 318.

335 In ihren *Briefen aus der Nacht* schrieb Nelly Sachs: «Es muß wohl eine tiefere Teilhaftigkeit geben als die moralisierende Formel: Ein Jeder ist für Alle verantwortlich! Wie ist es wohl mit jenen unterirdischen oder irgendwo wesenden Übereinstimmungen des ‹Gegenwärtigen›. (Unveröffentlichtes Typoskript, S. 11. Deutsches Literaturarchiv Marbach)

336 Brief an Gisela und Alfred Andersch, 9. 12. 1968. In: Ruth Dinesen/Helmut Müssener (Hg.): *Briefe der Nelly Sachs*, S. 319.

337 Brief an Ilse Blumenthal-Weiss, 11. 11. 1969. Ebd., 322.

338 *Briefe aus der Nacht.* Unveröffentlichtes Typoskript, S. 13. Deutsches Literaturarchiv Marbach.

339 Nelly Sachs: Fragenbeantwortung für Lionel Richard (Februar 1968). In: Michael Kessler/Jürgen Wertheimer (Hg.): *Nelly Sachs. Neue Interpretationen*, S. 327.

340 Paul Celan: «Die Dichtung Ossip Mandelstams». In: Ossip Mandelstam: *Im Luftgrab. Ein Lesebuch.* (Hg. R. Dutli). Zürich 1988, S. 71. – Das Sein des Gedichts als «Gestalt gewordene Sprache eines Einzelnen» hob Celan wiederholt hervor (siehe den weiteren Text); im Hinblick auf Ossip Mandelstam – mit dem er einig ging – sprach Celan 1959 davon, dass für ihn (Mandelstam) das Gedicht der «Ort» sei, «wo das über die Sprache Wahrnehmbare und Erreichbare um jene Mitte versammelt wird, von der her es Gestalt und Wahrheit gewinnt: um das die Stunde, die eigene und die der Welt, den Herzschlag und den Äon befragende Dasein dieses Einzelnen.» (V, 623)

341 Brief Paul Celans an Max Rychner, zit. n. Joachim Seng: «‹Und die Poesie ist mein Schicksal ...›. Paul Celans Gedichtband ‹Der Sand aus den Urnen›. In: Peter Goßens und Marcus G. Patka (Hg.): *«Displaced». Paul Celan in Wien. 1947–1948.* Frankfurt a. M. 2001, S. 101.

342 Brief Paul Celans an Gottfried Bermann Fischer. In: Gottfried Bermann Fischer/Brigitte Bermann Fischer: *Briefwechsel mit Autoren.* (Hg. R. Stach). Frankfurt a. M. 1990, S. 633.

343 Israel Chalfen: *Paul Celan. Eine Biographie seiner Jugend.* Frankfurt a. M. 1979, S. 25.

344 Ebd., S. 19.

345 «Ihr war die deutsche Sprache wichtiger [als die jüdische Erziehung], und sie achtete ihr Leben lang darauf, dass im Haus ein korrektes Schriftdeutsch gesprochen wurde – die Bukowiner Umgangssprache duldete sie nicht.» (Ebd., S. 40)

346 Zit. n. Otto Pöggeler: *Spur des Worts: Zur Lyrik Paul Celans.* Freiburg 1986,

S. 406. – Über Paul Antschels Verhältnis zu seinem Vater in der Jugendzeit schrieb Israel Chalfen: «Von seinem Vater löste sich Paul innerlich vollkommen und sah ihn allmählich nur noch als einen Statisten im Hause an. Er lehnte den ‹kleinbürgerlichen› Zionismus des Alten ab, und die subalterne und in seinen Augen ‹schmutzige› Maklertätigkeit des Vaters verachtete er geradezu, was er seinen Freunden ohne Umschweife zur Kenntnis gab. Der wahre Grund für diese Haltung dürfte jedoch wohl in der strengen Erziehung der frühen Kindheit, in den schweren Strafen und vielfältigen Zwängen zu suchen sein.» (Israel Chalfen: *Paul Celan. Eine Biographie seiner Jugend*, S. 61)

347 «Die religiöse Feier, die denselben Namen trägt wie der sich ihr Unterziehende – ‹Bar-Mizwa› (‹Sohn des Gebotes›) –, wurde nach der uralten Tradition des Judentums veranstaltet. Zunächst kam eine Woche lang der Bar-Mizwa-Lehrer ins Haus, ein orthodoxer Jude alten Schlages mit langem Bart und Schläfenlocken. Er lehrte Paul die Segenssprüche, die in der Synagoge vor dem Auf- und beim Einrollen der Thora-Schrift zu sagen sind, und übte mit ihm den Sprechgesang ein, der zum Lesen aus der Heiligen Schrift gehört. Am Morgen seines dreizehnten Geburtstages nimmt der junge Jude zum ersten Mal als vollwertiges Mitglied der aus mindestens zehn Männern bestehenden Betgemeinschaft – des ‹Minjan› – am Gottesdienst teil und wird als Erster zum Lesen aus der Thora-Rolle aufgerufen, die den auf Kalbsleder geschriebenen hebräischen Text der fünf Bücher Mose enthält. Bei der Morgenandacht an Wochentagen muss der nun als volljährig angesehene Jude die Gebetsriemen – die ‹Thephillim› oder Phylakterien – anlegen: schwarzlederne Kästchen, in deren Innern sich das auf Pergament geschriebene Glaubensbekenntnis befindet. Ein Kästchen wird mit dem anhängenden schwarzen Riemen wie eine Krone auf den Kopf gebunden, das andere auf den linken Arm gesetzt und sein Riemen in ganz bestimmter Anordnung den Arm entlang gewunden. Diesen Akt begleiten vorgeschriebene Segenssprüche. Der ganze Vorgang muss genau gelernt und geübt werden, weil kein Fehler unterlaufen darf. Dem praktischen Teil des Unterrichts wird gewöhnlich ein theoretischer über die verschiedenen Gebote und Verbote des Judentums angeschlossen, denn vom Bar-Mizwa-Tag an ist der jüdische Mensch auf sich selbst gestellt und für die Erfüllung des göttlichen Gebotes allein verantwortlich. Weil der Vater des Knaben aber vom selben Tag an gewissermaßen von der Verantwortung für die Taten des Sohnes befreit ist, sagt er in der Synagoge nach der Zeremonie: ‹Gelobt seiest Du, Herr, der Du mich von Diesem befreit hast!› – Wahrlich befreit fühlte sich nach diesem Tag vor allem aber Paul! Er hatte kein Interesse und schon gar keine Freude an der ganzen Zeremonie und war allein von der Angst bewegt, sich in der Synagoge zu blamieren. Die Phylakterien legte er niemals wieder an [...].»

(Israel Chalfen, ebd., S. 49 f.)

348 Ebd., S. 51.

349 Ilana Shmueli, zit. n. Paul Celan/Ilana Shmueli: *Briefwechsel.* Frankfurt a. M., S. 157.

350 Manuel Singer, zit. n. Israel Chalfen: *Paul Celan. Eine Biographie seiner Jugend*, S. 76.

351 «Sehr früh schon, spätestens mit fünfzehn, sechzehn Jahren, begeisterte Paul sich für Hölderlin und machte mich auf Rilke aufmerksam, mit dem wir einen wahren Kult trieben [...]. Immer wieder trug Paul den ‹Cornet›, die ‹Geschichten vom lieben Gott› und Gedichte aus dem ‹Stundenbuch› und dem ‹Buch der Bilder› vor, später dann auch die ‹Sonette an Orpheus› und die ‹Duineser Elegien›.» (Edith Silbermann: *Begegnung mit Paul Celan.* Aachen [2]1995, S. 44)

352 «Das Blatt, das in Format und Farbe der ‹Fackel› von Karl Kraus und Ossietzkys ‹Weltbühne› glich, von diesen vielfach auch inspiriert war, wurde auf einem Schapirographen, einem Vervielfältigungsapparat, hergestellt, den Paul zeitweilig unter seinem Bett versteckt hielt, bis sein Vater das Gerät entdeckte, Krach schlug und darauf bestand, es aus dem Haus zu schaffen. Außer selbst geschriebenen Artikeln, die jeder von uns beitragen musste, brachten wir in dieser Zeitschrift Übersetzungen marxistischer Texte aus dem Deutschen ins Rumänische, die wir an Samstagnachmittagen studierten und kommentierten. So begann also unsere literarische Tätigkeit. Sie nahm mit der Verhaftung unseres Zellenführers, eines um etwa fünf, sechs Jahre älteren Jungen aus Bessarabien, ein jähes Ende und war somit von kurzer Dauer. [...] Die rumänische Polizei war für die Misshandlung kommunistischer Häftlinge berüchtigt; die Verhaftungen fanden gewöhnlich vor Tag statt, deshalb fuhr ich wochenlang mit Herzklopfen aus dem Schlaf, wenn morgens die Milchfrau an der Tür schellte, weil ich jedesmal überzeugt war, man käme mich holen.» (Edith Silbermann: *Begegnung mit Paul Celan*, S. 54)

353 Israel Chalfen: *Paul Celan. Eine Biographie seiner Jugend*, S. 63 f.

354 Vgl. Martin Buber: *Pfade in Utopia. Über Gemeinschaft und deren Verwirklichung.* Heidelberg 1950.

355 Vgl. Anm. 352.

356 «Wie [Paul Celan] später Freundinnen gegenüber sagte, lockte ihn aber andererseits auch das Medizinstudium, weil er darin einen Weg sah, ‹um mehr über den Menschen zu erfahren› und ‹Menschen helfen zu können›. So gab Paul nach kurzer Überlegung seine Zustimmung zum Medizinstudium.» (Israel Chalfen: *Paul Celan. Eine Biographie seiner Jugend*, S. 77)

357 «Französisch hielten wir von kindauf für die schönste Sprache der Welt, weshalb wir im Institut Français unserer Heimatstadt nicht bloß Sprachkurse

besuchten und Bücher aus der Bibliothek liehen, sondern keine Veranstaltung wie Vorträge, Rezitationsabende oder Konzerte versäumten. Wollte der Schüler Paul, dass sein Freund Gustl [Chomed] oder ich aus dem Haus komme, so pfiff er stets die ersten Takte des Liedes ‹Au clair de la lune› vor sich hin; später allerdings gebrauchte er das Leitmotiv aus Schuberts ‹Unvollendeter› als Erkennungspfiff. Über Victor Hugo und Alfred de Vigny kam der vorgesehene Schulplan an unseren Gymnasien nicht heraus, wir aber lasen in den oberen Klassen mit Leidenschaft Verlaine und Baudelaire. Auch mit Mallarmés, Valérys und Apollinaires Gedichten waren [Immanuel] Weissglas und Paul bestens vertraut, noch ehe Paul nach Frankreich reiste.» (Edith Silbermann: *Begegnung mit Paul Celan*, S. 45 f.; Edith Silbermann zufolge übersetzte Paul Celan bereits zur Gymnasialzeit Gedichte von Guillaume Apollinaire in die deutsche Sprache.) Dass die Entscheidung der Familie Antschel für Frankreich und Tours kein Sonderfall war, betonte Israel Chalfen: «Die meisten rumänischen Juden gingen [...] zum Studium nach Frankreich, wo das rumänische ‹Bacalaureat› dem französischen ‹Baccalauréat› gleichgestellt und ein Diplom erreichbar war, das die Berufsausübung auch in Frankreich erlaubte. Das erste, vorbereitende Studienjahr absolvierte man gewöhnlich in der Provinz und bezog erst dann eine der großen Universitäten wie Paris oder Straßburg. Die Wahl Pauls, Manuels [Manuel Singers] und einiger anderer Czernowitzer Abiturienten fiel auf Tours. Dort gab es die ‹École préparatoire de médicine›, bei der es sich um keine eigentliche medizinische Fakultät handelte, sondern um eine Institution für den ersten medizinischen Jahrgang, an der nur die sogenannten ‹P. C. N.›-Fächer – Physik, Chemie und Naturwissenschaften – unterrichtet wurden. In der billigen Provinzstadt durfte man zudem damit rechnen, mit einem niedrigen Monatswechsel auszukommen.» (*Paul Celan. Eine Biographie seiner Jugend*, S. 77) – Zusammenfassend schrieb Theo Buck in seiner konzisen Monographie über *Celan und Frankreich* im Hinblick auf die frühe Entscheidung für Tours: «Seit dem zehnten Lebensjahr hatte Paul Antschel kontinuierlich Französischunterricht genossen. Mit der französischen Literaturgeschichte war er eng vertraut. Villon, Corneille, Racine, Molière, Hugo, de Vigny, Proust, Rolland und Gide gehörten genauso zum Lesepensum des Gymnasiasten wie Baudelaire, Verlaine, Rimbaud, Mallarmé, Valéry und Apollinaire. Ohnehin bestand unter den Czernowitzer Juden eine große geistige Affinität zur Kultur Frankreichs. Hinzu kommt die historisch vorgegebene ‹Verwandtschaft› Rumäniens mit Frankreich innerhalb der romanischen Sprachwelt. All das zusammen gab sicher den Ausschlag für die Entscheidung, das Studium an der *École de Plein Exercice de Médecin et de Pharmacie* in Tours aufzunehmen.» (Theo Buck: *Celan und Frankreich*, S. 11)

358 Vgl. hierzu auch die Bemerkungen von Israel Chalfen, *Paul Celan. Eine Bio-*

graphie seiner Jugend, S. 78 ff.

359 Edith Silbermann: *Begegnung mit Paul Celan*, S. 60.

360 Heinrich Heine: *Almansor*, Eine Tragödie, 1. Szene; Zit. n. John Felstiner: *Paul Celan*. München 1997, S. 228.

361 Vgl. Rita Thalmann und Emmanuel Feinermann: *Die Kristallnacht*. Frankfurt a. M. 1988, S. 163.

362 Theo Buck: *Celan und Frankreich*, S. 18.

363 «Nun konnte Paul endlich seine geliebten Shakespeare-Dramen von berühmten Schauspielern aufgeführt sehen und das British Museum besuchen. Im Gespräch mit den Freunden kam er hier auch auf andere englische Klassiker wie Milton und Thomas Moore zu sprechen. Für die Stadt selbst hatte er jedoch überhaupt nichts übrig. Seiner Tante, die ihn auch für die Sommerferien einladen wollte, erklärte er, seine Liebe gelte nur Paris [...].» (Israel Chalfen: *Paul Celan. Eine Biographie seiner Jugend*, S. 85)

364 «Im Sommer 1939 aus Tours heimgekehrt, schwärmte Paul für Aragon und Eluard, Camus und Breton, Autoren, die uns bis dahin unbekannt gewesen waren, und plädierte für den Surrealismus, der uns Daheimgebliebenen zunächst nur befremdete.» (Edith Silbermann: *Begegnung mit Paul Celan*, S. 61)

365 «Seinen Freunden gegenüber bedauerte er, das Medizinstudium unterbrechen zu müssen, und sprach davon, es nach dem Krieg fortsetzen, inzwischen aber seine Kenntnisse der französischen Sprache und Literatur vertiefen zu wollen.» (Israel Chalfen: *Paul Celan. Eine Biographie seiner Jugend*, S. 87)

366 Dorothea Müller-Altneu. Ebd., S. 91.

367 «Er liebte das Lob; die Antwortlosigkeit war ihm unerträglich. Ein mit Vorzug bestandenes Examen konnte in ihm einen Sturm unbändiger Freude auslösen, die oft kindlich anmutete.» (Ebd., S. 91)

368 Ebd., S. 90 f. – Eher spielerisch-ausgelassene und unkonventiell-exzentrische, aber nicht weniger eindrückliche Seiten von Antschels selbstbewusster Ausstrahlung in dieser Zeit hielt Edith Silbermann fest: «Er lenkte stets gerne die Aufmerksamkeit auf sich, spielte zuweilen den Hanswurst, um die Kommilitonen und Bekannten zu amüsieren oder zu schockieren, gefiel sich in der Rolle des Bürgerschrecks, der die Banausen durch sein Verhalten vor den Kopf stößt. Im Russenjahr, 1940/41, da selbst gläubige Menschen, Juden wie Christen, ihre Gottesfurcht nicht zur Schau zu tragen wagten und Synagogen wie Kirchen nur selten und scheu betraten, sank Paul eines späten Abends nach einem Konzertbesuch vor der Armenierkirche in die Knie, stimmte irgendwelche Choräle an, schlug sich an die Brust und begann so laut zu beten, dass die Leute aus den angrenzenden Häusern die Fenster aufrissen und die Miliz zu rufen drohten.» (Edith Silbermann: *Begegnung mit*

Paul Celan, S. 45) An anderer Stelle schrieb Edith Silbermann über Paul Antschels wechselnde Befindlichkeit und Stimmungslage: «Paul konnte sehr lustig und ausgelassen sein, aber seine Stimmung schlug oft jäh um, und dann wurde er entweder grüblerisch, in sich gekehrt oder ironisch, sarkastisch. Er war ein leicht verstimmbares Instrument, von mimosenhafter Empfindsamkeit, narzisstischer Eitelkeit, unduldsam, wenn ihm etwas wider den Strich ging oder jemand ihm nicht passte, zu keinerlei Konzession bereit. Das trug ihm oft den Ruf ein, hochmütig zu sein.» (Ebd., S. 56)

369 Israel Chalfen: *Paul Celan. Eine Biographie seiner Jugend*, S. 88 f.

370 Edith Silbermann: *Begegnung mit Paul Celan*, S. 57. – Auch Israel Chalfen schrieb im Anschluß an Dorothea Müller-Altneu: «Paul hatte [...] schon in den Ferien mit dem Studium des Russischen begonnen, und als die anderen noch beim Buchstabieren russischer Texte waren, las er bereits Tolstois *Krieg und Frieden* im Original.» (Ebd., S. 93)

371 Vgl. hierzu auch Edith Silbermanns Darstellung, der zufolge Paul Antschel Wert darauf legte, dass seine (zu dieser Zeit in Czernowitzer Kindergärten als Musikpädagogin arbeitende) Freundin für die Weihnachtsfeier mit allen Kindern auch ein Lied in deutscher Sprache einstudierte (Ebd., S. 61 f.). Antschel brachte das – möglicherweise von ihm selbst verfasste – Lied zu Edith Horowitz (verh. Silbermann).

372 *Paul Celan. Eine Biographie seiner Jugend*, S. 96 f.

373 Ilana Shmueli: *Ein Kind aus guter Familie. Czernowitz 1924–1944*. Aachen 2006, S. 72.

374 *Paul Celan. Eine Biographie seiner Jugend*, S. 115.

375 Ebd, S. 116 f.

376 Ebd., S. 117.

377 Franz Wurm: «Erinnerung.» In: Paul Celan/Franz Wurm: *Briefwechsel*. Frankfurt 1995, S. 248 f. – Ganz offenbar auf dieselbe Situation, die ihm ebenfalls durch Celans Erzählungen vertraut war, rekurrierte (neben Peter Jokostra, vgl. «Ich singe vor Fremden». Gedanken zum Leben und zum Tode Paul Celans. In: *Rheinische Post*, 26. 9. 1970) auch Hermann Lenz, der seinen Freund Celan in einem autobiographischen Roman in der Gestalt des Dichters Jakob Stern portraitierte. Der Ich-Erzähler des Romans *Ein Fremdling* (Frankfurt a. M., 1983) brachte – wie 1952 Hermann Lenz – den neu gewonnenen Freund mit nach Hause, wo dieser ihm und seiner Frau von seinem Herkommen berichtete: «Sie hörten ihn erzählen, wie die Juden (im Ghetto) ausgesucht worden waren, um abtransportiert zu werden ins Lager Auschwitz, und wie er immer wieder von der Gruppe derer weggegangen war, die in Lastwagen verladen werden sollten; er hatte dabei vor sich hingeschaut und so getan, als ob er sich die Nägel reinige. Deshalb war bei denen, die bleiben sollten, immer einer zu viel gewesen, doch hatte der SS-Mann

schließlich die Suche nach dem Überzähligen aufgegeben. So war er [...] durchgekommen.» (Zit. n. Paul Celan/Hanne und Hermann Lenz: *Briefwechsel.* Frankfurt 2001, S. 160) – Edith Silbermann widersprach der Darstellung Franz Wurms: «Eine Selektion [...], die ihm sein Freund [Paul Celan] angeblich selber geschildert hat, fand in Czernowitz allerdings [...] nicht statt» (*Begegnung mit Paul Celan*, S. 62). Vieles spricht jedoch dafür, dass sich die von Franz Wurm, Hermann Lenz und Peter Jokostra (nach Erzählungen Celans) geschilderte Auswahl zum Arbeitsdienst in der Zeit des jüdischen Ghettos zutrug.

378 «Paul war oft bei uns und trug uns seine Gedichte vor. Wir sprachen und lasen hauptsächlich deutsch und dachten nicht darüber nach, dass es die Sprache des Volkes war, das uns vernichtete.» (Ilana Shmueli: *Ein Kind aus guter Familie. Czernowitz 1924–1944*, S. 74)

379 Zit. n. Paul Celan/Ilana Shmueli: *Briefwechsel*, S. 162. Vgl. a. Ilana Shmueli: «Der verbotene Spaziergang», in: *Ein Kind aus guter Familie. Czernowitz 1924–1944,* S. 82 f.

380 Israel Chalfen: *Paul Celan. Eine Biographie seiner Jugend*, S. 118.

381 So Ruth Kraft, in Chalfen, ebd., S. 119.

382 Ebd., S. 120.

383 Vgl. Selma Meerbaum-Eisinger: *Ich bin in Sehnsucht eingehüllt. Gedichte.* Hamburg 1980.

384 Israel Chalfen: *Paul Celan. Eine Biographie seiner Jugend*, S. 124.

385 Vgl. Selma Meerbaum-Eisinger: *Ich bin in Sehnsucht eingehüllt. Gedichte*, S. 93.

386 Israel Chalfen: *Paul Celan. Eine Biographie seiner Jugend*, S. 120 f.

387 «Als der Straßenbau bei Einbruch des Winters der schlechten Witterung wegen zeitweilig unmöglich geworden war, durfte Paul für kurze Zeit heim.» (Edith Silbermann: *Begegnung mit Paul Celan*, S. 63) Israel Chalfen zufolge wurden die Zwangsarbeiten von Tăbăreşti zur Regeneration ihrer Arbeitskraft alle paar Monate für kurze Zeit nach Hause entlassen: «Sie wären bald zusammengebrochen, hätte man ihnen nicht alle paar Monate Urlaub gegeben, damit sie zu Hause notdürftig neue Kräfte sammeln konnten.» (*Paul Celan. Eine Biographie seiner Jugend*, S. 121)

388 Zit. n. Paul Celan/Ilana Shmueli: *Briefwechsel*, S. 161.

389 Zit. n. Wolfgang Emmerich: *Paul Celan*, S. 44.

390 «Aus dem einzigen Brief, den Paul von seiner vertriebenen Mutter erhielt, erfuhr er im Herbst 1942 vom Tod seines Vaters. Auf welche Weise dieser Brief aus dem Todeslager zu ihm gelangte, hat Paul niemals erwähnt – möglicherweise half ein Geistlicher bei der Übermittlung.» (Israel Chalfen: *Paul Celan. Eine Biographie seiner Jugend*, S. 126) Bald nach Erhalt dieser Nachricht war Paul Antschel in Czernowitz: «Die Trauerwoche, die ‹Schiwah›,

verbrachte er im Hause seines Großvaters Schrager – ein verständnisvoller rumänischer Offizier hatte Paul einen kurzen Sonderurlaub gewährt. Aber niemand durfte ihn in diesen sieben Tagen besuchen. Als sie vorüber waren, eilte er bleich und unrasiert zum Bahnhof.» (Ebd., S. 127)

391 Israel Chalfen zufolge erhielt Paul Antschel die Nachricht vom Tod seiner Mutter im Winter durch seinen Verwandten Benno Teitler, der aus einem Lager am Bug flüchten und nach Czernowitz zurückkehren konnte. (Ebd., S. 172)

392 Paul Celan: *Die Gedichte. Kommentierte Gesamtausgabe.* Frankfurt 2003, S. 399.

393 Zu Celans lebenslang betriebener Übersetzertätigkeit aus sieben Sprachen ins Deutsche (Französisch/Russisch/Englisch/Italienisch/Rumänisch/Portugiesisch/Hebräisch) vgl. u. a. Leonhard M. Olschner: *Der feste Buchstab. Erläuterungen zu Paul Celans Gedichtübertragungen.* Göttingen 1985 und Axel Gellhaus (Hg.): *«Fremde Nähe». Celan als Übersetzer.* Marbach und Frankfurt a. M. 1997.

394 Zit. Israel Chalfen: *Paul Celan. Eine Biographie seiner Jugend*, S. 122.

395 «Es soll nun Frühling werden. (...) Seit ungefähr zwei Jahren fühle ich nicht mehr Jahreszeiten und Blumen, und Nächte und Verwandlungen überhaupt [...].» (Ebd., S. 130)

396 Ebd., S. 130.

397 Ebd., S. 132.

398 Rose Ausländer berichtete Israel Chalfen davon, dass Paul Antschel den Berichten seines Schulkollegen Immanuel Weißglas über die Rettung seiner Mutter in sich versunken zuhörte: «Er folgte schweigend den Erzählungen über die Lagerzeit mit ihren Schrecken und unmenschlichen Bedingungen, und dass es Weißglas gelungen war, seine alte Mutter zu retten, vertiefte Pauls Schuldbewusstsein.» (Israel Chalfen: *Paul Celan. Eine Biographie seiner Jugend*, S. 138)

399 Zur Bedeutung des Hauses Alper in Czernowitz für Paul Antschel und seine Freunde vgl. Israel Chalfen: *Paul Celan. Eine Biographie seiner Jugend*, S. 89 ff.

400 In: Paul Celan/Erich Einhorn: *Briefwechsel.* Berlin 2001, S. 3.

401 «Mit der Verschleppung der Eltern, so ist im Frühwerk nachweisbar, verändert sich die Thematik seiner Gedichte. Alle bisher im Frühwerk enthaltenen Motive und Themen werden nach der Zäsur auf eine jüdische Thematik hingeordnet und erhalten eine ‹neue Orientierung›: ‹Das jüdische Thema bindet alles das, was den jungen Dichter bisher bewegte, an sich, wird zum zentralen Bezugspunkt› (Barbara Wiedemann); es bestimmt von nun an den ‹Neigungswinkel› der Existenz Celans [...].» (Lydia Koelle: *Paul Celans pneumatisches Judentum. Gott-Rede und menschliche Existenz nach der Shoah,* S. 63;

vgl. a. Barbara Wiedemann-Wolf: *Antschel Paul – Paul Celan. Studien zum Frühwerk.* Tübingen 1985)

402 Israel Chalfen: *Paul Celan. Eine Biographie seiner Jugend*, S. 140.

403 Vgl. Wolfgang Emmerich: *Paul Celan*, S. 59 f.

404 An dieser zweiten, handschriftlichen Gedichtsammlung hatte Paul Antschel vom Herbst 1944 bis zum Januar 1945 gearbeitet. «Zum ersten Mal machte sich Paul [...] Hoffnungen auf eine richtige Buchausgabe, wie Ruth Kraft berichtet.» (Zit. n. Israel Chalfen: *Paul Celan. Eine Biographie seiner Jugend*, S. 143)

405 Ruth Kraft, zit. n. Israel Chalfen: *Paul Celan. Eine Biographie seiner Jugend*, S. 148. – Zur Thematik der «Muttersprache» und ihrer grundlegenden Bedeutung für Paul Celans Lyrik-, Sprach- und Seinsverständnis («Der Mensch spricht aus jener Sprache heraus, der sein Wesen zugesprochen ist. Wir nennen diese Sprache: die Muttersprache.» M. Heidegger) vgl. das Kapitel «Die mütterliche Sprache» in: Hadrien France-Lanord: *Paul Celan und Martin Heidegger. Vom Sinn eines Gesprächs.* Freiburg 2007, S. 39–44 (das Heidegger-Zitat aus der *Erfahrung des Denkens* findet sich dort auf S. 39).

406 Brief von Paul Celan an Gisela Dischner, 18. 11. 1967 (unveröffentlicht; Briefzitat mit Erlaubnis von Gisela Dischner. Der *Briefwechsel* zwischen ihr und Paul Celan wird 2009 im Suhrkamp-Verlag erscheinen. Hg. Gisela Dischner, unter Mitwirkung von Chris Bezzel, H.-J. Jürgens, Herbert Möller und Stephanie Zerm).

407 So Theodor Buck in seinem Beitrag «Lyrik nach Auschwitz. Zu Paul Celans ‹Todesfuge›» zum Internationalen Colloquium über das Werk Paul Celans am Institut für Hebräische und Vergleichende Literaturwissenschaft der Universität Haifa (Januar 1981. In: Chaim Shoham und Bernd Witte [Hg.]: *Datum und Zitat bei Paul Celan.* Bern 1987, S. 27. Wiederabdruck in: Theo Buck: *Muttersprache, Mördersprache. Celan-Studien I.* Aachen 1993, S. 55–92). Zur bundesdeutschen Diskussion und Kritik der «Todesfuge» vgl. Lydia Koelle: *Paul Celans pneumatisches Judentum. Gott-Rede und menschliche Existenz nach der Shoah*, S. 340 f. und die dort genannte Literatur.

408 «Was ein Versstück wie ‹der Tod ist ein Meister aus Deutschland› eigentlich besagt und in dichterisch gültiger Weise zusammenfasst, ist der breiteren Öffentlichkeit in allen Einzelheiten nur sehr langsam klar geworden. Franz Stangl, unter dessen Leitung in Treblinka mindestens 400 000 der 700 000 dort Getöteten abgefertigt, vergast und verbrannt wurden, hat die angesprochene Meisterschaft einmal mit den folgenden Worten gefordert: ‹Wir müssen einen Punkt erreichen, an dem es für uns nichts mehr zu tun gibt, so dass wir morgens beim Aufstehen nicht einmal mehr auf einen Knopf zu drücken brauchen. Wir bauen ein perfektes System auf, und dann sehen wir zu, wie es von selbst funktioniert.›» (Otto Pöggeler: *Spur des Worts. Zur Lyrik*

Paul Celans. Freiburg und München 1986, S. 53)

409 «Paul Celans Bukarester Aufenthalt». In: *Neue Literatur* (Bukarest), Heft 11, 1980, S. 51 ff. – Solomon, drei Jahr jünger als Celan, aus Bukarest stammend und jüdischer Herkunft, schuf in seinen Erinnerungen ein eindrucksvolles Porträt Paul Celans in dieser Zeit.

410 «Um ihretwillen ging ich nach Wien, in der Hoffnung, sie veröffentlichen zu können.» (Brief an Max Rychner, 24. 10. 1948. Zit. n. Peter Goßens und Marcus G. Patka [Hg.]: *«Displaced». Paul Celan in Wien. 1947–1948*, S. 99) Joachim Seng beschreibt, wie sehr Paul Antschel bereits in Czernowitz und Bukarest (dort mit Unterstützung Margul-Sperbers) an dem Publikationsvorhaben gearbeitet hatte: «Bereits Ende 1944 hatte Celan in Czernowitz seine bis dahin entstandenen Gedichte geordnet und sie Anfang 1945, in der Hoffnung auf eine mögliche Publikation, zu einem ersten Band mit dem Titel *Gedichte* zusammengestellt. Gemeinsam mit Margul-Sperber wurden in Bukarest weitere Versuche unternommen, das ständig wachsende Manuskript neu zu ordnen und für eine Publikation – nun schon im westlichen, deutschsprachigen Ausland – vorzubereiten. Es wurden frühe Gedichte entfernt, neue mögliche Titel erwogen *(Der Pfeil der Artemis)*, bis schließlich, zuerst im Herbst 1946, ein Manuskript mit dem Titel *Der Sand aus den Urnen* erst Zürich und später Wien erreichte.» («Paul Celans Gedichtband *Der Sand aus den Urnen*. In: Peter Goßens und Marcus G. Patka [Hg.]: *«Displaced». Paul Celan in Wien. 1947–1948*, S. 102 f.)

411 «Sie [die engsten Freunde] hofften, er würde [seine Fluchtpläne] zusammen mit ihnen verwirklichen, hielten zu diesem Zweck Geld bereit, leiteten in dieser Richtung Maßnahmen in die Wege; sein Freund Weissglas wartete mit gepacktem Rucksack, um geholt zu werden, doch Paul hatte eine Möglichkeit ausfindig gemacht, ohne ihn schwarz über die Grenze zu gehen und nutzte sie; ohne Anhang war die Flucht leichter. Paul musste nicht wie manche von uns familiären Verpflichtungen Rechnung tragen. Als wir von seinem Verschwinden erfuhren, fühlten wir uns im ersten Augenblick freilich wie hintergangen, waren aber dann doch froh, dass wenigstens er das ersehnte Ziel erreicht hatte.» (Edith Silbermann: *Begegnung mit Paul Celan*, S. 66)

412 Brief Paul Celans an Alfred Margul-Sperber, 11. 2. 1948. In: *Neue Literatur* (Bukarest), 26 (1975), Heft 7, S. 50.

413 Brief Paul Celans an Max Rychner, 24. 10. 1948. Zit. n. Joachim Seng: «Paul Celans Gedichtband ‹Der Sand aus den Urnen›. In: Peter Goßens und Marcus G. Patka (Hg.): *«Displaced». Paul Celan in Wien. 1947–1948*, S. 99.

414 Vgl. die Publikation der erhaltenen Briefe Paul Celans an Sperber ab dem 11. 2. 1948, in: *Neue Literatur* (Bukarest), Heft 7, 1975, S. 50–63. – Die Innigkeit von Celans Bezug zu Alfred Margul-Sperber, dem fast zwei Meter großen Förderer und Freund, verdeutlicht ein exemplarischer Briefschluss Celans,

in dem es heisst: «Bitte, vergessen Sie, daß ich so lange nicht geschrieben habe, und schreiben Sie mir einen Brief: dann höre ich auch Ihr Herz schlagen. In einem meiner nicht niedergeschriebenen Briefe habe ich Sie in der Anschrift neu getauft: Mein großer und gütiger Schirmherr Der Sperber. So, und jetzt gehen Sie bitte noch an die Glastür und klopfen Sie leise an und sagen Sie mit meiner Stimme (das machen Sie mir sicherlich gut nach): Küß die Hand, gnädige Frau, auf Wiedersehen. Ich aber will auf den Tisch steigen, wie zum Schlafen, und Sie umarmen. – Ihr *Paul.*» (Ebd., S. 51) Seinen Wiener Freunden erzählte Paul Celan oft von Alfred Margul-Sperber. Am 21. 7. 1948 (nach dem Weggang Paul Celans nach Paris) schrieb Maria Erica Jené an Margul-Sperber: «Ich möchte Ihnen noch sagen, lieber Herr Sperber, dass er Ihnen so sehr verbunden ist, wie man es einem Menschen, den man liebt und verehrt, nur sein kann. Es gab kaum einen Tag, an dem er nicht von Ihnen sprach. Wir, mein Mann und ich, wissen daher viel von Ihnen und lieben Sie wie einen langjährigen Freund oder Verwandten.» (Ebd., S. 53)

415 Brief Alfred Margul-Sperbers an Otto Basil, zit. n. Axel Gellhaus (Hg.): *«Fremde Nähe». Celan als Übersetzer*. Frankfurt a. M. 1997, S. 68.

416 Ebd.

416a Vgl. *Herzzeit.* Ingeborg Bachmann – Paul Celan. Der Briefwechsel. Mit dem Briefwechsel zwischen Paul Celan und Max Frisch sowie zwischen Ingeborg Bachmann und Gisèle Celan-Lestrange. Herausgegeben und kommentiert von Bertrand Badiou, Hans Höller, Andrea Stoll und Barbara Wiedemann. Suhrkamp Verlag, Frankfurt a. Main, 2008.

417 Milo Dor: «Ein Fremder in Wien und anderswo.» In: Peter Goßens und Marcus G. Patka (Hg.): *«Displaced». Paul Celan in Wien. 1947–1948*, S. 133.

418 Petre Solomon: «Paul Celans Bukarester Aufenthalt». In: *Neue Literatur* (Bukarest), Heft 11, 1980, S. 59.

419 Brief Paul Celans an Karl Schwedhelm, 6. 11. 1952. Zit. n. Theo Buck: *Celan und Frankreich*, S. 25.

420 Vgl. Peter Goßens und Marcus G. Patka: «Internationale Zone. Wien 1947 und die Ankunft Paul Celans», In: Peter Goßens und Marcus G. Patka (Hg.): *«Displaced». Paul Celan in Wien. 1947–1948*, S. 9 ff.

421 Vgl. Wolfgang Emmerich: *Paul Celan*, S. 70 f.

422 Nach seinem Weggang aus Wien schrieb Paul Celan am 2. August 1948 an seine Verwandten in Palästina, entschuldigte seine zuletzt – trotz der erfolgten israelischen Staatsgründung – ausgebliebenen Briefe und erläuterte seine vorausgegangene Situation in Wien mit den Worten: «So sehr war während meines Aufenthaltes in Wien das Schicksal meiner Gedichte mein eigenes und so wenig galt mir [...] im Kampf um die Herausgabe meines Buches alles, was sich an diesem Kampf nicht beteiligte, daß ich darüber [...]

nicht nur meine Korrespondenz dem [...] Zufall überließ, sondern auch den Geschehnissen gegenüber weniger Teilnahme aufbrachte, als diese beanspruchten.» (Zit. n. Bianca Rosenthal: Quellen zum frühen Celan. In: *Monatshefte* (Wisconsin), Heft 4, 1983, S. 403). Vgl. a. Anm. 427.

423 Brief Paul Celans an Alfred Margul-Sperber, 21. 4. 1948. In: *Neue Literatur* (Bukarest), Heft 7, 1975, S. 51.

424 Ebd. S. 52.

425 Israel Chalfen: *Paul Celan. Eine Biographie seiner Jugend*, S. 154.

426 Vgl. die Gedichtauslegung von Theo Buck in *Celan und Frankreich*, S. 25 ff.

427 Zu den *zwei* beteiligten Verlagen und den Umständen dieser schwierigen Buchproduktion vgl. Joachim Seng: «Paul Celans Gedichtband ‹Der Sand aus den Urnen›. In: Peter Goßens und Marcus G. Patka (Hg.): *«Displaced». Paul Celan in Wien. 1947–1948*, S. 99 ff.

428 Brief an Alfed Margul-Sperber, 9. 3. 1962. In: *Neue Literatur* (Bukarest), Heft 7, 1975, S. 58.

429 Vgl. Theo Buck: *Celan und Frankreich*, S. 31 ff.

430 In: *Neue Literatur* (Bukarest), Heft 7, 1975, S. 52 f.

431 Brief Paul Celans an Max Rychner, 24. 10. 1948. Zit. n. Axel Gellhaus (Hg.): *«Fremde Nähe». Celan als Übersetzer*. Frankfurt a. M. 1997, S. 70.

432 «Es dauerte noch knapp vier Jahre, bis das Buch, wie im Brief angekündigt, aus dem Verkehr gezogen wurde. Im März 1952 erhielt Celan schließlich die Schlussabrechnung: *neun verkaufte Exemplare, fünf als Pflichtexemplare an Bibliotheken verteilt, 320 dem Altpapiergroßhandel zugeführt*. Das ergab einen Erlös von lächerlichen 146 Schilling: 90 für die verkauften Exemplare, 56 für das Altpapier.» (Joachim Seng: «Paul Celans Gedichtband ‹Der Sand aus den Urnen›. In: Peter Goßens und Marcus G. Patka (Hg.): *«Displaced». Paul Celan in Wien. 1947–1948*, S. 100; Hervorhebung v. V.)

433 Brief Paul Celans an Friedrich Michael, 11. 3. 1961. Zit. n. Axel Gellhaus (Hg.): *«Fremde Nähe». Celan als Übersetzer*. Frankfurt a. M. 1997, S. 73.

434 In: *Neue Literatur* (Bukarest), Heft 7, 1975, S. 53 f.

435 Brief an Hersch Segal, 2. 8. 1948. Zit. n. Bianca Rosenthal: Quellen zum frühen Celan. In: *Monatshefte* (Wisconsin), Heft 4, 1983, S. 403.

436 Vgl. Peter Selg: *Rainer Maria Rilke und Franz Kafka. Lebensweg und Krankheitsschicksal im 20. Jahrhundert*. Dornach 2007, S. 23 ff.

437 «Er schlug mir einen Spaziergang vor. In einer der nächsten Gassen wies er auf ein Haus: dort habe Rilke den ‹Malte Laurids Brigge› geschrieben; *hauptsächlich wegen dieses Buches sei er nach Paris gekommen*.» (Esther Cameron: «Erinnerung an Paul Celan.» In: Werner Hamacher und Winfried Menninhaus [Hg.]: *Paul Celan*, S. 339; Hervorhebung v. V.)

438 Gerhart Baumann: *Erinnerungen an Paul Celan*, S. 107. – Im Frühjahr 1961 reiste Celan – von einem Familienurlaub in Montana aus – nach Château

Muzot und Raron, und besuchte Rilkes letzte Lebens- und Arbeitsstätte sowie sein Grab.

439 Auch wenn Paul Celan am Ende seines Lebens wiederholt einen Weggang von Paris erwog und in der allerletzten Zeit über sein Dasein in der Stadt klagte (vgl. S. 259 ff), war sein Grundbezug zu Paris überaus positiv. In seiner Erinnerung an Paul Celan schrieb Rino Sanders, der Celan 1950 in Paris kennen gelernt hatte: «Es konnte keinen besseren Führer durch die Stadt geben. Wir gingen, gingen, und dann und wann, stehen bleibend, unterbrach er unser Reden, unser Schweigen: ‹In diesem Haus da oben ist Verlaine gestorben.› ‹In diesem Hotel hat Rilke den „Malte" geschrieben.› ‹Hier hat Baudelaire gewohnt.› Er führte uns in den schattengefüllten Hof des Palais Rohan und rührte das Springkraut an, dass es seine Samen auswarf. Wir saßen mit ihm auf vergessenen Plätzen unter Paulownien, die er liebte, vielleicht ihrer großen stilisierten Herzblätter wegen. – Selten nur verlor er ein Wort über seine Vergangenheit [...].» (In: Werner Hamacher und Winfried Menninhaus [Hg.]: *Paul Celan*. Frankfurt a. M. 1988, S. 312)

440 Zit. n. John Felstiner: *Paul Celan*, S. 92.

441 Wolfgang Emmerich: *Paul Celan*, S. 82.

442 Zit. n. Wolfgang Emmerich: *Paul Celan*, S. 83.

443 Ebd., S. 82.

444 Zit. n. John Felstiner: *Paul Celan*, S. 92.

445 Vgl. hierzu Paul Celan: *«Du mußt versuchen, auch den Schweigenden zu hören». Briefe an Diet Kloos-Barendregt.* (Hg. Paul Sars). Frankfurt a. M. 2002.

446 Ebd., S. 77.

447 Ebd., S. 74.

448 Ebd., S. 72.

449 Brief Paul Celans an Ruth Kraft, 2. 12. 1949. Zit. n. Israel Chalfen: *Paul Celan. Eine Biographie seiner Jugend*, S. 155.

450 Zit. n. Barbara Wiedemann (Hg.): *Paul Celan – Die Goll-Affäre. Dokumente zu einer «Infamie»*. Frankfurt a. M. 2000, S. 16.

451 Ebd., S. 17.

452 Brief Paul Celans an Erica Lilleg, 12. 11. 1949. Ebd., S. 18 f.

453 Ingeborg Bachmann: *Die kritische Aufnahme der Existentialphilosophie Martin Heideggers.* Wien 1949.

454 Zit. n. Wolfgang Emmerich: *Paul Celan*, S. 89.

455 Wie Barbara Wiedemann bemerkte, wies Paul Celan bei verschiedenen Gelegenheiten auf die Andersen-Nähe des Gedichtes und seiner Überschrift hin: «Gerade bei diesem Gedicht habe ich, als ich den Titel dafür suchte, mich dabei ertappt, daß es sich nun wieder um eine Kindheitserinnerung handelte, und zwar um ein Märchen von Andersen, das ich durchaus nicht in Erin-

nerung hatte, als ich die Zeilen dieses Gedichtes schrieb, das aber nachher, das also später sich doch noch kundtat. Also setzte ich als Titel dieses Gedichts den Titel dieses Märchens von Andersen, wiewohl der Inhalt dieses Gedichtes durchaus nicht mit diesem Märchen übereinstimmt. Ich darf vielleicht sagen, daß es – daß das Gedicht selbst von diesem Märchen ausgeht und dann seine eigenen Wege weitergeht.» (7. 4. 1954) In ihrem Gedicht-Kommentar schrieb Barbara Wiedemann u. a.: «Im Märchen ‹Rejsekameraten› von Hans Christian Andersen wird der Held vom sterbenden Vater in die Welt geschickt; weil er eine Grabschändung verhindert, wird er von einem Fremden (dem Toten, dem er geholfen hat) begleitet, bis er sein Glück gemacht hat. Celan selbst hat die europäischen Märchen und Sagen durch seine Mutter kennengelernt.» (In: Paul Celan: *Die Gedichte. Kommentierte Gesamtausgabe*, S. 616) Ebenso wesentlich wie die Märchenvermittlung durch die Mutter ist sehr wahrscheinlich die Tatsache, dass Paul Celan seine «Todesfuge», wenn nicht sein gesamtes Werk, als «Grabmal» für seine verstorbene Mutter betrachtete (vgl. S. 212 und Anm. 559).

456 Rino Sanders: «Erinnerung an Paul Celan.» In: Werner Hamacher und Winfried Menninhaus (Hg.): *Paul Celan*, S. 311 f. – Mit Lydia Koelle ist m. E. davon auszugehen, dass Paul Celan (wie auch Nelly Sachs) nicht lediglich in Erinnerung an die Toten schrieb (und in einer Bemühung, sein eigenes Dasein vor ihnen zu rechtfertigen), sondern in einer viel radikaleren Weise seine Verse «für sie» verfasste. Bereits Celans erste Mutter-Gedichte aus dem Winter 1942/43 (vgl. S. 157 ff.) waren eine Form der Anrufung und Beziehungsaufnahme; vergleichbares gilt für spätere Texte, bis hin zur «Wolfsbohne» (vgl. S. 212 ff.). In ihrer Dissertation schrie Lydia Koelle: «Celan hat an seiner Muttersprache, an der Sprache, die seine Mutter liebte, festgehalten. Neben manch anderen gewichtigen Gründen, die Celan davon abhielten, das Deutsche als die Sprache seines dichterischen Ausdrucks preiszugeben, haben wir Anlass zu der Vermutung, dass Celan nicht nur in Erinnerung an, sondern auch in gewisser Weise für die Toten geschrieben hat. Wenn von einem «Einverständnis» Celanscher Dichtung gesprochen werden könnte, dann mit den namenlosen und geliebten Toten. Viele, die ihn gekannt haben, berichten von einem Schuldgefühl Celans, einem «Überlebenden-Syndrom», bei dem allein das Überleben als schuldhaft empfunden wird oder zumindest als eine Verpflichtung den Toten gegenüber, Celans *postmortaler Leserkreis*. [...] Nimmt man [...] ernst, dass Celans Dichtung Totengedächtnis ist, dann ist anzunehmen, dass die deutsche Sprache das unzerreißbare Band war, das ihn nicht nur mit der deutschsprachigen Kultur und seinen Czernowitzer Jugendfreunden, sondern auch mit den geliebten Toten verbinden konnte und sollte.» (Lydia Koelle: *Paul Celans pneumatisches Judentum. Gott-Rede und menschliche Existenz nach der Shoah*, S. 35/101).

457 Vgl. Bernhard Böschenstein: «Gespräche und Gänge mit Paul Celan». In: Giuseppe Bevilacqua und Bernhard Böschenstein: *Paul Celan. Zwei Reden.* Marbach 1990, S. 9.

458 Paul Celan/Gisèle Celan-Lestrange: *Briefwechsel.* Band 1, S. 11. Aus dem Französischen von Eugen Helmlé. – Alle Briefe aus diesem Band sind aus dem Französischen rückübersetzt.

459 Vgl. John Felstiner: *Paul Celan*, S. 97.

460 Vgl. Anm. 9.

461 So hatte Milo Dor am 17. 9. 1951 Richter u. a. geschrieben: «Ich schreibe Dir express wegen eines anderen Kollegen, der meiner Ansicht nach unbedingt eingeladen werden sollte. Das ist Paul Celan, von dem Du einige Gedichte in unserem Jahrbuch lesen kannst. [...] *Ich weiß, was Du von seinen Gedichten hältst*, aber ich glaube, dass es nur wenige Lyriker gibt, die seine Musikalität und seine Formkraft besitzen. Er lebt in Paris (4, rue des Écoles 31, Hotel d'Orleans), wo er sich als Dolmetsch und Fabrikarbeiter durchschlägt. Es wäre mehr als nur eine literarische Tat, wenn man ihm den Anschluss an die deutsche Literatur, zu der er zweifellos gehört, vermitteln würde.» (In: Hans Werner Richter: *Briefe.* Hg. Sabine Cofalla. München und Wien 1997, S. 127; Hervorhebung v. V.). Ingeborg Bachmann hatte Paul Celan daraufhin am 3. 11. 1951 von seiner bevorstehenden Einladung in Kenntnis gesetzt: «Nun zu was andrem: Du wirst zur Frühjahrstagung der deutschen Gruppe 47 eingeladen, sie wird irgendwo in Westdeutschland stattfinden. Milo Dor wird Dir demnächst Genaueres darüber schreiben. Es ist möglich, dass ich auch komme, wenn die Zeit mit meinem Urlaub zusammenfällt, den ich ungefähr im April oder Mai nehmen kann. Die Gruppe 47 vergibt zwei Preise, einen 2000 DM und einen 1000 DM Preis. Abgesehen davon wird es sehr wichtig für Dich sein, weil die ganze deutsche Presse eingeladen ist, die Literaturleute der deutschen Sender etc., die sofort die besten Erzählungen, Gedichte etc. kaufen.» (Ingeborg Bachmann/Paul Celan: *Briefwechsel*, S. 39 f.) Auch in ihren Briefen der nachfolgenden Monate hatte Ingeborg Bachmann Celan wiederholt im Hinblick auf die Tagung geschrieben; noch am 6. Mai teilte sie ihm mit: «Und lies unbedingt die «Todesfuge» – trotz allem – denn ich glaube, die Gruppe 47 ein wenig zu kennen. / Und nimm, bitte, alle Manuskripte mit. / Ich hoffe zuversichtlich, dass alles gut geht; freilich kann ich nicht dafür einstehen, dass Dein Aufenthalt sich so auswirken wird, wie wir's alle wünschen.» (Ebd., S. 49).

462 Brief Paul Celans an Gisèle de Lestrange, 31. 5. 1952. In Paul Celan/Gisèle Celan-Lestrange: *Briefwechsel.* Band 1, S. 22.

463 Ebd.

464 Vgl. Paul Celan/Gisèle Celan-Lestrange: *Briefwechsel.* Band 2, S. 74.

465 Zit. n. Wolfgang Emmerich: *Paul Celan*, S. 92. Auch in seinem Buch *Deutsche*

Literatur der Gegenwart. Themen, Stile, Tendenzen (München 1961) schrieb Walter Jens in einer Niendorf-Erinnerung: «Ein Mann namens Paul Celan (niemand hatte den Namen vorher gehört) begann, singend und sehr weltentrückt, seine Gedichte zu sprechen [...].» (S. 129 f.)

466 Zit. n. Klaus Briegleb: «Ingeborg Bachmann, Paul Celan. Ihr (Nicht-)Ort in der Gruppe 47 (1952–1964/65). Eine Skizze». In: Bernhard Böschenstein und Sigrid Weigel (Hg.): *Ingeborg Bachmann und Paul Celan. Poetische Korrespondenzen.* Frankfurt a. M. 2000, S. 54. Im Sommer 1962 konstatierte Richter eine «manische Depression» bei Paul Celan (Brief an Fritz J. Raddatz, 6. 8. 1962. In: Hans Werner Richter: *Briefe*, S. 407). Zum weiteren Verhältnis Paul Celans zur «Gruppe 47» und insbesondere zu Hans Werner Richter vgl. die Studie von Theo Buck: «Paul Celan und die Gruppe 47». In: *Celan-Jahrbuch* 7 (1997/98). Heidelberg 1999; Wiederabdruck in: Theo Buck: *«Mit entsichertem Herzhirn». Celan-Studien IV.* Aachen 2000, S. 9–34. Buck zeichnete die von einer weitgehenden – und von vornherein bestehenden (vgl. Anm. 461) – Aversion Richters gegenüber Celan bestimmten Haltung im einzelnen und in engagierter Weise nach, und schrieb gegen Ende seines Aufsatzes: «Die größte Unverschämtheit aber stellt Richters Bericht über die Niendorfer Ereignisse aus dem Jahre 1981 dar. Als sei nichts geschehen, scheut er sich da nicht, über Celan zu schreiben: «(...) schüchtern, sensibel, sich fremd fühlend, gestört vielleicht, ein Mann, der nicht lachen kann. Er ist, so scheint es mir, fast immer abwesend. Ich weiß nicht, ob er bei den Lesungen überhaupt zugehört hat. Vielleicht kann er nicht zuhören, weil er immer mit sich selbst beschäftigt ist.» Nicht mit Hilfe ‹Richters und Co.› [«Auch Celan kam durch die Gruppe 47 nach oben». Brief Hans Werner Richters an Fritz J. Raddatz, 2. 8. 1962. In: Hans Werner Richter: *Briefe*, S. 405], sondern trotz ihnen ist Celan zu dem geworden, was er ist: der wichtigste Repräsentant deutschsprachiger Lyrik nach 1945. – Die Beziehung brach dann vollends ab, als der Gruppenchef peinlicherweise auch noch versuchte, Celans wachsende Bedeutung für seine parteipolitischen Machenschaften zu nutzen. Er forderte tatsächlich 1965 Celan auf, sich mit einem Beitrag aus französischer Sicht an dem von Richter organisierten und herausgegebenen Sammelband ‹Plädoyer für eine neue Regierung› zu beteiligen, um so dem ‹kleineren Übel›, der SPD, zum Erfolg zu verhelfen. Die Antwort Celans war schneidend: Das Ansinnen ablehnend, schrieb er zurück: ‹Die Voraussetzungen für eine Beteiligung an Ihrem Buch bestehen für mich nicht, sehr geehrter Herr Richter. Außerdem widersprechen einer solchen Beteiligung alte Überzeugungen und verschiedene Einblicke und Einsichten, die ich älteren und jüngsten Erfahrungen verdanke. Im übrigen bin ich der Ansicht, daß ein Schriftsteller sich nicht für das jeweils kleinere [...] Übel, sondern jederzeit, und so differenziert als möglich, für das Wahre und Menschliche zu ent-

scheiden hat. Mit den besten Empfehlungen Paul Celan.» Das war das richtige Schlusswort in dieser für ihn mehr als unerquicklichen Beziehung. Glücklicherweise hat Celans Entscheidung ‹für das Wahre und Menschliche› den längeren Atem.» (*Celan-Jahrbuch* 7, S. 85–87)

467 Vgl. Wolfgang Emmerich: *Paul Celan*, S. 92.

468 Vgl. hierzu die zeitgeschichtlichen Ausführungen von Wolfgang Emmerich (*Paul Celan*, S. 106 f.) und zahlreiche Monographien zur bundesdeutschen Nachkriegsgeschichte, darunter insbesondere die Studie von Norbert Frei: *Vergangenheitspolitik. Die Anfänge der Bundesrepublik und die NS-Vergangenheit.* München 1996.

469 Über das positive Fazit seiner Deutschlandreise schrieb Paul Celan am 30. Mai 1955 aus Frankfurt – keinesfalls unzufrieden, sondern mit gestärktem Selbstbewusstsein – an Gisèle de Lestrange: «Alles in allem sind die Ergebnisse gut, obgleich sie nicht außergewöhnlich sind. Ich habe ein gutes Drittel der deutschen Schriftsteller kennengelernt – ich denke dabei nur an die, denen man die Hand drücken kann, ohne Gewissensbisse haben zu müssen. Doch unter diesen findet man eine große Zahl Ungebildeter, Aufschneider und Halbversager, und sie haben es nicht versäumt, mich aufs Korn zu nehmen. Ich habe Widerstand geleistet, und ich glaube sagen zu können, daß ich mich behauptet habe. (Das ist natürlich eine Vereinfachung, entschuldige bitte, aber ich komme gerade von Leuten, bei denen Vereinfachungen gang und gäbe sind.) [...]. Ich habe bei Radio Hamburg gelesen, und wir werden uns die Sendung in Paris anhören. Zwei Wochenzeitschriften haben mich um Gedichte gebeten, ein Verleger hat mich aufgefordert – ohne mich zu überzeugen –, ihm mein Manuskript vorzulegen, ich werde, wenn ich zurück bin, für denselben Verleger eine Probeübersetzung machen (ein Buch von Queneau: «Exercices de Style» – kennst Du es?), kurzum, die Leute dort wissen, daß es mich gibt, und einige von ihnen werden vielleicht eine ziemlich genaue Erinnerung an mich behalten. – Der Lektor eines großen Stuttgarter Verlagshauses (das gleiche, das den Preis gestiftet hatte) hat mir gesagt, daß er nach der Lesung meiner Gedichte am liebsten die Versammlung verlassen hätte, und er hat mich nach Stuttgart eingeladen, wo ich die Gedichte am 6. oder 7. Juni lesen werde.» (Paul Celan/Gisèle Celan-Lestrange: *Briefwechsel.* Band 1, S. 19 f.)

470 Heinz Piontek, in *Welt und Wort*, Heft 8, 1953, S. 200 f. (Zit. n. John Felstiner: *Paul Celan*, S. 106)

471 Helmuth de Haas, in: *Neue literarische Welt*, Heft 4/13, 1953, S. 12. (Zit. n. John Felstiner: *Paul Celan*, S. 107)

472 Paul Celan zu Vaclav Lohniský. Zit. n. Paul Celan: *Die Gedichte. Kommentierte Gesamtausgabe in einem Band.* Herausgegeben und kommentiert von Barbara Wiedemann. Frankfurt 2003, S. 608.

473 «Paul Celan wusste davon durch seine Bekannte Hanne Lenz, die Holthusen selbst in SS-Uniform als Kommilitonen an der Universität München erlebt hatte.» (Barbara Wiedemann, in: Barbara Wiedemann (Hg.): *Paul Celan – Die Goll-Affäre. Dokumente zu einer «Infamie»*, S. 208). Vgl. a. Anm. 799.

474 Hans Egon Holthusen, in: *Merkur*, Heft 8, 1954, S. 390 (zit. n. Wolfgang Emmerich: *Paul Celan*, S. 94). Vgl. a. Barbara Wiedemann (Hg.): *Paul Celan – Die Goll-Affäre. Dokumente zu einer «Infamie»*, S. 206 ff.

475 Alexander Lernet-Holenia, in: *Die Zeit*, 30. 4. 1965. (Zit. n. Wolfgang Emmerich: *Paul Celan*, S. 95)

476 Gerhart Baumann: *Erinnerungen an Paul Celan*, S. 18.

477 «Wiederholt beklagte Celan sich [...] darüber, dass kaum eine der zahlreichen Studien zu seiner Dichtung etwas Aufschlussreiches fördere, vielmehr begünstigten die meisten Missverständnisse, verständnislos für das Offene. Vorgegebene Begriffe und voreilige Vergleiche grenzten das Blickfeld derart ein, dass das Gedicht in seiner unveräußerlichen Gestalt ausgeschlossen würde.» (Gerhart Baumann, ebd., S. 134) – Welche Form des «Gedichtkommentars» Celan bevorzugte, zeigt seine exemplarische Wertschätzung der Interpretation des Gedichtes «Denk dir» durch den Schweizer Schriftsteller, Literaturkritiker und Leiter der Feuilleton-Redaktion der *Neuen Zürcher Zeitung* Werner Weber. Celan sprach von einer *«sehr einfühlsamen, dokumentierten Interpretation»* – und schrieb am 1. 7. 1967 an Franz Wurm: «es war eine wahre Freude.» (In: Paul Celan/Franz Wurm: *Briefwechsel*, S. 83)

478 Hans Mayer betonte die nur sehr eingeschränkte Gültigkeit – oder vielmehr reale Defizienz – des «Zitat»-Begriffes für den inhaltlichen Raum der Celanschen Gedichte und schrieb in einer grundsätzlichen Ausführung über Paul Celans Bewusstseinsverfassung und Arbeitsweise: «Da dieser Dichter, der in Czernowitz zwischen den Sprachen aufwuchs, vernarrt war ins Lesen, entstand neben der Permanenz der Lebenseindrücke auch eine Dauerpräsenz des Gelernten und Gelesenen. Schwierigkeiten und angebliche Dunkelheiten in diesen Gedichten sind häufig nur scheinbar. Kaum ein Leser hat die Kenntnisse und Anspielungen ‹präsent›, die der Autor im Gedicht verarbeitete. Sie sind in dieser Lyrik *nicht als Zitat verwendet*, oder nur selten, wie in dem Text ‹Tübingen, Jänner›, wo ein Verspartikelchen aus Hölderlin auftaucht und sorgsam in Anführungszeichen gesetzt wurde, aber das ist Ausnahme. Im allgemeinen zitierte Celan nicht, sondern behandelt die überlieferte Denksubstanz und Formulierung als Teil seiner eigenen Gegenwart: also als Eigentum.» (Hans Mayer: «Erinnerung an Paul Celan», in: Hans Mayer: *Zeitgenossen. Erinnerung und Deutung*, S. 135 f.; Hervorhebung v. V.; vgl. hierzu u. a. auch: Winfried Menninghaus: «Zum Problem des Zitats bei Celan und in der Celan-Philologie.» In: Werner Hamacher und Winfried Menninhaus [Hg.]: *Paul Celan*, S. 170–190 sowie die Ausführungen von Axel

Gellhaus: «Marginalien. Paul Celan als Leser». In: Christoph Jamme und Otto Pöggeler [Hg.]: *«Der glühende Leertext». Annäherungen an Paul Celans Dichtung*. München 1993, S. 41–65)

479 Vgl. Anm. 9.

480 «Auf die Tore des Tages und der Nacht war Celan bei Parmenides gestoßen, und Martin Buber zitiert den chassidischen Spruch von einem Mann, der zwischen dieser Welt und der nächsten durch zwei Türen geht. Auch Rilkes inständige Gedanken zum Tod und zum ‹Offenen› wirken hier nach; sein Gedicht ‹Todes-Erfahrung› entdeckt im Tod das ‹Grün wirklicher Grüne›.» (John Felstiner, *Paul Celan,* S. 108)

481 «Dieser Tod – ‹es war schwer, schwer, schwer›, wie Celan einem Freund anvertraute – bewog ihn, den Mittelteil seines zweiten Gedichtbandes auf ihn auszurichten. Diese Sequenz, betitelt mit ‹Mit wechselndem Schlüssel› und nicht in der Reihenfolge der Entstehung geordnet, bildet eine Einheit des Eingedenkens. Sie beginnt mit ‹Grabschrift für François› und enthält Todeslyrik.» (Ebd.)

482 Vgl. hierzu u. a. die bemerkenswerte Auslegung des «Assisi»-Gedichtes durch Beate Sowa-Bettecken, in: *Sprache der Hinterlassenschaft. Jüdisch-christliche Überlieferung in der Lyrik von Nelly Sachs und Paul Celan*, S. 148–171.

483 Vgl. Barbara Wiedemann (Hg.): *Paul Celan – Die Goll-Affäre. Dokumente zu einer «Infamie»*.

484 Ebd., S. 190.

485 Ebd., S. 188.

486 Ebd.

487 Ebd., S. 152 ff.

488 So seine spätere Selbstbezeichnung in einem Brief an Edith Silbermann vom 8. September 1963 (In: Edith Silbermann: *Begegnung mit Paul Celan*, S. 67).

489 «Die Gegenwart des Gedichtes ist – und das ‹hat› nichts mit biographischen Daten zu ‹tun›, das Gedicht ist Lebensschrift – die Gegenwart des Gedichtes ist die Gegenwart einer Person.» (Paul Celan, zit. n. Hadrien France-Lanord: *Paul Celan und Martin Heidegger. Vom Sinn eines Gesprächs*, S. 118)

490 Brief Paul Celans an Hans Bender, 18. 11. 1954. In: Volker Neuhaus (Hg.): *Briefe an Hans Bender*. München und Wien 1984, S. 35.

491 Wörtlich schrieb Paul Celan in seinem Brief an Hans Bender vom 18. 11. 1954: «Dichtung, sagt Paul Valéry irgendwo, sei Sprache in statu nascendi, freiwerdende Sprache ... Gewiß, an diesem Freiwerden wirkt auch unser Bewußtsein mit, ist auch unsere Erinnerung und Erfahrung beteiligt – aber in welchem Maße? Könnte eine schärfere, methodisch vorgenommene Introspektion hier mehr Klarheit schaffen? Ich fürchte, es gehört zum Wesen des Gedichts, daß es die Mitwisserschaft dessen, der es ‹hervorbringt›, nur so lange duldet, als es braucht, um zu entstehen ... Denn gelänge es dem

Dichter, das freiwerdende Wort zu belauschen, es gleichsam auf frischer Tat zu ertappen, so wäre es damit wahrscheinlich um sein weiteres Dichtertum geschehn: ein solches Erlebnis duldet keinerlei Wiederholung und Nachbarschaft. So ephemer das einzelne Gedicht auch sein mag – und Gedichte *sind*, trotz allem, vergänglich: das ‹freigewordene› Wort kehrt zuletzt wieder in die ‹alte› Sprache zurück, wird Sprichwort, Wendung, Klischee –, es erhebt dennoch Anspruch auf Einmaligkeit, lebt und speist sich mitunter auch aus diesem Anspruch, ja dieser Arroganz, glaubt immer, die ganze Sprache zu repräsentieren, der ganzen Wirklichkeit Schach zu bieten ... Welch ein Spiel! So ephemer, so königlich auch.» (Zit. n. Volker Neuhaus (Hg.): *Briefe an Hans Bender*, S. 35)

492 Christoph Meckel, zit. n. Lydia Koelle: *Paul Celans pneumatisches Judentum. Gott-Rede und menschliche Existenz nach der Shoah*, S. 404.

493 So beispielsweise mit Hanne und Hermann Lenz in Stuttgart, mit denen Paul Celan seit 1953 intensiv befreundet war und in deren Haus er sehr gerne kam. Nach einer erfolgreichen Lesung in Stuttgart und Esslingen am 7. und 8. April 1954 schrieb er ihnen von Paris am 11. April voller Dankbarkeit und Freude – und in einem durchaus exemplarischen Brief: «[...] ich denke an Euch und Euer Haus, das sich mir auftat, gastlich, wie nie ein Haus zuvor. Nur einmal noch, nur dieses eine Mal noch will ich's wiederholen, einmal für allemal, für allezeit: nur selten habe ich es erleben dürfen, daß Erhofftes sich so bestätigte wie bei Euch. Ich bleibe Euch dankbar, mein Leben lang. [...] Noch bin ich ein wenig trunken, berauscht, benebelt von all den Begegnungen und Gesprächen; von den Worten auch, die der Augenblick mir eingab; noch ist der Übermut nicht ganz verklungen, an dem diese Worte sich entzündeten – um Euch zu danken für das Stille und Stumme, das Ihr mich teilen ließet mit Euch.» (Paul Celan/Hanne und Hermann Lenz: *Briefwechsel*. Frankfurt a. M. 2001, S. 14)

494 Paul Celan/Gisèle Celan-Lestrange: *Briefwechsel*. Band 1, S. 63.

495 Zit. n. Israel Chalfen: *Paul Celan. Eine Biographie seiner Jugend*, S. 91.

496 Von der Störung einer seiner Lesungen durch kritische Gruppierungen und von Celans noch gelassener Reaktion zu dieser Zeit berichtete Hermann Lenz: «Später las er in der Technischen Hochschule [4. 6. 1957] und wollte, dass sich meine Frau und ich in die erste Reihe setzten. Hinten hatten die Studenten aus Max Benses Seminar Platz genommen. Max Bense selbst war dabei, und ich erinnere mich, auch einen Autor unter ihnen gesehen zu haben, der konkrete Texte schrieb. – Diese Leute redeten, während Celan las und die Finger auf der Tischplatte spreizte. Einer stand auf, ging hinaus und ließ die Tür laut ins Schloss schnappen. Dann wurde draußen ein Motorrad angeworfen, knatterte und zischte auf der Stelle, bis es endlich wegfuhr. – Celan unterbrach seine Lesung und sagte: ‹Haben Sie doch Verständnis.›»

(Hermann Lenz: «Erinnerungen an Paul Celan». In: Paul Celan/Hanne und Hermann Lenz: *Briefwechsel*, S. 8 f.)

497 «Celan las stets in der gleichen Weise und Haltung. Eine Hand hielt das Buch oder Manuskript, die andere stützte den Kopf. Bisweilen schaute der Lesende auf und verstand einzelne Verse als Anrede an die Lauschenden. Sonst keine Bewegung.» (Hans Mayer: «Erinnerung an Paul Celan», in: Hans Mayer: *Zeitgenossen. Erinnerung und Deutung*, S. 139) Über das «Literarische Colloquium Hannover», auf dem zwischen 1965 und 1968 u. a. Paul Celan, Uwe Johnson, Thomas Bernhard, Siegfried Lenz und Peter Handke lasen, schrieb Hans Mayer in einem anderen Rückblick: «Was ich [davon] vor allem erinnere? Die Augenblicke mit *Paul Celan*: als er fast unbeweglich, ohne einen Blick ins Auditorium, leise nacheinander die Titel ankündigend, eine poetische Aura entstehen machte, ich finde keinen anderen Ausdruck, die alle umfasste.» (In: *Ein Deutscher auf Widerruf. Erinnerungen.* Band 2. Frankfurt a. M. 1984, S. 336)

498 Zit. n. Paul Celan/Rudolf Hirsch: *Briefwechsel.* Frankfurt a. M. 2004, S. 252 (Hervorhebung v. V.). Vgl. zu dieser Thematik auch die Erinnerungen Bernhard Böschensteins an Celans Göttinger Lesung vom 18. Juni 1963 «in der bis auf den letzten Platz gefüllten Aula» der Pädagogischen Hochschule: «Er hatte es abgelehnt, in der Paulinerkirche zu lesen, die damals als Auditorium maximum diente, weil die frühere kirchliche Bestimmung dieses Raums seinen Auftritt in ihm ausschloss. Er verbat sich Lautsprecher und wollte auch keine Rundfunkaufnahme zulassen. So reiste er von Göttingen aus eigens nach Hannover, um dort für den Rundfunk zu lesen. Diese Details sind wichtig, weil sie seine strenge Auffassung vom Gedicht als zum andern hier und jetzt gesprochenes Wort bezeugen, ein Wort, das jedem gehört, der in diesem Augenblick gegenwärtig ist, aber nicht gleichzeitig anderen, unsichtbaren oder späteren Hörern. Denn darin hätte er einen Verrat am Geheimnis der Begegnung gesehen, die einmalig sein sollte, nicht übertragbar und nicht beliebig wiederholbar.» («Gespräche und Gänge mit Paul Celan». In: Giuseppe Bevilacqua und Bernhard Böschenstein: *Paul Celan. Zwei Reden*, S. 12)

499 Ilse Goldmann, zit. n. Israel Chalfen: *Paul Celan. Eine Biographie seiner Jugend*, S. 67. – Auch Immanuel Weißglas, der wie Paul Celan aus Czernowitz kam, sprach von Celan als einer «dichterischen Erscheinung von hölderlinischer Prägung». (Brief vom 27. 5. 1975, zit. n. Gerhart Baumann: «Dank an die Sprache. Erinnerung an Immanuel Weißglas und Celan». In: *Neue Zürcher Zeitung*, 2./3. 2. 1980, S. 68)

500 Yves Bonnefoy: *Die rote Wolke.* München 1998, S. 259.

501 Margarete Susman: *Deutung biblischer Gestalten.* Konstanz und Stuttgart 1960, S. 81, Unterstreichung von Paul Celan. Vgl. Lydia Koelle: *Paul Celans*

pneumatisches Judentum. Gott-Rede und menschliche Existenz nach der Shoah, S. 258.

502 Zit. n. Paul Celan/Gisèle Celan-Lestrange: *Briefwechsel*. Band 1, S. 72.

503 Ebd.

504 Vgl. zu diesem Film und zur Mitarbeit Paul Celans den Beitrag von Thomas Heck und Peter Goßens: «‹Nacht und Nebel›. Ein Film wird übersetzt.» In: Axel Gellhaus (Hg.): *«Fremde Nähe». Celan als Übersetzer*, S. 223–234.

505 «‹Nuit et brouillard› wird von den Festspielen ausgeschlossen. Der französische Außenminister Christian Pineau und Maurice Lemaire, der Staatssekretär für Industrie und Wirtschaft, reagieren damit auf die Eingabe der deutschen Botschaft. Starker Protest innerhalb Frankreichs, besonders in intellektuellen Kreisen und von Seiten der Kriegsopfervereinigungen, ist die Folge. In Cannes treten die Mitglieder des Auswahlkomitees zurück. – Jean Cayrol reagiert heftig: Er wirft Frankreich vor, den am eigenen Leib betroffenen Zeugen das Wort zu entziehen und aus der Geschichte jene Seiten zu entfernen, die nicht opportun sind. Er zieht die Parallele zwischen dem mit den Nazis kollaborierenden Frankreich und dem Frankreich der Nachkriegszeit: ‹Der Skandal bereitete sich vor, im Schatten; der Skandal ist da.› Die Deportierten seien lästig geworden und Frankreich mache sich zum ‹Komplizen des Horrors› und lege selbst einen Schleier von ‹Nacht und Nebel über unsere freundschaftlichen und herzlichen Beziehungen› zu Deutschland. – ‹Nuit et brouillard› wird nun mit Zustimmung von Lemaire im Einvernehmen mit Pineau außer Konkurrenz bis Ende April in Cannes gezeigt.» (Ebd., S. 230)

506 Vgl. a. Ewout van der Knaap: «Übersetztes Gedächtnis». Celans Beitrag zu ‹Nacht und Nebel›». In. *Celan-Jahrbuch* 8 (2001/02). Hg. Hans-Michael Speier, S. 259–278.

507 «Weder Aufenthalt noch Beruf regen zu geistigen Ruhmestaten an, aber meine schwindsüchtigen Finanzen hatten dringend eine entsprechende Aufpäppelung nötig.» (Brief Paul Celans an Hermann Lenz, 25. 1. 1956. Zit. n. Paul Celan/Hanne und Hermann Lenz: *Briefwechsel*, S. 45)

508 Zit. n. Barbara Wiedemann (Hg.): *Paul Celan – Die Goll-Affäre. Dokumente zu einer «Infamie»*, S. 198.

509 Zur singulären Gegenposition von Hanne Lenz bzw. des von ihr konsultierten Stuttgarter Juristen Dr. Julius Goeser («Er war ehrlich entsetzt über die ganze Sache und riet *unbedingt*, eine ‹einstweilige Verfügung› gegen Cl. G. wegen Verleumdung zu veranlassen.») vgl. ihren Brief an Paul Celan vom 24. 9. 1956. In: Paul Celan/Hanne und Hermann Lenz: *Briefwechsel*, S. 66.

510 Barbara Wiedemann: «‹Es ist eine lange, unglaubliche, bitter-wahre Geschichte.› Claire Golls Angriffe auf Paul Celan: Gründe und Folgen. Ein Essay.» In: Barbara Wiedemann (Hg.): *Paul Celan – Die Goll-Affäre. Doku-*

mente zu einer «Infamie», S. 829.

511 «[...] die Gattin eines der Organisatoren der Begegnung ließ es sich nicht nehmen, ihre Unfähigkeit, ‹Juden zu riechen›, kundzutun [...].» (Brief Paul Celans an Hermann Lenz, 24. 6. 1956. Zit. n. Paul Celan/Hanne und Hermann Lenz: *Briefwechsel*, S. 50)

512 Brief Paul Celans an Hermann Lenz, 17. 7. 1956. Ebd., S. 53.

513 Brief Paul Celans an Alfred Andersch, 27. 7. 1956. Zit. n. Barbara Wiedemann (Hg.): *Paul Celan – Die Goll-Affäre. Dokumente zu einer «Infamie»*, S. 234.

514 «Am Abend des 7. Februar las Paul Celan im Goldenen Saal der Böttcherstraße vor einem überwiegend jüngeren Publikum aus seinen Gedichten. In der anschließenden Diskussion wurde plötzlich die Frage nach Claire Golls Plagiatbehauptung gestellt. Ich hatte den Eindruck, der fragende Student erhoffte, Celan möge die ungeheuerliche Unterstellung auch hier noch einmal zurückweisen. Celan wurde bleich. Er sprang auf, schrie, er verbäte sich derartige Unverschämtheiten, die nichts anderes seien als blanker Antisemitismus, und rannte aus dem Saal. Ich folgte ihm auf die Böttcherstraße und versuchte, ihn zu beruhigen. Ich sagte, dass mir ein sich offen bekennender Antisemitismus kaum begegnet sei (was nach meinen Erfahrungen für die fünfziger Jahre auch weitgehend zutraf), wenn ich auch nicht ausschließen könne, dass sich hinter dem zur Schau getragenen Philosemitismus gelegentlich ein verkappter Antisemitismus verberge, das gelte dann aber eher für die ältere Generation. Nein, schrie er, da gebe es nichts zu erklären, das sei eine gezielte Provokation gewesen, er bedaure, sich auf die Lesung eingelassen zu haben, und begann zu weinen. Ich gewann den Eindruck, dass er nur auf eine solche Gelegenheit gewartet hatte, um seine Wut und Verzweiflung zu artikulieren. Alle meine Argumente reizten ihn nur um so mehr. Da passierte es: ‹Lieber Herr Celan, Sie sollten Claire Goll ...›, hatte ich sagen wollen, ich sagte aber: ‹Lieber Herr Goll, Sie sollten ...› Celan verstummte, sah mich wild an, drehte sich um, rannte zum Bahnhof und nahm den nächsten Zug nach Paris.» (Oswald Döpke, zit. n. Lydia Koelle: *Paul Celans pneumatisches Judentum. Gott-Rede und menschliche Existenz nach der Shoah*, S. 77)

515 Brief Pauls Celans an Hanne und Hermann Lenz, 22. 3. 1957. Zit. n. Paul Celan/Hanne und Hermann Lenz: *Briefwechsel*, S. 79. – Von einer vergleichbaren «Flucht» Paul Celans sieben Jahre später in Düsseldorf, wo Celan den großen Kunstpreis des Landes Nordrhein-Westfalen erhielt (22. 10. 1964), berichtete Edith Silbermann: «Kurz bevor die Laudatio gehalten werden sollte, sprang Paul, hochrot im Gesicht, auf, rannte aus dem Saal und erklärte, er nehme den Preis nicht entgegen. Als Grund für sein befremdendes Verhalten gab er an, er habe auf dem Podium einen Mann erblickt, der sich an der von Claire Goll inszenierten Hetzkampagne gegen ihn beteiligt und

abfällig über ihn geäußert hatte.» (*Begegnung mit Paul Celan*, S. 68)

516 Bereits am 24. Juni 1956 hatte Celan an Hermann Lenz geschrieben: «Denn ich habe ein so wortloses Jahr hinter mir – *hinter* mir? –, daß ich daran zweifeln muß, ob dieser Zustand je ein Ende findet.» (Paul Celan/Hanne und Hermann Lenz: *Briefwechsel*, S. 49) Als Paul Celan ein Jahr später, im Sommer 1957, wieder einen ersten Brief an Petre Solomon schrieb, stellte er – siebenunddreißigjährig – seine gesamtbiographische Situation dem alten Bukarester Freund mit den Worten dar: «Ich bin weder europäischer, noch westlicher geworden. Freunde habe ich kaum. Der ‹Ruhm›, von dem du sprichst – füge ruhig noch ein paar Gänsefüßchen hinzu. – Ich lebe eben, schreibe manchmal auch Gedichte, habe ein paar nicht wesentliche Bücher übersetzt, eine Zeitlang in Genf (‹Bureau International du Travail›) als Übersetzer gearbeitet, im vergangenen Jahr war ich Lektor für Deutsch an der École Normale. Ab und zu lädt man mich nach Deutschland zu Lesungen ein. Auch die Antisemiten haben mich ausfindig gemacht. – Wichtiger aber: ich habe geheiratet, vor fünf Jahren, meine Frau ist (ebenfalls) Malerin, *mais, et c'est la le plus important, c'est un être vraiment exceptionnel*, ich verdanke ihr sehr viel. Unser erstes Kind haben wir einen Tag nach seiner Geburt verloren – es war schwer, schwer, schwer. Wir haben einen Sohn, Eric, im Juni ist er zwei geworden, wir sind zu dritt, allein, *voici notre monde*. – Was soll ich dir noch berichten? [...] Soll ich dir meine beiden Gedichtbände schicken? (Vielleicht kommt im nächsten Jahr ein dritter dazu.) Schickst du mir deine?» (Zit. n. Petre Solomon: «Briefwechsel mit Paul Celan 1957–1962». In: *Neue Literatur* (Bukarest), Heft 11, 1981, S. 73)

517 Brief Paul Celans an Rudolf Hirsch, 28. 11. 1957. Zit. n. Paul Celan/Rudolf Hirsch: *Briefwechsel*, S. 19; Hervorhebung v. V. – Auch an Christoph Schwerin schrieb Paul Celan einmal: «Mir geht es oft so, daß ich lange warten muß, ehe sich zu meinem ‹ersten› Wort die übrigen gesellen: meine Konstellationen kommen erst mit Hilfe eigenwilliger Kometen zustande.» (Zit. n. Christoph Schwerin: *Als sei nichts gewesen. Erinnerungen*. Berlin 1997, S. 199) Zu den «Konstellationen», die Paul Celans dichterische Arbeit in der zweiten Jahreshälfte 1957 positiv förderten, gehörte sehr wahrscheinlich auch die neu entstehende Beziehung zu Ingeborg Bachmann ab Mitte Oktober (vgl. Ingeborg Bachmann/Paul Celan: *Briefwechsel*, S. 57ff. und S. 219f.)

518 Rue de Montevideo; Vgl. die entsprechende Abbildung in Theo Buck: *Celan und Frankreich*, S. 51.

519 «Celan erwarb mit den Jahren kontinuierlich eine kleine, ausgesuchte Judaica-Bibliothek, die er sich in Antiquariaten, in Paris und auf Reisen ins deutschsprachige Ausland zusammenstellte. Bei seiner Lektüre der Schriften von Martin Buber, Gershom Scholem, Hugo Bergman und Margarete Susman hat Celan konsequent bestimmte Gedanken des osteuropäischen Chas-

sidismus und der lurianischen Kabbala, die das chassidische Denken des 18. und 20. Jahrhunderts beeinflusste, mit Interesse verfolgt. Die zahlreichen Marginalien und Unterstreichungen dokumentieren Celans Auseinandersetzung mit dem geistig-religiösen Potential des osteuropäischen Chassidismus; die teilweise genaue Datierung der Lektüre erlaubt zudem, dem Einfluss kabbalistischer Motive und Paradigmen in Gedichten Celans nachzugehen, die im Zeitraum seiner Lektüre entstanden sind. – Eine Zusammenschau der Lektürespuren in den Schriften Bubers, Bergmans, Susmans und Scholems lässt, neben der kabbalistischen Sprachtheorie und dem schöpfungstheologischen Gedanken einer essentiellen Zurücknahme Gottes (*Zimzum*) in der lurianischen Kabbala, Celans beständige Aufmerksamkeit für Israels ethisch-mystische und messianische Aufgabe des *Tikkun olam*, der Wiederherstellung und Vervollkommnung der Welt, erkennen.» (Lydia Koelle: *Paul Celans pneumatisches Judentum. Gott-Rede und menschliche Existenz nach der Shoah*, S. 378)

520 Gershom Scholem (1897–1982), den Freund Walter Benjamins und zeitgenössischen Erforscher des spirituellen Judentums, traf Paul Celan wiederholt in Paris; eine deutsche Übersetzung von Scholems zentralem Werk *Major Trends in Jewish Mysticism* (New York 1941) war von Celan vorübergehend erwogen worden (vgl. Paul Celan/Hanne und Hermann Lenz: *Briefwechsel*, S. 206). Zu Celans Beschäftigung mit Werken Scholems, zu Celans Anstreichungen und Kommentaren vgl. Lydia Koelle: *Paul Celans pneumatisches Judentum. Gott-Rede und menschliche Existenz nach der Shoah* und Axel Gellhaus: «Marginalien. Paul Celan als Leser». In: Christoph Jamme und Otto Pöggeler (Hg.): *«Der glühende Leertext». Annäherungen an Paul Celans Dichtung*. München 1993, S. 49 f. Dort hob Gellhaus u. a. hervor, dass sich Paul Celan 1967/68 in Scholems Buch *Von der mystischen Gestalt der Gottheit. Studien zu Grundbegriffen der Kabbala* (Zürich 1962) die Ausführungen zum mythischen Bild des Weltenbaums «Sefiroth» – dem «Baum des wahren Lebens» – anstrich: «Es ist ein Baum, der von oben nach unten wächst, ein Bild, das aus vielen Mythen uns bekannt ist» (ebd., S. 35), um am Rand der entsprechenden Seite zu vermerken: *«vgl. Ich hörte sagen»* (ebd., S. 49). Celan verwies damit auf sein eigenes, bereits im Herbst 1952 entstandenes Gedicht «Ich hörte sagen», dessen zweite Strophe lautet: «Ich sah meine Pappel hinabgehn zum Wasser, / ich sah, wie ihr Arm hinuntergriff in die Tiefe, / ich sah ihre Wurzeln gen Himmel um Nacht flehn.» (I, 85). – Auch Nelly Sachs stand seit der Übersendung ihrer Sohar-Gedichte aus dem Band *Fahrt ins Staublose* und seiner begeisterten Reaktion in persönlicher Verbindung mit Gershom Scholem, der wie sie aus Berlin stammte, sechs Jahre jünger war und seit 1925 (nach Eröffnung der Hebräischen Universität) in Jerusalem Kabbala und Jüdische Studien lehrte, die – so Scholem –

«esoterische Seite des Zionismus». Ein Stockholmer Rabbiner hatte Nelly Sachs nach dem Tode ihrer Mutter im Februar 1950 ein Buch mit Scholems Übersetzung des Kapitels «Geheimnisse der Schöpfung» aus dem Sohar geschenkt und damit Nelly Sachs beginnende Kabbala-Auseinandersetzung in der Zeit großen Leides ermöglicht (vgl. S. 88 ff.) – eine produktive Auseinandersetzung, die von zentraler Bedeutung für ihr weiteres literarisches Schaffen wurde («Die jüdische Mystik der Kabbala bildet die Grundlage für den zweiten und neuen Durchbruch in ihrer Lyrik um 1955.» Ehrhard Bahr: *Nelly Sachs*, S. 51), aber auch für ihr eigenes Überleben. In sein Exemplar von Nelly Sachs' dramatischen Dichtungen (*Zeichen im Sand. Die szenischen Dichtungen der Nelly Sachs.* Frankfurt a. M. 1962) legte Paul Celan eine Photographie, die ihn im Gespräch mit Gershom Scholem zeigte (vgl. Lydia Koelle: *Paul Celans pneumatisches Judentum. Gott-Rede und menschliche Existenz nach der Shoah*, S. 250). – In seiner Zurückweisung einer deutsch-jüdischen «Versöhnung» (die Scholem mit seinem öffentlichen Brief aus dem Jahre 1962 «Wider den Mythos vom deutsch-jüdischen Gespräch» sowie seiner Brüssler Rede über «Deutsche und Juden» vom 4. August 1966 auf dem Jüdischen Weltkongress mit Nachdruck artikulierte) stand Scholem Paul Celan tendenziell näher als Nelly Sachs (und Martin Buber). Im Vorwort der deutschen Ausgabe seines Mystik-Buches, das dem 1940 in den Tod gegangenen Walter Benjamin gewidmet war, schrieb Scholem: «Zwischen dem deutschen und dem jüdischen Volk ist in den Jahren der Katastrophe und Vernichtung ein Abgrund entstanden, über dessen im vollen Sinn des Wortes blutigen Ernst sich hinwegtäuschen zu wollen vergeblich wäre. Wenn dies Buch erst jetzt auf deutsch erscheint, so hängt das mit diesem Stand der Dinge zusammen.» (Jerusalem, 1. August 1957; Frankfurt a. M. 1980, S. VIII) Ehrhard Bahrs Bemerkung: «Es ist wichtig, daran festzuhalten, dass Gershom Scholem den Abgrund zwischen Deutschen und Juden nicht für unüberbrückbar erklärt hatte, sondern vor gefälschten Lösungen gewarnt und Distanz und Respekt, Offenheit und Aufgeschlossenheit und vor allem reinen Willen gefordert hatte», ist mit Sicherheit zutreffend (*Nelly Sachs*, S. 20); diese Haltung verband Scholem erneut mit Paul Celan. – Zu Celans Begegnung mit Martin Buber vgl. S. 314, zu seinem Besuch bei Margarete Susman Anm. 627.

521 Er gehöre der jüdischen Gemeinde des *Herzens*, nicht aber des Ritus an, formulierte Celan in einem Briefentwurf an Jean Starobinski; vgl. Hadrien France-Lanord: *Paul Celan und Martin Heidegger. Vom Sinn eines Gesprächs*, S. 46.

522 Am 21. 9. 1956 riet die – zu diesem Zeitpunkt eng mit Paul Celan befreundete – Jüdin Hanne Lenz Paul Celan davon ab, den wirklichen Sachverhalt der «Goll-Infamie» vielen Literaten, Verlagsleuten und Journalisten mitzu-

teilen, und schrieb in bemerkenswerter Wendung: «Die meisten würden sich im Grunde nur freuen über Deine Schwierigkeiten, weil sie letztlich neidisch sind auf Deine Erfolge, und weil sie Dich niemals ganz zu den ihren zählen, weil Du, als Jude, immer der andere, der Fremde für sie bist, glaub' mir das, so ist es nun einmal.» (Paul Celan/Hanne und Hermann Lenz: *Briefwechsel*, S. 64) – Vier Jahre später, nachdem ihr Celan die Aufsatz- und Redensammlung von Leo Baeck, dem letzten Rabbiner von Berlin, *Wege im Judentum* (Berlin 1933) geschenkt hatte, schrieb Hanne Lenz in einem weiteren Brief an Paul Celan: «‹*Wege im Judentum*› – im Lesen, im Drübernachdenken versuche ich sie nachzugehen, wie ich es seit langem versucht habe, ins Vergangene hinein, ins Dunkle, und ein wenig – auf meine kleine Weise – ins Künftige, weil alle Wege im Judentum letzthin Wege ins Künftige sind, auch die, welche im Zurückschauen, im Nachvollziehen begangen werden, weil dies, das ‹Wissen um den Weg›, das Wissen darum, dass ein Weg begangen werden muss, ein Weg durch die Wüste, wohl letzthin im eigentlichen das Jüdische ausmacht.» (30. 7. 1960. In: Paul Celan/Hanne und Hermann Lenz: *Briefwechsel*, S. 142)

523 Franz Kafka: *Beim Bau der chinesischen Mauer und andere Schriften aus dem Nachlaß. Gesammelte Werke*. Band 6. (Hg. Hans-Gerd Koch). Frankfurt a. M. [3]2004, S. 236. – «Kafka hat sich eben den Weg zum Absoluten am schwersten gemacht, und dies läßt ihn zum wirklichen Märtyrer der Seele werden.» (Brief Nelly Sachs' an Carl Seelig, 27. 10. 1947. In: Ruth Dinesen/Helmut Müssener (Hg.): *Briefe der Nelly Sachs*, S. 83) Als eine «Schwester Kafkas» wurde Nelly Sachs wiederholt bezeichnet, u. a. von Ragnar Thoursie («Eine Schwester Kafkas». In: *Nelly Sachs zu Ehren*. Frankfurt a. M. 1961, S. 68 f.). Nach Walter A. Berendsohn fühlte sich Nelly Sachs «dem Gottsucher Franz Kafka in seinen Romanen *Der Prozeß* und *Das Schloß* und dem Mystiker in seinen Aphorismen verwandt» (*Nelly Sachs. Einführung in das Werk der Dichterin jüdischen Schicksals*, S. 116).

524 Im Gespräch zu Clemens von Podewils am 21. März 1970, wenige Wochen vor seinem Tod (vgl. Clemens von Podewils: «Namen / Ein Vermächtnis Paul Celans», zit. n. Hadrien France-Lanord: *Paul Celan und Martin Heidegger. Vom Sinn eines Gesprächs*, S. 58; vgl. a. die dort von France-Lanord aufgezeigten Bezüge zum Sprachverständnis Martin Heideggers).

525 Gershom Scholem: *Die Geheimnisse der Schöpfung*, zit. n. Lydia Koelle: *Paul Celans pneumatisches Judentum. Gott-Rede und menschliche Existenz nach der Shoah*, S. 366 f. (Unterstreichungen Celans vom 25. Juni 1957)

526 «[...] Celan suchte in seinen eigenen Sprachschöpfungen die Innenseite der Worte, die er unzerstört und unzerstörbar vorfand und auf die er, der *Altmetaphernhändler*, wie er sich selbst einmal nannte, beharrte. [...] Die Gedichte ab dem Band *Niemandsrose* [1959–1963], die ich auf die Bedeutung des

‹Namens› bzw. der Wortverbindungen mit ‹Namen› untersuchte, beziehen sich interessanterweise allesamt nicht ausdrücklich auf den göttlichen Namen, dennoch zielt Celans dichterische Aussage darauf, den *mitverbrannten Namen* wenigstens im Gedicht die Eigenschaften *Seines*, des *göttlichen Namens* zu verleihen.» (Lydia Koelle: *Paul Celans pneumatisches Judentum. Gott-Rede und menschliche Existenz nach der Shoah*, S. 368; vgl. hierzu a. Anm. 666) «Alle die Namen, alle die mit- / verbrannten / Namen. Soviel / zu segnende Asche. Soviel / gewonnenes Land / über / den leichten, so leichten / Seelen- / ringen.» (I, 227) – Über die Besonderheit und Differenz der sprachmystischen Dichtungsvoraussetzungen Paul Celans und Nelly Sachs' schrieb Paul Hoffmann (nach einleitenden Bemerkungen zu Nelly Sachs): «Auch Celans Dichtung hat den Hintergrund der jüdischen Sprachmystik. Sie kennt den kosmischen Bezug des Wortes, des ‹sternüberflogene(n)›, des ‹meerübergossene(n)›; das Pathos der schöpferischen Urgewalt der ‹Wortaufschüttungen vulkanisch›. Und Celan fand Stärkung im Besitz des ‹Schibboleth›, des Kennwortes derer, die dem ‹Markt› und der ‹Macht› nicht zuwillen sind. Er erblickte am Horizont der Zukunft das ‹Zeltwort›, das in Freiheit und Brüderlichkeit Gemeinschaft zu stiften vermöchte. Aber er erkannte zugleich desto schmerzlicher das ganze Elend der ihm verfügbaren Sprache, freventlich verderbt und entwertet: den ‹Bettel› und ‹Schotter› der Worte. Zwischen dem Glanz aus dem ‹Buch der Strahlen› und dem Schrecken der ‹Wortnacht› ist Celans Dichtung gespannt. Zwischen dem Wort das ‹leuchten wollte› und nicht leuchten durfte: ‹Asche. Asche›. Celan durchlitt die Spannung zwischen dem erfühlten Potential des Wortes als sinnstiftender Utopie und Verzweiflung. Doch gerade aus dem radikalen Zweifel an der Sprache als Medium der Sinnstiftung und Kommunikation vermochte das tastende und suchende Sprechen seines Gedichtes wieder Sprachvertrauen aufzubauen, im Rückgriffe auf die Elemente: sich ‹Wirklichkeit zu entwerfen›; das Gedicht in seinem ‹Hang zum Verstummen›, das ‹dennoch spricht›, als ‹Sprache eines Einzelnen›, ‹unter dem Neigungswinkel seiner Kreatürlichkeit› sich einem ‹Anderen zuspricht› – und sei es ‹ein verzweifeltes Gespräch›. Diese radikal einsame, ‹monologische› Lyrik ist gemäß dem paradoxen Tiefgang ihrer Intention dialogisch strukturiert. Seine Sprache ist notwendigerweise eine ‹grauere Sprache› in ihrem verhaltenen Pathos. [...] Die Lyrik der Nelly Sachs ist [dagegen] frei von Celans radikaler Sprachskepsis, und seine der radikalen Reflexion entrungene Poetik, die die Aporien der Kunst bloßlegt und überrundet, ist nicht die ihre. Auch sie bewahrte das unauslöschliche Gedächtnis unerhörten Verbrechens und war dadurch traumatisiert, in den Fängen der Angst, vom Wahnsinn bedroht. Das Pathos der Spannung vom lebendigen Gotteswort und verschuldeter Erstarrung bewegt ihre Dichtung. Sie soll ‹das nach innen verschwundene Gotteswort aus blutender

Stummheit und Schlaf hervorleuchten lassen›. Aber die Erschütterung über die tödliche Versehrtheit der Sprache vernichtet nicht das tiefe Vertrauen in ihre Restitution. Es muss sich von Gedicht zu Gedicht neu bewähren. Doch alle Verdunkelung tangiert nicht die Sprache des eigenen Dichtens. Nelly Sachs schreibt keine ‹grauere Sprache›. Sie ist unberührt von der Sprachreflexion Celans und jener Autoren der deutschen Nachkriegsepoche, denen die Muttersprache als tief fragwürdig erschien, so dass sie kein Wort ungeprüft übernehmen wollten. Gefordert war radikaler Neubeginn: ‹Kahlschlag›, ‹Stunde Null›, ‹Keinem „und" und keinem Adjektiv konnte man trauen›, hieß es. Nelly Sachs fordert ein radikales Umdenken, das die rechte Sprache nach sich zieht.» (In: Michael Kessler/Jürgen Wertheimer [Hg.]: *Nelly Sachs. Neue Interpretationen*, S. 30 f.)

527 Lydia Koelle: *Paul Celans pneumatisches Judentum. Gott-Rede und menschliche Existenz nach der Shoah*, S. 374.

528 «[Celans] Gedichte bannen [...] den Augenblick großer, tiefgehender Intensität; sie bevorzugen die Narration vor der Begrifflichkeit [...].» (Ebd.) – Weiter schrieb Lydia Koelle an anderer Stelle: «Das Transitorische der göttlichen Gegenwart ist, dichterisch gesprochen, das ‹Stimmhaftwerden› eines Wortes, in dem sich die Unaussprechlichkeit des göttlichen Namens anreichert mit der Geschichte des Einzelnen und der Welt, und wo der Name Gottes, so an die Kontingenz gebunden, vorübergehend zur Sprache kommt, um erneut in den Worten, um in die Unaussprechlichkeit hinein zu verlöschen. Celans Gedichte sind der Ort dieser Stimmhaftwerdung wie das Archiv der religiösen Erfahrung von *Gottes Vorübergang*.» (Ebd., S. 375)

529 Über die «Schechina», die im Exil sich befindliche Glorie oder Herrlichkeit Gottes, «die in den Dingen wohnt, wandernd, irrend verstreut», bevor sie eines – künftigen – Tages wieder mit dem Gottwesen «Elohut» vereinigt werden kann, schrieb Martin Buber in einem von Celan angestrichenen Abschnitt seines Buches *Die Legende des Baal-Schem*: «Sie [die Funken] hängen in den Dingen wie in versiegelten Brunnen, sie ducken sich in den Wesen wie in zugemauerten Höhlen, sie atmen Bangigkeit aus und Dunkel ein, sie warten; und die im Raume wohnen, schwirren wie lichttolle Falter um die Bewegungen der Welt umher, schauend, in welche sie einkehren könnten, durch sie gelöst zu werden. Alle harren sie der Freiheit.» (Ebd., S. 382). Vgl. S. 201.

530 Lydia Koelle wies darauf hin, dass auch Walter Benjamin den Begriff des «Eingedenkens» im Sinne einer «messianischen Kraft der Erinnerung» gebraucht und in seinen Thesen «Über den Begriff der Geschichte» im Hinblick auf das Geschichtsbewusstsein des jüdischen Volkes geschrieben hatte: «Bekanntlich war es den Juden untersagt, der Zukunft nachzuforschen. Die Thora und das Gebet unterweisen sie dagegen im Eingedenken. Dieses ent-

zauberte ihnen die Zukunft, der sie verfallen sind, die sich bei den Wahrsagern Auskunft holen. Den Juden wurde die Zukunft aber darum noch nicht zur homogenen und leeren Zeit. Denn in ihr war jede Sekunde die kleine Pforte, durch die der Messias treten konnte.» Über diese «kleine Pforte» schrieb Benjamin weiter: *«Die Angel, in welcher sie sich bewegt, ist das Eingedenken.»* (Ebd., S. 391)

531 «Der Chassidismus lehrt die Heiligung jeder Handlung und jedes Augenblicks. Er lehrt die Vollendung des Menschen in seiner Einzigartigkeit und seiner Ganzheit. Seine Ethik ist eine individuelle. Es gibt keine Regel, was zu tun ist. Jede Stunde und jeder Ort erfordern ihre Handlung von diesem einzelnen Menschen, seine Handlung. Es ist das Ethos der konkreten Gegenwart. Aber das Individuelle ist nicht subjektiv, nicht Willkür. Das wahrhaft Individuelle, das gesammelte, einzigartige Menschentum eines jeden ist sein Objektives, ist die Stelle, wo er mit der Gemeinschaft, wo er mit Gott zusammenhängt. Wer aus seinem Tiefsten handelt, handelt aus tiefster Notwendigkeit, aus tiefstem Zusammenhang. In seinem Individuellsten, in seinem Tiefsten, in seinem Funken vollzieht sich die Begegnung des Menschen mit Gott.» (Hans Kohn: *Martin Buber und seine Zeit. Ein Versuch über Religion und Politik*. Zit. n. Lydia Koelle: *Paul Celans pneumatisches Judentum. Gott-Rede und menschliche Existenz nach der Shoah*, S. 380)

532 In seinen *Drei Reden über das Judentum* schrieb Martin Buber: «Durch die in ihrer Intention geheiligte Handlung [des Menschen] werden die gefallenen göttlichen Funken, die in den Dingen und Wesen verstreuten, irrenden Seelen befreit, und in dem er [der Mensch] dies tut, wirkt der Handelnde an der Erlösung der Welt. Ja er wirkt / an der *Erlösung* Gottes selber, da er durch die höchste Sammlung und Spannung der / Tat die verbannte Gottesherrlichkeit für die Gnadenzeit eines unmessbaren Augenblicks ihrem Quell nähern, in ihn eintreten lassen kann.» Nach Lydia Koelle unterstrich sich Celan Bubers Zeile von der «Erlösung Gottes» mit drei Ausrufezeichen (Ebd., S. 382).

533 Hugo Bergman: «Die Heiligung des Namens». Zit. n. Lydia Koelle: *Paul Celans pneumatisches Judentum. Gott-Rede und menschliche Existenz nach der Shoah*, S. 361.

534 Hans Kohn: *Martin Buber und seine Zeit. Ein Versuch über Religion und Politik*. Zit. n. Lydia Koelle: *Paul Celans pneumatisches Judentum. Gott-Rede und menschliche Existenz nach der Shoah*, S. 379.

535 Hugo Bergman: «Die Heiligung des Namens». Zit. n. Lydia Koelle: *Paul Celans pneumatisches Judentum. Gott-Rede und menschliche Existenz nach der Shoah*, S. 361.

536 «Inspiriert war es [das Gedicht ‹Tenebrae›] zum Teil von der Passionskantate ‹Leçons de Ténèbres› von François Couperin, einer lichtvollen Vertonung der

Klagelieder Jeremias, jenes zentralen Trauerliedes, worin die Judenschaft den Untergang Jerusalems und alles folgende Unheil beklagt. Im Entwurf übernahm Celan sogar den französischen Titel von Couperin, womit er sein Gedicht den liturgischen Anweisungen der katholischen Kirche für Matutin und Laudes der Karwoche subsumierte, bei denen als Symbol der Kreuzigung nacheinander alle Kerzen gelöscht werden: ‹Tenebrae factae sunt›, wie das Evangelium sagt: ‹Und von der sechsten Stunde an ward eine Finsternis über das ganze Land.› (Matth. 27, 45). Einige Monate später benannte Celan das Gedicht in ‹Tenebrae› um, weil ihm, wie er Pöggeler sagte, das Priesterliche des Latein besser gefiel.» (John Felstiner: *Paul Celan*, S. 140) «Das Gedicht verweist u. a. auf das Karfreitagsgeschehen und die letzten Worte des Gekreuzigten, der am Ende seines Leidenswegs die Frage des wegen Gott verfolgten und gequälten Menschen stellt: «Mein Gott, mein Gott, warum hast du mich verlassen?» (Joachim Seng, in: Paul Celan/Rudolf Hirsch: *Briefwechsel*, S. 253) Vgl. a. die Auslegung des Gedichtes durch Beate Sowa-Bettecken, in: *Sprache der Hinterlassenschaft. Jüdisch-christliche Überlieferung in der Lyrik von Nelly Sachs und Paul Celan*, S. 174–194.

537 John Felstiner: *Paul Celan*, S. 140.

538 Zit. n. Axel Gellhaus (Hg.): *«Fremde Nähe». Celan als Übersetzer*, S. 54.

539 Auch in seinem Text über «Die Dichtung Ossip Mandelstams» schrieb Paul Celan: «Das Gedicht ist hier das Gedicht dessen, der weiß, daß er unter dem Neigungswinkel seiner Existenz spricht, daß die Sprache seines Gedichts weder ‹Entsprechung› noch Sprache schlechthin ist, sondern *aktualisierte* Sprache, stimmhaft und stimmlos zugleich, freigesetzt im Zeichen einer zwar radikalen, aber gleichzeitig auch der ihr von der Sprache gesetzten Grenzen, der ihr von der Sprache erschlossenen Möglichkeiten eingedenk bleibenden Individuation.» (1960; in: Ossip Mandelstam: *Im Luftgrab. Ein Lesebuch.* [Hg. R. Dutli]. Zürich 1988, S. 70 f.)

540 Brief Paul Celans an Jean Firgès, 2. 12. 1958. Zit. n. Wolfgang Emmerich: *Paul Celan*, S. 95. – «Vielleicht ist es nicht allzu gewagt, anzunehmen, dass Celan seine Gedichte, vom Jüdischen her, als *eine* Gestalt des ‹Geistes› verstanden wissen wollte, die der ‹Wahrheit› Eintritt verschafft wie in dem Gedicht «*EIN DRÖHNEN*» (II, 89): *EIN DRÖHNEN*: es ist / die Wahrheit selbst / unter die Menschen / getreten, / mitten ins / Metapherngestöber.» (Lydia Koelle: *Paul Celans pneumatisches Judentum. Gott-Rede und menschliche Existenz nach der Shoah*, S. 71)

541 Ebd., S. 381.

542 Brief Paul Celans an Erwin Leiser, 15. 4. 1958. In: Erwin Leiser: *Leben nach dem Überleben. Dem Holocaust entronnen – Begegnungen und Schicksale*, S. 76.

543 «Celans Gedichte bauen, gegen die Bilderflut, auf die Imagination, die ein Ton, eine Melodie, das Vernehmen einer Stimme auslösen, und auf diesem

individuellen Weg die eigenen, inneren Bilder der vernehmenden Person freisetzen.» (Lydia Koelle: *Paul Celans pneumatisches Judentum. Gott-Rede und menschliche Existenz nach der Shoah*, S. 372)

544 Unter dem von ihm bestimmten Titel «Wirklichkeitswund und Wirklichkeit suchend» erschien Paul Celans Bremer Rede am 4. Februar in der *Frankfurter Allgemeinen Zeitung* (vgl. Paul Celan/Gisèle Celan-Lestrange: *Briefwechsel.* Band 2, S. 429). Zwei Wochen später, am 17. Februar, schrieb Paul Celan in einem Brief in weiterer Erläuterung: «Gedichte sind [...] ein Versuch, sich mit der Wirklichkeit auseinanderzusetzen, ein Versuch, Wirklichkeit zu gewinnen, Wirklichkeit sichtbar zu machen. Wirklichkeit ist für das Gedicht also keineswegs etwas Feststehendes, Vorgegebenes, sondern etwas in Frage Stehendes. Im Gedicht ereignet sich Wirkliches, trägt Wirklichkeit sich zu.» (Zit. n. *Paul Celan und Martin Heidegger. Vom Sinn eines Gesprächs*, S. 138)

545 Zit. n. John Felstiner: *Paul Celan*, S. 189.

546 Theodor W. Adorno: *Prismen. Kulturkritik und Gesellschaft.* Frankfurt a. M. 1955, S. 31. – Am entschiedensten und primär im Hinblick auf Nelly Sachs widersprach Hans Magnus Enzensberger Adorno und schrieb unter anderem: «Der Philosoph Theodor W. Adorno hat einen Satz ausgesprochen, der zu den härtesten Urteilen gehört, die über unsere Zeit gefällt werden können: Nach Auschwitz sei es nicht mehr möglich, ein Gedicht zu schreiben. Wenn wir weiterleben wollen, muss dieser Satz widerlegt werden.» (*Einzelheiten.* Frankfurt a. M. 1962, S. 249) Adorno schwächte in der Folge sein Diktum ab, machte Einschränkungen geltend und schrieb schließlich 1965: «Das perennierende Leiden hat soviel Recht auf Ausdruck wie das Gemarterte zu brüllen; darum mag falsch gewesen sein, nach Auschwitz ließe kein Gedicht sich mehr schreiben.» (*Negative Dialektik.* Frankfurt a. M. 1965, S. 353)

547 Über Celans Nicht-Begegnung mit Theodor W. Adorno in Sils Maria und deren Kontext schrieb John Felstiner: «Dieses kritische Diktum [Adornos] [‹Nach Auschwitz ein Gedicht zu schreiben, ist barbarisch.›], das allgemein auf ‹Todesfuge› bezogen wurde, schmerzte Celan und ärgerte ihn (obgleich Adorno vermutlich Celans Gedicht nicht gekannt hat, als er die Äußerung tat). In der Widmung eines Sonderdrucks von ‹Gespräch im Gebirg› erwähnte Celan Sils Maria, ‹wo ich den Herrn Prof. Adorno treffen sollte, von dem ich dachte, daß er Jude sei.› Dieser Seitenhieb galt dem Umstand, dass Theodor Wiesengrund den Namen seines jüdischen Vaters unterdrückt und den seiner katholischen Mutter, Adorno, angenommen hatte.» (Felstiner, S. 187) Zur Beziehung und zur Korrespondenz von Paul Celan und Theodor W. Adorno vgl. Theodor W. Adorno/Paul Celan: *Briefwechsel 1960–1968.* Herausgegeben von Joachim Seng. In: *Frankfurter Adorno Blätter* VIII. München 2003,

S. 177–200. Nach Pöggeler wusste Celan auch um Adornos positive Besprechung einer Vertonung von Gedichten des «Reichsjugendführers» Baldur von Schirach zur Zeit des Nationalsozialismus, eines Zyklus' mit dem Titel «Fahne der Verfolgten», den Schirach «Adolf Hitler, dem Führer» gewidmet hatte (vgl. Otto Pöggeler: «Celans Begegnung mit Heidegger». In: *Der Stein hinterm Auge. Studien zu Celans Gedichten.* München 2000, S. 164). – Zu Adornos kritischen «Auschwitz»-Gesichtspunkten und zu seinen relevanten Rezeptions-Fragen, deren Problematik von Bedeutung für Paul Celans Leben und Werk war, vgl. dagegen Adornos Aufsatz «Zur Dialektik des Engagements». In: *Die Neue Rundschau* Heft 1, 1962, S. 93–110. «Auch Adorno hielt es für unumgänglich, die Erfahrung der Leidtragenden in eine Form der sprachlichen Darstellung zu bringen, doch sah er auch die Gefahren, insbesondere für die Opfer, die eine künstlerische Behandlung der Shoah mit sich brächte: ‹Aus ihnen wird etwas bereitet, Kunstwerke, der Welt zum Fraß vorgeworfen, die sie umbrachte.› Auf dieser Dialektik, die einen Zusammenhang zwischen der Kultur, die den Genozid ermöglichte, und dessen künstlerischer Verarbeitung sieht, beruht auch Adornos (zu) viel zitiertes Diktum von der Barbarei einer Dichtung nach Auschwitz [...]. Trotz seiner Bedenken blieb für Adorno die Kunst der einzige Ort, in dem das Leiden seinen Ausdruck finden könne, ‹den Trost, der es nicht sogleich verriete.› – Doch wendete er sich gegen rein abbildende, realistische Formen der Darstellung und trat für solche Kunstwerke ein, deren rücksichtslose Autonomie ‹der Anpassung an den Markt und dem Verschleiß sich entzieht›. Die Vorstellung, dass aus einer literarischen Darstellung der Shoah irgendeine Form von ästhetischem Genuß erwachsen könne, beschäftigt nach Adorno weiterhin die Gemüter.» (Ruth Kranz-Löber: *«In der Tiefe des Hohlwegs». Die Shoah in der Lyrik von Nelly Sachs*, S. 10) Um eine gegenseitige Verständigung zwischen Paul Celan und Theodor W. Adorno bemühten sich Gisela Dischner und Peter Szondi, über längere Zeit und mit zunehmendem Erfolg. Nach Adornos Tod schrieb Paul Celan am 13. 8. 1969 an Gisela Dischner: «Auch ich war betroffen, bestürzt, als ich in der Zeitung die Nachricht [...] las. Ich empfand Schmerz, auch jetzt empfinde ich Schmerz. Es ist ein schwerer Verlust. Er war ein genialischer Mensch, ein Reichbeschenkter, und nicht der Teufel hatte ihn beschenkt. Nun liest man die Nachrufe – sie sind so lieblos, finde ich, nun ja.» (Unveröffentlicht; Briefzitat mit Erlaubnis von Gisela Dischner. Der Briefwechsel zwischen ihr und Paul Celan wird 2009 im Suhrkamp-Verlag erscheinen. Hg. Gisela Dischner, unter Mitwirkung von Chris Bezzel, H.-J. Jürgens, Herbert Möller und Stephanie Zerm) Gisela Dischner zufolge hatte sich Paul Celan bereits viele Jahre zuvor Adornos nachfolgende Sätze doppelt angestrichen, möglicherweise auch im Hinblick auf die eigene Existenz- und Arbeitssituation «nach Auschwitz»: «Der Begriff einer nach

Auschwitz auferstandenen Kultur ist scheinhaft und widersinnig, und dafür hat jedes Gebilde, das überhaupt noch entsteht, den bitteren Preis zu bezahlen. Weil jedoch die Welt den eigenen Untergang überlebt hat, bedarf sie gleichwohl der Kunst als ihrer bewusstlosen Geschichtsschreibung. Die authentischen Künstler der Gegenwart sind die, in deren Werken das äußerste Grauen widerhallt.» (Theodor W. Adorno: «Jene zwanziger Jahre». In: *Merkur* 167, 16. Jg. Heft 1, Jan. 1962, S. 51)

548 Über eine private Lesung der Erzählung «Gespräch im Gebirg» durch Paul Celan schrieb Erwin Leiser: «Mir ist unvergesslich, wie er diesen Text am Mittagstisch in seiner Wohnung in der Rue de Longchamp vorlas, mit einer Satzmelodie, die an Rezitative eines ostjüdischen Gottesdienstes erinnerte.» (*Leben nach dem Überleben. Dem Holocaust entronnen – Begegnungen und Schicksale*, S. 78)

549 Vgl. zu Celans ENS-Tätigkeit u. a. den Erinnerungsbericht seines Schülers Jean-Pierre Lefebvre, in: Axel Gellhaus (Hg.): *«Fremde Nähe». Celan als Übersetzer*, S. 83 f.

550 «Ich habe damals in Berlin gelebt und den Artikel im Berliner ‹Tagesspiegel› gesehen, aber *nicht gelesen*. Da ich annahm, dass das etwas sei, was Celan interessieren würde, habe ich den Artikel nach Paris geschickt. Ich wusste nicht, was darin stand, und hätte ihm gerne diese Aufregung erspart. Als ich wieder zurück in Paris und bei Celans war, kam das natürlich sofort zur Sprache. Ich sagte Celan, dass ich den Artikel *nicht* gelesen hätte, und er glaubte es mir, wie auch Gisèle. Er sagte nur: ‹Il faut lire, Edith.›» (Edith Aron: «Erinnerungen an Paul Celan und Gisèle Celan-Lestrange». In: *Celan-Jahrbuch* 8 [2001/02]. Hg. Hans-Michael Speier. Heidelberg 2003, S. 350)

551 Vgl. Anm. S. 799.

552 Zit. n. Paul Celan/Peter Szondi: *Briefwechsel*. Frankfurt a. M. 2005, S. 79. – Auch in einer Rezension von *Sprachgitter* in der *Stuttgarter Zeitung*, die bereits im März 1959 (und damit sieben Monate vor dem *Tagesspiegel*-Artikel) erschienen war, hatte es geheißen: «Celans Bilder bedeuten nichts, sie sind sich selbst [genug] [...].» (Zit. n. Paul Celan/Hanne und Hermann Lenz: *Briefwechsel*, S. 218)

553 Zit. n. Paul Celan/Peter Szondi: *Briefwechsel*, S. 80.

554 Dabei sollte nicht übersehen werden, dass Celan über entsprechende Vorerfahrungen verfügte. Von einem Studenten (Jean Firgès), der an einer Dissertation über seine Lyrik arbeitete, hatte Paul Celan nach einer Lesung in Bonn ein Jahr zuvor einen Brief erhalten, in dem die gehörte Lesung und ihre Publikums-Aufnahme mit den Worten resümiert worden war: «Sie haben Ihre Gedichte gegen den Strich gelesen, beinahe hätte ich gesagt, Sie haben gegen Ihre Gedichte gelesen. Damit sind Sie der Peinlichkeit entgangen. Das

ist im Grunde das größte Kompliment, das man heute einem Dichter machen kann. Man hat Sie im Einzelnen kritisiert, im Ganzen hat man Ihren Vortrag gelten lassen. Hier einige Kritiken, die mir nach der Lesung zu Ohren kamen: Mein Vetter kritisierte ernstlich das Tremolo Ihrer Stimme gegen Ende des Umbrien-Gedichtes. (Die Toten – sie betteln noch, Franz.) Andere waren der Ansicht, dass Ihre Titelansagen sehr viel von der Komik Heinz Erhardts gehabt hätten. (Ich bin mit dieser Meinung nicht einverstanden.) Vor allem fiel man über Ihr ‹Pathos› an der Hosiannah-Stelle her. Eine unfaire Kritik kam mir nach der Lesung in Form einer Karikatur zu Gesicht. Darauf stand in gebückter Haltung ein gefesselter Sklave, der schnaubend gegen seine Ketten aufbegehrte. Unter der Zeichnung stand (und hier beginnt die Gemeinheit): Hosiannah dem Sohne Davids!» (In: Paul Celan/ Rudolf Hirsch: *Briefwechsel*, S. 58) Zur Zeit der Blöcker-Rezension, im Dezember 1959, erschien in der Münchner Zeitschrift *Baubudenpoet* eine antisemitische Karikatur, die Paul Celans Band *Sprachgitter* im Stil nationalsozialistischer Hetzblätter attackierte: «Die Karikatur zeigt Celan mit offenem Mund und mit heraushängender Zunge, wie ihm aus einem Gitter, das er wie einen Maulkorb vor dem Mund trägt, einzelne Worte wie ‹Blut›, ‹Sand› und ‹Uhr› herausfallen.» (Joachim Seng, in: Paul Celan/Rudolf Hirsch: *Briefwechsel*, S. 248) – Dem Bonner Studenten Jean Firgès, der Paul Celan zu einem Treffen mit einem «kritischen» Kommilitonen überreden wollte (von dem Firgès referierte, er hasse das «Spezifisch-Jüdische» an Celan und seinen Gedichten, die «falsch», «kriechend» und «sklavisch» seien), antwortete Celan: «Herr Firgès, ich erinnere Sie an die Millionen Gemorderter und Vergaster. Auch an ihnen haben die Mörder ‹auf den ersten Blick› das ‹Spezifisch-Jüdische› zu erkennen und zu hassen gewusst.» (Ebd., S. 62) Vor diesem Hintergrund wird verständlich, dass Paul Celan bereits vom ersten Satz der Blöcker-Rezension außerordentlich getroffen war: «Der Titel des neuen Lyrikbandes von Paul Celan ist ungewöhnlich treffend und *entlarvend* zugleich.» (Hervorhebung v. V.; zur späteren Selbstrechtfertigung von Firgès vgl. dessen Bericht «Ein Satyrspiel? Kommentar zu Paul Celans Lesung in Bonn, 17. November 1958». In: *Celan-Jahrbuch* 8 [2001/02]. Hg. Hans-Michael Speier, S. 331–333; Ingeborg Bachmann hatte Paul Celan zu dem Firgès-Brief am 2.12.1958 geschrieben: «Ich glaube, daß es keine Antwort darauf gibt, für Dich, von Dir, auf diesen Bericht; er gehört in den Papierkorb. Wir wissen ja, daß es diese Leute gibt, in Deutschland und anderswo, und es würde uns auch wundern, wenn sie plötzlich alle verschwunden wären. – Es ist vielmehr die Frage, ob man, wenn man in einen Saal von Menschen, die man sich nicht aussuchen kann, hineingeht, bereit ist, trotzdem für die zu lesen, die zuhören wollen und sich der anderen schämen. Es ist, praktisch, nur von da aus etwas zu tun, zu entscheiden. / Wie das Böse aus der Welt zu schaffen ist, weiß ich nicht, und ob man es nur erdulden soll, auch nicht. Aber Du bist da und hast Deine Wirkung und die Gedichte wirken für sich und beschützen Dich mit – das ist die Antwort und ein Gegengewicht in der Welt.» Ingeborg Bachmann/Paul Celan: *Briefwechsel,* S. 99 f.)

555 Brief Paul Celans an Rudolf Hirsch, 19. 10. 1959. In: Paul Celan/Rudolf Hirsch: *Briefwechsel*, S. 86. – Knapp zwei Wochen nach Erscheinen der Blöcker-Rezension durchsuchte Paul Celan in der Pariser Nationalbibliothek die Jahrgänge 1940–1944 der nationalsozialistischen Wochenzeitung *Das Reich* erstmals nach bekannten Namen der bundesdeutschen Nachkriegsliteratur, und wurde fündig (ebd., S. 268). Ganz offenbar auf diese Recherche Celans rekurrierte Gerhart Baumann in seiner Erinnerungsdarstellung: «Ein unerbittlicher Gerechtigkeitssinn zeichnete Celan aus. Zunehmend verbittert, begegnete er den täglichen Zeugnissen, in denen Verbrechen geleugnet oder, was noch verdammenswerter, beschönigt wurden. Zu vieles aus den Jahren der Diktatur blieb für ihn ohne Sühne, ja ohne Anklage. Er hatte sich der Mühe unterzogen, in der Nationalbibliothek in Paris und anderswo [...] die Zeitschriftenjahrgänge während der Hitler-Herrschaft eingehend zu studieren, und war dabei auf zahlreiche Personen gestoßen, die gegenwärtig unangefochtenes Ansehen genossen, die, von keinem Vorwurf betroffen, ihre Tätigkeit fortgesetzt hatten, ohne sich jemals zu ihren Irrtümern, zu ihrer Schuld bekannt zu haben. Celan erblickte darin eine verhängnisschwere Vorbedeutung für die kommenden Jahre und ihre bedrohlichen Möglichkeiten. – In manchen Fällen war er vielleicht bereit, zu verzeihen, zu einem Vergessen jedoch niemals.» (Gerhart Baumann: *Erinnerungen an Paul Celan*, S. 135)

556 Bereits *vor* dem Erscheinen der Rezension im *Tagesspiegel* und seiner Antwort darauf hatte Paul Celan seine Bücher *Mohn und Gedächtnis* und *Von Schwelle zu Schwelle* Jean Bollack mit der in hebräischer Sprache niedergeschriebenen Widmungsworten von Rabbi Hillel überreicht: «Wenn nicht ich, wer soll dann für mich eintreten?» (Jean Bollack: *Dichtung wider Dichtung*, S. 89)

557 Zit. n. Paul Celan/Peter Szondi: *Briefwechsel*, S. 81 f.

558 Am 2. November schrieb Paul Celan unter Bezugnahme auf die Blöcker-Rezension an Hanne Lenz nach Stuttgart: «Ich habe jetzt wieder mit den Nazis zu tun, diesmal haben sie sogar die Todesfuge – haben sie die Gräber geschändet.» (In: Paul Celan/Hanne und Hermann Lenz: *Briefwechsel*, S. 126) In einem erregten Schreiben an Hans-Geert Falkenberg hatte Celan eine Woche zuvor formuliert: «[...] wer die ‹Todesfuge› mit so eindeutig antisemitischen Wendungen und Vokabeln vernichtet, der mordet die, deren die ‹Todesfuge› gedenkt, zum andern Mal.» (25. 10. 1960. Zit. n. Paul Celan/

Rudolf Hirsch: *Briefwechsel*, S. 267) Auch an Ingeborg Bachmann schrieb Paul Celan am 12. 11. 1959: «Wer über die Todesfuge das schreibt, was dieser Blöcker darüber geschrieben hat, der schändet die Gräber. / Auch meine Mutter hat nur dieses Grab.» (Ingeborg Bachmann/Paul Celan: *Briefwechsel*, S. 127)

559 «Die Todesfuge *ist* ein Grabmal», so Paul Celan an Rolf Schroers (25.10.1959). Zit. n. Paul Celan: *Die Gedichte. Kommentierte Gesamtausgabe in einem Band.* Herausgegeben und kommentiert von Barbara Wiedemann. Frankfurt 2003, S. 607.

560 Paul Celan: *Die Gedichte. Kommentierte Gesamtausgabe*, S. 455–457.

561 « *‹... o / Ihr Büten von Deutschland, o mein Herz wird / Untrügbarer Kristall, an dem / Das Licht sich prüfet, wenn Deutschland›* / Hölderlin, Vom Abgrund nämlich ...»; *« ‹... wie an den Häusern der Juden (zum / Andenken des ruinierten Jerusalem's), immer / etwas* unvollendet *gelassen werden / muss ...›* / Jean Paul, Das Kampaner Thal». (Ebd.)

562 Celan war mit einer Almanach-Publikation des Gedichtes im Samuel Fischer Verlag einverstanden, schrieb nach der Absage von Rudolf Hirsch dann jedoch: «ich bin Ihnen dankbar für Ihre Entscheidung, die ‹Wolfsbohne› nicht im Almanach zu bringen; dieses Gedicht – Klaus Demus meint ja, und damit hat er wohl recht, daß es eigentlich kein Gedicht sei – bleibt also privat, und nun bitte ich Sie, es ganz ins Private zurückkehren zu lassen und es mir bei Gelegenheit zurückzuschicken.» (1. 6. 1960. In: Paul Celan/Rudolf Hirsch: *Briefwechsel*, S. 117)

563 Vgl. a. Anm. 554.

564 Nach einer Gedicht-Lesung in Tübingen am 7. 12. 1957 wurde Paul Celan vom Berichterstatter der *Tübinger Chronik* primär als Übersetzer von Jean Cayrols Filmtext *Nacht und Nebel*» vorgestellt (vgl. Paul Celan/Hanne und Hermann Lenz: *Briefwechsel*, S. 210) – obwohl zu diesem Zeitpunkt bereits Celans Lyrikbände *Mohn und Gedächtnis* und *Von Schwelle zu Schwelle* erschienen waren.

565 Paul Celan sprach eineinhalb Jahre später und im Rückblick auf die Ereignisse von den «Tagen, da auch auf der Fassade der Kölner Synagoge sichtbar wurde, was hinter den Fassaden wuchs und weiterwächst.» (Brief an Rudolf Hirsch, 12. 6. 1961. Zit. n. Paul Celan/Rudolf Hirsch: *Briefwechsel*, S. 322)

566 Barbara Wiedemann (Hg.): *Paul Celan – Die Goll-Affäre. Dokumente zu einer «Infamie»*, S. 830 f.

567 Erica Burgauer: *Zwischen Erinnerung und Verdrängung – Juden in Deutschland nach 1945*. Reinbek 1993, S. 83.

568 Vgl. Paul Celan/Gisèle Celan-Lestrange: *Briefwechsel*. Band 2, S. 115.

569 Ebd.

570 Diese nihilistisch fundierte Zerstörungskraft, die im Nationalsozialismus

(und Stalinismus) wirksam geworden war und auch nach dem Zweiten Weltkrieg im technologischen Materialismus (und seinen politischen Erscheinungsformen) weiter wirkte (bis hin zum Literatur- und Kunst-«Betrieb»), sah Celan sehr wahrscheinlich in enger Übereinstimmung mit Martin Heidegger, worauf Hadrien France-Lanord zuletzt aufmerksam machte (*Paul Celan und Martin Heidegger. Vom Sinn eines Gesprächs*, S. 100 ff.). Das Jüdische als «Gestalt des Menschlichen» verstehend, erkannte Celan im Antisemitismus die Bedrohung des Menschen schlechthin; zugleich richtete sich der Antisemitismus gegen einen Menschenkreis, dem er sich in besonderer Weise – schicksalhaft – zugehörig wusste.

571 Paul Celan/Gisèle Celan-Lestrange: *Briefwechsel,* Band 2, S. 115 f.

572 In: Barbara Wiedemann (Hg.): *Paul Celan – Die Goll-Affäre. Dokumente zu einer «Infamie»*, S. 252.

573 Brief Paul Celans an Peter Szondi, 21. 5. 1960. In: Paul Celan/Peter Szondi: *Briefwechsel*, S. 15.

574 18. 11. 1954. Zit. n. Volker Neuhaus (Hg.): *Briefe an Hans Bender*, S. 35.

575 In: Barbara Wiedemann (Hg.): *Paul Celan – Die Goll-Affäre. Dokumente zu einer «Infamie»*, S. 406.

576 Brief Paul Celans an Alfred Margul-Sperber, 30. 7. 1960. In: *Neue Literatur* (Bukarest), Heft 7, 1975, S. 54.

577 Ebd., S. 56. – Zu Margul-Sperbers Buchen- und Buchenwald-Gedicht «Auf den Namen eines Vernichtungslagers» vgl. Theo Buck: «Lyrik nach Auschwitz. Zu Paul Celans ‹Todesfuge›». In: Chaim Shoham und Bernd Witte [Hg.]: *Datum und Zitat bei Paul Celan,* S. 17 ff.

578 Celan war mit Demus' erstem Entgegnungs-Text – der im Mai zusammen mit Rudolf Hirsch in Frankfurt verabredet worden und Celan Anfang Juli aus Wien zugegangen war – nicht zufrieden: «leider ist dieser Text in seinen Formulierungen und Hinweisen nicht engmaschig genug, hauptsächlich deshalb, weil ich seit meiner Rückkehr aus Frankfurt nicht dazu kam, alle Unterlagen photokopieren zu lassen». (Brief Paul Celans an Rudolf Hirsch, 5. 7. 1960. In: Paul Celan/Rudolf Hirsch: *Briefwechsel*, S. 123) Daher entschied sich Celan, mit sämtlichen Unterlagen zu Demus nach Wien zu fahren.

579 Brief Paul Celans an Hermann Kasack, Ende September 1960. In: Barbara Wiedemann (Hg.): *Paul Celan – Die Goll-Affäre. Dokumente zu einer «Infamie»*, S. 513.

580 Brief an Hermann Kasack vom 17. 5. 1960. In: Barbara Wiedemann (Hg.): *Paul Celan – Die Goll-Affäre. Dokumente zu einer «Infamie»*, S. 258.

581 Hans Mayer: «Erinnerung an Paul Celan», in: Hans Mayer: *Zeitgenossen. Erinnerung und Deutung*, S. 131.

582 Zit. n. Lydia Koelle: *Paul Celans pneumatisches Judentum. Gott-Rede und*

menschliche Existenz nach der Shoah, S. 353.

583 In: Barbara Wiedemann (Hg.): *Paul Celan – Die Goll-Affäre. Dokumente zu einer «Infamie»*, S. 473 f.

584 Entwurfsfragment. Ebd., S. 476.

585 Ehrhard Bahr: *Nelly Sachs*, S. 14. Vgl. zu Celans Büchner-Rede und ihrer Auseinandersetzung mit Benn u. a. die Ausführungen von Hans Mayer («Erinnerung an Paul Celan», und: «Paul Celans Büchnerpreisrede 1960. ‹Der Meridian›», in: Hans Mayer: *Zeitgenossen. Erinnerung und Deutung*, S. 128 ff.), Otto Pöggeler («– Ach die Kunst!». In: Dietlinde Meinecke [Hg.]: *Über Paul Celan*. Frankfurt a. M. 1973, S. 77 ff.), Marlies Janz (*Vom Engagement absoluter Poesie: zur Lyrik und Ästhetik Paul Celans*. Frankfurt a. M. 1976, S. 99 ff.) und Agis Sideras (*Paul Celan und Gottfried Benn. Zwei Poetologien nach 1945*. Würzburg 2005). – Über die Bedeutung der Poetik Gottfried Benns und ihrer theoretischen Prämissen innerhalb der bundesdeutschen Nachkriegsliteratur schrieb Ehrhard Bahr: «In der Bundesrepublik vollzog sich [...] unter dem Eindruck des Wirtschaftswunders die gesellschaftliche und politische Restauration der Adenauer-Ära. Zeichen dieser Restauration in der Lyrik Westdeutschlands war die Benn-Renaissance, die um 1948 mit der Herausgabe der ‹Statischen Gedichte› in dem Züricher Verlag Arche einsetzte. Mit der Rückendeckung der schweizerischen Veröffentlichung folgt der Limes Verlag in Wiesbaden darauf 1949 mit dem Band ‹Trunkene Flut›. Damit war Benn als Modell der Lyrik in der BRD etabliert. Mit fliegendem Atem lief die westdeutsche Intelligenz zu dem Literaten über, der sich 1933 für das politische Programm des NS-Staates eingesetzt und die Exilschriftsteller öffentlich als ‹Verräter› abgekanzelt hatte. Für die nächsten zehn Jahre gab es keinen jungen westdeutschen Lyriker, der nicht von Benn und seinem mondänen Kulturpessimismus beeinflusst wurde. Selbst Enzensberger konnte sich der Faszination dieser ‹Landessprache› nicht entziehen.» (Ehrhard Bahr: *Nelly Sachs*, S. 13 f)

586 Vgl. hierzu Hadrien France-Lanord: *Paul Celan und Martin Heidegger. Vom Sinn eines Gesprächs*, S. 65 ff.

587 In seinem Brief an Georg Drozdowski vom 4. 10. 1960 hatte Paul Celan wenige Wochen vor der Büchner-Rede formuliert: «Das Wahre geht den unendlichen Weg – erst als das zu seinem Ich Heimgekehrte, erst unter dem Ich-Akzent erreicht es den andern.» (Zit. n. Lydia Koelle: *Paul Celans pneumatisches Judentum. Gott-Rede und menschliche Existenz nach der Shoah*, S. 44)

588 Auch in seinem Text über «Die Dichtung Ossip Mandelstams» formulierte Paul Celan: «Diese Gedichte sind die Gedichte eines Wahrnehmenden und Aufmerksamen, dem Erscheinenden Zugewandten, das Erscheinende Befragenden und Ansprechenden; sie sind *Gespräch*. Im Raum dieses Gesprächs konstituiert sich das Angesprochene, vergegenwärtigt es sich, versammelt es

sich um das es ansprechende und nennende Ich. Aber in diese Gegenwart bringt das Angesprochene und durch Nennung gleichsam zum *Du* Gewordene sein Anders- und Fremdsein mit. Noch im Hier und Jetzt des Gedichts, noch in dieser Unmittelbarkeit und Nähe läßt es seine Ferne mitsprechen, bewahrt es das ihm Eigenste: seine Zeit.» (1960; in: Ossip Mandelstam: *Im Luftgrab. Ein Lesebuch*, S. 72)

589 «Selbst die berühmte ‹Todesfuge› Celans scheint nicht ohne Anleihen zu sein: eine ‹Fuge› schrieb Goll bereits 1932; die Metapher der Eingangszeile ‹schwarze Milch der Frühe› ließe sich unschwer aus Gollschen Wendungen ableiten: ‹schwarzer Schnaps des Wahnsinns›, ‹rote Milch der Kraft›, ‹Milch der Unschuld› und ‹goldene Milch der Jahreszeiten›. – Ob es sich um den Einfluss des Bedeutenderen oder um die willkürliche Übernahme einzelner Bilder und Themen handelt, mag eine weitergehende Untersuchung feststellen.» (Rainer Kabel: «Umstrittener Ausflug in die Vergangenheit: Anleihe oder Anlehnung? – Zur Kontroverse um Yvan Goll und Paul Celan». In: *Die Welt*, 11. 11. 1960. Nachdruck in Barbara Wiedemann (Hg.): *Paul Celan – Die Goll-Affäre. Dokumente zu einer «Infamie»*, S. 259 ff., Zitat S. 262)

590 «Vielleicht darf man sagen, daß jedem Gedicht sein ‹20. Jänner› eingeschrieben bleibt? Vielleicht ist das Neue an den Gedichten, die heute geschrieben werden, gerade dies: daß hier am deutlichsten versucht wird, solcher Daten eingedenk zu bleiben?» (III, 196)

591 «[...] Das Gedicht kommt dunkel zur Welt; es kommt, als ein Ergebnis radikaler Individuation, als ein Stück Sprache zur Welt, somit, d. h. sofern Sprache Welt zu sein vermag, mit Welt befrachtet.» (Paul Celan: Vorstufen zur «Meridian»-Rede. Zit. n. Hadrien France-Lanord: *Paul Celan und Martin Heidegger. Vom Sinn eines Gesprächs*, S. 141)

592 «Die Geschichte handelt von einem texanischen Farmer, der wie aus dem Nichts zum berühmten Schriftsteller wird. Am Ende stellt sich heraus, dass er seinen Roman gar nicht selbst verfasst hat, sondern von einer Art Schreib-Maschine hat schreiben lassen. Kurz, den Autor gibt es gar nicht wirklich, er ist ein Niemand, ein Betrüger. Ebendas kann auch der Autorenname ‹R. C. Phelan› insinuieren, der (was Celan sofort auffiel) sich als ‹Erz-Betrüger› (frz. félon = der Ungetreue, Verräter) lesen lässt.» (Wolfgang Emmerich: *Paul Celan*, S. 116) Zur Aufklärung der – realiter – harmlosen Natur dieser Erzählung vgl. jedoch die entsprechende Recherche und Berichtigung von Barbara Wiedemann: «Zur Person: R. C. Phelan», in: *Celan-Jahrbuch* 8 (2001/02). Hg. Hans-Michael Speier, S. 329–330.

593 Lydia Koelle: *Paul Celans pneumatisches Judentum. Gott-Rede und menschliche Existenz nach der Shoah*, S. 348 f.

594 Paul Celan/Peter Szondi: *Briefwechsel*, S. 48.

595 Barbara Wiedemann (Hg.): *Paul Celan – Die Goll-Affäre. Dokumente zu einer*

«Infamie», S. 8.

596 In einer Erinnerung an Paul Celan bemerkte Emile M. Cioran mit psychologischer Prägnanz: «Der Umgang mit diesem aufs äußerste geschundenen Menschen war nicht einfach. Er klammerte sich an das Vorurteil, das er gegen diesen oder jenen hegte, hielt an seinem Argwohn fest, und dies umso starrer, als er eine krankhafte Angst davor hatte, verletzt zu werden. Alles verletzte ihn. Die geringste Taktlosigkeit, und war sie auch ungewollt, betrübte ihn unwiderruflich. [...] Ich möchte nicht behaupten, dass er in jedem Menschen einen potentiellen Feind sah, aber es trifft zu, dass er in einer panischen Angst vor Enttäuschung und Betrug lebte. Seine Unfähigkeit zur inneren Distanzierung oder zum Zynismus hat sein Leben in einen Alptraum verwandelt.» («Begegnung mit Paul Celan». In: *Akzente* Heft 36, 1989, S. 320 f.) Über Celans Empfindlichkeit und Verhaltensweisen bereits in seiner Jugend- und Adoleszenzzeit schrieb seine Freundin Ruth Kraft: «Ein einziges unangebrachtes oder dummes Wort, von irgendeinem im geselligen Kreis geäußert, ließ Paul für einen langen Abend verstummen, oder sogar wortlos verschwinden. Affronte gegen seine Person hätte ohnehin niemand gewagt, weil er immer der Überlegene war. – Paul hasste Anmaßung, Halbheit und Stümperei. Vor allem sich selbst gegenüber stellte er höchste Ansprüche, aber auch von den Menschen seines Umganges verlangte er ein unerlässliches Niveau. Man bekam schon damals den Eindruck, dass er keine Kompromisse anzunehmen bereit war, dass er zum Absoluten allein strebte. Deshalb schien er manchem seiner Bekannten ein harter, strenger Mensch zu sein. Wer ihn näher kannte, wusste jedoch, dass die Härte ihm als Schutzhülle diente, um das Banale fernzuhalten. Im Grunde war er ein gütiger, hilfsbereiter Mensch, was sich in schweren Zeiten zeigte. – Bei aller Redegewandtheit war er des Öfteren so sehr vom Gefühl beherrscht, dass er ganz plötzlich verstummte und sich verabschiedete, um später in einem kurzen Brief, den er selbst überreichte, das zu sagen, was er vorher nicht hatte aussprechen können.» (Zit. n. Israel Chalfen: *Paul Celan. Eine Biographie seiner Jugend*, S. 99)

597 John Felstiner: *Paul Celan*, S. 247.

598 James K. Lyon: «Judentum, Antisemitismus, Verfolgungswahn: Celans «Krise» 1960–1962». In: *Celan-Jahrbuch* 3 (1989). Hg. Hans-Michael Speier. Heidelberg 1990, S. 182. Vgl. jedoch zugleich Celans harte Urteile über Heinrich Böll in seinen Briefen vom 14. 4. und 10. 8. 1959 an Max Frisch und Ingeborg Bachmann. In: Ingeborg Bachmann/Paul Celan: *Briefwechsel*, S. 118 bzw. S. 163; vgl. a. den Herausgeberkommentar S. 315 f.

599 «Anlage und Methode dieser Schrift; die Gleichsetzung einwandfreien und fragwürdigen (mir übrigens zum Teil unbekannten, weil privaten) Materials; die undifferenzierte und inkonsequente Benutzung der angeführten

Quellen; die Übergehung bzw. Verharmlosung aufschlußreicher Publikationen, Textstellen und Daten; Argumentation und Terminologie; die zahlreichen (nicht nur literarhistorischen) Digressionen und Konjekturen, – all das (und manches andere) läßt den Verfasser als seiner Aufgabe nicht gewachsen erscheinen.» (Brief Paul Celans an Fritz Martini, 13. 3. 1961. In: Barbara Wiedemann [Hg.]: *Paul Celan – Die Goll-Affäre. Dokumente zu einer «Infamie»*, S. 524) Zum zutreffenden Gehalt von Celans Kritik an der Studie von Reinhard Döhl («Geschichte und Kritik eines Angriffs. Zu den Behauptungen gegen Paul Celan». In: Deutsche Akademie für Sprache und Dichtung. *Jahrbuch* 1960, S. 101–132) vgl. die Ausführungen von Barbara Wiedemann, ebd., S. 525 f.

600 Vgl. Barbara Wiedemann (Hg.): *Paul Celan – Die Goll-Affäre. Dokumente zu einer «Infamie»*, S. 207 f. Zu Holthusen vgl. a. Anm. 799.

601 Zit. n. Barbara Wiedemann: «Der Blick von Paris nach Osten». In: Peter Goßens und Marcus G. Patka (Hg.): *«Displaced». Paul Celan in Wien. 1947–1948*, S. 153.

602 Barbara Wiedemann: «‹Es ist eine lange, unglaubliche, bitter-wahre Geschichte.› Claire Golls Angriffe auf Paul Celan: Gründe und Folgen. Ein Essay.» In: Barbara Wiedemann (Hg.): *Paul Celan – Die Goll-Affäre. Dokumente zu einer «Infamie»*, S. 821 f.

603 Ebd., S. 822. – Auch in seinem Briefentwurf an Jean Starobinski vom 3. Mai 1956 formulierte Celan in entsprechender Weise – und mit Blick auf sein poetisches Selbstverständnis: «Was ist das Judentum wenn nicht eine Form des Menschlichen, was ist die Dichtung wenn nicht eine Form dieses selben Menschlichen.» (Zit. n. Hadrien France-Lanord: *Paul Celan und Martin Heidegger. Vom Sinn eines Gesprächs*, S. 46).

604 Im Herbst 1962 schrieb Paul Celan an Alfred Margul-Sperber: «Etwas, das mir oft, wie Ihnen in der Nazi-Zeit, als das nach dem Reim rufende Reimlose erscheint – das Wort *Mensch* – lebt auf und lebt sich dem Reim zu, wenn ich einen Gedanken oder eine Zeile an Sie und die Freunde – die vor lauter Ferne so nahen – richte, das geschieht jetzt, und dieses Jetzt ist ein Immer [...].» (12. 9. 1962, in: *Neue Literatur* (Bukarest), Heft 7, 1975, S. 60)

605 Brief Paul Celans an Erich Einhorn, 24. 4. 1962. In: Paul Celan/Erich Einhorn: *Briefwechsel*, S. 3. – Am 25. Oktober 1963 schrieb Celan auch an Edith Silbermann, deren Mann Jurist war: «Ich hätte viel darum gegeben, Euch in den letzten drei Jahren, die mir die bittersten Erfahrungen gebracht haben, hier zu haben. Besonders, Sie, lieber Dr. Silbermann, hätten mir beistehen können. Gebt mir, bitte, bald Nachricht [...].» (In: Edith Silbermann: *Begegnung mit Paul Celan*, S. 68)

606 Paul Celan/Erich Einhorn: *Briefwechsel*, S. 3 f. – Zu Paul Celans intensiver Beziehung zu Ossip Mandelstam vgl. u. a. die Ausführungen von John Fels-

tiner (in: *Paul Celan*, S. 179 ff.) und Christine Ivanović (in: Axel Gellhaus [Hg.]: *«Fremde Nähe». Celan als Übersetzer*, S. 337 ff. sowie in: Christine Ivanović: *Das Gedicht im Geheimnis der Begegnung. Dichtung und Poetik Celans im Kontext seiner russischen Lektüren.* Tübingen 1996, S. 212–260). Bereits am 5. 6. 1958 – noch während seiner Arbeit an den Mandelstam-Übersetzungen hatte Celan an seinen Verleger Rudolf Hirsch geschrieben: « ist wohl der größte russische Lyriker der letzten Jahrzehnte, er ist *der* Metaphysiker, ich bin ein wenig stolz, ihn gefunden und übersetzt zu haben.» (In: Paul Celan/ Rudolf Hirsch: *Briefwechsel*, S. 38) Über Paul Celans Umgang mit Ossip Mandelstams Leben und Werk bemerkte Paul Baumann: «Er lebte mit Mandelstam-Gedichten wie mit eigenen [...]. Das Werk Mandelstams vor dem ‹Untergang› zu retten, – darin erblickte Celan einen Lebensauftrag; kaum ein Tag, an dem er nicht schmerzlich Mandelstams ungeklärtes Geschick bedachte. Im Briefwechsel mit Nadeschda Mandelstam war er bestrebt, den Kreuzweg des Dichters so weit zu verfolgen, bis er sich im Dunkeln verliert. Mit Vorliebe schilderte er eine Szene vom Jüngsten Gericht, vor dem sich reiche russische Kaufleute zu verantworten hatten. Der göttliche Richter nimmt sie scharf ins Verhör, das schließlich in der Frage gipfelt: «Was habt ihr für Ossip Mandelstam getan? Habt ihr ihn gekleidet und auch wohl ernährt?» – Fragen, die über Gnade oder Verdammung entschieden, – Fragen, mit denen Celan zugleich sein Gegenüber einer strengen Prüfung unterwarf.» (Paul Baumann: *Erinnerungen an Paul Celan*, S. 110 f.) Vgl. a. Bernhard Böschenstein: «Celan und Mandelstam: Beobachtungen zu ihrem Verhältnis». In: *Celan-Jahrbuch* 2. Hg. Hans-Michael Speier. Heidelberg 1988, S. 155–168.

607 Auch an eine andere Czernowitzer Jugendfreundin, Tanja Adler Sternberg, schrieb Paul Celan: «Ich habe hier keine wahren Freunde [...]. Ich lebe immer noch im Osten und auf meine Art russifiziere ich mich.» (19. 1. 1963; zit. n. Ilana Shmueli: *Sag, dass Jerusalem ist. Über Paul Celan: Oktober 1969 – April 1970.* Eggingen 2000, S. 18)

608 Paul Celan/Erich Einhorn: *Briefwechsel*, S. 4.

609 Ebd., S. 5 (Brief Erich Einhorns an Paul Celan, 11. 6. 1962).

610 Ebd., S. 6 (Brief Paul Celans an Erich Einhorn, 23. 6. 1962).

611 «Im Frühjahr 1962 erwarben die Celans ein kleines Landhaus in Moisville, am Ostrand der Normandie, etwa hundert Kilometer von Paris entfernt. Gisèle Celan-Lestrange versprach sich von diesem Refugium außerhalb der Pariser Hektik eine Beruhigung der psychischen Anspannung ihres Mannes. Und tatsächlich sagte dem die andere Umgebung und vor allem die intensive Begegnung mit Landschaft und Natur sehr zu.» (Theo Buck: *Celan und Frankreich*, S. 63) In seinem Brief an Erich Einhorn vom 10. 8. 1962 aus Moisville sprach Celan von dem «kleinen Ort zwischen Nonancourt und

Damville, wo es ruhig ist und wo es einfache, wirkliche Menschen gibt, darunter einen alten Schafhirten aus Huesca, einen mit den republikanischen Flüchtlingen in die Normandie verschlagenen Spanier» (In: Paul Celan/Erich Einhorn: *Briefwechsel*, S. 7). Drei Monate später, als Celan allein in Moisville war, schrieb er dort für Gisèle Celan-Lestrange die Zeilen: «Dies ist der Augenblick, da / die Werwölfe auf / der Strecke bleiben. / Kein / Scherge mehr / lebt. / Der Mensch, wahr und allein, / geht aufrecht inmitten / der Menschen.» (In: Paul Celan/Gisèle Celan-Lestrange: *Briefwechsel*. Band 1, S. 141)

612 Zit. n. Paul Celan/Erich Einhorn: *Briefwechsel*, S. 7 (Brief Paul Celans an Erich Einhorn, 10. 8. 1962).

613 In einer Erinnerung an Begegnungen mit Paul Celan schrieb Otto Pöggeler über unnachvollziehbare Exkurse Celans, die bereits 1960 sporadisch aufgetreten seien: «Im Jahre 1960 endeten schöne Tage mit Celan damit, dass er auf der Rückfahrt nach Bonn in einem Abteil der alten Siebengebirgsbahn für eine halbe Stunde zu meinem Entsetzen von seinen Verfolgungsängsten aus jeder Normalität und Gemeinsamkeit herausgerissen wurde.» («Erinnerungen an große Lehrer». In: Christoph Jamme [Hg.]: *Kunst und Geschichte im Zeitalter Hegels*. Hamburg 1996, S. 264)

614 Brief Paul Celans an Alfred Margul-Sperber, 8. 2. 1962. In: *Neue Literatur* (Bukarest), Heft 7, 1975, S. 57.

615 Brief Paul Celans an Alfred Margul-Sperber, 9. 3. 1962. Ebd., S. 58.

616 Brief Paul Celans an Alfred Margul-Sperber, 8. 2. 1962. Ebd., S. 56.

617 Briefentwurf Paul Celans an Marthe Robert, Januar 1962; zit. n. Hadrien France-Lanord: *Paul Celan und Martin Heidegger. Vom Sinn eines Gesprächs*, S. 107.

618 Brief Paul Celans an Petre Solomon, 25. 4. 1962. In: Petre Solomon: «Briefwechsel mit Paul Celan 1957–1962». In: *Neue Literatur* (Bukarest), Heft 11, 1981, S. 76.

619 Ebd.

620 Brief Paul Celans an Petre Solomon, 5. 9. 1962. Ebd., S. 78.

621 So hatte beispielsweise Rolf Schroers, der mit Celan befreundet war, die Ausführungen seines Artikels «Literaturskandal» im sozialdemokratischen Parteiorgan *Vorwärts* bereits am 28. Juni 1961 mit den Sätzen beschlossen: «Solche Affären – wie die des Dreyfus in Frankreich – sind moralische Prüfungen und deshalb unausweichlich. Das betrifft uns. Die alte Frau Goll manipuliert den Nachlass ihres Mannes; das betrifft die Sauberkeit des deutschen Verlagswesens und die Achtung Ivan Golls – der nicht gegen Paul Celan zu Vergleichen ausgespielt werden sollte, sondern vor Verfälschungen, die seine Texte unglaubwürdig machen, bewahrt werden müsste. Auch Goll ist, so scheint es, unter die Räuber geraten, wie schon der Nachlass Nietzsches und

andere Nachlässe mehr. All das hat dem Dichter Paul Celan das Schicksal derer bereitet, die unter der Last ihrer Unschuld zusammenbrechen. Man darf diese Zeilen nicht mythologisch lesen, denn es geschieht konkret.» (In: Barbara Wiedemann [Hg.]: *Paul Celan – Die Goll-Affäre. Dokumente zu einer «Infamie»*, S. 379) Paul Celan hatte Rolf Schroers wesentliche Aspekte des Goll-Skandals vor der Niederschrift des Artikels persönlich eröffnet – darunter den «Dreyfus»-Charakter des Falles oder den Vergleich von Claire Golls Vorgehensweisen mit Praktiken Elisabeth Förster-Nietzsches (vgl. Barbara Wiedemann (Hg.): *Paul Celan – Die Goll-Affäre. Dokumente zu einer «Infamie»*, S. 380) –, war dann jedoch von den Schlussformulierungen der Veröffentlichung überrascht worden: «Mit der Passage von meinem ‹Zusammenbruch› [...] hast Du mir leider einen schlechten Dienst erwiesen.» (Brief an Schroers vom 11. 6. 1961, ebd. S. 380) Celan sah deren baldige Instrumentalisierung durch die Presse und die mit Claire Goll verbundenen Persönlichkeiten voraus; am 2. 3. 1962 schrieb er an Nelly Sachs' Freundin Eva-Lisa Lennartsson: «Einige verbreiten das Gerücht von meinem ‹Zusammenbruch› bzw. meinem Wahn-Sinn.» (Zit. n. James K. Lyon: «Judentum, Antisemitismus, Verfolgungswahn: Celans «Krise» 1960–1962.» In: *Celan-Jahrbuch* 3 [1989]. Hg. Hans-Michael Speier. Heidelberg 1990, S. 199)

622 Vgl. hierzu die von Bertrand Badiou erarbeitete «Zeittafel» zu Paul Celans Leben, in: Paul Celan/Gisèle Celan-Lestrange: *Briefwechsel.* Band 2, S. 385–500.

623 Vgl. Lydia Koelle: *Paul Celans pneumatisches Judentum. Gott-Rede und menschliche Existenz nach der Shoah*, S. 395.

624 Vgl. Barbara Wiedemann: *Jakobs Stehen. Jüdischer Widerstand in den Gedichten Paul Celans.* Warmbronn 2007, S. 12 ff.

625 Brief Paul Celans an Karl-Eberhard Felten, 16. 5. 1962. Zit. n. Barbara Wiedemann (Hg.): *Paul Celan – Die Goll-Affäre. Dokumente zu einer «Infamie»*, S. 853.

626 Brief Paul Celans an Petre Solomon, 18. 12. 1963. In: Petre Solomon: «Briefwechsel mit Paul Celan 1957–1962». In: *Neue Literatur* (Bukarest), Heft 11, 1981, S. 80. – «Ich arbeite, ich leiste Widerstand.» (12. 2. 1962, an Hilde de la Motte. Zit. n. Lydia Koelle: *Paul Celans pneumatisches Judentum. Gott-Rede und menschliche Existenz nach der Shoah*, S. 49)

627 Nach seinem Besuch bei der deutsch-jüdischen Schriftstellerin Margarete Susman im Frühsommer 1963 in Zürich hatte Paul Celan an die neunzigjährige Autorin des von ihm geschätzten «Hiob»-Buches geschrieben: «Liebe und verehrte Margarete Susman, – nein, *ich* habe zu danken: – In einer Zeit völliger Vereinsamung waren Sie es, Sie und Ihre Bücher, – waren Sie der Mensch, an den ich einen hoffenden Gedanken knüpfen durfte. Sie haben mir dann erlaubt, zu Ihnen zu kommen und Ihnen die Gedichte vorzulesen,

die aus meiner Vereinsamung kamen. Und Sie haben mir den Mut zugesprochen, mit meinen Worten unter die Menschen zu gehn, Sie haben mir geholfen, das Vertrauen zur Sprache zu bewahren, zu einer Sprache, die man mir – ich weiß, seit ich bei Ihnen war, daß ich es hier aussprechen darf –, die man mir zu vergällen versuchte (und noch immer zu vergällen versucht). – Verzeihen Sie, daß ich, indem ich Ihnen danke, soviel Bitterkeit mitsprechen lasse: die Worte, vom Herzen kommend, wissen im Augenblick keinen andern Weg zu gehen. – Was Sie, verehrte Margarete Susman, geschrieben haben und noch schreiben, zählt für mich zu jenen einmaligen Begegnungen, aus denen man lebt. – Lassen Sie mich Ihnen sagen, daß Sie für mich eine Instanz sind, ein Mensch, zu dessen Gestalt und Wort ich aufblicke, – ein *jüdischer* Mensch. – Mögen Ihnen Ihre hohen geistigen Kräfte und alle Kraft, die Sie brauchen, erhalten bleiben, lange! Und uns allen der Adel Ihres Wesens und Seins! – Ihr Ihnen von Herzen ergebener – Paul Celan.» (In: *Celan-Jahrbuch* 8 [2001/02]. Hg. Hans-Michael Speier. Heidelberg 2003, S. 41 f.) Obwohl die näheren Umstände des Besuches von Celan im Frühsommer 1963 in Zürich bisher nicht bekannt sind, spricht der Zeitpunkt des Aufsuchens von Margarete Susman für einen sehr gezielten Gang Celans nach der tief verstörenden Krise – einen Weg auch der Selbstvergewisserung im Jüdischen, des «Bestehens und Überstehens», den Margarete Susman 1945 mit ihrer wegweisenden Veröffentlichung *Das Buch Hiob und das Schicksal des jüdischen Volkes* in besonderer Weise artikuliert hatte. Susman beschrieb das jüdische Volk, «das seine Lebenskraft aus seinen Zerstörungen empfängt» und sich nach wie vor standhaft im «messianischen Geheimnis» bewege. «Es heißt aus der Frage des zweiundzwanzigsten Psalms leben, die die eigentliche Frage Hiobs, die Frage des um Gott gefolterten Volkes, die Frage des bis auf den Grund aufgebrochenen Menschendaseins, die der letzte Schrei des gekreuzigten Christus ist.» (Zürich[2] 1948, S. 199) In ihrer – ein Jahr nach Celans Besuch und auf Wunsch des New Yorker Leo Baeck Institutes niedergeschriebenen und veröffentlichten – Autobiographie, die sie mit den «Mnemosyne»-Zeilen Hölderlins begann (*«Ein Zeichen sind wir, deutungslos, / Schmerzlos sind wir und haben fast / Die Sprache in der Fremde verloren.»*), schrieb Susman über das Auftauchen Celans und seines Werkes bei ihr: «Ich erschrak fast, als mir plötzlich ein Brief mit seiner Unterschrift vorgelesen wurde, in dem er sich bei mir ankündigte. Dem Brief waren einige seiner Gedichtbände und jene Rede beigelegt, die er zur Verleihung des Büchnerpreises gehalten hatte. Er hatte nur wenige Prosaarbeiten von mir gelesen. Mir brannten seine Gedichte im Herzen, obwohl ich seine Sprache zunächst nur mit großer Mühe verstand. Sein Besuch war dann eines der Erlebnisse, die mir ganz neu das Wesen der heutigen Generation erschlossen. Abstrakte Kunst ist seine Dichtung keineswegs, wohl aber eine gegenüber der früheren völlig gewandelte, die einer total veränderten Wirklichkeit entstammt. Nicht in dem Sinne der Forderung Hemingways, der nach dem Grauen des Ersten Weltkriegs sagte, dass nur noch Eigennamen und Straßennamen mit Wahrheit ausgesprochen werden dürfen, sondern in dem noch unheimlicheren Sinne, dass gerade die entscheidenden Worte, wie Leben und Tod, Stein, Auge und Träne, bei ihm eine neue Bedeutung gewonnen haben.» (*Ich habe viele Leben gelebt. Erinnerungen.* Stuttgart 1964, S. 174 f.)

628 Auch die von Theo Buck verwandten fachpsychiatrischen Termini der «psychotischen Grundstörung» bzw. der «endogenen Psychose» (*Celan und Frankreich,* S. 63 f./74) – die der nosologischen Entität der schizophrenen Psychose zugehören –, eignen sich kaum zur Beschreibung von Paul Celans Krankheitssituation, deren Genese außerordentlich komplex war.

629 Die von Primo Levi noch 1990 in seinem Buch *Die Untergegangenen und die Geretteten* geltend gemachte Einschränkung des «Zeugen»-Begriffes (im Sinne einer – ebenso existentiellen wie unüberbrückbaren – Erfahrungs-Differenz zwischen den Verstorbenen und den Überlebenden) hätte Paul Celan sehr wahrscheinlich geteilt: «Nicht wir, die Überlebenden, sind die wirklichen Zeugen. Das ist eine unbequeme Einsicht, die mir langsam bewusst geworden ist, während ich die Erinnerungen anderer las und meine eigenen nach einem Abstand von Jahren wiedergelesen habe. Wir Überlebenden sind nicht nur eine verschwindend kleine, sondern auch eine anormale Minderheit: wir sind die, die aufgrund von Pflichtverletzung, aufgrund ihrer Geschicklichkeit oder ihres Glücks den tiefsten Punkt des Abgrunds nicht berührt haben.» (Primo Levi, zit. n. Lydia Koelle: *Paul Celans pneumatisches Judentum. Gott-Rede und menschliche Existenz nach der Shoah*, S. 348)

630 Über ihre erste Wiederbegegnung mit Paul Celan nach seiner Flucht aus Bukarest im Oktober 1964 in Düsseldorf schrieb Edith Silbermann: «Die Veränderungen in Pauls Äußerem hatten mir einen Schock versetzt; die Zeit war an uns allen nicht spurlos vorübergegangen, aber ihm hatte sie offenbar trotz seiner großen Erfolge doch besonders übel mitgespielt. Seine Bewegungen waren schwerfällig geworden, das Gesicht wirkte aufgedunsen, die Stirn war gelichtet, die Zähne waren schadhaft, und was mir vor allem auffiel, waren die Stoßseufzer, mit denen er alle paar Minuten seine Sätze unterbrach, und der elegische Tonfall seiner Stimme.» (*Begegnung mit Paul Celan*, S. 69) Über ihre Wahrnehmung des siebenundvierzigjährigen Celan bei einer Lesung drei Jahre später in Berlin schrieb Marlies Janz: «Auf dem Podium saß ein älterer, etwas unbeweglicher und untersetzter Mann [...].» («‹... noch nichts Interkurrierendes›. Paul Celan in Berlin im Dezember 1967». In: *Celan-Jahrbuch* 8 [2001/02]. Hg. Hans-Michael Speier, S. 336)

631 Paul Celan hatte nach seinem zweiten Klinikaufenthalt vom Mai 1965 verstärkt erwogen, sich für ein Jahr von der École Normale Supérieure beurlauben zu lassen, um für eine befristete Zeit nach Deutschland zu gehen. Am 8. 6. 1964 hatte er diesbezüglich an Gottfried Bermann Fischer geschrieben: «Mir kommt es, Sie wissen es ja, vor allem darauf an, nach sechzehn Jahren Paris wieder einmal einige Zeit (sechs Monate oder, gegebenenfalls, ein Jahr) in ausschließlich deutscher Sprachumgebung zu leben; wenn also aus Berlin nichts werden sollte, so will ich gerne auch nach Frankfurt gehen – wäre da eine Form der Tätigkeit in Ihrem Verlag denkbar?» (In: Gottfried Bermann Fischer/Brigitte Bermann Fischer: *Briefwechsel mit Autoren* [Hg. R. Stach]. Frankfurt a. M. 1990, S. 652 f.) Zu Paul Celans bis zuletzt anhaltenden Erwägungen, evtl. nach Freiburg im Breisgau zu gehen – der deutschen Stadt und Universität, die ihm (auch aufgrund persönlicher Verbindungen) am nächsten stand –, vgl. Gerhart Baumann: *Erinnerungen an Paul Celan*, S. 124 ff.

632 Brief Paul Celans an Gisèle Celan-Lestrange, 1. 11. 1964. In: Paul Celan/Gisèle Celan-Lestrange: *Briefwechsel.* Band 1, S. 165.

633 Erwin Leiser: *Leben nach dem Überleben. Dem Holocaust entronnen – Begegnungen und Schicksale.* Königstein 1982, S. 79.

634 Brief Paul Celans an Jean Starobinski, 3. 5. 1965. In: Paul Celan/Gisèle Celan-Lestrange: *Briefwechsel.* Band 2, S. 177. Am 28. 7. 1965 schrieb Celan in einem weiteren Brief (an Erich von Kahler): «Viel Beklemmendes geschieht, auch zu dieser Stunde, in der Welt – ich verliers nicht aus den Augen. Wie ich nicht aus den Augen verliere, was in Deutschland geschieht, gerade da, wo ich noch gestern, von sehr weit her, mit einigen Hoffnungen war. – Linksnationalismus, *auch* Linksnationalismus, ist mir, wie Linksantisemitismus, verhaßt. Solange wir, die wir Juden sind, Juden zu sein und zu bleiben versuchen, nicht als Gleichgeborene und Ebenbürtige anerkannt werden, bleibt alles beim alten.» (In: Paul Celan/Gisèle Celan-Lestrange: *Briefwechsel.* Band 1, S. 231)

635 Vgl. hierzu: Theo Buck: «Geschichte einer Irrfahrt Celans durch Südfrankreich im Oktober 1965». In: *«Auf Atemwegen». Celan-Studien VI.* Aachen 2004, S. 59–117.

636 In: Paul Celan/Gisèle Celan-Lestrange: *Briefwechsel.* Band 1, S. 284.

637 Ebd., S. 290.

638 Dort schrieb Paul Celan am 28. Februar sein erstes Gedicht nach der schweren Dekompensation, unter dem Titel «Entteufelter Nu». Es thematisiert den erinnerten Besuch am Grab eines Jugendfreundes auf dem jüdischen Friedhof von Köln-Bocklemünd im September 1966, nicht weniger aber die Messer-Verwundung von Ende Januar: «Alle Winde. // Die Gewalten, ernüchtert, / nähn den Lungenstich zu. / Das Blut stürzt in sich zurück. // In Böcklemünd, über die vordere, die / Leichtschrift, / auch über dich, / tie-

ferer Mitbruder Buchstab, / eilt, unendlichkeitsher, / der Hammerglanz hin.» (II, 163). Auch ein halbes Jahres später, auf dem Weg zu Franz Wurm ins Tessin und im Zug nach Locarno sitzend, rief Paul Celan die eigene Verwundung noch einmal in den expliziten Raum des Gedichts: «DAS WILDHERZ, verhäuslicht / vom halbblinden Stich // in die Lunge // Veratmetes sprudelt, // langsam, blutunterwaschen / konfiguriert sich / das selten verheißne / rechte / Neben- / leben.» (II, 279)

639 Brief Paul Celans an Franz Wurm, 22. 11. 1967. In: Paul Celan/Franz Wurm: *Briefwechsel*, S. 114.

640 Ebd., S. 67 f. (Brief Paul Celans an Franz Wurm, 22. 5. 1967) – Auch Petre Solomon, der Celan «in den Jahren 1966–67» in Paris wiedertraf, fand ihn dort *«in fast völliger Einsamkeit»* vor – in größtem Kontrast zur sozialen Ausstrahlung und Umgebung Paul Celans 1945 bis 1947 in Bukarest. (Petre Solomon: «Paul Celans Bukarester Aufenthalt». In: *Neue Literatur* (Bukarest), Heft 11, 1980, S. 52)

641 Brief Paul Celans an Gisèle Celan-Lestrange, 8. 3. 1967. In: Paul Celan/Gisèle Celan-Lestrange: *Briefwechsel*. Band 1, S. 436.

642 Brief Paul Celans an Eric Celan, 4. 4. 1967. Ebd., S. 442.

643 Brief Paul Celans an Gisèle Celan-Lestrange, 12. 6. 1967. Ebd., S. 466.

644 John Felstiner: *Paul Celan*, S. 309 f.

645 Otto Pöggeler schrieb über die letzte Zeile von Celans Gedicht: «Die Israelis konnten die Skelette, die bei den archäologischen Ausgrabungen in Massada gefunden wurden, mit militärischen Ehren begraben; die Toten, die in den Vernichtungslagern in Rauch aufgingen, blieben unbestattbar, und doch findet der Dichter gerade von ihnen her Heimat, namenwach und handwach. Jesaja hatte (56, 5) für sein Volk Hand und Namen oder Mal und Gedächtnis gefordert [...].» (*Spur des Worts. Zur Lyrik Paul Celans*, S. 386; Martin Buber und Franz Rosenzweig übersetzten die Jesaja-Stelle mit den Worten: «Ihnen gebe ich in meinem Haus, in meinen Mauern ein Handzeichen, ein Namensmal» (Yad va-shem). Hierauf bezog sich die Namensgebung der Holocaust-Gedenkstätte Yad Vashem («Hand und Namen»), aber auch Paul Celan, der in seinem ersten Gedichtentwurf *«handnamenwach»* schrieb). – Lydia Koelle wies darauf hin, dass Celan mit seinen Worten «für immer» der vorletzten Gedichtzeile die Ansprache des Generalleutnants der israelischen Armee an die Soldaten vorwegnehmend «zitierte», die Mordechai Gut am 12. Juni – vier Tage *nach* der Gedichtniederschrift – mit den Sätzen beschloss: «Ihr habt der Nation die Hauptstadt und den Mittelpunkt des Glaubens wieder in die Hand gegeben. Jerusalem gehört euch – für immer!» (Zit. n. Gerhard Konzelmann: *Jerusalem. 4000 Jahre Kampf um die heilige Stadt*. München [3] 1988, S. 473) Im Anschluss an Pöggeler schrieb auch Koelle: «Indem Celan in der letzten Strophe seines Gedichtes ‹Denk dir› das ‹für immer› ergänzt

um den Zusatz ‹vom Unbestattbaren her›, ruft er, ‹namenwach, handwach› auch jene unzählig Namenlosen ins Gedächtnis, die fern der Heimat (im profanen wie religiösen Sinne) verscharrt wurden, deren Gräber niemand kennt. Nur von diesen her bekommt die Rede von dem ‹wieder / ins Leben empor- / gelittenen / Stück / bewohnbarer Erde› einen Sinn. Und dieser Sinn schließt die Überlebenden wie die Gemordeten mit ein.» (*Paul Celans pneumatisches Judentum. Gott-Rede und menschliche Existenz nach der Shoah*, S. 238) John Felstiner bemerkte: «Celans ‹Unbestattbares› birgt zwei Hälften ein und desselben Gedankens: jüdische Opfer, die nicht bestattet werden *konnten*, und ihr Geist, der niemals bestattet werden *wird*.» (John Felstiner: *Paul Celan,* S. 311)

646 Vgl. Wolfgang Emmerich: *Paul Celan*, S. 152 und Paul Celan: *Fadensonnen*. Historisch-kritische Ausgabe. 8. Band. 2. Teil. Apparat. Hg. Rolf Bücher. Frankfurt a. M. 1991, S. 246.

647 Ilana Shmueli: *Sag, dass Jerusalem ist. Über Paul Celan: Oktober 1969 – April 1970*, S. 22.

648 In der Übersetzung durch Nathan Sach. – Claudia Koelle machte darauf aufmerksam, dass sich Celan auch um eine rasche Verbreitung des Textes in deutschsprachigen Tageszeitungen bemühte und baldige Publikationen in der *Neuen Zürcher Zeitung* (24. 6. 1967, zwei Wochen nach der Gedichtniederschrift), in der Zeitschrift *Akzente* sowie in deutschsprachigen Organen Israels (wie dem Mitteilungsblatt der Bukowiner *Die Stimme* und im *Irgun Olej Merkaz Europa* – beide in Tel Aviv) erreichte (vgl. Lydia Koelle: *Paul Celans pneumatisches Judentum. Gott-Rede und menschliche Existenz nach der Shoah*, S. 235). – Wie sehr sich Celan darüber und über die bei ihm eingehenden Rückmeldungen freute, zeigt sein Brief vom 23. April 1968 an Gideon Kraft, der sich für die Publikation des Gedichtes in der *Stimme* eingesetzt hatte: «Gerade heute – so weit reicht die ‹Stimme› – kam ein Brief aus Amerika, ein Echo auf das von Ihnen veröffentlichte ‹Denk dir›. Geschrieben hat ihn die Tochter des alten Bundisten Dr. Kissmann, Ruth Kissmann – jetzt Ruth Kaswan –, sie hatte die ‹Stimme› unter den Papieren ihres plötzlich dahingerafften Vaters gefunden und darin das Gedicht – ... und, denken Sie, dieses Gedicht, schreibt sie, hat sie in schwerer Stunde gehalten, auch vom Jüdischen her, an dem es mitzutragen, mit dem es mitzugehen versuchte.» (Ebd., S. 235 f.)

649 Brief Paul Celans an Franz Wurm, 8. 6. 1967. In: Paul Celan/Franz Wurm: *Briefwechsel*, S. 71. – Franz Wurm antwortete Celan sofort, schrieb ihm den Text des Gedichtes noch einmal eigenhändig ab und begann seinen Brief mit den Worten: «Lieber Paul Celan, – hier kommt Ihr unerhörtes Gedicht nur scheinbar anders zu Ihnen zurück; vielleicht hilft dieser Schein Ihnen, es fremder zu sehen als ich es kann, mir war es u. ist es so innig vertraut, als

hätten *Sie's* Wort für Wort (bis auf eines) aus *mir* hervorgeholt. Veröffentlichen? Fast verstehe ich die Frage nicht. Und wenn ich erfindbare Bedenken suche, so bleibt meine Antwort doch: So, jetzt wie jederzeit.» (Ebd., S. 72 f.) Zur bemerkenswerten Diskussion der beiden Freunde über Stellen des Gedichtes und zu einzelnen Korrekturen Celans aufgrund dieses Gespräches vgl. die Briefe vom 11. 6., 12. 6., 13. 6. und 15. 6. Das «eine», von Wurm als fremd erlebte Wort stand in der letzten Zeile des Gedichtes, die in der ihm übersandten Fassung lautete: «Denk dir: / das kam auf mich zu, / handnamenwahr / für immer, / vom *Allverwandelnden* her.» (Hervorhebung v. V.) Wurm schrieb daraufhin Celan am 11. 6.: «Das eine Wort, das Sie nicht aus mir geholt haben, ist ‹Allverwandelnden›: – die Berufung auf eine Instanz, die weder zustimmen noch widersprechen kann, gibt mir in diesem Kontext einen Stich. Jeder Widersacher könnte sich auf die gleiche Instanz berufen, hat es in den letzten Tagen (u. Jahrzehnten) bis zum Irrwitz getan, u. mag ich das Wort bei Ihnen nun zu recht oder zu unrecht gleichsam als das angeborene Recht verstehen: es färbt sich hier, statt als Prämisse, trotz der beiden Zeilen, die ihm vorausgehen, als Argument.» (Ebd., S. 73) Celan antwortete postwendend, übersandte die korrigierte Fassung und schrieb über das «Allverwandelnde»: «Lieber Franz Wurm, – Sie sehen es ganz richtig, Sie hören es heraus, z. B. beim *Allverwandelnden*: dieses Wort aus dem Hölderlinschen Empedokles versetzte mich in jenen, Ihnen wohlbekannten, Zustand der sich straffer und straffer dem Gedicht – jedem möglichen Gedicht – entgegenspannenden Erwartung – und kam dann, aus Dankbarkeit, im Text wieder. Nur dass diese Dankbarkeit, die hier bezeugt werden soll, schwindet gegenüber dem unvermittelten, stärkeren Anruf: jetzt heißt es – richtig, glaube ich –: vom *Unbestattbaren* her.» (Ebd., S. 77).

650 Zur Intensität und Qualität von Celans Heidegger-Studien und -Bezugnahme vgl. die bemerkenswerte Arbeit von Hadrien France-Lanord: *Paul Celan und Martin Heidegger. Vom Sinn eines Gesprächs*. Freiburg 2007.

651 Vgl. hierzu Victor Farías: *Heidegger und der Nationalsozialismus*. Frankfurt a. M. 1987; Bernd Martin (Hg.): *Martin Heidegger und das ‹Dritte Reich›*. Darmstadt 1989; Rüdiger Safranski: *Ein Meister aus Deutschland. Heidegger und seine Zeit*. München und Wien 1994. – Martin Heidegger war im März 1933 in die «Kulturpolitische Arbeitsgemeinschaft Deutscher Hochschullehrer» eingetreten, eine Vereinigung, die sich die Realisierung der «nationalsozialistischen Revolution» im akademischen Rahmen und die «Gleichschaltung» der deutschen Universitäten – unter Berücksichtigung des «Führerprinzips» – zum Ziel gesetzt hatte. Einen Tag vor Übernahme seines Rektorats der Freiburger Universität am 25. Mai 1933 mit einer militanten Rede über die «Selbstbehauptung der deutschen Universität», die Heidegger ursprünglich vom Absingen des Horst-Wessel-Liedes und «Sieg-Heil»-Rufen

umrahmt wissen wollte, hatte er zum Märtyrer-Tag Leo Schlageters gesprochen, eines Vorläufer-«Helden» des Nationalsozialismus, der 1923 als Bombenleger gegen die französische Besatzung im Ruhrgebiet erschossen worden war: «Wehrlos vor die Gewehre gestellt schwang sich der innere Blick des Helden über die Gewehrmünden hinweg zum Tal und zu den Bergen seiner Heimat, um im Blick auf das alemannische Land für das deutsche Volk und sein Reich zu sterben.» (Heidegger, zit. n. Rüdiger Safranski: *Ein Meister aus Deutschland. Heidegger und seine Zeit*, S. 285) – In der Zeit seines elfmonatigen Rektorats bis zu seinem Rücktritt am 14. April 1934 forcierte Heidegger im akademischen Rahmen die Umsetzung seiner Auffassung der «nationalsozialistischen Revolution» bzw. den «grundsätzlichen Wandel der wissenschaftlichen Erziehung aus den Kräften und Forderungen des nationalsozialistischen Staates» (ebd., S. 316). «Heidegger hatte nach der Rektoratswahl das Führerprinzip in Freiburg de facto bereits eingeführt, noch ehe es durch die badische Hochschulreform offiziell etabliert wurde. Er berief über mehrere Monate den akademischen Senat nicht ein und entmachtete ihn dadurch. Seine Mitteilungen und Rundschreiben an die Kollegialorgane und Fakultäten waren in gellendem und befehlendem Ton abgefasst. Heidegger, ein Mann ohne Fronterfahrung im Ersten Weltkrieg, war von der Idee fasziniert, soldatischen Geist in den Lehrkörper zu tragen.» (Safranski, ebd., S. 296) Heidegger beendete seinen privaten Umgang mit jüdischen Kollegen, promovierte keinen jüdischen Schüler mehr und brach auch den Kontakt zu seinem ehemaligen Lehrer und Freund jüdischer Herkunft, Edmund Husserl, ab. Selbst seine Schwarzwaldhütte integrierte er in die von ihm verfolgten Zielsetzungen und führte dort in der Zeit vom 4. bis zum 10. Oktober 1933 ein «Wissenschaftslager» im größeren Stil durch, mit geschlossenem Abmarsch der Teilnehmer von Freiburg aus: «Das Ziel wird durch Fußmarsch erreicht. [...] SA- und SS-Dienstanzug, eventuell Stahlhelmuniform mit Armbinde.» (Heidegger, zit. n. Safranski, S. 306) Auch in verschiedenen Reden, die er außerhalb Freiburgs hielt, sprach sich Heidegger für den nationalsozialistischen «Aufbruch» als «metaphysische Revolution» aus: «Unter der Befehlskraft einer neuen Wirklichkeit stehend» (ebd., S. 273), thematisierte er wiederholt die «völlige Umwälzung unseres deutschen Daseins» (ebd., S. 274). – Weder in Freiburg noch in seinen gesamtdeutschen Bemühungen, zur führenden Figur im universitären Aufbruch radikaler Ausformung zu werden, konnte sich Heidegger schließlich durchsetzen. «Die Mehrzahl der Professoren in Freiburg hielt den Rektor für einen wild gewordenen, radikalen Phantasten. [...] Die Mehrheit der Professorenschaft wünschte sich lieber heute als morgen ein Ausscheiden Heideggers aus dem Amt. Denn man liebte nicht diesen strammen Ton seiner Rundschreiben, Appelle, Abmahnungen; vor allem aber war der Lehrkörper in seiner Mehrzahl zwar bereit, sich mit den neuen politischen Verhältnissen zu arrangieren, aber die Lehre und Forschung sollten weiter nicht davon berührt werden. Besonders ärgerlich war für die Professoren der Ausfall von Seminar- und Vorlesungsstunden durch die von der SA-Studentenschaft organisierten Wehrsportübungen und Arbeitsdiensteinsätze. Auf diese Einsätze aber legte Heidegger großen Wert, für ihn manifestierte sich in ihnen der neue Geist der nationalsozialistischen Revolution.» (Safranski, ebd., S. 312 ff.) Heideggers Rückzug war eine Frage der Zeit; zu seinem weiteren Umgang mit dem Nationalsozialismus und seiner weitgehenden Leugnung und Verdrängung nach 1945 vgl. die entsprechendeDarstellung von Victor Farías: *Heidegger und der Nationalsozialismus* (Frankfurt a. M. 1987) und Rüdiger Safranski, in: *Ein Meister aus Deutschland. Heidegger in seiner Zeit.* – Hadrien France-Lanord machte in seiner Celan-Heidegger-Studie darauf aufmerksam, dass Heideggers Verwicklung in den Nationalsozialismus des Jahres 1933 in den 50er Jahren intensiv und in polemischer Weise in der deutschen Öffentlichkeit diskutiert wurde, was Celan selbstverständlich wahrgenommen hatte.

652 «Nach den zahlreichen intensiven Gesprächen über den Philosophen fragte Otto Pöggeler Celan, ob er ihm sein Buch über Heidegger widmen dürfe. Celan lehnte ‹nicht leicht› ab. Er müsse darauf bestehen, ‹dass sein Name vor einer Aussprache mit Heidegger nicht mit dessen Name verbunden werde.›» (Rüdiger Safranski: *Ein Meister aus Deutschland. Heidegger in seiner Zeit*, S. 484; vgl. a. Otto Pöggeler: *Der Denkweg Martin Heideggers.* Pfullingen[4] 1994, S. 340)

653 «Damals – im Frühjahr 1957 – wollte Celan Heidegger sein Gedicht ‹Schliere› schicken. Das Gedicht zeigt, wie das Auge nur über eine Verwundung sich Welt heranzuholen vermag. Von welcher Wunde die Rede ist, kann nicht zweifelhaft sein [...].» (Otto Pöggeler: «Celans Begegnung mit Heidegger». In: *Der Stein hinterm Auge. Studien zu Celans Gedichten.* München 2000, S. 160) «Schliere im Aug: / von den Blicken auf halbem / Weg erschautes Verloren. / Wirklichgesponnenes Niemals, / wiedergekehrt. // Wege, halb – und die längsten. // Seelenbeschrittene Fäden, / Glasspur, / rückwärtsgerollt / und nun / vom Augen-Du auf dem steten / Stern über dir / weiß überschleiert. // Schliere im Aug: / daß bewahrt sei / ein durchs Dunkel getragenes Zeichen, / vom Sand (oder Eis?) einer fremden / Zeit für ein fremderes Immer / belebt und als stumm / vibrierender Mitlaut gestimmt.» (I, 159) Vgl. diesbezüglich auch Paul Celans Heidegger-Korrespondenz mit Ingeborg Bachmann vom 5. und 10.8.1959, die sich um die Frage einer möglichen Mitarbeit an einer Festschrift zu Heideggers 70. Geburtstag drehte (Ingeborg Bachmann/Paul Celan: *Briefwechsel,* S. 117 ff.). Celan war zu diesem Zeitpunkt eher als Bachmann bereit, einen Beitrag zu der geplanten Festschrift zu liefern, obwohl beide ein durchweg ambivalentes Verhältnis zu Heideg-

ger hatten – Bachmann betonte in diesem Kontext u.a.: «Ich habe doch vor Jahren eine kritische Heidegger-Arbeit geschrieben, und obwohl ich dieser obligatorischen Fleissübung keinen Wert beimesse, habe ich doch meine Einstellung Heidegger gegenüber nie geändert, seine politische Verfehlung bleibt für mich indiskutabel, ich sehe auch, nach wie vor, die Einbruchsstelle dafür in seinem Denken, in seinem Werk, und zugleich weiss ich auch, weil ich sein Werk wirklich kenne, um die Bedeutung und den Rang dieses Werks, dem ich nie anders als kritisch gegenüberstehen werde.» (Ebd., S. 117)

654 Gerhart Baumann hatte Heidegger zu der Lesung Paul Celans eingeladen und deren Termin mit ihm abgestimmt. In seinem Antwortbrief an Baumann hatte Heidegger sein nachdrückliches Interesse an der Lesung sowie am Werk und an der Person Paul Celans bekundet und geschrieben: «Schon lange wünsche ich, Paul Celan kennen zu lernen. *Er steht am weitesten vorne und hält sich am meisten zurück. Ich kenne alles von ihm, weiß auch von der schweren Krise, aus der er sich selbst herausgeholt hat, soweit dies ein Mensch vermag.* Sie deuten in dieser Hinsicht das Hilfreiche einer hiesigen Lesung richtig. Der 24. Juli wäre für mich der beste Termin.» (Gerhart Baumann: *Erinnerungen an Paul Celan*, S. 59 f.; Hervorhebung v. V.) Über die seit langem bestehende Anteilnahme Heideggers an Celans Werk *und* Person schrieb auch Otto Pöggeler: «Als ich Heidegger 1959 zum ersten Male traf, kannte er nicht nur Celans Gedichte [...]; er hatte sich auch darum bemüht, Celan einen Ort des Wirkens in der Bundesrepublik zu verschaffen. Er wollte die Einzelheiten genau wissen, als ich ihm z. B. Celans Bericht über den Tod seiner Eltern in der Ukraine wiedergab. Dass er auf die Stimme dieser Toten hören wollte, duldet meines Erachtens keinen Zweifel [...].» (*Der Denkweg Martin Heideggers*, S. 405; vgl. a.: «Ich hatte Heidegger den Bericht über den Tod seiner [Celans] Eltern wiedergegeben, und diese Dinge hatte Heidegger im abendlichen Schweigen seiner Freiburger Wohnung genau erfahren wollen [...].» Zit. n. Hadrien France-Lanord: *Paul Celan und Martin Heidegger. Vom Sinn eines Gesprächs*, S. 28.) – Nach Pöggeler hatte sich Heidegger in der zweiten Hälfte der 50er Jahre für eine Berufung Celans an die Ulmer Hochschule für Gestaltung eingesetzt, die von Otl Aicher, dem engen Freund von Hans und Sophie Scholl (und Mann von Inge Scholl), geleitet wurde: «Wenn er [Martin Heidegger] in der zweiten Hälfte der fünfziger Jahre Celan an die Hochschule für Gestaltung in Ulm bringen wollte, dann suchte er auch für sich in seine ‹Kehre› des Denkens den Widerstand gegen den Totalitarismus aufzunehmen; ‹geistigen Widerstand› sprach er sich selbst darin zu, dass er die metaphysische Tendenz des Weltzugriffs als Anstoß der auswuchernden kriegerischen und ‹friedlichen› Technik aufgezeigt habe. Zur Konkretisierung dieser Position gehörte, dass Celan mit den

Geschwistern Scholl zusammentreten und dass beide zeigen sollten, wie aus der Verfolgung die Kunst unserer Zeit erwuchs.» (Otto Pöggeler: «Celans Begegnung mit Heidegger». In: *Der Stein hinterm Auge. Studien zu Celans Gedichten.* München 2000, S. 176)

655 «Als Celan 1967 Heidegger besuchte, traf er einen bald Achtzigjährigen, der – nach schwerer Krankheit – mit seinem Leben abgeschlossen hatte und sich für den Rest der gewährten Zeit ganz auf seine Arbeit konzentrierte. So kam es zu einer Begegnung, die letztlich doch keine war.» (Otto Pöggeler: *Spur des Worts. Zur Lyrik Paul Celans*, S. 249 f.)

656 Zit. n. dem Kommentar Barbara Wiedemanns zu «Todtnauberg», in: Paul Celan: *Die Gedichte. Kommentierte Gesamtausgabe*, S. 807. – Über Celans Formulierung von der «Hoffnung auf ein kommendes Wort im Herzen» schrieb Otto Pöggeler u. a.: «Ist eine Hoffnung im Herzen auf das Wort eines Denkenden gemeint oder eine Hoffnung auf das Wort im Herzen eines Denkenden? Die bis jetzt bekannten Fassungen lassen beide Lösungen zu. Für die erste Lösung spricht der normale Sprachgebrauch, der jedoch trivial bleibt – die Hoffnung ist sowieso Hoffnung im Herzen. Für die zweite Lösung spricht die rhythmische Anordnung der Wortgruppen, aber auch, dass Celan als Gast Heideggers auf Heideggers Sprechweise eingehen wird. Nicht mehr Sein und Zeit, sondern die Wahrheit des Seins und das Wort: so hatte Heidegger schon in den dreißiger Jahren seine Grundfrage umformuliert. Seit Augustin und Meister Eckhart spricht man vom Wort im Herzen, das zugleich die Neugeburt des Menschen bedeutet; diese Tradition wurde von Heidegger zurückgetragen in die Logosproblematik Heraklits, die schließlich mit der Rede des Laotse vom Weg verbunden wurde. Im Hütten-Büchlein *Aus der Erfahrung des Denkens* heißt es: ‹Sobald wir die Sache vor den Augen und im Herzen das Gehör auf das Wort haben, glückt das Denken.› Wenige Monate vor Celans Besuch, am 4. April 1967, hatte Heidegger seine Athener Rede *Die Herkunft der Kunst und die Bestimmung des Denkens* geschlossen mit Versen Pindars: ‹Das Wort aber weiter hinaus in die Zeit als die Taten bestimmt es das Leben, wenn nur mit der Charitinnen Gunst / die Sprache es herausholt aus der Tiefe des sinnenden Herzens.› In der Vorlesung *Was heißt Denken?* bezog Heidegger das Zu-denkende, das uns denken heißt, auf ein Denken, das Dank und Gedächtnis ist; so konnte er auf das Denken des Herzens verweisen, von dem Pascal spricht. Nach dem *Neuen Testament* bewegt Maria nach der Verkündigung das Wort im Herzen. Celan hat diese Zusammenhänge zwischen Denken, Andenken und Dank, aber auch zwischen Herz und Wort vielfach artikuliert. Der Denkende, dessen Wort in unserem Gedicht erwartet wird, ist sicherlich auch der, der bedenkt und überdenkt; das Herz ist das wache Gewissen, das von der Schuld nicht ausweicht in Ausflüchte.» (*Spur des Worts. Zur Lyrik Paul Celans*, S. 264 f.; zu den

organischen Herz-Grundlagen der Erinnerungs- und Gewissensdimension des Menschen vgl. Peter Selg: *Mysterium cordis. Studien zur sakramentalen Physiologie des Herzorgans. Aristoteles – Thomas von Aquin – Rudolf Steiner.* Dornach[2] 2006)

657 Vgl. hierzu die eindrucksvolle, wenn auch mit Sicherheit überakzentuierte (und damit verfremdende) Interpretation des Gedichtes durch Jean Bollack «Todtnauberg. Von dem Gericht der Toten.» (In: Jean Bollack: *Dichtung wider Dichtung. Paul Celan und die Literatur.* Göttingen 2006, S. 377–411) Wolfgang Emmerich referierte und relativierte Bollacks Todtnauberg-Studie in seiner Celan-Biographie mit den Worten: «Jean Bollack, der Celan sehr gut kannte, deutet den Besuch des Freundes beim einst dem Nazismus verbündeten Philosophen als von Celan in seinem konkreten Ablauf geplantes und inszeniertes Treffen. Als ‹Tribunal der Toten› am *Todtnauberg*, der an ‹Toten-Au› und die NS-Organisation Todt (die für die Mordlager in der Ukraine mitverantwortlich war) erinnert. [Über die Silbe «-au» schrieb Bollack: «Die Herkunft von Paketen, die aus den Vernichtungslagern nach Deutschland geschickt wurden (und zum Beispiel Haare enthielten) war durch bestimmte Buchstaben angegeben: AU, wenn es sich um Auschwitz handelte. Das Faktum wird im Dokumentarfilm von Alain Resnais (‹Nacht und Nebel›) festgehalten, dessen von Jean Cayrol stammenden, im Off gesprochenen Text Celan übersetzt hat.» *Dichtung wider Dichtung. Paul Celan und die Literatur*, S. 378.] Der *Sternwürfel* des Gedichts, in der Nähe der gelbblühenden *Arnika*, gemahnt dann an den Judenstern, die *Waldwasen, uneingeebnet, die Knüppel- / pfade im Hochmoor* werden zur Szenerie eines nazistischen Moorlagers und seines Friedhofs. Kurz, die Moorwanderung ist die Bühne einer Höllenfahrt, eines Prozesses, bei dem der Schuldige gestellt und mit seinen Verbrechen konfrontiert wird. Hatte George Steiner vermutet, Celan sei bei dem Treffen das ‹Risiko eines äußersten Vertrauens in die Möglichkeit der Begegnung eingegangen›, so geht Bollack vom Gegenteil aus: Nicht vertrauensvolle Begegnung, gar Versöhnung sei Celans Ziel gewesen, sondern kalkulierte Abrechnung, Richtigstellung dessen, was einmal war – und immer noch war. – Bollack sieht, anders als die meisten Celan-Interpreten, diese Intention des Autors als häufig gegeben an, auch in seinem gescheiterten Verhältnis zu Ingeborg Bachmann, auch in den misslingenden Beziehungen zu versöhnungsbereiten Juden wie Nelly Sachs oder Martin Buber, selbst in der scharfen Kritik am toten Benjamin. In der Tat ist diese Komponente in der Haltung Celans bisher unterschätzt worden, doch es wäre verfehlt, sie absolut zu setzen. Vielmehr ist gerade für das letzte Lebensjahrfünft Celans seine weitreichende, ihn quälende Ambivalenz charakteristisch, wie viele seiner Freunde und Bekannten bezeugen, sein *‹Es ist nicht so einfach›*. Wenn er nur mit Heidegger abrechnen wollte: Warum dann hat

er den zitierten Satz ins Gästebuch Heideggers geschrieben? Warum hat er sich im Juni 1968 und im März 1970 erneut mit ihm in Freiburg getroffen? Warum sonst hat er sich im Juli 1967 zunächst gegen ein gemeinsames Foto mit Heidegger verwahrt und diese Verweigerung Minuten später zurückgenommen?» (Wolfgang Emmerich: *Paul Celan*, S. 144 f.) – Zur Heidegger-Ambivalenz Paul Celans vgl. a. die Ausführungen von Rüdiger Safranski, in: *Ein Meister aus Deutschland. Heidegger in seiner Zeit*, S. 485 ff.; über den – die Botanik weit überschreitenden – Todes- und Gedächtnisaspekt des Hochmoorganges vgl. a. Otto Pöggler, in: *Vom Denkweg Martin Heideggers*, S. 407. («Wahrscheinlich hat 1967 niemand die Geste verstanden, dass Celan mit Heidegger ins Hochmoor wollte – nicht zu den seltenen Pflanzen einer besonderen Landschaft, sondern an die Stätte, wo das Tote verwest und uns durch seine ‹Lumineszenz›, Gedenken weckend, treffen will.») – Bollack schrieb über seine eigenen Begegnungen mit Celan kurz vor und nach dem Freiburg-Besuch im Rahmen seiner Studie «Todnauberg. Von dem Gericht der Toten»: «Celan war vor seiner Abreise nach Freiburg zu mir gekommen und hatte erwähnt, dass er Heidegger anlässlich einer Lesung begegnen würde. Er dachte, dass ich mich enttäuscht oder erstaunt zeigen würde, nach all den Gesprächen über Heidegger, die wir in den vorangehenden Wochen und Monaten geführt hatten. ‹Er wird gezwungen sein [oder: ich werde ihn zwingen?], mit mir zu sprechen.› Ich sagte ihm voraus, dass er nichts erreichen werde, und dachte dabei an eine Erklärung über sein Verhalten während der NS-Zeit, wie man sie Heidegger so oft hat abringen wollen. Celan teilte wohl meine skeptische Haltung, doch hat er mir seine Strategie nicht verraten. Ich hatte keine Ahnung von den Mitteln, mit denen er ihn zum Reden bringen wollte. Gleich nach seiner Rückkehr hat er mich aufgesucht, mir erzählt, dass er Heidegger in der Tat begegnet war und dass er tatsächlich ‹nichts ausgerichtet› hatte, d. h. von dem, woran ich damals dachte. Er sagte mir nicht, dass ihm dafür etwas ganz anderes gelungen war.» (Jean Bollack: *Dichtung wider Dichtung. Paul Celan und die Literatur*, S. 395 f.) – Zum Gesamtkontext des Gedichtes oder vielmehr des von Martin Heidegger verweigerten *Wortes* vgl. a. Paul Celans Erinnerungsgedicht an Paul Éluard, der sich (trotz entschiedener Aufforderung durch André Breton) geweigert hatte, mit seinem Wort gegen das über den Historiker und surrealistischen Dichter Zavis Kalandra in der Tschechoslowakei verhängte Todesurteil zu protestieren («Éluard lehnte dies mit großem Ernst ab, und Kalandra wurde gehängt.» John Felstiner: *Paul Celan*, S. 101). Paul Celan schrieb sein Gedicht «In memoriam Paul Eluard» am 21. 11. 1952 nach einem Besuch des aufgebahrten Éluard und einen Tag vor dessen Bestattung: «Lege dem Toten die Worte ins Grab, / die er sprach, um zu leben. / Bette sein Haupt zwischen sie, / laß ihn fühlen / die Zungen der Sehnsucht, / die Zangen. // Leg auf die

Lider des Toten das Wort, / das er jenem verweigert, / der du zu ihm sagte, / das Wort, / an dem das Blut seines Herzens vorbeisprang, / als eine Hand, so nackt wie die seine, / jenen, der du zu ihm sagte, / in die Bäume der Zukunft knüpfte. // Leg ihm das Wort auf die Lider: // vielleicht / tritt in sein Aug, das noch blau ist, / eine zweite, fremdere Bläue, / und jener, der du zu ihm sagte, / träumt mit ihm: Wir.» (I, 130) In einem Brief vom 29. 3. 1962 an Karl-Eberhard Felten sprach Paul Celan von seinem Gedicht, «das mit Eluard des tschechischen Dichters gedenkt, der während der Prager Prozesse zum Tode verurteilt wurde und um dessen Begnadigung einzukommen sein Freund Eluard sich geweigert hatte», um sodann fortzufahren: «Aber dann heißt es, von der *zweiten*, fremderen Bläue her, denn doch wieder: Wir. – Ich werde, wenn Zeit und Umstände es erlauben, in der nächsten Auflage auch diesen – tschechischen – Namen nennen.» (Zit. n. Paul Celan: *Die Gedichte. Kommentierte Gesamtausgabe*, S. 636)

658 Marie Luise Kaschnitz berichtete von Paul Celans froher, ja hochgemuter Stimmung bei seiner Ankunft in Frankfurt, nach der Begegnung mit Martin Heidegger. «Zu Freunden sagte sie: ‹Was haben die in Freiburg aus ihm gemacht, was ist in ihm dort vorgegangen; er ist nicht wiederzuerkennen.›» (Rüdiger Safranski, in: *Ein Meister aus Deutschland. Heidegger in seiner Zeit*, S. 487) Auch Gerhart Baumann und Otto Pöggeler betonten, dass Paul Celan über die erste Begegnung mit Heidegger und den Gesprächsverlauf außerordentlich froh war: «So berichtete er [im Frühjahr 1969] über das erste Gespräch mit Heidegger enthusiastisch [...].» (Otto Pöggeler: *Vom Denkweg Martin Heideggers*, S. 406)

659 Am 7. August schrieb Celan in diesem Sinne auch an Franz Wurm nach Zürich: «Ich bin seit wenigen Tagen aus Deutschland zurück, wo alles recht gut ging, auch das Zusammentreffen mit Heidegger, *mit dem ich ein recht langes und recht deutliches Gespräch geführt habe [...].*» (In: Paul Celan/Franz Wurm: *Briefwechsel*, S. 88; Hervorhebung v. V.) Hadrien France-Lanords Interpretation dieser Nachricht an Wurm («Das Gespräch mit Heidegger war ‹recht deutlich›, vertraut Celan Franz Wurm an, *insofern, als die beiden Männer sich über die nihilistische Wendung der Epoche einigen konnten*»), halte ich für ausgesprochen abwegig. (Zit. n. *Paul Celan und Martin Heidegger. Vom Sinn eines Gesprächs*, S. 59, Hervorhebung v. V.)

660 Brief Paul Celans an Gisèle Celan-Lestrange, 2. 8. 1967. In: Paul Celan/Gisèle Celan-Lestrange: *Briefwechsel.* Band 1, S. 479.

661 «Die Begegnung musste im Licht des vorgestellten weiten Rahmens zu einer wahren Feuerprobe für die Grundlagen des Heideggerschen Denkens über die Dichtung allgemein und seine Vorstellung vom ‹Gespräch› im besonderen werden [vgl. dazu Martin Heidegger: «Andenken». In: *Erläuterungen zu Hölderlins Dichtung*. Frankfurt a. M. 1981, bes. S. 123–127]. – Heidegger aber

erkannte die Situation nicht, die Begegnung scheiterte, so wird berichtet, so ‹dokumentiert› vor allem das Gedicht selbst, noch weniger gab es ein Verstehen, nurmehr ‹Krudes› wird geäußert, also Grobes, Raues. Es fehlt noch immer das menschliche Mitempfinden und die Bedachtsamkeit; es fehlt, wenn nicht das Denken, so doch das Denken auf den Anderen hin. Jedes Wort trifft den Leidenden erneut. Die ‹beschrittenen Knüppel- / pfade› konnotieren Wege, auf denen geschlagen wird und die selbst zerschlagen sind; jeder Schritt, jedes Wort – es gibt keinen Unterschied – versetzten Celan einen Hieb. Der in den ‹Knüppel- / pfade(n)› in versteckter Metonymie mitgedachte Verfasser der ‹Holzwege› tritt in das Licht einstigen Schreckens, der in reduziertem Maße – ‹halb-› – eine Wiederholung erfährt. Der einst Geschlagene und jetzt im doppelten Sinne Niedergeschlagene wird in den letzten Versen sichtbar. Das ‹Feuchte› spielt in diesem Kontext nicht mehr ausschließlich auf den regennassen Tag an, der dazu zwang, den Spaziergang im Hochmoor abzubrechen; es bezieht sich auch nicht allein auf die Feuchtigkeit der Moorlandschaft oder das zu Beginn des Gedichtes genannte Brunnenwasser, das Wort impliziert nun auch die Tränen der Trauer über das missglückte Gespräch, denn in ihm wiederholt sich unbedacht inhumane Geschichte.» (Sieghild Bogumil: «Todtnauberg». In: *Celan-Jahrbuch* 2 (1988). Hg. Hans-Michael Speier. Heidelberg 1988, S. 39 f.) – In einem Gespräch mit Christoph Schwerin berichtete Paul Celan noch im Februar 1970, wie sehr er im Kontext seines Besuch in Todnauberg zweieinhalb Jahr zuvor *«auf ein kleines Wort der Umkehr, des Eingeständnisses von Heideggers Seite gehofft hatte»*. («Ich wollte hören, daß er mich um Vergebung bittet und ihn überzeugen, daß er es öffentlich sagt», sagte Celan auch zu Jean Daive nach seiner Rückkehr aus Freiburg. Zit. n. Hadrien France-Lanord: *Paul Celan und Martin Heidegger. Vom Sinn eines Gesprächs*, S. 110.) Schwerin erwähnte in seinen Erinnerungen weiter, dass Celan ihm noch im Februar 1970 Heideggers Freiburger Rektoratsrede vom Mai 1933 gezeigt habe, und referierte Celans Ausführungen mit den Worten: «Die Fahrt zu ihm [Martin Heidegger] in den Schwarzwald wäre der endgültige Bruch gewesen, sagte Celan. Heidegger habe das allerdings nicht begriffen, denn er habe ihn wissen lassen, dass er mit einer Wiederbegegnung rechne, wenn Celan das nächstemal zu einer Lesung nach Freiburg käme.» (Christoph Schwerin: *Als sei nichts gewesen. Erinnerungen*, S. 355) Otto Pöggeler, der sowohl mit Celan als auch mit Heidegger persönlich befreundet war, wies in seinen Ausführungen zu «Todtnauberg» dagegen darauf hin, dass Celan trotz seiner Enttäuschung über Heidegger (auch über Heideggers Brief vom 30. 1. 1968 nach Erhalt des «Todtnauberg»-Gedichtes) keineswegs mit dem Philosophen brach – «Die Enttäuschung [...] konnte Celan das Bewusstsein der dennoch bleibenden Übereinstimmung nicht nehmen, und so verteidigte er weiterhin Heidegger, z. B. im März 1970 im Gespräch mit Clemens Graf Podewils: ‹Im Unterschied zu solchen, die sich an seiner Ausdrucksweise stoßen, sehe ich in Heidegger denjenigen, der der Sprache wieder ihre «limpidité» zurückgewonnen hat.›» (Otto Pöggeler: *Spur des Worts. Zur Lyrik Paul Celans*, S. 250; vgl. hierzu auch Hadrien France-Lanord: «Das Lichte der Sprache». In: *Paul Celan und Martin Heidegger. Vom Sinn eines Gesprächs*, S. 57 ff.) Gerhart Baumann und Otto Pöggeler zufolge sahen sich Paul Celan und Martin Heidegger nach dem Hütten-Besuch nicht nur wieder; vielmehr plante Martin Heidegger im Mai 1970, nach einer erneuten Lesung Celans in Freiburg, eine gemeinsame Reise mit Paul Celan durch die Hölderlin-Landschaft der oberen Donau («Der Ister»), zum Bodensee und nach Hauptwil («Als Celan Heidegger 1970 ein zweites Mal traf, wurde für eine baldige Wiederkehr der gemeinsame Besuch der nahen Hölderlin-Stätten verabredet: die heilende Kraft der Erinnerung an Hölderlin sollte dem erkrankten Dichter zuteil werden.» Otto Pöggeler: *Der Denkweg Martin Heideggers*, S. 407) Sowohl Pöggeler als auch Baumann betonten, dass Heidegger nicht nur Celans Lebenskrise und Erkrankung früh und konturiert wahrgenommen hatte (vgl. Anm. 654), sondern seine – sich steigernden – Krankheitseinbrüche mit größter Sorge betrachtete. In seinen Erinnerungen schrieb Gerhart Baumann: «Heidegger begleitete unbeirrbar und mit zunehmender Sorge Celan auf seinem Wege. Er wusste, was er dem Dichter schuldig war und ohne sich darüber auszusprechen, äußerte sich darin die Erinnerung an einen Irrtum. Mit jener Weitsichtigkeit, die ihm bei Hölderlin, Rimbaud und Trakl zur Erfahrung geworden, erkannte er mit unbestechlicher Schärfe eine Wahlverwandtschaft zwischen Büchner-Lenz und Celan. An jenem Gründonnerstag [des Jahres 1970, am Abend nach Celans letzter Lesung in Freiburg] verweilte er nachsinnend am Gartentor seines Hauses, um mit Erschütterung mir zu vertrauen: ‹Celan ist krank, – heillos› – eine Eröffnung, die ich nicht gelten lassen wollte, nicht anerkennen konnte.» (Gerhart Baumann: *Erinnerungen an Paul Celan*, S. 80) Zu diesem Wort Heideggers schrieb Otto Pöggeler: «Sicherlich wollte Heidegger kein medizinisches Urteil abgeben (dieses hätte ja sein Recht gehabt, denn wenige Wochen später war Celan tot). Heidegger meinte eher: wer sich so dem Bösen im Leben und in der Geschichte aussetzt, muss das Gute und Heilsame aus den Augen verlieren. [...] Für Heidegger war die alles durchgreifende Lebenskrise nichts Fremdes: der Abschied von der Theologie 1911, die Erkenntnis Hitlers als des Verbrechers der Nation 1938, die Anklage des Entnazifizierungsausschusses 1945/46 haben ihn jeweils für Monate in Krankheit gestürzt und auch ins Sanatorium geführt. Er hatte jedoch in der Gefahr das Rettende gefunden, und dieses Rettende oder Heilsame suchte er auch für Celan.» («Celans Begegnung mit Heidegger». In: *Der Stein hinterm Auge. Studien zu Celans Gedichten*, S. 175 f.)

– Die Übersicht über alle bisher publizierten Zeugnisse der Begegnung und ihres Nachklangs spricht dafür, dass bei Celan anfangs die Freude über das Zustandekommen des Treffens und die sich entwickelnde Beziehung mit Heidegger eindeutig überwog, dann jedoch zunehmend in die hochangespannte Dynamik und innere Dramatik von Paul Celans letzten drei Lebensjahren geriet. Dabei sollte jedoch nicht übersehen und nivelliert werden, dass Heidegger im Hinblick auf ein Eingeständnis seiner geschichtlichen Verfehlung weit hinter dem ihm Möglichen und Notwendigen zurückblieb. Heideggers Brief an Celan vom 30. 1. 1968 war objektiv enttäuschend – und seine persönliche Problematik im Umgang mit dem Jahr 1933 offenkundig. Hadrien France-Lanord hat zuletzt die Qualität des geistigen Bezuges von Paul Celan zu Martin Heidegger aufgedeckt und das Niveau der Begegnung und des «Gesprächs» zu Recht weit über die Ebene Bollacks und anderer Interpreten gehoben; zugleich schwächte er die mit Heidegger und dem Jahr 1933 verbundene – oder in ihm zum Vorschein kommende – Problematik in unzulässiger Weise ab, indem er wiederkehrend auf Heideggers ab 1934 einsetzende Distanzierung vom Nationalsozialismus hinwies und die vorausgehende Zeit («die Angelegenheit des Rektorats») lediglich als temporären «Irrtum» beschrieb – und diesen selbst positiv zu wenden versuchte: «Zu Beginn der Umwälzungen, die Deutschland Anfang der 30er Jahre erschütterten und deren letzte Konsequenzen damals unmöglich zu erkennen waren, hatte sich Heidegger geirrt, indem er nach der unvergleichlichen Veröffentlichung von *Sein und Zeit* dachte, die Orientierung der Bewegung beeinflussen und eine Veränderung entwerfen zu können. Anschließend brauchte er nur einige Monate, bis er sich darüber klar wurde, dass es zwischen seinem eigenen Denken und der Doktrin der Nazi-Herrschaft, an der er sich als Rektor stieß, keine Übereinstimmung gab.» (Hadrien France-Lanord: *Paul Celan und Martin Heidegger. Vom Sinn eines Gesprächs*, S. 103) Zumindest aus psychologischer Perspektive wäre vielmehr zu fragen, ob Heideggers «Verführung» im Jahre 1933 nicht derselben Schwäche seiner Persönlichkeit entstammte, die einer spätere Offenheit gegenüber Paul Celan – im Sinne eines Eingeständnisses – im Wege stand (im Unterschied zu Heideggers gelungenem Eingeständnis gegenüber Karl Jaspers, ebd., S. 110 f.) In dieser Hinsicht führen France-Lanords Darstellungen über die Identität von Heideggers Leben und Werk (ebd., S. 117 f.) von der eigentlichen Problematik ab; ungewollt liegt am Ende seiner Studie die Last der misslungenen Begegnung bei Paul Celan, dessen Gedächtnis-Andenken France-Lanord als an den Nationalsozialismus fixiert beschrieb (ebd., S. 181 f.).

662 In: Paul Celan/Peter Szondi: *Briefwechsel*, S. 68. – Mit «Aber der Mensch – unglaublich, wieviel Widerstand darin steckt!», übersetzte Paul Celan eine

Zeile Jean Cayrols in seinem Filmtext für *Nacht und Nebel* (IV, 87).

663 Brief Peter Szondis an Hilde Domin, 14. 5. 1965; zit. n. Paul Celan/Peter Szondi: *Briefwechsel*, S. 114 (Nachwort von Christoph König). Bereits sechs Jahr zuvor, nach seiner ersten Begegnung mit Paul Celan in Paris, hatte Peter Szondi am 9. 4. 1959 an Rudolf Hirsch geschrieben: «Gestern war ich lange bei ihm, sein reines kompromissloses leiderfülltes Wesen hat mich tief erschüttert.» (Peter Szondi: *Briefe* [Hg. Christoph König und Thomas Sparr]. Frankfurt a. M. 2000, S. 87)

664 Brief Paul Celans an Gisèle Celan-Lestrange, 23. 12. 1967. In: Paul Celan/ Gisèle Celan-Lestrange: *Briefwechsel*. Band 1, S. 518. – Auf diese Äußerung Paul Celans Bezug nehmend, schrieb Gisèle Celan-Lestrange in ihrem Antwortbrief: «Du sagst mir: ‹Es gab ein erstaunliches Echo, das mir zeigt, daß ich immer noch auf einem Niveau präsent bin, das mich trotz allem, ich muß es gestehen, verwundert hat.› Wie kannst Du daran zweifeln? Ich freue mich, dass Du ab und zu solche Beweise hast, aber ich bitte Dich, es nicht zu vergessen, es zu wissen. Ich verstehe so gut, dass Dir in der Einsamkeit, in der Du lebst, und auch inmitten von soviel Verständnislosigkeit Erfahrungen dieser Art eine große Hilfe sind. Ich wünschte sie mir noch viel häufiger. Aber diese hier, in Berlin – das berührt mich ganz besonders.» (Ebd., S. 519)

665 Zum Besuch dieser Orte und ihren (relativen) Stellenwert für das von Paul Celan in Berlin am 22./23. 12. verfasste Gedicht «Du liegst» vgl. die methodisch wegweisende Studie «Eden» von Peter Szondi (in: Peter Szondi: *Celan-Studien*. Frankfurt 1972, S. 113–125). – Zur Atmosphäre der Stadtbesichtigung und zu Celans Wiederbegegnung mit dem Anhalter Bahnhof vgl. dagegen die Schilderung von Marlies Janz: «‹... noch nichts Interkurrierendes›. Paul Celan in Berlin im Dezember 1967. In: *Celan-Jahrbuch* 8 (2001/02). Hg. Hans-Michael Speier, S. 335–345. Marlies Janz' Aufsatz (aber auch der situative Bezug von Szondis Studie) geht auf mündliche Berichte Walter Georgis zurück, dem eigentlichen «Zeugen» von Celans Berlin-Aufenthalt.

666 Erwin Leiser: *Leben nach dem Überleben. Dem Holocaust entronnen – Begegnungen und Schicksale*, S. 78. – Zur fundamentalen Bedeutung dieser Aussage Celans vgl. die Darstellungen Lydia Koelles über die kabbalistische Sprachmystik und ihre Wertschätzung des «Namens», auch im Hinblick auf die Individualität des Einzelnen. Vgl. «‹Heiligung des Namens› und die Erlösung vom Wort: Namenstheologie – jüdische Sprachmystik – Rettung der ‹mitverbrannten Namen›.» In: *Paul Celans pneumatisches Judentum. Gott-Rede und menschliche Existenz nach der Shoah*, S. 363 ff. («Mit den Namen sind zugleich die Träger der Namen symbolisiert, sie sind ‹unablösbar› [II, 44] von der Person und ihrem Schicksal. [...] Die Namen werden zitiert, um mit der Nennung zugleich ihre Träger dem Vergessen zu entreißen. Die Bergung

der ‹Namen› ist eine Art Befreiungs- oder Rettungsakt: ‹Gestern: / über den rudernden Namen / schwebte die Treue [...]› [II, 47] ‹dein mit Händen / getrösteter Name› [II 49] ‹freigerudert / die Namen – sie / befahren die Engen› [III, 114].») Am Ende ihres Buches über Paul Celan und das «pneumatische Judentum» schrieb Lydia Koelle über die Notwendigkeit einer «versehrten Theologie nach der Shoah» und die Bedeutung eines *namentlichen* Todesgedächtnisses in ihr – und formulierte im Anschluss an Celan: «Für den Toten zu zeugen, könnte sich darin verwirklichen, der Autorität der Toten Einlass zu gewähren, nicht nur als Opfer und sterbliche Zeitzeugen, die ein unsterbliches Zeitzeugnis ihrer Nachwelt hinterlassen wollen. Die Präsenz der Toten als Individuen im Bewusstsein unserer Reflexionen nach *dem, was geschah*, verhindert die Abtrennung des Zeugnisses vom Zeugen, Leidensgeschichte bleibt, auch wenn sie kollektiv erlitten wird, Individualgeschichte. Nicht zu ertragen wäre eine Subsummierung des Einzelnen als ‹die Opfer›. Bestehende Bemühungen gehen vielmehr dahin, an jüdisches Leiden im Eingedenksein des unauslöschlichen *Namens* jedes Einzelnen zu erinnern.» (Ebd., S. 404 f.)

667 Brief Paul Celans an Franz Wurm, 9. 1. 1968. In: Paul Celan/Franz Wurm: *Briefwechsel*, S. 124.

668 In: Paul Celan/Gisèle Celan-Lestrange: *Briefwechsel.* Band 2, S. 481. Vgl. Franz Kafka: *Tagebücher 1914–1923 in der Fassung der Handschrift. Gesammelte Werke.* Band 3. Frankfurt[4] 2004, S. 209.

669 Ehrhard Bahr: *Nelly Sachs*, S. 59. «Sie [Nelly Sachs] hatte Verständnis für Erich Frieds Standpunkt, wie er ihn in seinem ‹Höre, Israel›-Gedicht von 1967 zum Ausdruck gebracht hatte, auch wenn sie ihn nicht teilte.» (Ebd.)

670 Zit. n. Lydia Koelle: *Paul Celans pneumatisches Judentum. Gott-Rede und menschliche Existenz nach der Shoah*, S. 236.

671 In seiner Darmstädter Rede sprach Celan von der Dichtung als der *«Unendlichsprechung von lauter Sterblichkeit und Umsonst»* (III, 200).

672 Zu Shmuel Huppert; zit. n. Lydia Koelle: *Paul Celans pneumatisches Judentum. Gott-Rede und menschliche Existenz nach der Shoah*, S. 99.

673 An Edith Silbermann hatte Paul Celan im Hinblick auf die bundesdeutschen Verhältnisse bereits Ende August 1963 geschrieben: «Es gibt da, unter anderem, auch einen Linksnationalismus und Links-Antisemitismus [...].» (In: *Begegnung mit Paul Celan*, S. 67) Auch Otto Pöggeler notierte: «Er [Celan] hat klare Grenzen gezogen, vor allem, als er einen neuen Antisemitismus zu sehen glaubte; so konnte er einen in seinem letzten Jahr mit der Formulierung überraschen, SDS [Sozialistischer Deutscher Studentenbund] und SS klängen nicht von ungefähr ähnlich.» (*Spur des Worts. Zur Lyrik Paul Celans*, S. 158) Dass Celans frühe Wahrnehmung: «Es gibt da, unter anderem, auch einen Linksnationalismus und Links-Antisemitismus» – weniger seine

spätere Zuspitzung – durchaus zutreffend war, zeigt der geschichtliche Rückblick. Über das Israel-Verhältnis studentischer und intellektueller Kreise in den 60er Jahren der Bundesrepublik schrieb Ehrhard Bahr in knapper Zusammenfassung: «Während es früher vor allem die linken Studentenverbände gewesen waren, die die Bundesrepublik zur Aufnahme diplomatischer Beziehungen zu Israel gedrängt hatten, so war seit dem Sechstagekrieg von 1967 die Neue Linke nicht nur israelkritisch, sondern israelfeindlich geworden. Der Zionismus wurde zum Imperialismus erklärt, und Israel wurde der Aggression beschuldigt. Bei einer West-Berliner Demonstration verkleideten sich 1969 Angehörige der außerparlamentarischen Opposition als El-Fatah-Leute, um ihre Solidarität mit der Palästinensischen Befreiungsbewegung öffentlich zum Ausdruck zu bingen. [...] Der Antisemitismus der Rechten und der Antizionismus der Neuen Linken trafen sich hier auf derselben Ebene.» (*Nelly Sachs*, S. 26)

674 Bereits im Januar 1964 hatte Paul Celan an Gottfried Bermann Fischer im Hinblick auf linksintellektuelle Strömungen in Deutschland geschrieben: «Es ist, nicht nur in Deutschland, eine Zeit der marschierenden Mediokrität angebrochen, die Profile und alles wirklich Persönliche und Personhafte werden, unter dem Vorwand einer – weiß Gott verlogenen – ‹Demokratisierung›, eingeebnet und eingestampft, und im gleichen Zuge werden die Pseudo-Profile aus dem Boden gestampft.» (In: Gottfried Bermann Fischer/Brigitte Bermann Fischer: *Briefwechsel mit Autoren* (Hg. R. Stach). Frankfurt a. M. 1990, S. 645)

675 Paul Celan: «Die Dichtung Ossip Mandelstams.» In: Ossip Mandelstam: *Im Luftgrab.* Ein Lesebuch, S. 75.

676 Vgl. Peter Selg: *Rainer Maria Rilke und Franz Kafka. Lebensweg und Krankheitsschicksal im 20. Jahrhundert.* Dornach 2007, S. 46 ff.

677 In seiner «Zeittafel» zum Leben Paul Celans schrieb Bertrand Badiou zum 20./21. 8. 1968: «Tiefe Beunruhigung über den Einmarsch der sowjetischen Truppen in Prag, der Stadt des Rabbi Löw, Rilkes und Kafkas, die als Hauptstadt Böhmens eng mit der Erinnerung an die Mutter verbunden ist. Er schreibt an seinen Freund, den Prager Franz Wurm, ‹eine Zeile, Sie aufzusuchen, Sie aufzufinden an diesem Tag heute›». (In: Paul Celan/Gisèle Celan-Lestrange: *Briefwechsel.* Band 2, S. 482) Paul Celans Mutter, Friederike Schrager, war mit ihren Eltern während des Ersten Weltkriegs vor den russischen Truppen nach Böhmen geflohen. In seinem Gedicht «Es ist alles anders» sprach Celan vom «Dreijahreland deiner Mutter» (I, 285) – und schrieb am 9. 6. 1962 an den Lektor des Fischer-Verlages und Kafka-Biographen Klaus Wagenbach: «Sie wissen, auch ich bin ‹böhmisch fixiert›, mehrfach sogar, bei mir fings mit Lubenz und Aussig an der Elbe an, wo meine Mutter ein paar für mich nachzugebärenden Ka(f)kanier entscheidende Fluchtjahre verlebt

hat. (Sie war einer jener ostjüdischen Flüchtlinge, von denen K's Tagebuch ja einiges zu erzählen weiß.)» Zit. n. Paul Celan: *Die Gedichte. Kommentierte Gesamtausgabe*, S. 712.

678 Brief Paul Celans an Ilana Shmueli, 23. 11. 1969. In: Paul Celan/Ilana Shmueli: *Briefwechsel*, S. 50.

679 Notiz vom 17. 9. 1969. In: Paul Celan/Gisèle Celan-Lestrange: *Briefwechsel*. Band 2, S. 487.

680 Vgl. Ehrhard Bahr: *Nelly Sachs*, S. 27.

681 «Celan fürchtete, dass nur wenige seine Lesung besuchen würden. Aber der Saal war überfüllt von Menschen, die nicht alle deutsche Mutttersprachler waren. Amichai und Manfred Winkler, ein Bukowiner, präsentierten einige hebräische Übersetzungen. Dann las Celan Gedichte aus den Jahren 1948 bis 1967 [...].» (John Felstiner: *Paul Celan*, S. 338) Über die Zuhörerschaft der Lesung schrieb Israel Chalfen in der *Stimme*, dem in Tel Aviv erscheinenden Mitteilungsblatt der Bukowiner Juden: «Nicht alle fanden Sitzplätze; manche mussten stehend zuhören. Das Interesse für Celan vereinigte hier gar verschiedene Kreise und Menschen. Es waren Bukowiner und deutsche Juden, ehemalige Österreicher und ehemalige Tschechoslowaken, Universitätsprofessoren und Dichter, Künstler und Lehrer, Ärzte und Ingenieure. Ja sogar einige junge Studenten von der Hebräischen Universität waren anwesend, die wohl Mühe hatten, deutsch zu verstehen, die aber von Celan wissen, – und das ist die Hauptsache!» (Zit. n. Lydia Koelle: *Paul Celans pneumatisches Judentum. Gott-Rede und menschliche Existenz nach der Shoah*, S. 247)

682 Zu Paul Celan und seiner Jerusalemer Lesung bemerkte Lydia Koelle im Anschluss an einen Bericht Shmuel Hupperts: «Im Universum seiner Gedichte war Celan zuhaus. Er, der bei der Lektüre von Jean Amérys *Jenseits von Schuld und Sühne* sich die Kapitelüberschrift markierte: ‹Wieviel Heimat braucht der Mensch?›, und sich auf die letzte Seite des Buchs notierte ‹Heimat – – / Und ich? Ich war nicht einmal / zuhause, als ich daheim / (zuhause) war›, las im Jerusalemer Journalistenhaus während seiner ersten und einzigen Israel-Reise im Herbst 1969 im Bewusstsein der Exklusivität und Exterritorialität seines Schaffens die Gedichte ‹Kristall›, ‹Corona›, ‹Zähle die Mandeln›, ‹Schliere›, ‹Engführung›, ‹Mandorla›, ‹In Prag›, ‹Denk Dir ...›; er las mit starkem Pathos, er zog die Worte und machte große Pausen. Er las als ein Dichter, der sich der Größe seiner Dichtung bewusst war. Lesend glitt er vom Jerusalemer Saal in die weiten, kosmischen Räume seiner Gedichte, in denen er sich bewegte wie in seinem Eigentum; hier war er kein Außenseiter.» (Lydia Koelle: *Paul Celans pneumatisches Judentum. Gott-Rede und menschliche Existenz nach der Shoah*, S. 34)

683 Ebd., S. 250.

684 Lydia Koelle wies darauf hin, dass Celans Israelreise in gewisser Hinsicht

auch eine «Reise in die Kindheit» bedeutete bzw. von ihm so erfahren und erlitten wurde: «Er hoffte, etwas von der Czernowitzer Heimatatmosphäre im Zusammensein mit der Familie und den Freunden seiner Jugendzeit in Israel einatmen zu können, die er in der ‹kalten Stadt Paris› schon so lange entbehrte. Celan kam während seines Aufenthalts zu verschiedenen Gelegenheiten mit seinen Verwandten und den Gefährten seiner Kindheit in Tel Aviv, Jerusalem und Haifa zusammen. In Tel Aviv hatte Celan eine Zusammenkunft mit ehemaligen ‹Schulkollegen›. Celan schien dieses Zusammensein sehr zu genießen, man erinnerte sich gegenseitig an das ‹Czernowitzer Deutsch›, wie sie es in ihrer Jugendzeit gesprochen hatten. Dennoch schlug anderntags Celans Stimmung um, und er äußerte zum ‹Czernowitz-Abend› heftige Kritik.» (Ebd., S. 265) *«Es ist nicht so einfach.»* (Paul Celan)

685 Im Anschluss an Erinnerungen von Gershom Schocken («Paul Celan in Tel Aviv») schrieb Otto Pöggeler über die Wirkung von Celans Lesung: «Diesen Hörern mochten die Gedichte Celans so fremd und erhaben klingen, wie ihnen einst in ihren alten Gemeinden die hebräische Sprache im Gottesdienst vorgekommen war.» (*Spur des Worts. Zur Lyrik Paul Celans*, S. 384) In Schockens Originalbericht über Celans Lesung am 15. 10. 1969 hieß es: «Im Sommer 1969 sahen wir ihn in Tel Aviv, auf der Bühne stehend und aus seinen Gedichten vorlesend. Der Großteil des Publikums waren ehemalige Landsleute von ihm, geboren in Czernowitz, in der Bukowina. Die meisten waren über fünfzig Jahre alt und Überreste der Vernichtung, wie er. Gesichter, die den Schmerz kennen und in denen eine nüchterne Lebensklugheit sich ausdrückt. Irgendwie hatten sie Stand gehalten, sich gerettet und es schließlich zu etwas gebracht, das man Ruhe und Sicherheit nennt. – Die Nacht war warm und feucht. Die Männer saßen in weißen Hemden, die dunklen Jacken auf ihren Knien. Die Frauen waren feiertäglich gekleidet. Hier und da sah man Schmuck. – Die meisten waren sicherlich nicht gewohnt, Gedichte zu lesen. Jedoch, da war ein Sohn ihrer ehemaligen Heimat nach Tel Aviv gekommen, manchen noch aus ihrer Jugend erinnerlich; einer, der es zu Ansehen gebracht hatte als Dichter in ihrer ursprünglichen Sprache, in Deutsch, und da waren sie gekommen, ihm zu Ehren und um an seinem Ruhm einigen Anteil zu haben. – Paul Celan las aus seinen Gedichten mit ruhiger Betonung und sorgfältiger Artikulierung. ‹Schwerverständliche› Gedichte, besonders für Hörer, die mit modernen Gedichten nicht vertraut sind. Aber sie saßen ruhig und hörten zu ohne Anzeichen von Ungeduld. Die Stimmung erinnerte an die Andachten in den Synagogen in Mitteleuropa, vor der Vernichtung. Damals war es die hebräische Gebetssprache, welche die Gemeinde nicht verstand; dennoch nahm sie willig und mit ernster Feierlichkeit am Gottesdienst an den hohen Festtagen teil. – Wahrscheinlich war das das beste Publikum, das jemals Gedichten von Paul

Celan zugehört hat; auch wenn sie die Gedichte nicht ‹verstanden› [...]. Aber diese ‹unverständlichen› Wortverbindungen waren doch voll Bedeutung und Sinn für die Zuhörenden. Ohne die Stimme zu erheben, fast flüsternd, sagen diese Gedichte in großer Klarheit, was ihnen allen das Leben beschert hat – den Hörenden wie dem Dichter – die Zerstörung, die Vertreibung, die Katastrophe, die auf alle herabgekommen war, auf ganz Europa, auf die Opfer und auch auf die Zuhörer.» (Gershom Schocken: «Paul Celan in Tel Aviv». In: *Neue Rundschau*, Heft 2/3, 1980, S. 256 f.) Lydia Koelles bilanzierendes Urteil über den Abend: «Celans Lesung in Tel Aviv war ein Fiasko» (Lydia Koelle: *Paul Celans pneumatisches Judentum. Gott-Rede und menschliche Existenz nach der Shoah*, S. 254) erscheint trotz der von Ilana Shmueli in Anm. 686 beschriebenen Problematik deutlich überzogen.

686 «Die Czernowitzer Landsmannschaft Tel Avivs versammelte sich neugierig, um den ‹berühmten deutschen Dichter› zu hören, den man als Kind in Czernowitz gekannt hatte. Die fordernde Hautnähe, Bekanntes und nicht mehr Bekanntes, Pseudointimität, wohlwollendes Miss- und Unverständnis. Sie saßen vor ihm, sie umstanden ihn, zu nah und sehr fern. Sie sprachen zu ihm, sie fragten ihn aus. Alles, was war, fiel ihn an, greifbar und hart. ‹All dieses, weißt du noch?› Er las vom ‹Damals› umringt, und es war größte Einsamkeit in ihm. Hier wurde ihm überklar, was ihm ja ohnehin längst klar war in seinem Leben: die unbezwingliche Fremdheit, die sein Schicksal war.» (Ilana Shmueli: *Sag, dass Jerusalem ist. Über Paul Celan: Oktober 1969 – April 1970*, S. 29) Wie berührt Paul Celan zugleich von mancher Begegnung und «Heimat»-Erinnerung nach der Lesung war, berichtete dagegen John Felstiner (nach einem Gespräch mit Zvi Yavetz): «Hinterher begrüßten ihn Menschen, die seine Eltern gekannt hatten, und eine Frau schenkte ihm einen Kuchen, wie ihn seine Mutter zu backen pflegte, worauf er in Tränen ausbrach.» (John Felstiner: *Paul Celan*, S. 339) «Yavetz erzählt, nach der Lesung in Ohel Shem habe Celan ‹die ganze Nacht geweint›.» (Ebd., S. 417) «*Wie eine Mutter ihren Sohn tröstet, so tröste ich euch, in Jerusalem findet ihr Trost.*» (Jes. 66, 13)

687 Ilana Shmueli: «Nachwort.» In: Paul Celan/Ilana Shmueli: *Briefwechsel*, S. 168.

688 «Sein Judentum sei das Selbstverständliche, sagte Paul Celan im Rundfunkinterview für ‹Kol Israel›, aber seine Stimme klang anfangs alles andere als selbstverständlich; hastig, sich fast überschlagend, als glaubte er, seine Zuhörer erst noch davon überzeugen zu müssen. Tatsächlich sah sich Celan während seines Israel-Aufenthalts oftmals dem Druck ausgesetzt, sich als Jude beweisen zu müssen, bzw. wurde er als Galutjude in seinem Judentum angezweifelt. Celans erster Versuch, nach Israel eingeladen zu werden, scheiterte daran, dass man in der Kulturabteilung der israelischen Gewerkschaft, der

‹Histadrut›, gewisse Vorbehalte hatte, da Celan deutsch schrieb und außerdem zum damaligen Zeitpunkt noch keine Gedichte von ihm ins Hebräische übersetzt worden waren.» (Lydia Koelle: *Paul Celans pneumatisches Judentum. Gott-Rede und menschliche Existenz nach der Shoah*, S. 67)

689 «Seine [Celans] Gegenwart bildete ein beständiges Erinnern, – Erinnerungen, die lange Schatten vorauswarfen, – ein unaufhörlich qualvolles Erinnern an die unbegreifliche Fügung, die seine Eltern dem Tod ausgeliefert, ihm selber auf dem Weg über das Arbeitslager ein Entkommen gewährt hatte.» (Gerhart Baumann: *Erinnerungen an Paul Celan*, S. 13)

690 Ilana Shmueli: *Sag, dass Jerusalem ist. Über Paul Celan: Oktober 1969 – April 1970*, S. 29.

691 Verschiedenen Zeugnissen zufolge hatte Paul Celan einen längeren Aufenthalt in Israel erwogen; er hatte ein Konto bei einer israelischen Bank eröffnet, Freunden gegenüber davon gesprochen, evtl. in ein Kibbuz zu ziehen – und wollte nach Peter Szondi prüfen, «ob er dort [in Israel] zu leben vermöchte». (Vgl. Lydia Koelle: *Paul Celans pneumatisches Judentum. Gott-Rede und menschliche Existenz nach der Shoah*, S. 259)

692 Brief Paul Celans an Franz Wurm, 20. 10. 1969. In: Paul Celan/Franz Wurm: *Briefwechsel*, S. 220.

693 Zu den Bedeutungskonnationen Jerusalems, der «Stadt Gottes» (1 Kön 12, 27), im Dichten und Denken Paul Celans vgl. die profunde Studie von Lydia Koelle: «Celans *Jerusalem*». In: Christoph Jamme und Otto Pöggeler (Hg.): *«Der glühende Leertext». Annäherungen an Paul Celans Dichtung*. München 1993, S. 275–310.

694 Brief Paul Celans an David und Michael Seidmann, zit. n. Lydia Koelle: *Paul Celans pneumatisches Judentum. Gott-Rede und menschliche Existenz nach der Shoah*, S. 263.

695 «*Jerusalem* wird zum wiedergefundenen *Namen* für jene ‹Hoffnung auf ein menschliches Heute und Morgen›, die ‹herzhelle Zukunft›, die Celan bereits in *Anabasis* mit dem ‹frei- / werdenden Zeltwort: // Mitsammen› (I, 257) zu umschreiben suchte und die die menschliche Existenz in ihrer sinnlich-geistigen Totalität umfängt.» (Lydia Koelle: «Celans *Jerusalem*». In: Christoph Jamme und Otto Pöggeler [Hg.]: *«Der glühende Leertext». Annäherungen an Paul Celans Dichtung*, S. 285) – Zu Celans ambivalenten Erwägungen einer Übersiedlung vgl. die entsprechenden Zeugnisse bei Lydia Koelle: *Paul Celans pneumatisches Judentum. Gott-Rede und menschliche Existenz nach der Shoah*, S. 259 ff. «Shalom Ben-Chorin fragte ihn nach seiner Lesung in Jerusalem, ob er nach Israel übersiedeln wolle. Celan habe daraufhin geantwortet: ‹Noch nicht.›» (Ebd., S. 259), Vgl. a. A. 691

696 Brief Paul Celans an Martha und Manuel Singer; zit. n. John Felstiner: *Paul Celan*, S. 340.

697 Christoph Schwerin, zit. n. Lydia Koelle: *Paul Celans pneumatisches Judentum. Gott-Rede und menschliche Existenz nach der Shoah*, S. 259.

698 «Zu tief war Celan in der europäischen Kultur verwurzelt, als dass er sich im vorderen Orient hätte wirklich zugehörig fühlen können. Zu sehr war er vor allem an sein Leben in der Anonymität selbstgewählter Isolation gebunden.» (Theo Buck: *Celan und Frankreich*, S. 10)

699 Vgl. Peter Selg: *Rainer Maria Rilke und Franz Kafka. Lebensweg und Krankheitsschicksal im 20. Jahrhundert.* Dornach 2007, S. 174 ff.

700 Brief Paul Celans an Ilana Shmueli, 27.10.1969. In: Paul Celan/Ilana Shmueli: *Briefwechsel*, S. 16.

701 Brief Paul Celans an Gerhart Baumann, 20. 11. 1969. Zit. n. Gerhart Baumann: *Erinnerungen an Paul Celan*, S. 124.

702 Brief Paul Celans an Ilana Shmueli, 17. 11. 1969. In: Paul Celan/Ilana Shmueli: *Briefwechsel,* S. 39.

703 Gerhart Baumann: *Erinnerungen an Paul Celan*, S. 90.

704 Paul Celan/Ilana Shmueli: *Briefwechsel*, S. 17.

705 Brief Paul Celans an Ilana Shmueli, 17. 11. 1969. Ebd., S. 42.

706 Brief Ilana Shmuelis an Paul Celan, 17. 11. 1969. Ebd., S. 25.

707 Brief Paul Celans an Ilana Shmueli, 13. 11. 1969. Ebd., S. 49.

708 «Er sprach oft schmerzvoll von seiner Frau und seinem Sohn, nach denen er sich sehnte. Es fiel ihm schwer, allein zu leben und für sich zu sorgen – wie sehr er auch sein Alleinsein brauchte. Die Frage, wie er sein weiteres Leben fortführen sollte, belastete ihn, ließ ihm keine Ruhe.» (Ilana, Shmueli: *Sag, dass Jerusalem ist. Über Paul Celan: Oktober 1969 – April 1970*, S. 52)

709 Brief Paul Celans an Ilana Shmueli, 17. 11. 1969. In: Paul Celan/Ilana Shmueli: *Briefwechsel*, S. 39.

710 «Es geht mir um die letzten Dinge.» (Paul Celan, zit. n. Lydia Koelle: «Letztdinglichkeit», in: *Paul Celans pneumatisches Judentum. Gott-Rede und menschliche Existenz nach der Shoah*, S. 42)

711 In: Paul Celan/Franz Wurm: *Briefwechsel*, S. 228 f.

712 Brief Paul Celans an Ilana Shmueli, 8. 12. 1969. In: Paul Celan/Ilana Shmueli: *Briefwechsel*, S. 63.

713 Ebd., S. 66.

714 In: Paul Celan/Franz Wurm: *Briefwechsel*, S. 231.

715 Paul Celan: *Die Gedichte. Kommentierte Gesamtausgabe*, S. 364.

716 Franz Wurm: «Erinnerung». In: Paul Celan/Franz Wurm: *Briefwechsel*, S. 247.

717 Ilana Shmueli: «Nachwort.» In: Paul Celan/Ilana Shmueli: *Briefwechsel*, S. 174.

718 Ilana Shmueli: *Sag, dass Jerusalem ist. Über Paul Celan: Oktober 1969–April 1970*, S. 59 f.

719 So Erich Fried in seiner Auslegung des von Paul Celan am 20. Januar (!) 1970 verfassten und Ilana Shmueli unmittelbar übergebenen Gedichtes «Das Fremde»: «DAS FREMDE / hat uns im Netz, / die Vergänglichkeit greift / ratlos durch uns hindurch, // zähl meinen Puls, auch ihn / in dich hinein, // dann kommen wir auf, / gegen dich, gegen mich, // etwas kleidet uns ein, / in Taghaut, in Nachthaut, / fürs Spiel mit dem obersten, fall- / süchtigen Ernst.» (III, 113) Fried veröffentlichte seine Interpretation in der *Frankfurter Allgemeinen Zeitung* vom 12. 12. 1976 unter dem Titel «Auch ein Liebesgedicht».

720 «Wir tranken vorzüglichen französischen Wein und aßen die Delikatessen, die er mit viel Vergnügen und Verständnis für uns ausgewählt hatte. Er bereitete oft spontan kleine überraschende Feste. Ich erinnere mich an das ‹Siegesmahl›, als es den Israelis gelang, die Schiffe von Cherbourg zu entführen. Es war zur Zeit des Waffenembargos, das über Israel verhängt wurde. Eine Anzahl von Kriegsschiffen, die in Frankreich bestellt und bezahlt waren, wurden in Cherbourg zurückgehalten. Während meines Aufenthaltes in Paris wurde es bekannt, dass sie von Israelis im Geheimen fortgebracht worden sind, unbemerkt von den französischen Seegrenzwachen. Ich erinnere mich an Celans jungenhaften Stolz auf das geschickte Vorgehen der Israelis. Es war, als ob er einer der Helden dieses Unternehmens gewesen wäre. – In Celan gärte eine immerwährende, spannungsgeladene Unruhe, die er zu beherrschen versuchte. Seine extreme Empfindsamkeit und Verletzbarkeit, die Belastungen seiner Existenz, sein Schicksal, führten ihn immer wieder in Ausweglosigkeit und Leid. – Es ist kaum jemandem gelungen, die ganz andere Seite seiner Persönlichkeit darzustellen, die sich auch in seiner schwersten Zeit immer wieder bemerkbar machte: seine Vitalität, seine Fähigkeit zu genießen, sein Einfallsreichtum an Witz und Spaß, sein Übermut, der mitreißend sein konnte. Vielleicht kannten nur wenige den humorvollen, lebensfrohen Celan – den wir in den letzten Jahren nur selten unvermittelt zu sehen bekamen. Eine unglaublich lebensnahe und bezaubernde Schilderung solcher Stunden habe ich bei Dürrenmatt gefunden: ‹Am letzten Tag hatte sich seine Schwermut auf einmal verzogen, wie ein dunkles Gewölk sich auf einmal verzieht. Der Tag war heiß, schwül, kein Wind, lastendes Blei. Wir spielten stundenlang Tischtennis, er war von einer ungeheuren, bärenstarken Vitalität, er spielte meine Frau, meinen Sohn und mich in Grund und Boden. Dann trank er zu einer Hammelkeule eine Flasche Mirabelle, einen starken Schnaps, seine Frau und wir tranken Bordeaux, er trank eine zweite Flasche Mirabelle, Bordeaux dazwischen, in der Pergola vor der Küche, am Himmel die Sommersterne. Er dichtete in das bauchige Glas hinein, dunkle, improvisierte Strophen, er begann zu tanzen, sang rumänische Volkslieder, kommunistische Gesänge, ein wilder, gesunder,

übermütiger Bursche. Noch als ich ihn und seine Frau zum Chaumont hinauffuhr, durch den nächtlichen Jurawald, als schon der Orion heraufstieg, dann immer mächtiger der Morgen, und wie die Venus aufflammte, sang, grölte er, wie ein ausgelassener Faun.› (Dürenmatt) – Celan wollte mir das schöne Paris zeigen, und da wurde er zum begeisterten, unvergleichlichen Fremdenführer. Doch oft verschwamm, was wir sahen, im Gespräch, blieb hängen, eine angedeutete Kulisse. Place de la Concorde, der schönste Platz der Welt, meinte er. Einmal, als wir die hungrigen Spatzen dort ihre Krumen aufpicken sahen, sagte er: ‹Wir wollen uns doch nicht mit Krumen bescheiden›, und gleich darauf: ‹Sollten wir nicht doch lernen, uns mit Krumen zu bescheiden?› – es waren die Worte seiner Frau Gisèle für schwere gemeinsame Augenblicke. – All das, was jeder von uns mit sich brachte, wollte seinen Raum, ließ uns nichts vergessen, nichts beiseiteschieben. Doch da war auch immer wieder das Trotzdem, das plötzliche helle Aufwachen, das jede Schwere wieder fortnahm, um sie dann wieder, noch deutlicher, vor uns hinzustellen.» (Ilana Shmueli: *Sag, dass Jerusalem ist. Über Paul Celan: Oktober 1969–April 1970,* S. 54 f.) – Friedrich Dürrenmatts zitierter Erinnerungsbericht wurde von ihm nicht datiert. Manches spricht dafür, dass die von ihm beschriebene Begegnung mit Celan bereits in die zweite Hälfte der 50er Jahre fiel; sein Text endet – unmittelbar nach der von Ilana Shmueli zitierten Passage – mit Schwierigkeiten aus der letzten Begegnungszeit: «Später hörten wir wenig mehr von ihm. Einmal schickte er einen Zeitungsausschnitt, flehte, ich solle einschreiten, er vermutete einen geheimen Angriff, ich las den Artikel immer wieder, konnte nichts finden, begriff seine Vermutung nicht, antwortete nicht, weil ich nicht begriff und nicht wusste, wie ich ihn beruhigen könnte, ohne sein Feind zu werden, sah er doch nun überall Feinde, witterte überall Intrigen. Dann kam er noch einmal, aus Paris oder aus Deutschland, wie auf der Flucht, saß in meinem Atelier zwischen meinen Bildern, schwieg, ein Gespräch schien sich doch noch anzubahnen, versiegte, meine Frau bereitete das Gastzimmer vor, ich ging in den Weinkeller, unglücklich, ich wusste, dass ich ihn unglücklich gemacht hatte, dass er Hilfe gesucht hatte, ohne sie gefunden zu haben, kam mit einigen Flaschen zurück, das Atelier war leer.» (Friedrich Dürrenmatt: *Turmbau. Stoffe IV–IX.* Zürich 1990, S. 170) – Zu den eindrucksvollsten Schilderungen von Paul Celans Befindlichkeit und Ausstrahlung in der letzten Zeit seines Lebens (Winter 1968 bis Frühjahr 1970), auch der spannungsbetonten Intensität und Ambivalenz seiner oft jäh umschlagenden Stimmungen, gehört der Text von Jánòs Szász: «‹Es ist nicht so einfach ...› Erinnerungen an Paul Celan». In: Werner Hamacher und Winfried Menninhaus (Hg.): *Paul Celan*, S. 325–337.

721 In: Paul Celan/Gisèle Celan-Lestrange: *Briefwechsel.* Band 1, S. 586.

722 Paul Celan/Ilana Shmueli: *Briefwechsel*, S. 83.

723 Zit. n. Paul Celan: *Die Gedichte. Kommentierte Gesamtausgabe*, S. 607. – Die häufig kritiklos und unkommentiert zitierte bzw. in Anspruch genommene «Aussage» Paul Celans, derzufolge er sich Ende 1966 von seiner «Todesfuge» in expliziter Weise distanziert habe: «Auch musiziere ich nicht mehr, wie zur Zeit der vielbeschworenen ‹Todesfuge›, die nachgerade schon lesebuchreif gedroschen ist. Jetzt scheide ich streng zwischen Lyrik und Tonkunst.», gehört lediglich einer Gesprächserinnerung von Hugo Huppert an («‹Spirituell›. Ein Gespräch mit Paul Celan». In: Werner Hamacher und Winfried Menninhaus [Hg.]: *Paul Celan*, S. 320), einer Erinnerung, die – nach Huppert – auf der Basis eines «Aide-mémoire-Textes» entstand. Celans «wörtliche», von Huppert zitierte Aussage wurde von Paul Celan nie autorisiert; der ganze Duktus des Huppert-Gespräches mit Celan wirkt – zumindest im Hinblick auf seinen «wortwörtlichen» Gehalt – nur bedingt authentisch. – Celans scheinbare Distanzierung von der ‹Todesfuge› in einem Interview des Israelischen Rundfunks vom Oktober 1969, in dem er sagte, das Gedicht sei Ausdruck eines «intimen, nahen Erlebens», es jedoch auch als eine «Frühform» seines Werkes bezeichnete, «von der er sich aber jetzt weit entfernt habe» (Lydia Koelle: *Paul Celans pneumatisches Judentum. Gott-Rede und menschliche Existenz nach der Shoah*, S. 247; auch von Lydia Koelle so als finales Urteil übernommen, vgl. S. 340), muss m. E. im Zusammenhang des Israel-Besuches und der dortigen Interview-Situation gesehen werden. Vgl. a. Anm. 724.

724 Hans Mayer: «Erinnerung an Paul Celan», in: Hans Mayer: *Zeitgenossen. Erinnerung und Deutung*, S. 134. Den Kontext dieser Aussage Paul Celans beschrieb Hans Mayer mit den Worten: «In einer literarischen Studie bezeichnete ich einmal das Gedicht *Engführung*, das im Ansatz auf das Leben im Vernichtungslager zurückgeht, als Zurücknahme der berühmten *Todesfuge* durch ihren Dichter. – Monate nach Erscheinen dieses Textes traf ich Celan, wir sprachen eine Weile, wie es seine Art war, von Alltäglichen allein, ich spürte, dass er mir einen ganz bestimmten Satz zu sagen gedachte. Dann kam es plötzlich, fast ohne Zusammenhang mit dem Standort des Gesprächs: *‹Ich nehme nie ein Gedicht zurück, lieber Hans Mayer!› Ich wusste sofort: das war die Antwort auf meine These von der Zurücknahme der Todesfuge.*» (Hans Mayer: «Erinnerung an Paul Celan». Ebd., S. 134)

725 Ilana Shmueli: «Nachwort.» In: Paul Celan/Ilana Shmueli: *Briefwechsel*, S. 176.

726 Brief Paul Celans an Ilana Shmueli, 6. 3. 1970. In: Paul Celan/Ilana Shmueli: *Briefwechsel*, S. 113.

727 Ebd., S. 116.

728 David Rokeah: «Gedenkblatt für Paul Celan». In: *Neue Zürcher Zeitung*, 12. 7.

1970, S. 49.

729 Vgl. die entsprechenden Nachweise bei Lydia Koelle: *Paul Celans pneumatisches Judentum. Gott-Rede und menschliche Existenz nach der Shoah*, S. 258.

730 Diese Formulierung stammt von Gershom Scholem. Szondi zitierte sie in seinem Absagebrief an Scholem vom 26. Februar 1970: «Sie haben einmal in Jerusalem mit einem in seiner Hellsichtigkeit zwar nicht überraschenden, aber unvergesslichen Satz gesagt, warum ich in Deutschland lebe und wohl hier bleiben werde: weil ich es verlernt habe, zu Hause zu sein (ich war es in meiner Budapester Kindheit so wenig wie in Zürich und streng genommen auch in anderem Sinn bei meinen Eltern nie). Das ist eine Krankheit, die man vielleicht mit der Rosskur einer, aus welchem Grund auch immer, notwendig werdenden Emigration heilen könnte; aus freiem Willen bringe ich die Kraft zu diesem Schritt umso weniger auf, als ich in Jerusalem vor zwei Jahren ja nicht nur empfand, dass ich dort zu Hause bin, sondern auch, dass ich das nicht ertrage.» (In: *Jüdischer Almanach 1993*. Hg. Jakob von Hessing. Frankfurt a. M. 1992, S. 86)

731 Ilana Shmueli beschrieb die Zimmer Paul Celans im Einzelnen: «Die Wohnung ist zu groß, enthält wenig Möbelstücke. Kahle weiße Wände. Celan ertrug damals keine Bilder an der Wand. Ein großer, langer Tisch aus schwerem Eichenholz, der auch als Schreibtisch diente. Sechs schwere Stühle mit hoher Lehne. Ein neues weißes Büchergestell, das eine ganze Wand einnimmt, steht fast leer. Nur Kafkas sämtliche Werke, einige Zeitschriften, vereinzelte Bücher und Dossiers. Seine große Bibliothek hat er bei seiner Frau zurückgelassen. Andere Bücher und Materialien sind in der École Normale, wo er oft arbeitete. In einer Ecke ein alter, abgeschabter brauner Lederfauteuil, daneben eine moderne Stehlampe.» (Ilana Shmueli: *Sag, dass Jerusalem ist. Über Paul Celan: Oktober 1969 – April 1970*, S. 51) Ein anderer Besucher von Celans Wohnung in der Avenue Zola, Jánòs Szász, betonte: «Dieser nicht mehr unbewohnte und noch nicht heimische Raum, dieses notdürftig wohnlich gemachte Niemandsland, in das die einander widersprechenden Lichtquellen [der Straße] sich überschneidende Schatten warfen, passte zu ihm.» («‹Es ist nicht so einfach ...›. Erinnerungen an Paul Celan». In: Werner Hamacher und Winfried Menninhaus (Hg.): *Paul Celan*, S. 335)

732 Franz Wurm: «Erinnerung». In: Paul Celan/Franz Wurm: *Briefwechsel*, S. 248.

733 Ebd., S. 247 f.

734 «Unsere letzten und langen Gespräche in Paris, sechs Wochen vor seinem Tode, wurden von ihm immer auf das Thema Israel gelenkt. Er gedachte endlich, eine Einladung dorthin anzunehmen.» (Hans Mayer: «Erinnerung an Paul Celan», in: Hans Mayer: *Zeitgenossen. Erinnerung und Deutung*,

S. 136) Zugleich erwog Celan zu diesem Zeitpunkt, Czernowitz wieder zu besuchen und schrieb entsprechend an seinen Schulfreund Gustav Chomed (19. 3. 1970; Vgl. Edith Silbermann: *Begegnung mit Paul Celan*. Aachen 1993, S. 38).

735 Hans Mayer: «Erinnerung an Paul Celan», in: Hans Mayer: *Zeitgenossen. Erinnerung und Deutung*, S. 139.

736 Brief Paul Celans an Franz Wurm, 27. 3. 1970. In: Paul Celan/Franz Wurm: *Briefwechsel*, S. 239. – «Gegen Celans Lesung wird [in der Tagespresse] das Argument der ‹Schwerverständlichkeit› vorgebracht (Frankfurter Allgemeine Zeitung, 24. März 1970); von «verrätseltem Sprachmaterial» ist an anderer Stelle die Rede (Süddeutsche Zeitung, 24. März 1970). Ein Rezensent glaubt zu wissen, dass ‹die Sprache des allerspätesten Hölderlin in der Sprache eines Dichters unserer Zeit, wenn das zu sagen erlaubt ist, ein endgültiges Ende findet›. (*Die Tat*, 31. März 1970).» (Thomas Heck: «Je vous serre la main.» André du Bouchet und Paul Celan. In: Axel Gellhaus (Hg.): *«Fremde Nähe». Celan als Übersetzer*, S. 551 f.)

737 «Hölderlin konnte nichts davon halten, aus einem brunnentiefen und ebenso festen Ich zu schöpfen. Er hatte keins. Doch, er hatte eins, aber nur soweit, als es ihm von außen versichert wurde. Er musste sich im andern erfahren. Das muss jeder. Das Individuum ist eine glänzende europäische Sackgasse.» (Martin Walser, zit. n. Wolfgang Emmerich: *Paul Celan*, S. 164)

738 Zur Geschichte dieser eindrucksvollen Freundschafts-Konstellation vgl. den von Barbara Wiedemann 2001 veröffentlichten und kommentierten Briefwechsel. Über das letzte Treffen mit Paul Celan schrieb Hermann Lenz in einer Erinnerung: «Und er besuchte uns, und wir redeten zusammen, als hätte sich nichts verändert. Es war auch so und wird immer so sein.» (In: Paul Celan/Hanne und Hermann Lenz: *Briefwechsel*, S. 10)

739 Über Celans Wahrnehmung der Stuttgarter Feier schrieb Bernhard Böschenstein: «Es gab in diesen Tagen Spannungen. Sie hingen auch mit der Gründungsgeschichte der Hölderlin-Gesellschaft zusammen: 1943, unter der Schirmherrschaft von Goebbels, mit Gerhard Schumann als erstem Präsidenten. Und auch mit einigen Mitgliedern im Saal, von denen Celan glaubte, sie hätten den Geist jener Gründungstage nicht ganz abgestreift. Er witterte im Saal solche Situationen und las darum heftiger, schroffer als sonst einige der härtesten Gedichte aus *Lichtzwang*, zum Beispiel das erste, mit dem Schluss: ‹sie schulen dich um, // du wirst wieder / er.› (II, 233). Er war kritisch eingestellt gegenüber den Reden von Carlo Schmid und Martin Walser. Und er war überhaupt auf der Hut.» (Bernhard Böschenstein: «Gespräche und Gänge mit Paul Celan». In: Giuseppe Bevilacqua und Bernhard Böschenstein: *Paul Celan. Zwei Reden*, S. 16)

740 «Im Hölderlin-Haus fielen uns zuerst die beiden Porträtzeichnungen des

kranken Dichters in die Augen: diejenige von Schreiner und Lohbauer vom 27. Juli 1823 und die ganz späte von Louise Keller aus dem vorletzten Lebensjahr [...]. Du Bouchet zeigte sich tief beeindruckt. Celan wehrte ab: ‹Non, c'est terrible!› Hier war kein Raum mehr für eine ästhetische Würdigung, hier war eine alles umstürzende Situation.» (Bernhard Böschenstein: «Gespräche und Gänge mit Paul Celan». In: Giuseppe Bevilacqua und Bernhard Böschenstein: *Paul Celan. Zwei Reden*. Marbach 1990, S. 17)

741 In einer kurzen, summarischen Rückschau auf Celans lyrischen Weg betonte Otto Pöggeler, Paul Celan habe nicht nur gezeigt, dass es nach Auschwitz noch ein Gedicht geben könne, sondern dass «vor allem jenes Gedicht zählt, das von Auschwitz her spricht». Anschließend schrieb Pöggeler: «Bald konnte darüber kein Zweifel mehr sein, dass Celans Gedicht die gültige Sprache der Modernität darstellte, mochte man in Celans Anfängen auch noch spätromantische Nachklänge aus dem kaiserlich-königlichen Österreich oder dem französischen Surrealismus finden. Als Celans Werk fortschritt, wurde deutlich, dass diese modernste Lyrik sich ebenbürtig neben die großen Zeugnisse der Tradition stellte: Gedichte wie *Todesfuge, Tenebrae, Engführung, Psalm* halten den Vergleich aus mit dem, was anderen Zeiten durch Jeremia und Deuterojesaja, Sophokles und den Parthenon, Meister Eckhart und den *Sohar* geschenkt wurde. Der Band *Niemandsrose* (1963) griff zu größeren hymnischen Formen aus; doch brach dieser Weg dann jäh ab – Celans Dichten zerfaserte sich zu immer kleineren Gebilden. Der Verzweiflung an der Welt und dem eigenen drohenden Untergang suchten die späten Gedichte eine letzte Hoffnung abzuringen. In den Nachlassgedichten von der Israelreise kurz vor dem Tod korrespondiert dem beschwörenden ‹Sag, dass Jerusalem *ist*› die Feststellung: ‹Ich ... zackere an der Königszäsur wie Jener am Pindar.› Der Homburger Hofrat Gerning hatte im Juli 1805 an Knebel nicht ohne Spott gemeldet, Hölderlin, der immer halb verrückt sei, zackere auch am Pindar. Mit eben diesem Hölderlin, der im Wahnsinn versinkt, vergleicht Celan sich.» (Otto Pöggeler: *Spur des Worts. Zur Lyrik Paul Celans*, S. 108 f.) In seinem Buch *Der Denkweg Martin Heideggers* hielt Pöggeler fest, dass Heidegger seine weltliterarische Einschätzung Celans und auch den Vergleich mit Hölderlin geteilt habe: «Er [Heidegger] war damals [ca. 1960] so gut wie der einzige, der meine Auffassung stützte, dass der Gedichtband *Sprachgitter* nicht nur einen Höhepunkt des deutschsprachigen Dichtens darstelle, sondern durchaus neben den Worten eines Jesaja, Sophokles und Hölderlin stehen könne.» (*Der Denkweg Martin Heideggers*. Stuttgart [4]1994, S. 398). Für Heidegger und Celan war Hölderlin ein gemeinsamer, verbindlicher und verbindender Bezugspunkt; Heidegger hatte sich unmittelbar nach seiner Abwendung vom Nationalsozialismus intensiv auf Hölderlin besonnen und diesen in tiefer Weise ausgelegt, beginnend mit

seiner ersten Hölderlin-Vorlesung vom Wintersemester 1934/35 (Vgl. Martin Heidegger, Gesamtausgabe, Band 4: *Erläuterungen zu Hölderlins Dichtung*. Frankfurt a. M. 1981; Band 39: *Hölderlins Hymnen «Germanien» und «Der Rhein»*. Frankfurt a. M. 1980; Band 52: *Hölderlins Hymne «Andenken»*. Frankfurt a. M. 1982; Band 55: *Hölderlins Hymne «Der Ister»*. Frankfurt a. M. 1984). Celans Freund und Nachlassverwalter Beda Allemann widmete diesen Heidegger-Arbeiten seine ebenso grundlegende wie wegweisende Dissertation *Hölderlin und Heidegger* (Zürich 1954). Die gegenseitigen Bezüge und Verweisungszusammenhänge zwischen den Werken von Paul Celan, Martin Heidegger und Friedrich Hölderlin untersuchte zuletzt Robert André: *Gespräche von Text zu Text. Celan – Heidegger – Hölderlin*. Hamburg 2001.

742 Vgl. Bernhard Böschenstein: «Gespräche und Gänge mit Paul Celan». In: Giuseppe Bevilacqua und Bernhard Böschenstein: *Paul Celan. Zwei Reden*, S. 8 (dort schrieb Böschenstein auch über weitere Unterstreichungen und Akzentsetzungen Celans bei Hölderlin).

743 Celans Gedicht entstand am Sonntag, dem 29. 1. 1961, in Paris, nach einem vorausgehenden, knapp eintägigen Kurzaufenthalt in Tübingen, mit An- und Abreise per Nachtzug.

744 Vgl. hierzu die Gedichtinterpretation durch Reinhard Zbikowski: «*schwimmende Hölderlintürme*. Paul Celans Gedicht *Tübingen Jänner* – diaphan.» In: Christoph Jamme und Otto Pöggeler (Hg.): *«Der glühende Leertext». Annäherungen an Paul Celans Dichtung*, S. 185 ff.

745 Vgl. Lydia Koelle: «Celans *Jerusalem*». Ebd., S. 277 ff.

746 In Celans Dichtwerk taucht der Name «Christus» lediglich an einer Stelle auf: *«Wir schwören bei Christus dem Neuen, den Staub zu vermählen dem Staube, / die Vögel dem wandernden Schuh, / unser Herz einer Stiege im Wasser.»* (I, 35) Die Leidensgestalt des Gekreuzigten (nicht aber die Auferstehungsgestalt Christi) ist seiner Dichtung dagegen immanent. Beate Sowa-Bettecken schrieb diesbezüglich: «In der vollständigen Zerrüttung aller Sinngegebenheiten kann in den Gedichten Celans allein der Gekreuzigte, der Leidende angenommen werden, ihm gilt auch das Mitgefühl. Wohl spricht keines der Gedichte den Namen Jesus aus, doch gedenken die Gedichte, wenn sie sich von den Toten herschreiben und diese erinnern, auch dessen, der der Träger der Stigmata ist, Jesus von Nazareth. Als Leidender und Sterbender ist der Gekreuzigte im Gedicht präsent, als Leidensfigur, die dem Tod ausgeliefert ist, spricht sich das Gedicht auch von ihm her und ihm zu. Jedes Sterbens ist zu gedenken, keine Passion ist dem Vergessen der Geschichte anheimzugeben. Indem das Gedicht jedoch an das Passionsgeschehen dieses Jesus von Nazareth erinnert, der den Christen der Erlöser ist, muss es auch den Anspruch erinnern, der in diesem Kreuzigungsgeschehen steckt. – Nach christlichem Verständnis ist mit der ‹memoria passionis› unlösbar die

‹memoria resurrectionis› verknüpft. Die Passion des Einen geschieht stellvertretend für das Leid der Vielen um der Erlösung willen. Diese Verbindung kann das Gedicht aber nicht aussprechen. Wenn das Gedicht vom Tod des Einen spricht, dann ist dieses Sprechen nur insofern stellvertretend für den Tod der Vielen, da es einerseits die Einmaligkeit und Einsamkeit jedes einzelnen Todes aufzeigt und andererseits in diesem einen Geschehen alles Sterben, alle Toten bewahrt. In der Erinnerung der einen Passion, deren Einmaligkeit und Schrecklichkeit das Gedicht ernst nimmt, scheint das Leiden aller auf, jedoch in einer Weise, die in größter Ferne zur christlichen Botschaft steht. Im Christentum ist der Tod des Einen der Tod des Jesus von Nazareth, der stellvertretend für die Menschheit stirbt. In ihm stirbt die schuldige Menschheit, um erlöst zu werden. Im Gedicht Celans nimmt der Tod des Einen nichts hinweg, er relativiert auch nicht jedes einzelne Sterben. In ihm scheint lediglich die Singularität des leidenden Menschen auf, offenbart sich Menschsein. In dem einen Sterben sammelt sich der Tod, nicht um in der Erlösung überwunden zu werden, sondern um sich als Tödlichkeit zu offenbaren. – In der christlichen Passion liegt der Anspruch, Erlösung zu sein. Somit liegt im Bewahren dieser Passion im Gedicht auch die Konfrontation des einen Toten und seines Anspruches mit den anderen Sterbenden, wie es beispielsweise in ‹Tenebrae› geschieht. Der Tod, den dieses Gedicht ausspricht, entzieht sich jeglichem Sinnanspruch; das Leid ist Zeichen einer abwesenden Erlösung. Als Ort der ausgebliebenen Erlösung wendet sich das Gedicht gegen jeden Heilsanspruch, der aus dem Kreuzigungsgeschehen abgeleitet werden könnte. In diesem Zusammenhang wird es nicht nur zum Todesgedenken dessen, der als Christus erwartet worden ist, sondern auch all derer, die seinen Namen angenommen haben, der Christen. Als Christen sind sie nicht nur Opfer, die um Christi willen verfolgt und ermordet worden sind, sondern auch Täter, die im ‹Namen Christi› verfolgt und gemordet haben. Damit gedenkt das Gedicht im Namen Christi auch der Juden, der Opfer, die als ‹Mörder Christi› durch die Jahrhunderte hindurch verfolgt und getötet worden sind. Dies bedenkend, gewinnt das Pauluswort, dass all die, die auf Christus Jesus getauft sind, auf den Tod getauft sind (Röm 6, 3), eine vernichtende Bedeutung, wie sie auch im Gedicht ‹Tenebrae› in der Erinnerung der christlichen Eucharistie aufscheint. – Die Gedichte Celans brechen das christliche Kerygma in einem Prisma; die Farben, in die es sich zerlegt, sind die Nichtfarben der Leid- und Todeserfahrung, Weiß und Schwarz. So ist in Christus auch kein Messias präsent, ebenso wenig wie die Hoffnung auf den Anbruch seines Reiches. Celans Gedichte sprechen aus einer Dunkelheit, in der die Verheißung versunken ist. Die Erinnerung des Messias steht in der Unerlöstheit, im Ausbleiben der Verheißung. Der Messias ist der ‹ewig Kommende, ewig Wartende, ewig Wandernde, ewig Wachsende› (Franz Rosenzweig). Als ewig Ausstehender ist er in den Gedichten Celans zugleich der ewig Abwesende und damit eine Leerstelle des Gedichtes.» (*Sprache der Hinterlassenschaft. Jüdisch-christliche Überlieferung in der Lyrik von Nelly Sachs und Paul Celan*, S. 263 f.). – Celan schrieb in seinem Gedicht «Tenebrae» die Zeilen: «als wär / der Leib eines jeden von uns / dein Leib, Herr» (I, 163) und kannte sehr wahrscheinlich die Notizbucheintragung Franz Kafkas: «Alles Leiden um uns werden auch wir leiden müssen. Christus hat für die Menschheit gelitten, aber die Menschheit muss für Christus leiden. Wir alle haben nicht einen Leib, aber ein Wachstum, und das führt uns durch alle Schmerzen, ob in dieser oder jener Form. So wie das Kind durch alle Lebensstadien bis zum Greis und zum Tod sich entwickelt – und jedes Stadium im Grunde dem vorigen Stadium im Verlangen oder in Furcht unerreichbar scheint – ebenso entwickeln wir uns – nicht weniger tief mit der Menschheit verbunden als mit uns selbst – durch alle Leiden dieser Welt gemeinsam mit allen Mitmenschen. Für Gerechtigkeit ist in diesem Zusammenhang kein Platz, aber auch nicht für Furcht vor dem Leiden oder für die Auslegung des Leidens als eines Verdienstes.» (*Oktavheft H*, 19. 2. 1918; vgl. a. Peter Selg: *Rainer Maria Rilke und Franz Kafka. Lebensweg und Krankheitsschicksal im 20. Jahrhundert*, S. 157 f.) – Auch Lydia Koelle schrieb: «Gerade *weil* er Jude war, hat Celan sich nicht von Jesus distanzieren können. Ohne sich dem christlichen Glauben anzunähern, war der Jude Jesus seine Projektionsgestalt, an der er die *jüdischen* Wunden wiedererkannte. Der Vorwurf des ‹Gottesmordes› verkehrt sich nach *dem, was geschah*, in sein Gegenteil: wurden die Juden jahrhundertelang gebrandmarkt, Jesus ans Kreuz geschlagen zu haben, sind es nun die Christen, die Jesus in jenen, von denen er dem Fleisch nach abstammt (Röm 9, 5), dem Tod ausgeliefert haben. – Celan beschäftigt sich in den letzten Monaten seines Lebens mit dem jüdischen Philosophen Constantin Brunner (Pseudonym für Leo Wertheimer), der Jesus Christus als geistigen Höhepunkt des Judentums verehrte. Celan erhebt, wie Constantin Brunner und Margarete Susman, Anspruch auf den Juden Jesus von Nazareth. Susman schrieb in ihrem Hiob-Buch: ‹Auch Christus ist dieser Zeit nicht fester Besitz; er steht, so sehr sie ihn einzuschliessen strebt, nicht verschlossen im Raum einer Kirche; er wartet auf uns als unsichtbar Lebendiger an jeder Biegung unseres Weges, auf den Juden wie den Christen.› ‹Und mag auch die Kirche an der Frage nach dem Wesen die Entscheidung zwischen Christentum und Judentum fällen: Christus selbst hat, zum mindesten im allentscheidenden Gleichnis vom Weltgericht, die Grenze anders gezogen, die Entscheidung für oder wider ihn an eine andere Stelle verlegt: er hat in dem Wort: «Was ihr dem geringsten meiner Brüder getan habt, das habt ihr mir getan» nicht ein bestimmtes, formales Glaubensbekenntnis für sich gefordert, sondern den Menschen und sein

Leben.›» (Lydia Koelle: *Paul Celans pneumatisches Judentum. Gott-Rede und menschliche Existenz nach der Shoah*, S. 357)

747 Gerhart Baumann: *Erinnerungen an Paul Celan*, S. 48. – Paul Celans Colmarer Ausspruch «*Es ist genug!*» zitierte – direkt oder indirekt, willentlich oder thematisch – das letzte, Christus-bezogene und kursiv gesetzte Wort von Nelly Sachs' Gedicht «Immer noch Mitternacht», das der Sammlung *Und niemand weiß weiter* angehört: «IMMER NOCH MITTERNACHT auf diesem Stern / und die Heerscharen des Schlafes. / Nur einige von den großen Verzweiflern / haben so geliebt, / daß der Nacht Granit aufsprang / vor ihres Blitzes weißschneidendem Geweih. // So Elia; wie ein Wild mit ausgerissenen Wurzeln / erhob er sich unter dem Wachholder, / schleifte, Aderlaß eines Volkes, / blutige Sehnsuchtsstücke hinter sich her, / immer den Engelfinger / wie einen Müdigkeit ansaugenden Mondstrahl / an seine Schwere geheftet, / Untiefen heimwärtsziehend – // Und Christus! An der Inbrunst Kreuz / nur geneigtes Haupt – / den Unterkiefer hängend, / mit dem Felsen: / *Genug*.» (1, 204) – In ihrem Kommentar zu den letzten Zeilen des Gedichtes schrieb Erika Schweizer: «Die Schwerkraft des Leidensmaßes zieht hinab: ‹nur geneigtes Haupt / den Unterkiefer hängend, / mit dem Felsen: / *Genug*.› Die äußerste Liebeshingabe Christi vermag das übermächtige Gewicht des Leidens nicht aufzuheben. Die Formulierung ‹An der Inbrunst Kreuz› identifiziert Kreuzes- und Liebestod. ‹Inbrunst› bezeichnet in der chassidischen Mystik die glühende, innere Ekstase eines Menschen, seine Selbstvergessenheit und Selbstaufgabe, um ganz in Gott aufzugehen und so am Werk der Erlösung mitzuwirken. ‹Der glühende Einsatz trägt in sich den Ansatz zur Vernichtung, die Liebestat schlägt um in eine Leidenstat.› (Sowa-Bettecken) Die *Inbrunst* selbst ist das Kreuz, ist das Übermaß an Leiden, über das hinaus es nichts mehr geben kann. Die sich erschöpfende Liebe erstirbt im *Genug*: ‹Christus, des einen Verzweiflers letztes Wort, der bittere Kelch ist geleert.› Vor Augen steht die Todesstunde Jesu am Kreuz. Die Zeugnisse der Evangelien dokumentieren unterschiedliche letzte Worte Jesu. Nach Markus und Matthäus ist es Jesu Schrei: ‹Mein Gott, mein Gott, warum hast du mich verlassen?› (Mk 15, 34; Mt 27, 46). Bei Lukas heißt es: ‹Vater, ich befehle meinen Geist in deine Hände!› (Lk 23, 46), und im Johannesevangelium: ‹Es ist vollbracht.› (Joh 19, 30). Nur hier ist daran angefügt: ‹und neigte das Haupt und verschied›. – Vergleicht man die biblische Überlieferung der ‹Worte Jesu am Kreuz› mit dem *Genug* des Gedichtes, so klingt letzteres karg und spröde. Das *Genug* besiegelt erwartungslos den Martertod eines Menschen, der mehr nicht ertragen kann und unter seinem Leiden zusammenbricht (im Passionsbericht des Markus steht das ‹Genug› am Ende von Jesu Ringen mit Gott in Gethsemane: Mk 14,41. Auch der lebensmüde Elia spricht zu Gott: ‹Es ist genug›. 1. Kön 19. 4). Das *Genug* schließt nichts auf – keine Berührung mit

dem verborgenen Gott, kein Bewusstsein, eine Aufgabe erfüllt zu haben, auch kein Heimfinden zu Gott. Pointiert und kursiv gedruckt endet das *Genug* die Christus-Strophe und damit das ganze Gedicht. Massiv und resignativ steht es hart wie ein Felsen. Bekundet sich darin nicht auch ein Urteil über das *Genug* des Leiden-Müssens? Etwas im Sinne eines: *Genug* aller Qualen, die Mühsal der großen Verzweifler muss ausreichen? Oder: *Genug* der vergeblichen Anstrengungen eines Tuns, das am Ende ans Kreuz führt und das Leid nicht wegnimmt!» (*Geistliche Geschwisterschaft. Nelly Sachs und Simone Weil – ein theologischer Diskurs*, S. 259 f.)

748 Brief Paul Celans an Franz Wurm, 27. 3. 1970. In: Paul Celan/Franz Wurm: *Briefwechsel*, S. 227.

749 In: Paul Celan/Ilana Shmueli: *Briefwechsel*, S. 135.

750 Zit. n. Paul Celan/Ilana Shmueli: *Briefwechsel*, S. 236.

751 Zit. n. Wolfgang Emmerich: *Paul Celan*, S. 162. – James K. Lyons Diktum: «In gewissem Ausmaß mag die Dunkelheit [von Celans] schwer zugänglichen Spätlyrik aus seinem gestörten Geisteszustand entstanden sein» geht sowohl an der Wirklichkeit von Paul Celans lyrischem Spätwerk als auch an derjenigen seines «Geisteszustandes» vorbei. («Judentum, Antisemitismus, Verfolgungswahn: Celans ‹Krise› 1960–1962». In: *Celan-Jahrbuch* 3 [1989]. Hg. Hans-Michael Speier. Heidelberg 1990, S. 201) Lyons aggressiv gefärbte Behauptung, Celans «dichterischer Wahnsinn» habe das «Ende seines Schaffens» bedeutet (ebd., S. 202) hält – angesichts der Qualität der von Paul Celan bis zuletzt verfassten Gedichte – keiner Nachprüfung stand.

752 Über Celans letztes Kafka-Seminar an der ENS und seine geistigen Beschäftigungen Ende März/Anfang April 1970 schrieb John Felstiner: «In dieser Zeit [...] las Celan *La Conscience juive* von André Neher sowie Bubers *Ekstatische Konfessionen*. Aus den Gesprächen Gustav Janouchs mit Kafka notierte er Kafkas Interesse an der Golemsage und seine Gleichung ‹Dichtung ist Krankheit›. In seinen zweimal wöchentlich stattfindenden Unterrichtsstunden an der École Normale Supérieure ließ er seine Studenten Kafka ins Französische übersetzen, und *Der Jäger Graccus* nahm ihn gefangen. In dieser Geschichte ist ein Mann tödlich verunglückt, lebt aber trotzdem weiter, weil sein ‹Todeskahn› in die Irre fuhr – vielleicht ‹eine Ablenkung durch meine wunderschöne Heimat›. Seither reist er: ‹Niemand wird lesen, was ich hier schreibe, niemand wird kommen, mir zu helfen ... Mein Kahn ist ohne Steuer, er fährt mit dem Wind, der in den untersten Regionen des Todes bläst.› – Immer wieder kehrte Celan auch zu Kafkas Erzählung *Ein Landarzt* zurück, dessen Formulierung er 1962 auf sich selbst bezogen hatte: ‹'s ist nur ein Jud›. [*‹Pawel Lwowitsch Tselan / Russkij poët in partibus nemetskich infidelium / s' ist nur ein Jud –›* Briefunterschrift an Reinhard Federmann, 23. 2. 1962]. Diesmal war es das Ende der Geschichte, das ihn packte: Der Arzt,

in einer Winternacht zu einem Kranken gerufen, ist entkleidet und neben einem Jungen mit einer Wunde ins Bett gelegt worden. Er versucht zu entfliehen, erkennt aber, dass er niemals nach Hause kommen wird. ‹Nackt, dem Froste dieses unglückseligsten Zeitalters ausgesetzt›, bereut er, den Ruf des Kranken erhört zu haben: ‹Betrogen! Betrogen! Einmal dem Fehlläuten der Nachtglocke gefolgt – es ist niemals gutzumachen.› Vielleicht sei er dem falschen Ruf gefolgt, schrieb Kafka seiner Freundin in Israel, habe das falsche Schicksal angenommen.» (John Felstiner: *Paul Celan*, S. 359)

753 In: Paul Celan/Ilana Shmueli: *Briefwechsel*, S. 140.

754 «Dass mit dem Wort *Sulamith* (1, 42) aus dem Hohelied Celans erstes veröffentlichtes Gedicht endet und mit dem Wort *Sabbath* (3, 123) sein letztes, ist symtomatisch für die Ader des Judentums in ihm.» (John Felstiner: *Paul Celan*, S. 20)

755 Zit. n. Bernhard Böschenstein: «Celan und Mandelstam: Beobachtungen zu ihrem Verhältnis». In: *Celan-Jahrbuch* 2. Hg. Hans-Michael Speier. Heidelberg 1988, S. 166. – Zutreffend schrieb Lydia Koelle: «Celans besondere Aufmerksamkeit galt den Fragen des *Lebens*, der Lebensführung im Kontrast zur bloßen Alltagstüchtigkeit; die Figuren des Lebens, die Einblick geben in die geistige Grundhaltung eines Individuums, Überzeugung im Vollzug sichtbar geworden, wozu auch die Gedichte zu zählen sind, seltener im ausdrücklichen Bekenntnis, doch auch dies geschieht in Erinnerung an die Halbvergessenen wie Landauer und Mandelstam, geistige Konstituenzien von seiner, Celans Existenz.» (*Paul Celans pneumatisches Judentum. Gott-Rede und menschliche Existenz nach der Shoah*, S. 29)

755a «Paul s'est jeté dans la Seine. Il a choisi la mort la plus anonyme et la plus solitaire.» (Brief von Gisèle Celan-Lestrange an Ingeborg Bachmann, 10. 5. 1970. In: Ingeborg Bachmann/Paul Celan: *Briefwechsel*, S. 197

756 Vgl. Theo Buck: *Celan und Frankreich*, S. 103.

757 Vgl. Wilhelm Michel: *Das Leben Friedrich Hölderlins*. Darmstadt [2]1963, S. 556. Das Brentano-Briefzitat (vom 21. Januar 1810 an Philipp Otto Runge) steht im vorletzten Abschnitt von Michels Hölderlin-Biographie («Tübingen 1806–1843»); den unmittelbar nachfolgenden – nur durch ein Semikolon getrennten – Satzteil unterstrich sich Celan nicht mehr: «meistens aber glänzet sein apokalyptischer Stern Wermut wunderbar rührend über das weite Meer seiner Empfindung.» (Vgl. John Felstiner: *Paul Celan*, S. 363)

758 Der gesamte Wortlaut des Gedichtes, das Paul Celan ein Jahr vor seinem Tod (am 9. Mai 1969) verfasst hatte, lautet: «DU LIEGST HINAUS / über dich, // über dich hinaus / liegt dein Schicksal, // weißäugig, einem Gesang / entronnen, tritt etwas zu ihm, / das hilft / beim Zungenentwurzeln, / auch mittags, draußen.» (III, 73) – Theo Buck schrieb über den Freitod Paul Celans unter Zitierung weiterer Gedichtzeilen: «Auf Dauer fehlte Celan sicherlich

die Kraft zum Weitermachen. Den von ihm gegen alle Negativität des Lebens geführten Prozess musste er verlieren. Deswegen ließ er sich aus der Zeit fallen. War er doch der festen Überzeugung: *‹Du weißt: der Sprung / geht über dich, immer›*. ‹Über dich› will heißen: unter der Voraussetzung des ständigen eigenen Ausgesetzt-Seins. Darum die Zurücknahme des Lebens. Celan fand dafür den Begriff des ‹devenir-Autre›. Seine Formulierung deckt sich, und das ist gewiss kein Zufall, auffallend mit der Heideggerschen Konzeption des ‹Ent-Werdens›. Daran, ein Anderer zu werden, arbeitete er ohne Unterlass. So konnte er seine prekäre Situation in den folgen Versen zusammenfassen: *‹Den Wind im Rücken / sterb ich mich ein / in den Großpassat – / und lebe erst recht›*.» (Theo Buck: *Celan und Frankreich*, S. 81)

759 Brief Nelly Sachs' an Paul Celan, 10. 5. 1954. In: Paul Celan/Nelly Sachs: *Briefwechsel*. Frankfurt 1993, S. 9. – Ruth Dinesen, die bei der Niederschrift ihrer Nelly-Sachs-Biographie 1991 noch nicht den vollständigen Briefwechsel mit Paul Celan einsehen konnte, ging davon aus, dass Nelly Sachs Ende 1956 *Mohn und Gedächtnis* überhaupt noch nicht gelesen hatte: «Nelly Sachs erwähnt Paul Celan zum ersten Mal in einem Brief vom 31. 12. 1956. Sie schlägt Johannes Edfelt, der deutsche Literatur in schwedischen Zeitungen vorstellte, einige neue deutsche Gedichtsammlungen vor, unter anderem Paul Celans *Mohn und Gedächtnis* von 1952, die der Dichter ihr persönlich zugeschickt hatte. Sie verweist darauf, dass Alfred Andersch die Gedichtsammlung hoch einschätze, hatte sie selbst aber offensichtlich nicht gelesen.» (*Nelly Sachs. Eine Biographie*, S. 284) Im Unterschied zu Dinesen ist davon auszugehen, dass Nelly Sachs sich auf das Urteil des Edfelt gut bekannten und literarisch angesehenen Alfred Andersch abstützte, um ihrer eigenen Empfehlung Gewicht zu verleihen, keinesfalls aber aufgrund einer unterlassenen Lektüre von *Mohn und Gedächtnis* bzw. der frühen Lyrik Paul Celans, deren Wert sie mit Sicherheit erkannte – auch wenn sehr wahrscheinlich erst der Band *Sprachgitter* (1957; mit «Tenebrae» und der «Engführung») für Nelly Sachs das zentrale Durchbruchserlebnis zu Celans großer Dichtung bedeutete.

760 Paul Celan/Nelly Sachs: *Briefwechsel*. Frankfurt 1993, S. 9.

761 Wobei Nelly Sachs sicher weiter auf Paul Celan hoffte, ohne sich in irgendeiner Weise aufdrängen zu wollen. Sich in der «Ausdrucksweise heutiger Dichtung» – und im Bereich der modernen Nüchternheit – *«einsam verwaist»* fühlend (Brief an Albrecht Goes, 6. 7. 1951. Vgl. S. 93), war Nelly Sachs von der Ausnahmeerscheinung Celans stark berührt. Als sie im Sommer 1957 von Dichterfreunden mit Kontakten nach Paris erfuhr, dass «Celan mich über alles liebt» (Brief an Ilse Pergament 26. 8. 1957. In: Ruth Dinesen/Helmut Müssener [Hg.]: *Briefe der Nelly Sachs*, S. 167) freute sie sich außerordentlich, zumal sie Celan als den «führenden deutsche Lyriker» der jünge-

ren Generation betrachtete (ebd.). – James K. Lyons spekulative Annahme, dass Paul Celan und Nelly Sachs auch in den Jahren 1954–1957 korrespondierten und seine noch weitergehenden Vermutungen über den konkreten Inhalt dieser verschollenen Briefe – «Es gibt Hinweise darauf, dass Sachs ihn [Celan] mit den Werken Gershom Scholems und anderer jüdischer Autoren bekannt gemacht hat. In jedem Fall haben sie über diese Werke gesprochen.» – entbehren jeder Grundlage. («Judentum, Antisemitismus, Verfolgungswahn: Celans «Krise» 1960–1962.» In: *Celan-Jahrbuch* 3 [1989]. Hg. Hans-Michael Speier. Heidelberg 1990, S. 182)

762 Brief Paul Celans an Nelly Sachs, 13. 12. 1957. In: Paul Celan/Nelly Sachs: *Briefwechsel*, S. 10.

763 Brief Nelly Sachs' an Paul Celan, 21. 12. 1957. Ebd.

764 Ruth Dinesen: *Nelly Sachs. Eine Biographie*, S. 285.

765 Paul Celan/Nelly Sachs: *Briefwechsel*, S. 10 f.

766 Brief Paul Celans an Nelly Sachs, 3. 1. 1958. Ebd., S. 11.

767 Brief Nelly Sachs' an Paul Celan, 9. 1. 1958. Ebd., S. 12.

768 Ebd., S. 14.

769 Ebd., S. 13.

770 Brief Paul Celans an Nelly Sachs, ca. 13. 1. 1958. Ebd., S. 14 f. – Ruth Dinesen, die Sachs' Brief an Celan vom 9. 1. 1958 nicht kannte, ging aufgrund der Antwort Celans von einem vorausgehenden «Verzweiflungsschreiben» Nelly Sachs' aus: «Nelly Sachs muss Paul Celan einen ihrer verzweifelten Briefe geschrieben haben, in denen sie, wie auch gegenüber anderen Freunden aus dieser Zeit, ihrem Gefühl Ausdruck gibt, dass ihre Gedichte nicht gehört werden. Er reagiert heftig. Am liebsten wäre er selbst in den Zug gestiegen und nach Stockholm gefahren [...].» (*Nelly Sachs. Eine Biographie*, S. 285)

771 Brief Nelly Sachs' an Paul Celan, 29. 1. 1958. In Paul Celan/Nelly Sachs: *Briefwechsel*, S. 15; Hervorhebung v. V.

772 In seinen Erinnerungen schrieb Christoph Schwerin über Paul Celans Beschäftigung mit der Politik: «Mit Celan sprach ich nie über Politik, auch wenn ich wusste, dass er die Zeitungen regelmäßig und sehr genau las. Einmal sagte er, als wir über den Filmtext ‹Nuit et brouillard› von Jean Cayrol sprachen, nach Auschwitz habe kein Mensch mehr das Recht, unpolitisch zu sein. Ich verstand auch, dass er unter Politik mehr verstand als die Entscheidung, links oder rechts zu wählen, Politik sei eine Lebensphilosophie, sagte er.» (Christoph Schwerin: *Als sei nichts gewesen. Erinnerungen*, S. 215)

773 Brief Nelly Sachs' an Paul Celan, 27. 5. 1958. In: Paul Celan/Nelly Sachs: *Briefwechsel*, S. 17.

774 «Es sind neue Gedichte die, ungefähr 40 an der Zahl, ganz plötzlich wie ein Blutstrom aufsprangen. Hier einige davon.» (Brief Nelly Sachs' an Paul Celan, 3. 9. 1958. Ebd., S. 17) Nelly Sachs sandte Paul Celan die Gedichte «Wer

zuletzt hier stirbt»; «Jäger»; «In der Flucht», «Im Alter»; «Heilige Minute» «Tänzerin» (aus dem späteren Zyklus *Tod und Verwandlung*)

775 Brief Paul Celans an Nelly Sachs, 30. 5. 1958. Ebd., S. 17. – Nach Barbara Wiedemann legte Paul Celan diesem Brief sehr wahrscheinlich sein Gedicht «Ein Auge, offen» bei, das Nelly Sachs' Nachlass angehört («in einer auf den 28. Mai 1958 datierten Handschrift»; Wiedemann. Ebd., S. 116): «Stunden, maifarben, kühl. / Das nicht mehr zu Nennende, heiß, / hörbar im Mund. // Niemandes Stimme, wieder. // Schmerzende Augapfeltiefe: / das Lid / steht nicht im Wege, die Wimper / zählt nicht, was eintritt. // Die Träne, halb, / die schärfere Linse beweglich, / holt dir die Bilder.» (I, 187) Ruth Dinesen geht davon aus, dass Paul Celan mit diesen Zeilen auch auf eines der Gedichte von Nelly Sachs antwortete, die sie ihm wenige Monate zuvor für das italienische Lyrikheft zur Verfügung gestellt hatte – «und ich sage zu meinen Augen: / bleibt offen und wartet / denn der Horizontenring birgt auch für euch / die goldene Zeugung der Sehnsucht / – Ruhe –». Dinesen schreibt: «Die Trauer über das, was sich während des Nationalsozialismus ereignete, holt die Bilder hervor, die die gegenwärtigen Ereignisse unter den gespensterhaften Horizont der Angst stellen. Er nimmt das Bild vom offenen Auge in Nelly Sachs' Gedicht auf und setzt mit seinen Worten das Gespräch fort, das von der gemeinsamen Trauer um die tote Mutter handelt und damit das jüdische Leiden und das trauernde Gedächtnis beschwört. Das vergangene Entsetzen tritt in Bildern vor die angstvoll aufgerissenen Augen: *«Die Träne [...] holt dir die Bilder.»* Brief und Gedicht Paul Celans erscheinen als eine Warnung an Nelly Sachs vor dem wiedererwachenden Antisemitismus.» (*Nelly Sachs. Eine Biographie*, S. 289)

776 Brief Nelly Sachs' an Paul Celan, 3. 9. 1958. Paul Celan/Nelly Sachs: *Briefwechsel*, S. 23. – Nach Jean Bollack musste sich Paul Celan durch die *Sohar*-«Interpretation» seines Gedichtbandes durch Nelly Sachs nachdrücklich missverstanden fühlen: «Es ist nicht auszumachen, ob Nelly Sachs über die Mittel verfügt hätte, in die Welt einzudringen, die durch die neue Sprache von *Sprachgitter* geschaffen war. Dass sie aber den Versuch nicht unternommen hat, sie zu entziffern, ist sehr bezeichnend. Sie verstand gewiss das Prinzip einer hermetischen Dichtung aufgrund ihrer Kenntnis der Kabbala, schon vom Sohar her, sie kannte die den Wörtern eigene Macht und war vertraut mit dem Licht, das sich hinter ihnen, in ihrer Sphäre entzündet. Sie hat Celan ganz einfach den Vorstellungen dieser Tradition assimiliert, ohne den sehr abweichenden Gebrauch zu sehen, den er davon machte; sie war mit der modernen Dichtung nicht vertraut genug, um die Transformation zu ermessen, die sich in *Sprachgitter* vollzogen hatte. So stellte sie sich, wie die meisten damals, den Gebrauch eines ‹Gitters› nur in der Kontinuität der mystischen Bezüge und Inspirationen vor, in der sie selbst lebte, fern von der Geschich-

te.» (Jean Bollack: *Dichtung wider Dichtung. Paul Celan und die Literatur*, S. 85 f.) In vollständigem Gegensatz zu Bollack geht Celans Biograph John Felstiner davon aus, dass der von Nelly Sachs gesehene *Sohar*-Bezug der *Sprachgitter* Paul Celan in positivster Weise berührte: «Sein Buch mit dem *Sohar* verglichen zu sehen, dem mystischen Hauptwerk der Kabbala aus dem 13. Jahrhundert, muss Celan mit besonderer Wucht getroffen haben; denn beide hatten Scholems Ausgabe des Sohar gelesen. Dass eine ältere jüdische Dichterin Celans «Stimmen», «Tenebrae» und «Engführung» im selben Atemzug mit dem «Buch des Glanzes und der Geheimnisse» nannte, war ein grelles Licht in finstere Tage.» (John Felstiner: *Paul Celan*, S. 187) «An Paul Celan schrieb ich eine Antwort auf sein Buch. Arme, arme Worte für unsäglichen Glanz.» (Brief Nelly Sachs' an Rudolf Preyer, 5. 9. 1959. In: Ruth Dinesen/Helmut Müssener (Hg.): *Briefe der Nelly Sachs*, S. 229) – Bollacks Behauptung, Nelly Sachs habe Paul Celan «ganz einfach den Vorstellungen der [jüdisch-esoterischen] Tradition assimiliert, ohne den sehr abweichenden Gebrauch zu sehen, den er davon machte», und sei mit der «modernen Dichtung» nicht «vertraut genug» gewesen, «um die Transformation zu ermessen, die sich in *Sprachgitter* vollzogen hatte», übersieht, dass Nelly Sachs (die sich sehr wohl – wenn auch nicht in dem Umfang wie Celan – mit moderner Literatur auseinandersetzte) keineswegs im ungebrochenen Strom der jüdischen Tradition dachte und arbeitete. Zu Nelly Sachs' eigenständiger und produktiver Auseinandersetzung mit dem *Sohar*, die sehr wahrscheinlich 1951 begann und sich insbesondere in ihren Gedichtbänden *Und niemand weiß weiter* (1957) und *Flucht und Verwandlung* (1959) niederschlug – zwischen beiden Buchbänden erschien 1958 Paul Celans *Sprachgitter* – vgl. u. a. Erika Schweizer: *Geistliche Geschwisterschaft. Nelly Sachs und Simone Weil – ein theologischer Diskurs,* S. 147 ff. und Sabine Grittner: *«Aber wo Göttliches wohnt – die Farbe ‹Nichts›». Mystik-Rezeption und mystisches Erleben im Werk der Nelly Sachs*, S. 92 ff. – Zu Nelly Sachs' Ergriffenheit durch Paul Celans *Sprachgitter* vgl. im Übrigen auch ihre Briefe an Rudolf Peyer vom 31. 8. und 5. 10. 1959 – «Ich kann mich da nur neigen und fühle mich tief mit Tränen und Staub bedeckt davor.» (5. 10. 1959. In: Ruth Dinesen/Helmut Müssener [Hg.]: *Briefe der Nelly Sachs*, S. 233) Ausgehend von Nelly Sachs' Gedichtzeilen aus dem Jahre 1952: «Des Alphabetes Leiche hob sich aus dem Grab, / Buchstabenengel, uraltes Kristall, / mit Wassertropfen von der Schöpfung eingeschlossen, / die sangen – und man sah durch sie / Rubin und Hyazinth und Lapis schimmern, / als Stein noch weich war / und wie Blumen ausgesät.» (1, 209), schrieb Ruth Dinesen über die Wertschätzung und Beurteilung von *Sprachgitter* durch Nelly Sachs: «Das erste Gedicht in Nelly Sachs' Sohar-Zyklus von 1952 enthält ihre Auffassung von der Arbeit des Sohar-Schreibers als eine Wiedererschaffung der Sprache, der, als ein toter Buchstabenkörper, ‹des Alphabetes Leiche›, neues Leben zugeführt wird. Die Buchstaben sind singende Engel, und durch ihren kristallklaren Körper schaut man den Morgen der Schöpfung. Wie die erste Schöpfung durch das Wort geschah, so geschieht bei der Wiederbelebung der Sprache durch den Sohar-Schreiber eine Neuschöpfung. – Paul Celan mit dem Sohar-Schreiber zu vergleichen und *Sprachgitter* als ‹seinen Sohar› zu bezeichnen bedeutet, dass er die Elemente der Sprache mit ‹schöpferischer Kraft› aufgeladen hat, so dass die Buchstaben und Wörter zu Trägern des göttlichen Glanzes und der Geheimnisse des Lebens werden. Er erscheint in dieser Bewertung als ein Lehrer und Mystiker, seine Gedichte als Kristallisationen von Erkenntnis. Sich selbst sieht Nelly Sachs ‹mit Tränen und Staub bedeckt› im Bild von Gottes Schechina, den in der Welt fremden und gefangenen Geist, dessen Kraft allein in der Sehnsucht nach Erlösung besteht. – Überträgt man die hochstilisierte und fremdartige Tonart dieser Darstellung, so ist damit gemeint, dass Nelly Sachs in Paul Celans Werk ihre eigenen Bemühungen wiedergefunden hat, dass sie in ihm ein höheres Maß an inhaltlicher Konzentration findet, vielleicht auch ein höheres Abstraktionsniveau. Meine eigenen Gedichte, scheint sie zu sagen, enthalten soviel Worte für alles Sichtbare um uns herum, soviel ‹Staub›, und die Trauer ist noch nicht zu Erkenntnis verdichtet, meine Gedichte schlagen sich mit dem noch ungezähmten Schmerz herum, und ‹Tränen› verschleiern den Blick.» (Ruth Dinesen: *Nelly Sachs. Eine Biographie*, S. 291 f.) – Paul Hoffmann schrieb zu denselben Zeilen von Nelly Sachs: «Die Sprache, vom Atem des Schöpfungswortes beseelt, hat Verfall und Erstarrung als Schicksal. Der Anhauch des begnadeten Sprechers erweckt die tote Hülle zu neuem Leben. ‹Eingeschlossen› im Wort die lebendige Schöpfungsspur, in ‹uraltem› Kristall bewahrt [...]: ‹Wassertropfen [...] die sangen›, plötzlich wieder zum Leben erwacht, mit ihnen der Glanz der Schöpfungsfrühe, wo alles noch im Fluß war: ‹[...] – und man sah durch sie / Rubin und Hyazinth und Lapis schimmern, / als Stein noch weich war / und wie Blumen ausgesät.› – Die hohe Wertung der menschlichen Sprache ist im Fortwirken des göttlichen Urworts begründet.» (Paul Hoffmann: «Vom Pathos der Nelly Sachs». In: Michael Kessler/Jürgen Wertheimer [Hg.]: *Nelly Sachs. Neue Interpretationen*, S. 30)

777 Wobei diesbezüglich jedoch zu berücksichtigen ist, dass Nelly Sachs das konkrete «Aufwachen» Deutschlands für seine reale Schuld von Anfang an in seiner *individuellen* Bedeutung betont und als Voraussetzung aller weiterer Schritte beurteilt hatte: «Möge einmal der Tag kommen, da diejenigen Deutschen, die sich an der Tortur und Tötung ihrer Mitmenschen beteiligten, aus ihrem Wahnsinn erwachen. Mögen sie einsehen lernen, was es bedeutet, ein Kind seiner Mutter zu entreißen, einen Mann seiner Frau.» (In: Ruth Dinesen/Helmut Müssener [Hg.]: *Briefe der Nelly Sachs*, S. 59) Auch Nelly Sachs'

Arbeit zielte in die Gedächtnis- und Gewissensdimension der Menschen – und war, trotz ihrer ganzen Liebesdimension, als Totenklage zugleich unüberhörbare An-Klage.

778 Vgl. Ehrhard Bahr: *Nelly Sachs*, S. 17 ff.

779 Brief Nelly Sachs' an Paul Celan, 22. 10. 1959. In: Paul Celan/Nelly Sachs: *Briefwechsel*, S. 23.

780 Bereits in einem Brief vom 28. März 1958 hatte Paul Celan gegenüber seinem Verleger Rudolf Hirsch von der *«armen, nichtsahnenden Nelly Sachs»* gesprochen (In: Paul Celan/Rudolf Hirsch: *Briefwechsel*, S. 69), nachdem er ihre Gedichte im Verlagsprogramm der Deutschen Verlagsanstalt neben den – vom Verlag erneut edierten und propagierten – nationalsozialistischen Schriftstellern Münchhausen und Kolbenheyer wiedergefunden hatte.

781 Brief Paul Celans an Nelly Sachs, 26. 10. 1959. In: Paul Celan/Nelly Sachs: *Briefwechsel*, S. 24.

782 Fünf Tage vor ihrem Brief an Celan hatte Nelly Sachs an Elisabeth Borchers geschrieben: «Buber sagte neulich, wie ich las, vor einem deutschen T. V.: ‹Es ist, soweit ich es verstehe, das erste Mal in der Geschichte eingetroffen, dass ein solches Volk ins Untermenschentum verfallen war – mit einem solchen Volk meine ich *Bachs und Hölderlins Volk*.›» (In: Ruth Dinesen/Helmut Müssener [Hg.]: *Briefe der Nelly Sachs*, S. 235 f.; Hervorhebung v. V.)

783 Brief Nelly Sachs' an Paul Celan, 28. 10. 1959. In: Paul Celan/Nelly Sachs: *Briefwechsel*, S. 25.

784 Brief Nelly Sachs' an Paul Celan, 3. 11. 1959. Ebd., S. 26 f.

785 Ebd., S. 27.

786 Ebd., S. 167.

787 Ruth Dinesen: *Nelly Sachs. Eine Biographie*, S. 295.

788 Brief Nelly Sachs' an Paul Celan, 11. 11. 1959. Paul Celan/Nelly Sachs: *Briefwechsel*, S. 27 f.; zu Paul Celan und Ossip Mandelstam vgl. Anm. 606.

789 Brief Nelly Sachs' an Paul Celan, 19. 12. 1959. Ebd., S. 28.

790 Paul Celan hatte Nelly Sachs den Sonderdruck seiner Übertragung der «Jungen Parze» aus der *Neuen Rundschau* mit der Widmung «Alles Gute, liebe Nelly Sachs! Alles Gute! / Paul Celan» zugesandt. (Ebd., S. 167 f.)

791 Brief Nelly Sachs' an Paul Celan, 12. 1. 1960. Ebd., S. 29.

792 Brief Nelly Sachs' an Paul Celan, 14. 2. 1960. Ebd.

793 Brief Paul Celans an Nelly Sachs, 20. 2. 1960. Ebd., S. 29 f.

794 Brief Nelly Sachs' an Paul Celan, 27. 2. 1960. Ebd., S. 30.

795 Brief Nelly Sachs' an Paul Celan, 30. 4. 1960. Ebd., S. 32.

796 Brief Nelly Sachs' an Paul Celan, 30. 4. 1960. Ebd., S. 32.

797 «Ob Sie, liebe Nelly Sachs, nicht auch zu uns nach Paris kommen wollten – zu uns *und* nach Paris? – Wir wohnen freilich nicht ganz unten im Tal, sondern fünf, leider recht steile, Treppen hoch – ob wir es uns erlauben dürfen,

Sie zu uns zu bitten? Aber sicherlich ließe sich auch – ich sage das der fünf Treppen wegen, bitte fassen Sie es nicht falsch auf! –, es ließe sich, wenn Sie, was ich nur allzu gut verstehe, diese Art Alpinismus scheuen, leicht ein nettes Hotelzimmer in unserer allernächsten Nähe finden, ohne mühseligen Aufstieg, – hoffentlich können Sie ja sagen und kommen und bleiben!» (Brief Paul Celans an Nelly Sachs, 3. 5. 1960. Ebd., S. 33)

798 Brief Nelly Sachs' an Paul Celan, 6. 5. 1960. Ebd., S. 34.

799 «Der Herausgeber der genannten Zeitschrift *[Texte und Zeichen]*, der – in Romanen nach dem Kriege – als antifaschistischer Autor auftrat, hatte nicht den Mut, der Verlagspolitik, Kritik und Germanistik offen entgegenzutreten, die sich mit der genannten Intrige verbanden.» (Otto Pöggeler: *Spur des Worts. Zur Lyrik Paul Celans.* Freiburg und München 1986, S. 9) In seinen autobiographischen «Erinnerungen an große Lehrer» ging Otto Pöggeler etwas ausführlicher auf die Andersch-Problematik ein und schrieb, ausgehend von Hans-Egon Holthusen: «Damals [zu Anfang der 50er Jahre] trat Hans-Egon Holthusen als einer der maßgeblichsten Literaturkritiker auf. Er nahm aus Goethes *Faust* den ‹unbehausten Menschen› als Leitfigur der Zeit und sah in Gottfried Benn den repräsentativen Lyriker. Benns Umfall von 1933 sollte gerade nicht aus seinen eigenen Motiven erwachsen sein; vielmehr schien Benn einen Kryptowiderstand gegen den Nationalsozialismus bei jenen zu belegen, die sich dieser Bewegung einmal verschrieben hatten. Celan wurde als einer der neuen Kleinmeister unter die jungen Lyriker verrechnet. Wo Celan von den Schrecken der Vernichtungslager sprach, sah Holthusen nur den Import eines modischen Surrealismus. Musste man nicht wittern, was da geschah? In der Nazizeit selbst hatte ein Witz festgehalten, was besorgte Eltern sagten, wenn die Kinder beim Mittagsmahl unangenehme politische Fragen stellten: ‹Ess, ess, mein Kind!› Als Holthusen Direktor des Goethe-Instituts in Chicago wurde, schrieb Hannah Arendt an Karl Jaspers: ‹Hier haben sie den Holthusen hergeschickt als Direktor des Goethehauses. Da hat sich erst mal herausgestellt, dass der Edle mit in der SS gewesen war; da habe ich Idiot noch versucht, ihn herauszupauken. Er hat mich aber offenbar falsch informiert.› (am 1. 11. 1961) – Als ich 1955 gegen Holthusens Einordnung Celans protestierte, bestand die zuständige Zeitschrift für europäisches Denken natürlich auf Holthusens ‹weiteren›, nämlich europäischen und humanistischen Perspektiven. Doch wollte Alfred Andersch meinen kleinen Artikel bringen. Da seine Zeitschrift ‹Texte und Zeichen› in einem sogenannten progressiven Verlag angesiedelt war, musste er schließlich den Artikel aus der Zeitschrift wieder herausnehmen: inzwischen lief die bekannte Kampagne jener Frau Goll, in der Celan nichts anderes als den neuen ‹Hitler› sah. Celan hat Andersch (diesem Verklärer des Antifaschismus in einer Zeit, als der Faschismus tot war) diese Feigheit nie

verziehen.» (In: Christoph Jamme [Hg.]: *Kunst und Geschichte im Zeitalter Hegels.* Hamburg 1996, S. 263 f.)

800 Brief Paul Celans an Nelly Sachs, 7. 5. 1960. In: Paul Celan/Nelly Sachs: *Briefwechsel*, S. 121.

801 Brief Nelly Sachs' an Paul Celan, 9. 5. 1960. Ebd., S. 36.

802 «[...] sie schrieb – sie fände meine Gedichte schön, und sie hätte gehört ich hätte im Briefwechsel mit ihrem verstorbenen Mann gestanden. Ich war vollkommen nichtsahnend und schrieb darauf: es täte mir leid aber ich hätte ihren verstorbenen Mann überhaupt nicht gekannt und leider auch niemals etwas aus seinem Werk gelesen. Würde mich aber freuen zu hören wo sein Werk erschienen ist, da sie schrieb sie fände Verwandtschaft zwischen uns.» (Brief Nelly Sachs' an Paul Celan, 10. 5. 1960. Ebd., S. 37) Ob Claire Goll zu diesem Zeitpunkt eventuell beabsichtigte, ihre Plagiatsvorwürfe auch auf Nelly Sachs auszudehnen, ist m. W. nicht bekannt, erscheint jedoch möglich.

803 Ebd., S. 36.

804 Brief Nelly Sachs' an Paul Celan, 11. 5. 1960. Ebd., S. 38 f.

805 Brief Nelly Sachs' an Paul Celan, 12. 5. 1960. Ebd., S. 39.

806 Vgl. 3, 273 ff.

807 In: Paul Celan/Nelly Sachs: *Briefwechsel*, S. 128/159.

808 «Israel beanspruchte im Namen der Opfer die Zuständigkeit, zumal abgesehen von Argentinien von keinem Staat, auch nicht von der Bundesrepublik, eine Auslieferung beantragt wurde. Erwägungen, Eichmann vor einen internationalen Gerichtshof zu ziehen, gab es wohl; indessen ermangelte es einer für Verfahren wegen Völkermord zuständigen internationalen Instanz, so dass der Anspruch Israels, die Gerichtsherrschaft wahrzunehmen, international hingenommen wurde.» (Hanns Mommsen: «Hanna Arendt und der Prozess gegen Adolf Eichmann». In: Hanna Arendt: *Eichmann in Jerusalem. Ein Bericht von der Banalität des Bösen.* Leipzig 1990, S. 6)

809 In: Paul Celan/Nelly Sachs: *Briefwechsel*, S. 44 (Faksimile)/149. – Zum primären Mutterbezug dieses Gedichtes von Nelly Sachs vgl. S. 77 ff.

810 Ebd., S. 44.

811 Ebd., S. 41.

812 Vgl. Thomas Sparr: «Das Gespräch im Gedicht». Paul Celans Gedicht *Zürich. Zum Storchen.* In: *Neue Zürcher Zeitung*, 23. 11. 1990.

813 In: Paul Celan/Nelly Sachs: *Briefwechsel*, S. 153.

814 Ebd., S. 157.

815 Ebd., S. 150 f.

816 «In ihrer Dankrede in Meersburg, die sie vor der Abreise aus Stockholm geschrieben hatte, spricht sie von ihrer Hoffnung und verschweigt nicht, was sie kostet. Sie beginnt zunächst mit einer Geste der Versöhnung, spricht

vom friedensstiftenden Wort und ihrem Glauben an ein unsichtbares Universum, greift dann zurück auf ein zentrales Bild für ihren eigenen innersten Schmerz. Sie spricht vom Tod des Geliebten und von ihrer Sehnsucht nach der Ewigkeit, erzählt, wie sie damals vor den Verfolgern verstummte. Die Sprache blieb weg, das friedensstiftende Wort hatte keinen Platz zwischen dem Opfer und seinen Verfolgern, die Sprache hatte vielleicht Zuflucht zu den Fischen, den stummen Tieren genommen, sagt sie. In der Folterszene *Was ist ein Opfer?* verwendet der Henker Bilder vom Fischfang als Drohung. Die Analogie zwischen dem Opfer im Drama und der Dichterin in der Rede ist nur allzu deutlich. Nelly Sachs geht, nachdem sie von der Verstummung gesprochen hat, folgerichtig dazu über, von dem toten Geliebten und von der Trauerarbeit als einer Sehnsucht über den Tod hinaus zu sprechen. – Nachdem sie so ihren Schmerz vor Zuhörern offengelegt hat, schließt Nelly Sachs mit einer potenzierten Form der einleitenden Geste, indem sie die Zuhörer dazu auffordert, mit ihr den ‹Schritt über das vergangene Leid hinauszutun›. In ihrer feierlichen Formulierung klingen diese Worte wie eine Absolution und legen damit die Grundlage zu der Aufforderung, gemeinsam die Utopie von der Aussicht auf das Ewige zu verwirklichen. Angst und Zweifel kommen in der Rede zu Wort, aber auch ihr Glaube an eine mögliche Versöhnung und ihre Bereitschaft, dazu beizutragen, und sei es mit ihrem persönlichsten Leid und mit ihrer Trauer. Sie gibt ihre Exponiertheit preis und bietet diese als Basis für einen gemeinsamen Traum von Harmonie an.» (Ruth Dinesen: *Nelly Sachs. Eine Biographie*, S. 298 f.) – In einer anderen Publikation zitierte Dinesen die unveröffentlichte Meersburger Rede und wies darauf hin, dass Nelly Sachs das in Zürich begonnene Gespräch mit Celan in dieser Ansprache in gewisser Hinsicht fortsetzte: «Wir alle sind Betroffene [...] auf Erden zu leben [...] bis er [dieser Stern, d. h. die Erde] durchsichtig wird, von unserem gesagten und ungesagten Wort durchzogen – dieser Geheimschrift, mit der wir ein unsichtbares Universum lesbar machen für ein göttliches Auge. Alles gilt. Alles ist Ferment das wirkt. Und wir – vor Irrtum rauchend – versuchen ob gut ob schlecht – wir versuchen wieder und wieder [...].» (Nelly Sachs, zit. n. Ruth Dinesen: «Paul Celan und Nelly Sachs». In: Chaim Shoham und Bernd Witte [Hg.]: *Datum und Zitat bei Paul Celan*, S. 198)

817 Vgl. Anm. 909.

818 So Hans Magnus Enzensberger in einer Radiosendung über Nelly Sachs vom 13. 2. 1959 (Norddeutscher Rundfunk; Reihe «Das literarische Portrait»), die Nelly Sachs positiv aufgriff und gegenüber Johannes Edfelt am 24. 3. 1959 umfänglich zitierte (Ruth Dinesen/Helmut Müssener [Hg.]: *Briefe der Nelly Sachs*, S. 208 f.) Auch an Paul Celan schrieb Nelly Sachs einmal sehr direkt: «Du weißt ich bin für Frieden und jegliche Rache ist mir fremd!» (27. 4. 1968.

In: Paul Celan/Nelly Sachs: *Briefwechsel*, S. 98) In ihrem Gedicht «Stimme des Heiligen Landes», das den Zyklus *In den Wohnungen des Todes* beschloss, hatte Nelly Sachs bereits kurz nach ihrer Flucht nach Schweden und im Hinblick auf die Opfer des jüdischen Volkes geschrieben: «O MEINE KINDER; / Der Tod ist durch eure Herzen gefahren / Wie durch einen Weinberg – / Malte *Israel* rot an alle Wände der Erde. // Wo soll die kleine Heiligkeit hin / Die noch in meinem Sande wohnt? / Durch die Röhren der Abgeschiedenheit / Sprechen die Stimmen der Toten: // Leget auf den Acker die Waffen der Rache / Damit sie leise werden – / Denn auch Eisen und Korn sind Geschwister / Im Schoße der Erde – // Wo soll denn die kleine Heiligkeit hin / Die noch in meinem Sande wohnt? // Das Kind im Schlafe gemordet / Steht auf; biegt den Baum der Jahrtausende hinab / Und heftet den weißen, atmenden Stern / Der einmal Israel hieß / An seine Krone. / Schnelle zurück, spricht es / Dorthin, wo Tränen Ewigkeit bedeuten.» (1, 68)

819 Ruth Dinesen: *Nelly Sachs. Eine Biographie*, S. 296. – Dinesen beschrieb in diesem Zusammenhang auch einen – wenige Monate vor der Meersburger Feier, Ende Februar 1960 – in der Stockholmer Botschaft der Bundesrepublik Deutschland veranstalteten Nelly-Sachs-Abend, dessen journalistische Präsentation Nelly Sachs in einem Brief unkritisch, ja erfreut mit den Worten kommentierte: «‹Svenska Dagbladet› schrieb am nächsten Tage, daß es ein historischer Augenblick war, als zu meinen beiden Seiten das israelische und das deutsche Gesandtenpaar Platz nahmen.» Dinesen selbst bemerkte hierzu: *«Die beschriebene Szene ist eine eindrückliche Demonstration der erwünschten politischen Harmonie – mit Nelly Sachs in der Vermittlerrolle.»* (Ebd.)

820 So Friedrich Wittig: Ansprache für Nelly Sachs zur Verleihung des Friedenspreises des deutschen Buchhandels. Zit. n. Christine Rospert: *Poetik einer Sprache der Toten. Studien zum Schreiben von Nelly Sachs*, S. 21. Vgl. zu der ganzen Problematik: Ehrhard Bahr: *Nelly Sachs*, S. 17 ff. Im Hinblick auf die zitierte Paulskirchen-Ansprache Wittigs schrieb Bahr über Nelly Sachs: «Die Einheit ihrer Person und ihres Werkes wurde [...] zur Versöhnung von Deutschen und Juden umgedeutet. Nelly Sachs wurde nicht nur als Symbol, sondern sogar als Garantie dieser Versöhnung reklamiert. Dabei hatte die Dichterin in ihrer Frankfurter Dankrede das Wort ‹Versöhnung› nie verwendet, sondern zu einer gemeinsamen Eroberung des Friedens aufgefordert. [...] Es ist offensichtlich, wie hier Person und Werk aus ideologischen Bedürfnissen als Symbolfigur und Legende der Versöhnung manipuliert werden.» (Ebd., S. 20)

821 Dieses von Kurt Pinthus stammende Zitat, das Peter Hamm in seinem Meersburg-Bericht aufgriff, wurde 1961 auch auf dem Klappentext von Nelly Sachs' Gedichtsammlung *Fahrt ins Staublose* verwandt. (Vgl. Barbara Wiedemann [Hg.]: *Paul Celan – Die Goll-Affäre. Dokumente zu einer «Infamie»*,

S. 553) – Kurt Pinthus (1886–1975) lernte Nelly Sachs schon vor ihrer Emigration im Berliner «Kulturbund» kennen und erwähnte bereits 1936 ihre Gedichte in einer Berliner Zeitschrift; er emigrierte 1937 in die USA und stand u. a. in Beziehung zu Claire Goll.

822 Brief von Nelly Sachs an Alfred und Gisela Andersch, 23. 6. 1960. In: Ruth Dinesen/Helmut Müssener (Hg.): *Briefe der Nelly Sachs*, S. 250. – Zu den besichtigten Orten vgl. Celan entsprechende Notizbucheintragungen, in: Paul Celan/Nelly Sachs: *Briefwechsel,* S. 46 f.

823 Vgl. diesbezüglich Nelly Sachs' aufatmende Briefe an Ilse und Moses Pergament vom 26. und 30. Mai aus Zürich und 4. Juni aus Ascona. In ihrem ersten Zürcher Brief beschrieb sie den überwältigenden Empfang durch die versammelten Freunde mit den Worten: «[...] Ein Märchen hier. Am Flughafen die Familie *Celan* aus Paris, der kleine Sohn mit einem Riesenstrauß Rosen, *Ingeborg Bachmann*, Dr. *Hilty.* So ergreifend, alle schlossen mich in die Arme, unvergeßlich. [...] Blumen Blumen. Abends bestelltes Souper in einem Restaurant wieder mit den gleichen Freunden. Alles in herrlichster Harmonie, auch *Max Frisch* kam. Wie soll ich das nur fassen, alles nach soviel Dunkelheit. Aber Ihr gabt mir Kraft, daß ich überhaupt reisen konnte. Schlafe wieder.» (In: Ruth Dinesen/Helmut Müssener [Hg.]: *Briefe der Nelly Sachs*, S. 247) Auch von der Begrüßung und der Feier in Meersburg war Nelly Sachs – nach zwanzigjähriger, von Einsamkeit geprägter Emigrationserfahrung – tief ergriffen: «Bin im Märchen, wundere mich über nichts mehr. *Die Stadt Meersburg hatte geflaggt. Jugend* – Jugend, Verleger, Literatur – alles eine *Umarmung der Liebe.* Weiß nicht, was ich sagen soll, *ganz überwältigt*, Gudrun kam nach Meersburg, *mit ihr der erste Schritt auf deutschem Boden.* Der Festredner schloß mit *Schalom.* (Ebd., S. 247) Lediglich in einem Brief aus dem Tessin, der nicht weniger Begeisterung zeigte, kam Nelly Sachs noch einmal auf die Stockholmer Wohn- und Abhörsituation zu sprechen, ohne erkennbare Distanzierung von den dort gemachten Erfahrungen, aber mit mehr Ruhe und Zuversicht: «Vielleicht, daß man versucht, die Frau oberhalb zu versöhnen von ihrem Hass und den *‹Sender›* endgültig zu entfernen – denn es ist in *ihrer* Wohnung, wo sich alles ereignet. Mit *ihren beiden Nachbarn* zu sprechen wäre gut. Vielleicht macht das der gute Herr Svensson. So daß ich wenigstens noch eine Zeit in Ruhe dort verbringen kann *ohne* Morsezeichen – Telefonabhören – und die Nächte ohne Picken. *Ich konnte am Tage nicht die Schreibmaschine mehr benutzen, sogleich begannen sie die Knipserei.* Hier ist es italienisch laut mit der Autostraße – stört mich gar nicht – da natürlich. Heizung war die letzte Zeit nicht mehr in Bergsundsstr., aber das Knipsen blieb. *Hörte genau, wie sie oben außerhalb der Fenster anknipsen.*» (Ebd., S. 248 f.)

824 Brief Nelly Sachs' an Karl Schwedhelm, 11. 6. 1960. In: Nelly Sachs/Karl

Schwedhelm: *Briefwechsel*, S. 27.

825 Eva-Lisa Lennartsson, zit. n. Ruth Dinesen: *Nelly Sachs. Eine Biographie*, S. 307. – Bereits kurz nach ihrer Rückkehr schrieb Nelly Sachs am 20. Juni aus Stockholm an Rudolf Peyer: «Paul ist durch soviel Schmerzen gegangen – man hat ihn angegriffen von vielen Seiten. Er hat mir alles gezeigt – es ist furchtbar.» (Zit. n. Ruth Dinesen: *Nelly Sachs. Eine Biographie*, S. 308)

826 Vgl. zu Paul Celans Gedicht «In Memoriam Paul Eluard» das Ende von Anm. 657.

827 In seinem Tagebuch vermerkte Celan, dass er das Verhalten Max Ernsts vornehmlich als Beleidigung von Nelly Sachs empfand: «Episode mit Max Ernst, der Nelly nicht einmal einen Stuhl anbietet.» (16. 6. 1960; in: Paul Celan/Nelly Sachs: *Briefwechsel*, S. 46 f.)

828 John Felstiner: *Paul Celan*, S. 210 f.

829 Zit. n. Ruth Dinesen: *Nelly Sachs. Eine Biographie*, S. 307.

830 «Sie ist verschlossen und stumm, bis auf dem Flughafen die Mittagssonne einen Lichtstreifen über das Gras wirft und Paul Celan sie an das Licht von Zürich erinnert.» (Ebd., S. 308) Eva-Lisa Lennartsson veröffentlichte 1984 in einer schwedischen Zeitschrift ihre Erinnerungen an diese «Lichtstreifen»-Situation («Nelly Sachs och Hennes Vänner». In: *Fenix*, Heft 3, 1894, S. 94); hierauf Bezug nehmend schrieb James K. Lyon: «Eva-Lisa Lennartsson, die Sachs auf der Reise nach Zürich begleitet hatte, erinnert sich an den Tag, an dem Celan sie am Ende ihres fünftägigen Besuchs in Paris zum Flughafen Orly brachte. Sachs, die deprimiert, verschlossen und ängstlich war, wurde lebendig, als Celan auf die Mittagssonne wies, ‹die Strahlen aus Gold über die Erde› warf. ‹Paul sagte: das Gold der Sonne – das Zeichen der Güte. Wenn Ihr *das* Gold seht, erinnert Euch an das Zeichen – immer.›» («Judentum, Antisemitismus, Verfolgungswahn: Celans ‹Krise›» 1960–1962.» In: *Celan-Jahrbuch* 3 (1989). Heidelberg 1990, S. 184) – Dass am Morgen des 17. Juni, in den Stunden vor der Abreise von Nelly Sachs, auch über anderes gesprochen wurde, vermerkte Paul Celan in seinen Notizbucheintragungen: «Vormittag Nelly S. bei uns. Das Gedicht ‹Du mit dem Verlernen Beschäftigte (?)› u. a. ihre Mutter. Die Mutter: zehn Jahre hindurch jede Nacht Gespräch mit den Toten, dann am Morgen, Beruhigung.» (In: Paul Celan/Nelly Sachs: *Briefwechsel*, S. 47)

831 Am 23. Juni schrieb Nelly Sachs über ihren Paris-Aufenthalt zusammenfassend an Gisela und Alfred Andersch: «Paul Celan hat mir alle Tatsachen gezeigt, jene entsetzlichen Angriffe gegen ihn. Aber wir hatten mit Gisèle – so etwas wie die Seele von Paris ist sie – und dem kleinen Eric eine innig verbundene Zeit.» (In: Ruth Dinesen/Helmut Müssener [Hg.]: *Briefe der Nelly Sachs*, S. 250).

832 Vgl. hierzu die Ausführungen von Barabara Wiedemann, in: Paul Celan/

Nelly Sachs: *Briefwechsel*, S. 124.

833 Brief Nelly Sachs' an Paul Celan, 18. 6. 1960. Ebd., S. 47 f.

834 Ebd., S. 151.

835 Ehrhard Bahr verkannte den intentionalen Charakter dieser spezifischen Zuwendung Celans nahezu vollkommen, als er innerhalb seiner Nelly-Sachs-Monographie von einem – nach der Begegnung in Zürich und Paris – «wie ausgetauschten» Paul Celan schrieb. Bahr ging davon aus, dass Nelly Sachs «als Stärkende und Gebende» durch ihren Besuch eine «Last» von Celan genommen hatte – und bemerkte über Celans Brief vom 20. 7. 1960: «Nach ihrem Besuch schreibt er einen völlig unbelasteten, fast beschwingten Brief an die Dichterin, in dem er ihr von den Radfahrten mit seinem Sohn in der Bretagne berichtet.» (Ehrhard Bahr: *Nelly Sachs*, S. 53; vgl. a. Bahrs Haifa-Symposiumsbeitrag vom Januar 1980, in dem der Literaturwissenschaftler von «dichterischen Ausdrucksschwierigkeiten» Celans im Vorfeld des Besuches sprach – «nicht nur der Dichter selbst glaubte, [mit *Sprachgitter*] ans Ende seiner Kunst gekommen zu sein» – und von einer «positiven Wendung» durch Nelly Sachs ausging. In: Chaim Shoham und Bernd Witte [Hg.]: *Datum und Zitat bei Paul Celan*, S. 186) Auch Bahrs Behauptung, Celan habe sich in seinen entsprechenden Zuspruch-Briefen an Nelly Sachs durch einen «Akt der Selbstbefreiung» von seinem eigenen «Verfolgungswahn» zu lösen versucht, geht an der situativen Realität der Beziehung vollkommen vorbei. – Bahrs entsprechende Feststellungen stehen in deutlichem Kontrast zur hohen Qualität seiner Sachs-Monographie und sind Ausdruck eines ungenügenden Kenntnisstandes; sie reflektieren den Stand der biographischen Sekundärliteratur zu Beginn der 80er Jahre des 20. Jahrhunderts – und zeigen zugleich nachdrücklich auf, dass die Briefkorrespondenz von Paul Celan und Nelly Sachs erst vor dem lebensgeschichtlichen Hintergrund *beider* Dichter adäquat beschreib- und beurteilbar ist.

836 Brief Paul Celans an Nelly Sachs, 1. 7. 1960. In: Paul Celan/Nelly Sachs: *Briefwechsel*, S. 48 f.

837 Brief Nelly Sachs' an Paul Celan, 2. 7. 1960. Ebd., S. 49 f.

838 An die Lyrikerin Hilde Domin schrieb Nelly Sachs am 5. Juli zu Beginn eines kurzen Briefes: «Muß Dir doch schnell antworten, trotz dieser endlosen Müdigkeit, verursacht durch diesen schrecklichen Radiotelegraphistenbetrieb oberhalb meiner Wohnung – grausig.» (In: Ruth Dinesen/Helmut Müssener (Hg.): *Briefe der Nelly Sachs*, S. 251)

839 Brief Nelly Sachs' an Paul Celan, 3. 7. 1960. In: Paul Celan/Nelly Sachs: *Briefwechsel*, S. 51.

840 Zit. n. Paul Celan/Gisèle Celan-Lestrange: *Briefwechsel*. Band 2, S. 118.

841 Brief Paul Celans an Nelly Sachs, 20. 7. 1960. In: Paul Celan/Nelly Sachs: *Briefwechsel*, S. 51 f.

842 Telegramm von Nelly Sachs an Paul Celan, 22. 7. 1960. Ebd., S. 52.

843 Brief Nelly Sachs' an Paul Celan, 25. 7. 1960. Ebd., S. 52 f.

844 Brief Paul Celans an Nelly Sachs, 28. 7. 1960. Ebd., S. 53 f.

845 Nach Otto Pöggler sandte Paul Celan zu dieser Zeit auch Schallplatten an Nelly Sachs, auf denen Martin Bubers Lesungen aus dem Alten Testament festgehalten waren («Celans Begegnung mit Heidegger». In: *Der Stein hinterm Auge. Studien zu Celans Gedichten*, S. 181 f.) Vgl. diesbezüglich a. Anm. 869.

846 Gudrun Dähnert-Harlan reiste auch in den nachfolgenden Jahren oft in Akutsituation zu Nelly Sachs nach Stockholm; ihr Einfluss auf die Freundin verhinderte nach 1963 wiederholt Klinikeinweisungen, indem die Verfolgungsängste und -gewissheiten von Nelly Sachs im Beisein Gudrun Dähnerts deutlich zurücktraten. Obwohl Visa-Anträge für die Ausreise in diesen Jahren schwer zu erlangen waren und nur sehr verzögert von den Behörden der DDR genehmigt wurden, erhielt Gudrun Dähnert diese in Notsituation von Nelly Sachs sofort – angesichts des Werkes der «antifaschistischen» Dichterin und der gesicherten Rückkehr von Dähnert, die oft bereits nach einem mehrtägigen Aufenthalt in Bergsundsstrand (und eingetretener Beruhigung von Nelly Sachs) möglich war. (Auskünfte von Harald Harlan, Priester der Christengemeinschaft, Hamburg)

847 Brief Nelly Sachs' an Paul Celan, 29. 7. 1960. In: Paul Celan/Nelly Sachs: *Briefwechsel,* S. 54.

848 Brief Nelly Sachs' an Paul Celan, 8. 8. 1960. Ebd., S. 55.

849 Brief Paul Celans an Otto Pöggeler, 9. 8. 1960. Ebd., S. 506.

850 Brief Paul Celans an Nelly Sachs, 9. 8. 1960. Ebd., S. 55.

851 Brief Nelly Sachs' an Paul Celan, 16. 8. 1960. Ebd., S. 57.

852 Selbst in seinem Tagebuch vermerkte Paul Celan dieses Ereignis: «Der goldene Lichtschein im Nebenzimmer.» (16. 6. 1960. In: Paul Celan/Nelly Sachs: *Briefwechsel*, S. 47)

853 Brief Paul Celans an Nelly Sachs, 19. 8. 1960. Ebd., S. 57 f.

854 Brief Nelly Sachs' an Paul Celan, 24. 8. 1960. Ebd., S. 60.

855 Zit. n. Paul Celan/Gisèle Celan-Lestrange: *Briefwechsel.* Band 2, S. 119.

856 Brief Nelly Sachs' an Paul Celan, 29. 8. 1960. In: Paul Celan/Nelly Sachs: *Briefwechsel*, S. 61.

857 Brief von Gisèle Celan-Lestrange an Paul Celan, 1. 9. 1960. In: Paul Celan/Gisèle Celan-Lestrange: *Briefwechsel.* Band 1, S. 108.

858 Brief von Gisèle Celan-Lestrange an Paul Celan, 3. 9. 1960. Ebd.

859 Über die Aufnahmesituation in der Klinik schrieb Ruth Dinesen nach Gesprächen mit Eva-Lisa Lennartsson: «Am 8. August wurde Nelly Sachs in einem Zustand der Versteinerung in die psychiatrische Abteilung von Södersjukhuset eingeliefert: ‹Es war, als ob sie nicht da wäre. Nur ihr Körper.

Sie war außer Reichweite.› Nicht einmal Gudrun Dähnert, die am Tag zuvor nach Stockholm gekommen war und so lange blieb, wie ihr DDR-Visum es erlaubte, konnte zu ihr durchdringen.» (Ruth Dinesen: *Nelly Sachs. Eine Biographie*, S. 245; vgl. dagegen Ehrhard Bahr: «Nelly Sachs ließ die Freundin [Gudrun Dähnert] ohne Zögern zu sich, nicht aber Celan.» Ehrhard Bahr: *Nelly Sachs*, S. 54) Nach Ruth Dinesen wurde Paul Celan während seines gesamten Stockholm-Aufenthalts nicht zu Nelly Sachs gelassen: «Bei Eva-Lisa Lennartsson war er untröstlich vor Schuldgefühl und Verlorenheit, kehrte in den folgenden Tagen wiederholt ins Krankenhaus zurück, musste aber nach Paris zurückfahren, ohne Nelly Sachs gesehen zu haben.» (Ebd., S. 310 f.) Das wurde auch von Gabriele Fritsch-Vivié aufgegriffen und weitertradiert: «Als sie ins Krankenhaus eingeliefert wird, kommt er sie sofort besuchen (per Bahn, ein Flugticket kann er sich nicht leisten), aber sie lässt ihn nicht mehr zu sich.» (Gabriele Fritsch-Vivié: *Nelly Sachs*, S. 117) Dem schlossen sich Gisela Dischner und Jean Bollack an: «Als Celan mit dem Zug nach Stockholm kommt, lässt Nelly Sachs ihn nicht zu sich kommen.» (Gisela Dischner: «Noch feiert Tod das Leben». In: Gisela Dischner [Hg.]: *Apropos Nelly Sachs*. Frankfurt 1997, S. 38) «Er bleibt vom 1. bis zum 7. September [in Stockholm]; sie wollte ihn nicht empfangen, oder sie wusste nicht, wer er war. Sie dachte, dass ihre Verfolger es auch auf ihre Freunde abgesehen hätten und dass sie selbst, die in ihrem Wahn die einen sah, die anderen gefährdete. Alles war zerbrochen. Für sie und für ihn.» (Jean Bollack: *Dichtung wider Dichtung*, S. 82) Zuletzt schrieb auch Erika Schweizer: «Als er [Paul Celan] sich Anfang September entschließt, sie aufzusuchen, will sie ihn nicht in ihr Krankenzimmer hereinlassen. Nach mehreren vergeblichen Versuchen reist er mit dem Zug wieder nach Paris zurück.» (Erika Schweizer: *Geistliche Geschwisterschaft. Nelly Sachs und Simone Weil – ein theologischer Diskurs,* S. 61)

860 Vgl. Barbara Wiedemann: «Das Jahr 1960». In: Andrea Corbea-Hoisie (Hg.): *Paul Celan. Biographie und Interpretation*. Konstanz 2000, S. 53 («[...] er besucht Nelly Sachs, die unterschiedlich gut zugänglich ist, täglich im Krankenhaus»).

861 Brief von Paul Celan an Gisèle Celan-Lestrange, 5. 9. 1960. In: Paul Celan/ Gisèle Celan-Lestrange: *Briefwechsel*. Band 1, S. 110.

862 Auch Nelly Sachs' Briefmitteilung an Werner Weber vom 5. 12. 1960 spricht indirekt davon, dass sie Paul Celan sehr wohl zu sich ließ: («Paul Celan und meine Lebensretterin aus Dresden waren zu mir geeilt – und es macht mich noch heute verzweifelt in welchem verdunkelten Zustand sie mich antrafen.» (Zit. n. Ruth Dinesen: *Nelly Sachs: Eine Biographie*, S. 312) – Zur Begegnung von Nelly Sachs und Paul Celan am Krankenbett vgl. a. Anm. 869.

863 In Nelly Sachs' Mysterienspiel *Eli* spricht der chassidische «Gottesknecht»

Michael die (von Peter Hamm in seinem Artikel über die Droste-Preisverleihung in Form einer Überschrift zitierten) Sätze: «Mag sein, / daß der Tod meines Volkes an mir leuchtet.» (3, 75)

864 Zit. n. Paul Celan/Gisèle Celan-Lestrange: *Briefwechsel*. Band 1, S. 205. – Paul Celans Typoskript vom Januar 1965, das im Kontext der Goll-Affäre und jüngster Zeitschriftenartikel gegen ihn stand, begann mit den Zeilen: «Die ihn bestohlen hatten, / nannten ihn einen Dieb, / die ihn nachäfften, / verbreiteten, er sei ein Plagiator. // Diejenigen, die ihm Impulse verdankten, / fanden ihn nicht lebendig genug, / die er belebte, nicht nur mit Worten, / nannten ihn einen Toten. // Die Reklametüchtigen / ließen sich Bescheidenheit attestieren / und ihm Hybris. // Die Meuchler / nannten ihn feige. / Die sein Vertrauen mißbrauchten, / nannten ihn mißtrauisch, / die ihn beleidigten, / fanden ihn viel zu empfindlich. // Als er an / Solidarität appellierte, / bekundete man ihm Mitleid und Beileid. / Die gehetzt hatten gegen ihn, / verteidigten ihn, / ‹wie der Strick den Gehenkten›. // Wem er herausgeholfen hatte, / der ließ ihm hinunterhelfen. / Er wurde / zerkleinert / und neu verteilt. / Es waren / nicht wenig Freunde unter den Nutznießern. // Einer / wollte in die Arena steigen – / er bestieg / die Stufen einer Akademie, / derselben, / die denjenigen Preise verlieh, / die ihn verraten und verleugnet hatten. / Es stiegen noch mehrere / dorthin ‹empor›.» (Zit. n. Barbara Wiedemann (Hg.): *Paul Celan – Die Goll-Affäre. Dokumente zu einer «Infamie»*, S. 781 f.)

865 Zur Fragwürdigkeit des «Zeugen»-Begriffs vgl. u. a. die Bemerkung Primo Levis in Anm. 629 – Manches spricht dafür, dass Paul Celan Nelly Sachs' literarischen Umgang «mit dem, was war» als zunehmend problematisch empfand. Ruth Kranz-Löber wies in ihren Darstellungen zu «Adornos Diktum» (vgl. Anm. 547) darauf hin, dass Adornos Aufsatz «Zur Dialektik des Engagements» aus dem Jahre 1962 sich im Wesentlichen kritisch mit Sachs' Arbeiten auseinandersetzte, mit ihrer Tendenz bzw. Intention einer *«Verklärung»* der Geschehnisse durch ihre Gedichte: «Nur die eine Mühe macht man sich offenbar nicht: zu sehen, dass diese Gedichte, wenn auch mit begrenzten Kräften, versuchen, das Furchtbare in das Reich der Verklärung zu heben, wie es ja die Aufgabe aller Dichtung in allen Zeiten von den griechischen Geschlechtersagen bis heute hinauf immer war und bleiben wird.» Brief Nelly Sachs' an May Rychner, 20. 7. 1946. (In: Ruth Dinesen/Helmut Müssener [Hg.]: *Briefe der Nelly Sachs*, S. 63) – «Es wird verklärt, etwas von dem Grauen weggenommen, damit allein schon widerfährt den Opfern Unrecht [...].» (Theodor W. Adorno) Problematisiert wurde von Adorno auch die von Nelly Sachs vertretene und künstlerisch vorweggenommene Überschreitung der Täter-Opfer-Grenze («Es muß der Schritt gewagt werden, wo Henker und Opfer ausgewischt werden als Begriffe. Dort kann und

darf die Menschheit nicht stehen bleiben, wenn nicht dieser Stern seelisch zu Grunde gehen soll.» Brief Nelly Sachs' an Hilde Domin, 4. 12. 1960. In: Ruth Dinesen/Helmut Müssener [Hg.]: *Briefe der Nelly Sachs*, S. 260). Zu diesem Fragenkreis schrieb Adorno: «Untrüglich fast ist ein Kennzeichen solcher Literatur: dass sie, absichtlich oder nicht, durchblicken lässt, selbst in den sogenannten extremen Situationen, und gerade in ihnen, blühe das Menschliche; zuweilen wird daraus eine trübe Metaphysik, welche das zur Grenzsituation zurechtgestutzte Grauen womöglich insofern bejaht, als die Eigentlichkeit des Menschen dort erscheine. Im anheimelnden existentiellen Klima verschwimmt der Unterschied von Henkern und Opfern, weil beide doch gleichermaßen in die Möglichkeit des Nichts hinausgehalten seien, die freilich im allgemeinen den Henkern bekömmlicher ist.» (Theodor W. Adorno: «Zur Dialektik des Engagements». Zit. n. Ruth Kranz-Löber: *«In der Tiefe des Hohlwegs». Die Shoah in der Lyrik von Nelly Sachs*, S. 37)

866 Vgl. Holger Gehle und Thomas Schneider (Hg.): *Historisch-Kritische Celan-Ausgabe*. Bd. 11. Frankfurt a. M. 2006, S. 269.

867 Barbara Wiedemann (Hg.): *Paul Celan – Die Goll-Affäre. Dokumente zu einer «Infamie»*, S. 836.

868 Tagebucheintragungen Paul Celans vom 6. September 1960. Vgl. Barbara Wiedemann: «‹Schweig, / hol Atem bei dir, laß mir / die Toten›. Neues zum Verhältnis zwischen Paul Celan und Nelly Sachs». In: Ariane Huml (Hg.): *«Lichtersprache aus den Rissen». Nelly Sachs – Werk und Wirkung*. Göttingen, 2008, S. 163.

869 «Celan besuchte Nelly Sachs in Stockholm in der Klinik und rief mich auf der Rückreise zu einem Gespräch nach Köln zum Bahnhof. Er hatte sich Ingardens Buch *Das literarische Kunstwerk* und Rudolf Ottos Religionsphänomenologie *Das Heilige* beschafft, denn eigentlich wollten wir unsere Gespräche über Phänomenologie der Literatur fortsetzen. Doch die Stockholmer Erfahrungen drängten sich vor. Celan hatte zwei Schallplatten mit Bibellesungen Martin Bubers, die wir vorher im Siebengebirge gehört hatten, nach Stockholm vorausgeschickt; da selbst die Zeitungen voll waren von der Kontroverse zwischen Heidegger und Buber über die Sprache, habe das Gespräch [mit Nelly Sachs] mit der Frage begonnen, ob Buber Heidegger habe widerlegen wollen. Doch dann habe Nelly Sachs Buber mit dem Baalschem selbst (dem Begründer des Chassidismus) verwechselt, und die Krankenschwestern hätten den Besuch abgebrochen. Beim nächsten Mal habe Nelly Sachs ihn nicht mehr erkannt, sei vielmehr aggressiv geworden. Die Ärzte sprächen von einer Altersschizophrenie, die familiär bedingt sei – wie das Schicksal der Mutter zeige. Man behandele Nelly Sachs ‹amerikanisch›, also mit Beruhigungsdrogen. Die Wahninhalte (die Erinnerungen an die Verfolgung und an die Verfolgten) besagten nichts, denn in der Schizophre-

nie seien diese Inhalte austauschbar.» Weiter schrieb Pöggeler: «Die Nelly Sachs-Forschung stellt diese Dinge heute anders dar, aber kaum richtig. Celan sprach ironisch, auch wohl etwas verletzt [...].» (Otto Pöggeler: «Erinnerungen an große Lehrer». In: Christoph Jamme [Hg.]: *Kunst und Geschichte im Zeitalter Hegels.* Hamburg 1996, S. 264 f.)

870 Vgl. Anm. 869.

871 John Felstiner: *Paul Celan*, S. 213.

872 Vgl. Paul Celan: *Die Niemandsrose.* Historisch-Kritische Ausgabe. 6. Band. 2. Teil. Apparat. Hg. Axel Gellhaus (und Mitarbeiter). Frankfurt a. M. 2001, S. 88.

873 Gisela Dischner: «... die wildernde Überzeugung, daß dies anders zu sagen sei als so ...» Postkabbalistische Poetik. Nelly Sachs und Paul Celan.» In: *Celan-Jahrbuch* 8 (2001/02). Hg. Hans-Michael Speier. Heidelberg 2003, S. 159.

874 Barbara Wiedemann, in: Paul Celan: *Die Gedichte. Kommentierte Gesamtausgabe*, S. 678.

875 «‹Was muss ich wissen, um zu verstehen?› Paul Celans Gedicht ‹Die Schleuse›, ein Gedicht für Nelly Sachs» In: *Celan-Jahrbuch* 4 (1991). Hg. Hans-Michael Speier. Heidelberg 1992, S. 38.

876 Brief Paul Celans an Rosi Wosk, 10. 9. 1960, unveröffentlicht. Deutsches Literaturarchiv Marbach.

877 Zit. n. Barbara Wiedemann: «‹Schweig, / hol Atem bei dir, laß mir / die Toten›. Neues zum Verhältnis zwischen Paul Celan und Nelly Sachs.» In: Ariane Huml (Hg.): *«Lichtersprache aus den Rissen». Nelly Sachs – Werk und Wirkung*, S. 162.

878 Von ihren durchlittenen *«Todesängsten»* um die Familie Celan schrieb Nelly Sachs auch in einem Brief an Hans Magnus Enzensberger aus diesen Tagen. (In: Ruth Dinesen/Helmut Müssener (Hg.): *Briefe der Nelly Sachs*, S. 252 f.)

879 Brief Nelly Sachs' an Paul Celan, 12. 10. 1960. In: Paul Celan/Nelly Sachs: *Briefwechsel*, S. 62.

880 Brief Paul Celans an Nelly Sachs, 13. 10. 1960. Ebd., S. 64.

881 «Sei froh! Du hast das gute Los erkoren, / Denn tief und treu ward eine Seele dir; / Der Freunde Freund zu sein bist du geboren, / Dies zeugen dir am Feste wir. // Und seelig, wer im eignen Hause Frieden, / Wie du, und Lieb' und Fülle sieht und Ruh'; / Manch Leben ist, wie Licht und Nacht, verschieden, / In goldner Mitte wohnest du. // Dir glänzt die Sonn' in wohlgebauter Halle, / Am Berge reift die Sonne dir den Wein, / Und immer glücklich führt die Güter alle / Der kluge Gott dir aus und ein. // Und Kind gedeiht, und Mutter um den Gatten, / Und wie den Wald die goldne Wolke krönt, / So seid auch ihr um ihn, geliebte Schatten! / Ihr Seligen, an ihn gewöhnt! // O seid mit ihm! Denn Wolk' und Winde ziehen / Unruhig öfters übers

Land und Haus, / Doch ruht das Herz bei allen Lebensmühen / Im heil'gen Angedenken aus. // Und sieh'! aus Freude sagen wir von Sorgen; / Wie dunkler Wein, erfreut auch ernster Sang; / Das Fest verhallt, und jedes gehet morgen / Auf schmaler Erde seinen Gang.» (Friedrich Hölderlin: *Sämtliche Werke und Briefe.* Band 1 [Hg. M. Knaupp]. München und Wien 1992, S. 328) – Georg Christian Landauer (1769–1845) war ein erfolgreicher Tuchhändler, in dessen gastlichem Stuttgarter Familienhaus (mit vier Kindern) Friedrich Hölderlin in einer Krisenzeit sechs Monate lang lebte (Juni 1800 bis Januar 1801). Das Gedicht «An Landauer» verfasste Hölderlin sehr wahrscheinlich zum Geburtstag des Freundes am 11. 12. 1801, kurz vor dem Aufbruch nach Bordeaux und damit nur wenige Monate vor seinem schweren seelischen Zusammenbruch.

882 Brief Nelly Sachs' an Walter A. Berendsohn, 13. 10. 1960. In: Ruth Dinesen/ Helmut Müssener (Hg.): *Briefe der Nelly Sachs*, S. 256. – Als eine «Schwester Hölderlins» wurde Nelly Sachs wiederholt bezeichnet, u. a. von Hilde Domin. (In: Nelly Sachs: *Gedichte.* Hg. und mit einem Nachwort versehen von Hilde Domin. Frankfurt a. M. 1993, S. 130) Zu den lyrischen Bezügen der Dichtung Nelly Sachs' zu derjenigen Hölderlins vgl. das eindrucksvolle Kapitel «Friedrich Hölderlin und Nelly Sachs», in: Gisela Dischner: *Poetik des modernen Gedichts. Zur Lyrik von Nelly Sachs.* Bad Homburg v. d. H. 1970, S. 77–82.

883 Mit am deutlichsten sprach Nelly Sachs über die von ihr durchlaufenen Grenzzustände des Seelen- und Bewusstseinslebens (zwischen Schlaf- und Wachbewusstsein) in ihrem Gedicht «Aus der Maske des Schlafes», in: *Und niemand weiß weiter* (1, 174). Vgl. hierzu auch die entsprechende Gedicht-Auslegung von Erika Schweizer, in: *Geistliche Geschwisterschaft. Nelly Sachs und Simone Weil – ein theologischer Diskurs*, S. 430 ff.

884 Ehrhard Bahr: *Nelly Sachs*, S. 125. – Zur Größe und Bedeutung von Nelly Sachs' später, in und nach der Klinik entstandener Lyrik – von Albrecht Holschuh (tendenziell auch von Fritz J. Raddatz) als «minderwertige Texte» und als «Symptome des Bewusstseinszerfalls» denunziert (vgl. Albecht Holschuh: «Lyrische Mythologeme». In: M. Durzak: *Die deutsche Exilliteratur.* Stuttgart 1973, S. 353) – sowie zur Beziehung von Krankheit und Werk vgl. Ruth Dinesen: «Gedichte aus dem Irrenhaus». In: Sibylle Duda und Luise F. Pusch (Hg.): *Wahnsinns Frauen.* 2. Band. Frankfurt a. M. 1996, S. 223–254, und Christine Rospert: *Poetik einer Sprache der Toten. Studien zum Schreiben von Nelly Sachs.* Kapitel II: «Patho-logie – Verstrickungen von Biographie, Geschichte und poetischer Sprache», S. 201 ff. – *«Da / in der Krankheit / gegoren zur Hellsicht // die Prophetin mit dem Stab stößt / auf den Reichtum der Seele // Da ist in der Irre Gold versteckt.»*

885 Ruth Kranz-Löber wies darauf hin, dass Paul Celan in den Lenz-Passagen

seiner Rede das zeitgleiche psychiatrische Schicksal von Nelly Sachs vor Augen hatte (Ruth Kranz-Löber: *«In der Tiefe des Hohlwegs». Die Shoah in der Lyrik von Nelly Sachs*, S. 142 ff.), sehr wahrscheinlich aber auch ihre schreibende Selbst-Behauptung: «Aber das Gedicht spricht ja! Es bleibt seiner Daten eingedenk, aber – es spricht! [...] es ruft und holt sich, um bestehen zu können, unausgesetzt aus seinem Schon-nicht-mehr in sein Immer-noch zurück.» III, 196 f.)

886 Brief Nelly Sachs' an Dagrun und Hans Magnus Enzensberger, 12. 11. 1960. In: Ruth Dinesen/Helmut Müssener (Hg.): *Briefe der Nelly Sachs*, S. 259.

887 Brief Nelly Sachs' an Paul Celan, 4. 11. 1960. In: Paul Celan/Nelly Sachs: *Briefwechsel*, S. 64 f.

888 Brief Nelly Sachs' an Paul Celan, 24. 11. 1960. Ebd., S. 65.

889 Brief Nelly Sachs' an Paul Celan, 5. 12. 1960. Ebd., S. 66.

890 Ebd.

891 Brief Nelly Sachs' an Paul Celan, 14. 12. 1960. Ebd., S. 67 f.; vgl. a. Nelly Sachs' Erläuterungen zu diesem Gedicht für ihren französischen Übersetzer Lionel Richard, in denen sie zu dem vorletzten Wort «Ausgesetzte» schrieb: «(außerhalb der Konvention) / hier die Wahnsinnigen». (In: Michael Kessler/Jürgen Wertheimer (Hg.): *Nelly Sachs. Neue Interpretationen*, S. 362)

892 In: Paul Celan/Nelly Sachs: *Briefwechsel*, S. 68 f.

893 Brief Paul Celans an Nelly Sachs, 23. 12. 1960. Ebd., S. 69 f.

894 Brief Nelly Sachs' an Paul Celan, 6. 1. 1961. Ebd., S. 70 f.

895 Brief Nelly Sachs' an Paul Celan, 10. 2. 1961. Ebd., S. 72.

896 Ebd.

897 Brief Paul Celans an Nelly Sachs, 14. 2. 1961. Ebd., S. 73.

898 Brief Nelly Sachs' an Gudrun Dähnert, 30. 3. 1961. In: Ruth Dinesen/Helmut Müssener (Hg.): *Briefe der Nelly Sachs*, S. 263.

899 Brief Nelly Sachs' an Paul Celan, 1. 5. 1961. In: Paul Celan/Nelly Sachs: *Briefwechsel,* S. 74 f.

900 Brief Paul Celans an Nelly Sachs, 4. 5. 1961. Ebd., S. 75.

901 Vgl. a. Anm. 846.

902 Nelly Sachs' Brief vom 16. 7. 1961 beigefügt. In: Paul Celan/Nelly Sachs: *Briefwechsel,* S. 130.

903 Brief Paul Celans an Nelly Sachs, 13. 9. 19601. Ebd., S. 79.

904 Brief Paul Celans an Nelly Sachs, 6. 10. 1961. Ebd., S. 80.

905 Brief Nelly Sachs' an Paul Celan, 15. 10. 1961. Ebd., S. 80 f.

906 Brief Nelly Sachs' an Paul Celan, 22. 12. 1961. Ebd., S. 81.

907 Brief Nelly Sachs' an Gunnar Ekelöf, 5. 6. 1961. Zit. n. Ruth Dinesen: *Nelly Sachs. Eine Biographie*, S. 337.

908 Vgl. Anm. 153.

909 Am 27. 3. 1962 schrieb Nelly Sachs an David Ben Gurion: «Hochverehrter

Herr Präsident, mit Worten die im tiefsten Leid gereift sind, möchte ich Ihnen sagen, was mich zu tiefst bewegt. [...] Lassen Sie kein Todesurteil gegen Eichmann ergehen – auch in Deutschland gibt es die Gerechten – um ihretwillen sei es Gnadenzeit. Ich darf vielleicht ohne anmaßend zu scheinen diese Bitte um so eher aussprechen, da ich weiter zu den Verfolgten gehöre und durch die Liebe und Güte meiner schwedischen Freunde die einzige Möglichkeit sehe, dieses Leben zu ertragen und weiter zu arbeiten. – In tiefer Verehrung. Ihnen Herr Präsident, als dem Hüter der Heimat lege ich diese Worte aus meinem Herzen an Ihr Herz! – Ihre Nelly Sachs» (zit. n. Ruth Dinesen: *Nelly Sachs. Eine Biographie*, S. 338). Zwei Monate später, nach der Bestätigung des Urteils durch die Berufungskammer am 29. Mai 1962, wurde Adolf Eichmann am 31. Mai hingerichtet. – Am Tage des Prozess-Beginnes hatte Nelly Sachs bereits ihr Gedicht «Überall Jerusalem» (überschrieben mit: *«Am 11. April 1961. In der Trauer»*) aufgezeichnet. Zu dieser Überschrift und zum inhaltlichen Kontext von Nelly Sachs' Gedicht schrieb Erika Schweizer am Ende einer längeren Gedicht-Interpretation: «‹Überall Jerusalem› – der Name einer Stadt, erhoben ins Universale. ‹Überall Jerusalem›: ein Ort, verbunden mit einem ganz bestimmten Datum – ‹11. April 1961› – und verbunden mit ‹Trauer›. Die Gottesstadt, das goldene, himmlische Jerusalem: verborgen. Was jetzt dort, in ‹Jerusalem› geschieht, in ‹Überall Jerusalem› ausgetragen wird, ist die verzweifelte, bedrängende Not, menschliche Unheilsgeschichte zu verrechnen, ihren schrecklichen Wahnsinn zu analysieren und justiziabel zu machen. ‹Die Prophetin mit dem Stab› aber geht ihren Seelenweg in die Krankheit, in die Irre. ‹Überall Jerusalem›.» (*Geistliche Geschwisterschaft. Nelly Sachs und Simone Weil – ein theologischer Diskurs*, S. 439)

910 Ebd., S. 434.

911 «Nach jüdischer Überlieferung ist das ‹Weiß› von besonderer Bedeutung für Schöpfung und Erlösung: Gott kleidet sich bei der Schöpfung in ein Gewand weißen Lichts, weiß sind die Gewänder der Auferstandenen, denn weiß ist nicht nur das ursprüngliche Licht, aus dem alle Farben hervorgehen, sondern auch die ‹Farbe völliger Reinheit›. Gottes Gnade/Liebe wird durch das Weiß symbolisiert. Die weiße Farbe wird in der Kabbala der höchsten Sefira zugeordnet; beim Kabbalisten Isaak ben Jakob Kohen ist Weiß die Farbe des Erbarmens Gottes und bei Josef Gikatilla ist sie die höchste Sefira das ‹unvermischte und unveränderliche reine Weiß, das über allen Synthesen stehende «absolute Erbarmen» der Gottheit, das daher auch das Vorherrschende des Weiß im Kult des Versöhnungstages bestimmt.› Am *Jom kippur* tragen die aschkenasischen (osteuropäischen) Juden in der Synagoge das weiße Totengewand (Kittel) als Symbol der Reinheit.» (Lydia Koelle: «Celans *Jerusalem*». In: Christoph Jamme und Otto Pöggeler [Hg.]: *«Der glühende Leertext»*.

Annäherungen an Paul Celans Dichtung, S. 293 f.)

912 Brief Nelly Sachs', undatiert. In: Paul Celan/Nelly Sachs: *Briefwechsel,* S. 82.

913 Zit. n. Barbara Wiedemann (Hg.): *Paul Celan – Die Goll-Affäre. Dokumente zu einer «Infamie»*, S. 767. Paul Celan übernahm Nelly Sachs' Schreibweise «Wage» aus ihrem Brief vom 11. 5. 1960.

914 Brief Nelly Sachs' an Paul Celan, 31. 5. 1962. In: Paul Celan/Nelly Sachs: *Briefwechsel,* S. 83.

915 Brief Nelly Sachs' an Paul Celan, 5. 9. 1962. Ebd., S. 84.

916 Ebd.

917 Brief Paul Celans an Nelly Sachs, 7. 9. 1962. Ebd., S. 84.

918 Am 24. Dezember 1964 schrieb Paul Celan expressis verbis an Nelly Sachs: «Bald sinds elf Jahre, daß wir einander kennen, und viel ist geschehen in diesen Jahren, *vieles hast Du vorausgewußt.*» (Ebd., S. 89; Hervorhebung v. V.)

919 Vgl. Anm. 775.

920 «Was hab ich / getan? / Die Nacht besamt, als könnt es / noch andere geben, nächtiger als / diese. // Vogelflug, Steinflug, tausend / beschriebene Bahnen. Blicke, / geraubt und gepflückt. Das Meer, / gekostet, vertrunken, verträumt. Eine Stunde, / seelenverfinstert. Die nächste, ein Herbstlicht. / dargebracht einem blinden / Gefühl, das des Wegs kam. Andere, viele, / ortlos und schwer aus sich selbst: erblickt und umgangen. / Findlinge, Sterne, / schwarz und voll Sprache: benannt / nach zerschwiegenem Schwur. // Und einmal (wann? auch dies ist vergessen): / den Widerhaken gefühlt, / wo der Puls den Gegentakt wagte.» (2. 11. 1957; I, 183)

921 Brief Nelly Sachs' an Paul Celan, 4. 11. 1962. Ebd., S. 87.

922 Brief Nelly Sachs' an Paul Celan, 18. 3. 1964. Ebd., S. 88.

923 Vgl. Anm. 21 sowie die zusammenfassende Feststellung von Ehrhard Bahr: «Nelly Sachs näherte sich besonders in der Spätlyrik der *Glühenden Rätsel* (1963–1967), die sich dem Titel entsprechend durch die Kürze und Gedrängtheit der Gedichttexte auszeichnen, dem Sprach- und Weltverständnis Celans. In ihrem Spätwerk werden die Gemeinsamkeiten besonders deutlich. Es ist ein bemerkenswerter Umstand in der Geschichte der modernen deutschen Lyrik, diese beiden deutschen Dichter des Holokaust in einem Dialog vereint und gestärkt zu sehen, der ihnen das Schreiben und damit das Überleben für eine Dekade ermöglichte.» (Ehrhard Bahr: *Nelly Sachs*, S. 56 f.) – Ehrhard Bahr vertrat an anderer Stelle eine «vorbildliche» Bedeutung der Arbeiten von Nelly Sachs für Paul Celan: «Allgemein wird angenommen, dass sich Nelly Sachs in der Spätlyrik der *Glühenden Rätsel* von 1963–1967, die sich entsprechend dem Titel durch die Kürze der Texte auszeichnen, dem Sprach- und Dichtungsverständnis Celans annäherte. Jedoch ein Vergleich mit den Veröffentlichungsdaten der Gedichtbände von Celan, in denen vorwiegend

Liebe Leserin, lieber Leser,

wir orientieren Sie gerne über unser Verlagsprogramm zu den Themen aktuelle Zeitfragen, Kulturgeschichte, ausgesuchte Belletristik und Biographien. Bitte senden Sie uns diese Karte ausgefüllt zurück.
Für die Beantwortung der Fragen auf der Rückseite wären wir Ihnen dankbar.

Ihr **PFORTE** VERLAG

Bitte senden Sie mir

☐ Informationen über die Titel des **PFORTE** VERLAGs

☐ den E-Mail Newsletter

Name

Straße

Land, Postleitzahl, Ort

E-Mail

A 606 Celan + Mandelstam
A 816 Dankrede Meersburg

Briefe, 167 Schwester

Postkarte
Carte postale
Cartolina Postale

Bitte frankieren

Antwort

PFORTE VERLAG

Postfach 135

CH-4143 Dornach 1

Enzensberger 102 + A
offenen Auge 471

Diese Karte entnahm ich dem Buch

____

____

Ich wurde auf das Buch aufmerksam durch

- ☐ den Buchhandel
- ☐ Freunde oder Bekannte
- ☐ eine Anzeige
- ☐ ein Verlagsverzeichnis
- ☐ eine Besprechung
- ☐ das Internet
- ☐ die Homepage des Verlags
- ☐ ich bekam das Buch geschenkt
- ☐ ich werde das Buch weiterempfehlen

«Wer die Welt verändert, ohne
sie zu begreifen, macht sie zum
Opfer eines primitiven Begriffs.
Wer die Welt begreifen will, ohne
sie zu verändern, ebenfalls.»

Aus: Stefan Brotbeck, *Dir gehört nur, was du geben kannst. Aphorismen.*

die Kurzform auftritt, zeigt, dass wahrscheinlich umgekehrt Nelly Sachs' Zyklus *Glühende Rätsel* als Vorbild für Celan anzusetzen ist.» (In: Chaim Shoham und Bernd Witte [Hg.]: *Datum und Zitat bei Paul Celan*, S. 189) – eine Annahme, die ebenso wie ihr gegenläufiges Postulat wenig substantielle Realität vorzuweisen hat, weil sie die autonome Eigendynamik im poetischen Schaffen beider Lyriker unter- und die Bedeutung des aufeinanderbezogenen Dialogs überschätzt. Auch die von Ruth Dinesen 1980 eindrucksvoll vertretene These, Celans Gedicht «WORTAUFSCHÜTTUNG, vulkanisch» sei eine «Antwort» auf Nelly Sachs' 1964 veröffentlichte Strophen «Wo nur finden die Worte» (ebd., S. 204 ff.) erwies sich durch die mittlerweile publizierte Chronologie der Gedichte Celans in dieser Form als nicht haltbar. Nach Barbara Wiedemann verfasste Celan «WORTAUFSCHÜTTUNG, vulkanisch» bereits am 24. 12. 1963. (Vgl. Paul Celan: *Die Gedichte. Kommentierte Gesamtausgabe*, S. 724) Mit Gisela Dischner, Ehrhard Bahr und Ruth Dinesen muss davon ausgegangen werden, dass Paul Celan und Nelly Sachs die gegenseitigen Publikationen bis zuletzt mit größter Aufmerksamkeit und Wertschätzung lasen und sich in verschiedenen Schichten ihrer existentiellen Arbeit verbunden wussten. Darüber hinausgehende Annahmen einer konkreten Beeinflussung und spezifischen Orientierung – auch im Sinne eines «vereinten» und «gestärkten» Dialoges (Bahr) – sind jedoch weitgehend spekulativ und verstellen sehr wahrscheinlich den Blick auf das eigentliche «Mysterium» dieser «geistlichen Geschwisterschaft».

924 Paul Celan/Nelly Sachs: *Briefwechsel*, S. 167.

925 Im Hinblick auf seine Übersetzungsarbeiten hatte Paul Celan dreieinhalb Jahre zuvor (am 10. 2. 1961) in einer grundsätzlichen Bemerkung an Hans Bender geschrieben: «Vielleicht kommt einmal auch der Tag, wo man merkt, daß auch diese Arbeiten im Zeichen des Gesetzes stehn, unter dem ich angetreten bin; all das sind Begegnungen, auch hier bin ich mit meinem Dasein zur Sprache gegangen. Aber dazu müßte es wieder *Leser* geben ...» (In: Volker Neuhaus [Hg.]: *Briefe an Hans Bender*. München und Wien 1984, S. 54)

926 Brief Nelly Sachs' an Paul Celan, 10. 8. 1964. In: Paul Celan/Nelly Sachs: *Briefwechsel*, S. 88.

927 Brief Nelly Sachs' an Paul Celan, Ende Dezember 1965. Ebd., S. 89 f.

928 «Bei den Feierlichkeiten, die am 17. Oktober 1965 in der Paulskirche stattfanden, sprachen die Politiker von Versöhnung und Vergebung. Bundespräsident Heinrich Lübke hatte ein Grußwort gesandt, das den Gedanken der Versöhnung besonders hervorhob. Die Manipulationen der *ghost-* und *speech-writers* werden hier offensichtlich. Wie es sich später herausstellen sollte, bedurfte Lübke als stellvertretender Bauleiter von Konzentrationslagerbaracken – den sinnreich erdachten ‹Wohnungen des Todes›, wie Nelly

Sachs sie genannt hatte – selbst dringend der Versöhnung, die er in seiner Grußadresse anpries. Nelly Sachs verweigerte sich dieser Vereinnahmung, indem sie von ihrem Glauben an die ‹neuen deutschen Generationen› und von der verzweifelten Suche nach dem Frieden sprach: ‹Lassen Sie uns gemeinsam der Opfer im Schmerz gedenken und hinausgehen aufs neue, um wieder und wieder zu suchen – von Ängsten und Zweifeln geplagt zu suchen, wo vielleicht weit entfernt, aber doch vorhanden, eine neue Aussicht schimmert, ein guter Traum, der seine Verwirklichung in unseren Herzen finden will.›» (Ehrhard Bahr: *Nelly Sachs*, S. 57 f.)

929 Paul Celan weilte vom 2. bis 10. September 1965 zu editorischen Arbeiten in Frankfurt und traf sich dort wiederholt zu Gesprächen mit der Germanistin Gisela Dischner, die an einer Dissertation über Nelly Sachs arbeitete. Die lyrische Arbeit von Nelly Sachs, ihre bevorstehende Ehrung, aber auch seine Beziehung zu ihr mussten Paul Celan in dieser Zeit intensiv beschäftigen; seine noch in Frankfurt beginnende psychische Dekompensation, die sich kurz darauf weiter steigern und in der zweiten Oktoberhälfte, vier Tage nach der Preisverleihung in der Frankfurter Paulskirche, zu einer «Irrfahrt» durch Südfrankreich führen sollte, war thematisch stark von jüdischen Themen geprägt. Am Ende seines letzten Briefes aus Frankfurt an Gisèle schrieb Paul Celan am 10. September: «Ich liebe Sie. Es lebe unsere Liebe. Es lebe unser Sohn Eric. Es lebe die Poesie. Es lebe die Wahrheit. Es leben die Juden.» (Paul Celan/Gisèle Celan-Lestrange: *Briefwechsel.* Band 1, S. 272) Zehn Tage später und bereits aus Paris hieß es in einem weiteren Brief an Gisèle, die sich in der Bretagne aufhielt, dass sie, er und Eric in Zukunft *«das Judentum im Herzen tragen [werden], das Wahre»* (ebd., S. 273). An den zehnjährigen (!) Eric schrieb Celan am gleichen Tag: «Mein Sohn Eric, Du lebst, Du wirst leben, Du wächst, Du wirst wachsen, Du wirst ein aufrechter, mutiger Mensch werden, Du lernst und wirst lernen, Du schreibst und wirst schreiben, Du singst und Du wirst singen, Du liebst und Du wirst lieben, Du wirst geliebt und Du wirst geliebt werden, Du wirst eine Frau haben, die Deiner würdig ist, intelligent und schön, Du wirst Kinder haben, Jungen und Mädchen, Du wirst einen schönen Beruf haben, Du wirst loyale und offene Freunde haben, Du wirst gerecht und mildtätig sein, Du wirst die Dichtung lieben und wirst Gedichte machen, Du wirst Religion haben und die der anderen respektieren, Du wirst ein guter Jude sein, Du wirst immer gesund sein, lange gesund sein, ein wahrer Mensch. – Dein Vater.» (Ebd., S. 273 f.)

930 Brief Nelly Sachs' an Paul Celan, 11. 11. 1966. In: Paul Celan/Nelly Sachs: *Briefwechsel*, S. 90 f.

931 Brief Paul Celans an Nelly Sachs, 16. 11. 1966. Ebd., S. 91.

932 «Im blauen Kleide, ‹halb Sozietätsdame, halb Engel›, wie sie selbstironisch bemerkte, gedachte sie in ihrer Dankrede ihres Vaters, der an jedem

10. Dezember in ihrer Heimatstadt Berlin gesagt hätte: ‹Nun feiern sie in Stockholm das Nobelfest.› Dank der Wahl der schwedischen Akademie befand sich die Tochter zu ihrem 75. Geburtstag inmitten dieser Feier und zitierte zum Abschluss ihrer Rede das Titelgedicht aus der Sammlung *Flucht und Verwandlung* von 1959, das ihr Werk und Leben symbolisch zusammenfasst: ‹In der Flucht // welch großer Empfang / unterwegs – // Eingehüllt / in der Winde Tuch / Füße im Gebet des Sandes / der niemals Amen sagen kann / denn er muß / von der Flosse in den Flügel / und weiter – // Der kranke Schmetterling / weiß bald wieder vom Meer – / Dieser Stein / mit der Inschrift der Fliege / hat sich mir in die Hand gegeben – // An Stelle von Heimat / halte ich die Verwandlungen der Welt.›» (Ehrhard Bahr: *Nelly Sachs*, S. 58 f.)

933 Vgl. hierzu Barbara Wiedemann: «‹Schweig, / hol Atem bei dir, laß mir / die Toten.› Neues zum Verhältnis zwischen Paul Celan und Nelly Sachs.» In: Ariane Huml (Hg.): *«Lichtersprache aus den Rissen». Nelly Sachs – Werk und Wirkung*, S. 172 ff.

934 Brief Nelly Sachs' an Paul Celan, 30. 12. 1966. In: Paul Celan/Nelly Sachs: *Briefwechsel*, S. 92.

935 Zit. n. Barbara Wiedemann: «‹Schweig, / hol Atem bei dir, laß mir / die Toten›. Neues zum Verhältnis zwischen Paul Celan und Nelly Sachs.» In: Ariane Huml (Hg.): *«Lichtersprache aus den Rissen». Nelly Sachs – Werk und Wirkung*, S. 175.

936 Ebd.

937 Zit. n. Nelly Sachs/Karl Schwedhelm: *Briefwechsel*, S. 51.

938 Brief Nelly Sachs' an Paul Celan, 30. 10. 1967. In: Paul Celan/Nelly Sachs: *Briefwechsel*, S. 93.

939 Brief Paul Celans an Nelly Sachs, 8. 12. 1967. Ebd., S. 94.

940 Brief Nelly Sachs' an Paul Celan, 13. 12. 1967. Ebd.

941 Brief Nelly Sachs' an Paul Celan, 20. 3. 1967. Ebd., S. 95.

942 Brief Paul Celans an Nelly Sachs, 22. 3. 1968. Ebd.

943 Lydia Koelle: «Celans *Jerusalem*». In: Christoph Jamme und Otto Pöggeler (Hg.): *«Der glühende Leertext». Annäherungen an Paul Celans Dichtung*. München 1993, S. 282. – Zum «Schechina»-Begriff vgl. u. a. Gershom Scholem: *Zur Kabbala und ihrer Symbolik*. Frankfurt 1973, S. 140 ff. und Gershom Scholem: *Von der mystischen Gestalt der Gottheit. Studien zu den Grundbegriffen der Kabbala*. Frankfurt 1977, S. 135–191.

944 Brief Nelly Sachs' an Paul Celan, 4. 4. 1968. In: Paul Celan/Nelly Sachs: *Briefwechsel*, S. 97.

945 Brief Nelly Sachs' an Paul Celan, 27. 4. 1968. Ebd., S. 98.

946 Brief Nelly Sachs' an Paul Celan, 18. 5. 1968. Ebd., S. 101.

947 Brief Nelly Sachs' an Paul Celan, 10. 7. 1968. Ebd. S. 102.

948 Ebd.

949 Brief Paul Celans an Nelly Sachs, 23. 7. 1968. In: Paul Celan/Nelly Sachs: *Briefwechsel*, S. 102.

950 Brief Nelly Sachs' an Paul Celan, 10. 2. 1969. Ebd., S. 103 f.

951 Auch gegenüber Ilana Shmueli verfehlte Paul Celan in der letzten Phase seiner Korrespondenz wiederholt den Ton bzw. den realen Zustand seines Gegenübers. In seinem depressiven Rückzug und in seiner angespannten inneren Situation griff Celan auch hier zu stereotyp-beruhigenden, wenn nicht oberflächlich anmutenden Formulierungen («lasse es Dir gut gehen»), die in größter Diskrepanz zur Befindlichkeit der – mit und wegen ihm leidenden – Freundin standen. «Du lässt Dich so schwer erreichen – Natürlich, die Post, und die Welt, das Bittern und die Gefahren. Aber auch Deine Worte wie: ‹sorge Dich nicht› und ‹lasse es Dir gut gehen›. Es ist absurd. Willst Du das wirklich?» Brief Ilana Shmuelis an Paul Celan, 22. 3. 1970. In: Paul Celan/Ilana Shmueli: *Briefwechsel*, S. 125 f.

952 Brief Paul Celans an Nelly Sachs, 7. 11. 1969. In: Paul Celan/Nelly Sachs: *Briefwechsel*, S. 105.

953 Vgl. Ehrhard Bahr: *Nelly Sachs*, S. 63. – Ehrhard Bahr betonte auch, dass sich Nelly Sachs zu dieser Zeit (Frühjahr 1967) in einem öffentlichen Telegramm für einen Empfang ihres Kollegen Günter Grass durch den Israelischen Schriftstellerverband eingesetzt hatte: «Einige Mitglieder, die in Konzentrationslagern gewesen waren und ihre Angehörigen in den Gaskammern verloren hatten, verlangten, dass der Schriftstellerverband keinen Empfang für einen deutschen Schriftsteller veranstaltete.» (Ebd., S. 64)

954 Briefentwurf, 22. 6. 1967. Zit. n. Ehrhard Bahr: *Nelly Sachs*, S. 64.

955 Brief Nelly Sachs' an Paul Celan, 14. 11. 1969. In: Paul Celan/Nelly Sachs: *Briefwechsel*, S. 106. – Dass Paul Celan von Nelly Sachs' Zustand betroffen war, jedoch nicht das Ausmaß ihrer Todeskrankheit realisierte, geht aus seinem Brief sechs Tage später an Gisela Dischner hervor, in dem es hieß: «Von Nelly Sachs kam vor ein paar Tagen ein recht trauriger Brief: sie leidet an heftigen Schmerzen – sie sagt nichts Näheres –, sie lebe nur, schreibt sie, wenn sie Betäubungsmittel nimmt. Schreib ihr. Ich finde, sie sollte Dich einmal einladen ...» (Zit. n. Gisela Dischner: «Noch feiert Tod das Leben.» In: Gisela Dischner [Hg.]: *Apropos Nelly Sachs*, S. 46)

956 Brief Nelly Sachs' an Paul Celan, 15. 12. 1969.

957 «Es wäre noch hinzuzufügen, dass Li, als ich ihr vom Tod Paul Celans sprach [...] mich einen Augenblick fast verwundert ansah und in unvollständigen Sätzen von ‹vorausgehen› was sagte: ‹dass er vor mir ...› danach legte sich der leichte Anflug von Schrecken und ihr Gesicht wurde glatt und fast zufrieden.» (Egon Dahinten, zit. n. Ruth Dinesen: *Nelly Sachs. Eine Biographie*, S. 350)

958 «[...] einmal fragte ich sie, wer das ‹Du› in gerade diesem Gedicht ist und erhielt ohne weitere Kommentare die Antwort: ‹Paul›.» (Dorothee Zimmermann, zit. n. Ruth Dinesen, ebd., S. 315)

959 Zahlreiche Briefwechsel Paul Celans mit Freunden und Kollegen wurden nur in Zeitschriftenaufsätzen (teilweise) veröffentlicht bzw. auszugsweise zitiert (siehe die entsprechende bibliographische Übersicht von Emmerich, in: Wolfgang Emmerich: *Paul Celan*, S. 182 f.)

Bildnachweis

Archiv der Ecole normale supérieure, Paris: S. 182, 210
Eric Celan, Paris: S. 168, 179, 192, 195, 208
Deutsches Literaturarchiv, Marbach: S. 160, 164, 172, 198, 201, 223, 241, 244, 254, 256, 264, 293, 295, 318
Hans Magnus Enzensberger: S. 31
Hermann Heidegger, Stegen: S. 247
Kungliga Biblioteket, Stockholm: S. 39, 327
Moderna Museet, Stockholm: S. 72, 91, 116, 120, 133, 288, 338, 342
Verlag Neue Kritik. Frankfurt a. M.: S. 41, 109, 126
Lütfi Özkök, Älvsjö: S. 236
Suhrkamp Verlag, Frankfurt a. M.: S. 29, 173, 176, 192, 345
Université de Tours: S. 147

Nicht aufgeführte Abbildungen stammen aus Privatarchiven. Sollten trotz umfangreicher Recherche mögliche Urheberrechte übersehen worden sein, bitten wir allfällige Rechteinhaber, sich mit dem Verlag in Verbindung zu setzen.

Peter Selg, Prof. Dr. med., geboren 1963 in Stuttgart, Medizinstudium an der Privatuniversität Witten-Herdecke, Facharzt für Kinder- und Jugendpsychiatrie und -psychotherapie, langjährige ärztliche Tätigkeit im Gemeinschaftskrankenhaus Herdecke. Professor für medizinische Anthropologie an der Alanus Hochschule für Kunst und Gesellschaft (Alfter) und Leiter des Ita Wegman Instituts für anthroposophische Grundlagenforschung (Arlesheim). Zahlreiche Publikationen zu geisteswissenschaftlicher Anthropologie, Medizin und Pädagogik, zur Geistesgeschichte und Biografik.

Ita Wegman Institut für anthroposophische Grundlagenforschung

Pfeffinger Weg 1A

CH-4144 Arlesheim

www.wegmaninstitut.ch